贵州省哲学社会科学规划国学单列课题重大项目（17GZGX09）
"平安道研究——易学与儒道平安思想及其社会治理价值"的最终成果
四川大学"生命哲学学派"规划项目成果

商务印书馆（上海）有限公司 出品
The Commercial Press (Shanghai) Co. Ltd.

·四川大学生命哲学丛书·

平安之道与生命哲学

詹石窗　著

商务印书馆
The Commercial Press

图书在版编目（CIP）数据

平安之道与生命哲学 / 詹石窗著. —北京：商务印书馆，
2023
（四川大学生命哲学丛书）
ISBN 978-7-100-22259-4

Ⅰ.①平… Ⅱ.①詹… Ⅲ.①生命哲学 Ⅳ.①B083

中国国家版本馆 CIP 数据核字（2023）第059607号

权利保留，侵权必究。

平安之道与生命哲学
詹石窗 著

商 务 印 书 馆 出 版
（北京王府井大街36号 邮政编码 100710）
商 务 印 书 馆 发 行
山 东 临 沂 新 华 印 刷 物 流
集 团 有 限 责 任 公 司 印 刷
ISBN 978-7-100-22259-4

2023年9月第1版　开本 710×1000　1/16
2023年9月第1次印刷　印张 35½
定价：168.00元

"四川大学生命哲学丛书"编委会

主　编：詹石窗

副主编：盖建民　李　裴　史冰川

编辑部主任：张培高

编辑部副主任：曾　怡

编　委（排名不分先后）：

苟　波　张　钦　尹邦志　雷　莉　哈　磊　梁中和
周　冶　张崇富　于国庆　朱展炎　孙瑞雪　李　冀
胡瀚霆　孙伟杰　刘　娟　何　欣　褚国锋　颜文强
樊兵策　周　睿　汤　云　何　繁

詹石窗,1954年9月生于福建省厦门市。1982年获厦门大学哲学学士学位,1986年获四川大学宗教学研究所哲学硕士学位,1996年获四川大学宗教学研究所哲学博士学位,2018年,韩国大真大学授予教育学名誉博士学位。曾任厦门大学哲学系主任,厦门大学人文学院副院长、教授、博士生导师等职。

现任四川大学文科杰出教授,四川大学道教与宗教文化研究所教授委员会主席、博士生导师,四川大学老子研究院院长,四川大学中华文化研究院学术委员会副主任、咨询委员会主任,贵阳孔学堂学术委员;国家社会科学基金学科评审专家,国家"十三五"规划文化重大工程《中华续道藏》首席专家,老子道学文化研究会副会长,《宗教学研究》(全国学术百强杂志之一)主编,《道家研究前沿》(Frontiers of Daoist Studies)主编,《道学研究》

主编，《老子学刊》主编。

先后主持教育部哲学社会科学重大课题"百年道学精华集成"（首席专家）、国家社会科学基金重大项目"百年道家与道教研究著作提要集成"（首席专家）等。主要著作有《道教文学史》、《生命灵光》、《易学与道教思想关系研究》、《易学与道教符号揭秘》、《周易入门150问》、《道教文化十五讲》、《中国道教思想史》（副主编）、《中国道教通史》（主编）、《道教与中国养生智慧》等20余部，组织编纂《国学新知文库》等多系列大型学术丛书。先后在《中国社会科学》《哲学研究》等海内外学术刊物发表《朱熹与〈周易〉先天学关系考论》等学术论文近300篇。论著先后获得省部级奖15项，其中一等奖5项，二等奖5项，全国高校人文社会科学优秀成果奖3项。两部著作入选"国家社科基金成果文库"，一部著作入选国家规划办"中华学术外译项目"。专著《道教与女性》《道教文化十五讲》《中国宗教思想通论》先后被译为外文，在国外出版。先后招收博士生、外国留学生、博士后近百名，其中有不少已经成长为中国人文社会科学研究的骨干。

总　序

"四川大学生命哲学丛书"就要出版了。这里涉及几个关键词,作为"总序",首先得对此有所说明。

首先是"生命哲学"。顾名思义,"生命哲学"就是以生命为研究对象而展开的哲学思考及其理论体系。照许多人的说法,英国的查尔斯·罗伯特·达尔文（Charles Robert Darwin）的生物进化论以及赫伯特·斯宾塞（Herbert Spencer）的生命进化学说,德国的阿图尔·叔本华（Arthur Schopenhauer）的生存意志论,弗里德里希·威廉·尼采（Friedrich Wilhelm Nietzsche）的权力意志论,法国的让-马利·居约（Jean-Marie Guyau）的生命道德学说为西方生命哲学的形成做了孕育准备;而德国的威廉·狄尔泰（Wilhelm Dilthey）真正把"生命"作为哲学概念,开创了生命哲学学派的先河。随着时间的推移,生命哲学作为一种思潮在西方许多国家传播开来。法国的亨利·柏格森（Henri Bergson）著《论意识的即时性》《创造进化论》,诠释生命的冲动,主张唯有直觉才能够体验和把握生命的存在;德国的乔治·齐美尔（Georg Simmel）著《生命观》等书,断言世界的本原是"生命",作为"活力"而非实体的生命是一种不可遏止的永恒冲动;德国的马丁·海德格尔（Martin Heidegger）、汉斯-格奥尔格·伽达默尔（Hans-Georg Gadamer）以及卡尔·雅斯贝尔斯（Karl Jaspers）相继开拓,造就了西方生命哲学的伸展气象。

鉴于上述情形,学者们研究生命哲学,对于西方的思想资源予以特别关注,由此形成一定的学术走向,这是可以理解的。20世纪初以来,在西学东渐的背景下,我国一批文化精英进行文明互鉴,对国外生命哲学流派成果给予借镜发挥,产生了一定的推进作用。

如果我们放开眼界就会发现，中华传统文化中也蕴含着相当丰富的生命哲学思想资源。在上古神话里，"大生命"意识就已经有了萌芽。例如《绎史》卷一记载的盘古神话说："首生盘古，垂死化身。气成风云，声为雷霆，左眼为日，右眼为月，四肢五体为四极五岳，血液为江河，筋脉为地理，肌肉为田土，发髭为星辰，皮毛为草木，齿骨为金石，精髓为珠玉，汗流为雨泽。身之诸虫，因风之所感，化为黎氓。"这段记载涉及日月星辰、风雨雷电、地理山川，让我们感受到了天地宇宙的宏大存在，而这一切都是盘古身躯各器官所化成。盘古虽然"垂死"了，但其生命的能量却在天地之间传递着。从这个角度看，天地宇宙就是盘古生命的延续，其中寄托着一种永恒的生命精神。

古代神话中的"大生命"观念，到了《周易》则以一种相对抽象的概念体系来表达。该书有两句话尤其体现了"大生命"精神，一是《系辞上》的"生生之谓易"，另一是《系辞下》的"天地之大德曰生"。《周易》所言"天地"，涵盖很广。从某种意义上看，天地差不多就代表了整个宇宙。其所谓"生"就是生生不息，万物层出不穷。万物有生命，化生万物的天地当然也就有生命了。《周易》的"大生命"意识在道家典籍中得到了贯彻与发挥。老子《道德经》的核心概念是"道"，他把"道"称作"天地母"，也就是天地万物的母亲。显然，这也是把"道"拟人化、生命化；更彻底一点讲，在老子心目中，"道"就是生命的源头。《道德经》第十六章说："夫物芸芸，各复归其根。"老子告诉世人：万物虽然纷纭变化，但最后还是要回归到根本。这种回归，就叫作"静"；达到了"静"，就是回复生命的自然本性。唯有回复到生命的自然本性，才能体悟到宇宙生命的永恒法则。

我们再读一读儒家的经典，依然会感受到一种关注生命与热爱生命的精神。《论语·阳货》记载，孔子有言："四时行焉，万物生焉。"所谓"四时"即春夏秋冬，"行焉"表示一年四季的周而复始。就在这种时间流程中，万物化生无穷。从日月交替、寒暑往来、四时轮转的自然规律及个人体悟生命的过程中，儒家形成了"仁民爱物"的生命伦理思想。《礼记·礼运》云："人者，天地之心也。"把"人"看作天地之"心"，这一方面体现了人类生命在儒家文化中占有特别重要的地位，另一方面又反映了儒家将整个宇宙人化的特质。

稽考古文献，我们不难看出：中华优秀传统文化的"大生命"意识并非仅仅体现在上古神话、易学与儒、道思想中，人们熟知的"大传统"与"小传统"等各个思想文化领域，包括传统中医学、佛教以及各少数民族文化体系实际上都包含这方面的丰富内容。如果展开来深入探索，必定可以获得宝贵的精神滋养。

一个值得特别注意的文化发展趋势是，在东西方精神碰撞中，具有中国时代特质的生命哲学思想火花终于迸发出来，它的标志就是1898年3月廖平（1852—1932年）等人在成都建立的"蜀学会"。该学会核心学人皆出于1874年四川总督吴棠（1813—1876年）与四川学政张之洞（1837—1909年）所筹划创建的四川省城尊经书院，故能于特定时空继承传统，倡导维新。置身近代"蜀学"所处新旧观念交争的文化环境，汇聚在中西文化交错的致思线索上，廖平得以重构天人相通的哲学整体论，在自然哲学层面寻求生命的超越。与廖平同出于尊经书院的谢无量（1884—1964年），作为《中国哲学史》著述第一人，在方法论上彰显了中西比较的视野。当整个经学话语在中国哲学进程中逐渐淡出之后，这一问题的生命关切经张颐（1887—1969年）、周太玄（1895—1968年）、贺麟（1902—1992年）、唐君毅（1909—1978年）等蜀中哲人通过黑格尔哲学的现代学术解读而释放出新的生命精神能量。张颐著《黑格尔与宗教》，周太玄著《人的研究》，贺麟著《文化与人生》，唐君毅著《生命存在与心灵境界》，其学说都有突破存在论与伦理学论域旧限的特征，在自然、生命与价值论题上既注重超越性阐发，又坚持实在性概念的先行理解。

经历两代学人的探索，在其后因"抗战"而造就的全国知名学者齐聚西南讲学的氛围中，四川大学生命哲学学派形成了初步轮廓：汇通中西经典，在比较哲学视野下，博于文献，兼摄同时代富于活力的学术精华，而约之以生命为研究核心的问题意识，积极介入时代学术的焦点论战，试图建设一种基于理性精神的广泛超越实在论，以此为化解时代弊病而提供了针砭与回归的依止。

风云变幻，大浪淘沙。经过战乱考验与洗礼之后，社会终于逐渐回落到相对平静状态。在这种背景下，读书学习、研究问题，重新成为生活常态。于是，巴蜀大地有一大批学人活跃起来，他们分布于人文社会科学与自然科学的诸多领域，并且取得了可观成就。其中，蒙文通（1894—1968年）著《经学抉原》《儒学五论》《道书辑校十种》等数十部论著；杨明照（1909—2003年）著《文心雕龙校注拾遗》《抱朴子外篇校笺》等；卿希泰（1927—2017年）著《中国道教思想史纲》，主编《中国道教通史》等。三先生堪称"生命哲学"文化土壤的培护者与守望者，以三先生为代表的四川大学文史哲先驱学人在生前尽管没有亮出"生命哲学"旗号，但他们的默默耕耘却为后来"生命哲学"之建构而奠定了实在的文化基础。

进入21世纪以来，在老一代学者的影响下，四川大学文史哲部分领域新一代学科带头人一方面继承了文献整理与专题研究相结合的传统，另一方面积极进行边缘学科开拓。通过文明互鉴，努力寻找贯通古今中西学科的交叉点——生命哲学。2020年上半年，四川大学出台学派培育方案，"中国生命哲学学派"建设是重点支持项目之一。在各级党政领导与职能部门支持下，四川大学成立了"生命哲学与大健康智慧研究中心"。与此同时，在哲学一级学科框架下设置"生命哲学"博士授权点。经过积极筹备，生命哲学在四川大学招生简章中作为哲学门一级学科下的一个二级学科于2021年开始招收博士研究生。

2022年初，四川大学以中华文化研究院为支撑，以生命哲学与大健康智慧研究中心作为学术平台，组织学术力量申请国家社会科学基金重大项目——"创造性转化与创新性发展视野下的中华生命智慧研究"课题获准立项。未来将以项目开展为契机，编纂系列丛书，主要选题有：中华文化原型的生命智慧及其转化创新综论、中国少数民族的生命智慧及其当代应用、儒家生命哲学研究、佛教生命哲学研究、道家生命哲学研究、中医生命哲学考论、古希腊医学的自然哲学视野、生命哲学概论、艺文滋养与当代社会生命教育、道教服饰与符号等。

历史的发展表明，任何一种学派的出现并非自封的，而是自然形成的。四川大学有意识地推进中国生命哲学学派建设，但这并不意味着该项学术工作已经达到了相当组织化的程度。不过，提出一个目标，至少有了努力方向，可以通过实际行动来佐证老子《道德经》所言"势成之"的旨归。在多元哲学传统的理论博弈与融通过程中，四川大学所支持的生命哲学学派建设，既不同于欧洲大陆19世纪末 20 世纪初盛行的同名哲学流派的思想旨趣，也不同于 20 世纪中叶以后受实证主义影响的生物学哲学。在理性原则上，将突破传统观念论中那种单纯从意识领域出发对"生命"进行的考察，而是把研究带到更宽广的生命理解起点上，主张将生物学医学哲学的论题推扩到生命政治学、生态社会学、文明交互观察等更广泛的生命表达领域与实践过程中。

四川大学对生命哲学学派建设的支持，将以经典探索为基础，以生命智慧阐释为发展，以精神升华为境界，怀抱关切大健康问题的初心，以自身的传统提出对科学精神、技术变革、人类命运共同体与良序社会的关切，实现与生物学、医学、社会学等多学科交叉的研究新局面。俗话说：众人添柴火焰高。相信在全国学术同行的鼎力支持下，四川大学在中国生命哲学学派建设工作过程中，可以得到多方面的启迪，获得长足进步。

詹石窗

谨识于四川大学生命哲学与大健康智慧研究中心

公元 2023 年 3 月 18 日

目　录

凡　例　/ 1
绪　论　/ 3
  一、"平安之道"的原初意义　/ 3
  二、"平安之道"概念内涵与研究范围　/ 7
  三、平安之道与生命哲学理趣　/ 11
  四、平安之道的研究方法　/ 18

上　编
平安之道的本元探究

第一章　平安之道的神话渊源　/ 23
  第一节　盘古开天地　/ 23
    一、盘古开天地的原初神话　/ 23
    二、盘古开天地的平安意蕴　/ 24
  第二节　女娲补天　/ 29
    一、女娲补天的原初故事　/ 30
    二、女娲补天的平安理趣　/ 31
  第三节　羿射九日与夸父逐日　/ 38
    一、羿射九日的平安追求　/ 38
    二、夸父逐日的平安思想意义　/ 42

7

第二章　平安之道的信仰表征　　　　　　　　　　/ 46
第一节　混沌之道与太上老君　　　　　　　　　/ 46
一、"太上老君"释义　　　　　　　　　　　　　/ 46
二、"道"的演化与太上老君故事的平安内涵　　　/ 49
第二节　西王母与东王公的平安谐调　　　　　　/ 54
一、西王母的平安象征　　　　　　　　　　　　　/ 55
二、东王公、西王母与阴阳感通原理　　　　　　　/ 59
第三节　三清信仰与众神护佑　　　　　　　　　/ 63
一、三清四御信仰的平安要旨　　　　　　　　　　/ 64
二、众神护佑与平安神崇拜　　　　　　　　　　　/ 70

第三章　平安之道的理论基础　　　　　　　　　　/ 83
第一节　伏羲卦爻蕴平安　　　　　　　　　　　/ 83
一、伏羲氏与"安贞吉"　　　　　　　　　　　　/ 83
二、观物取象与八卦推演　　　　　　　　　　　　/ 88
第二节　先秦道儒表平安　　　　　　　　　　　/ 94
一、黄帝与道家平安智慧　　　　　　　　　　　　/ 94
二、祈雨与儒家平安说　　　　　　　　　　　　　/ 100
第三节　制度道教说平安　　　　　　　　　　　/ 104
一、从经典创作看道教平安诉求　　　　　　　　　/ 104
二、从元典疏解看道教平安观念　　　　　　　　　/ 107

第四章　平安之道与状态预测　　　　　　　　　　/ 111
第一节　状态预测的哲理依据　　　　　　　　　/ 111
一、整体把握立场　　　　　　　　　　　　　　　/ 111
二、"天人感应"学说　　　　　　　　　　　　　/ 115
第二节　状态预测的基本思路　　　　　　　　　/ 119

一、占有信息与趋吉避凶　　　　　　　　　　／ 119
　　　二、趋吉避凶的三大要点　　　　　　　　　　／ 123
　第三节　状态预测的法度要诀　　　　　　　　　　／ 126
　　　一、占卜预测的几种传统法度　　　　　　　　／ 127
　　　二、占卜预测的平安理趣　　　　　　　　　　／ 140

第五章　平安之道与预测延伸　　　　　　　　　　　／ 151
　第一节　太乙神数与治国安邦　　　　　　　　　　／ 151
　　　一、太乙神数的由来与原理　　　　　　　　　／ 151
　　　二、太乙神数的平安意旨　　　　　　　　　　／ 155
　第二节　奇门遁甲与和合天机　　　　　　　　　　／ 161
　　　一、奇门遁甲原理、缘起与流传　　　　　　　／ 161
　　　二、奇门遁甲的平安路向　　　　　　　　　　／ 166
　第三节　六壬课法与阳气培补　　　　　　　　　　／ 173
　　　一、六壬课由来与学说发展　　　　　　　　　／ 173
　　　二、六壬课的平安机制　　　　　　　　　　　／ 178

第六章　平安之道与社会谐调　　　　　　　　　　　／ 187
　第一节　平安社会理想　　　　　　　　　　　　　／ 187
　　　一、至德之世　　　　　　　　　　　　　　　／ 187
　　　二、小康与大同　　　　　　　　　　　　　　／ 193
　第二节　平安社会纽带　　　　　　　　　　　　　／ 198
　　　一、社会文化价值观　　　　　　　　　　　　／ 198
　　　二、社会组织系统　　　　　　　　　　　　　／ 212
　第三节　平安社会管理　　　　　　　　　　　　　／ 221
　　　一、无为而治的施政原则　　　　　　　　　　／ 221
　　　二、由道而法的行政方略　　　　　　　　　　／ 230

下 编
平安之道的生命观照

第七章　平安之道与环境要求　/ 245
　第一节　堪舆与生态安全　/ 245
　　一、堪舆概念内涵及其生态学意义　/ 245
　　二、风水文化与生态安全　/ 252
　第二节　人居空间的平安布局　/ 258
　　一、村社平安风水布局　/ 258
　　二、城市平安风水布局　/ 263
　第三节　房屋建筑布局与平安吉祥物　/ 271
　　一、房屋建筑布局的基本原则　/ 271
　　二、房屋建造布局的几项具体操作　/ 279

第八章　平安之道与传统礼俗　/ 303
　第一节　从自然崇拜到图腾崇拜　/ 304
　　一、自然崇拜与岁时礼俗　/ 304
　　二、中国的图腾崇拜及其多元整合　/ 318
　第二节　祖先崇拜与族群繁衍　/ 332
　　一、祖先崇拜的由来与发展　/ 333
　　二、宗法制度的建立与社稷祭祀的生命安顿　/ 342
　第三节　作为生命礼俗的道教斋醮科仪　/ 355
　　一、道教斋醮科仪的由来与完善　/ 355
　　二、从道教斋醮类型看平安追求　/ 361

第九章　平安之道与医疗养生　/ 372
　第一节　平安医疗认知　/ 372

一、关于健康标准及其新认识　　　　　　　　　／ 373
　　　二、关于"亚健康"问题以及影响健康的主要因素　／ 378
　第二节　宏观预防医疗思路　　　　　　　　　　　　／ 382
　　　一、"治未病"的大智慧　　　　　　　　　　　　／ 382
　　　二、人与生存环境共治　　　　　　　　　　　　　／ 386
　第三节　人文医疗精神　　　　　　　　　　　　　　／ 391
　　　一、人文医疗的由来与讨论　　　　　　　　　　　／ 391
　　　二、人文医疗的诸多内涵及其功能　　　　　　　　／ 394

第十章　平安之道与生活修行　　　　　　　　　　　　／ 401
　第一节　安居乐业的生活方式　　　　　　　　　　　／ 402
　　　一、社会呼唤安居乐业的环境　　　　　　　　　　／ 402
　　　二、"老死不相往来"与"起居有常"　　　　　　／ 405
　第二节　生命伦理的修养功夫　　　　　　　　　　　／ 411
　　　一、生命伦理研究现状与思考　　　　　　　　　　／ 411
　　　二、中国传统生命伦理修养及其当代价值　　　　　／ 415
　第三节　快乐的生命修养技艺　　　　　　　　　　　／ 422
　　　一、道引、禹步及其他　　　　　　　　　　　　　／ 422
　　　二、房中养生与阴阳运化　　　　　　　　　　　　／ 427

第十一章　平安之道与生命境界超越　　　　　　　　　／ 434
　第一节　载营魄抱一与养元合真　　　　　　　　　　／ 435
　　　一、魂魄与健康　　　　　　　　　　　　　　　　／ 435
　　　二、从抱一到守一　　　　　　　　　　　　　　　／ 442
　第二节　存想、音诵与大丹修炼　　　　　　　　　　／ 448
　　　一、存想与音诵　　　　　　　　　　　　　　　　／ 448
　　　二、从坐忘到内丹修炼　　　　　　　　　　　　　／ 459

第三节　内圣外王与齐物境界　/ 476
    一、"内圣外王"的由来与思想发展　/ 476
    二、庄周梦蝶与万物齐一　/ 482

第十二章　平安之道与慈善精神　/ 488
  第一节　倡导善德与平安社会　/ 488
    一、积善成德与家国情怀　/ 489
    二、"重积德"与"要妙"境地　/ 495
  第二节　修己情怀与无量度人　/ 500
    一、修己与安人　/ 500
    二、修己安人与无量度人　/ 503
  第三节　仁及昆虫草木与天地化生　/ 509
    一、生生不息的大德　/ 509
    二、培养爱心与效法天道　/ 512

结语　平安之道与世界健康生活　/ 521
    一、平安之道与社会和谐发展　/ 521
    二、构建平安世界的生命哲学思考　/ 527

主要参考文献　/ 531
后　记　/ 543

凡　例

一、本书旨在探究中华传统文化中的平安精神，发掘蕴含其中的生命意识。为了追索本初的文化面貌，本书尽可能采用民国以前保留下来的原始文献，凡所征引古文，重新加以点校。

二、本书使用的《道藏》系文物出版社、天津古籍出版社、上海书店1988年影印的明代《正统道藏》。第一次出现时注明三家出版社名称及出版时间。第二次出现，只注作者及其朝代、书名和《道藏》本之册数、页数。

三、本书使用的《道德经》原文，均出于笔者所编著的《道德经通解》（宗教文化出版社2017年版）。引用时仅注书名与章序。

四、凡引述古本，先列作者，书名，卷数，再列刊本。若一页中征引一书多次，第一次注全书目信息，第二次则以"同上"替代。

五、地方志依学术界惯例，直接在其前冠以刊刻年代，如"嘉庆《惠安县志》"等。家谱、族谱，凡地域可考者，乃冠其前，如庐峰《蔡氏族谱》，其刊刻年代刊刻者则列之于后，如"顺昌《谢氏宗谱·霞标公轮流收办祭簿记》，道光三十年撰"。

六、本书之行文，凡涉及年号等传统干支纪年，在其后加上公元年作为说明，如"太和丁未"（227年）；若属于公元前者，则在其前加上"前"字，如汉文帝后元二年（前162年）。至于人物生卒年，一般也在其人名之后加括号说明之，括号内的阿拉伯数字即是其出生或者去世之年。

作　者
岁次辛丑二月初二谨识

绪　论

　　文化是人类的精神结晶。每一个民族都有自己特有的文化传统，中华民族在长期发展过程中，也创造了光辉灿烂的文化。我们经常可以看到学者们用"源远流长，博大精深"来形容中华文化，笔者也是这样认识的。

　　中华文化内容很多，最具生活指导意义的核心精神是什么？站在不同角度将会得出不同看法。笔者以为，其核心精神是"平安"二字。在各种关于平安的文献资料里，蕴藏着先民价值判断的依据，这就是"道"。先民的平安追求不仅造就了丰富多彩的历史文化，而且体现了大道的智慧。"平安"与"道"相合，这就是"平安之道"，而其背后所蕴藏的则是深邃的"生命哲学"。

　　研究"平安之道"，亦即探索"平安精神"，这是揭开中华文化奥秘、认识其核心价值、服务社会民生的重要工作。将历史上丰富的平安文化发掘整理出来，并从当代社会生活角度予以新诠释，有助于人类的健康整体生存。

一、"平安之道"的原初意义

　　作为一种思想文化概念，平安之道不是凭空产生的，而是从积淀已久的历史文献与生活认知中概括出来的。

　　平安之道的内涵是什么？这是本书展开全面论述之前首先必须解释清楚的。作为一个合成概念，平安之道的意蕴虽然不是构成概念的所有单字意义的简单相加，但与每个单字意义也是密切相关的。因此，我们有必要从文字本义的发明入手来予以诠释。

　　先说"平"。

　　就文字起源与发展角度看，"平"这个字是从"乎"演化而来的。"乎"字，甲骨文写作"㞢"。其下之"丁"是号角的象形，上面三点表征声流从号角吹出，声音短促，吹得紧急响亮，表示危机来临，部落紧急呼叫。后来，金文在甲骨文"乎"字上头加一条水平线，这就成为"平"，表示号音悠长、稳定、没有起伏，象征危机警报解除。此后，隶书、楷书虽然在金文写法基础上有所演变，但基本意义却沿袭下来，意味着没有危险和安稳。

再说"安"。

"安"字上面是个宝盖头，下面是"女"字。宝盖头代表房子，"女"就是女人。对于这样的构型，以往许多学者以为这象征男人盖了新房并且娶了媳妇，就可以安居乐业。这种解释虽然有一定道理，却不符合人类历史进程的原初面貌。人类演化是先有母系氏族社会，而后再出现父系氏族社会，中华民族也同样经历这样的社会历史过程，这从"姓"的传统就可以看出来。许慎在《说文解字》中称："姓，人所生也。古之神圣母，感天而生子，故称天子。从女从生，生亦声。"早先，儿女是以母亲的姓为姓的，中国历史上最早的姓都带女字旁，像姜、姬、姚、嬴都是古姓，反映了上古时期女子在社会中占据主导地位的情况，这种情况也反映在"威"字上。在金文里，"威"字写作"钺"，可以看出其构型是女子身影之上陈列着一把斧头，那斧头就是权力象征，足见母系氏族社会女子是有权威的，尤其是代表氏族的老母亲更是如此。直到汉代还称母亲为"威姑"就是这种历史传统的遗存。基于这种文化背景，笔者以为，"安"这个字也应该从女人曾经具有主导地位的角度来解释才比较符合原初意义。根据这个思路，"安"最初表示的应该是女人有了房子，就能够心宁神安。因为女人有了房子，就可以把男人招进门，繁衍后代。现在一些少数民族地区尚保存的"阿注婚姻"正是以女人为纽带的社会生活方式的延续。有了女人这个纽带，社会就形成了特定血缘关系，从而造就了一定的秩序。从这个角度来看，最初的"安"已经具有稳定社会秩序的意涵，而后逐步引申出沉着、稳定等多项意义，具有动词、形容词、副词的功能。

随着社会交往的日益增多，语言词汇交错现象也发生了。于是"平"与"安"相结合，称作"平安"。在《韩非子》中，就可以看到这样的合成词。该书《解老》篇称：

> 恬淡平安，莫不知祸福之所由来。得于好恶，怵于淫物，而后变乱，所以然者，引于外物，乱于玩好也；恬淡有趋舍之义，平安知祸福之计。[1]

在这段话里，先后出现了两次"平安"，一在首句，一在末句。韩非子是在解释老子《道德经》的时候用了"平安"这个概念，可见其思想乃发端于老子，或者说是在老子思想启迪下提出"平安"概念的。

这里特别值得注意的是，韩非子把"平安"与"恬淡"联系起来。"恬淡"一词出于老子《道德经》第三十一章"恬淡为上"，所谓"恬淡"就是淡然处之而不慌、不躁、不急。老子认为，用兵是不得已的事，兵器是不祥的代表，作为一个高级领导人，绝不能贸然用兵，唯有以恬淡心态泰然处之，才能维护社会的安宁。韩非子以"平安"来形容"恬淡"，在客观上道出了"恬淡"的功用。按照韩非子的思路，恬淡是心境，平安是结果。唯有"恬淡"才能平安。因为在这种状态，能够明白什么是福，什么是祸，能够在行动上有所趋舍，从而得福去祸。韩非子论述的最后一句话，用了"知"和"计"字，意味深长。"知"就是对状态的了解，"计"就是谋略、计策，包括解决问题的方式以及行为技术等等。这样看来，"平安"就富有深意了，其背后是有"道"的，这就是笔者为什么将"平安"与"道"连通起来，形成"平安之道"概念的文化基础。

实际上，"道"这个字本来就有"平安"意蕴。在金文里，"道"字写作"𨖠"，像一个十字路口埋着一个人头。为什么把人头埋在十字路口呢？原来古人打仗，甲乙双方有一方打败了，敌方首脑就被埋在十字路口。先民们相信，人是有灵魂的，死了就必须埋入地中，所谓"入土为安"就是这种观念的体现；另外，收埋敌方首脑还有"镇慑为安"的功用。在古人心目中，道路存在危险，因此必须举行"修祓"宗教仪式，其具体做法就是将异族人首埋于道路交界处，念动咒语，从而产生镇慑保安的效果。日本学者白川静认为，"道"字反映的就是这种

---

[1] （民国）王先慎：《韩非子集解·解老篇第十二》，《诸子集成》第5册，北京：中华书局，1954年版，第113页。

"修袚"于路的情况[1]，它的内在"平安"意蕴当是最古老的。

春秋时期，老子《道德经》对"道"的平安意涵予以哲理升华。该书第三十五章谓："执大象，天下往。往而不害，安平泰。"老子所谓"大象"即"道"，而"执大象"就是信仰大道、奉行大道、固守大道。"天下往"是说圣人奉行大道，天下万物都归向大道。按照《道德经》的说法，天下万物归向大道，这不会受到任何伤害。之所以如此，是因为大道是"安平泰"的。"安"当然是安全，而"平"就是太平，安全与太平合起来就是平安，可见老子讲"道"的要义还是平安。为什么平安呢？因为作为大象的"道"是"泰"的，老子讲的"泰"乃出于《易经》之"泰"卦。该卦之象，下为乾，三阳上升，上为坤，三阴下降；阴阳二气，流通交感而成和，故谓之"泰"。既然阴阳交合，当然也就平安吉祥。

老子关于"平安之道"的哲学升华在后来的道教经典里得到进一步发挥。例如《元始说先天道德经》第五章即称：

> 恍恍惚惚，万物之鬼宅。道行真化，杳冥之灵室。虚无至大，元居道安。[2]

这段话的关键是"元居道安"四个字，作者将"道"与"安"联结起来，形成"道安"的短语，其意涵可从两个途径来理解：一是说"道"是"安"的；二是说"道"可以"安"。不论是哪一种情况，都表明"安"离不开"道"，因"道"而"安"，用"道"以"安"。这个"安"字有丰富内容，但最为原始的意涵当是平安。《元始说先天道德经》是在什么情况下提出"道安"概念的呢？这个问题比较复杂，但如果我们稽考一下"道安"之前的"元居"二字就能够发现奥妙。"居"字上面是"尸"，这当然与死人有关，"尸"字之下的"古"最初乃是用武器与密咒来镇慑的写照，"古"字上头的"十"表征武器，而"口"是器皿形状，先民们在安放死者时要用密咒，将之写在树皮等载体上，收藏于器皿内，再加上

---

[1] 参看［日］白川静：《汉字》第一卷，朱家骏译，厦门：厦门大学出版社，2005年版，第40页。
[2] （宋）李嘉谋：《元始天说先天道德经注解》卷五，《道藏》第1册，北京：文物出版社，天津：天津古籍出版社，上海：上海书店，1988年影印版，第449页。以下凡引《道藏》均同此版本。

石刀之类武器镇守,这就是"古"的原初意涵;以"古"置于"尸"下,表示对"尸体"的守卫,此即为"居"的本义,此等意义从上文所用"鬼宅""灵室"两个词汇可以得到进一步佐证。毋庸置疑,"鬼""灵"都是从死亡现象引发出来的。对此,宋代道教学者李嘉谋曾经用"元元之妙,一穴其真"[1]予以解释。这个"穴"字本是墓穴,而"真"字在最初即死者尸体的象形,古人曾经把死亡称作"归真"就是此义。联系这些情况,我们有理由认为,《元始说先天道德经》所谓"道安"乃是就生死问题而发的,最初乃是形容死者得平安,尔后则生发出"护佑万物为安"的意义。所以,李嘉谋接着说:"所谓穴者,开物成务之谓也。虽穴其真,而元妙之本,不散不亡,以无象为象,故曰孔容。以无神为神,故曰神帝。虚无至大,虽散为道,然散不失元,故道无巨细,居之皆安。"[2]此段解释既暗示了"道"的原始意义,又展现了"平安之道"的无限妙用。

二、"平安之道"概念内涵与研究范围

说到这里,可能有人会质疑:既然"道"的原初意义是"平安",那么将"平安"与"道"汇合起来构成了"平安道"的概念岂不是同语反复、不合形式逻辑吗?这种质疑是可以理解的,因为我们说话、写文章,必须遵循起码的语言逻辑;不过,应该看到,在词汇发展过程中,一个单字与另一个单字组合成为新词汇,往往是因为意思相近,通过组合可以起到强调作用。于是,在人们交流过程中,词汇便潜移默化地发生组合。例如"平"有稳定的意思,而"安"有安稳的意思,两者存在着彼此相互联结的条件和关节点,后人遂将之汇合起来;"平安"与"道"的汇合成词也符合这种条件。

查《四库全书》,"平安道"这个概念出现了十余次,例如《皇清开国方略》卷二十三的"遗书平安道",《太宗文皇帝圣训》卷三的"又与平安道洪观察使密书",《钦定续文献通考》卷一百二十的"其平安道都观察使率僚属迎诏"等等。

---

[1] (宋)李嘉谋:《元始天说先天道德经注解》卷五,《道藏》第1册,第449页。
[2] 同上。

此类文献的"平安道"乃是统辖郡州的行政单位名称，系朝鲜王朝"八道"之一。据《朝鲜志》卷上所载，平安道所辖范围有平壤府、龙冈县、成川府，相当于当今的平壤直辖市、平安南道、平安北道、慈江道等。在历史上，朝鲜曾经是战火纷飞的区域空间，以"平安"名其"道"，大抵有令其停息战火、安宁社会的用意。这里的"道"虽然不是指道路，但依然隐藏着四方通达的意涵，因为区域空间可以看作放大了的"道路"。

《四库全书》所收录的文献还有一些是直接从"行进道路"意义上使用"平安道"这个概念的。例如元末明初唐寅《筠轩集》卷三所收录的五言诗就有一首为《平安道中》，再如明代郑善夫《少谷集》卷七收录的七言诗亦有《元日平安道中》。这两首诗标题"平安道"的"道"字都是指道路，与上古时期蕴含着"安"精神的"道"存在着不可分割的关联。因为上古收埋人头于十字路口的"道"恰恰是表现了路途的通行、载体功能，这个"道"既有一般的交通意涵，又有"平安"的旨趣。

文献检索表明："平安道"这个概念并非笔者生造出来的，而是历史上早已存在的。当然，笔者不是简单地承袭前人的"平安道"词汇，而是将之作为一个可以不断丰富内涵的概念。

从构词形态来看，"平安道"是一个偏正词组。"平安"规定了性质特征，而"道"则是其性质特征的凝聚与落实。就表层而言，"平安道"表述的即"平安"的道路，但引申开来，就具有极为丰富的内涵。因为"道"除了"道路"这样的基本意义，还有途径、方向、道理、方法、技艺、学说等引申意义，与此相对应，"平安道"即包括了平安的方向、平安的道理、平安的方法、平安的技艺等等。概括起来，"平安道"就是关于平安的思想文化学说。

从"平安道"进到"平安之道"，本质上没有区别，但由于语素增加，结构上也不同了；如果说"平安道"是一个合成词，那么"平安之道"则是一个短语。简单地说，"平安之道"就是关于如何保障平安的道理学说。

作为一种道理学说，"平安之道"首先应该陈述何为平安状态，也就是要告诉人们，什么情况下是平安的，什么情况下是不平安的。对当下状态是否平安的问题，初看起来似乎很容易判断，但其实并不容易，因为事情的存在与发展往往有真相、有假象，甚至是真假掺杂。在这个问题上，平安之道所研究的是如何辨明真相，看透事物蕴藏的可能伤害因素，以便于避开伤害。此外，平安之道要根据当下事物状态的诸多因素及其与其他事物的关系，做出分析、预测、判断，提出一个行动方向。因此，它关注的不仅是当下的已然状态，而且包括未来的可能状态。从这个意义上来讲，平安之道可以看作是一种预测之道。

预测是干什么的？有人将之作为暗算他人、争夺利益的手段，这并非平安之道所倡导。因为暗算他人必然也会遭受他人暗算，久而久之，必然导致纷争无止，甚至相互残杀，其结果是永远不能平安。基于合理生存、避免伤害的立场，平安之道的预测着重考虑对事物真实情况的了解、对未来走向的判断，从而选择避免伤害的行动路向。

如何进行预测？这既是技术问题，也是理论问题。它牵涉人们对整体宇宙的看法、人与天地的关系等等。在这个方面，先民们积累了丰富知识，从上古的神话到《易经》的卦爻象数，从诸子百家到梦通化解，从太乙神术、奇门遁甲到六壬课，各种方法的背后寄托着先民们认知天地自然与人间社会的立场、道德精神，平安之道对于预测方面的理论与技术智慧都将予以发掘和总结。

平安与否，这是个人需要认真考虑和面对的，更是社会团体、政府部门应该高度重视的课题。因为个人平安与社会、自然的整体平安是密切相关的，没有平安社会和平安自然，个人平安就无法得到保障。所以，平安之道必须关注社会谐调问题，探讨社会管理如何保证个人的平安生存与发展，考察自然生态的基本情况与变迁。就生命保护的立场看，平安社会与平安自然就是个人获得平安的生存环境。以往的理论常常说，人的生存要适应环境，这只是环境条件在极限上不妨碍生命健康的前提下讲的，如果环境已经不适合人的生存，人当然应该避开或者进行适当的改造，使之尽可能恢复到原初的自然生态。

从根本上看，平安与否的问题乃是人自身的生活方式问题，说到底是人心问题。本来，人与自然并没有分离，更没有产生对抗。为了维持生存和繁衍，人从大自然中获取某种物资材料以补充能量，这是许可的，也是必须的；但由于人的需求欲望膨胀起来，力图更多地从大自然中攫取资料，在资源开始缺乏的情况下，人与人之间就产生分歧甚至纷争。为了在争夺中获胜，一部分人结成某种社会联盟；另一部分人也结成某种社会联盟，彼此进行对抗。由社会集团向大自然攫取资料比起单个人攫取资料要猛烈得多。随着工具的发明和改进，人获取自然资源的能力大大提高，于是大自然的资源逐步减少，甚至出现了一些方面资源穷竭无法再生的局面，生态平衡遭到严重破坏。这种破坏反过来戕害了人自身，人的生活质量下降，疾病流行，寿命减短。在这种情况下，人心愈发贪得无厌，愈发疯狂地掠夺自然资源，于是人与人之间、人与环境之间的矛盾愈发尖锐，不平安的局面愈发严重。由此可见，人心贪欲是导致人与人对立、人与环境对立的根源。故而，平安之道的侧重点在于研究人的自我治疗、自身修养、自我完善，在于探讨人如何与生存环境谐调。

当然，笔者说人心贪欲造成了人与人之间、人与环境之间的矛盾加剧，这是从行为表现上做出的判断，并不意味着人类没有克服矛盾的智慧。事实上，早在远古时期，我们的祖先早就注意到人自身如何与天地自然相处的问题，神的信仰与生命礼俗的出现从某种意义上讲即反映了先民控制过分膨胀的欲望、协调自我与环境关系的思考。所谓信仰，就是人灵魂深处发出的虔诚之爱，这种爱不表现在施于人类自身，而是寄托在超越人自身欲望的情感表征——神——身上。在信仰里，人对神的爱在一定层面上代表着人的合理希望以及对欲望的自我克制，也代表着对获取自然资料的一种感恩。克制欲望与感恩情感，通过礼俗得到了很好的表达，这种表达在深层次里蕴含着先民的平安意愿。所以，我们看到远古时期就有自然崇拜、祖先崇拜的礼俗；久而久之，更有祭祀天地的封禅大典出现，尽管封禅大典在后来逐渐演变为帝王巩固自身统治地位的工具，但就最初意义而言，它是先民感恩天地自然、祈求平安生活的礼仪形态。正是由于这样的特质，信仰本身以及由之生发出来的生命礼俗都将进入平安之道的研究视野。

如何平安健康地生存？先民们除了建立自己的信仰与生命礼俗，还有一套行之有效的医疗理论与措施。笔者将之概括为"平安之道与医疗养生"。基于生活的体验与经验，先民们从整体上多层次地认识疾病发生的原因，既考虑人自身的精神因素，也考虑到社会、自然等诸多环境因素的影响。为了正常生存，先民们提出了"治未病"的基本思路，注重平时的预防与养生。在面对疾病的时候，先民们则把人的治疗与环境的调理结合起来。遵循这种思路，先民们不仅注重物理药物治疗，也采用人文信仰疗法，尤其是后者更值得我们注意。所谓人文信仰疗法，其本质是精神调理。按照先民们的思路，疾病发生的重要症状之一是身体组织堵塞不通，包括身体的气道、血道、脉道不通以及情绪、情感不通等，严重者就由堵塞不通发展为组织断裂，就像输水管道受压迫而爆裂一样。就外部环境来看，各种过度刺激都可能引起人的情绪紧张而引发机体病变；就个人精神因素来看，情绪得不到宣导，性格偏执等都是人的机体通道发生堵塞的根源。针对这些情况，先民们经过长期的试验，发现道德反省、仪式程序、声像诱导等都可以产生疗效，从而使病人恢复健康，达到平安的常态。这些经验，也是平安之道所应该予以总结的。

按照先民的生活理念，人体发生疾病要及时处理，从机体与环境的关系入手，进行整体的治疗；不过，治疗疾病乃是不得已的事情；从平安立场看，应该注重日常生活修养，从饮食睡眠的调理入手，掌握太极拳、存想、坐忘等动静相兼的养生技术，且持之以恒地进行修炼；与此同时，进行良好的道德涵养，提升个人的思想境界，循序渐进地进行"内圣外王"的精神反省与道德实践。按照道家养性修真的精神，平安局面的形成并非是个人的事，而是攸关全社会、全宇宙的事，个人的平安必须置于宇宙天地间来考虑。因此，扶持弱者，开展慈善工作，这是个人性命修养应有的功夫或者说必修课。只有通过具体的慈善行动，才能提高自己修身养性的平安功力——这一切乃是平安之道非常关注的方面，也是本书所要传达的整体思路。

三、平安之道与生命哲学理趣

先民关于平安的诉求一开始就与生命认知相关联，涉及生命缘起、生命存在条件、生命长短原因、维护生命平安等问题。故而，平安之道的探讨，就不能不具有生命哲学的视野。

众所周知，生命哲学是19世纪末、20世纪初兴起并且逐渐流行起来的一种哲学思潮。主要代表人物为威廉·狄尔泰（1833—1911年）与乔治·齐美尔（1858—1918年）。这两位学者都是德国人。在他们之前，德国哲学家阿图尔·叔本华（1788—1860年）构建了"生存意志论"，弗里德里希·威廉·尼采（1844—1900年）倡导"权力意志论"，英国生物学家、哲学家查尔斯·罗伯特·达尔文（1809—1882年）则积极宣扬"生物进化论"，赫伯特·斯宾塞（1820—1903年）极力推广"生命进化学说"；还有法国M. J. 居约（1854—1888年）提出了"无义务、无制裁"的生命道德学说。在这种文化环境下，狄尔泰和齐美尔提出了生命哲学的基本思路，著书立说，并且在世界范围内产生了广泛影响，逐渐形成生命哲学学派。该学派的思想特点在于试图用生命的发生和发展来解释宇宙，乃至说明知识的由来与内涵，在现代西方哲学中可谓独树一帜。

关于西方生命哲学流派问题，近年来中国学者较为关注，并且发表了一系列论文。相对而言，对中国传统生命哲学的研究论文则较少。诚然，在中国古代文献中并无"生命哲学"这个概念，但先民们自古就非常关注生命问题，在论述生命时往往也遵循着哲学思维。早在《周易·说卦传》中便有"和顺于道德而理于义，穷理尽性以至于命"[1]的说法。所谓"和顺"，就是调理。怎样调理呢？依照《说卦传》的思路，这就是遵循以仁爱为核心精神的道德法则来理顺人与天地万物的关系。"调理"的过程既是生命认知过程，也是道德实践过程。在这个过程中，"穷理"就是穷尽大千世界事物之发生、发展变化的道理，"尽性"就是体悟万物的根性，而"以至于命"，就是最终明了天命与自我道德生命的关系。

如果我们进一步追踪，就会发现：以"仁爱"为思想核心的中国传统生命哲学精神贯注于古代诸子百家的经典文化之中。譬如《鹖子》在论刑罚时说："昔者鲁周公使康叔往守于殷，戒之曰：与杀不辜，宁失有罪。"[2]逄行珪注谓："人命所悬，理须详正。夫刑或滥，其何则焉？故不可轻杀不辜，宁可失于有罪，此亦宽仁之道也。"[3]鹖子，姓芈，名熊，史称其为祝融火正陆终的后裔，系楚国开国君主

---

[1] （三国）王弼注，（晋）韩康伯注，（唐）孔颖达疏：《周易注疏》之《周易兼义》卷九，（清）嘉庆二十年南昌府学重刊宋本《十三经注疏》本。

[2] （周）鹖熊撰，（唐）逄行珪注：《鹖子》卷下，《道藏》第27册，第168页。

[3] 同上。

熊绎之曾祖父，先秦道家先驱之一。鬻子于商代之末曾经作为姬伯昌的老师，帮助周文王制定国策。司马迁的《史记·楚世家》记载楚武王之言："吾先鬻熊，文王之师也。早终，成王举我先公，乃以子男田令居楚，蛮夷皆率服。"[1]周成王感念鬻熊的功劳，封鬻熊的曾孙熊绎为子爵，楚始建国。《鬻子》一书即是鬻熊治国理政经验的总结，其中所记录的鲁周公对康叔的告诫，充分反映了早期道家对刑罚的慎重处理，而逄行珪注释所言"人命所悬"四字点出了道学政治家以生命为重的施政方略。

再看《管子·内言》，也可以感受到爱民重命的态度。书中记载了齐桓公与管仲的一段对话：

> 桓公又问曰："寡人欲修政以干时于天下，其可乎？"管子对曰："可。"公曰："安始而可？"管子对曰："始于爱民。"公曰："爱民之道奈何？"管子对曰："公修公族，家修家族，使相连以事，相及以禄，则民相亲矣。放旧罪，修旧宗，立无后，则民殖矣。"[2]

对于这段话，房玄龄注释说："放旧罪，则全人命；修旧宗，则收散亲；立无后，则继绝世，故人殖。殖生也。"[3]房玄龄这段注解，将管仲的爱民施政所具有的生命意识充分地揭示出来了。所谓"放旧罪"就是既往不咎，如此一来，往昔被认定有大罪者也能免于一死，故而谓之"全人命"；而"修旧宗"就是通过编修宗谱、族谱，让分散于各处的同姓者找到血缘皈依，相当于建构了精神家园，使得灵魂有了安顿之所。至于"立无后"，就是通过一定的法度，使本来没有子嗣的姓氏得以接续，故谓之"继绝世"。因为"绝世"的姓氏不再"绝世"，所以人口也就繁衍起来。作为齐桓公时期的国相，管子的思想比较复杂。历史上有人将《管子》归入法家，也有人将之归入杂家，但汉代班固《汉书·艺文志》则将之归入

---

1 （汉）司马迁：《史记》卷四十，（清）乾隆武英殿刻本。
2 （春秋战国）管仲撰，（唐）房玄龄注：《管子》卷八，（民国）《四部丛刊》景宋本。
3 同上。

道家学派。不论情况如何,《管子》上述言论从一个侧面反映了齐国稷下黄老道家学派的政治哲学乃蕴含着敬重生命的深层意识。

在攸关人命问题上,儒家从来也是旗帜鲜明的。翻开《孟子》一书,我们不能不为其惜命的情怀所感动。孟子说:

> 君不行仁政而富之,皆弃于孔子者也,况于为之强战。争地以战,杀人盈野;争城以战,杀人盈城。此所谓率土地而食人肉,罪不容于死,故善战者服上刑,连诸侯者次之,辟草莱任土地者次之。[1]

所谓"不行仁政而富之"指的是不考虑仁爱道德,而单纯追求经济效益,结果是国富民穷。此等做法与孔夫子的倡导是相违背的,所以孟子批评这种行为是"皆弃于孔子",即不遵循孔子的教导,丧失了仁爱的生命精神。比这种只抓经济效益而不注重道德教化的行为更为恶劣的是好战行为。孟子指出:为了争夺土地而发动战争,杀人众多,尸横遍野;为了争夺城池而发动战争,被杀害的人盈满于整座城池,真是惨不忍睹!这种利欲熏心、杀人不眨眼的恶劣行径,在孟子看来简直就像在吃人肉,实在是罪恶滔天,应该施以最高的刑罚。对于孟子的论述,汉代经学家赵岐有一段精妙的解说和评论,他指出:"孟子言天道重生,战者杀人,故使善战者服上刑。上刑,重刑也。连诸侯,合从者也,罪次善战者。辟草任地,不务修德而富国者,罪次合从连横之人也。章指言聚敛富君,弃于孔子冉求,行之同闻,鸣鼓以战,杀民土,食人肉,罪不容死,以为大戮,重人命之至也。"[2] 赵岐所言"天道重生"可谓抓住了孟子论说的要领与实质,孟子为什么主张对那些发动战争的好战分子施予最高的刑罚?原来其背后有"天道"为遵循,因为"天道"是好生的,所以不能滥杀无辜。从天道出发而形成仁爱主张,这不仅仅是从政治层面考虑问题,而是从更为深层次的人与天地万物的关系角度考虑问

---

[1] (春秋战国)孟轲撰,(汉)赵岐注:《孟子》卷七,(民国)《四部丛刊》景宋大字本。
[2] 同上。

题，具有宏观的生命精神。

秦汉以来，随着社会的发展与变迁，儒道两家的思想主张相互交错，在如何对待生命问题上彼此相互影响，这在汉代以来的制度道教[1]经典中得到了反映。其中，尤以《太平经》的论说最具典型性。查该书卷三十五有如下论述：

> 人者，乃是天地之子，故当象其父母。今天下失道以来，多贱女子，而反贼杀之，令使女子少于男，故使阴气绝，不与天地法相应。天道法，孤阳无双，致枯，令天不时雨。女者应地，独见贱，天下共贱其真母，共贼害杀地气，令使地气绝也不生，地大怒不悦，灾害益多，使王治不得平。何也？夫男者，乃天之精神也；女者，乃地之精神也。物以类相感动，王治不平，本非独王者之过也，乃凡人失道轻事，共为非，其得过非一也，乃万端；故使治难平乖错也。天地之性，万二千物，人命最重，此贼杀女，深乱王者之治，大咎在此也。[2]

这段话以"人者"开头，表明其论述的主题就是"人"，具体讲就是关于"人命"的问题；再进一步讲乃是关于"贼杀"女子的问题。就其行文语气看，《太平经》的论述是针对汉代社会所发生的杀女行为。所谓"贼杀"就是悄悄地杀，可能是家庭多生女子，不想养育或者无法养育而放弃，又怕外人知晓，只好私下溺死。对于这种贼杀女孩的行为，《太平经》进行严厉的抨击，认定为"大咎"。为什么是"大咎"？《太平经》从天地阴阳的关系角度阐发道理。《太平经》认为：天地有阴阳，人乃是天地之子，本应该像父母一样爱护自己生育的所有子女，不论男孩、女孩都在爱护之列，既生则需养，没有例外。其理由是：天道法则，阴阳相应，孤阳不长，独阴不生，唯有阴阳和合，方可生生不息。杀害女子，这是断绝地统的恶劣行为，致使天地阴阳不能相互感动，其结果就不仅仅影响了个别地区，而是影响

---

[1] 关于"制度道教"的详细解释，参看本书第104页。
[2] 王明：《太平经合校》，北京：中华书局，1960年版，第33—34页。

了社会的整体稳定与安宁。在《太平经》看来,"贼杀"女子,将造成"王者之治"发生"深乱",即深层次的混乱,这在情感上带有维护帝王统治的色彩,但作者大声疾呼"人命最重",对于纠正当时的杀女行为无疑是一剂良药。

从天地阴阳和合的立场出发,《太平经》不仅对"贼杀"女子的行为进行严肃批评,而且对如何安顿人命问题提出了积极的主张,它说:

> 夫人命乃在天地,欲安者乃当先安其天地,然后可得长安也。今乃反愁天地,共贼害其父母,以何为而得安吉乎哉?前后为是积久,故灾变不绝也。[1]

可以看出,《太平经》的最后目标是要安人命,但作者并非仅就人命之安来说"安",而是将"人命"置于天地间来考虑。既然人命是在天地之间,如果天地不安,人命之安也就无从谈起了。所以,要安人命,就得以安天地为前提,唯有天地得安,人命才能长安。

《太平经》为什么提出先安天地的问题呢?原来,早在汉代便已发生了破坏生存环境的问题。《太平经》说:

> 天者,养人命;地者,养人形。今凡共贼害其父母,四时之炁,天之按行也。而人逆之,则贼害其父。以地为母,得衣食养育,不共爱利之,反贼害之人,甚无状,不用道理穿凿地,大兴土功,其深者下及黄泉,浅者数丈,独母愁,患诸子大不谨孝,常苦忿忿悃悒,而无从得道其言。古者圣人时运,未得通其天地之意,凡人为地无知,独不疾痛而上感天,而人不得知之,故父灾变复起,母复怒不养万物,父母俱怒,其子安得无灾乎?夫天地至慈,唯不孝大逆,天地不赦,可不慎哉![2]

《太平经》这段话是针对穿凿大地的行为而提出来的批评。从所记录的情况

---

[1] 王明:《太平经合校》,第124页。
[2] 同上书,第115—116页。

看，当时挖地已经到了深入地下水的程度。在《太平经》看来，大地就是母亲，既然如此，大地便有生命；不仅有生命，而且是各种动物、植物生存繁衍的基本保障。乱挖地，这是不孝的行为。因为人类乃天地之子，妄穿大地，就等于在母亲身上动了刀子，这是多么不应该。

《太平经》不仅反对妄穿大地，而且提出了保护地上生物、植物的主张，这种主张也体现在"命树"的说法中：

> 人有命树，生天土各过。其春生三月命树桑，夏生三月命树枣李，秋生三月命梓梗；冬生三月命槐柏，此俗人所属也。皆有主树之吏，命且欲尽，其树半生；命尽枯落，主吏伐树，其人安从得活。欲长不死，易改心志，传其树近天门，名曰长生。神吏主之，皆洁静光泽自生，天之所护神尊荣。但可常无毁名，天有常命，世世被荣，虽不下护，久自知精。[1]

按照《太平经》的思路，人生天地之间，皆有体现生命力的"树木"存在，谓之"命树"。出生于春季三个月的人，以"桑"为命树；出生于夏季三个月的人，以"枣、李"为命树；出生于秋季三个月的人，以"梓梗"为命树；出生于冬季三个月的人，以"槐、柏"为命树。《太平经》指出，一年四季的树都有神吏管着，如果一个人命运衰落，其命树也随之慢慢失去生机；如果一个人的命运气数已尽，命树就会枯萎。要使得命树长生，有何办法呢？《太平经》提出了一种关涉内心修养的方案，这就是"易改心志"。为什么要"易改心志"呢？原来，人多有情欲，受外界诱惑，就会图谋不轨，以至于道德败坏。"改易心志"就是弃恶从善、改邪归正，其中包括对动物、植物施以仁爱之心，多行善事，这样才能保证命树不受砍伐而长青。《太平经》这种观念当然是宗教信仰的表现，但就生态环境的保护而言却具有特殊意义。

回顾思想文化史可知，我们的先民具有深邃的生命意识，他们从人类与宇

---

[1] 王明：《太平经合校》，第578页。

宙万物的关系立场对生命问题进行整体把握，而这种把握又基于平安生存的理念，平安之道与生命哲学相交错的思想智慧深深积淀于中华传统文化的深厚土壤之中。

四、平安之道的研究方法

当我们明确了平安之道的概念内涵、研究范围以及平安之道与生命哲学的交错关系之后，就可以进一步谈谈研究方法了。

最初，笔者曾经设想通过故事传说、数据来证明平安思想的价值与现代意义。那样做虽然比较容易，写出来的文字也比较好懂，但却觉得不够深刻。随着接触范围的扩大，平安之道课题就复杂起来了。这表现在：第一，历史跨度大。先民们认知平安意义、表达平安诉求、营造平安环境的实践资料从上古社会一直延续到明清之际，其间伴随着朝代兴衰更替，社会变迁，需要进行一番深入稽考才能掌握真切情况。第二，涉及领域广。平安虽然是一种希望、一种状态，但如何判断是否平安，怎样获得平安、维护平安，这既有理论问题，也有技术问题，更有文化符号的表征问题。第三，文献资料多。在检索过程中，笔者发现，不仅道家经典文献蕴含着丰富的平安思想资料，儒家以及法家、农家、墨家等各学派都触及这个人类生活的根本问题，尤其是传统术数文献，更是以平安作为首要的实践目标。鉴于上述三种情况，笔者经过一番考虑，感觉应该寻找与实际情况相适应的学术路径，所以在方法上也有了新的思考。

概括起来，平安之道研究，拟采用如下方法。

（一）文献梳理法

中国古典文献可谓浩如烟海，如何从众多文献中寻找出那些表达平安思想、平安技术的资料，这不仅要广泛地搜索，而且需要进行一番分辨、查证。因此，笔者一方面广泛阅读，尽可能把相关资料查找出来。在查找过程中，笔者特别注意三个方面的工作：第一，对那些明显体现平安思想、包含平安技术的资料进行摘录；第二，对那些表面看起来并不是探讨平安问题但却蕴含平安理趣的资料也适当予以摘编；第三，将所得资料按照类型和时代先后顺序做初步排列。把同类型、同专题的资料放在一起，以显露其前后的继承与发展关系。通过文献的初步梳理，为研究工作铺平道路。

（二）语义层剥法

有关平安的思想史料，既有论说性的，也有描述性的，更有技术操作性的。由于思想内涵是通过句子来表达的，而句子又是通过词汇构成的，在许多情况下，摆在面前的资料不一定能够直接显露平安意蕴。当我们通过语词解读，就会发现蕴藏于深层次的平安精神旨趣。因此，传统的音韵训诂方法在本课题研究中依然是十分重要的。笔者所谓"语义层剥法"实际上是传统音韵训诂法的扩张或延伸。之所以称作"层剥"，是因为有些词汇靠一次解读尚不能显露平安意蕴，需要对旁涉的相关词汇进行意义诠释。由于经过了多层解读，费了许多周折方才对平安理念或技术得到佐证，恰如剥笋一样，故而以"层剥"比喻之。

（三）历史追踪法

"语义层剥"可以比较准确地弄清文献资料的含义，有其不可替代的功用，但却不是万能的。因为任何一种描述或者论说都是在具体历史文化背景下形成的，如果离开了这种文化背景，尤其是离开特定的语境，这就有可能弄错其真实意涵，况且中国语言文字往往一词多义，在许多情况下甚至是言在此而意在彼，加上表达的模糊性，这就给词汇、语句的理解造成较大困难。如果我们仅仅是做字面理解功夫，很可能发生误会，甚至离题深远。有鉴于此，本课题研究充分意识到让文献资料回归历史文化背景的重要性，希望通过这种回归，以复原其内在的本初意涵。

（四）逻辑分析法

在一些场合，光是通过历史追踪，很可能无法确实解决问题，那就需要从逻辑入手进行分析、判断。逻辑分析法有许多不同的类型，有形式逻辑、辩证逻辑、模态逻辑、数理逻辑等等；从事件的发生、发展角度看，尚有生活逻辑；从作者对事件的组织与描述角度看，则有艺术逻辑。如何使用逻辑分析，从什么角度切入,这要看文献史料的类型。例如对于术数文献,有很多是关于天干地支、阴阳五行的推演,牵涉符号代码的使用等问题,这可以采用形式逻辑与数理逻辑相结合的分析方法,而对于格言式资料则可以从生活逻辑角度予以阐发。

(五)思想整合法

平安之道研究不仅要梳理先民们的平安思想立场、平安生活方式、平安技术类型,也要在历史积淀基础上进行思想创新。要达到这种目标,首先需要对平安思想史料进行整合,即将不同时期、不同流派的史料予以连串,使之形成系统的多方位、多角度、多层次的理论表述与技术操作模式。

老子《道德经》第四章说:

道冲,
而用之或不盈。
渊兮,似万物之宗。

意思是讲:道体虽然虚空,但它所产生的能量,却能让万物取之不竭,用之不尽。它深厚博大的样子,就像万物的宗主。套用老子的逻辑,我们可以说:平安之道表面看起来也是虚空的,但它却蕴藏着无穷无尽的智慧,它是中国传统文化中的一大宝藏,虽然门锁紧闭,不容易开启,但只要我们找对了钥匙,相信一定能够开启这个宝藏之门。

让我们一起努力,将中国文化中的平安智慧发掘出来服务于平安世界的建构伟业吧!

上编 平安之道的本元探究

第一章 平安之道的神话渊源

平安之道研究从哪里开始？从不同立场出发将会有不同切入点。就时间角度看，其切入点主要有两极，一极是现在，即从当下平安说辞或安保方式进入，顺藤摸瓜，陆续摘取表达平安理念的"文化瓜果"；另一极是远古，即人类早期生活时代，研究的时候直面远古，将之当作文化河流的发端，坐上"研究小船"，泛流而下，一样能够"摸到"表达平安理念的"文化瓜果"。所谓"天下同归而殊途，一致而百虑"[1]，说的就是这个道理。既然从哪一极切入都可以，笔者便以上古神话资料作为研究开端开展工作。

第一节 盘古开天地

在中国古代，有大量文献史料涉及"天地"神话。其中，尤其以"盘古开天地"故事最具代表性，故而颇受关注。不少学者从民俗学、人类学、社会学、宗教学、历史学等不同学科、角度予以探讨，并且取得了可观成果。不过，该神话所寄托的"平安"理趣何在？这依然需要深入发掘才能明白，这就是本节为什么首选"盘古开天地"进行解读的缘故。

一、盘古开天地的原初神话

关于盘古开天地，三国时期徐整的《三五历纪》有这么一段记载：

---

[1] （宋）丁易东：《周易象义》卷十五《系辞传下》，（清）《文渊阁四库全书》本。

天地混沌如鸡子，盘古生其中。天地开辟，阳清为天，阴浊为地。盘古在其中，一日九变。神于天，圣于地。天日高一丈，地日厚一丈，盘古日长一丈。如此万八千岁。天数极高，地数极深，盘古极长。后乃有三皇。数起于一，立于三，成于五，盛于七，处于九，故天去地九万里。[1]

这段话是否蕴藏着平安信息呢？我们先对其原文含义略做解读之后再来分析吧。《三五历纪》讲的盘古故事大体意思是：

天和地还没有分开，混混沌沌，像鸡蛋的样子，盘古氏就在鸡蛋里面。后来有一天，那鸡蛋似的东西突然被劈开了，清阳之气比较轻巧就上升成为天；浊阴之气比较沉重就下降成为地。盘古就在天地之中，他一天有九次变化。算是天中的神明，也算是地上的圣者。

就这样，天每日都长高一丈，地每日增厚一丈，盘古每日也生长一丈。如此经过了一万八千年。天已经很高很高，地已经很深很深，盘古的身体已经很长很长。盘古之后，天地间才有了天皇、地皇、泰皇的出现。数是从一开始的，盘古氏就代表一；一之后有二，二之后有三，三皇就代表万物确立的"三"。有三就有四，有四就有五，这个"五"代表天地之中，万物生成。有五就有六，有六就有七，这个"七"代表南方气盛。有七就有八，有八就有九，这个"九"代表西方气敛，万物有收成。"九"是天地最大的数，所以天地之间距离有九万里。

二、盘古开天地的平安意蕴

从《三五历纪》描述里，我们虽然无法直接找出"平安"字眼或类似语词，但通过关键概念以及情境解读，却可以发现蕴藏于故事字里行间的"平安"精神。

首先，考察"盘古"名称。

"盘"的繁体写作"盤"，这个字系上下结构，上面部分由"舟"和"殳"组成。"舟"就是"船"，为水中交通工具，甲骨文的"舟"像船形，两边像船帮，

---

[1] （唐）欧阳询：《艺文类聚》卷一《天部上》，（清）《文渊阁四库全书》本。

中间三条线代表船头、船舱和船尾。《考工记·总目》谓"作舟以行水"[1]，而《墨子·节用》则称"舟以行川谷"[2]。从这两个例证可以看出，"舟"在上古即已作为水中交通工具。问题在于为什么要在"舟"的右侧加上"殳"呢？这就需要进一步弄清楚"殳"的本义。"殳"的甲骨文写法，像手持一种长柄勾头似的器具，系古老的武器。远古先民于狩猎和战争前，要手持"殳"器，翩翩起舞，作为祭神礼仪。后来的"庆典操舞"即设置"殳仗队"，并且有专门负责"殳仗队"工作的官员，其后代遂有以"殳"为姓者。为什么要持"殳"起舞祭神呢？一方面是为了鼓舞士气，另一方面则是为了祈求平安。"殳"与"舟"结合，应该也有两种功能，一种是把"殳"作为划船工具，控制平衡，另一种则是保护行舟安全。这样看来，"盤"的上部应当蕴藏着先民渴求"平安"的意愿。

至于"盤"的下部"皿"字，大多数学者解释为盛物器皿，这当然没有错。问题在于这种器皿盛物干什么？许慎《说文解字》在解释"皿"的时候有一句话，叫"与豆同意"。在甲骨文和金文中，"豆"字下部均有喇叭形足，上有圆底浅盘形象。考古工作者曾经从曾侯乙墓中发掘出战国青铜器盖豆，该器皿直口、方唇、短颈、深腹，柄较短，喇叭形圈座，腹部两蛇形环耳，盖内和腹内壁均有相同的七字铭文："曾侯乙作持用终"。据有关文献记载，青铜盖豆早在西周与东周时期即已盛行，它既可用来盛放干食如煮好的肉类，也可盛放调好的汤汁如羹类。同时，豆也是祭祀礼器之一，并且是向神灵供献牺牲食品的最后一道器具。"豆"是一种重要的祭祀礼器，"与豆同意"的"皿"字，应该也是一种祭祀用品，其形状与"豆"相异，但用途却与"豆"相似。"盤"字所带的"殳"和"皿"合在一起，是古人在行舟之初，举行宗教仪式以保出行安全的印记在造字过程中的表现。

再看"古"字。其构型上为"十"，下为"口"。在甲骨文中，用一竖代表"十"，而金文则写作一横一竖，许慎《说文解字》谓："十，数之具也。'一'为东西，'｜'为南北，则四方中央备矣。凡十之属皆从十。"[3]照此看来，"十"既表

---

[1] （宋）林希逸：《考工记解》卷上，（清）《文渊阁四库全书》本。
[2] （清）孙诒让：《墨子间诂》卷六，（清）光绪三十三年刻本。
[3] （汉）许慎：《说文解字》卷三上，（清）《文渊阁四库全书》本。

示数目，也与方位有关。大部分文字学家认为，"十"表示结绳记事，这是有道理的；但如果进一步追问：作为结绳记事符号，"十"的原型是什么？这就需要将之置于初民生活背景中来解读方能明了本义。按《左传》的说法：国之大事，唯祀与戎。可以说，先民们的生活几乎都笼罩着祭祀与战争的云烟，反映到文字上，这方面的气氛也是很浓厚的。由此，我们看"十"与"口"的造型也就能够打开思路。日本学者白川静认为："十"乃是武器的表征；"口"并非表示人的发声器官，而是先民与神沟通时储存咒语秘字的器皿。"十"与"口"相合而构成的"古"字具有镇慑保安功能。[1]笔者以为，"古"的本义当是"固"，即表示用武器固守。当"古"字引申出"久远"的意涵后，其本义逐渐被淡忘，先民就另外造出"固"字以示区别。

"古"字意味时代久远，这已为学者们所公认，但作为武器表征这个含义却需要再仔细考证。笔者近日查阅大量文献，发现《子夏易传》有一段文字颇能佐证此一观点。该书卷一在解释《周易》之"师"卦初六爻辞"师出以律"时说："主君不能亲之，是以授其命而不授其事，名曰专征，此古师之道也。《军志》曰：军之所承于君者，师之可战。君曰：无战必战可也。师不可战，君曰：战之无战可也。故进不求其名，退不避其罪，本乎社稷之卫也。"[2]在这段论说里，用了"古师之道"一语，如何理解"古师"两个字呢？或以为就是指古代军队，这当然没有错，但如果联系前面的"专征"来看，就会明白此"师"前之"古"的特殊意义。"师"用以征战，要征战就得有武器，"古"暗示武器，"古师"也就是用武器装备起来的威武之师。这一点，《子夏易传》在下文解释"战"的时候提供了佐证，作者用了"社稷之卫"四个字来概括，其中的"卫"字也表明了武器的不可少，唯有装备武器，才能行使保卫职能。

此外，笔者又查蔡卞《毛诗名物解》卷十七《草木总解》，发现其中有一句话也可佐证"古"的武器意涵。该书称："栲之干高大，而车以为辐；杻之名檍，而

---

[1] 参看［日］白川静：《汉字》第一卷，第106、179页。
[2] （春秋战国）卜商：《子夏易传》卷一，（清）《通志堂经解》本。

古以为弓。其坚以大也。"[1]所谓"栲"本指一种高大乔木，而"杻"是刑具之类器械。照《毛诗名物解》的描述，车辐是用高大栲木做成，古弓是用杻木做成。《毛诗名物解》将"车"与"古"对举，其所谓"古"并非指"古代"，而是与"车"相类的兵器，这种兵器安放着"弓"，固定于某个场所，具有镇守功能。

通过文字构型分析，不难看出，"盘"具有"持正平稳"意涵，而"古"则有"镇守安宁"意涵。从这个角度看，"盘古"二字，或许就是先民祈求"平安"的一种心灵寄托。

其次，考察盘古神话内容。

"盘古开天"神话不只是"盘古"这个名称寄托着"平安"祈求，而且故事情节也是先民渴望平安的隐喻。这主要体现在三个方面。

（一）以拓展的空间隐喻平安境地

平安是对事物状态的一种描述。这种状态是以空间的存在为发生条件的，没有空间，一切状态都是不可能的。与此同时，平安是人在空间情境中的一种感受，离开空间，人无法存在，因此也就无所谓感受；没有感受，平安也就化为乌有。基于这样的逻辑，我们审视"盘古开天"神话，发现这个神话故事虽然不长，但却给人一种强烈的空间拓展感受。故事一开始呈现给人的空间是狭小的，整个天地就像个鸡蛋，伟大的盘古就在这个小小鸡蛋里，那是多么压抑啊！难怪盘古要改变这种环境。盘古怎样改变环境呢？根据黄休复《益洲学馆记》、楼钥《秘涧大全文集》卷七十二《汉文翁讲室画像》题跋等资料记载，汉代成都有汉文翁高朕石室壁画，绘制了自盘古氏以下至仲尼72弟子，共计113人，极尽精妙简古，经千余年，直到宋代，依旧完好无损。其中，盘古左手握石斧，右手握着一木把，作顶天立地之状，背后是开阔的天空。这种画面显然是在展示一种巨大的生存空间，看到这种空间，原先那种压抑感受即一扫而光，因为空间开阔，光亮透身，让人觉得不会发生不可预测的伤害。从某种意义上看，这种画面乃是对古老的盘

---

[1] （宋）蔡卞：《毛诗名物解》卷十七《杂解》，（清）《通志堂经解》本。

古开天神话的一种演绎,它将神话里蕴藏的平安空间一目了然地展示出来了。借助画像,我们再读盘古开天神话的文字资料,就会豁然开朗,心中为之一亮!

(二)以对举的事物隐喻平安节律

就存在状态而言,平安往往表现为一种秩序,例如早上太阳从东边升起,傍晚太阳从西边降落;春夏秋冬,来回交替;大海潮水,有升有降,如期而涨,如期而退,相当有规律。这种规律、秩序就给人平安的感觉,因为事物的发生或者变化都是可预期的,人们生活在这种环境里不用担惊受怕,故而可以放心安然睡觉。反之,如果太阳该升起的时候却不升起,或者突然从西边升起,从东边降落,如果海水该涨潮的时候却不涨潮,或者突然掀起巨大的海浪,人们因为不理解就会惊悸不安。由此可见,秩序、常规、可预期,这些因素对于人们的生活来讲是相当重要的。盘古开天故事呈现给人的就是这种秩序。"阳清为天,阴浊为地",其中的"阳"对应于"阴","清"对应于"浊","天"对应于"地",显得井井有条。接下来,《三五历纪》又说:"天日高一丈,地日厚一丈,盘古日长一丈。"[1]其天之"高"、其地之"厚"不是胡乱发生的,而是有固定数量的,而盘古的增长也与天地的"高""厚"相应,皆为一丈,没有意外。再看其后的描述:"如此万八千岁。天数极高,地数极深,盘古极长。"这句话的"如此"二字尤其意味深长,表明天的增高、地的增厚以及盘古的增长数量是固定的,没有异常。最后作者使用了三个排比句,且在三个排比句里都用了一个"极"字来形容,尽管相当夸张,但并没有破坏比例与平衡。因此,盘古虽然"极长",但我们不会觉得他的头会撑破天顶,也不会觉得他的脚会穿破大地,因为增长是成比例的,有比例就谐调,谐调了也就平安了。

(三)以自然的数字隐喻平安发展

数字是非常奇妙的。在我们的生活中,几乎到处都可以见到数字,就拿身体来说,我们的双手合起来有十个指头,双脚合起来也是十个指头,我们有两眼、两耳、两个鼻孔、一个嘴巴,此称为七窍,加上身体下部的排泄器官,共有九窍,

---

[1] (唐)欧阳询:《艺文类聚》卷一《天部上》,(清)《文渊阁四库全书》本。

这是身体外显的常规数字，正常人都享有这样的天赋数字，这就是平安数字。如果少个耳朵或者少个眼睛什么的，就是有缺陷，要么是先天缺陷，要么是后天遭受灾难被剥夺了，那就是不平安。可见，符合常规的数字也给人秩序感，有了秩序感也就有了平安感。我们读盘古开天神话的另一个感受就是一组有秩序的数字逐步展开。《三五历纪》在描述了"盘古极长"之后，紧接着出现了一连串的数字："后乃有三皇。数起于一，立于三，成于五，盛于七，处于九，故天去地九万里。"[1]文中的"后"字提示了时间的流逝、延续，而"三皇"象征着天地间事物的崛起，但这种崛起不是混乱的，而是数字化的，所以《三五历纪》记载的神话紧接着说"数起于一"，这个"一"就是盘古，它代表着万物的开始；而后逐步演化，到了"三"是很关键的。老子《道德经》说"道生一，一生二，二生三，三生万物"，对比一下老子的话，我们再揣摩《三五历纪》关于盘古神话的"立于三"的"立"字，就会感到其余味无穷。能够"立"起来，就稳重了。怎样"立"呢？"立"在哪里呢？原来，盘古神话呈现的数字是方位空间分布的一种暗示。按照古人的习惯，北方居下，一之所起；向左转动，到了东方，三之所立；交会于中，五之所成；运而达南，七之所盛；轮而至西，九之所处。至九而阳数极，所以"天去地九万里"。这里的"九万里"当然不是实指，而是用最大的自然数"九"来代表天地之间的极为遥远、广阔。通过这样的自然数的推演、布列，盘古神话呈现了事物发展、运动的自然逻辑，平安秩序跃然纸上。

第二节　女娲补天

可以与盘古开天相媲美的上古神话是女娲故事传说，这也是中国古代典籍记载颇多的优美动人故事。从平安立场看，笔者以为其中的"补天"情节最具典型意义。因此，本节拟以该故事为核心展开讨论。

1　（唐）欧阳询：《艺文类聚》卷一《天部上》，（清）《文渊阁四库全书》本。

一、女娲补天的原初故事

查《四库全书》,可以看到"女娲补天"神话的大量史料,文字大同小异。为了便于分析,也为了了解原初面貌,笔者引述较早的道家典籍《淮南子》为据,该书《览冥训》称:

> 往古之时,四极废,九州裂,天不兼覆,坠不周载;火爁焱而不灭,水浩洋而不息;猛兽食颛民,鸷鸟攫老弱。于是女娲炼五色石以补苍天,断鳌足以立四极,杀黑龙以济冀州,积芦灰以止淫水。苍天补,四极正;淫水涸,冀州平;狡虫死,颛民生。背方州,抱圆天。和春阳夏,杀秋约冬,枕方寝绳。阴阳之所壅沈不通者,窍理之,逆气戾物伤民厚积者,绝止之。[1]

《淮南子·览冥训》这段话的意思是:在过去很久的一个历史时代,东西南北四方极远的天柱仿佛遭受利器宰割而报废,九州大地都裂开了,天不能全面覆盖,地也不能全面承载;大火燃烧不止,大水泛滥不停;凶猛野兽咬噬善良人民,鹰、鹯、雕、鸮之类巨鸟攫食老弱的人。人们的生活陷入了极端困境,于是女娲冶炼了青、赤、黄、白、黑五种颜色的石头,填补了崩裂的苍天,砍断巨龟的腿脚作为支撑四方的柱子,杀死了黑龙来救济四海之内的民生,将芦苇灰烬累积起来,阻挡泛滥的水灾。经过一系列处理,崩裂的苍天恢复原状,四面方位平正了,泛滥的大水干涸了,四海之内的国土平静了,狡猾残酷的野兽死去了,善良的人民得以休养生息。这时候,女娲背靠着大地,怀抱着圆圆的天。春夏秋冬,四时交替有序。女娲用矩做枕头,用绳子编制为床,平直地躺在上面,她非常自在,对天地的情况也非常了解。如果感受到宇宙阴阳二气拥堵不通,就通过开窍方式来调理;如果发现乱气逆行不利于民众生活、不利于累积财富,就立刻制止。

---

[1] (汉)刘安撰,(汉)许慎注:《淮南鸿烈解》卷六,(民国)《四部丛刊》景钞北宋本。

二、女娲补天的平安理趣

与"盘古开天"神话一样,女娲补天神话里也没有直截了当的"平安"说辞,但字里行间却蕴藏着"平安"理念。何以见得?以下就来展开分析。

首先,透析"女娲"名称的"平安"意蕴。

"女"字,甲骨文写作"🙎",像女人安静跪坐在屋子里,本来就具备"平安"旨趣;许慎《说文解字》谓:"凡女之属皆从女。"[1]照此说来,具有女字旁的"娲"字也应是"平安"象征。

查考古文献记载,可以得到关于女娲的几条重要信息。

(一)女娲是远古神圣女

许慎《说文解字》谓:"娲,古之神圣女,化万物者也。从女,呙声。"文中的"化"字很重要,《淮南子·说林》以及《楚辞·天问》等史料称女娲一日有"七十化"。有些学者从神变角度解释"七十化",认为那是表示身体的瞬时神奇变化,带有浓厚神秘色彩。其实,女娲"七十化",应该是指"融化""风化",也就是社会教化。一方面,用崇高的威望来平息社会动乱,例如对共工之类麻烦制造者的民族分裂行为坚决予以制止;另一方面,开展移风易俗的教育活动,从而化解社会矛盾。从这个角度看,女娲就是维护社会平安的杰出女性、社会精英。

(二)女娲是坤母

《周易乾坤凿度》卷下称女娲"坤母运轴"。所谓"坤母"就是地母。按照《周易》的八卦象征,乾为天、为君、为父,坤为地、为臣、为母。"坤"卦《象传》称:"至哉坤元,万物资生,乃顺承天。坤厚载物,德合无疆,含弘光大,品物咸亨。"[2]照此说法,坤母的品德就是宽厚,能够运载地上所有事物,无论生物,还是非生物,都可以依赖坤母,既然如此,女娲当然是平安的维护者了。

---

[1] (汉)许慎:《说文解字》卷十二下,(清)《文渊阁四库全书》本。

[2] (三国)王弼注,(晋)韩康伯注,(唐)孔颖达疏:《周易注疏》之《周易兼义》上经乾传第一,(清)嘉庆二十年南昌府学重刊宋本《十三经注疏》本。

（三）女娲风姓，人首蛇身

晋朝皇甫谧《帝王世纪》谓："女娲氏，亦风姓也，承庖牺制度，亦蛇身人首，一号女希，是为女皇。"[1]唐国子博士弘文馆学士司马贞《补史记·三皇本纪》以及明孙瑴编《古微书》卷十七也有类似记载。有文献称，女娲与伏羲氏同族，均属东南古越族。该族群以"蛇"为图腾，在十二生肖中，"蛇"居于第六，与十二地支的"巳"相合。"蛇"在十二生肖里居中，而"巳"在十二地支里也居中。居中则正，正则平稳。故"女娲"代表着天下平定、百姓安居乐业。再说风姓，也有平安意涵。因为"风"在《周易》中是"巽"卦的物象本体，该卦《彖传》在解释"巽"的卦象时说："中正而志行。"马振彪称：中正者，"立天下之正位也"[2]。既然天下归正，百姓也就平安了。事实上，风姓可能与东南方常刮大风有密切关系。地处东南的人们每年都要遇上几次大风，所以必须注视风行动态，了解风力情况。为减少风灾做好准备，这是任何一个时代领导者的责任，女娲作为部落首领，承担着监控风灾的责任。"娲"字右边的"呙"通于"涡"，即漩涡的意思，意味着女娲乃是明了台风旋转、能够监控风情的佼佼者。从这个意义上看，"女娲"名称也承载着营造平安环境的信息。

（四）女娲是笙簧发明者

《礼记·明堂位》："垂之和钟，叔之离磬，女娲之笙簧。"郑玄注："笙簧，笙中之簧也……女娲作笙簧。"[3]根据宋代陈旸《乐书》卷七《礼记训义》的解释可知，古时候造笙是以匏（葫芦）为母体，将管置于匏中，安上簧片，这就可以吹奏。在吹奏时，气流通过管道，发出了悦耳声音。女娲制作笙簧是干什么的？有什么象征含义呢？陈旸指出，笙簧之制，在于"达阴阳之冲气，象物之植而生"[4]。

---

1 （唐）徐坚：《初学记》卷九帝王部，（清）光绪孔氏三十三万卷堂本。
2 （民国）马振彪：《周易学说》，张善文整理，广州：花城出版社，2002年版，第553页。
3 （汉）郑玄注，（唐）孔颖达疏：《礼记注疏》卷三十一，（清）嘉庆二十年南昌府学重刊宋本《十三经注疏》本。
4 （宋）陈旸：《乐书》卷七《礼记训义》，（清）《文渊阁四库全书》本。

所谓"冲气"就是中气，意味着吹奏笙簧就是为了调和阴阳，达到社会和谐，所以笙簧的制度效法凤凰的鸣唱声，大的笙有十九簧，小的笙有十三簧，大笙主唱，小笙随和，在大射礼时，三笙一和而成声。这种制度实际上是通过器乐来营造和乐平安氛围，故而有引导精神安宁和乐的功能。至于"象物之植而生"是说笙簧声音象征着植物生长过程，春种、夏长、秋收、冬藏，四时有序，可见笙簧发声又代表着万物生生不息、周而复始的节律，而最重要的是女娲笙簧强调了八音中的"太簇"，象征正月。《吕氏春秋·音律》："太簇之月，阳气始生，草木繁动。"[1]这意味着女娲实际上又代表了乐律与自然节律相合拍，既然两者合拍，其平安气氛就更加明显了。

以上四个方面信息表明："女娲"名称与"盘古"名称一样，在深层次里也隐藏着先民的平安意愿，具有平安的导向功能。

其次，解读"女娲补天"神话的平安内涵。《淮南子·览冥训》记载的"女娲补天"神话大体包含四个方面内容。

（一）远古时期曾经出现不平安状况

女娲为什么补天？是因为"天"坏了，"颛民"不能过平安日子，所以女娲有必要采取非常行动。为了表现女娲补天的合理性，《淮南子·览冥训》首先陈述了天坏之后的严重问题："四极废，九州裂，天不兼覆，地不周载；火爁焱而不灭，水浩洋而不息；猛兽食颛民，鸷鸟攫老弱。"[2]这段话虽然并没有把叙说重点放在天上，但通过灾难的描述，让人不得不思考事件发生的源头。其中最重要的一句是"四极废"。所谓"四极"在古汉语中有多种含义，既指四方极远之地，也指极远之国、四境等，这里指的是支撑四方的擎天柱。擎天柱一废，天得不到支撑，一切就乱套了。"颛民"无法过上平安生活。

擎天柱为什么废了呢？《淮南子·天文训》有一段话道出了原因："共工与颛顼争为帝，怒而触不周之山。天柱折，地维绝，天倾西北，故日月星辰移焉；地

---

1 （秦）吕不韦撰，（汉）高诱注：《吕氏春秋》卷六《季夏纪第六》，（民国）《四部丛刊》景明刊本。
2 （汉）刘安撰，（汉）许慎注：《淮南鸿烈解》卷六，（民国）《四部丛刊》景钞北宋本。

不满东南，故水潦尘埃归焉。"[1] 共工是上古时期的神话人物，大抵是管理水土业务的官员，他与颛顼争当首领，敌不过颛顼，一怒之下，就撞坏不周山，使得擎天柱折断，维系大地的绳子也断了，连日月星辰都偏到一边去了。四处洪水泛滥，天空布满尘埃，其环境污染到了非常可怕的地步。由此可见，那个时代，无论是自然环境还是社会环境，都不平安。

（二）女娲为了恢复自然平安与社会平安而努力工作

女娲怎样补天？《淮南子·览冥训》用了四句话予以陈述："于是女娲炼五色石以补苍天，断鳌足以立四极，杀黑龙以济冀州，积芦灰以止淫水。"[2] 毋庸置疑，"补天"是一项系统工程，其中，最为重要的是准备"补天"的原材料——五色石。这种材料并不是随便从什么地方捡来，或者轻而易举地造就，而是需要精心制作的，所以文中用了一个"炼"字来点明。"炼"字火字旁，表明材料制作需要火功。桂馥《说文解字义证》谓："炼，铄冶金也。"[3] 本来，"炼"是一种冶金工艺，既然五色石也是炼出来的，那么其制作过程想来也是相当复杂的。只是《淮南子》没有具体陈述这一过程，我们无从了解其细节。炼好五色石之后，紧接着就得给破漏的"天"补上，这算是补天工程的最主要工作。但是，仅仅"补"了天，事情并没有了结，"颛民"依然无法过上平安日子，因为擎天柱倒了，没有支撑的东西，还有因天体不正常而引发的火灾、水灾等后续问题也都还没有解决。"补天"系统工程应该包括这些配套工作。女娲的办法是一项一项落实，她广泛发动群众，有的"断鳌足"，有的"杀黑龙"，有的"积芦灰"，终于把擎天柱重新确立起来，把火灾、水灾之类麻烦通通化解了。从这些情节来看，女娲恢复自然与社会平安的工作是从空间入手来进行的，因为不论是炼五色石补天，还是重新确立擎天柱等等都是在解决空间存在的问题，具有鲜明的空间技术色彩。

不过，我们不要忘记：在中国上古时期，空间与时间常常是相互对应的。空

---

[1] 关于共工触不周山的故事，在《列子·汤问》中也有记载，行文略有不同。
[2] （汉）刘安撰，（汉）许慎注：《淮南鸿烈解》卷六，（民国）《四部丛刊》景钞北宋本。
[3] （清）桂馥：《说文解字义证》卷四十五，（清）同治刻本。

间概念与时间概念是可以相互转换的，例如东西南北中与春夏秋冬长夏对应，又与金木水火土五行、天干地支对应，既互相对应，就有转换或延伸的功能。从这个角度看"女娲补天"，似乎还应该注意其中是否有调整天文历法的象征隐义问题。查张湛注《列子·汤问》篇关于"女娲补天"的解释，有一段话涉及天文历法问题，其略云："阴阳失度，三辰盈缩，是使天地之阙，不必形体亏残也。女娲神人，故能炼五色之精，以调和阴阳，使晷度顺序，不必以器质相补也。"[1] 照张湛看来，女娲补天要解决的是历法问题。其中所谓"三辰"指日月星，系古代制定历法的依据，而"晷度"是日晷仪上投射日影长短的度数。张湛言及"三辰盈缩"与"晷度顺序"，显然是从历法角度审视"女娲补天"的神话事件。按照张湛的理解，女娲之所以要"补天"，是因为历法上出了问题。因为"阴阳失度"，日月星进退生变，历法未能及时跟上这种变化，于是有了误差，造成"天地之阙"，女娲"炼五色之精"，实际上是在做"调和阴阳"的工作，以便使"晷度顺序"，也就是通过日晷仪重新测定日影长短，以便调整历法。这虽然是一种猜想，但无疑是相当深刻的。根据中国科学院国家天文台赵永恒、李勇所撰《二十八宿的形成与演变》的研究成果，与古代历法密切相关的二十八星宿形成年代可以推到公元前5670年前后[2]，这说明伏羲、女娲时代，制定和调整历法是可能的。考孙瑴所编《古微书》卷十八有一段话涉及女娲历法。该书称："舜以十一月为正，尚赤；尧以十二月为正，尚白；高辛氏以十二月为正，尚黑；高阳氏以十一月为正，尚赤；少昊以十二月为正，尚白；黄帝以十三月为正，尚黑；神农以十一月为正，尚赤；女娲以十二月为正，尚白。"[3] 这段话罗列了上古不同历法的月正与五行、五色关系，其中包括女娲时期的月正，这虽然是根据汉代纬书资料而做出的描述，但其史源应相当早，它为我们提供了解读女娲补天神话本义的另一种思路。根据这些资料，笔者推测，女娲用五色石补天，这可能暗示历法从一年360天调整为365天的变革。五色石表征历法上的尚青、尚赤、尚黄、尚白、尚黑，也代表增补的

---

1 （晋）张湛：《列子注》卷五《汤问》，《诸子集成》第3册，北京：中华书局，1954年版，第52页。
2 参看《中国科技史杂志》第30卷，2009年第1期，第110—119页。
3 （明）孙瑴编：《古微书》卷十八，（清）《文渊阁四库全书》本。

5天,因为从360天到365天,恰好差了5天。原来由于"三辰盈缩",历法没有及时调整,造成了时序错乱。从这个角度看,女娲补天神话故事所描写的各种灾难,也可以视为时序问题的隐喻。由此回到"平安"思维,我们不能不意识到,维护天地平安与社会平安,不仅要做空间工作,而且应该关注时间问题。

(三)女娲的补天工作对于恢复平安局面相当有效

作为上天下凡的平安使者,女娲的工作取得了什么效果呢?《淮南子·览冥训》用了这么几句话做了高度概括:"苍天补,四极正;淫水涸,冀州平;狡虫死,颛民生。"[1]这几句话依然必须从空间与时间相互对应的角度来理解。"苍天补"一方面指的是修复被破坏的自然环境,另一方面则隐喻原有历法经过观察、试验、调整,已经纠正了误差。"四极正"既指支撑天地四方的柱子确立起来,也象征历法上的节气与自然界春夏秋冬时令相吻合。接下来的几句是针对早先天下不平安情况而做出的回答。"淫水涸"针对"水浩洋而不息"而言;"冀州平"则针对"杀黑龙以济冀州"而言。古有九州,而冀州为其首。顾炎武《日知录·集释》卷二谓"尧、舜、禹皆都河北,故曰冀方"[2];又称"夏之本在安邑。太康畋于洛表,而羿距于河,则冀方之地入于羿也,唯河之东与南为夏所有"[3];同书又说"古之天子常居冀州,后人因之,遂以冀州为中国之号"[4]。从顾炎武的考述来看,女娲补天神话里的"冀州"可能是指女娲部落居处的中心地带,推而广之,则泛指天下。"狡虫死,颛民生"针对"猛兽食颛民,鸷鸟攫老弱"而言。其中的"狡虫"指凶害之虫,包括猛兽凶禽。由于女娲正了历法,又带领百姓们精心治理环境,原先野兽凶禽横行危害的局面得到有效控制,人们终于可以安居乐业。

(四)补天完成后,女娲依然以维系平安为己任,恪尽职守

"补天"的艰难工作完成之后,女娲照理是可以完全退休,过上轻松无忧的生

---

[1] (汉)刘安撰,(汉)许慎注:《淮南鸿烈解》卷六,(民国)《四部丛刊》景钞北宋本。
[2] (清)顾炎武:《日知录》卷二,(清)乾隆刻本。
[3] 同上。
[4] 同上。

活，但从文献描述来看，她似乎是退而不休。《淮南子·览冥训》用"背方州，抱圆天"六个字来描述女娲补天之后的基本情况。古代所谓"方州"有多种解释，或指帝都，或指州郡，根据汉代高诱对《淮南子》的注解，这里的"方州"指大地。古人认为，地是方的，天是圆的，所以《淮南子》有"背方州，抱圆天"的说法。"背"字作动词用，"背方州"即背靠大地，"抱圆天"即怀抱着上面圆圆的天。看起来，女娲完成了补天工作之后有一个很舒坦的姿势。她是在休息吗？似乎是，但似乎又不是。从下文的言辞，我们可以看到，其实女娲在"补天"之后是以新的姿态继续着维护平安的职责。"和春阳夏，杀秋约冬，枕方寝绳"，这三句话暗示着女娲率领的历法工作团队正在进行新的记录与验证，前两句出现的春、夏、秋、冬显然是历法概念，而"和""阳""杀""约"是对四个不同季节征候特质的形容与概括，古代制定历法除了观察日月星运行情况，还得注意物候的变化，"和""阳""杀""约"就是对物候变化的把握。春天来临，万物生长，气候由寒冷而转暖和，所以称作"和"；夏天来临，气候由暖和而转热，阳气渐盛，所以称作"阳"；秋天来临，气候由热盛而逐渐转冷，劲风狂吹，有萧杀之势，所以称作"杀"；冬天来临，气候由冷而转寒，万物收敛而隐藏，有拘束之态，所以称作"约"。女娲是怎样知道气候变化特征的呢？她"枕方寝绳"。古时候，以两船相并称作"方"，后来引申之，以"方"表示规整有序；又以"绳子"拉直作为丈量的尺码。据此，则女娲居寝之处可能安置着瞭望天体的器具，便于观察天象，验证历法的准确性。

当然，女娲在补天之后不只是继续进行历法的验证，而且也注重自然环境的调理。《淮南子·览冥训》说："阴阳之所壅沈不通者，窍理之，逆气戾物伤民厚积者，绝止之。"文中的"阴阳"涵盖面很广，笼统地说即天地阴阳二气，"壅沈"指的是沉积堵塞，因为沉积堵塞，造成不通。女娲的处理办法就是通过开窍来梳理。此外，对于阴阳气行异常，造成害物伤民严重的，就坚决予以杜绝。

由上述四个方面的分析可知，女娲补天神话呈现了远古时期先民们遭遇不平安状况并且努力恢复平安局面的过程，故事虽然不长，但寓意是相当深刻的。

第三节　羿射九日与夸父逐日

在关于"天"的神话里，还有"羿射九日"与"夸父追日"也很值得注意。尽管这两个神话没有"盘古开天地"与"女娲补天"神话影响大，但从"平安"思想总结与理论建构角度来看，却有不可替代的价值。鉴于这两个神话故事的工作对象都是"日"，笔者将之归为一类来讨论。

一、羿射九日的平安追求

"羿射九日"的故事在古文献中也颇多记载。查《四库全书》，"羿"的名称先后出现了2000多次，足见其知名度不小。古文献所记载的"羿"，其身份不一，或为历史人物，或为神话人物。

就神话方面来看，记载"羿射九日"故事的主要有两部书，一部是《山海经》，另一部是《淮南子》。今引述《淮南子》行文稍加梳理，以便进一步解读。该书《本经训》称：

> 逮至尧之时，十日并出，焦禾稼，杀草木，而民无所食。猰貐、凿齿、九婴、大风、封豨、修蛇，皆为民害。尧乃使羿诛凿齿于畴华之野，杀九婴于凶水之上，缴大风于青丘之泽，上射十日而下杀猰貐，断修蛇于洞庭，擒封豨于桑林。万民皆喜，置尧以为天子。于是天下广狭险易远近始有道里。[1]

《本经训》这段话的大体意思是：到了唐尧时期，天上出现了十个太阳，烧坏了庄稼禾苗，烤杀了草木植物，于是人民没有食物可吃。山里的野兽、水中妖怪，包括龙头狸身的猰貐，牙齿长三尺形状好像凿子的凿齿，善于吃人的九婴，能够破坏房屋的大风，怪模怪样的野猪，能够吞食大象的修蛇，都成为百姓们的灾害。面对这些情况，唐尧吩咐"羿"把凿齿诛杀在南方的一个大湖畴华，把吃人的九

---

[1] （汉）高诱注：《淮南子》卷八，《诸子集成》第7册，北京：中华书局，1954年版，第117—118页。

婴剿灭于北狄辖区凶水之上，用缴系箭把大风怪射死在东方的一个大湖，然后上天射击灼人的太阳，射落了其中的九个；接着又下到地上，诛杀了猰貐，把巨蛇砍断于南方的洞庭湖中，在桑林擒拿了大猪怪。各种妖怪铲除了，天下万民都非常欢喜，就推举唐尧当天子。这时候，普天之下不论区域大的还是区域小的辖区，也不论路途好走还是不好走，由远到近，都有了道路和乡里。

以上《淮南子》关于"羿射九日"的描述具有什么"平安"思想内涵呢？让我们先从神话故事主角的考察入手，逐步解读。

（一）从"羿"的名称看平安

射日命令虽然是尧下达的，最终在行政上得到好处的也是尧，但完成任务的英雄却是羿。因此，我们当然应该着重稽考"羿"的字义、身世与象征旨趣。

"羿"为形声字，从羽，从廾，羽亦声。"羽"本指飞禽羽毛，后来作为飞箭装饰，遂有箭羽之称。"羽"之下的"廾"代表双手。"廾"中间的一横有平稳功能。"羽"和"廾"联起来，表示双手把握箭的飞行方向。因为有双手把握，箭飞出去就能够比较准确到达目标；而最重要的是，羿与箭相伴随，"箭"是武器，可以防护，也可以进攻。不论是防护还是进攻，最终都是为了本方的平安。

"羿"，本是一位"射师"，原称"司羿"。在甲骨文中，"司"写作"𠃌"，它是"卜"与"口"的组合。"卜"就是占卜，"口"表示与神明沟通，占卜、沟通的最终目的当然是为了求得平安。后来，意义引申，"司"表示操作主导和掌控，虽然意义延展，但深层次里也有平安理趣，因为事情能够掌控，可以按照设定的方向发展，不会发生不测，难道不是平安吗？

就金文字形来看，"司"与"后"相似，两字应该是同源。所以，我们看到，"司羿"又称作"后羿"。《尚书》谓："畋于有洛之表，十旬弗反有穷，后羿因民弗忍，距于河。"[1]《左氏博议》卷八称："无弓则后羿不能射。"[2]《春秋分记》卷五十

---

[1] （汉）孔安国传，（唐）孔颖达疏：《尚书注疏》卷七，（清）嘉庆二十年南昌府学重刊宋本《十三经注疏》本。
[2] （宋）吕祖谦：《左氏博议》卷八，（清）《文渊阁四库全书》本。

六载:"鉴于后羿而用德,度远至迩,安五也。"[1] 凡此例证,表明"后羿"这个名称在先秦多有使用。在母系氏族社会,"后"是发号施令者。《说文解字》称"后"是"继体君也,象人之形,司令以告四方"[2],说明"后"本来也掌控权力,这就与社会平安与否直接相关。

(二)从"羿射九日"的内容看平安寄托

从前面的盘古开天地、女娲补天故事可以看出,上古神话有一个套路,这就是先陈述当时的人类因为某种灾难发生,社会出现了不平安的局面,接着是神话主角通过特异手段,解决问题,扭转了艰难困苦的局面,恢复平安。"羿射九日"的神话故事也遵循这个套路,所以其内容也包括两个部分,一是摆出"十日并出"的时候天下百姓遭遇种种巨大灾难;二是叙说后羿如何遵循唐尧指示,开展了一系列救灾工作。与女娲工作思路有所不同的是,女娲是先补天,即解决天上的问题,而后再解决地上的问题,后羿则是先解决地上的问题,而后再上天射日,解决天上的问题。尽管工作思路不同,但效果基本上一样,都平息了乱象,恢复了自然界与社会的平安。这样看来,"羿射九日"神话直接呈现出来的平安意涵也带有空间特征,即以空间状态的变更寄托先民的平安诉求。

不过,再仔细分析一下,依然可以发现平安诉求与时间的关系。这一点,我们可以通过追踪"十日"的来龙去脉来说明。

关于"十日"问题,除了上举诸例,古文献尚有许多相关描述。如《山海经·海外东经》:"汤谷上有扶桑,十日所浴,在黑齿北。居水中,有大木,九日居下枝,一日居上枝。"[3] 这个记载暗示了十日一般没有"并出",只是轮流而出。但《淮南子·墬形训》的说法却有所不同:"若木在建木西,末有十日,其华照下地。"[4] 照此,则"十日"并不是轮流上升,而是一起照耀,这或许就是唐尧命令羿

---

1 (宋)程公说:《春秋分记》卷五十六,(清)《文渊阁四库全书》本。(汉)许慎:《说文解字》卷九上,(清)《文渊阁四库全书》本。
2 (汉)许慎:《说文解字》卷九上,(清)《文渊阁四库全书》本。
3 (晋)郭璞:《山海经传》海外东经第九,(民国)《四部丛刊》景明成化本。
4 (汉)刘安撰,(汉)许慎注:《淮南鸿烈解》卷四,(民国)《四部丛刊》景钞北宋本。

射日的"原因"吧?

然而,对于这种空间上的技术操作,历史上早有怀疑。明代邢云路指出,"天无二日",但因种种原因,在视觉上有时会感受到天有二日,甚至三日、四日、五日、六日,乃至十日。在《古今律历考》卷八中,邢云路罗列了古文献记载的许多诸日并出的奇特景观,例如:"晋愍帝建兴二年,三日相承出于西方而东行;五年正月庚子,三日并照,虹蜺弥天,三、四、五、六日俱出并争;丁巳,亦如其数;梁元帝承圣元年十一月丙子,有两日俱见;唐太宗贞观初,突厥有五日并照;僖宗乾符六年十一月丙辰朔,有两日并出而斗;三日乃不见斗者,离而复合也;后周显德七年正月癸卯,日既出,其下复有一日相掩,黑光摩荡久之;真宗景德元年十二月甲辰,日有二影,如三日状;元顺帝至正十六年三月,有两日相荡若然,则天有二日矣。"[1]对于此类记载,邢云路做出判断,他认为天空中出现的并非都是真日,而是各种异常因素造成假象,客观上只有一日而已。

既然"天无二日",一些人便从其他方面入手解释羿射九日神话。查证有关资料,我们发现西晋时期的杜预将《左传·昭公七年》"天有十日"注解为"甲至癸"。所谓"甲至癸"指的是甲、乙、丙、丁、戊、己、庚、辛、壬、癸十个"天干"。那么,十个天干又代表什么呢?古时候,天干与地支配合,曾经用于记日,也用于纪年;但每个月又是用什么作为代码呢?有学者指出,其代码就是十个天干。古者日出而作,日落而息。鉴于太阳对生活的直接影响,先民们遂把太阳的出入当作生活作息的标准,从而形成指导社会生活的历法;此外,还有通过观察星宿运动来制定历法的。于是,便有了一年十个月与一年十二个月的差别。一年十个月的历法,乃是假定天上有十个太阳出入,将一年略分为十份,每个月三十六天,余五天作闰。这种方法比较简单,粗略而不准确,时间长了就造成了寒暑往来颠倒,历法指示的夏天实际上可能是冬天,给生活造成极大的反差,甚至是灾难。于是,变革历法,势在必行。"后羿射日"在深层次里反映的正是历法的革命。考屈原《天问》有云:"帝降夷羿,革孽夏民。"[2]这里的"帝"当指唐尧,而

---

[1] (明)邢云路:《古今律历考》卷八《经八》,(清)《文渊阁四库全书》本。
[2] (汉)王逸章句,(宋)洪兴祖补注:《楚辞》卷三《天问章句第三》,(民国)《四部丛刊》景明翻宋本。

"夷羿"则反映"羿"本属夷族,"革"表示羿与夏民本不是同族。何新先生认为,尧乃是传说中的高辛族古帝,系东夷的一支,羿是尧的部下,当然也属于高辛族。高辛族的历法与商族不同:商族本来使用的是"太阳历",即以十个月为一年;高辛族实行的是"大火历",即以大火星在天空的位置确定节气、纪年岁。"大火历"将一年分为十二个月,每个月的天数根据月亮的圆缺循环来确定。羿进入中原以后,"因夏民以代夏政"[1],学习了高辛氏先进的"大火历",废除了每年十"日"轮值为月的办法,后来商族也采用"以火正年"的办法。这个分析是有见地的,它开阔了诠释"后羿射日"神话的视野。[2]

笔者在这里想补充的是,神话背后所蕴藏的历法变革对于社会生活的平安意义。初看起来,历法似乎无关紧要,但对于农耕社会来讲,却十分重要。试想一想,常年节气不准,甚至把冬天当成夏天,生产活动颠倒无序,将是什么状况,可想而知。"羿射九日"给我们的启示就在于:平安生活不仅需要维护空间秩序,而且需要遵循时序,依时行事。当历法与天体运行的轨迹发生误差的时候必须果断地进行调整。从这个角度来说,基于平安生活的考虑,人是需要一点变革精神的,倘若固守陋习,有可能给现实生活带来极大的麻烦。

二、夸父逐日的平安思想意义

查《四库全书》,"夸父"之名出现445次,几乎分布于经史子集的各个分支文献中。追溯其源头,可知最早记载"夸父逐日"神话的是《山海经》。该书的《海外北经》称:

> 夸父与日逐走,入日;渴,欲得饮,饮于河、渭,河、渭不足,北饮大泽。未至,道渴而死。弃其杖,化为邓林。[3]

---

[1] (唐)孔颖达:《春秋左传注疏》卷二十九,(清)《文渊阁四库全书》本。
[2] 参看何新:《诸神的起源》,北京:光明日报出版社,1996年版,第228—232页。
[3] (晋)郭璞:《山海经传》海外北经第八,(民国)《四部丛刊》景明成化本。

除了《海外北经》,《大荒北经》也有一段话涉及"夸父",其略云:

> 大荒之中,有山名曰成都载天。有人珥两黄蛇,把两黄蛇,名曰夸父。后土生信,信生夸父。夸父不量力,欲追日景,逮之于禺谷。将饮河而不足也,将走大泽,未至,死于此。[1]

笔者翻检各类文献,发现较早记载"夸父"的神话故事尚有《列子》《淮南子》《抱朴子内篇》等。综合诸多文献史料,"夸父逐日"神话的大致内容如下:

在遥远的北方,有一座山,叫"成都载天"。这里的人身材高大、力大无比,耳朵上挂着两条黄蛇,手中握着两条黄蛇。他们属于夸父族。这个族群原本是幽冥之神后土的子孙,后土的儿子叫信,信的儿子叫夸父。夸父与太阳竞跑,一直追赶到太阳落下的地方;他感到口渴,想要喝水,就喝黄河、渭水的水。黄河、渭水的水不够他喝,他又去北方的大湖喝水。他还没赶到大湖,就在半路上因口渴而死。夸父遗弃的手杖,化作一片桃林。

就平安角度看,"夸父逐日"神话能够给我们什么启迪呢?

我们先来看看前人如何评价夸父的行为吧。在古文献中,对夸父的评价存在两种情况:

一种是歌颂,如唐人石坚《初学记》卷十九引《夸父赞》四言诗:"神哉夸父,难以理寻。倾河及日,遁形邓林。触类而化,应无常心。"[2]该诗用"神"字起始,以夸父故事为神奇,表现了作者对夸父的赞扬。再如陶渊明《读山海经》诗其九云:"夸父诞宏志,乃与日竞走。俱至虞渊下,似若无胜负。神力既殊妙,倾河焉足有?余迹寄邓林,功竟在身后。"[3]陶渊明这首诗根据《山海经》关于"夸父逐日"的描述,展开想象。在他心目中,夸父与日竞走,似乎没有胜负,也就是说,夸父行进速度相当快,因此需要喝很多水,即使把河中水都喝干了也还不够。

---

[1] (晋)郭璞:《山海经传》大荒北经第十,(民国)《四部丛刊》景明成化本。
[2] (唐)徐坚:《初学记》卷十九人部下,(清)光绪孔氏三十三万卷堂本。
[3] (晋)陶渊明:《陶渊明集》卷四,(清)《文渊阁四库全书》本。

作品用"神力""功竟"来形容夸父,表明陶渊明对夸父是赞赏的。

另一种是讥讽,例如上引《山海经·大荒北经》说夸父"不量力",这种看法对后世影响也不小,所以不少人对夸父的行为抱着蔑视心态,明代黎民表《瑶石山人稿》卷一载《游仙诗》云:"夸父为邓林,但为俗所嗤。"[1]诗中所谓"嗤"即嗤笑,具有不屑一顾的意涵。根据前后文可知,"嗤笑"夸父并非作者态度,但反映了历史上对夸父并非一味歌颂,持批判态度者大有人在。人们为什么蔑视或嗤笑夸父呢?这主要是认为夸父的行为不值得效法。之所以不值得效法,是因为他最后断送了自己的生命。就避免伤害角度看,世俗人这种担忧是可以理解的。

从整体上把握"夸父逐日"神话,会感到该神话具有多方面的平安象征隐义。

(一)就"逐日"过程看

"夸父逐日"给人的直接意象是夸父与太阳赛跑。"逐",《说文解字》解释为"追也",本义表示追猎鹿豕等野兽,这里表示追赶太阳。追赶既是空间位移,也是时间流逝。其动作过程有两个因素值得注意:一是追赶的人与被追赶对象——太阳存在着空间距离;二是经过追赶,夸父终于在太阳落入"禺谷"时赶上了。夸父为什么追赶太阳呢?笔者以为,神话背后依然蕴含着时间问题,即历法问题。也就是说,夸父族群可能在某个时期遇上历法困境,使得生产、生活发生麻烦,不能安居乐业,因此必须重新测定日影,更新历法。《山海经·大荒北经》所谓"欲追日景"当是这种测日工作的曲折反映。《周易》"乾"卦之《文言》有"与时偕行"的说法,魏晋经学家王弼注曰:"与天时俱不息。"[2]这意味着人的行动必须与天道运转规律一致。基于这样的考虑,历法制定必须跟上天时变化。如果不能做到这一点,整个工作安排就会发生错乱,无法维持平安局面。由此可见,历法与天时一致对于社会平安来讲是多么重要。另外,"夸父逐日"也表示人间社会不能抱残守缺,而应该具有开放创新精神,这些都是维护平安局面所必需的。

---

1 (明)黎民表:《瑶石山人稿》卷一《赋五言古诗》,(清)《文渊阁四库全书》本。
2 (三国)王弼注,(晋)韩康伯注,(唐)孔颖达疏:《周易注疏》之《周易兼义》上经乾传第一,(清)嘉庆二十年南昌府学重刊宋本《十三经注疏》本。

（二）就"逐日"结果看

"夸父逐日"的结果如何呢？故事告诉我们：夸父虽然赶上太阳了，但因为温度太高，夸父开始口渴，喝了很多水，黄河喝干了，又喝渭水，渭水喝干了，又喝北方大河的水，最后还是没有止住口渴，死亡了。这或许暗示历法变革遇上很大阻力，改革并不顺利。引申来讲，维护社会平安，有时是要付出代价的。夸父死了之后情况怎么样呢？故事有一个情节："弃其杖，化为邓林。"所谓"杖"，前人或以为是"几"之类，"几"与"幾"通，"幾"是"微"的意思，表示生存环境存在隐潜的危险，所以陈列兵器把守，可见"杖"字即是维护平安的一种意象。夸父死了，作为个人平安需要的"杖"虽然被遗弃了，但最后化成邓林，这意味着以个人生命为代价换得全体生存环境的美化。古所谓"邓林"即茂密树林，一根拐杖能够变成一片茂密树林，这或许暗示着历法更新、观念开放，有助于营造美好生态环境，这对于平安社会建设来说也具有积极意义。

第二章　平安之道的信仰表征

神话与宗教信仰同处于意识形态共同体之中，两者既有联系，又有区别。一方面，神话与宗教信仰都承认宇宙间存在着某种超越于人的精神力量；另一方面，神话与信仰又不能等同起来。如果说神话通过奇思妙想弥补了人类能力的局限，那么宗教信仰则在人与神之间缔结了一座心灵沟通的桥梁，建立起一套独特的解释系统。这种判断也适合于中国神话与宗教信仰的关系。

在中国，神话不是单一的，信仰也是多元的。作为一种专题研究，本书关于"平安"意蕴的发掘，不可能穷尽中国所有神话，也不可能讨论所有信仰形态。基于"道"的逻辑展开，本章将侧重从道教信仰方面考察"平安"精神。

第一节　混沌之道与太上老君

关于"道"的平安意蕴，笔者在《绪论》中已经做了稽考，本节为什么又重新提出来讨论呢？这是因为"道"在后来不断地丰富内涵，并且成为道教神谱建立的基础。由于道的思想是由先秦义理道教大师老子奠定的，老子在制度道教中被尊为太上老君，其间存在着信仰的缔结，我们对此进行梳理也就不可或缺。

一、"太上老君"释义

道教神谱并非一开始就非常系统，而是经过比较长时间的建构，逐步完善起来的。魏晋以前，道教除了继承先民的原始信仰，诸如日月星辰崇拜、大地山川崇拜、祖先崇拜等思想形式，还注重统合各种信仰资料，构成了以"道"为核心、以太上老君为至上神的信仰体系。

"太上老君"这个尊称凝聚着道教深厚情感与信仰精神。"太"字于"大"之下加一点,即"大一",表示"大"的最高程度,即极大、无限大。"上"在甲骨文中写作"⌐",是特殊指事字,由两横构成,其底端一横较长,顶端一横较短。古人用"一"代表混沌太初状态,用"="代表从混沌太初中分化出来的、相并列的天与地;再通过调整笔画的长短,来表征天地上下,短画居上者表示天、上,短画居下者表示地、下。晚期金文,为了与表示数目字"二"相区别,在短画右侧加上一竖,遂有"上"与"下"的构型。

"太上"联称,首见于老子《道德经》第十七章:

太上,
不知有之;
其次亲而誉之;
其次畏之;
其次侮之。
信不足焉,
有不信焉!
悠兮,其贵言。
功成事遂,
百姓皆谓我自然。

关于"太上"的意涵,有人说是指"大人""无名之君",也有人说是指"道"。笔者以为是"远古"的表征。整句连起来的意思是讲:上古之时,首先是有德圣君,行不言之教,处无为之事,使天下百姓不知不觉地得到感化。如此,人民承受圣君的恩赐,却不知道有圣君存在。其次的贤明国君,虽然不能像上古圣君一样淳朴无为,但尚能以德教化百姓和亲近百姓。这样的国君,还能得到天下百姓的称赞和颂扬。再次的国君,专以刑政与赏罚去治理人民。这时候的人民,就只知道畏惧国君了。作为一个有德的国君，想要达到上古淳朴的治世风气，首先要慎重号令，信守诺言，使人民都能安居乐业，日出而作，日入而息，凿井以饮，耕田而食，人人都能顺利地将自己的事做好。如此治理国家，才可大功告成。而在大功告成之后，人民还不知道国君的功劳，反而说："这是很自然的事呢！"从《道德经》的论述来看，"太上"的本义虽然是"远古"，但又具有尊崇大道的思想导向，甚至可以说就是顺应自然之道的一种暗示。

"老君"这个概念最早见于《列子·黄帝》篇：

> 杨朱南之沛，老聃西游于秦，邀于郊，至梁而遇老君。老君中道仰天而叹曰：始以汝为可教，今不可教也。杨子不答，至舍，进涫漱巾栉，脱履户外，膝行而前曰：向者，夫子仰天而叹曰：始以汝为可教，今不可教。弟子欲请夫子辞，行不闲，是以不敢。今夫子闲矣。请问其过。[1]

这段话的意思是讲：杨朱出行南方到了沛地，老聃则向西游到了秦地，彼此相约在郊外见面。杨朱到了梁地就遇上"老君"。老君在途中仰头向天叹息说：起初，我以为你是可以受教的，现在才看出来你不行。杨朱没有回答。到了旅舍，杨朱侍奉老君梳洗用具，把鞋脱在户外，双膝跪行至老君跟前，说：刚才弟子想请教先生，但先生没有空闲，所以不敢问。现在先生得空了，请问我的过错。

从上述对话来看，老聃与杨朱是师生关系，老聃是杨朱的师父。"老君"指的就是老聃。又考《庄子·寓言》也有类似记载，但只称老聃为"老子"，而不称"老君"。[2] 估计先秦时期，"老子""老君"的称呼是并行的，有时称老子，有时则称老君，均指老聃。"老"表示长寿和阅历丰富；"君"字是"尹"之下加"口"，"尹"像手持权杖，表示年高而有权力；"口"表示可以发号施令。"尹"与"口"合而为"君"，意味着尊长以文治天下。

---

[1] （春秋战国）列御寇撰，（晋）张湛注：《列子》卷二，（民国）《四部丛刊》景北宋本。
[2] 《列子》一书虽曾被怀疑为"伪作"，但近三十年来又有人推翻所谓"伪作"的判断。笔者以为，张湛注《列子》，应有古本依据，非作伪。

"老君"与"太上"相合，构成"太上老君"的称呼，当起于汉末张道陵创立"正一盟威之道"时，《云笈七签》卷二十八《二十四治并序》谓："昔永寿元年，太上老君将张天师于此治上，与四镇太岁大将军、川庙百鬼，共折石为要，皆从正一盟威之道。"[1] 此之"太上老君"即指老子。《云笈七签》虽然晚出，但编纂者乃是节录旧籍而成，故"太上老君"称呼当系沿袭汉末传统。他是道主，信徒使用此称呼，表示对老子的无限景仰和崇拜。

二、"道"的演化与太上老君故事的平安内涵

从"太上老君"的形象能否发现"平安"的精神意涵呢？答案是肯定的。作为道主，太上老君在道门中实际上就是"平安"精神的总寄托和象征。

（一）从《老子铭》看"平安"

在先秦时期，老子作为义理教化的导师，其生平事迹比较简朴，司马迁《史记·老庄申韩列传》所陈述的基本上保存了先秦关于老子事迹的旧貌；到了两汉之际，老子的神化品格已经比较明显呈现出来。边韶《老子铭》称：

> 老子姓李，字伯阳，楚相县人也。春秋之后，周分为二，称东西君。晋六卿专征，与齐楚并僭号为王。以大并小，相县荒芜，今属苦。故城犹在，在赖乡之东，水处其阳。其土地郁瑜高敞，宜生有德君子焉。老子为周守藏室史，当幽王时，三川实震，以夏殷之际，阴阳之事，鉴喻时王。孔子以周灵王廿年生，到景王十年，年有十七，学礼于老聃，计其年纪，聃时以二百余岁。聃然，老旄之貌也。孔子卒后百廿九年，或谓周太史儋为老子，莫知其所终。其二篇之书，称天地所以能长且久者，以不自生也。厥初生民，遗体相续，其死生之义可知也。或有浴神不死，是谓玄牝之言。由是世之好道者，触类而长之，以老子离合于混沌之气，与三光为终始。观天作谶，升降

---

[1] （宋）张君房：《云笈七签》卷二十八，《道藏》第22册，第205页。

斗星，随日九变，与时消息，规矩三光，四灵在旁。存想丹田，太一紫房。道成身化，蝉蜕渡世。自羲农以来，世为圣者作师。[1]

边韶《老子铭》这段话以司马迁《史记·老庄申韩列传》为基础，并且采撷汉代关于老子神化事迹的一些说法，汇合成新的老子故事。《铭文》点明了老子出生地的确切区域，陈述了孔子向老子学习古礼的情况以及"好道者"对老子身世的叙说。其中，有几个细节蕴含着"平安"思想旨趣。

第一，关于"鉴喻时王"。所谓"鉴"就是"明鉴"，而"喻"就是劝谕，即通过历史事件来警戒当时的帝王清醒。老子警戒的对象是谁呢？边韶《老子铭》有"当幽王时"的时间提示，说明老子警戒的是周幽王。其中的"三川"指泾、渭、洛三条河，按《史记·周本纪》记载，周幽王二年，发生了强烈地震，伯阳甫（老子）判断说："周将亡矣。"为什么呢？伯阳甫认为是阴阳失序造成的："阳伏而不能出，阴迫而不能蒸，于是有地震。今三川实震，是阳失其所而填阴也。阳失而在阴，原必塞；原塞，国必亡。"山川大地发生强烈地震，水土无序，国家难保。伯阳甫这番判断既是根据阴阳理论得出的，也是根据历史经验得出的。他紧接着指出："昔伊、洛竭而夏亡，河竭而商亡。今周德若二代之季矣，其川原又塞，塞必竭。夫国必依山川，山崩川竭，亡国之征也。"[2] 伯阳甫看到，夏、商两代亡国之前都发生地震川塞的灾难，所以当"三川实震"的时候，伯阳甫即得出周代必亡的判断。这虽然是在预测国家前途，但却充满着忧患意识。为什么忧患？因为社会遇上了不平安的情况。对照一下《史记·周本纪》的描述，再回过头思考《老子铭》的警戒之语，就会体会到其"不平安"背后的平安追求与平安导向。

第二，关于"与时消息"。在古代，"消息"一词用于形容事物生长、盛衰、消亡的变化。《说文解字》称："消，尽也，从水，肖声。"[3] 篆书"消"字左边为河

---

[1] （清）严可均辑：《全上古三代秦汉三国六朝文》之《全后汉文》卷六十二，民国十九年景清光绪二十年黄冈王氏刻本。

[2] （汉）司马迁：《史记》卷四，（清）乾隆武英殿刻本。

[3] （汉）许慎：《说文解字》卷十一上，（清）《文渊阁四库全书》本。

流之状，右边是"肖"，表示枯水期大河变成小河；后来引申之，以"消"表示数量减少以至不存在。"息"字的金文写法，上面像一个鼻头，下面是一颗心的样子，《说文解字》谓："息，喘也。从心，从自，自亦声。"[1]照古人的解释，"息"的肇始，与胎儿呼吸有关。先民们观察到胎儿是借助母体心跳来呼吸，样子沉静安定，运气若有若无，故而画上一个鼻头表示呼吸，再画上一颗"心"，以表象心息相依。"消息"相连首见于《周易》"丰"卦《彖传》："日中则昃，月盈则食，天地盈虚，与时消息，而况于人乎？况于鬼神乎？"[2]《彖传》将"消息"与天地联系起来，通过日月运行的盈亏迹象，彰显宇宙大化、进退有时的客观规律。《老子铭》引述《周易》之《彖传》，旨在强调：只有明了事物盛衰规律，才能像婴儿居于母腹中那样安宁。其中，"与时"二字表明"平安"状态与时间是密切相关的，唯有与时间顺序相合，才能高瞻远瞩，明确方向，以维护真正的平安。

　　第三，关于"规矩三光"。怎样才能"与时消息"、维护平安呢？《老子铭》用"规矩三光"四个字做了提示。"规矩"一词最早见于《管子·宙合》："乡有俗，国有法，食饮不同味，衣服异采，世用器械，规矩绳准，称量数度，品有所成，故曰人不一事。"[3]意思是讲，乡里各有习俗，国家各有法度，饮食味道不一样，衣服颜色不相同，世间使用的器械，用以测算的规矩绳墨以及称物的器具度数，各有标准，可见人事制度在不同地区、不同国度是不一致的。《管子·宙合》是在论述乡俗、国法的时候出现"规矩"这个词汇的，它所要说明的是要根据区域情况来审察不同制度。不过，就制度本身而言却又有定数，所谓"不合规矩，不成方圆"说的就是这个道理。"规矩"本指校正圆形、方形的两种工具，多用来比喻标准法度。在古文献中，不时地可以见到"规矩"连用的情形，它有时是作为名词，有时则又作为动词。《老子铭》的"规矩三光"乃是把"规矩"作为动词使用的。"三光"指的是日月星，"规矩三光"就是对日月星进行测量。为什么要测量呢？

---

[1]（汉）许慎：《说文解字》卷十下，（清）《文渊阁四库全书》本。
[2]（三国）王弼注，（晋）韩康伯注，（唐）孔颖达疏：《周易注疏》之《周易兼义》下经丰传卷六，（清）嘉庆二十年南昌府学重刊宋本《十三经注疏》本。
[3] 黎翔凤：《管子校注》上册，北京：中华书局，2004年版，第235页。

一方面，这是从空间上了解生存环境的需要；另一方面，这又是确定时间刻度的需要。不论是了解空间状态，还是确定时间刻度，说到底都是为了避免意外情况发生，为了能够平安生活。

以上三个层次表明，《老子铭》所呈现的老君形象虽然没有标示"平安"，但因为融合了诸多古文献史料，如果稍加解析，就会显露出背后的"平安"意蕴。

（二）从《老子想尔注》看"平安"

边韶《老子铭》之后，汉末的张道陵率弟子赵升、王长经江西龙虎山，到了四川大邑县鹤鸣山，创立了"正一盟威之道"，官修史书或称之为"五斗米道"，据说入道者需要交米五斗，故有是称。不论其名称的根据如何，张道陵所创之教比起先前的雏形道教来，已经形成了一系列制度，标志着制度道教的诞生。

史载，张道陵创教之初，为了弘扬道法，即传授老子《道德经》，发动信徒们广泛学习。当时，他们的教科书之一就叫作《老子想尔注》。根据饶宗颐先生的考证，该书可能是由张道陵草创，而后再由其孙张鲁予以完善。敦煌石窟有该书残卷，饶宗颐通过一系列查证，对原文做了很好的疏解。

从"平安"思想研究角度看，《老子想尔注》的最大意义在于将太上老君作为"道"的化身。该书在解释"载营魄抱一"时，以"道"为"一"，再将"一"看作太上老君，它说：

> 一者，道也。今在人身何许？守之云何？一不在人身也，诸附身者。悉世间常伪伎，非真道也。一在天地外，入在天地间，但往来人身中耳。都皮里悉是，非独一处。一散形为气，聚形为太上老君，常治昆仑。或言虚无，或言自然，或言无名，皆同一耳。[1]

《老子想尔注》这段话主要表述了三层意思。第一，"一"就是"道"；反过来说，"道"就是"一"。本来，"一"不在人身之中，因为"道"本来也不在人

---

[1] 饶宗颐：《老子想尔注校证》，上海：上海古籍出版社，1991年版，第12页。

身之中。但是，"一"又可以从天地之外进入天地之间，并且往来于人的身体之中，里里外外都有"一"。第二，"一"可以散形，可以聚形，当它散形的时候就是"气"，当它聚形的时候就是太上老君。第三，"一"与"道"，以及"太上老君""虚无""自然""无名"这些名称只是说法不同而已，其指称的对象是一样的。

正如《绪论》所阐述的，"道"在老子《道德经》的要义是"安"，引申开来就是"平安"。根据《老子想尔注》的解释，我们可以得出这样的推论：第一，既然"一"就是"道"，而"道"的要义是"平安"，那么"一"也代表"平安"；第二，"太上老君"是"一"聚形而成，既然"一"代表"平安"，那么"太上老君"也象征"平安"；第三，"昆仑"是神州山海的象征，昆仑得到"常治"意味着神州平安，因为治理者是太上老君，祂是平安的护佑者、维持者，由太上老君镇守昆仑，神州大地就平安吉祥了；第四，大道平安有多种不同的表达，"虚无""自然""无名"都代表平安，因为这些名称都是"道""一"的不同说法而已。

（三）从《太上老君开天经》看"平安"

张道陵创立"正一盟威之道"以来，有关太上老君的故事不断增加，其教化的特征更加明显，并且形成了许多讲述太上老君故事的经典，其中最具代表性的就是《太上老君开天经》。该书一卷，收入《万历续道藏》，不著撰人名字，估计撰成于南北朝时期。

《太上老君开天经》按照时间顺序，讲述太上老君如何开天辟地，下教人间的故事。经文首先描述未有天地之前的情况，作者用一个"无"字来形容天地开辟之前的状态，所谓天地、阴阳、日月、死生、前后、方圆等等在远古混沌时期都是不存在的。后来太上老君以"吐经"的方式开辟了天地，万物化生，人类也繁衍起来。完成历史使命之后，太上老君又归天；当宇宙运化发生劫难的时候，新的转折点到来，太上老君又下降，口吐经文，教化天下帝王百姓。由此看来，太上老君乃是救苦救难的至上神，祂是"大道"的化身，原来就携带着平安的基因，其救苦救难当然也代表着平安的维护。

作为神话式的经典，《太上老君开天经》具有很强的象征性。就平安角度看，由于太上老君就是平安精神的化身，其口吐教化天下的过程也具有平安的象征旨趣。其中，有许多数字寄托着平安的理趣。例如先后口吐的经文共十二部，这个数字在中国古代乃代表着圆满，它与十二地支、十二生肖等相对应，代表轮转化生，而轮转意味着通达，通达代表没有阻碍，故而是平安的。除了"十二"这个数字，《太上老君开天经》还出现了"四十八""八十一"等数字。稽考道教的文字离合之法，可以发现此类数字乃具有平安吉祥的表征意义。"四十八"是"六"与"八"相乘所得的积，"六"代表顺利，"八"代表着八方通气；"八十一"是"九"与"九"相乘所得的积，"九"是自然数之最高者，居高临下，象征圆满，所以《太上老君开天经》在叙说太上老君口吐经文的时候便用一个"治"字来形容。例如说元皇之时，老君下为师，口吐《元皇经》一部，"教元皇治于天下"，又说太上皇之时，老君下为师，"教示太上皇以治天下"等等。"治"最早出现在金文里，其字形为"🔣"，此字由"🔣"和"🔣"组成。前者"🔣"就是"乱"，表示人口众辞，互相攻驳；后者"🔣"为"司"，表示主持公道，拨乱反正。后来的篆书写作"🔣"，系会意字，左边是水，右边是台。"水"代表发洪水，人间遇上灾难；"台"（🔣）本像女人倒立生产的样子，其上（🔣）为子，其下（🔣）为母；"🔣"在篆书里，演变为"口"，如器皿形态，成为祈求神明保佑的法器。"水"旁与"台"结合，表示在神明保佑下，开凿水道，修筑堤坝，引水防洪。从金文到篆书，虽然字形改变，但渴求平安的意识却贯穿始终。

《太上老君开天经》为我们展示了一个开天辟地、教化百姓的太上老君形象。从这里，我们不但看到了盘古神话、女娲神话平安精神的续存，而且看到了道教维护自然与社会平安的强烈渴求。

第二节　西王母与东王公的平安谐调

由"道"而"一"，由"一"而"太上老君"，这在理论上可以看作"无极生太极"，此"太极"之中有阴有阳，但阴阳相抱，和合化生。随着时间的推展，太极化生两仪，这步功夫在道教神仙谱系上表现为西王母与东王公的对应。从两位神仙身上，我们也可以看到平安谐调的旨趣。

一、西王母的平安象征

说起西王母，我不禁想起了《西游记》中的许多故事情节。例如该书第五回写西王母在瑶池筹办蟠桃盛宴，渲染蟠桃园里的仙桃分三个等级，初等的桃树三千年一熟，人吃了体健身轻，成仙得道；中等的桃树六千年一熟，人吃了白日飞升，长生不老；上等的桃树九千年一熟，人吃了与天地同寿，与日月同寿等等。

作为神话小说，《西游记》关于西王母的故事情节当然是作者艺术想象的产物，但也并非纯属向壁虚构。在先秦古籍里，有关西王母的记载颇多。例如《山海经》《穆天子传》《庄子》《十洲记》《汉武故事》《汉武帝内传》《洞冥记》《拾遗记》《搜神记》等数百种古籍的一千多条资料，从不同角度展示了作为得道高仙的西王母形象，这一切无疑为《西游记》的艺术创作奠定了基础，也为我们研究西王母的平安意蕴提供了大量原始资料。

（一）西王母名称的平安意涵

"西"字，在早期甲骨文中已经出现，它写作"![]"，像鸟窝的样子。许慎《说文解字》谓："西，鸟在巢上。象形。日在西方而鸟栖，故因以为东西之西。"照这个说法，"西"本来表示太阳西降时鸟归巢的境况。因为它是鸟可以栖身、繁衍后代的地方，所以象征"安居乐业"。由于同太阳的下降时间相联系，"西"在后来作为一个方位概念，并且常常与《易经》的"兑"卦相配合，成为五行学的一种表征符号。"兑"卦在五行上属"金"，表示有锐利武器作为护卫，让人具有安全感，故而与"兑"可以相互转换的"西"也就可以看作"平安"旨趣的特殊寄托。

"王"在早期甲骨文中与战士的"士"同源，写作"![]"，本是战斧的象形。晚期甲骨文在战斧的上方加上一横画，表示超级的"士"。据此，则"王"可以看作最大、最高级的战斧，引申之则为指挥战斗的最高统帅，再引申之而为一个族群或者一个邦国的元首。就此角度而言，"王"也具有护卫功能，这种护卫说到底就是为了社团的整体平安。正如其他诸多名词，"王"字在使用过程中也发生词性转变，即由名词转变为形容词等。作为形容词，"王"可以读为旺盛的"旺"，象征"火"燃烧旺盛与火种保存，意味着源源不断的生命力，可以倚靠，因此也代表平安。

"母"的甲骨文，写作"𠂇"，这是在女的胸部加上两点指事符号，表示妇女因为生育而具有发达的双乳。对于婴儿来讲，依偎在母亲怀抱里是最为安全的，可见"母"也是平安的象征。

基于天人合一的思维方式，古代经典文献常常把大地称作"母"，例如《易经》以"坤"卦表征大地，又称作"坤母"；而老子《道德经》则把"道"看作"母"。该书第二十五章说：

> 有物混成，
> 先天地生。
> 寂兮寥兮！
> 独立而不改，
> 周行而不殆。
> 可以为天下母。
> 吾不知其名，
> 字之曰道，
> 强为之名曰大。

《道德经》这段话的大体意思是：鸿蒙未判，有个混然而成的东西。它在天地形成之前就已存在，没有声音，也没有形相，超然于万物之上，亘古不会改变。它周行天下，循环不已。它主宰着万物的化育大事，万物没有一样不是依靠它而生成，它实在是天下万物的母亲啊！我不知道怎样去称呼它，只好给它取个名字，叫作"道"。如果再勉强称呼它的话，就称为"大"。从老子的叙说可以看出，"天下母"乃是对"有物"的形容,而"有物"就是"道",也叫作"大"。换一句话来说,"天下母"就是"道",她是"大"的。根据本书《绪论》所做出的分析,"道"的原始意义是"安",那么"天下母"的本初意义也就是"安"了。老子《道德经》第二十五章的论述进一步佐证了"母"的平安意涵。

从上述分析可知,"西王母"的名称每一个字都具有"平安"内涵,当三个字聚合起来形成一个意象的时候,所指称的对象与单个字所指称的对象尽管已经完全不同,但其原初的"平安"信息却因为汉字本身的特殊功能而续存下来。

有关西王母的"平安"意涵,我们还可以从其姓氏入手来考察。关于这一点,《酉阳杂俎》卷十四《诺皋记上》有段记载谓:"西王母姓杨,讳回,治昆仑西北隅。"西王母为什么具有这样的姓名?此当与其族群所在地域有关。吴晗先生指出:西王母是公元前3000年左右活跃在陕、甘高原一带的戎族或西戎的别名。照这个说法,则西王母本是一种民族称谓。吴晗先生的依据是《史记》《汉书》等古籍所言及的"回中""回城""回中宫"。他认为,泾川古称回中,王母宫之山因名回中山,简称回山。秦始皇所经过的"回中",应是指今天的泾川一带。由此可见,西王母名"回"实际上是从地域空间来的,是对这种地域空间的指代。这个"回"字是否具有平安思想旨趣?查甲骨文"回"字写作"囘"。其字形是在一个圆圈上加了一个短横,作为指事符号,表示循环往复、周而复始,从这个角度讲,"回"可以看作"道"的别称,因为"道"的重要含义之一就是"周行而不殆",即循环往复、周而复始,可见"道"与"回"可以相通;八仙之一的吕洞宾常自称"回道人",这也暗示了"回"乃具有"道"的意义。由于"道"的本义是"安",作为西王母名字的"杨回"也就蕴藏着"安"的信息了。

(二)从西王母特征功能看平安

作为女神、女仙的统领,西王母的故事很多,但最能表达其功能特征的主要有两点。

第一,"司天之厉及五残"。《山海经》卷二《西山经》:

> 西王母其状如人，豹尾虎齿而善啸，蓬发戴胜，是司天之厉及五残。[1]

这段话的关键词是"司"，弄清这个词的含义直接关系到对西王母基本功能特征的理解与把握。一般以为，"司"就是掌控，这当然没错，但汉语意义往往要结合特殊语境来考察才能真正明白。晋代著名学者郭璞将"司"解释为"知"，他在注释上述一段话的时候说："主知灾厉、五刑残杀之气也。"从这句话可知，郭璞把"厉"解释为"灾厉"，把"五残"解释为"五刑残杀之气"，这些都是自然界可能伤害众生的因素，如果对它们的存在状况不了解而盲目行动，就会遭到伤害。反过来说，唯有了解"灾厉、五刑残杀之气"，才能避免伤害，维护平安。从这个意义来看，西王母就是维护平安的女神，她的存在象征对大自然存在危险情况的感知与规避。

第二，常治昆仑。《古微书》卷五引《尚书帝验期》称：

> 西王母于太荒之国得益地图，慕舜德，远来献之。王母之国在西荒，凡得道授书者，皆朝王母于昆仑之阙。[2]

这段记载表明：西王母的治所是在昆仑山。照《十洲记》等书的描绘，昆仑山的地理环境相当奇特："上有三角，方广万里，形似偃盆，下狭上广，故名曰昆仑山三角。其一角正北，干辰之辉，名曰阆风巅；其一角正西，名曰玄圃堂；其一角正东，名曰昆仑宫；其一角有积金，为天墉城，面方千里。城上安金台五所，玉楼十二所。"[3]《十洲记》特别指出昆仑山上方的"三角"，这对于平安而言尤其重要。大家知道，三角形乃是稳定的象征，昆仑山上方呈现为三角形，这意味着整个地理形态是稳定的，因此可以安宁。再说，它的布局像"偃盆"，这意味着藏而不露，其宫阙建造在正东，与西王母之"西"形成一种谐调的对应关系，也有助

---

[1]（晋）郭璞：《山海经传》西山经第二，（民国）《四部丛刊》景明成化本。
[2]（明）孙𣖮编：《古微书》卷五，（清）《文渊阁四库全书》本。
[3]（汉）东方朔：《十洲记》，《道藏》第11册，第54页。

于平安居处。

昆仑山向来被当作中国第一神山，素有"万山之祖"的称号。在神话传说里，昆仑山的下方有不能浮起羽毛的弱水，周围有永远燃烧着的火焰山，系中华"龙脉之祖"。《山海经》把昆仑山描绘为支撑天地的大柱子；《河图括地象》则称昆仑山地下有八柱，"柱广十万里，有三千六百轴，互相牵制，名山大川，孔穴相通"[1]。昆仑山既然是天柱，实际上就代表着"平安"，由于它的支撑，天地才能维系，众生才能活动，而西王母是昆仑山的管辖者，在客观上也就成为维护"平安"的文化符号。

二、东王公、西王母与阴阳感通原理

在文献上，西王母的故事常常与东王公有关联。例如《左传纪事本末》卷五十二谓："立东郊以祭阳，名曰东王公；立西郊以祭阴，名曰西王母。"再如张华《神异经》称："昆仑有铜柱焉，其高入天，所谓天柱也。围三千里，圆周如削，下有回屋，仙人九府。治上有大鸟，名曰希有，南向张左翼，覆东王公，右翼覆西王母。背上小处无羽，一万九千里。西王母岁登翼上之东王公也。"[2]这两条资料表明：第一，西王母与东王公是阴阳对应的两位神明，且列入了郊祀中，郊祀系中国古代最高规格的祭典之一，东王公与西王母分别作为东西郊的祭祀对象，说明此二位神明在人们心目中具有很深影响和很高地位；第二，东王公与西王母是"希有鸟"翅膀覆盖下的两位大神，正如同处一个屋檐下的兄弟姊妹，祂们的关系非同一般。

鉴于东王公与西王母被当作阴阳谐调的神明代表，我们有必要对东王公的由来以及平安象征底蕴略做稽考。

东王公，或称扶桑大帝、东王父、元阳父、东华帝君、木公、青童君等等。就起源来看，东王公的原型乃是先秦的"东君"。屈原的《楚辞·九歌》有《东君》篇，即是歌颂东君尊神的。其略云：

---

[1] （明）孙瑴编：《古微书》卷三十二，（清）《文渊阁四库全书》本。
[2] 同上。

暾将出兮东方，照吾槛兮扶桑。

抚余马兮安驱，夜皎皎兮既明。

驾龙辀兮乘雷，载云旗兮委蛇。

长太息兮将上，心低徊兮顾怀。

羌声色兮娱人，观者憺兮忘归。

緪瑟兮交鼓，箫钟兮瑶簴。

鸣篪兮吹竽，思灵保兮贤姱。

翾飞兮翠曾，展诗兮会舞。

应律兮合节，灵之来兮蔽日。

青云衣兮白霓裳，举长矢兮射天狼。

操余弧兮反沦降，援北斗兮酌桂浆。

撰余辔兮高驰翔，杳冥冥兮以东行。[1]

屈原以细腻笔触描述了"东君"神游盛况：旭日即将东升，光明照亮了东君住处。东君抚摸着白马，准备启程。神仪威严的东君伴随着喷薄而出的红日，从容不迫地驾着太阳车由东向西飞行。伴随着雷鸣般的声响，龙车上的旌旗迎风飘扬。目睹眼前一幕幕情景，东君发出一声声叹息，表达祂的留恋和顾盼。地上的人们怀着虔诚之心弹起琴瑟打起鼓，吹起竹篪奏起竽，翩翩起舞，构成了隆重而热烈的迎神祭日场面；他们向着太阳齐声欢呼，感恩那永恒的光芒。其中有些人装扮成东君的样子，穿青衣，着白裙，举起长箭射向贪婪成性、霸道无理的天狼星，以防灾祸降到人间。在人们的诚心感召下，东君的下属神纷纷来到人间，与人们一同欢舞庆贺。黑暗之后，东君以北斗为壶觞，斟满美酒，洒向大地，为人类赐福，待到第二天，东君驾着龙车继续飞行，为人类带来光明和温暖。[2]

从屈原的描述可以看出，先秦时期的"东君"乃是引领太阳每日出行太空的神明，故而成为光明象征。秦汉以来，东君形象逐渐演变，成为道教顶级神仙之

---

[1] （清）陈本礼：《屈辞精义》卷五，（清）嘉庆刻本。
[2] 参看詹石窗、于国庆、蒋朝君：《东王公传记与经典》，台湾苗栗无极圣官印行。

一，尊称为"扶桑大帝东王公"，号"元阳父"，葛洪《枕中书》谓扶桑大帝，"住在碧梅之中"，《仙传拾遗》说祂"冠三维之冠，服九色云霞之服，亦号玉皇君"。《真灵位业图》将其排在上清左位，号曰太微东霞扶桑丹林大帝上道君。宋元之际的道教全真派将之作为"五祖"之首。这说明，东王公在中国文化史上不仅是先民们渴望光明的象征，而且是道教中地位显赫的大神。

如此重要的一位神明，祂到底蕴藏着什么平安信息？祂又是如何与西王母一起维护宇宙秩序和人间平安的？

我们还是从名称入手来追溯。"东王公"之"东"字，许慎《说文解字》将之解释为"动"，并且引述官溥的话说："从日在木中。"这句话表达了两层意思：一是"从日"，表明"东"这个字的意涵与太阳有关；二是"在木中"，表明"东"的构型是"日"在木之中，形成了"東"的样子，意味着太阳升起挂在树中。如此一来，"日"字便有一竖穿过，中间构成了一个"十"字形，此十字形可谓意味深远。考古资料证明：在中国新石器时代的文化遗存里可以看到不少十字形符号，例如甘肃青海马厂型陶器装饰图案、陕西半坡遗址的陶器图案等，都表明这种符号发端甚早。商代的甲骨文、金文里也有大量十字形符号。这个十字形符号代表什么呢？中西方许多学者已经指出，它所代表的是太阳，先民们在不同场合不同背景下不断重复绘出这个符号，显示了太阳在先民心目中的巨大魅力与太阳崇拜的实在性。先民们为什么崇拜太阳呢？追究其原因，不得不从平安需求上来解释。大家知道，太阳降落，意味着黑暗到来，也代表着不可预测的妖邪将会出来扰乱人类生活的安宁，所以先民们渴求阳光，祈祷太阳准时出现。这种平安需求在商周以来绘有十字形图案的铜镜上得到了明显的表达。李时珍在《本草纲目》中曾经指出，这种绘制了十字形图案的铜镜代表着金木之精，若有神明，故能辟邪，他说，"凡人间宜悬大镜，可辟邪魅"。所谓"辟邪魅"也就是为了平安。从绘制十字形图案的铜镜功能反观东王公的"東"字，不难发现其原初的平安意蕴。

"东"字具有平安意涵，"王"与"公"二字也不例外。"王"字的平安思想旨趣，我们在上文已经做了稽考，这里侧重探讨一下"公"字。甲骨文的"公"字，写作"八"，其外形是个"八"的样子，其内夹着一个"口"，后来的篆书将

"口"写成"厶",于是《说文解字》就根据篆书的字形称:"公,平分也。从八,从厶。八犹背也。韩非曰:背厶为公。"[1]其中所谓"厶"乃是"私"的本字,如此一来,则"公"就成了与"私"相对的概念了。但若追溯本源,可以发现"㕣"本是一个祭台的样子,代表社祭的场所。《诗经》有《良耜》之歌,前人以为是孟冬祭祀社稷神所咏唱的曲子,而祭祀的场所即"公社"。《礼记·月令》谓:孟冬之月,"天子乃祈来年于天宗,大割祠于公社"[2]。文中的"天宗"即天神;"大割"就是杀猪宰羊,"祠"作动词用,表示祭祀;整句的意思是讲,天子向天神祈求来年五谷丰登,杀猪宰羊,在公社里举行祭祀活动。就上下文看,"公社"的"㕣"代表的是一种特殊场所,这个场所的建立乃是为了祭祀天神。"㕣"字外围的"八"象征宰割牺牲的平分原则,而其内的"口"当是器皿形状,表示与神交流的信息通道。在公社里祭祀神明,除了祈求来年五谷丰登,就是为了平安,由于是在公社里祈求平安,这个"安"即是"公安"。

从上述考察可知,正如"西王母"的名称蕴藏着平安旨趣,"东王公"名称的每一个字也具有平安意义。当两位具有平安精神的大神相互联手的时候,其平安的思想内涵便更加强大了。这一点,我们从杜光庭《墉城集仙录》的有关描述中即可找到证据。该书卷一《金母元君》条称:

> 在昔道炁凝寂、湛体无为。将欲启迪玄功,生化万物。先以东华至真之气化而生木公焉,木公生于碧海之上、苍灵之墟,以生阳和之气,理于东方,亦号曰王公焉。又以西华至妙之气化而生金母焉,金母生于神洲伊川,厥姓缑氏,生而飞翔,以主阴灵之气,理于西方,亦号王母。皆挺质大无,毓神玄奥。于西方渺莽之中,分大道醇精之气,结气成形,与东王木公共理二气,而养育天地、陶钧万物矣。[3]

---

1 (汉)许慎:《说文解字》卷二上,(清)《文渊阁四库全书》本。
2 (汉)郑玄注,(唐)孔颖达疏:《礼记注疏》卷十七,(清)嘉庆二十年南昌府学重刊宋本《十三经注疏》本。
3 (五代)杜光庭:《墉城集仙录》卷一,《道藏》第18册,第168页。

这段话的意思是讲：在远古的时候，大道一炁，混沌未分，本体静寂不动，也没有思虑作为。久而久之，道体静极生动，即将开启玄奥功德，生长化育万物。先是用东方光华的至上正真之气化生了木公，祂生长于碧波荡漾的大海之上、清纯灵动的土丘之中，祂的作用就是滋长青阳和睦之气，经理于宇宙的东方，代表着旺盛，号为王公。接着，道体又用西方光华的至上玄妙之气生长化育了金母，祂生长于神洲的伊川圣地，姓緱，祂一生下来就会飞翔，主导阴柔灵修雅美之气的运化，经理于宇宙的西方，号为王母。东王公与西王母都生就了美质，神采奕奕，颇具玄妙气韵。西王母在西方的渺渺莽原之中，秉承了大道的醇美精气，凝聚成形，祂与东王公一起，共同经理阴阳运化之气，养育了天地，陶冶造就了万物。

　　东王公与西王母联手的平安思想旨趣在于造就了协作共同体。首先，这个共同体的神明东王公与西王母都是"道炁"运化的结果。所谓"道"乃是万物化生之本，它的本义既然是"安"，那么由"道炁"化育而成的东王公、西王母也就遗传了大道平安基因，具有平安功能。其次，这个协作共同体体现了分理与共理的基本功能。"理"字本来表示把山里挖来的璞石加工成为美玉，后来引申之而有"治理"的意涵。作为动词，"理"表示使事物形成秩序。杜光庭叙说的故事先讲东王公与西王母各自尽责，管辖、治理各自的空间区域，再讲祂们协同治理宇宙整体空间。其工作可谓有分有合，其分工明确，协同也明确，这种有条不紊的状态乃是保证万物平安的最佳环境保障。

第三节　三清信仰与众神护佑

　　按照《道德经》"道生一，一生二，二生三，三生万物"以及《周易》天地人"三才和合"的思维逻辑，道教神仙也具备了"由一分二""由二成三""由三化多"的谱系整合特征。早期道教，各派相继建立自己的神仙系统，尚未形成统一性。魏晋以来，随着修仙实践活动的广泛开展，道教神仙队伍迅速扩大。先有葛洪《神仙传》的流播，继有陆修静《真灵位业图》以及《洞仙传》的出现，继有各种经书关于传经系统的建立，代表了道教神仙故事逐步走向繁荣的景象和神仙谱系的整合趋势。透析道教的神仙谱系与神仙故事，我们可以发现两个特点：一是逐步形成了以"道"为本根的多神统一的神仙世界；二是神仙世界构成了天地人的整体护卫安全体系，体现了道教适应社会平安需要的思想导向。

一、三清四御信仰的平安要旨

如果说前述"西王母"与"东王公"的协同护卫反映了中国传统文化阴阳对应的平安秩序需求，那么"三清、四御"尊神地位的确立则体现了道教中人维护和强化平安环境的自觉精神。

就神明角度来说，"三清"指的是玉清元始天尊、上清灵宝天尊、太清道德天尊。其中的"玉清""上清""太清"系三位天上尊神所居处的境界。这三位道教至高神与社会平安祈求有何关系呢？让我们通过解读与稽考其名称、功能来逐步说明。

（一）元始天尊

元始天尊，全称"玉清居清微天圣登玉清境天宝君元始天尊妙无上帝"，为道教最高神灵三清尊神之首，居于"三清"中位。《历代神仙通鉴》称之为"主持天界之祖"。

"元始"取《周易》"乾"卦《象传》"大哉乾元，万物资始"[1]两句各自最后一个字组合而成；而"天尊"二字则出自《周易·系辞上》的"天尊地卑"[2]一语。本来在《周易·系辞上》里，"天尊"是个词组，"天"是名词，"尊"是形容词，两个字合起来表示天是尊贵的；道教借助了《周易》学说，并且对其概念内涵做了解释，赋予了平安的思想意义。

照道教的说法，元始天尊生于混沌之前，太无之先，元气之始，故名"元始"。

---

[1] （三国）王弼注，（晋）韩康伯注，（唐）孔颖达疏：《周易注疏》之《周易兼义》上经乾传第一，（清）嘉庆二十年南昌府学重刊宋本《十三经注疏》本。

[2] （三国）王弼注，（晋）韩康伯注，（唐）孔颖达疏：《周易注疏》之《周易兼义》卷七，（清）嘉庆二十年南昌府学重刊宋本《十三经注疏》本。

在甲骨文中，"元"字是在人的头顶上加一横，表示混沌初开，万物之始。许慎《说文解字》谓："始，女之初也。从女，台声。"所谓"女之初"即女人生产，初为人母。"台"是"胎"的本字，在金文里，"台"像女人倒立生产的样子，其上为子，其下为母（𠃊）；在篆书里，"𠃊"演变为"口"，如器皿的形态，它是上古时期祈求神明保佑的法器。在人类生活中，不论在什么时候，生育子女都是十分重大的事情。在环境恶劣条件下，先民们采取一定措施，祈求神明保佑生产顺利，这是不言而喻的。从这个角度来看"台"字，就能够明白其祈祷平安的用意。如此看来，作为道教"三清尊神"之首，"元始天尊"的称号也蕴藏着平安的精神。

从原型来看，"元始天尊"乃是盘古的化身。葛洪《元始上真众仙记》引《真书》谓：

> 昔二仪未分，瞑涬鸿蒙，未有成形，天地日月未具，状如鸡子，混沌玄黄，已有盘古真人，天地之精，自号元始天王，游乎其中。[1]

意思是讲，在阴阳尚未分化的时候，宇宙渺渺混沌，没有什么具体的形状，天地日月还没有产生，整个宇宙就像一个鸡蛋，黑黄之色未分。那时有盘古真人居于其中，祂是天地精气化育而成，自号"元始天王"，自由自在地畅游于混沌精气之中。

这里所谓"元始天王"就是"元始天尊"。按照《元始上真众仙记》的说法，"元始天尊"与"盘古真人"并非两个不同的神明，其本体乃是一，盘古真人是原型，而"元始天尊"是其"号"。既然如此，那么"元始天尊"作为"平安"的象征就是必然的，因为我们在上面的章节里已经论证了"盘古"的平安意蕴，作为盘古化身的元始天尊当然也就成为平安精神的寄托了。

如果再稽考一下"元始天尊"名称的典据，就能进一步发现其平安的深层意义。《周易》"乾"卦《象传》曰：

---

[1]（晋）葛洪：《原始上真众仙记》，《道藏》第3册，第269页。

> 大哉乾元，万物资始，乃统天。云行雨施，品物流形。大明始终，六位时成，时乘六龙以御天。乾道变化，各正性命，保合太和，乃利贞。首出庶物，万国咸宁。[1]

意思是讲：伟大啊，乾元！你是万物赖以生长的源头，你的秉性发自上天。有了你，云彩飘动，大雨常施；有了你，光辉灿烂的太阳周而复始地运行，"乾"卦六爻呈现了不同时刻、不同空间的功用，就像阳气按时乘载六条巨龙以统御大自然一样。"乾"卦的道理表征着宇宙的运动变化，万物遵循规律而有性命化育，保全太和元气，以利于守持正固。元气化生，周而复始，萌生万物，天下诸国因此获得安宁。

从上述《彖传》的解释可以看出，元始天尊所代表的"乾"卦有三大功能：第一，宇宙秩序的维护者；第二，生命存在的保护者和能量源泉；第三，社会国家稳定安宁的支持者。这三项功能从不同侧面彰显了"乾"卦的平安思想意蕴，作为"乾"卦精神寄托的"元始天尊"的平安意义也就不言自明了。

（二）灵宝天尊

灵宝天尊，又称"太上玉晨大道君"，全称"上清居禹余天真登上清境灵宝君灵宝天尊妙有上帝"，陶弘景《真灵位业图》列灵宝天尊在第二神阶中位，仅次于第一神阶中位的元始天尊。唐代曾称为"太上大道君"，宋代起才称为"灵宝天尊"或"灵宝君"。与元始天尊一样，灵宝天尊的名称以及来历、济生活动等都蕴含平安思想精神。

"灵宝"一词，来自老子《道德经》第三十九章的"神得一以灵"以及第六十七章的"我有三宝"。所谓"得一"就是"得道"，因为"一"指的是道体浑然为一，所以"得一"与"得道"实际上是语词转换而已，其含义是一致的。由于"道"的本义是"安"，灵宝天尊既然意味着"得道"，也就承载了"平安"信息

---

[1] （三国）王弼注，（晋）韩康伯注，（唐）孔颖达疏：《周易注疏》之《周易兼义》上经乾传第一，（清）嘉庆二十年南昌府学重刊宋本《十三经注疏》本。

了。再说"灵宝"构词的另一个来源"三宝",指的是"一曰慈,二曰俭,三曰不敢为天下先",其基本精神归结起来也合于"平安"祈求。"慈"即慈爱天下万物,"俭"即节俭爱惜,"不敢为天下先"即保持谦虚谨慎态度,不争名利、地位。慈爱天下万物就能产生勇气。比如一位母亲,为了子女的生活,背负着自己的责任,敢于面对人生的种种艰难苦处,这就是慈爱所激发的勇气。节俭爱惜才能宽裕,做事游刃有余。譬如节俭自己的精神,使不妄泄,就能精神饱满,使先天之气运转,五气朝元,三花聚顶,元神复位,然后山川依我驰骋,天地任我遨游,从而更能发挥救人济世的广大作用。一个人因为慈爱万物而产生勇气,又能够保持节俭,就能够抵御各种诱惑,不入危险境地,这就是平安。至于"不敢为天下先"表示的是不为争夺个人名誉地位而冒险,这也是引导人们如何平安生活的基本精神导向。

从字源上看,"灵宝"也包含着"平安"信息。"灵"字的早期金文写作"霝",在雨字头下加上三个"口",雨字头表明其事项出于祈雨,上古先民祈雨,巫师口中念念有词,"口"就代表巫师祈祷念诵咒语。从表面看来,祈雨似乎没有体现平安追求,但如果进一步追问祈雨的目的,就会明白其背后所蕴藏的平安愿望,因为祈雨乃是为了获得生活与生产所必需的水能量,所以祈雨也就具有了平安的功能了。试想一下,久旱无雨,大地干裂,庄稼不能下种,或者下种却遭遇大旱,庄稼干枯死亡,日常生活因为缺水而陷入困境,这是多么严重的问题。故而,"灵"字所代表的祈雨活动,就是为了消除缺水的困境,使人们获得平安生活的能量。从这个角度看,"灵"也暗示着先民的平安渴求。

"灵"的晚期金文字头下面加上"王",变成"靈",篆书的"灵"基本上继承了晚期金文"灵"字的构造,其字头下面也有"王"字。这个"王"字其实是"玉"的简略符号,《说文解字》以"灵"为灵巫,谓巫"以玉事神"[1]。在古代,"玉"有辟邪通灵的功用,所以《礼记·曲礼下》说"君无故玉不去身"[2]。君王佩

---

[1] (汉)许慎:《说文解字》卷一上,(清)《文渊阁四库全书》本。
[2] (汉)郑玄注,(唐)孔颖达疏:《礼记注疏》卷四,(清)嘉庆二十年南昌府学重刊宋本《十三经注疏》本。

戴玉器，这一方面是身份礼仪的象征，另一方面就是为了免灾保平安。君王佩戴玉器，足以证明上古巫师"以玉事神"即有求得神明赐雨以得平安的用意。灵宝天尊之名既有玉有宝，当然也就具有平安思想意蕴了。

如果我们再考察一下《灵宝无量度人上品妙经》，就能够进一步领悟"灵宝"的平安精神旨趣。该经系"灵宝派"的主要经典，其经名以"灵宝"冠其先，显然是要贯彻其灵宝的思想大旨。卷二有《玉宸大道品》，专门讲述灵宝要义。所谓"玉宸"就是"玉晨"，其中的"宸"本指北极星处所，具有时空标示意义，这对于人们的平安生活而言非常重要。现在的 GPS 定位、北斗定位，说到底就是平安时空技术，这种技术的思想原则可以追溯到"玉宸"的观念上。读一下《灵宝无量度人上品妙经》，我们可以看到表达平安的许多词汇或句子，例如卷一的"国安民丰，欣乐太平""安镇国祚，保天长存"，卷二的"天回地转，神安鬼息，福德立降，消诸不祥"，卷三的"八维安镇，帝祚绵昌"，卷四的"人安其化，无所争求"[1]等等充分表达了灵宝的平安精神，灵宝天尊正是"灵宝经"平安精神的神仙表征。

（三）道德天尊

道德天尊也是道教"三清尊神"之一。在正规道教宫观里，道德天尊与灵宝天尊居于元始天尊的左右两边，形成了"三合一"的神位格局。

道德天尊乃是太上老君的另一种尊称，他的原型就是道家学派理论奠基人老子。汉代制度道教形成，老子被尊称为太上老君。[2] 南北朝以来，随着三清信仰的建立，太上老君又有了"道德天尊"的称号。唐代开始，随着道教的勃兴，李唐王朝尊老子为远祖，太上老君遂有了"太上玄元皇帝""混元上帝"的称号。宋代之际，道教的社会影响力更加扩大，关于道德天尊的传记陆续产生，其中比较有代表性的有《混元圣纪》《太上混元老子史略》《犹龙传》等，从其新的名号与传记里，我们可以发现道德天尊已经成为社会平安的强大文化符号。

---

[1] 按：以上所引《灵宝无量度人上品妙经》卷一至卷三，见于《正统道藏》"洞真部·本文类"之首部，兹不一一列出。

[2] 关于"太上老君"名号的平安意涵，本章第一节已经做了考释，这里从"道德"入手来进一步阐述。

首先,"道德"与"天尊"结合而成神称,使平安理想具有了深厚的哲理依据。本来,平安只是先民们的一种希望、一种生活追求,在表达上相对比较朴素,当"道德"作为一种修饰语,用以形容太上老君时,其平安的精神内涵便获得了神仙理论升华。在《道德经》第五十一章里,有"道生之,德畜之"的话,意思是讲:道母化生万物,玄德滋养万物。就"体用"关系角度来看,"道"是体,而"德"是用。由于作为"体"的"道"的原初意义是"安",其"德"的滋养也就生发出"安"的功能。根据这种逻辑,我们可以说,"道"是"安"之"体",而"德"是"安"之用,"安"之体用表现为"道德",那么"道德天尊"实际上也就代表了"安"的体用。

其次,"玄元"与"混元"的称号强化了平安的文化诉求。按照《小尔雅》的解释,"玄"是黑的意思。在古代五色与五方的配合中,黑色代表北方,是隐蔽安全的表征,所以皇宫里皇帝的龙座安置在北方,与《周易》"后天八卦"的"坎"卦的避险精神相一致。考察一下古代的方位礼仪,再回过头揣摩"玄元"之"玄",就不难看出其平安的深层底蕴。

至于"混元",其实就是"道"。《道德经》第二十五章谓:"有物混成,先天地生。"《淮南子·览冥训》称:"天下混而为一。"这种混沌一片,不分上下前后,不分古往今来的状态就是"道",而"元"字正如前面所解释的,就是始初,也是"一",它是"道"化生万物的一个阶段的代表,当然也是"道"。根据这个分析,"混"与"元"合而成的"混元"就是"大道"的神学性概念。由于"道"的本义是安,"混元上帝"的称呼也就具备了"安"的精神。

(四)四御

在道教文化中,"三清"与"四御"经常联称。道门谓"三清、四御"为"七宝",与"三洞四辅"相合的"七纬"经书相对应。如果说"三清"乃是至高无上的天界尊神,那么"四御"就是辅佐"三清尊神"的天界大神。"四御"指的是中天紫微北极大帝、南极长生大帝、勾陈上宫天皇大帝、承天效法后土皇帝地祇。

作为辅弼之神,"四御"也与"三清"一样,以相对隐潜的方式表达了信奉

69

者对"平安"的希望。这种希望在"四御"名称与职责里便有寄托。"御"的本义是驾驭,引申之则为掌控,"四御"之神要掌控什么呢?按照道经的描述,"四御"各自掌控的对象是不同的。"承天效法后土皇地祇"协助执掌阴阳生育,万物生长与大地河山之秀;"勾陈上宫天皇大帝"协助执掌南北极与天、地、人三才,并主宰人间兵革之事;"南极长生大帝"协助执掌人间寿夭祸福;"中天紫微北极大帝"协助执掌天经地纬、日、月、星、辰、四时气候。如何看待"四御"的执掌行为呢?如果说"执掌"标志着对宇宙间事物的某种控制,那么这种控制也意味着维持宇宙秩序的责任,倘若宇宙运化在祂们手上失控了,众生就不能平安生存,从这个意义来看,"执掌"也与平安问题不可分割地联系在一起。

二、众神护佑与平安神崇拜

在道教文化系统中,"三清尊神"统辖下的神仙可谓千千万万。祂们处于各个区域。从空间角度看,道教神仙有天、地、人三界之别;从时间角度看,道教神仙又有六十甲子太岁神等等。三清统辖下的众多神仙是如何担当平安护佑职能的呢?这里我们选择具有代表性的部分来加以解读。

(一)玉皇大帝

在道教神仙系统中,于"三清尊神"之外,尚有一位十分突出的天际大神,这就是玉皇大帝。[1]

玉皇大帝,简称"玉皇"或"玉帝",民间称为"天公""天公祖""老天爷"等。玉皇大帝的全称是"太上开天执符御历含真体道金阙云宫九穹历御万道无为通明大殿昊天金阙玉皇大天尊玄穹高上帝",这个称呼是历代敕封形成的,人们之所以如此景仰玉皇大帝,是因为渴望祂的保佑。

---

[1] 如果我们以人间政权管理系统为参照系来审视"三清尊神"与"玉皇大帝"的关系,那么"三清尊神"相当于国家主席,"玉皇大帝"则属于政府中管事的总理。从表现形态上看,把"三清"看作"国家主席"似乎不合逻辑,但如果从时间特征上看,则"三清"实际上就是"道"在不同时间状态下的化身,表象为"三",而其本体却是"一"。

第二章 平安之道的信仰表征

就名称而言，无论是"皇"还是"帝"都蕴含着平安的意旨。"皇"字的早期金文写法为"䍿"，其上部乃是金属护盔的象形，最高处三点是发光的样子，合起来表示最高统帅所戴的帽子，即王冠，它并非只是用来装饰，而是具有防护功能的。从其防护功能来看，"皇"也就具有平安意蕴。因为金属护盔既是最高统帅用来保护自身安全的，也象征团队的平稳。试想一想，假如统帅团队的首领出了问题，无人指挥，整个团队如一盘散沙，危险也就降临了。因此，以有护盔的王冠作为"皇"的写照，即象征团队的平安希望。

至于"帝"字，本是木制武器的象形。甲骨文中的"帝"字写作"𣎵"，主体是木棍形态，在木棍"𣎵"中间加一刺状的指事符号"𠃍"，表示带钩刺状刀片的木棍；木棍末端加一横，表示固定在树桩末端的利刃。这说明"帝"与"皇"一样，代表手持尖端武器的领袖人物。后来，"帝"被神化，成为统治上天的大神，其武器的防卫功能便扩展开来，而具有维护天地平安的象征旨趣了。

在"玉皇大帝"名称中，"皇"与"帝"是关键字，这两个关键字既然都携带着平安信息，则"玉皇大帝"便也表征了平安理趣。

如果我们阅读有关玉皇大帝的经典，就会发现更多的平安信息。在《道藏》中有不少关于玉皇大帝信仰的文献。其中，《高上玉皇本行集经》《高上玉皇本行集经髓》以及《高上玉皇心印经》《高上玉皇胎息经》最具代表性。就平安思想研究角度看这四部经典，有两点值得注意。

首先，关于玉皇大帝的非凡经历。《高上玉皇本行集经》卷上《清微天宫神通品第一》记载了这样一个故事：

往古之际，有个国家称为光严妙乐，国王名号净德，王后名宝月光。国王因为没有子嗣而感到悲哀，有一天对众人说，我将要老了，国家却没有太子，一旦我"崩殂"，社稷九庙将托付给什么人啊？国王思考再三，下了诏书，请高道大德于诸宫殿里，依诸科教，悬诸幡盖，清净严洁，广陈供养，六时行道，遍祷真圣。如此半年时间，不退初心。

忽然，有一天晚上，宝月光皇后梦见太上道君与诸位真仙，驾五色龙舆，拥耀景旌，荫明霞盖，款款而来。太上道君安坐龙舆，抱着一个婴儿，他身上的毛孔放射出百亿道的光芒，照亮了各个宫殿。皇后心生欢喜，恭敬接礼，长跪于道路前，对太上道君说："今王无嗣，愿乞此子为社稷主，伏愿慈悲，哀愍听许。"就这样，皇后醒来就有了身孕。

怀胎一年，于丙午岁正月九日午时诞于王宫。当婴儿出生的时候，身上宝光如焰，充满王国，色相妙好，观者欢喜。这孩子幼而敏慧，长而仁慈，于其国中所有库藏、一切财宝，尽将散施穷乏困苦、鳏寡孤独、无所依怙、饥馑癃残一切众生，仁爱和逊。

国王驾崩之后，太子治政，俯念浮生，告敕大臣，嗣位有道，遂舍其国，于普明香严山中修道，功成超度。此后历经八百劫，行药治病，拯救众生，令其安乐。此劫尽了，再历八百劫，太子广行方便，启诸道藏，演说灵章，宣导正化，敷扬神功，助国救人，自幽及显。过此以后，再历八百劫，舍己血肉，羽化登仙。如此修行三千二百劫，始证金仙，号曰清净自然觉王如来，教诸菩萨，顿悟大乘正宗，渐入虚无妙道。如此修行，又经亿劫，始证为玉帝。[1]

从上面的故事可知：第一，玉皇大帝于一亿年以前降生于"光严妙乐"国，祂是由太上道君赐予国王的太子，这表明了其不寻常的血统，暗示了玉皇大帝从一开始就携带着"平安"精神，因为送给宝月光皇后婴儿的是"太上道君"，祂就是灵宝天尊，本来就是赐予人间平安的，所以送婴儿的举动便有了赐予人间社会平安的意义；第二，玉皇大帝经过了一亿年的修行才证仙道，获得"玉帝"称号，祂的修行内容包括为人治病、令众生安乐等服务于社会的大量项目，这些项目都是有利于众生平安生活的。如此长时间修行，表明了维护社会平安需要尽很大努力才行。

其次，关于玉皇大帝的功德。《高上玉皇本行集经》卷中《玉皇功德品第三》记载：

若有三界十方无量国土，及国王大臣，或兵戈并起，疫气大行，水旱虫

---

[1] 原文为文言体，此段系经过改写的现代文。

蝗、凶灾饥馑,是其国君、后妃、太子、宰辅、大臣,当发慈悲,为其黎庶,遍敕国内州县镇宰,令诸道流清净严洁于其观内,设大斋醮,六时行道,为转此经,当得国土清平,五谷丰熟,黎庶安泰。若复有人,入诸山林,遇毒恶兽,但能存想,一念真经,山神卫护,猛兽自退,终不害己。若入江入海,采宝求珍,值遇恶风,如法持念是此真经,风浪顿止,安稳达岸。若在军阵,戈戟既接,两刃相交,存心默念是此真经,是诸恶贼悉自退散。若在牢狱,枷锁之中,净心定虑,存念真经,冤枉自伸,即得解脱。若为邪精鬼贼众苦所加,如法持念是此真经,众邪远避,自然除愈。[1]

"功德"一词在中国古代一般是指发挥效用。通俗地说就是带来好处。玉皇大帝能够带来什么好处呢?上述经文一开始就陈述了"功德"发生作用的范围:"三界十方无量国土。"所谓"三界"指的是天、地、人,而"十方无量国土"则涵盖了所有空间区域,说明其适用性很大。至于其具体功德,经文列举了可以消除的兵戈、疫气、水旱等牵涉全局的诸多灾害,又指出了个体可能遇上的伤害,告诉奉行者只要存心默念真经,就可以消灾解难。接下来,经文还陈述了妇人怀胎难产只要存念真经,就能够"母子平安,生福德男女"[2]等等,作者明确用了"平安"这个词汇,表明在信奉者心目中玉皇大帝的确是一个护佑平安的大神。

(二) 斗姆

"斗姆",尊称"斗姆元君",全称"九灵太妙白玉龟台夜光金精祖母元君",又称"大圆满月光王""东华慈救皇君天医大圣"等。

顾名思义,"斗姆"即星斗之母。相传龙汉年间,周御王有个妃子,名紫光夫人。春暖花开的季节,紫光夫人在花园里游玩,突然感应了星炁而有孕,随后生下九个儿子。后来,大儿子成为勾陈上宫天皇大帝;二儿子后成为紫微大帝。其余七子出生时,据说并非胎形,而是七颗明星,生落地时,七颗星自动排为斗勺

---

[1] 《高上玉皇本行集经》卷中,《道藏》第1册,第703页。
[2] 同上。

之状,柄指一方。在排列成形之后,祂们突然化为胎儿模样。周御王为祂们分别取名为贪狼、巨门、禄存、文曲、廉贞、武曲、破军,祂们长大以后,修成正果,才回归星位成为天上的北斗七星君。由于北斗七星具有指示方向的意义,孕育北斗七星的"斗姆元君"便具有很高地位。先民们拜星斗,更崇尚斗姆元君。

从哪些方面可以看出斗姆元君信仰的平安精神呢?主要有两点。

第一,从其造像来看。在道观斗姆殿里,通常可以看到的斗姆形象是三只眼、四个头、八只手,手中分别拿着太阳、月亮、宝铃、金印、弯弓、矛、戟等作战兵器或法器。其中,"三只眼"象征着非凡的识别能力与穿透力,可以看清复杂情况,提供最及时、最准确的图像信息,为平安生活做出及早的预测、判断与决策。"四个头"象征着对四面情况进行总体把握,也暗示着斗姆元君平安保佑的全能性。"八只手"象征乾、坤、坎、离、震、巽、艮、兑等"八卦",它们本来就是平安吉祥物。手中所持各种兵器、法器象征着祛邪纳祥,有助于信众的平安心理满足。

第二,从其功德来看。《太上玄灵斗姆大圣元君本命延生心经》在叙说了种种天灾人祸以及诸多磨难之后,称:"斗姆降以大药,普垂医治之功。"[1]这样看来,斗姆乃是一个医药神,可以解除众生疾病之苦。不仅如此,祂还能够"燮理五行,升降二炁;解滞去窒,破暗除邪;愆期者应期,失度者得度。安全胎育,治疗病痾;润益根荄,阳回气候;生成人物,炼度鬼神;散禳百结,资补八阳;辅正全真,召和延祚;潜施药力,职重天医"。按照这个说法,则斗姆治理疾病是从五行调理入手,把握阴阳升降,从而使宇宙运化"应期"而"有度"。这正是信众平安希望的表达。因为"应期"与"有度"说的是天体运行有秩序、有规律,一切正常,所以平安。

(三) 太岁神

"太岁"原指人的肉眼看不见的"岁星"。中国古代历法以木星为岁星,它由

---

[1] 《道藏》第11册,第345页。

西向东沿着黄道运行,每十二年为一周天。这样,黄道就形成十二等分,以十二支来命名。木星运行是人的肉眼看得见的,而与其运动方向相反的看不见的假设星体就是"太岁"。天文学家将十二地支配以十天干,以太岁所在位置记年,就形成了六十甲子年,所谓"太岁神"就是六十甲子年的神称。

人生在世,要面对两位太岁神,一是出生那一年的太岁,即"本命太岁",例如1960年生,恰逢阴历庚子,其本命太岁就是"庚子太岁";二是"流年太岁",也叫"当年太岁",例如2012年,恰逢阴历壬辰,这一年的流年太岁就是"壬辰太岁"。

太岁神信仰形成于东汉以前。制度道教产生以后,太岁神信仰纳入了道教文化体系之中,并且逐步完善起来。在道教中,供奉太岁的殿堂称为"元辰殿",六十太岁都有将军称号,例如甲子金辨大将军、乙丑陈材大将军、丙寅耿章大将军、丁卯沈兴大将军、戊辰赵达大将军、己巳郭灿大将军、庚午王济大将军、辛未李素大将军、壬申刘旺大将军、癸酉康志大将军等等。

每位太岁神还有相应的身世故事,例如关于金辨大将军,《太岁神传略》谓:"甲子太岁,明时降生于山阳,名金濂,亦名金辨。辨正统三年擢金部御史,参赞宁夏军务,举贤任能,人服其公。宁夏旧有五渠,而鸣沙州、七星汉、伯石灰三渠淤。濂请浚之,溉芜田一千三百余顷。时诏富民输米助振千石以上,褒以玺书。辨吉边地粟贵,请并旌不及千石者,储由此充。边民赖之。"[1] 金辨之所以被奉为甲子太岁神,是因为他在宁夏参赞军务的时候立下汗马功劳,为民众办了实事,其他太岁神也差不多都是有功于民者。由此可见,太岁神实际上是对历史英雄、民族英雄的敕封结果。

古时候曾经流行这样一句俗语:"太岁头上动土。"意思是在太岁神对应的方位动了土就会带来灾祸。后来,民间误以为"太岁"是专门处罚人的神灵,碰到了"太岁",就会招致横祸。这是错误理解了太岁的含义,其实避免在太岁神所临方位动土是出于化解干支刑冲的考虑。

---

1 参看陈耀庭:《太岁神传略》,北京:宗教文化出版社,2005年版。

陈耀庭教授在《拜太岁答问》中说：

> 太岁神是年岁之神。道教经籍中说，太岁神主管人的"本生身命之灾"和"流年临犯之厄"。这就是说，人的一生的吉凶祸福是由太岁神主管的。人的每一年的健康或者疾病，每一年运气的顺当或者不利，也都是由太岁神处理的。
>
> 因此，我们拜太岁就是为了祈求太岁神护佑自身身体的健康平安和流年的大吉大利。一般拜太岁都安排在农历春节的日子里，目的就是希望在值年太岁当值的年月里，获得太岁神的关怀。
>
> 同时，对于本命之年的人来说，也是提醒自己，在本命之年小心谨慎，遵纪守法，多做善事，注意冷暖，避免触犯太岁神，给自己带来疾病和灾祸。[1]

这几段文字简要概括了太岁神的功能和要拜太岁的原因，告诉人们什么时候拜太岁、怎样拜太岁。文中言及太岁神主管人的"本生身命之灾"和"流年临犯之厄"，这一方面表明人的一生难免会遇上这样那样的灾难，另一方面则明示太岁神能够帮助人们避免灾难。人们拜太岁，祈求消灾解难，其最终意义就是获得平安。从这个角度讲，太岁神也是平安神。

（四）城隍

"城隍"，人们尊称为"城隍爷"，系道教崇拜的地方神。"城隍"一语由《周易》之"泰"卦上六爻辞"城复于隍"缩略而成，最初指的是护城河，后来逐渐神化，成为城池之神。

祭祀城隍神的规制形成于南北朝时期。至唐代时期，城隍神信仰兴盛起来。宋代将城隍神列入国家祀典，其地位大大提升。元代封城隍为"佑圣王"。明初，大封天下城隍神，其爵位分王、公、侯、伯四等。按照行政级别，国家于岁时，

---

[1] 《上海道教》，2004年，第4期。

分别由所在地区行政长官主持城隍祭典。

顾名思义,"城隍神"首先是地方保护神。与此同时,祂还是司法神、道德审判神。从各地城隍庙的情况看,其体制不尽相同,城隍神管辖之下有三司、七司、八司、二十四司等不同"办事机构",不论哪一种设置,都是根据司法、道德需要而设立的,体现了城隍体制的公正、严明原则。

与太岁神一样,城隍神虽然不是专门的平安神,但却有平安功德。这一点,我们从历代城隍祭文就可以得到佐证。考唐代张九龄《曲江集》收有《祭洪州城隍神文》一篇,其略云:

> 维开元十五年,岁次丁卯六月朔壬寅十日辛亥,中散大夫使持节都督洪州诸军事洪州刺史上柱国曲江县开国男张某,谨以清酌脯醢之奠,祭于城隍神之灵。恭唯明神懿,皆潜德城池,是保民庶,是依精灵,以秉正直攸好。忝牧此郡,敢忘在公!道虽隔于幽明,事或同于表里。今水潦所降,亦惟其时,而淫雨不止,恐害嘉谷。谷者,人之所以为命;人者,神之所以为祀。祀可不以为利,义不可以不福。阖境山川,能致云雨,岂无节制?愿达精诚,以时弭灾,无或失稔,则理人有助,是所望于神明。尚飨![1]

张九龄之所以祭祀城隍神,是因为他担任洪州刺史时遇上了"淫雨",此等淫雨造成严重水灾。他写这篇祭文的目的就是请求城隍神能够止"淫雨",确保禾谷能够获得正常收成。文中,张九龄称赞城隍神"潜德城池,是保民庶",显然是把城隍神看作百姓平安生活的保护神。像张九龄写的这种城隍神祭文在唐宋以来的地方官文集中相当不少,譬如晚唐李商隐作有《祭桂州城隍神祝文》《为安平公兖州祭城隍文》《为怀州李使君祭城隍神文》《为中丞荥阳公桂州赛城隍神文》《赛灵川县城隍神文》《赛荔浦县城隍神文》《赛永福县城隍神文》等不少祭祀祝祷之文。在这些祭祀祝祷文里,李商隐或请求城隍"弹压氛祲""守同石堡",或恳祷城隍

---

[1] (唐)张九龄:《曲江集》卷十七,(民国)《四部丛刊》景明成化本。

"干霄作峻，习坎为防，合烽橹以保民，导川涂而流恶"[1]，其用意归根结底乃是希望百姓能够平安生活。

唐宋以来地方官们祭祀城隍，为百姓生活祈求平安，这种观念可以从《太上老君说城隍感应消灾集福妙经》（简称《城隍经》）里找到根据。该经在叙述了世间众生受诸苦恼的情况后紧接着说："世间若有善信男女，转诵此经三五十遍，以至百千万遍，即得消除罪业，安享太平。"[2]照此说法，念诵《城隍经》不仅可以消除往昔的罪孽，而且能够安享太平的日子。为什么念诵《城隍经》可以有这样的效用呢？这是因为城隍神"威灵显赫，圣道高明，无党无偏，公忠正直，有求必应，如影随形，代天理物，剪恶除凶，护国保邦，功施社稷，溥降甘泽，普救生民，统辖十八真司，主管百万神将，积功累行，位正城隍，权掌天下，威镇万邦"[3]。在道教看来，城隍神的能量是很强大的，所以保佑平安也就不在话下了。

（五）妈祖

妈祖，又称娘妈、天妃、天后、天上圣母等。最初，妈祖只是福建莆田沿海一带的民间女神，后来逐渐成为东南沿海以及我国台湾、香港、澳门等地的海上保护神。妈祖信仰也流布海外，马来西亚、新加坡、泰国、印尼、越南、菲律宾等地同样建有供奉妈祖的庙宇。

妈祖，姓林，是福建莆田望族九牧林氏后裔。因出生时不会哭，家人为之取名"默"，邻里称之为"默娘"，表示她是"默默不语的姑娘"。最早记载妈祖事迹的是南宋时人廖鹏飞，他在绍兴廿年所写的《圣墩祖庙重建顺济庙记》中称妈祖"世传通天神女也。姓林氏，湄洲屿人，能预知人祸福……"由此可知，妈祖乃实有其人。

根据《湄洲屿志略》《天后志》《天妃显圣录》等文献记载，妈祖系南唐清源军莆田县湄洲（今福建省莆田市秀屿区湄洲岛）人。祖父林孚，官居福建总管；父

1　（唐）李商隐：《李义山文集》卷五，（民国）《四部丛刊》景稽瑞楼钞本。
2　《道藏》第34册，第748页。
3　同上。

亲林愿，宋初官任都巡检。据说，在妈祖出生之前，父母朝夕焚香祝愿祈求，盼望神明赐予好儿子，谁知道生下来的却是女儿。不过，林愿并不因此而失望，因为这个女儿出生时就有奇迹。那个傍晚，邻里乡亲看见流星化为一道红光从西北天空射来，晶莹夺目，照耀得岛屿上的岩石都发红了。林家小女就是在这样的奇异状态下出生的，父母感到这个女婴来得不寻常，也就倍加疼爱。

林默逐渐长大，果然非同一般小女子。她不仅熟悉水性，而且通晓天文气象。她善良聪慧，乐于助人。她生活的湄洲岛与大陆之间的海峡有不少礁石，在这片海域里遇难的渔舟、商船，常常得到林默的救助，所以人们传说她能乘席渡海。她还有常人无法想象的预知能力，能够在事前告知船户可否出航，所以又说她能"预知休咎事"，被称为"神女""龙女"。

相传宋太宗雍熙四年（987年）九月初九日，年仅二十八岁的林默羽化飞升。湄洲岛上的百姓们都说看见妈祖乘长风驾祥云，翱翔于苍天皎日之间。从此以后，又经常听到在海上航行的人们说起林默娘身着红装飞翔在海上救助遇难者的故事。

从种种传说故事看，妈祖在人们心目中乃是一个救苦救难的平安女神。这一点从相关典籍、碑记里可以找到印证。例如廖鹏飞《圣墩祖庙重建顺济庙记》即称：宣和五年，"给事中路允迪出使高丽，道东海。值风浪震荡，触舻相冲者八，而覆溺者七。独公所乘舟，有女神登樯竿为旋舞状，俄获安济……"其中所谓"女神"指的就是妈祖，按照廖鹏飞的描述，路允迪之所以能够安全渡海，是因为有妈祖护佑，显然妈祖就是平安女神。

关于妈祖的平安功德，各地妈祖庙的楹联也有许多表现。莆田灵川东汾龙津宫楹联是"女中复见皇娲圣，海内频修神禹功"。这副楹联，把妈祖比作炼石补天的女娲和治理洪水的大禹，显示了信仰者们强烈的平安愿望和感恩妈祖的诚挚感情，因为女娲补天就是恢复平安生活的环境，而大禹治水则是平息泛滥的水涝之灾，二者都具有平安的思想意义，楹联将妈祖看作如女娲、大禹一样的英雄，其平安的思想旨趣显而易见。再如清代著名戏曲理论家李渔在江阳天妃闸的题联："世间无水不朝宗，岂止黄河一派；天上有妃能降福，何愁碧波千层。"这副楹联从百川归大海的景象入手，进而抒写天妃妈祖给人间赐福，下联的"何愁"以设问形式暗示了妈祖保佑的平安环境，颇具启迪意义。像这样的楹联在世界各地妈祖宫庙中还有不少，反映了妈祖信仰普世价值也在于"平安"二字。

（六）保生大帝

在沿海一带，除了妈祖，保生大帝在人们心目中也具有很高地位。

保生大帝，姓吴，名本，字华基，别号云衷，福建省泉州府同安县明盛乡积善里白礁村（今属漳州市龙海区角美镇）人。生于宋太宗太平兴国四年（979年）三月十五日，卒于宋仁宗景祐三年（1036年）五月初二。

吴本之父名吴通，母黄氏，皆贫病早逝。吴本还在少年时代即学采药，后学针灸、汤药。他到底向何人学习针灸之类医术呢？史书没有明确记载。不过，康熙《漳州府志》卷五十一《人物》与乾隆《海澄县志》卷十九《方外》篇倒透露了一些信息。这两种方志资料都言及吴本"学道云游，得三五飞步之术"，以济人为念。殁而灵验，里人肖像祠祀之。由此可以推测，吴本应该是在"学道云游"过程中逐步学习了道教医药治病术。其中所谓"三五飞步之术"系早期天师道法术之一，考《道藏》"洞神部·威仪类"有《太上三五正一盟威阅箓醮仪》，估计早先的"三五飞步"当是斋醮科仪的一种行进步法，后来演变为道教的"祝由治病术"。《太上灵宝净明洞神上品经》卷下《三五飞步篇第二十一》称："三五飞步，流纲之总。"[1] 所谓"流纲"就是"禹步"，因其步法依北斗七星排列的位置而行步转折，宛如踏在罡星斗宿之上，故又名"步罡踏斗"。其具体行进步法，葛洪《抱朴子内篇·仙药》谓："前举左，右过左，左就右。次举右，左过右，右就左。次举右，右过左，左就右。如此三步，当满二丈一尺，后有九迹。"[2] 又据《灵宝净明院教师周真公起请画》记载，行"禹步"时，兼念诵咒语："日月明，乾坤配。斗道光，鬼道废。"[3] 这种"三五飞步之术"最初秘传于天师道中，而后许多道教派别也行持此等法术，尤

---

[1] 《道藏》第24册，第607页。
[2] 王明：《抱朴子内篇校释》，北京：中华书局，1985年版，第209页。
[3] 《道藏》第10册，第498页。

其晋代以来的许真君信仰更是该法术的继承者。唐宋以来，许真君信仰分成两个支脉，一是净明忠孝道，另一是闾山派。净明道主要流传于江西，而闾山派则主要传播于福建。吴本所行道法很可能是从闾山派道士那里学得，现今大多保生大帝的宫庙都同时供奉许真君，透露了这种法术传授的蛛丝马迹。

值得注意的是，由许真君秘授并且在闾山派中流传的"三五飞步之术"本来就具有保安功能。因为"三五飞步之术"所依据的"罡斗"在道教中乃是正气的源泉，道士依法行持，召请神明，旨在驱邪固本。保生大帝因为精通了"三五飞步之术"，且熟悉本草、针灸，能够学以致用，为百姓健康服务，深受欢迎。据宋代杨志《青礁慈济宫碑》以及庄夏《白礁慈济宫碑》等碑刻记载，吴本为人治病有奇效，他"按病投药，如矢破的。或吸气嘘水以饮病者，虽沈痼奇怪，亦就痊愈。是以厉者、疡者、癃痼者，扶升携持，无日不交踵其门"[1]。由于其医术高明，吴本"所治之疾，不旋踵而去，远近以为神医"[2]。他被奉为"保生大帝"，从根本上看，即意味着保护生命，也意味着给世人带来安全，台北市大同区哈密街大龙峒有供奉保生大帝的"大道公庙"，正名"保安宫"，正是保生大帝信仰"平安精神"的最好诠释。

（七）大平安三圣神

近年来，由于生态环境出现诸多问题，事故不断发生，人们更加渴望平安生活。适应了这种社会需求，许多地方陆续出现了保佑平安的行业神。像厦门太清宫的车神，就是专门保护行车安全的。还有一些地方，则在原有神明信仰基础上，引申更多的平安保佑功能，甚至塑造了象征大平安的至上神——"大平安三圣神"。

"大平安三圣神"是应各地百姓治病养生、祈求生活安全需要而诞生的。所谓"三圣"系指伏羲氏、神农氏、黄帝轩辕氏。据介绍，所谓"大平安"意味着三圣保佑信众事事平安、处处平安、时时平安。在空间上，三圣神保佑十方平安；在时间上，三圣神保佑信众一生平安。按照四川剑阁道教协会陈云鹤道长的说法，

---

1 （清）陈锳修，叶廷推纂：《海澄县志》卷二十二，（清）乾隆二十七年刻本。
2 同上。

三圣神之所以具有"大平安"功德，是因为三圣本是远古道医，具有十分高明的医术，代表太素脉法的源头和能源。

综上所述，平安之道在神仙信仰上具有丰富内涵。由混沌之道至太上老君，由太上老君至西王母、东王公，由三清四御至玉皇大帝，由玉皇大帝至斗姆、太岁神、城隍、妈祖、保生大帝，体现了大道演化的历程：无极生太极，太极生两仪，两仪化三才，三才函一道，一道化万神，万神复归于太虚无极。如果说太上老君即是混沌之道的化身，那么大平安圣母神则象征太虚无极。大道在不同时空虽然展示了不同神格，但都寄托了平安精神旨趣，则是永恒的、一以贯之的。

第三章 平安之道的理论基础

"平安"既是对一种状态的判断、描述，也是一种生存诉求、生活方式和自我完善的保障。作为一种源远流长的精神意识，平安观念不仅表现在上古神话、神仙信仰中，而且在《周易》里获得了理论支持。春秋战国之际，诸子百家兴起，各派学者也以各自的方式表达平安诉求、探讨平安问题，为实现个体平安、社会平安、自然平安寻求路径与办法。[1]

第一节 伏羲卦爻蕴平安

在中国传统文化里，《周易》是一部奇书。之所以用"奇"来形容这部古典文献，是因为它从作者、内容结构到表达方式都给后人留下了不断探索的无限空间。

《周易》分"经""传"两个部分。"经"包括六十四卦符号系统与卦爻辞。"传"是对"经"的解释，共有七种十篇，所以古人将"传"称作"十翼"。《周易》从卦爻符号产生到最终成书，经历了很长时间。其源头要追溯到新石器时代中晚期的伏羲氏。所以，我们的"平安"理论基础考察也必须上溯到那个时代。

一、伏羲氏与"安贞吉"

伏羲，又称宓羲、庖牺、包牺、牺皇、皇羲、太昊、苍牙等。相传伏羲是华

---

[1] 需要说明的是，本书是按照逻辑来组织理论模块的，所以各章之间并没有必然的承前启后的时间顺序。先讲的并不一定意味着时间在前，而后讲的也不一定就表示时间在后。

胥氏踩了天神大脚印之后怀孕而生。宋代罗泌《路史》卷十《太昊纪上》记载：太昊伏羲氏之母，"华胥，居于华胥之渚，尝暨叔㠜翔于渚之汾。巨迹出焉，华胥决履以跧之，意有所动，虹且绕之，因孕十有二岁，以十月四日降神。得亥之应，故谓曰岁。生于仇夷，长于起城"[1]。照此看来，伏羲的母亲"华胥"既是人名，也是地名，因其居住于华胥水边，故以地名为其名。她踩了天神大脚印，竟然怀胎十二岁，这当然是一种神话式的象征表现手法；不过，若稽考相关文献，或许会发现上古历法的一些奥秘。罗泌在解释"岁"的时候说："或曰伏羲即木帝，故曰岁，十有二年而生也。木生于亥，十月在亥，复得亥时，其符皆至。《宝椟记》云：帝女游于华胥之渊，感地而孕，十二年生庖羲，长头修目、龟齿、龙唇，白髯委地。或曰岁，岁星十二年一周也。《说文》云：古之神圣人，母必感天而生子，故曰天子。"[2]这段解释把伏羲看作"木帝"，也就是木星，中国古时候以木星为"岁星"，因岁星运动所形成的历法称作"岁星纪年法"。木星围绕太阳的公转周期为 11.8622 年。以地球为观测点，以相对不动的恒星为背景来观测岁星在天空的视运动，发现岁星约十二年绕天一周。从这个角度来看华胥氏怀胎十二岁，其实暗示的是岁星的运动周期。作为"木帝"的伏羲氏在娘胎十二年，象征着木星运动周期的圆满，而圆满意味着周期可以预测，也象征天体运动是有序的，彰显给人的印象就是平安。由此，我们可以说，伏羲氏降生神话象征着平安，因为它以圆满的周期为人们展示了大自然的一种秩序。

从名称来看，伏羲氏也蕴藏平安理趣。"羲"为上下结构，许慎《说文解字》认为"羲"乃从兮，义声。其中，"兮"与"乎"均表示吹号的声响，"乎"是紧急吹号声，而"兮"则是气息微弱的吹号声，说明境况已经不再紧急。"义"的繁体作"義"，上"羊"下"我"。在甲骨文中，"羊"通祥，系祭祀占卜所显示的吉祥之兆；"我"像一种有许多利齿的武器，是"戌"的变形，表示护卫。占卜既得祥兆，又有武器护卫，也就预示平安。

---

1 （宋）罗泌：《路史》卷十《后纪一·太昊纪上》，（清）《文渊阁四库全书》本。
2 同上。

对于"羲"字，许多学者从天文学角度予以解释，认为那是古代观察天象的写照。"羲"字上面的"羊"表示天文观察台悬挂着羊头，是图腾崇拜的符号表征；下面的"禾"与"兮"组合，既表示祭坛，也表示观察台，右侧的"戈"是武器，表示用武器护卫天文观察台。根据这样的描述，则伏羲氏当是一个天文观察专家。他在哪里观察呢？种种迹象表明是在东方，因为他是"木帝"，木在五行中居于东方，所以伏羲氏又表征日出东方。"羲"通"曦"，表示早上的太阳从东方升起，发出光芒，谓之"晨曦"。先民们在晨曦照耀下，热情高涨，载歌载舞，表现出对太阳的无比崇拜，这种崇拜表达了先民们祈求平安的愿望，所以代表太阳崇拜的"羲"便蕴含了"平安"精神。

文献记载，伏羲姓风。《路史》卷十《太昊纪上》有一条注释："孔演《明道经》云：燧皇在伏羲前，风姓，始王天下。是伏羲因燧皇之姓矣。三坟书言：因风之帝，木能生风，故为姓。"[1] 所云"燧皇"就是发明"钻木取火"的燧人氏，他姓风，伏羲氏也姓风，可见伏羲氏是燧人氏的后裔。作为燧人氏后裔，伏羲氏的"风"姓也与平安意识关系密切。邓氏《姓书》云："东方之帝木，能生风，故为姓。"[2] 由此可见，"风"姓是因"木"而起，"木"于五行方位在东方，表征太阳升起，在深层次里寄托着太阳崇拜的观念，其崇拜初衷也出于平安渴求。

作为中华民族人文初祖，伏羲氏代表着远古先民一系列的发明创造。其中，最为重要的是创造了八卦。《史记》卷一百三十《太史公自序》称："伏羲至纯厚，作《易》八卦。"[3] 伏羲氏为什么要作《易》八卦？他是在什么情况下作《易》八卦的？对此，宋代经学家李杞认为是为了平安。他在《用易详解》卷十五《系辞下传》中说："《易》之兴也，岂非有忧患而然哉！唯其有忧患，故其辞危。危惧者，则使之平安；慢易者，则使之倾侧。"[4] 李杞的意思是：《易经》之兴起出于忧患。因为忧患，所以言辞险危，让人感到畏惧。营造危惧言辞的目的是要让读《易》

1　（宋）罗泌：《路史》卷十《后纪一·太昊纪上》，（清）《文渊阁四库全书》本。
2　同上。
3　（汉）司马迁：《史记》卷一百三十，（清）乾隆武英殿刻本。
4　（宋）李杞：《用易详解》卷十五，（清）《文渊阁四库全书》本。

用《易》者能够警戒小心，避免伤害，获得平安；如果没有危惧之心，对《易经》抱着轻慢态度，其结果就是自我垮台。可见，引领"平安"就是作《易经》的初衷。李杞虽然是泛论作《易》宗旨，但也包括了创作八卦的目的，因为整部《周易》就是以八卦为基础，所以"作《易》是为了平安"这个判断可以合理推出"创作八卦也是为了平安"的逻辑结论。

在最初，八卦只是八个象征符号，并没有文字说明，我们难以确证其平安的意涵，但从后来的卦爻辞里，我们依然能够捕捉到远古先民追求平安的强烈渴望。《周易》"坤"卦辞谓：

> 坤，元，亨……西南得朋，东北丧朋。安贞吉。[1]

这条卦辞的结尾明确使用了"安"字，其最重要的意义就是"平安"；而"贞"就是正，"吉"即吉祥。以"安"为先，"贞吉"随之，说明"平安"具有决定性意义。

"安贞吉"三个字是《周易》卦爻辞对事物运动、发展结果的评判，具体而言就是对"西南得朋，东北丧朋"这个现象的一种预示，它具有什么启示价值呢？这牵涉到"西南得朋，东北丧朋"的理解，所以我们必须从这句话的解读说起。

历史上，《易经》专家对于"西南得朋，东北丧朋"这句神秘的卦辞相当关注，进行了种种解释。魏晋玄学大家王弼在《周易注》卷一中说：

> 西南致养之地，与坤同道者也，故曰得朋。东北反西南者也，故曰丧朋。阴之为物，必离其党，之于反类，而后获安贞吉。[2]

王弼认为，西南方是养育万物的好地方，其功德与"坤"卦相同，所以说

---

[1] （汉）郑玄：《周易郑注》上经乾传第一，（清）嘉庆中萧山陈氏刊本。

[2] （三国）王弼注，（晋）韩康伯注，（唐）孔颖达疏：《周易注疏》之《周易兼义》上经乾传第一，（清）嘉庆二十年南昌府学重刊宋本《十三经注疏》本。

"得朋"；东北方与西南方相反，所以说"丧朋"。从性质上看，西南方是阴方，"坤"卦属于阴性之卦，阴与阴相遇就是"得朋"，阴与阴相离就是"丧朋"。在王弼看来，阴性的事物必须离开阴性的同党，而去寻求与之相反的阳性事物，最后才能获得平安、中正、吉祥。

唐代经学家孔颖达对王弼的注释进行发挥，他说：

> 西南得朋者，此假像以明人事。西南坤位，是阴也。今以阴诣阴，是得朋，俱是阴类，不获吉也。犹人既怀阴柔之行，又向阴柔之所，是纯阴柔弱，故非吉也。东北丧朋安贞吉者，西南既为阴，东北反西南，即为阳也。以柔顺之道往诣于阳，是丧失阴朋，故得安静贞正之吉，以阴而兼有阳故也。[1]

照孔颖达的看法，"西南得朋，东北丧朋"是假借卦象来指明人事。西南方向是"坤"卦之位，西南与"坤"卦都属阴，阴与阴相遇，这就是"得朋"；东北与西南相反，西南既然是阴，那么东北便属阳。以柔顺的"阴"去拜访刚强的"阳"，其结果虽然是丧失了阴性朋友，却能够平安吉祥，因为这时的阴遇上了阳，彼此相兼而感通。

孔颖达的解释与王弼的解释虽然有所不同，但其核心精神是一致的，这就是把阴与阴相遇称作"得朋"，把阴与阴相离称作"丧朋"，基于孤阴不生、独阳不长的思路，王弼与孔颖达都主张，阴应该求阳才能平安吉祥。

王弼与孔颖达的解释影响了易学界千余年。唐宋以来，关于"西南得朋，东北丧朋"这句话基本上都是遵循这样的思路进行解释的。直到民国时期，尚秉和先生作《周易尚氏学》[2]，一反以往的说法，他把阴求阳看作"得朋"，把阴求阴看作"丧朋"，即异性相遇为"得朋"，同性相遇为"丧朋"，其理论根据是《周易》的"十二辟卦"，指出"坤"在"十二辟卦"里居于西北亥位，阴气逆行，沿着西

---

[1]（三国）王弼注，（晋）韩康伯注，（唐）孔颖达疏：《周易注疏》之《周易兼义》上经乾传第一，（清）嘉庆二十年南昌府学重刊宋本《十三经注疏》本。

[2] 参看尚秉和：《周易尚氏学》卷二，北京：中华书局，1980年版。

南方向前进，遇阳渐盛；若由东南向东北前进，则阳气渐失。这个说法可谓独辟蹊径，在理解"得朋"与"丧朋"问题上有根本性的不同；不过，在吉凶判断上则与此前的解释一致，这就是主张阴阳相偶才能平安吉祥。

追溯易学史上关于"坤"卦"西南得朋，东北丧朋"的解释，我们可以得出初步结论：第一，在八卦学说中，"平安"的判断乃是基于阴阳相偶、和合感通；第二，事物必须相辅相成，唯有相辅相成才能构筑平安条件；第三，追求平安生活必须寻求或者创造阴阳和合感通的环境。

二、观物取象与八卦推演

《周易》中的平安智慧是从天上掉下来的吗？当然不是。那么，它是怎样形成的呢？是伏羲氏冥思苦想出来的吗？也不是。

从上面的分析可以看出，《周易》平安智慧是建立在卦爻符号的理解基础上的。所以，认识八卦起源和符号内涵，这是我们揭开《周易》平安理论奥秘的关键一环。

八卦是如何产生的？古人对此探讨已多。最为经典的论述要算《周易·系辞下》的一段话：

> 古者包羲氏之王天下也，仰则观象于天，俯则观法于地，观鸟兽之文与地之宜，近取诸身，远取诸物，于是始作八卦，以通神明之德，以类万物之情。[1]

"包羲"又称作"包牺"，即指"伏羲氏"。"包"通于"庖"，有庖厨的意涵，从这个角度看，伏羲氏本来是一个高级厨师，善于做可口饭菜，所以被尊为"王"。这个"王"字，既有领导者的意义，又有使天下兴旺的旨趣。在成为天下

---

[1] （三国）王弼注，（晋）韩康伯注，（唐）孔颖达疏：《周易注疏》之《周易兼义》卷八，（清）嘉庆二十年南昌府学重刊宋本《十三经注疏》本。

王以后，伏羲氏开始进行了一系列文化建设工作，其中最重要的就是创作八卦。按照《系辞下》的描述，八卦是在"三观"与"两取"前提下创作的。"三观"即观天象、观地法、观鸟兽纹理与适宜于地上生长的诸种物类；"两取"就是以近处的人体及远处的事物为象征。

"观"的本字为"雚"。在甲骨文里，"🐦"（雚）字像一只大鸟，其夸张的眉毛下睁着两只大眼睛，表示巨鸟警觉地察看。晚期金文加上"见"字，成了"🦅"，强调猛禽夸张的大眼，暗示"无所不见"的洞察力。《系辞下》连续用了三个"观"字，表明了八卦是洞察事物的结果。

伏羲氏通过观察，援取事物具体形象，升华为抽象表征符号，称作"观物取象"。这里的"物"就是宇宙间客观存在的万物，"象"就是万物的形象。伏羲氏通过仰观俯察，最终演绎出爻象与卦象。其中，根本的爻象是一阴（--）一阳（—）；基本的卦象就是八卦：乾☰、坤☷、震☳、巽☴、坎☵、离☲、艮☶、兑☱，代表天、地、雷、风、水、火、山、泽，凡八类事物。

伏羲氏"观物取象"的工作对于当时民众的平安生活来说非常重要。只有通过观察，对自身以及周边环境深入了解，形成一定的表征符号，才能便于交流，避免危险，维护平安。伏羲氏正是在充分了解事物情况下才创作八卦的，因此八卦也就体现了先民们认知世界、洞察事物的基本思路与平安智慧。

八卦是怎样体现平安智慧的呢？《系辞下》"以通神明之德"提供了基本答案。"德"字，早期甲骨文写作"🧿"。其外围是"行"，表示十字路口；中间是个大眼睛，表示洞察事物的穿透力。后来，"德"的意义有了扩展、引申，如《韩非子》称："德者，道之功也。"这是把"德"看作"道"的功用能量。以此类推，"神明之德"就是神明的功用、能量。"神明"就是神灵，祂们具有佑助正道的功能。《孝经·感应》："天地明察，神明彰矣。"唐玄宗注："事天地能明察，则神感至诚而降福佑，故曰彰也。"[1] 在先民心目中，以诚感神，意味着神明能够保佑平安。《系辞下》把八卦看作可以"通神明之德"，实际上等于认定了八卦可以通神，

---

1 （唐）李隆基（玄宗）：《孝经注疏》卷八，（清）《文渊阁四库全书》本。

保佑平安。直到今天，许多人把"太极八卦图"悬挂在门上或其他重要处所，也具有辟邪安镇的用意。

《系辞下》在讲述八卦功能的时候，还用了"以类万物之情"一句，这是平安智慧的进一步体现。所云"情"，有欲望感情之"情"，也有事物情状之"情"，这两种"情"是不同的。根据上下文，可知《系辞下》讲的"情"指的是情状，"万物之情"就是万物的存在、发展状态。"以类万物之情"是说八卦具有表征万物情状的功能。换一句话来讲，八卦可以看作万物的映像。通过八卦，我们可以认识万物的本质特征，了解其基本状态，因此有助于平安生活。

八卦是如何"类万物之情"的呢？这种"类"又是如何"运载"平安智慧的呢？《周易·说卦传》关于"先天八卦方位"与"后天八卦方位"的论述透露了一些蛛丝马迹。

《周易·说卦传》称：

> 天地定位，山泽通气，雷风相薄，水火不相射；八卦相错。数往者顺，知来者逆，是故《易》逆数也。[1]

这里的"天地"指乾、坤，"山泽"指艮、兑，"雷风"指震、巽，"水火"指坎、离。此八卦中，乾、震、坎、艮为阳；坤、巽、离、兑为阴。皆两两相对，系平安秩序的基本符号表征。之所以这样说，是因为"坤"卦的"安贞吉"正是以阴遇阳为平安、吉祥。

对于《说卦传》这段话，前人概括为"先天八卦方位"。如朱熹在《周易本义》即称："邵子曰：此伏羲八卦方位。乾南坤北，离东坎西，兑居东南，震居东北，巽居西南，艮居西北。于是八卦相交而成六十四卦，所谓'先天之学'也。"[2]

---

[1] （三国）王弼注，（晋）韩康伯注，（唐）孔颖达疏：《周易注疏》之《周易兼义》卷八，（清）嘉庆二十年南昌府学重刊宋本《十三经注疏》本。

[2] （宋）朱熹：《周易本义》之《说卦传第八》，（宋）咸淳刻本。

"伏羲先天八卦方位"既是"万物之情"的符号演示，也是先民们维护平安的思想表征。因为"先天八卦方位"既遵循了"观物取象"的感知路向，也体现了创制者逻辑推演过程中的"安贞吉"精神。《周易·系辞上》在论及八卦形成与功能时说："易有太极，是生两仪，两仪生四象，四象生八卦。八卦定吉凶，吉凶生大业。"[1] 所谓"太极"就是"道"，这个"道"，我们在前面的论述中已经指出其本义是"安"，所以"太极"也就蕴含平安精神旨趣，至于由太极化生的两仪、四象、八卦当然也就继承了"太极大道"的平安基因了。

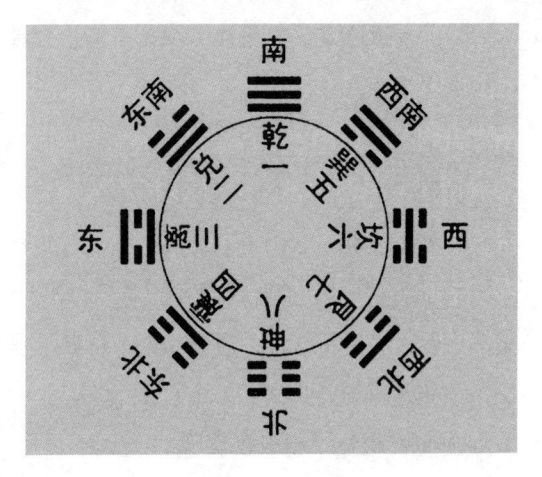

先天八卦方位图

先天八卦方位的功能，最为重要的一条就是"天地定位"。在甲骨文中，"定"写作"㝎"，宝盖头"∩"代表房屋，"𠯢"表示征战归邑，其造字本义是：结束征战，安居度日。《说文解字》称："定，安也。"可见，"定"字本有"安"的意涵，而"安"同样也有"定"的意义，后来有"安定"或者"定安"的合成词，表明"安"与"定"的意义融通。既然"安"可以"定"，而"定"能够"安"，那么大《易》"先天八卦"的"乾坤"位置一确定，就意味着天下秩序有了符号表征的基本坐标。乾坤定南北，坎离界东西，而震巽、艮兑也两两相对有应，这就叫作"对待"，因对待而阴阳感通，正如夫妻彼此和合而能生子，安居乐业。

有"对待"就有"流行"。由"先天八卦"向"后天八卦"的演化就是"流行"。关于"后天八卦"，《周易·说卦传》也有一段话说明：

---

[1]（三国）王弼注，（晋）韩康伯注，（唐）孔颖达疏：《周易注疏》之《周易兼义》卷七，（清）嘉庆二十年南昌府学重刊宋本《十三经注疏》本。

帝出乎震,齐乎巽,相见乎离,致役乎坤,说言乎兑,战乎乾,劳乎坎,成言乎艮。[1]

所谓"帝"即天帝,代表天地元气。这段话阐述"帝"的行进历程,也就是元气的流行情况。它出于"震",生长于"巽",彰显于"离",致力用事于"坤",成熟欣悦于"兑",交配结合于"乾",勤勉劳倦于"坎",重萌于"艮"。由此可见,一元之气不断流行,通过八卦都可显示出来。

一元之气流行,所经八卦的具体位置如何呢?根据《说卦》的解释可知:坎离定南北,震兑界东西,巽在东南,坤在西南,乾在西北,艮在东北。按照前人的解说,这个方位据说是由周文王确立的,故而称作"文王八卦方位",因属后天行为,故而又称作"后天八卦方位"。

后天八卦方位是因为先天八卦流行交感而成。

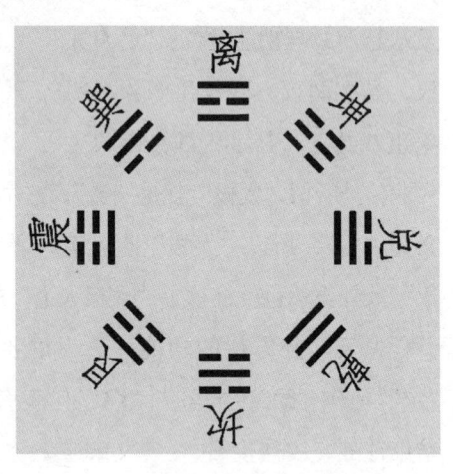

后天八卦方位图

四正卦:乾阳之气动,坤卦中爻交于乾卦,则成离卦;乾卦中爻交于坤卦,则成坎卦;坎卦内爻与离卦外爻相交,则成震卦;离卦外爻与坎卦内爻相交,则成兑卦。

四维卦:艮阳之气动,艮卦之初爻、三爻与兑卦之初爻、三爻相交,则成巽卦;兑卦之初爻、二爻与艮卦之初爻、二爻相交,则成乾卦;震阳之气动,震卦之二爻、三爻与巽卦之二爻、三爻相交,则成坤卦;巽卦之初爻、三爻与震卦之初爻、三爻相交,则成艮卦。至此,"伏羲先天八卦"方位变为"文王后天八卦"方位。这就是"流行"的大旨所在。

---

[1] (三国)王弼注,(晋)韩康伯注,(唐)孔颖达疏:《周易注疏》之《周易兼义》卷九,(清)嘉庆二十年南昌府学重刊宋本《十三经注疏》本。

伏羲先天八卦方位向文王后天八卦方位转变过程乃是一个"交感"过程；而"交感"便意味着状态平安。因为"感"出于"咸"，这个"咸"本有"安"的旨趣。《周易》"咸"卦《彖传》称：

> 咸，感也；柔上而刚下，二气感应以相与。止而说，男下女，是以亨，利贞，取女吉也。天地感而万物化生，圣人感人心而天下和平。[1]

这一条《彖传》指出：咸的意思就是交感；阴柔之气往上，阳刚之气往下，二气交感有应，不分彼此，亲密无间。交感的时候，如艮山之稳重，似兑泽之灵动，就像男子以礼下求女子，所以能够得正欣悦，亨通吉祥。天地交感，形成了万物化育生长；圣人感化人心，造就了天下和平昌盛。[2]《彖传》由"取女吉"进而论述天地之感，所言"吉"以及"天下和平"都包含着平安意涵。

由上述分析可知，伏羲先天八卦方位向文王后天八卦方位演变，是八卦阴阳之气在交感过程中自然发生的，伏羲先天八卦方位侧重于表征万物的对待有序，而文王后天八卦方位侧重于表征万物的流行变化。不论是"对待"还是"流行"，八卦都指示了平安的合理状态。从这个意义来讲，先天八卦与后天八卦都是最好的平安吉祥物。

当八卦两两相重而成为六十四卦的时候，平安智慧便随着六十四卦的布列与周转而得到传递与能量补充，所以我们看到卦爻辞以及"十翼"里，作者通过爻象与卦象，展示事物的曲折运动、发展变化过程，告知人们什么状态下有危险，如何避免危险，如何走出困境，最终获得平安。《周易》以辩证法的思维方式和"中道"精神，分析判断各种情境，为人们提供了合理行动的方向，故而是一部切实可用的平安生活指导的大智慧宝典，身边备此一书，时时翻阅，当可化险为夷，"保和太和"，提升生活之境界。

---

[1] （三国）王弼注，（晋）韩康伯注，（唐）孔颖达疏：《周易注疏》之《周易兼义》下经咸传卷四，（清）嘉庆二十年南昌府学重刊宋本《十三经注疏》本。
[2] 参看黄寿祺、张善文：《周易译注》卷五，上海：上海古籍出版社，2004年7月新一版，第239页。

第二节　先秦道儒表平安

《易》之古经形成于诸子百家出现之前，它凝聚着先民们观察宇宙、判断情状、平安生活的大智慧，所以能够为诸子百家所取用，尤其是道家与儒家更是以《周易》为本，化用其中的智慧，以建构其理论体系。因此，我们读道家与儒家的相关历史文献，也可以感受到深邃的平安文化内涵。

一、黄帝与道家平安智慧

"道家"是中国古代主要学术流派之一，因以"道"为思想核心而得名。道家法古鉴今，其历史可以追溯到近五千年前的黄帝轩辕氏。经过很长时间发展而形成光辉灿烂的思想文化。其主要代表人物有黄帝、伊尹、姜太公、辛甲、鬻子、管子、老子、关尹子、列子、杨朱、范蠡等，其主要典籍有《黄帝四经》《黄帝铭》《黄帝君臣》《杂黄帝》《力牧》《伊尹》《太公》《辛甲》《鬻子》《管子》等，而其标志性代表作则是老子的《道德经》。

最早使用"道家"名称的是司马迁之父司马谈《论六家要旨》：

> 道家使人精神专一，动合无形，赡足万物。其为术也，因阴阳之大顺，采儒墨之善，撮名法之要，与时迁移，应物变化，立俗施事，无所不宜，指约而易操，事少而功多。[1]

意思是讲：道家让人专心致志，行动顺应自然而没有行迹，因此能够赡养万物以致其足。其基本的技术就是因应阴阳变化的发展轨迹。它采纳儒家与墨家的好处，凝聚了名家、法家的要旨，其思想随着时代更迁而调整，适应事物的变化而更动，立足于世间事务来决策，所以能够合乎时宜，它的理论简明扼要容易操持，事项少而功效多。

---

[1]（汉）司马迁：《史记》卷一百三十《太史公自序》，（清）乾隆武英殿刻本。

从司马谈的论述里，可以捕捉到一些关于平安的信息。首先，"精神专一"表示心无旁骛，高度专注，这就是"定"，心定则宁，因宁而安，故"专一"可视为平安的一种必备精神状态。其次，"动合无形"表示排除个人主观偏见，遵循大道。由于"道"的本初意义是安，遵循大道即与"安"的旨趣相合。复次，"因阴阳之大顺"也是平安智慧的表现。"一阴一阳"相互感通谓之"大顺"，所谓"顺"就是畅通无阻，舒畅如流水。《说文解字》称顺者为"理"也。"理"就是获得治理而有秩序，令人具有平安感。

关于道家的平安意涵问题，班固有一段论述也可以佐证。他在《汉书·艺文志》中指出：

> 道家者流，盖出于史官，历记成败存亡祸福古今之道，然后知秉要执本，清虚以自守，卑弱以自持，此君人南面之术也。[1]

照班固的看法，道家出身于史官，他们对历史十分熟悉，其著述记载了古今关于成败、存亡、祸福的道理，所以明白如何秉持大要和根本，以清静、谦虚的态度来固守，以卑下柔弱的方式来行持，这就是君王治世的道术。

班固的这段话有两点蕴含着平安文化信息。首先，"历记成败存亡祸福古今之道"意味着对危险与平安两个方面具有历史认知。一方面，道家了解历史上诸多失败、危亡、祸端的情况，另一方面，道家也明白历史上成功、生存发展与幸福的端的，因此能够判断什么是危险的，什么是平安的，从而为人们的行动提供平安智慧参考。其次，"君人南面之术"就是一种平安术。所谓"君人南面"本指君王上朝时坐在北方，面朝南方。"北"是阴方，在"后天八卦"方位中居于"坎"卦，坎为水，象征危险。《周易》"坎"卦《象传》曰："王公设险以守其国：险之时用大矣哉！"意思是说，国君王侯设置险要守护国土：险陷的时用是多么巨大啊！王公为什么要设险呢？设险就是时时警诫自己小心谨慎，以防止陷入真正的

---

[1]（汉）班固：《汉书》卷三十，（清）乾隆武英殿刻本。

危险之地。北面属阴，代表柔弱，但又是阳气萌发的处所，在"伏羲六十四卦次序图"里，北面与《易经》的"复"卦相对应，"复"卦五阴一阳，合于冬至节气，象征阳长阴消，意味着逐步壮大平安状态。

从司马谈到班固的"道家"论述，其文化源头都应该追溯到黄帝。道家崇尚黄帝，这本身就是平安的文化象征。在早期甲骨文里，"黄"写作 ，系箭头与箭靶（圆圈状）的合型，靶心用赤褐色泥浆涂抹，使之醒目。就原初意义看，"黄"代表了射箭练习，黄帝就是最早教练习武的首领，他有高强武功，族人尊之为帝，即希望能够得到保护，反映了上古先民的平安需要。

"黄"这个字经过长期演变，成为高尚的色彩象征。古以青、赤、黄、白、黑五种颜色代表五方，黄色与五行之"土"相配，有居中吉祥之义。《吕氏春秋·有始览·应同》说："黄帝之时，天先见大螾大蝼。黄帝曰，'土气胜'。土气胜，故其色尚黄。"所谓"大螾"就是大蚯蚓，而"大蝼"是一种能够掘地的昆虫，这两种动物都是土中之物，它们冒出地面，被看作土气胜，故而以土德而王，其色尚黄。这种尊尚黄色的文化传统在《易经》里得到延续。该书"坤"卦六五爻辞说："黄裳元吉。"意思是讲，黄色衣裳，至为吉祥。在《周易》里，卦爻居中者意味着吉祥，这种以中黄为吉祥的思想与黄帝以土德王的精神不谋而合，均表示了平安的最佳状态。

黄帝代表着平安吉祥，这种象征意义也寄托在许多传说里。例如《韩诗外传》卷八第八章记载：

> 黄帝即位，施惠承天，一道修德，唯仁是行，宇内和平，未见凤凰，唯思其象，凤寐晨兴，乃召天老而问之，曰："凤象何如？"天老对曰："夫凤象，鸿前麟后，蛇颈而鱼尾，龙文而龟身，燕颔而鸡喙，戴德负仁，抱中挟义；小音金，大音鼓；延颈奋翼，五彩备明；举动八风，气应时雨；食有质，饮有仪；往即文始，来即嘉成；唯凤为能通天祉，应地灵，律五音，览九德。天下有道，得凤象之一，则凤过之；得凤象之二，则凤翔之；得凤象之三，则凤集之；得凤象之四，则凤春秋下之；得凤象之五，则凤没身居之。"

黄帝曰:"于戏,允哉!朕何敢与焉?"于是黄帝乃服黄衣,戴黄冕,致斋于宫,凤乃蔽日而至,黄帝降于东阶,西面再拜稽首,曰:"皇天降祉,不敢不承命。"凤乃止帝东国,集帝梧桐,食帝竹实,没身不去。诗曰:"凤凰于飞,翙翙其羽,亦集爰止。"[1]

《韩诗外传》这段故事以黄帝和天老的对话为线索,表现黄帝渴望凤凰来临的心境。其中,天老叙说的凤象颇显祥瑞气息,展示了早期道家以社会治理、人民安乐为目标的理想追求,而黄帝在宫中持斋,凤凰降临宫廷,则体现了天地祥和、社会平安的风貌。

黄帝之后,经过比较长的时间积累,道家理论形态渐趋完善,其标志性典籍就是《道德经》。一般认为,该书由老子所著,所以最先即称其书为《老子》。因为这部著作的核心概念是"道德"二字,所以到了汉代开始称《道德经》,后来又加上"真"字,于是有了《道德真经》的称呼。

《道德经》虽然只有五千言,但却具有相当深邃的思想。在上古"道安"观念基础上,《道德经》建构了以"道"为本根,以"德"为大用的思想体系。由于"道"的核心精神是"安",《道德经》以"德"为大用就是追求"安平泰"的实在效果。

如果说在道家记忆里,黄帝时期的平安智慧更多体现为祥瑞,那么《道德经》便是平安智慧的理论概括。作为史官出身的老子,不仅熟悉上古典章制度,而且对于他生活的社会具有深刻的体验,他看到了战争、瘟疫等天灾人祸给人们带来的痛苦,而且进行了历史反思,为后人提供了如何平安的基本方向、原则、方法,《道德经》正是这种智慧的结晶。

首先,《道德经》描述了种种不平安的情状。例如第三十章说:"师之所处,荆棘生焉,大军之后,必有凶年。"第四十六章说:"天下无道,戎马生于郊。"第五十八章说:"正复为奇,善复为妖,人之迷,其日固久。"这几章描述了战争、

---

[1] (汉)韩婴:《韩诗外传》卷八,(民国)《四部丛刊》景明沈氏野竹斋本。

社会动乱造成的恶果,也指出了人妖颠倒、善恶无常的混乱状况,体现了老子深邃的洞察力和忧患意识。

其次,《道德经》描绘了平安社会的美丽图景。该书第八十章说:

> 小国寡民。
> 使有什伯之器而不用;
> 使民重死而不远徙;
> 虽有舟舆,无所乘之;
> 虽有甲兵,无所陈之。
> 使民复结绳而用之。
> 甘其食,美甘服,
> 安其居,乐其俗,
> 邻国相望,鸡犬之声相闻,
> 民至老死不相往来。

这一章的字面意思是:国家要小,人民要少。大家都过着纯朴和谐的生活,即使有各式各样大器具,也置之不用。人民安居乐业,颐养天年。因爱惜生命也不想到处迁徙。这时虽有车和船,也无人去乘坐。虽有盔甲兵器,也不知道要放在哪里。在这样的社会里,人民吃饭觉得甘甜,穿衣觉得华美,居家觉得安乐,风俗习惯觉得很有乐趣。与邻近的邦国对窗相望,觉得特别友好,听到鸡鸣狗吠的声音,觉得恬淡自然,而人民直至老死,也可不互相往来。

第八十章所描述的是"邦国"[1]框架下的社区生活样态。其核心精神是生活纯朴、关系简单,文中明确使用了"安"字,可见老子心目中的平安社会就是老百姓安居乐业,心情愉快。这描绘的虽然是一种理想图景,但其中所贯注的真诚、

---

[1] 《道德经》讲的"国"并非当今的国家,而是"天下"版图内的区域行政组织,也就是"邦",马王堆汉墓帛书《老子》甲本"国"即作"邦"。古时候,天子总管"天下",《道德经》第五十四章有"以身观身,以家观家,以乡观乡,以邦观邦,以天下观天下"的论述,足见老子所讲的"国"当是"邦"。

简朴、单纯的诉求却是深刻的，具有普世价值意义。

复次，《道德经》最为重要的是提出了如何才能平安生活的忠告。鉴于不平安状况是人心不古、违背大道所致，老子《道德经》以极为洗练的格言阐述了何为"道"，何为"德"以及如何尊道贵德的思想。该书第五十一章说：

> 道生之，德畜之。
> 物形之，势成之，
> 是以万物莫不尊道而贵德。
> 道之尊，德之贵，
> 夫莫之命而常自然。

意思是讲：道母用"德"去滋养万物，使之繁衍生殖，在适宜的自然环境下不断成长。因此，天地万物无不尊崇"道"而贵重"德"。道虽然伟大，德虽然尊贵，却从来不以伟大与尊贵自居，而是遵循自然本性。

《道德经》第五十一章提出了"势"的重要概念，尤其具有平安思想理趣。"势"的篆书写作"𡊭"，其构型是"执"加上"力"。清人朱骏声释曰称："势，盛力权也。"[1]本来指强力押解犯人，引申之则为不可阻挡的趋势。老子《道德经》用"势"来形容道德生养万物的前景，表明尊道贵德便具有不可阻挡的力量。既然不可阻挡，当然就平安了。反之，如果失道无德，必然山川崩溃、国破家亡，不堪设想。

基于尊道贵德的决定性意义，老子告诫人们应该修道积德。就个人的安全健康而言，就是要学习婴儿的柔弱、内敛；就国家管理而言，就是要统治者能够以百姓心为心，知常广容，如水一样利万物之生长。老子在《道德经》中反复强调：圣人遵循大道，心具玄德，所以应该以圣人来治世，唯有如此，才能"天长地久"，国泰民安。

---

[1]（清）朱骏声：《说文通训定声》泰部第十三，（清）道光二十八年刻本。

老子以"尊道贵德"为治理方针的平安思想对后来的道家学派影响很大。无论是春秋战国之际的《列子》《庄子》，还是西汉的《淮南子》，都沿着老子《道德经》的思路不断探索，为丰富中华民族的平安思想做出了贡献。例如《列子·黄帝》篇所讲的"长于水而安于水性"[1]，《庄子·养生主》的"安时而处顺"[2]，《庄子·在宥》的"天下将安其性"[3]，《庄子·秋水》的"察乎安危，宁于祸福"[4]，《文子·道原》的"安而不倾"[5]，《文子·守静》的"德安其位"[6]，《文子·符言》的"安而不危"[7]，《文子·自然》的"道以存生，德以安形"[8]，等等。这些论述所出现的"安"虽然不全是在平安意义上讲的，但与平安人生、平安社会的营建关系密切，很值得认真思考。

二、祈雨与儒家平安说

道家与儒家在基本理论方面虽然存在许多不同，甚至相左，但追求平安却是一致的。儒家是怎样论述平安问题的？其文化体系里包含什么平安智慧呢？我们依然可以通过历史追溯来分析。

班固《汉书·艺文志》说：儒家者流，"游文于六经之中，留意于仁义之际，祖述尧舜，宪章文武，宗师仲尼"。班固这段话陈述了两个事项，一是儒家的文化特征：畅游于《诗》《书》《礼》《易》《乐》《春秋》六部经典之中。二是儒家的文化传承：以尧舜为文化先祖，以周文王、周武王为效法的榜样，以孔夫子为问学的宗师。

就史源来看，"儒"在最初应该与祈雨有关。"儒"字从人从需。在甲骨文里，

---

1 （春秋战国）列御寇撰，（晋）张湛注：《列子》卷二，（民国）《四部丛刊》景北宋本。
2 （唐）成玄英：《南华真经注疏》卷二，（清）《古逸丛书》景宋本。
3 同上。
4 （清）王先谦：《庄子集解》卷四，（清）宣统元年思贤书局刻本。
5 （春秋战国）辛钘：《文子》卷上，（明）《子汇》本。
6 同上。
7 同上。
8 （春秋战国）辛钘：《文子》卷下，（明）《子汇》本。

"需"作"🔆",中间像人站立的形态,外边四点,有人解释为大汗淋漓,引申之则为病体虚而冒虚汗。笔者以为,这个解释恐不符合原意。

在《周易》里有"需"卦,其《象》曰:"云上于天,需,君子以饮食宴乐。"[1]意思是讲:云汇聚于天上,这就是"需",君子因此能够享用食物,举宴作乐。《象》辞所谓"云上于天",是从卦象上讲的。"需"卦下为乾(☰)上为坎(☵),乾为天,坎为水,云可降雨,故从于水。"坎"卦在"乾"卦之上,所以有"云上于天"的比喻。"需"字与"雨"有关,在"需"卦爻辞里即可得到佐证。该卦初九爻辞谓"需于郊",九二爻辞言"需于沙",九三爻辞称"需于泥"[2],都是对下雨情状的描述。许慎《说文解字》释"需"时说"从雨而声"[3],说明直到汉代都还是从下雨角度来诠释"需"。

"儒"字从人从需,最初应是表征从事祈雨一类的人,这类人属于"术士",因此许慎《说文解字》谓儒乃"术士之称"。古代的术士担当许多重要工作,祈雨当是他们的基本工作之一。

上古时期,久旱不雨对于先民们来说是非常严重的。所以,祈雨便成为当时不可缺少的社会活动。从儒家的经典里,我们可以找出关于祈雨的大量资料。例如《诗经》中的《大田》,有"兴雨祈祈,雨我公田"句,前人以为这就是描写祈雨情状的,明代胡广等撰之《诗传大全》谓:先民"作乐以祭田祖而祈雨,庶有以大其稷黍,而养其民人也"[4]。此外,在《书》《礼》《春秋》等经典里也有不少祈雨的记载或描述。这表明了在源头上,"儒"确实与祈雨结下不解之缘。儒家成为学派之后,祈雨依然是他们的重要社会活动项目。宋代陈祥道《礼书》卷九十记载:董仲舒"祈雨之术,闭南门,纵北门。盖亦古者达阴之意也"[5]。董仲舒是汉代大儒,他的言辞与行为表明汉代儒家不仅关注祈雨,而且有一套具体的祈雨技术措施。

---

[1] (三国)王弼注,(晋)韩康伯注,(唐)孔颖达疏:《周易注疏》之《周易兼义》上经需传卷二,(清)嘉庆二十年南昌府学重刊宋本《十三经注疏》本。
[2] 按:以上"需"卦之卦爻辞均引自同上版本。
[3] (汉)许慎:《说文解字》卷十一下,(清)《文渊阁四库全书》本。
[4] (明)胡广:《诗传大全》卷十三,(清)《文渊阁四库全书》本。
[5] (宋)陈祥道:《礼书》卷九十,(元)至正七年福州路儒学刻明修本。

祈雨是干什么的？当然是为了解救旱灾，而解救旱灾则是为了安居乐业，说到底还是为了能够平安生活，这种观念反映在"需"这个字的构型里。由于"儒"是从"需"衍生出来的，其中也就携带了平安信息。

事实上，我们从儒家对经典的诠释以及个人文集里也可以找到许多平安的相关论述。例如孔子《论语》的"仁者安仁"[1]这句话里就有平安意蕴。"仁者"怎样"安仁"呢？考"仁"的由来，金文作"𠂉"，系"人"与"二"的组合，"人"表征君臣民，"二"表示两两相等。晚期籀文"仁"作"忎"，其上为"千"，表示众多；其下为"心"，表示心怀众生，宽容博爱。孔子谙熟古代典章制度和文字演变，他讲的"仁"离不开上古文化背景，故而"仁者安仁"必定牵涉两个事项：一是博爱的德性，二是博爱的对象——众生。就语法结构来看，"仁者"是主语，表示有博爱德性的人；"安"是谓语，可以有两种解释，一种为"固守"，一种是"平安"；句子末后的"仁"是宾语，可以解释为博爱德性，也可以解释为得到仁爱的众生。历史上大多认为孔子这句话说的意思是有博爱德性的人固守于博爱德性。这样解释不能说是错的，问题在于孔子仁学的出发点与归宿点都是为人。他讲过的"仁者爱人"[2]即表明：发仁之用而为人，乃是仁学不可缺少的义项。因此，"仁者安仁"便有施仁于众生的意义。引申来讲，施仁于众生，就是广行博爱，让众生得安，这个"安"首先是安宁、居安，延扩而言就是平安。

孟子继承了孔子"仁者安仁"的思想，并且发展为仁政学说。《孟子·梁惠王》记载：

孟子见梁襄王，出语人曰：望之不似人君，就之而不见所畏焉。卒然问曰：天下恶乎定？吾对曰：定于一。孰能一之？对曰：不嗜杀人者，能一之。[3]

---

[1] （三国）何晏集解，（宋）邢昺疏：《论语注疏》解经卷第四，（清）嘉庆二十年南昌府学重刊宋本《十三经注疏》本。

[2] （三国）何晏集解，（宋）邢昺疏：《论语注疏》解经卷第九，（清）嘉庆二十年南昌府学重刊宋本《十三经注疏》本。

[3] （宋）朱熹：《四书章句集注》，北京：中华书局，1983年版，第206页。

意思是讲：孟子与梁襄王见了面，相互交谈，出来后对人说：梁襄王看起来不像人君的样子，没有俨然的仪表，也没有操柄弄权的威风。可是他却突然发问：天下怎么安定？孟子对梁襄王说：定于一。王又问：怎样算是定于一呢？孟子回答说：只要不嗜好杀人，就能够定于一。

在上引《梁惠王》的段落里，有两个关键字，一是"定"，二是"一"。这两个字都与平安有关。关于"定"字，汉代经学家赵岐解释为"安所定"[1]，也就是安定，确保百姓能够安居乐业，平安生活。关于"一"字，按照赵岐的说法，即"仁政"。孟子认为，要能够安定天下，就必须施行仁政。为了论证仁政对于平安天下的重要性，孟子还以禾苗得雨为喻来说明。他指出，七八月间，发生干旱，禾苗枯槁不成样子，老天突然下起雨来，干枯的禾苗又复苏生长，这时候谁也挡不住禾苗复苏的气势。孟子接着说，当今天下的牧民者往往都乐于刑法杀人，这就像老天干旱导致禾苗干枯一样；如果牧民者不再嗜好杀人而施行仁政，就像给禾苗及时雨，民心归向之，天下也就安定了。由此可以看出，孟子乃以仁政作为天下平安的方略。

在《孟子·梁惠王》里还有一个重要命题，叫作"保民而王"[2]，也颇具平安智慧。文中叙说齐宣王问及齐桓公、晋文公的故事，孟子回答说："保民而王，莫之能御也。"对于其中的"保"字，赵岐的注释是："保，安也。"在甲骨文中，"保"写作"保"，与"仔"字的字形相近，像父母背着婴儿的样子，表示背子求安。古时候，养育幼儿面临诸多威胁，为了防止野兽侵袭以及其他意外情况发生，父母外出或者下地干活，便把婴儿背在背上，以求安全。孟子提出"保民而王"就是告诉齐宣王应该像父母背婴儿那样来保护老百姓。孟子还以齐宣王见牵牛过堂不忍心见杀牛的事暗示齐宣王以"保民"为己任。在孟子心目中，施行仁政的关键所在是"王"。作为天下的管理者，王应该有爱心，做到"无伤"于民，这种无伤的施政法度就是"仁术"。在笔者看来，所谓"无伤"就是平安，既然仁术能够无

---

[1] 参看赵岐注、孙奭音义：《孟子注疏》卷一《梁惠王章句》，（清）《文渊阁四库全书》本。
[2] （宋）朱熹：《四书章句集注》，第207页。

伤，那么这种治理社会的人文技术也就是平安术。

孟子是儒家的杰出代表，他的仁政主张反映了早期儒家的平安精神，对于后代的儒家传人以及制度道教团体都有很大的影响。

第三节　制度道教说平安

东汉末，由于天灾人祸严重，原先以老庄为代表的义理道教逐步发生演变，形成了新的组织。无论是兴起于东方的太平道，还是流布于巴蜀的正一盟威之道，都有自己的宗教制度，其中包括组织系统、神明信仰、祭祀礼仪等。鉴于此，笔者称此等宗教为制度道教，它从东汉延续至今。

东汉的制度道教，既继承了易学、老庄大道思想，也吸纳了儒家的仁礼文化，并且采撷了兵家、墨家、农家等诸多学派的思想观念以及方技道术，形成了以"道"为信仰核心、内容广博的文化体系。制度道教的多元复合文化渊源决定了它必然汲取先秦诸家的平安智慧来丰富自身的理论体系。由于"道"的本义是"安"，以"道"为信仰核心实际上就是以"平安"为基本诉求。个人健康、延年益寿、羽化登仙，以及社会和谐有序都寄托了平安的精神。

一、从经典创作看道教平安诉求

思想观念的表达可以有多种形式，其中元典创造是最重要的一种形式。就道教来说，元典有狭义与广义之分。从狭义角度看，道教元典指的是那些具有原创特质的书籍文本；从广义上看，凡是被收入《道藏》的书籍文献都可以看作道教元典，本节所讲的道教经典乃是从狭义上看的。

为了表达思想主张，也为了发展组织、传播文化，制度道教从东汉开始就注意创作元典。从平安思想研究角度来说，最具代表性的元典是《太平经》《阴符经》等。

《太平经》，一名《太平清领书》，系东汉太平道所奉行的基本经典，原书分甲乙丙丁戊己庚辛壬癸十部，每部十七卷，共一百七十卷。根据《后汉书》《神仙传》等文献史料可知，《太平经》是从宫崇所传授的《天官历包元太平经》逐渐扩充起来的。

就《太平经》的前身《天官历包元太平经》名称来看，制度道教一开始就把"平安"作为其信仰的思想宗旨，这一点从"天官"这个概念的内涵分析就可以得到佐证。

"天官"一词最早见于《周礼》。上古时期，社会管理以天、地、春、夏、秋、冬为官序，统称"六官"之制，天官以冢宰为长，谓其总理政和。六官以天官为首，体现了先民们效法天道的思想观念，而效法天道的宗旨也在于求得平安，因为总理政和，就是求得天下和谐有序，其平安意识不言而喻。后来制度道教形成了拜天、地、水三官的仪轨传统，以紫微大帝为天官，谓之可以校定人间善恶，赐福善人。天官赐福的"福"字，甲骨文的构型为"𥙿"，由"示"加上"手"，再加上酒坛的形状，其造字本义是用美酒祭祀神明，祈求神明保佑安康富足，《天官历包元太平经》既然以"天官"冠于书名之先，当然也就具备了平安理念。

《天官历包元太平经》那种追求平安的意识在一百七十卷本《太平经》里不仅得到继承，而且得到多方面发挥。该书反复使用"平安"这个词，例如卷四十九的"可得平安"、卷五十的"欲使天地平安"、卷六十六的"悉无病平安"、卷一百一十三的"治为其平安"等等都是例证。

不过，"平安"是与"不平安"相对而言的。所以，《太平经》在阐述"平安之道"时，也看到了种种不平安的情况，指出了不平安的原因。例如该书卷八十八《作来善宅法第一百二十九》就有一段关于"不平安"问题的对话："天公问：天下何故难平安哉？五行神吏上对言：今帝王乃居百重之内，去其四境万万余里，大远者多冤结，善恶不得上通达也；奇方殊文异策断绝，不得到其帝王前也；民臣冤结，不得自讼通也。为此积久，四方蔽塞，贤儒因而伏藏，久怀道德，悒悒而到死亡。帝王不得其奇策异辞，以安天下，大咎在四面八方远界闭不通。今故承天心意，为太平道德之君，作来善致上皇良平之气宅，于四达道上也，欲乐四方，悉知德君有此教令，翕然俱喜，各持其善物殊方，来付归之于上，无远近悉出也，无复断绝者也。"[1]这段言辞以"天公"与"五行神吏"的对话形式展开，作者言明：之所以"难平安"，是因为"善恶不得上通达"，也就是说没有正常的传达善恶情况的通道，简单讲就是"四方蔽塞"，正道不通，信息无法交流，存在问题不能及时上报处理，社会贤达的好点子、好计策也不能为最高统治者所用。鉴于这种情况，《太平经》提出建议：于"四达道上"设立"来善致上皇良平之气宅"。这个"气宅"具有信息汇聚与人才交流功能，它既然被设在"四达道上"，说明应该普遍推广。设立的目的是：广开言路，搜集信息，化解冤结，举荐贤才，以安天下。由此不难看出，"平安之道"也就是"通达之道"，通则平安，不通则乱而病。

与《太平经》颇为类似，《黄帝阴符经》也多蕴含平安智慧，这在书名里就有所体现。"阴符"二字，前人多有解释。唐代道士李筌在《黄帝阴符经疏》中说："阴，暗也；符，合也。天机暗合于行事之机，故曰阴符。"[2]按照李筌的看法，人行事应该找准时机，如果"行事之机"与"天机"暗合了，这就是适宜的时机。"天机"是多义词，有"灵性""机密""斗宿"等多种含义，从上下文来看，李筌讲的"天机"乃指自然机密。行事之机能够适合于自然机密，暗示了不伤而安全，因为人的行动与天道运行轨迹相合拍，一切都在把握之中。对此，宋代道士任照一发挥说："天道显而彰乎大理，人道通乎妙而不知。是以黄帝修《阴符经》，以明天道与人道有暗合大理之妙，故谓之阴符焉。"[3]任照一在这里用了"大理"一词，颇值得注意。"理"有条理、治理的意思，"大理"就是大条理、大治理，不论是大条理还是大治理都意味着有秩序而不乱，这就是平安。照此思路，那么《阴符经》便是一部关于如何暗中合于天道、顺理而安的经典著作。

事实上，《阴符经》文本就有关于"安"的论述。该书中篇称：

> 天地，万物之盗；万物，人之盗；人，万物之盗也。三盗既宜，三才既

---

1 王明：《太平经合校》，第334—335页。
2 （唐）李筌：《黄帝阴符经疏》卷上，《道藏》第2册，第737页。
3 （宋）任照一：《黄帝阴符经注解》，《道藏》第2册，第766页。

安。故曰：食其时，百骸理。动其机，万化安。[1]

　　这段论述的核心是天地、万物与人的关系问题。作者用了"盗""宜""安"三个关键词来阐述天地、万物与人的相互关系，以及人在处理相互关系过程中所应有的方式及其结果。

　　《黄帝阴符经》指出天地、万物与人相互汲取资源必须合"宜"。这个"宜"字寓意深刻，很值得揣摩。弄清了"宜"，就能够领悟《黄帝阴符经》所谓"三才既安"的平安理趣了。"宜"的字形为上下结构，上面的宝盖头表示房屋，下面的"且"像砧板上放着肉，合起来表示以肉祭祀神明。《礼记·王制》在讲到天子将出征的时候谓"宜乎社"，此之"宜"，为动词，表示在社坛举行宗教祭典，带有誓师庆典的气氛，当它转化为形容词时则表示适宜。之所以适宜，是因为所为之事在理、合道、吉祥，《黄帝阴符经》正是从这种意义上使用"宜"字的。在《黄帝阴符经》看来，天地、万物与人之间相互汲取资源、能量，也应该适宜而合道。对此，李筌《黄帝阴符经疏》引述《列子》关于"盗亦有道"的故事予以诠释，并且发挥说："向于三盗之中，皆须有道，令尽合其宜，则三才不差，尽安其任矣。"[2]李筌讲的"三盗"就是天地人三才互为其盗，这种"盗"不是强取，而是遵循大道原则的无行迹过程。因为"尽合其宜"，所以天地人的生态秩序不会有错乱。既然如此，当然是平安的，故而各自可以放心地执行任务，完成使命，这就叫作"尽安其任"。由此可见，"三才既安"也是传统平安意识的一种表达方式。

　　像《太平经》《黄帝阴符经》这样蕴含平安智慧的道教元典还很多，限于篇幅，本节就不一一列举了。

二、从元典疏解看道教平安观念

　　道教的平安观念不仅蕴含于元典中，而且也贯注于元典注疏文献内。自东

---

[1]（唐）李筌：《黄帝阴符经疏》卷中，《道藏》第2册，第740—741页。
[2] 同上。

汉末开始，为了适应弘道需要，制度道教便注重教理教义建设，最初是把老子的《道德经》作为教本。此后，其他早期道家著作包括《庄子》《列子》《关尹子》《阴符经》等也都成为其弘道元典，陆续有道教学者予以注疏。查道教"三洞经书"，每一洞的本文、玉诀之类，都收录了元典注释的书籍。从这些书籍里，我们也可以感受到平安精神的流贯。这里我们选取部分《道德经》注本以及《阴符经》注本稍做分析。

现存《道藏》内最早的《道德经》注本是《道德真经河上公章句》，也称《老子道德经河上公章句》，相传该书由河上丈人所作。据司马迁《史记》等文献记载，河上丈人当是战国时代黄老学派的一位祖师，西汉时期有不少道家人物的学术渊源都可以追溯到河上丈人，因为其名望很高，所以号称河上公。考《汉书·艺文志》，虽然并未著录《道德真经河上公章句》，但三国时人已征引了该书。饶宗颐先生在《老子想尔注校证》里言及《老子想尔注》中的部分资料取自《道德真经河上公章句》，由此推断《道德真经河上公章句》"明在张陵立教之前"。王卡先生也同意这种观点。这样看来，《老子道德经河上公章句》可能是西汉黄老学派兴盛背景下的产物，其作者"河上公"或许是托名，但也反映了这一派学者思想传承的基本主张。《后汉书·矫慎传》载吴苍致矫慎书言及："闻黄老之言，乘虚入冥，藏身远遁，亦有理国养人，施于为政。"所谓"理国"就是治国，即整顿社会秩序，安定天下。这种立场表明黄老学派对于老子《道德经》所讲的"安平泰"精神是予以继承的。

《道德真经河上公章句》的基本宗旨是：无为养神，无事安民。在具体注释中，有不少言辞体现了平安追求，例如：

治身者爱气则身全，治国者爱民则国安。[1]
圣人守大道，则天下万民移心归往之也。治身则天降神明，往来于己也。万民归往而不伤害，则国安家宁而致太平矣。治身不害神明，则身安而大寿

---

[1] 王卡点校：《老子道德经河上公章句》，北京：中华书局，1993年版，第35页。

也。用道治国则国安民昌,治身则寿命延长,无有尽时也。[1]

文中讲的"身全"就是身体不受任何伤害,生命安全,表现了个体的平安诉求。从这个意义上看,"身全"可以读作"身安";至于"国安"就是国家安全、大定,人们可以安稳地生活。短短两段注释文字,出现了三次"国安",一次"身安",说明《老子道德经河上公章句》对"安"是相当看重的,其所谓"安"有安定、安宁、安全的不同意义,但不论从哪一种意义上讲,最终都反映了黄老学派的"平安"精神旨趣。这种精神旨趣的特点就是把"治身"与"治国"统一起来,体现了黄老之学身国共治的长治久安方略。

在《老子道德经河上公章句》之后,张陵创立制度道教。基于弘道需要,张陵注释《道德经》而成《老子想尔注》;其后,张陵之孙张鲁将之完善。从其注文里,我们也可以感受到深邃的平安智慧。例如该书在解读《道德经》"执大象,天下往"一章(《河上公章句》第三十五章)时将"安平泰"读为"安平大乐",且为之注云:"如此之法,甚大乐也。"[2]《想尔注》的"大乐"与《太平经》卷一百一十三《乐怒吉凶诀》的思路一致。该诀有云:"得乐治法者,治为其平安。"[3]其中的"乐"系"道乐",具有调理天地和合的功能,所以该诀的开头说:"太平气俱至,人民但当日相向而游,具乐器以为常,因以和调相化,上有益国家,使天气和调,常喜国家寿,天下亦被其德教而无咎。"[4]根据这段论述,我们可以明白《太平经》的"道乐"并非一个抽象的哲理概念,而是具备乐器演奏的艺术形式。《太平经》以为道教修行人可以通过乐器演奏来引动和合之气,根据不同季节、不同方位,演奏不同调式的道乐,以达到沟通天地鬼神的目的。例如以大角、上角之音引动青帝,调和肝气;以中角之音引动中土黄帝,调和脾土。在《太平经》看来,宫商角徵羽,五音建运,各有所引动,每一个音阶都与五方、五脏相互对

---

[1] 王卡点校:《老子道德经河上公章句》,第139页。
[2] 饶宗颐:《老子想尔注校证》,第44页。
[3] 王明:《太平经合校》,第586页。
[4] 同上。

应，故而能够感通化瘀。鼓动五音，就是要安定五方、调理五脏。这种思路表明了"大乐"乃是一种平安音乐道术。联系《太平经》的论述，不难看出《老子想尔注》的"安平大乐"，实际上就是达到平安的一种法度。

《老子想尔注》之后，制度道教各派更加重视《道德经》的注疏与思想发挥，查《正统道藏》，收录的《道德经》注本有55种，历经汉魏至明代，尤其是唐宋元明的作品最多。从这些注疏作品里，我们也能够感受到道教对平安问题的特别关注。这里，不妨列举一条资料略加考析。

李荣《道德真经注》卷一：

> 四民各安其业，万物不失其真。任化自然，无所辞谢。[1]

这一段是李荣对《道德经》第二章"是以圣人处无为之事，行不言之教。万物作焉而不辞"的注解。本来，老子《道德经》主要是讲圣人如何顺应自然行事。在老子看来，圣人应该像天地培养万物一样，不以己意代替天意，而是效法天道，不辞辛劳地为百姓办事。他虽然有功，但并不自傲，更不把万物视为己有。他虚静空灵，自然无为。老子的论述虽然包含了平安的理念，但在这里却没有明确表达出来，李荣的注释着重于阐述圣人无为而产生的效果。所谓"四民"指的是四方人民；而"各安其业"是说他们都能够放心地安居乐业，其平安意识通过这样的解读也就显示出来了。

---

[1]《道藏》第14册，第39页。

第四章　平安之道与状态预测

从上面诸章的论述可知，无论是上古神话、《易经》卦爻符号，还是道家、儒家思想体系，我们都能够发现深邃的"平安"意识，感受到先民追求平安的渴求。可以说，"平安"早已成为中华文化的核心思想内涵之一。

然而，如何摆脱险境威胁，如何实现平安和维护平安？这需要对生存状态做出预测和判断。先民们在长期的具体生活中对此有自己的切身体验，并且形成了平安生活的预测智慧。

第一节　状态预测的哲理依据

人与其他动物的最大区别在于能够对自身以及生活环境的状态进行记忆整合，并且在这种整合的基础上概括、升华出一些基本的生活原则，此等生活原则的核心说到底也是基于"平安"考虑。在这方面，我们的祖先有许多精辟见解，为我们当今的生活提供了有益借鉴。

一、整体把握立场

与西方相对注重具体观察与分析不同，中华民族自古以来便比较注意宏观整体把握。先民们不习惯把人与天地分开，而是把自身看作与宇宙万物连为一体的自然存在。从平安生活角度看，这种整体把握立场有助于认知人与宇宙万物的相互关系、相互影响，便于调整人的行为方式，避免不当举措所造成的危害。

关于宏观整体把握问题，先民们在观察大自然的过程中，形成了许多颇具特色的概念,其中尤其值得注意的是"宇宙"的观念。

"宇"与"宙"本来是两个词。《尸子》:"上下四方曰宇,往古来今曰宙。"另外,《文子·自然》篇也有相似的表达,只是把顺序对调而已。按照《尸子》与《文子》的说法,"宇"表示上下四方,具有"空间"的意义;"宙"表示古往今来,具有"时间"的意义。"宇"与"宙"合,总括时间和空间。

古代道家谈论"宇宙",并非孤立行为,而是作为人的一种生活视野、精神境界的理想表达。《庄子·让王》称:

> 余立于宇宙之中,冬日衣皮毛,夏日衣葛絺;春耕种,形足以劳动;秋收敛,身足以休食。日出而作,日入而息,逍遥于天地之间,而心意自得。[1]

文中的"余"是《让王》篇塑造的寓言故事人物"善卷"的自称。《让王》篇一开始讲述了尧让天下于许由,许由不接受;舜让天下于子州支伯,子州支伯说自己有"幽忧"之病,正在自我治疗,无暇顾及治理天下的事,婉言谢绝;舜只好找到善卷,想把天下让给善卷。于是,善卷就说出了上面一段话。其核心思想就在第一句"余立于宇宙之中",这话暗示了一种关系,即宇宙是"余"的生活环境,"宇宙"与"余"不可分离,所以"余"的生活乃顺应宇宙自然的运行规律,日常起居避免主观强作。冬天来了就穿野兽的皮毛,夏天来了就穿蔓草制作的粗布衣;春天耕种,形体得到劳作运动;秋天收获敛藏,身躯得以休息安养;太阳升起就工作,太阳下山就休息,逍遥自在于天地之间,心灵畅通无阻。正因为善卷顺应宇宙自然的生活有这样的好处,所以他不接受舜所让的天下,遁入深山隐居,谁也不知道他躲在哪里。在这里,"宇宙"一词既让我们看到了道家那种宏阔的眼界,也让我们可以体悟到与宇宙合体而不分的安然舒适。

有关"宇宙"与"人"的关系问题,《庄子·齐物论》中还有一句话,颇显道家气派,叫作:

---

[1] (唐)成玄英:《南华真经注疏》卷九,(清)《古逸丛书》景宋本。

> 旁日月，挟宇宙，为其吻合，置其滑涽，以隶相尊。[1]

作者由"日月"入手，进而推出了"挟宇宙"的意象，从时空统一论的立场描述了道家特有的精神状态。所谓"旁日月"就是与日月同行，引申而言就是不分昼夜；而"挟宇宙"就是齐远近，与人口两唇相合一样不分彼此。在庄子看来，宇宙间万象纷繁，圣人之所以能够处安详之境，是因为他不为是非昏乱所迷惑，能够平等地看待尊卑问题。在这里，庄子既看到了宇宙的错综复杂，又指出了安宁自我的精神方式，体现了道家关于人与宇宙和合的思想境界。

除了从"齐物"角度论说，道家的"宇宙"论还注重表达人身与宇宙的对应，如《黄帝阴符经》谓：

> 宇宙在乎手，万化生乎身。[2]

这两句话经常被引用，其原因在于作者把宇宙与人身对应乃至融通起来。宋代道教学者夏元鼎在《黄帝阴符经讲义》卷一中解释说："宇宙六合，广大无际，苟得玄妙，其犹示诸掌乎？《参同契·序》曰：运六十四卦之阴符，天关在掌是也。"[3] 夏元鼎这段解释旨在说明，第一，宇宙无边无际。所谓"无边"，是说宇宙在空间上没有限量；所谓"无际"，是说宇宙在时间上没有尽头。第二，宇宙间存在着玄妙，这种"玄妙"虽然神秘，却通过手掌反映出来，因为人与宇宙自然相对应，甚至可以说人体就是一个小宇宙，故而可以通过人体自身的认知、体验，最终明了宇宙的根本法则。《黄庭经》谓："口为心关精神机，足为命关生地扉，手为人关把盛衰。"夏元鼎根据这个思路，指出人可以由其手而"按天象方隅，推五运六气，握固以养和，弹指以摄化"，这就是"宇宙在乎手"的奥妙所在。

至于"万化生乎身"，夏元鼎解释说："人之一身一天地也，有阴阳升降，有

---

[1] （唐）成玄英：《南华真经注疏》卷一，（清）《古逸丛书》景宋本。
[2] （唐）李筌：《黄帝阴符经疏》卷上，（清）嘉庆《宛委别藏》本。
[3] （宋）夏元鼎：《黄帝阴符经讲义》卷一，《道藏》第2册，第722页。

乌兔出没，有潮候往来，有风雨明晦，有雷电轰闪，有云气吐吞，有山河流峙，有草木荣枯，动静语默，阖辟变化，无一不与天地相似，信乎万化所由生也。然有道者万化生，无道者万化息。生者与天为徒，而息者与鬼为邻也，可不自爱乎？"夏元鼎列举了"乌兔""潮候""风雨""雷电""云气""山河""草木"等，乃是从具象角度陈述了人与天地的相应关系，其行文虽然没有使用"宇宙"一词，但却暗示了宇宙的万象繁复就在人身之中。在夏元鼎看来，宇宙之所以生生不息，是因为"有道"；如果"无道"，宇宙也就熄灭了。因此，人关爱生命，就应该修道，唯有修道，才能从整体上把握宇宙的状态，预测宇宙的变化趋向，从而平安地生活。

夏元鼎的解释不仅疏通了《阴符经》的文义，而且贯彻了道家宇宙论的核心精神，这就是把人看作宇宙万物的基本构成因素，强调了人必须从宇宙的客观状态上进行整体把握，从而为平安生活提供状态预测的基本路向。

关于宇宙状态问题，并非只有道家学派在探讨。实际上，我国诸子百家对此都相当关注，尤其是儒家学者在注释《周易》《尚书》《周礼》等古经时也不时地论及"宇宙"。例如孔颖达在《周易正义序》中说：

> 圣人有以仰观俯察，象天地而育群品；云行雨施，效四时以生万物。若用之以顺，则两仪序而百物和；若行之以逆，则六位倾而五行乱。故王者动必则天地之道，不使一物失其性，行必协阴阳之宜，不使一物受其害。故能弥纶宇宙，酬酢神明。宗社所以无穷，风声所以不朽，非夫道极玄妙，孰能与于此乎？斯乃乾坤之大造，生灵之所益也。[1]

孔颖达用了"弥纶宇宙，酬酢神明"八个字来形容圣人作《周易》的伟大功德。"弥纶"一词有多种含义，这里是在"综括""贯通"意义上使用的，所谓"弥纶宇宙"即综括、贯通整个宇宙；而"酬酢"本是饮酒时相互应酬的礼节，这里指人与神之间形成了很好的礼仪关系。

---

[1] （三国）王弼注，（晋）韩康伯注，（唐）孔颖达疏：《周易注疏》之《周易正义序》，（清）嘉庆二十年南昌府学重刊宋本《十三经注疏》本。

圣人作《周易》为什么能够"弥纶宇宙，酬酢神明"呢？因为圣人并非闭门造车，而是经过了一番"仰观俯察"的功夫，所以由八卦推演的六十四卦，即是宇宙秩序的一种表征，也是天体运行的写照，由此延伸出来的大《易》所阐述的就是宇宙的大道理。后人学《周易》的目的就是要掌握"弥纶宇宙"的整体思维与"酬酢神明"的天地仪轨。唯有如此，才能顺应天道四时而不乱。孔颖达通过"顺"与"逆"的结果比较，强调了"则天地之道"与"协阴阳之宜"的重要性。其中，关于"和"与"乱"的对称阐述，表现了儒家文化效法天道、遵循天时的精神，这一点与道家主张是一致的，都在于为平安生活进行基本的状态认知。

二、"天人感应"学说

基于整体把握的思路，中国先民将人与宇宙万物的相互关系概括为"天人感应"。

"感应"之"感"，金文写作"感"，为"咸"下加"心"。许慎《说文解字》称："感，动人心也。从心，咸声。"由此可见，"感"本来表示人心被触动，所以又有"感动"一词流行。"应"字的早期金文写作"應"，系人字形加上飞鸟之状，表示大雁迁徙之时以共鸣声相互沟通，排成人字形状。

"感应"连用首见于《周易》"咸"卦《彖传》。按"咸"卦之象，艮卦（☶）在下，兑卦（☱）在上。艮卦两阴爻居下，一阳爻居上；兑卦两阳爻居下，一阴爻居上。艮、兑两卦恰好是阴阳相反，所以能够感通。《彖传》在解释"咸"卦的时候说：

> 咸，感也。柔上而刚下，二气感应以相与。男下女，是以亨利贞，取女吉也。天地感而万物化生，圣人感人心而天下和平。观其所感，而天地万物之情可见矣。[1]

---

[1]（三国）王弼注，（晋）韩康伯注，（唐）孔颖达疏：《周易注疏》之《周易兼义》下经咸传卷四，（清）嘉庆二十年南昌府学重刊宋本《十三经注疏》本。

照《彖传》看来,"咸"卦就是表征感应的卦,"咸"的意思就是"感",之所以能够相互感应,是因为兑卦阴柔之气上升,艮卦阳刚之气下降,两者交通成和。艮卦代表男性,兑卦代表女性。男性向女性求爱,合乎阳动阴静的理趣,可以亨通、有利、正固,娶女吉利。由此延伸于天地,也可见其感应的存在,天地阴阳相互感应,万物因之化育生成;圣人顺应天地,言辞恳切,能够感动人心,使天下和合安平。观察阴阳感应的现象,就可以明了天地万物的情状。《彖传》这段话是从"咸"卦引申出来的,它是关于《易经》卦象以及卦爻辞的最早也是最权威的诠释,以哲理方式表达了《易经》的"感应"思想。

《易经》本有的感应思想在后来得到道家的阐扬。老子《道德经》第六十章提出的"德交归"就是"感应"思想的发挥。"交"的甲骨文写作 ⿵ ,像一个人两腿左右交错,引申之则为事物的相互交错。有交错就有交感。唐代经学家孔颖达《周易注疏》卷六在解释"咸"卦九四爻辞的时候说:"处上卦之初,应下卦之始,居体之中,在股之上,二体始相交感,以通其志,心神始感者也。"这段解释是以男女双脚交错作为"意象"展开的,文中所谓"二体"即指男女阴阳,彼此交错而有感,这就叫作"交感",老子《道德经》"交归"之"交"与孔颖达所谓"交感"的意涵具有同样的含义。在老子看来,圣人治理国家顺应天道,所以能够与神明相互交感而有应,这种"应",即"德交归",说到底就是人与天地神明相互感应。

在老子之后,儒家学派创始人孔子编纂《春秋》,将许多灾变事件汇聚于书中,以暗示"天人感应"的存在。例如:"僖公十有六年,春王正月戊申朔,陨石于宋五;是月,六鹢退飞过宋都。"[1]对此,元代程端学在《春秋本义》卷十二引述康侯胡氏的话说:"圣人因灾异以明天人感应之理,而著之于经,垂戒后世,如石陨于宋,而书曰陨石,此天应之也。和气致祥,乖气致异,苟知其故,恐惧修省,变可消矣。"[2]照程端学的看法,孔子记载天降陨石以及"六鹢退飞"之类事件乃是

---

[1] (晋)杜预注,(唐)孔颖达疏:《春秋左传注疏》卷十四,(清)嘉庆二十年南昌府学重刊宋本《十三经注疏》本。

[2] (元)程端学:《春秋本义》卷十二,(清)《文渊阁四库全书》本。

要警戒后人，以便检点行为。由此可见，孔子已经把人的行为与自然灾变联系起来，他认为人的行为如果有过错，上天就会通过灾变予以谴告。

孔子以来，《春秋》作为儒家重要经典，形成了"左氏传""公羊传""谷梁传"三派之学，此三派之学至西汉而大兴，其重要特点之一就是继承孔子的灾异论，将《周易》《尚书·洪范》《老子》《论语》的有关思想引入"春秋学"中，尤其是董仲舒所传承的"公羊学"更是如此。董氏所撰著的《春秋繁露》可以说是集"公羊学"阴阳灾异之大成，比较系统地阐述了"天人感应"的理论。《汉书》卷五十六《董仲舒传》引其言曰："臣谨案：《春秋》之中，视前世已行之事，以观天人相与之际，甚可畏也。国家将有失道之败，而天乃先出灾害以谴告之；不知自省，又出怪异以警惧之；尚不知变，而伤败乃至。以此见天心之仁爱人君，而欲止其乱也。自非大亡道之世者，天尽欲扶持而全安之，事在强勉而已矣。勉学问则闻见博而知益明，强勉行道则德日起而大有功。此皆可使还至而立有效者也。"按照董仲舒的看法，灾害、怪异的出现，就是上天对人君失道行为的谴告，其目的是引起人君警惧、反省而勉学修德。文中使用了"全安"一词，体现了董仲舒"天人感应"学说的主旨乃是为了国家社稷的平安。

董仲舒以《春秋》"公羊学"为依据的"天人感应"学说对中国文化影响很大，它不仅成为儒家劝导最高统治者进行品德修行的理论支撑，而且渗透于其他学派或信仰流派的文化系统中。

东汉开始的制度道教，一方面以先秦老庄为代表的道家学说为理论基础，另一方面则采撷了董仲舒"天人感应"学说的部分思想养分，构建了新的"天人感应"文化体系，这在《太平经》一书里便有相当丰富的内容。该书将"天人感应"的范围大大拓展，不仅阐述了人君行为善恶的感应，而且说明了一般人的行为善恶也一样会引起天地的喜怒，祥瑞、灾异即是上天喜怒的表现。它说：

> 夫大灾异变怪者，是天地之大谈也；中灾异变怪者，是天地之中谈也；小灾异变怪者，是天地之小谈也。子欲乐知其大意要，比若人，大事大谈，中事中谈，小事小谈。此大小，皆有可言也，不空见也，天地不妄欺人也。

> 见大善瑞应，是其大悦喜也，见中善瑞应，是其中悦喜也；见小善瑞应，是其小悦喜也。见大恶凶不祥，是天地之大怒也；见中恶凶不祥，是天地之中怒也；见小恶凶不祥，是天地之小怒也。[1]

这段话以人为比拟，把天地人格化，从正反两个方面阐述了"天人感应"的具体表现形态。在《太平经》看来，人有恶行，就会引起灾异变怪；人有善行，就会出现瑞应吉祥。作者使用"大谈""中谈""小谈"来形容灾异变怪的程度，又采用"大悦喜""中悦喜""小悦喜"来形容瑞应的级别，比较形象地展示了"天人感应"的情景。按照《太平经》的说法，人的善恶行为既可以影响整个自然界，导致相关事物的变化，也会影响人自身的寿命，甚至影响子孙后代，产生"承负"的严重后果。

《太平经》以"承负"为特色的"天人感应"学说在后来的道经里得到了很好的贯彻和发扬。到了唐宋时期，甚至形成了《太上感应篇》这样专门阐述"感应"道理的"劝善书"。根据《宋书·艺文志》以及《正统道藏》"太清部"所收该书之《叙》，《太上感应篇》系李昌龄所传，当出于北宋。书名中的"太上"即太上老君；而"感应"二字，清代陶宁祚所辑《太上感应篇集注》解释为"由此动彼谓之感，由彼答此谓之应"。这两句话中的"彼此"具有很广的适用范围："此"可以指一个人，也可以指一群人，甚至是一个社会团体、一个国家等等；"彼"就是"此"以外的"他者"，即宇宙间的所有相关事物。按照这种解释，"感应"是一方发出信号而相关方回复信号的过程和表现。就内容而言，《太上感应篇》是围绕人的善恶行为展开论述的，其所谓"感应"也就是善恶报应。该书认为，以太上老君为主的天地神明将会根据人的行为善恶做出相应的奖惩。基于这样的理念，《太上感应篇》强调了人的行为对于自身果报的决定作用，指出：

> 祸福无门，唯人自召，善恶之报，如影随形。[2]

---

[1] 王明：《太平经合校》，第323—324页。
[2] （宋）李昌龄传：《太上感应篇》卷一，《道藏》第27册，第6页。

按照这种看法，"祸福"都是人自己造就的，善恶行为一定会有报应；要想长生，就得行善积德。由此，《太上感应篇》列举了二十六条善行和一百七十条恶行，作为趋善避恶的标准，认为"一日有三善，三年天必降之福；一日有三恶，三年天必降之祸"，劝导人们"诸恶莫作，众善奉行"。[1]

可以看出，《太上感应篇》所遵循的正是《周易》的"天人感应"原理。它沿着老子《道德经》的修善思想思路，将《太平经》以来道教的神仙伦理观念予以充分发挥，为人们的平安生活提供了状态预测的重要根据，代表了道教关于平安生活的基本伦理导向。

第二节　状态预测的基本思路

人生活于状态中。所谓"状态"既指主体，也指客体。要能够平安地生活着，既要了解主体状态，也要了解客体状态。

从感知角度看，主体状态可分为主体内在状态和主体外在状态；从构成角度看，主体状态可分为主体的物质构成状态和主体的精神构成状态。至于客体状态并非仅指自然界的存在物，而是指主体之外的一切存在状态，既包括自然界一切有形状态与无形状态，也包括明显状态与隐潜状态。对于个人的实际生活而言，独立于自我之外的其他人类个体也是客体状态。

从具体实施和操作角度讲，认识与了解生活状态，不能仅仅靠感官感知，还需要根据种种资料进行预测才能形成判断。如何对状态进行预测？除了要有整体把握的原则、遵循"天人感应"的道理，还必须有关于状态预测的基本思路。此等内容，概括起来就是占有信息与趋吉避凶。

一、占有信息与趋吉避凶

"占有信息"是状态预测的首要条件。在英文中，信息称作"information"，

---

[1] （清）俞樾：《太上感应篇缵义》，（民国）《道藏精华录》本。

指的是以适合于通信、存储或处理的形式来表示的知识或消息。当代社会，"信息"这个词汇相当流行，我们经常听到"信息社会""信息时代"这样的说法，表明人们的现实生活已经离不开信息了。

然而，"信息"的说法并非舶来品，在中国古代文献中早有这个概念。它到底产生于什么时代，目前尚难以确定，但至少在盛唐阶段已经成为一个重要用语。例如唐代宰相张九龄的《曲江集》即使用了"信息"名称，该书卷九《敕幽州节度张守珪书》谓：

> 平卢信息，日夕往来，数与筹宜，首尾相应。令彼丑虏，飞走无归。事有预图，临时合变，想卿所悉，不烦具言。所有奏请，并已处分讫。夏末极热，卿及将士已下，并平安。[1]

这封书信言及的"平卢"系唐代开元七年（719年）所置重镇之一，"安史之乱"期间，平卢为叛军所据。为了剿灭叛军，丞相张九龄指示幽州节度张守珪书应"以国家之威武，取叛亡之残孽"，并且告知整个形势。可以看出，其中所谓"信息"指的是事态情况，与当今所讲的"信息"意义虽然有所不同，但本质却是一致的。该书信末了特别使用了"平安"的问候语，表明了张九龄向其部下通信息，其最终目的就是为了平安。

除了张九龄的《曲江集》，唐代李德裕的《代刘沔与回鹘宰相书白》有"吕施合将军送至南朝，至今不知信息"[2]之语，许浑的《丁卯诗集补遗·寄远》中有"塞外音书无信息，道旁车马起尘埃"[3]之句。查《四库全书》可以发现，由唐至清代康熙年间，"信息"一词在各种典籍中先后出现了900多次，足见它在古人生活中并非罕见词汇。古人所谓"信息"涉及广泛，包括政治、军事、历史、术数、文艺等，几乎所有领域都在其范围中，由此可见信息在先民心目中已经相当重要。

---

[1] （唐）张九龄：《唐丞相曲江张先生文集》卷九，（民国）《四部丛刊》景明成化本。
[2] （唐）李德裕：《李文饶集》卷八《制词》，（民国）《四部丛刊》景明本。
[3] （清）曹寅编：《全唐诗》卷五百二十六，（清）《文渊阁四库全书》本。

先民们认为,掌握信息需要有虚静的心境。这一点,宋代陈经《尚书详解》卷十七有一段解说文字很能说明问题。该书《说命上》解曰:

> 嵩前有董五经,隐者也。伊川先生闻其名,特往造焉。董平日未尝出庵,是日伊川不值,还至中途,一老人负茶果以归,且曰:"君非程先生乎?"伊川异之曰:"先生欲来,信息甚大。"尹子问于伊川,伊川曰:"静则自明。"[1]

文中的"嵩"当指嵩山;而"董五经"系姓氏名号,即姓董、雅号"五经"的人。"伊川先生"系北宋理学家程颐。《尚书详解》这段话的意思是说:嵩山前有个隐者,姓董,因为精通《诗》《书》《礼》《易》《春秋》五经,人们尊称他为"董五经"。伊川先生知道董五经很有名声,特别去拜访。此前,董五经平常都不出庵门;可是,很不凑巧,伊川先生拜访的这一天,董五经却不在庵里,伊川先生只好打道回府。就在回返中途,一个背负茶果的老人迎面相见,那老人说:"噢,您不就是程先生吗?"程伊川一听,感到非常诧异,就说:"程先生想来拜访,看来信息很灵通啊!"回到家里,程子问起事由,程颐回答说:"内心清静,自然能够明澈事由。"

从以上描述可知,董五经具有预知能力,也就是获得信息的特别功能。他为什么能够预知呢?按照程颐的看法,是因为平日静养,内心不受外物干扰,所以能够感通他事他人。这样说来,"虚静"对于预知信息而言,是一种必需的心境。

按照陈经对《尚书》的解释,获取信息,除了具备"虚静"心境,还应该有恭敬、诚恳的态度。《尚书详解》卷十七《说命上》说:

> 其心思乎道,故恭默而纯一,想其戒谨、恐惧,外物不足入吾之念虑,所以诚,与天为一,与傅说为一。[2]

---

[1] (宋)陈经:《尚书详解》卷十七,(清)《武英殿聚珍版丛书》本。
[2] 同上。

陈经这段话是在解释高宗梦傅说典故时说的。傅说本是住在傅岩一带的一个筑墙工匠。孔颖达《尚书正义》等文献记载，商王高宗武丁梦见上天赐予他一位贤人，但这个人却穿着奴隶的衣服，称自己姓傅名说，正在做苦役。武丁醒来以后想：傅者，相也。说者，悦也。天下当有辅佐我而能愉悦人民者也！他认为这是个好兆头，自己将要得到一位治理天下的好帮手了。天亮以后，他把这个梦告诉文武百官，却没有一个人相信。武丁就让画师把梦中人的形象画出来，在全国寻找，果然在傅岩找到了傅说，后来傅说当了宰相，为国家治理做出巨大贡献。

针对古文献记载的高宗梦傅说故事，陈经做了评论。在陈经看来，商王武丁梦的信息是真切的，武丁能够梦见傅说，是因为他心里想着大道，景仰大道，敬畏上苍，外在事物无法进入内心，从而排除了干扰，达到"诚"的状态，因此与上天合为一体，也与傅说合为一体。笔者以为，不论商王高宗武丁"梦"中的傅说与傅岩那个地方找到的工匠傅说是否完全合一，陈经提出的恭敬态度对于获取信息而言是很有意义的。因为他表达了获取信息所必需的基本精神状态，即便在今天看来，也是不可或缺的。

然而，如果进一步追问，先民们为什么如此重视获取信息问题？这就不能不回到"趋吉避凶"的基本目标上来。这一点，从《旧唐书》卷九十三《王晙传》的一段话中就可以看出来：

> 若置之朔塞，任之来往，通传信息，结成祸胎，此无策也。伏愿察斯三者，详其善恶、利害之状，长短可寻。纵因迁移，或致逃叛，但有移得之者，即是今日良图。[1]

这是王晙任并州都督长史时就如何安置突厥降虏一事给朝廷奏章里的一段话。其中"通传信息"指的突厥降虏相互间传递信息的情况。按照王晙的看法，如果把突厥降虏安置于北方边境地区，任凭他们随便往来，他们就会互相通报情况，

---

[1] （五代）刘昫：《旧唐书》卷九十三《列传第四十三》，（清）乾隆武英殿刻本。

酿成祸乱，如此下去，不可收拾。在奏章里，王畯用了"祸胎"来形容预后的结果，他这样讲就是为了"避凶"，而与之对应的"良图"就是"趋吉"。

王畯这种"趋吉避凶"的考虑并非偶然，而是中华民族传统状态预测的思想表现。查《四库全书》可以看到：有7934卷文献使用了"吉凶"一词，先后出现了20731次，足见这是人们十分关切的问题。如果说"吉"代表着生存状态的平安，那么"凶"便意味着生存状态的危险。既然有吉有凶，当然就得有所取舍了。

二、趋吉避凶的三大要点

如何判断"吉凶"？又如何"趋吉避凶"呢？概括起来，主要有三条。

（一）注意掌握外部环境的基本信息

就人类整体生存来讲，"外部环境"就是指与社会相区别的自然环境；就个人而言，就是整个生活环境，既包括自然界，也包括人类社会。

通常，人们对大自然的了解首先是通过身边事物的直接感知获得的，例如居住空间环境，包括居处的建筑物以及延伸开来的水源、空气、声相等，这是很重要的，也是最直截了当的。如果我们对身边环境一无所知，就可能遭遇危险。例如，近年来有些地方过度开发，有毒物质排放没有受到有效管理和控制，生活在其中的人们并不知情，结果导致该区域疾病急剧增加，有的地方甚至出现了"癌症村""艾滋病村"等等，令人触目惊心。如果人们对周边环境的存在状况及其变化有所了解，开发部门也对过度开发的环境破坏结果有足够认知并且采取必要措施，相信灾难性的结果是可以避免的。

从身边环境延伸开来，人类生活还应该掌握天地大环境的宏观情况，探索其运行规律。《黄帝阴符经》说："观天之道，执天之行，尽矣。"[1]这里的"天"并非仅仅指天空，而是指人类赖以生活的整个自然界。按照《黄帝阴符经》的看法，

---

[1] （唐）李筌：《黄帝阴符经疏》卷上，《道藏》第2册，第737页。

天地自然的运行是有规律的，这个规律就称作"道"，认识了天地运行的"道"，并且按照这个"道"来办事，就可以避免伤害，保障安全，所以说"尽矣"。《黄帝阴符经》这句话告诉我们，人的生活离不开对天地自然的"观"，所谓"观"就是观察，通过观察而掌握天地自然的运行信息。在了解了天地自然运动信息的前提下，还得有遵循天道的"行"，也就是合乎天地自然的实际行动。由此看来，《黄帝阴符经》在对待天地自然问题上是贯彻了"知行合一"理念的。从趋吉避凶的立场看，注意掌握天地自然运行规律对于人类的平安生活也是有重要意义的，例如一年四季的周转变化、每个月的气候变化、风寒暑湿的情况等等，这些都直接或间接地对我们的生活产生影响。如果不了解，我们的生活就会是盲目的，灾害来了就会措手不及。反之，我们了解和掌握了天地自然运行规律，就能够及早做好准备，在突发事件发生的时候能够从容应对。

人的生活环境除了自然空间，还有社会空间。人不是孤立存在的，而是在群体生活中存在的。本来，群体生活是为了最大可能地获得生存能量。我们的祖先为了应对野兽袭击，抵御自然灾害，结成一定的团体组织，形成社会，这是人类生存需要的必然历程、必然现象；然而，当社会发展到一定时期，不同区域的社会团体发生了利益之争，逐渐形成对抗；邦国之间甚至要发生战争，有的时候甚至非常残酷。如果不能知晓事态的发展情形，也会陷入被动，甚至陷入危险境地。机智聪明的人能够对社会各种组织关系的运行与变化及早做出预测，避免危机时刻受到伤害。

（二）注意了解与掌握自身躯体与精神情况

基于条件反射的原理，人们对外界情况往往比较关注，至于自身躯体与精神的状况往往注意不够。其实，忽略自身状况，对生活也将产生不利影响。因为自身躯体状态不明，就难以判断是否能够适应外界的生存条件。例如高血压的人不能登高山，不能在游乐场乘坐"过山车"，不能过分饮酒，不能过于兴奋，等等；如果对自己的血压情况了解了，就能够提醒自己不可以的作为。这种情况是有生活教训的。笔者前些年曾经与一些朋友到一个风景名胜区游玩，那里海拔超过

5000米，不少人到了山顶需要带上氧气罐；其中有一位老年人看起来身强力壮、脸色红润，自信以往多次登山都没有问题，所以兴高采烈地与大家一起上山，结果到了山顶受不了，不久即两眼发黑，倒地了。下山一查，才知道他的血压高达180，自己却以为和年轻人差不多。如果不是抢救及时，可能就丧命了。事实证明，不了解自身躯体的状况是很容易出危险的。

为了避免危险或意外情况发生，人们也应该了解自身的精神状态，尤其是人的情绪变化周期。正如大海的潮汐变化，人的情绪也有周期性。情绪周期，就是情绪的高昂、低落的变化进程。大家知道，自己的生活并非每一天都同样快乐，情绪有高涨的时候，也有低落的时候。在情绪低落的时候，如果强迫自己去从事某一件强度较大的事情，很可能就没有信心，最终无法完成，其结果自然是自我情感挫伤，致使恶性循环；再说，喜、怒、忧、思、悲、恐、惧，这七情也会影响人身安全。例如，一个容易愤怒的人，如果处在一个可以导致自己冒火的环境里，发生口角、冲突，几乎是难以避免的。一个喜欢妒忌的人，看到别人比自己强，很可能不择手段地暗中捣鬼，其结果反过来往往也会自伤。因此，注意了解自身的精神情况，这是保护自己，也是保护他人的需要。

（三）在了解基本信息的前提下，不失时机地调整生活方向

掌握信息，不论是掌握自然界的变化情况，还是了解社会变化情况，抑或认知自己的躯体与精神状态，都是为了判断吉凶，及时地调整自己的行动趋向。如何调整？关键是"明时、及时"。所谓"明时"，就是明了自然界、社会运行规律的关节点，而"及时"就是在关节点到来的时候恰到好处地采取行动。关于这个问题，《周易》"革"卦《彖传》有云："天地革而四时成，汤武革命，顺乎天而应乎人，革之时大矣哉！"[1] 文中的"革"就是变革，即发生了巨大变化；"四时"就是春夏秋冬。"天地革"就是天地间发生了巨大变化。这种巨大变化的结果就是"四时成"。《周易》从天地运动与四时轮替的关系，进一步延伸到汤武的革命

---

[1] （三国）王弼注，（晋）韩康伯注，（唐）孔颖达疏：《周易注疏》之《周易兼义》下经夬传卷五，（清）嘉庆二十年南昌府学重刊宋本《十三经注疏》本。

行动，指出这次革命行动是顺应了天时和民心，最后强调了革命的"时"是恰到好处的，也就是"及时"。因为"及时"，所以歌颂其"大矣哉"！从《周易》"革"卦《象传》的论述中，我们可以得到启示：唯有"明时"与"及时"才能获得成功。"明时"与"及时"实际上就是看清事物发展的大趋势，并且能够顺应这种大趋势。顺应了，就好像人走路，背后有一股无形的力量在推动，自己就省力；如果行动不合时宜，即便付出很大的努力，往往也难以成功。

"明时"与"及时"对于应急处理灾害来讲尤其重要。比如说，雨季绵绵，很可能山洪暴发，如果对情况有一定了解，就能够具有预见性，不至于措手不及，伤亡损失惨重。

第三节 状态预测的法度要诀

状态预测需要掌握信息，形成预测的基本思路；与此同时，还必须有预测的技术形式、技术手段等。随着社会的发展，预测问题越来越借助于先进的科学技术形态，例如计算机的广泛应用，统计学方法的借鉴等等。通过数据的搜集与整理、分析，显示事态的走向，从而做出行动决策，这无疑有助于人们看清问题的本质，少走弯路，达到安全防卫的目标。然而，事物的存在与发展走向常常具有两面性，因此，现代计算机的统计预测也不是万能的；况且，在涉及人类社会自身问题的时候，往往有情感因素起作用，当客体因素与主体情感因素交杂在一起时，事物发展方向有可能是扑朔迷离、难以预料的。另外，还有许多场合，连数据也难以掌握，更谈不上用电脑技术来分析了。在事态模糊而又需要做出决定的时候，人们可能借助第三种力量来选择行为方式，这就是占卜等传统预测技术手段至今流行的原因。从当代科学的立场看，传统占卜预测似乎显得荒唐，但从人文历史与健康安全生活来说，此类预测方式又有其重要的社会意义。德国著名哲学家黑格尔曾经说过：凡是现实的都是合理的，凡是合理的都是现实的。占卜之类预测技术既然已经存在了很长的历史，必定有其社会需求和逻辑。

一、占卜预测的几种传统法度

翻开中国古代典籍，我们可以发现"占卜"的大量记载。"占"，许慎《说文解字》谓之"视兆问也，从卜口"。意思是讲，"占"是对征兆的观察和追问，故而从属于"卜"与"口"。在甲骨文中，"卜"字作"丫"，又作"卜"，像个树杈，本来表示巫师用以降神的道具神杖，后来则用以表征灼龟甲所呈现的纵横纹理。"占"与"卜"连起来，谓之"占卜"，表示根据某种物象征兆对未来事物的发展态势做出推断。由此延伸开来，古人还发明了蓍草卜问吉凶的办法，谓之"筮"。将"卜"与"筮"连称，谓之"卜筮"。

在上古时期，"卜筮"之类技艺是人们决定重大事项的一种社会文化工作，在实际生活中影响很大。司马迁《史记》记载：

> 自古圣王，将建国受命，兴动事业，何尝不宝卜筮以助善？唐虞以上不可记已，自三代之兴，各据祯祥。涂山之兆从，而夏启世；飞燕之卜顺，故殷兴；百穀之筮吉，故周王。王者决定诸疑，参以卜筮，断以蓍龟，不易之道也。蛮夷氐羌，虽无君臣之序，亦有决疑之卜。或以金石，或以草木，国不同俗。然皆可以战伐攻击，推兵求胜，各信其神，以知来事。[1]

司马迁告诉我们，自古以来，圣明的君王建立国家，接受天命，肇兴事业，都以"卜筮"为宝物，借助这种技艺来进行决断，以成其大功。唐虞以上的占卜情况无法具体记载，但夏、商、周三代的情形却有案可稽。根据在哪里呢？司马迁进一步说，夏代的开端、殷商的起始、周朝的兴旺，都依照占卜的"祯祥"来行事，由此他得出结论：王者在决定各种疑难问题的时候都要借助卜筮技艺，并且以蓍草的演算结果和龟纹走向为最后决断，这是亘古不变的道理。接下来，司马迁还旁及华夏以外其他少数民族的情况，指出蛮、夷、氐、羌诸族虽然没有华夏族那样的君臣秩序，却也有决疑的占卜法度，他们或者以金石为决断的依凭，

---

[1] （汉）司马迁：《史记》卷一百二十八《龟策列传》，（清）乾隆武英殿刻本。

或者以草木为决断的工具，其习俗各有差别，但都凭借占卜法度则完全可以肯定。尤其在战争问题上，占卜更是必不可少的。

从司马迁的记载可以看出，各民族之所以占卜，有两条原因：一是"各信其神"，也就是深信自己所进行的占卜技艺神妙无比；二是依据占卜来推知来事，即预测与推断事物的未来走向，从而采取行动。先民们重视来事的推断，无疑是为了防止不必要的能量消耗，避免意外的损伤，以保证行动的顺利，平安地达到最终目标。

在古代社会，占卜形式多种多样。其中，影响较大的有如下几种：

（一）甲骨卜

这是运用龟甲裂纹情状判断吉凶的一种占卜方式。先民们相信，龟是很有灵性的动物。这一点，在《史记》中有不少资料可以佐证，例如其《龟策列传》即称：

> 龟千岁，乃满尺二寸。王者发军行将，必钻龟庙堂之上，以决吉凶。今高庙中有龟室，藏内以为神宝。传曰："取前足臑骨穿佩之，取龟置室西北隅悬之，以入深山大林中，不惑。"臣为郎时，见《万毕石朱方》。传曰："有神龟在江南嘉林中。嘉林者，兽无虎狼，鸟无鸱枭，草无毒螫，野火不及，斧斤不至，是为嘉林。龟在其中，常巢于芳莲之上。左胁文书曰：'甲子重光。得我者匹夫为人君，有土正，诸侯得我为帝王。'求之于白蛇蟠杅林中者，斋戒以待，譺然，状如有人来告之，因以醮酒佗发，求之三宿而得。"由是观之，岂不伟哉！故龟可不敬欤？[1]

《史记》这段话是司马迁深入庙堂与民间调查之后写下的。其中言及许多神龟灵异之事。首先是关于龟的寿命达到千岁，这已经足以令人称奇和羡慕。其次是其特殊功用。作者主要摘引两个资料："高庙龟室"与《万毕石朱方》的传述文字。前者言及佩带千岁龟的前足下半节臑骨，同时将龟身悬挂于室内西北角，如

---

[1]（汉）司马迁：《史记》卷一百二十八《龟策列传》，（清）乾隆武英殿刻本。

此而进入深山大林就不会迷失方向；后者称，江南一带，有神龟在嘉林里。这种树林之所以被认定为"嘉"，是因为其中没有虎狼之类猛兽，也没有鸱枭之类凶禽，草地中不见蜇人的毒虫，野火烧不到，斧头也砍不着。灵龟就生活在这种地方，它经常在芳香的莲藕上筑巢。龟的左肋上有文书谓："甲子吉祥，光辉焕发。在这样的日子里，得到我的凡夫俗子可以成为正人君子，或者成为拥有土地的官长；而得到我的诸侯则可以成为帝王。"要在白蛇蟠杆林里求得神龟，就应该清斋持戒，耐心等待，慢慢地进入恍惚状态，好像有人前来告知神龟出没的情况，于是就敬酒披发，如此经过三个晚上就能够得到神龟。在引述了《万毕石朱方》的神奇传述之后，司马迁非常感叹地说：这不是非常伟大的事情吗？如此神奇的龟，不是很可敬吗？

从今天的角度来看，人们也许难以理解司马迁当年对神龟的赞叹，但如果将之回归于上古灵物崇拜的文化背景中，就不难想象古人为什么要用神龟作为占卜的借镜了。

根据《史记·龟策列传》的描述，甲骨卜的操作程序有三大步骤：第一步是选龟，即选择用以占卜的龟。就占卜者的身份来看，选龟有两种情况：帝王占卜用的龟一定是生长在蓍草之下的，唯有这样的龟才有足够的灵性，占卜时才能准确。至于民间占卜用的龟当然也应该精心挑选，司马迁罗列了八种名龟，即北斗龟、南辰龟、五星龟、八风龟、二十八宿龟、日月龟、九州龟、玉龟。就长度而言，以"满尺二寸"为佳，倘若不能达到这个要求，能够得其七八寸之龟，也可视为宝物了。第二步是攻龟与灼契，这就是在占卜之前对所得之龟进行适当处理。先"去其甲"，而保留龟的腹板，尔后根据自然状态进行灼钻。第三步是占龟与占坏。灼龟之后，龟板会发出声音，占卜行业称之为"龟语"。听到这种声音之后，便在刻字处洒水。由于温度冷热的迅速交替，龟甲收缩而出现裂纹，占卜者即根据首、身、足三部分来判断吉凶。"首"象征事情的开始，以平直、高昂、有情者为吉利。"身"象征事情的主干，以裂纹平直、刚健、洪润、明净者为吉利。"足"象征事情的结束，其裂纹有动静之分，或动或静，吉凶不同。在灼龟之后，当以绳子缠绕裂纹之处，用香火供之，以观其效。一般来讲，三日之后，其裂纹可以复合。如果在三日之内，龟板还有声响，这意味着"犹有未尽之言"，应该再进行占卜考察。

清末以来，在许多地方先后发现大量的用以占卜的龟甲。例如1899年秋于河南安阳发现的大批甲骨，考古学家经过认真甄别，辨认了刻在甲骨上的诸多条纹原来是记载占卜过程与应验的文字，学者们称之为"殷墟卜辞"。1949年以后，又在河南郑州、山西洪洞以及陕西、河北、北京等地发现了大量的占卜甲骨。其时代既有殷商的，也有周朝的。据有关统计，已出土的甲骨共有15万余片。由于种种原因，这些发现于神州大地中的甲骨流散于世界12个国家和地区。其中，祖国大陆收藏了约8万至9万片，中国台湾则收藏了2万片，安阳博物馆目前有数百片。数目如此巨大的占卜甲骨的发现，表明"甲骨卜"在商周时期人们的文化生活中占据重要地位，具有很大的影响。[1]

（二）易筮占

与"甲骨卜"密切相关的是《易经》"筮占"。从字形结构看，"筮"从竹从巫，竹属于草木之类；而"巫"则是上古时期能够沟通天地的灵异者。许慎《说文解字》称："筮，易卦用蓍也。"[2]所谓"易卦"即《易经》的卦象符号，而"用蓍"就是运用蓍草来演卦，再根据卦象来判断吉凶，这就是"筮占"。查《文渊阁四库全书》经史子集，"筮占"一词出现数百次，足见古人是把"筮占"作为表述《易经》"占卜"的一个通行概念。

如何理解"筮占"内涵呢？《周易·系辞上》有一段话做了暗示：

> 是以君子将有为也，将有行也，问焉而以言，其受命也如向，无有远近幽深，遂知来物。非天下之至精，其孰能与于此？[3]

---

[1] 有关"甲骨卜"的程序及卜辞发现的叙说，参看卿希泰主编，詹石窗副主编：《中国道教思想史》第一卷，北京：人民出版社，2009年版，第54—56页。

[2] （汉）许慎：《说文解字》卷五上，（清）《文渊阁四库全书》本。

[3] （三国）王弼注，（晋）韩康伯注，（唐）孔颖达疏：《周易注疏》之《周易兼义》卷七，（清）嘉庆二十年南昌府学重刊宋本《十三经注疏》本。

对于这段话，北宋大文豪苏东坡用很精炼的一句话予以概括："此筮占之类。"[1]照苏东坡的意思，《系辞上》这段话讲的就是"筮占"，即通过筮法推断吉凶。

苏东坡为什么会这样概括呢？这关系到《系辞上》这段话的文意理解。黄寿祺、张善文先生的《周易译注》对上引《系辞上》的言辞是这样翻译的："所以君子将有所作为，有所行动之时，用《周易》揲蓍占问而据以发言行事，《周易》就能如响应声地承受占筮者的蓍命，不论遥远、切近还是幽隐、深邃的事情，都能推知将来的物状事态。若不是通晓天下极为精深的道理，谁能做到这样呢？"[2]对于上引《系辞上》中的话，关键在于"至精"二字该如何解读。从上下文来看，"至精"应该是指"筮占"。君子是在什么情况下进行"筮占"的呢？就是在他力图有所作为并且即将开始行动之前。文中的"问"就是通过筮法推演而追问，根据筮法演算的结果，君子得以发言；而"遂知来物"则表明，君子凭借《周易》"筮占"，掌握了事物在未来的发展方向，故而能够从容不迫地展开行动。

"筮占"是怎么一回事呢？清代翰林院检讨朱彝尊在《经义考》里做了稽考。该书卷四谓：

> 大衍，筮占之一法耳，非文王之事也。孔子生于周末，惧文王之志不见于后世，而《易》专为筮占用也。乃作《彖》《象》，发明卦义，必称大人、君子、王后，以当其事，而常以四方、万国、天地、万物之大以为言。[3]

朱彝尊的意思是："大衍"就是"筮占"的一种方法，但这种方法不是周文王时候订立的。孔夫子生于周朝末年，他担心文王重卦的本旨被埋没，后世无法明了，便致力于《周易》的整理与传授。然而，《周易》这部书在周文王之后逐渐成为"筮占"的书，其本来的意义隐潜了。鉴于此，孔夫子便撰写了《彖传》与《象传》的解释性文字，来阐明其中的微言大义。所以，我们看到《彖传》与《象

---

[1] （宋）苏轼：《东坡易传》卷七，（清）《文渊阁四库全书》本。
[2] 黄寿祺、张善文：《周易译注》，第518页。
[3] 按：朱彝尊《经义考》有多种版本，本书采用的是（清）《文渊阁四库全书》本。

传》的文字，在关键处一定是以大人、君子、帝王的口气说话，并且常常从四方、万国、天地、万物的大处着眼来立论。

在上面引证的言辞里，朱彝尊两次言及"筮占"。首先，他指出"大衍，筮占之一法耳"。这句话包含两层意思：一者，"大衍"就是一种"筮占"；二者，"筮占"的范围很广，"大衍"只是其中的一种而已。不论情况如何，按照朱彝尊的看法，要明了《周易》的"筮占"，应该从"大衍"入手来稽考。其次，"《易》专为筮占用也"。这里尤其应该注意的是"专为"两字，因为这两个字对《周易》性质做了暗示。所谓"为筮占用"意味着该书被筮占者所用，故而打上了"筮占"的烙印。如此一来，我们要揭开《周易》的奥秘，就应该从"筮占"入手，而要明白"筮占"，又应该从"大衍"入手。

"大衍"之说，首见于《周易·系辞上》：

> 大衍之数五十，其用四十有九。分而为二以象两，挂一以象三，揲之以四以象四时，归奇于扐以象闰，五岁再闰，故再扐而后挂。[1]

文中，"大衍之数"的"大"表示"广大"，而"衍"表示演绎，"衍"与"演"音同可通，至于"数"系指蓍草之数，古时占筮，以蓍草为演卦工具。如何选用"蓍草"，古人是很有讲究的。司马迁《史记》称："蓍生满百茎者，其下必有神龟守之，其上常有青云覆之。传曰：'天下和平，王道得，而蓍茎长丈，其丛生满百茎。'方今世取蓍者，不能中古法度，不能得满百茎长丈者，取八十茎已上，蓍长八尺，即难得也。人民好用卦者，取满六十茎已上，长满六尺者，即可用矣。"[2] 司马迁这段话首先指出了百茎蓍草非同寻常，它的上下都显得灵异神奇；继而引述《传》中的言辞，陈述了蓍草生长与社会环境的关系；接着记载了汉代时期取蓍草的情形，反映了古人以蓍草为工具来揲卦乃是居于一种崇拜的心理。

---

[1] （三国）王弼注，（晋）韩康伯注，（唐）孔颖达疏：《周易注疏》之《周易兼义》卷七，（清）嘉庆二十年南昌府学重刊宋本《十三经注疏》本。

[2] （汉）司马迁：《史记》卷一百二十八《龟策列传》，（清）乾隆武英殿刻本。

弄清楚古人取用蓍草的缘由之后，我们再回过头看《系辞上》记载的演卦过程。原来，筮人演卦用的蓍草共有五十根[1]，但实际使用的仅有四十九根，虚其"一"而不用，这个"一"象征"太极"。在易学里，太极是本体，也是"道"的法象，具有神圣意味，不可以轻易展示，因此演卦时虚之而不显。接下来，就可开始"四营"的演卦程序。所谓"营"就是经营，孔颖达在《周易正义》里说，这就是"四度经营筮策，乃成《易》之一变也"。具体说来，步骤如下：

第一营："分而为二以象两。"这就是将实际使用的四十九根蓍草随机分为两个部分，放在案前的左右两边。"分"就是划拨，而"两"就是阴阳两仪，"象两"就是象征阴阳造化天地。这一步，初看起来非常简单，但具体操作起来其实也不容易，因为稍有不慎，可能分散注意力，乃至影响后来的阴阳爻变和卦变，所以应该从一开始就宁心静气，培养全神贯注的定力，方能感通正气，以天地相和合。

第二营："挂一以象三。"所谓"挂一"就是从左边那个部分取出一根蓍草，夹在左手的四五指之间，而象"三"就是象征天地人"三才"，这里的"一"之所以象征"三才"，是因为第一营操作的分二，象征的是"阴阳两仪"，紧接着也就有"三才"，表示天地之间生人，而"人"与天地相合，则成为"三"。

第三营："揲之以四以象四时。"文中的"揲"意为数蓍。"揲之以四"就是把左右两个部分的蓍草分别以四根为一组来划拨。"以象四时"就是象征一年四季春夏秋冬。

第四营："归奇于扐以象闰，五岁再闰，故再扐而后挂。"所谓"奇"，指的是零散的蓍草，而"扐"指的是手指间。"归奇于扐以象闰"指的是两手各拿着一部分蓍草，每四根一组地划拨，如此进行下去，必然会有一个余数，它象征闰月，而两个余数则象征五年中的两个闰月。"再扐"就是把得出的两个余数汇合起来，其和非四即八，把它们夹在左手的三四指间，这就算完成了大衍数的一次推演过

---

1 "大衍之数"为什么是五十？唐代象数易学家李鼎祚《周易集解》卷十四引崔憬谓："艮为少阳，其数三；坎为中阳，其数五；震为长阳，其数七；干为老阳，其数九；兑为少阴，其数二；离为中阴，其数十；巽为长阴，其数八；坤为老阴，其数六。八卦之数，总有五十，故云大衍之数五十也。"此八卦数与先天八卦及后天八卦所配的数都不同，当另有来源，可备一说。

程，因此称"而后挂"。此之"挂"者，暂歇也，所谓停顿，凝神静气，准备进行下一轮的经营。

《周易·系辞上》在讲述了"大衍"的基本操作程序后，紧接着说：

> 天数五，地数五，五位相得而各有合。天数二十有五，地数三十，凡天地之数五十有五。此所以成变化而行鬼神也。[1]

这一段阐述了大衍成卦的天地数理根据。所谓"天数五"指的是"一、三、五、七、九"这五个奇数，而"地数五"指的是"二、四、六、八、十"这五个偶数。"五位相得而各有合"是说五个天数相加与五个地数相加，各自有其和合的微妙所在。五个天数的和是二十五，五个地数的和是三十，天数与地数相加共有五十五。在《系辞上》作者看来，由"一"到"十"的自然数对于大衍筮占来讲是非常重要的，它们是卦象变化的内在根据，也是天地万物出神入化的奥妙所在。

"天地之数"既然是五十五，为什么"大衍之数"却是五十，少了"五"呢？这是历代易学家非常关心并且积极探讨的问题。千百年来，解释颇多，有言虚"五行数"不用，有言传写脱"有五"者等等，各有各的理由。近年来，翻检经籍，发现宋代刘牧的《易数钩隐图》卷上的说法颇具理趣，兹引如下：

> 且夫五十有五，天地之极数也。大衍之数，天地之用数也。盖由天五不用，所以大衍之数少天地之数五也。或曰：天五不用，何以明其不用之由？答曰：天五不用，非不用也，是用四象者也。且天一、地二、天三、地四，此四象生数也。天五所以斡四象生数，而成七九六八之四象，是四象之中皆有五也。则知五能包四象，四象皆五之用也，举其四则五在其中矣。故《易》但言四象以示，不言五象也。今揲蓍之义，以筮而尚占者也，以象天地之用

---

[1] （三国）王弼注，（晋）韩康伯注，（唐）孔颖达疏：《周易注疏》之《周易兼义》卷七，（清）嘉庆二十年南昌府学重刊宋本《十三经注疏》本。

数，所以大衍之数减天地之数五也。[1]

刘牧将天地之数分为两个系列，一为"极数"，一为"用数"。所谓"极数"就是本来十个自然数相加的总和，而"用数"就是揲蓍时实际使用的数，这样说来，"大衍之数"也就是"天地之数"的一部分。之所以虚"天五"，是因为作为"四象"之数的"六七八九"已经包含了"天五"。古人揲蓍尚占，故而通过"四象"来展示，演卦之时蕴藏"天五"在其中而不显。这个说法颇得传统易学象数之大义，今采之于此，方便诸位学者共同探讨。

关于"筮占"问题，《周易·系辞上》还有更进一步的阐述：

《乾》之策二百一十有六，《坤》之策百四十有四，凡三百有六十，当期之日。二篇之策，万有一千五百二十，当万物之数也。是故四营而成《易》，十有八变而成卦，八卦而小成，引而伸之，触类而长之，天下之能事毕矣。[2]

文中言及揲蓍时乾坤两卦策数。乾卦之策二百一十六，坤卦之策一百四十四，其数字乃由卦爻所决定。揲蓍时有动爻与不动爻之分，又有阴阳之别。得其七者不动，是为少阳；得其九者动，是为老阳；得其八者不动，是为少阴；得其六者动，是为老阴。乾卦纯阳，每爻标示为"九"，乘以四营之数，则为三十六；再乘以六爻数，则为二百一十六。坤卦纯阴，每爻标示为"六"，乘以四营之数，则为二十四；再乘以六爻数，则为一百四十四。将二百一十六加上一百四十四，恰好是三百六十，与一年三百六十天的数字相等，所以说"当期之日"。

"二篇之策"说的是《周易》上下篇，共有六十四卦，三百八十四爻，阴爻与阳爻各占一半。将阳爻一百九十二与老阳策数三十六相乘，共有六千九百一十二策；将阴爻一百九十二与老阴策数二十四相乘，共有四千六百零八策。阴阳两策之

---

[1] （宋）刘牧：《易数钩隐图》卷上，（清）《通志堂经解》本。
[2] （三国）王弼注，（晋）韩康伯注，（唐）孔颖达疏：《周易注疏》之《周易兼义》卷七，（清）嘉庆二十年南昌府学重刊宋本《十三经注疏》本。

数相加，共计一万一千五百二十策，这就是万物的象征，所以说"当万物之数也"。

"十有八变而成卦"，是说每爻揲蓍，经过了三变，六爻共计十八变；至于"八卦而小成"是指九变而成三画卦，也就是表征"天、地、雷、风、水、火、山、泽"的八个经卦，这是演卦的初步，所以称作"小成"；以此为基础，再予以推演，就有了六十四卦，宇宙万事万物都囊括其中，所以说"引而伸之，触类而长之，天下之能事毕矣"。

从《周易·系辞上》的记载里，我们可以发现：揲蓍占卜初看起来虽然有其随机性，但背后却遵循着天文的数理，反映了事物发展的某种轨迹，故而能够流传久远。后来，随着社会的变迁，揲蓍之法度也发生演变，从而有了许多占卜变体，诸如以钱代蓍、丰南禺占法、灵棋课法等等，大大丰富了占卜的样式。

（三）梦占

"梦占"也称作"占梦"，就是借助梦象预测来事、解决困惑的一种占卜方法。"梦占"由来很早，在殷商甲骨卜辞里，梦卜的记录不少，由此可见古人对梦是很关注的。此外，在《诗经》《左传》《国语》等先秦古籍里，也可以看到各种梦象预测的资料。秦汉以来，这方面的资料更多，尤其是《太平广记》里，更有大量的梦故事或占梦的记载。

上古时期设有"占梦官"。例如《周礼·春官·宗伯》称："占梦，中士二人，史二人，徒四人。"[1] 关于占梦官的职责，《周礼》接着说：

> 掌其岁时，观天地之会，辨阴阳之气。以日月星辰占六梦之吉凶……季冬聘王梦，献吉梦于王，王拜而受之；乃舍萌于四方，以赠恶梦，遂令始傩殴疫。[2]

---

[1] （汉）郑玄注，（唐）贾公彦疏：《周礼注疏》卷十七，（清）嘉庆二十年南昌府学重刊宋本《十三经注疏》本。

[2] （汉）郑玄注，（唐）贾公彦疏：《周礼注疏》卷二十五，（清）嘉庆二十年南昌府学重刊宋本《十三经注疏》本。

所谓"岁时"就是一年的季节时辰,具体说来便是年、月、日、时。这就好像一般术数家为人进行"四柱推命"一样,要先了解一下被算命的人的出生时间,然后以干支排出"八字"。有了这个时间,就能具体地进行推算,以解说其"征兆"寓意。

"观天地之会"就是了解做梦时辰所对应的空间位置。在中国古代,因为有了"干支"的计算和五行(木、火、土、金、水)的配合,表示时间的"干支"可以充当空间方位转换的媒介。甲乙合木表示东方,丙丁合火表示南方,壬癸合水表示北方。另外,中国古代还运用子、丑、寅、卯、辰、巳、午、未、申、酉、戌、亥这十二地支来表示地球环绕太阳公转的轨道平面与天球相交的大圆——"黄道"的等分,又在黄道附近选择了十二个星座来观测日月运行的具体位置。这样,做梦的时间就可以同"天地之会"相对应。"天"就是天象,具体说就是"黄道十二宫"星象;"地",就是地上的分野。在周代,就是指周王朝和各诸侯国的地理位置。可见,占梦家在进行占卜时乃是将做梦的时间和梦象化成星象,然后才判别其"应验"之类的。在这里,梦通过占梦家的术数推演而使象征意义获得转换。

"辨阴阳之气"就是根据四季时令来考虑征兆所具有的"预示"意义。贾公彦在《周礼注疏》卷二十五对"辨阴阳之气"一语进行疏通时说:"假令春之三月木王;水生木,水休;木胜土,土死;木王火相,王所生者相,相所胜者囚,火生金,春三月金囚。以此类推之,火王、金王、水王,义可知,观此建厌所在,辨阴阳之气以知吉凶也。"[1]由此可以看出,当时令者旺,由当时令者所生则为相,生其当时令者休,克当时令者囚,为当时令者所克的死。这就是占梦时所谓"辨阴阳之气"一环所应注意的"要诀"。

对于古代占梦官来说,最为关键的一环是"以日月星辰占六梦之吉凶"[2]。文中的"六梦"指的是正梦、噩梦、思梦、寤梦、喜梦、惧梦。再具体一点说,正

---

1 (汉)郑玄注,(唐)贾公彦疏:《周礼注疏》卷二十五,(清)嘉庆二十年南昌府学重刊宋本《十三经注疏》本。
2 (汉)郑玄注,(唐)贾公彦疏:《周礼注疏》卷十七,(清)嘉庆二十年南昌府学重刊宋本《十三经注疏》本。

梦就是无所感动的平安梦;噩梦就是惊愕恐慌之恶梦;思梦就是因罹过度而导致的一种有所谋虑的梦;寤梦就是白日中非睡眠状态下的梦;喜梦就是未睡时心有所悦,诱导之而形成的一种欢快之梦;惧梦就是因恐惧而引起的一种惊怖梦。以"日月星辰"来占这六种梦便是要在弄清岁时和天地之会、阴阳之气的前提下,对日月星辰的迹象做进一步的探测,把数的推演再同有形可观察到的形象特征结合起来分析。比如说,太阳升起来的时候,它周围的辉光是什么样子?是明是暗?是强是弱?太阳辉光照射之下的云彩呈什么形状?诸如此类问题,都必须做仔细的分析判断。

既然占梦官是为朝廷所设,其基本工作就是为帝王释梦,判断梦的吉凶。就时令来说,"季冬"是关键时刻,"季冬聘王梦"[1]就是在冬季最后一个月聘王咨询做梦的情况。"聘"就是"问"。通过询问,判断梦的吉凶意涵,而后将"吉梦"献给王者,王者施以拜礼,非常恭敬地接受吉梦,之所以施行拜礼,是因为古人认为这种梦乃是天赐予,必须行大礼以表达尊崇上天的态度;至于恶梦,则以"赠"的方式处理,这里所谓"赠"就是把恶梦送走。"赠"的本字是"曾",在甲骨文里,"曾"作" ",像蒸气从竹圈垫上冒出来,其本义表示把食物在竹圈垫上蒸熟,后来的金文在垫圈下加了一个"口"字,像一个锅的样子,更加形象地表征处理食物的技术与程序。经过"曾"这个过程,原先的物品就由生变熟。篆书将"曾"字加上"贝",一方面保持了对物品处理的意涵,另一方面则引发出将钱币等东西送出门的意义。《周礼》这里的"赠"是从古义上使用的,也就是要像蒸煮食物那样把噩梦处理掉。

在"赠"的时候先要"舍萌于四方"。按照宋代王昭禹《周礼详解》卷二十二的解释,此举就是用菜来祭祀四方之神,然后再由方相氏以"殴打"的方式来驱赶恶魔,力图彻底去除噩梦的根源。《周礼》记载:方相氏是司马管辖之下的一个官职,最高官阶为下大夫,其职能就是驱除疫疠之鬼。在古人心目中,"噩梦"也是厉鬼作祟的结果,所以由方相氏把它驱除。方相氏驱除"噩梦"的具体办法就

---

[1] (汉)郑玄注,(唐)贾公彦疏:《周礼注疏》卷二十五,(清)嘉庆二十年南昌府学重刊宋本《十三经注疏》本。

是"傩"。作为一种传统的法术祭礼,"傩"在上古时期曾经很流行,百家经典文献多言及"傩"的方式。在驱除"疫疠之鬼"的时候,方相氏要戴上面具。《周礼·夏官·方相氏》称方相氏"掌蒙熊皮,黄金四目,玄衣朱裳,执戈扬盾,帅百隶,而时难,以索室欧疫"[1]。注曰:"以惊欧疫疠之鬼。"[2]由此看来,方相氏在实施"傩"的法术时蒙上了熊皮,脸部画上四个眼睛,穿着黑色上衣,红色裤子,手里拿着戈与盾,类似于战场上的进攻、防卫,率领着一群士卒,手舞足蹈,样子很恐惧,驱除噩梦的方式大体也一样。

除了以日月星辰来占察王梦、通过方相氏来驱除噩梦,古代占梦还利用其他诸多方式来预测来事,其中运用卦象解梦,是古籍记载较多的一种。查《四库全书》,这方面的资料很多,这里仅取《三国志》的一例略做分析。该书卷二十八记载:

> 初,艾当伐蜀,梦坐山上,而有流水。以问殄虏护军爰邵。邵曰:按《易》卦,山上有水曰蹇。《蹇》繇曰:蹇:利西南,不利东北。孔子曰:蹇,利西南,往有功也,不利东北,其道穷也。往必克蜀,殆不还乎?艾怃然不乐。[3]

这段引文中的"艾"是指邓艾,义阳棘阳人,说话口吃,但有大志,曾在魏国里任尚书郎等职。《三国志》卷二十八所载上述一段话的意思是说:邓艾攻伐蜀国时,梦见自己坐在山上而有流水。他把梦事告诉护军爰邵。爰邵用《周易》的道理进行解释,指出山上有水,这是"蹇"卦之象。"蹇"卦辞说:蹇,象征行走艰难,利于走西南平地,不利于走东北山麓。孔子说:蹇,利于走向西南平地,前往济蹇就能建立功业;不利于走向东北山麓,如果向东北必然是路困途穷。向西南进军,必能攻克蜀国,恐怕回不来吧?邓艾郁忧不欢乐。

爰邵对《周易》的引用是"意引",而不是严格的引征。他所指的"孔子曰"

---

[1] (汉)郑玄注,(唐)贾公彦疏:《周礼注疏》卷三十一,(清)嘉庆二十年南昌府学重刊宋本《十三经注疏》本。
[2] 同上。
[3] (晋)陈寿:《三国志》卷二十八《魏书二十八》,百衲本景宋绍熙刊本。

之中的话出自《周易》"蹇"卦《象传》，但与原文有出入。关于这一点，我们不做过多的考证。在此，我们所关心的是爰邵怎样运用《易》卦之象来解释梦象的。爰邵之所以把邓艾的梦象转换成"蹇"卦，是因为蹇之卦象，下卦艮（☶），上卦坎（☵）。按照《说卦传》的解释，艮为山的象征，坎为水的象征。邓艾梦坐山上，这就被转换成艮；山上有流水，这又被转换成坎，将坎叠于艮之上，成上坎下艮之象，便成为"蹇"卦。爰邵劝邓艾向蜀地进军，为什么又说邓回不来呢？因为按照"蹇"卦辞，利西南行，行必有功，而返回的方向正是东北（魏在北面），穷困而入于死地，所以爰邵预言邓艾回不来了。据《三国志》的记载，邓艾攻蜀后，死于绵竹，其结局与爰邵的预言相合。历史学家描述了邓艾之死状后复追溯爰邵的占梦言辞，不无"命定论"的用意，读者自可窥见其秘密所在，于此无须多说。作为一个深通事故的人，爰邵为邓艾占梦，当已掌握了不少背景性的材料，所以才能脱口而出，对梦象预兆做出迅速判断。不过，他如此熟练地把梦象转换成卦象，却也表明了他是精于卦象释梦的。

占梦与易筮占、甲骨卜是古代占卜的主要方式。在长期社会发展过程中，占卜形式也不断延伸，产生许多变体，其目的无他，归结起来，就是为了解疑去惑，对来事的趋向做出判断，以便采取必要的措施。

二、占卜预测的平安理趣

对于古老的"占卜"预测方式，该做何评价，站在不同立场将会有不同的看法。有人也许不屑一顾，甚至嗤之以鼻，判为迷信、愚昧，希望它尽快消失；但如果看看实际的社会生活，就会发现，占卜方式依然顽强地存在着，尽管有的公开，有的秘密，在形式上也有许多变通，但基本思路却是一样的。可见，社会对占卜的需求并没有消失，或许永远不会消失。笔者这样说并非提倡大家都去占卜，而是描述一个基本事实：占卜其实也是社会文化的一种表现形态、一个组成部分。正如饮茶、吃饭一样，占卜也是社会生活需要的产物，寄托着人们的某种精神追求。

占卜对于人们的平安生活有积极意义吗？这个问题涉及多方面内容，但归结起来，可以从占卜程序、占卜体用及其思维方式两个维度来解读。

（一）从占卜要诀看平安

占卜是有程序的，展露其程序，可以发现实施过程的某些要诀；对其要诀再进行透视，就可以明了蕴含其中的平安理趣。关于这一点，《尚书·洪范》的一段话很值得揣摩，其中说：

> 稽疑择建，立卜筮人，乃命卜筮。[1]

文中的"稽"，从禾，像树木曲头止住不向上长的样子，其本义是"停留"，引申为"囤积""延迟""考核"等等，这里的意义是"考核"，而"疑"就是疑问。"稽疑"即对生活中发生的疑问进行稽考、审察、解答，"择"就是选择用以占卜的人选和材料工具，"建"意味着建立占卜的程序、制度。"立卜筮人"说的是确定了卜筮的专业人才；"乃命卜筮"就是下达指令，开展占卜活动。

为了解疑释惑，先民们是怎样选择占卜人选与材料的呢？在这个问题上，有什么标准呢？对此，宋代经学家时澜在《增修东莱书说》卷十七解释说：

> 圣人占卜，假蓍龟以寓其神。蓍龟者，至公无私之物，必择卜筮之人，其至公无私，与之无间，然后可以通乎蓍龟。唯能如此，然后乃命卜筮。[2]

这段话的大致意思是讲：古代圣人进行占卜，借助蓍草、灵龟来观察宇宙间的神秘事物。蓍草、灵龟是天然存在的灵性之品，没有私心杂念；进行龟卜与占筮，必须选择至公无私的人。这样，人的精神意识与灵龟、蓍草亲密无间，才能感通灵龟、蓍草。唯有如此，才可以进行龟卜占筮活动。

时澜论述的核心在于"至公无私"四个字，这可以说是占卜的第一要诀。"至公无私"既是对工具选择的要求，也是对占卜人选的要求，其本旨就是排除先入

---

[1] （汉）孔安国传，（唐）孔颖达疏：《尚书注疏》卷十二，（清）嘉庆二十年南昌府学重刊宋本《十三经注疏》本。

[2] （宋）吕祖谦撰，（宋）时澜修订：《增修东莱书说》卷十七，（清）《文渊阁四库全书》本。

为主的偏见。就材料工具而言，这是避免人为造假；就人选而言，就是剔除一己私念，以达到公正评判的目的。

"至公无私"的平安意涵何在呢？这个问题可以从两个角度来认识。首先，从占卜自身来看，这可以形成恒定的评判标准，产生可以把握的方向。依据其方向，可以避免决策的犹疑不决，而果断、明确的决策，有利于安定人心，集聚一切可能的资源用以实现目标，在客观上有助于实现社会平安。其次，从人格修养的角度来讲，"至公无私"是保障个人平安与社会平安的基本品质。尽管时澜的论述是针对占卜说的，但从文化学的整体上看，却有延伸意义。一个人在办事的时候如果能够"至公无私"，就可以避免或较少失误，从而心安理得。对于自我而言，心安理得不仅是防止自我伤害的精神机制，而且是尽其"天年"的需要。如果大家在办事时候能够"至公无私"，就可以避免争端，整个社会运转就能够进入有序状态，因此有助于平安社会的形成和维护。

古人占卜不仅在工具与人选上注重"至公无私"，而且有一套仪式。《史记·日者列传》道：

> 且夫卜筮者，扫除设坐，正其冠带，然后乃言事，此有礼也。言而鬼神或以飨，忠臣以事其上，孝子以养其亲，慈父以畜其子，此有德者也。[1]

《史记》这段话陈述了占卜仪式的套路，包括三个基本环节：其一是"扫除设坐"，也就是打扫环境，营造一种干净安宁的氛围，再设立卜筮的平台；其二，"正其冠带"，这指的是穿着，占卜之人有特殊的装束，一定要穿戴齐整才可以行事；其三是"言事"，也就是陈述占卜的事项，再根据龟甲纹理、卦爻之象分析问题。

为什么要"扫除设坐，正其冠带"呢？其关键所在是"有礼"，这是实施占卜程序的第二要诀。查甲骨文，"礼"作 ，像"豆"形器皿里装满玉串，表示通过献玉的隆重仪式，虔诚礼敬神灵。后来，金文加上"示"字旁，强调祭拜时

---

[1] （汉）司马迁：《史记》卷一百二十七，（清）乾隆武英殿刻本。

的天人沟通，这是因为"示"字上两横代表"天"，下面三垂表示日、月、星，有"天垂象，见吉凶"的意涵。

如何理解占卜仪式所谓"有礼"的平安意义呢？从宏观上看，这与社会整理礼仪精神相一致，有助于社会平和安顺。《子夏易传》卷二在解释"豫"卦时称：

> 礼，平天下之志，以修诸内也。故合其钟、鼓、竽、瑟、管、磬之声，而与众共乐也。礼者，重本崇德而敬其上也。故禘郊宗祖，皆崇有德，而配之上帝天神焉，以与众同敬，而节诸外也。故作乐崇德，殷荐上帝，合礼乐之化，设内外之教，而天下顺也。[1]

照《子夏易传》看来，礼有两大功能，即"修诸内"与"节诸外"。所谓"修诸内"就是进行内在的精神修养，而"节诸外"就是节制外在的行为举止。"修诸内"的核心是"平天下之志"，此处讲的"平"，其本义是没有倾斜，引申之则为安定、安静；"志"表示心之所系，即内心追求的目标。"平志"有两层含义：一是让志向平正而没有歪斜，二是让平正的志向保持稳定而不走板。从根本上说，心志乃是行为举止的动力，如果心志平正，行为举止就不会错乱，既然不会错乱，就能够维持平安状态；再说，心志安和稳定，就有持之以恒的精神力量，事情就能够成功，这是平安意涵的进一步延伸。推而广之，由个人之平志扩展到整个社会都平志，人人有了良好的精神状态，目标一致却又能够发挥每个人的积极作用，彼此没有冲突，社会当然就平安了。与"修诸内"相照应的是"节诸外"，这实际上是"平志"的效果检测，当发现行为举止有所偏斜的时候就加以纠正，这可以说是平安目标的一种保障机制。具体的措施就是通过"钟、鼓、竽、瑟、管、磬之声"来滋润人心，从而"与众共乐"而"天下顺"。所谓"乐"既是声律的和合，也是情绪快乐，而"顺"字，按《说文解字》的解释，即"理"，也就是使事物得到梳理而有序，既然井然有序，也就谐调平安了。考究起来，《史记·日者列

---

[1] （春秋战国）卜商：《子夏易传》卷二，（清）《通志堂经解》本。

传》关于占卜仪式的"有礼"与通常所谓"礼"在基本精神上是一致的,所以具备了平安理趣,这是不言而喻的。

关于"礼"的内涵,《子夏易传》特别强调"敬",并且由此延展出"诚",敬与诚连,谓之"诚敬",这是占卜程序的第三要诀。该书卷二在解释"观"卦时说:

> 敬,其礼之本欤?宗庙,其敬之大欤?盥,其祭之首欤?取诸洁敬者也。礼也者,物得其履,而不谬也。措之天下,无所不行,本于其敬也;敬,发乎情者也;尽则诚信,诚积中而容作于外,施于人,而人顺也。[1]

这段话连续用了三个反问句,旨在强调居敬与诚信的重要性。作者问:居敬,这难道不是礼的根本吗?宗庙,难道不是居敬的最大表现吗?盥洗,难道不是祭祀典礼最为重要的环节吗?其答案是肯定的。按照作者的看法,居敬乃是礼节的根本所在,宗庙就是表达敬意的最大法象,而盥洗则是祭典斋戒的首要程序,这一切落实到点子上,就是内外清洁而有敬意。由此可见,"礼"是有法则的,"物得其履"就是"礼"的根本法则。"履"字,金文写作"🐾",乃是"足"加上"页"字,"足"表征行走,"页"本是头部的象形,表征经过思考而采取行动,可以负责任,"足"与"页"合,表征顺着明确的方向进行。在《周易》中,第十卦就是"履"。其卦辞说:"履虎尾,不咥人,亨。"[2]这里的"履"就是行进,整句的意思是讲,小心地行走在老虎尾巴的后面,而老虎却不吃人,因此亨通而安详。为什么这样呢?原来,《周易》中的"履"卦,下兑(☱)上乾(☰),兑为泽、为柔;乾为天、为刚。以柔履刚,刚柔相应,所以有惊无险,亨通平安。基于文字古义与《周易》的"履"卦精神,《子夏易传》认为,"物得其履",就可以"不谬",即不会发生错误,因为"物得其履"就是遵循自然法则。将这种符合自然法则的礼推行于天下,则可以畅通无阻。这是因为礼制的核心精神是"敬",而

---

[1] (春秋战国)卜商:《子夏易传》卷二,(清)《通志堂经解》本。
[2] (三国)王弼注,(晋)韩康伯注,(唐)孔颖达疏:《周易注疏》之《周易兼义》上经需传卷二,(清)嘉庆二十年南昌府学重刊宋本《十三经注疏》本。

144

"敬"缘起于天所赋予的自然性情,当自然性情得以充分发挥,就一定恪守诚信,内心充满诚信,就会在外表上体现出来,以此来对待他人,就能够人我和顺。《子夏易传》所说的虽然是"盟"礼时的一种内心情感、一种精神状态,但延伸开来则表达了诚敬对于维护和睦平安社会的重要意义。

回转头再考察一下占卜程序,我们可以看到,居敬诚信,这也是占卜过程所应该把握的基本要求。对此,宋代洪迈《容斋随笔》卷六说:

> 古者龟为卜,筴为筮,皆兴神物,以前民用,其用之至严,其奉之至敬,其求之至悉,其应之至精。斋戒乃请问,不相袭,故史祝所言,其验若答。周史筮陈敬仲,知其八世之后,莫之与京,将必代齐。有国史苏,占晋伯姬之嫁,而及于为嬴败,姬惠怀之乱,至邃至赜,通于神明。后世浸以不然,今而愈甚,至以饮食、猥杂之际,呼日者隅坐使之占卜,往往不加冠裳,一问四五,而责其术之不信,岂有是理哉?善乎!班孟坚之论曰:君子将有为也,将有行也,问焉而以言,其受命也如响。及至衰世,懈于斋戒,而屡烦卜筮,神明不应,故筮渎不告,《易》以为忌,龟厌不告。《诗》以为刺,谓《周易》之"蒙"卦曰:初筮告,再三渎,渎则不告。《诗·小旻之章》云:"我龟既厌,不我告犹。"言卜问烦数,狎嫚于龟,龟灵厌之,不告以道也。汉世尚尔,况在于今?未尝顷刻尽敬,而一归咎于淫巫瞽史,其可乎哉?[1]

洪迈首先指出上古先民把"占卜"当作十分神圣的事情,通过"严""奉""求""应"四个角度阐发"占卜"的过程,其中"至敬"二字尤为切要。古人是如何以"至敬"的态度来占卜的呢?这体现在"斋戒"的问题上。所谓"斋戒"乃是古人在宗教典礼上的一种虔诚而庄重的礼仪。"斋"是洁净身心的法度,在祭神前沐浴更衣,不饮酒、不吃荤;而"戒"就是警戒,其具体措施就是在祭祀前禁止娱乐活动,尤其是不能进行两性的房事生活。由此可以看出,上古先民在祭祀前的斋戒是很严格的。在洪迈看来,"斋戒"的神圣礼仪也是占卜过程所必需的,唯有居

---

[1] (宋)洪迈:《容斋随笔》卷六,(清)修明崇祯马元调刻本。

敬，才能达到"其验若答"的效果。为了证明这一点，他以"周史筮陈敬仲"与"国史苏占晋伯姬之嫁"为例进行论证。接下来，洪迈批评后世把占卜庸俗化的情形，再引述《诗经》以及《周易》之"蒙"卦关于占筮的基本规则，旨在说明居敬诚信的重要性。

就平安生活角度看，"居敬诚信"的意义何在呢？概括起来，主要有两点：其一，就占卜本身来说，通过斋戒，整肃自我，这可以去除浮躁的心理，使占卜者宁心静气，从而有利于分析问题，提高占卜的准确性，从根本上说，这当然有助于平安生活，因为有了居敬心理，分析问题就会聚精会神，不至于走板，发生大的失误；其二，从引申意义而言，人的生活具有广阔的领域，当"居敬诚信"的态度从占卜过程延展开来时，对于社会平安生活就更加有利了，因为社会是一种关系，一个人能够怀着"居敬"的态度来处理各种复杂关系，以礼神的方式来尊重他人，就能更好地沟通，使彼此具有信任感，就可以减少矛盾、冲突、斗争，这无疑有助于社会和谐，因此也就对平安生活有独到的裨益。

（二）从占卜的体用看平安

"体用"是中国古代经学一对使用颇广的范畴。所谓"体"一般是指事物的本根或内在本质、本原，而"用"则指事物的外在表现、功能、作用。"体"有时候又称作"本"，而"用"又称作"功""德"等等。

"体"与"用"分说，由来甚早。例如《周易·系辞下》称："阴阳合德，而刚柔有体。"[1]《系辞上》谓："显诸仁，藏诸用。"[2]在《荀子》一书中不仅分别使用"体"与"用"的概念，而且将之并举，其《富国》篇说："万物同宇而异体，无宜而有用。"查《四库全书》，共有2549卷文献使用了"体用"概念，先后出现4599次，尤其是曾经作为占卜理论指导的易学更是频繁使用"体用"，足见该范畴在中国文化史中的特殊地位。

---

1 （三国）王弼注，（晋）韩康伯注，（唐）孔颖达疏：《周易注疏》之《周易兼义》卷八，（清）嘉庆二十年南昌府学重刊宋本《十三经注疏》本。

2 （三国）王弼注，（晋）韩康伯注，（唐）孔颖达疏：《周易注疏》之《周易兼义》卷七，（清）嘉庆二十年南昌府学重刊宋本《十三经注疏》本。

从大量的论述来看，中国古代所谓"体"与"用"具有相对意义。例如宋代易学家朱震《汉上易传》卷一称：

> 圣人既重卦矣，又有卦变何也？曰：因体以明用也。易无非用，用无非变。以乾坤为体，则以八卦为用；以八卦为体，则以六十四卦为用；以六十四卦为体，则以卦变为用；以卦变为体，则以爻爻相变为用。体用相资，其变无穷，而乾坤不变。变者，易也；不变者，易之祖也。所谓天下之动，贞夫一也。故曰：刚柔相推，变在其中矣。[1]

文中所谓"重卦"指的是八卦两两相重而成六十四卦，"卦变"指的是因"爻"之变而引起卦象变化。"因体以明用"指的是依凭卦体而明了大《易》不断生发出来的功用。在朱震看来，《周易》的侧重点就在于"用"，而"用"说到底就是由其"变化"而产生的具体作用。接着，朱震解释了乾坤、八卦、六十四卦、卦变、爻变的关系，阐述了它们之间"体用"地位的变化。对于八卦来说，乾坤是"体"，而八卦则是"用"；对于六十四卦来说，八卦是"体"，而六十四卦则是"用"；对于卦变来说，六十四卦是"体"，而卦变则是"用"；对于爻变来说，卦变是"体"，而爻变则是"用"。基于这样的逻辑，朱震提出了"体用相资，其变无穷，而乾坤不变"的看法，说明了"变"与"不变"的关系。照朱震的思路，《周易》是讲变化的，但"变"是以"不变"为宗祖的，这个宗祖就是"贞一"。所谓"贞"，甲骨文作"🀀"，其上端像占卜用的神杖，而下端则像祭祀用的鼎器。合起来表示在鼎器上摇动神杖，以卜问神明。卜问的目的是要释疑去惑，寻求未来的行进路向。由此，"贞"的卜问本义引申出"正"与"定"的新义。《周易》"乾"卦辞："乾，元亨利贞。"向来，古人在注释这一条卦辞时大多将"贞"字解为"正"，例如魏王弼注、唐陆德明音义、孔颖达疏的《周易正义》卷一即称："贞，正也。言此卦之德，有纯阳之性，自然能以阳气始生万物，而得元通，能使

---

[1] （宋）朱震：《汉上易传》卷一，（民国）《四部丛刊续编》景宋刻本配汲古阁景宋钞本。

物性和谐，各有其利，又能使物坚固贞正。"根据这样的解释，则"贞一"就可以理解为"正一"。而"一"又是什么呢？王弼《周易注》卷十透露了其中的奥秘，该书的《乾传第一》谓：

> 天下之动，动则不能自制；制其动者，贞正之一者也。老子曰：王侯得一，以为天下贞。然则，一为君体，君体合道。动是众，众由一制也。制众归一，故静为躁君，安为动主。[1]

这段话的意思是讲：天下事物，凡是运动着的，不能自我控制；唯有"贞正之一"才能控制运动着的事物。这个"一"与老子《道德经》"得一"之"一"相通。老子说：王侯如果得到"一"就能够使天下安定。从数理符号象征的角度看，"一"就是君主赖以行事的"体"，君主有"体"可遵循，就能够合于大道。由于运动而产生众物，因此可以说运动即代表众物，或者说运动就是众物，众物为什么运动？这不能从自身寻找根源，而应该从"一"那里获得解释，这个"一"制约着众物的运动，它可以引导众物归于"一"，这叫作"归根"，而"归根"就是静，因此"静"是躁动之物的本体，安宁则是运动的宗祖。照此看来，万物归"一"就是归于静，这个静乃是"道体"的特性，因此，"归一"可以理解为复归于道体的静定本性，这个"静"与"安"是相通的，所以说"静为躁君，安为动主"。回归到占卜的话题上来，则所谓"贞正之一"便意味着占卜乃是以正道为体。从某种意义上看，占卜也是认识道体正定的一种方法，一种过程。通过占卜体验，明了天下万物归根正定，也就是认识其大安的理趣。

有体必有用，因体而生用。在占卜过程中，不仅要明"体"，更要领悟其"用"。就占卜的操作来讲，所谓"用"除了预测未来，很重要的一点就是进行精神教化，以达到"恐惧修省"与"明理"的目的，这都有利于平安生活。

关于"恐惧修省"，本出于《周易》"震"卦之《象》。其辞曰："洊雷，震，

---

[1] （三国）王弼注，（晋）韩康伯注：《周易》卷十《周易上经·乾传第一》，（民国）《四部丛刊》景宋本。

君子以恐惧修省。"所谓"洊"是"再度"的意思,"洊雷"就是再一次震响的雷。照《象》的说法,听到再一次震响的雷声,作为君子就会认真地反省自己的行为。这一点在筮占中是予以贯彻的。孔颖达《周易注疏》卷九解释说:

> "君子以恐惧修省"者,君子恒自战战兢兢,不敢懈惰。今见天之怒,畏雷之威,弥自修身,省察已过,故曰"君子以恐惧修省"也。[1]

在孔颖达看来,君子本来就应该小心谨慎,对于工作事业应非常认真,丝毫都不能懒惰懈怠。筮到"震"卦,见了卦爻辞,就得联想老天发怒,即将惩罚的后果,因此必须畏惧雷威,好好地修身养性,检讨自己的过错。孔颖达这种解释很好地表达了《易经》设辞占卦的意图。

实际上,不仅"震"卦有这样的意图,其他众卦都是如此。例如占得"复"卦,其《象》谓:"雷在地中,复,先王以至日闭关,商旅不行,后不省方。"[2]此处的"雷"是"震"卦,"地"是"坤"卦,而"雷在地中"意味着"震"卦居于"坤"卦之下,这就是"复"卦的卦象。先王占筮,遇到"复"卦要闭关,商贾旅客不出门远行,君主也不巡视四方。为什么要"闭关"呢?《象》进一步说:"不远复,以修身也。"所谓"修身",就是在知道有不善的时候,尽快地改过从善。再如筮得"讼"卦,其《象》曰:"天与水违行,讼,君子以作事谋始。"[3]所谓"天与水违行"是就卦象关系说的,按"讼"卦之象,下坎上乾,坎为水,乾为天。孔颖达《周易正义》称:"天道西转,水流东注,是天与水相违而行。相违而行,象人彼此两相乖戾,故致讼也。凡讼之所起,必刚健在先以为讼。"[4]意思是

---

[1] (三国)王弼注,(晋)韩康伯注,(唐)孔颖达疏:《周易注疏》之《周易兼义》下经夬传卷五,(清)嘉庆二十年南昌府学重刊宋本《十三经注疏》本。

[2] (三国)王弼注,(晋)韩康伯注,(唐)孔颖达疏:《周易注疏》之《周易兼义》上经随传卷三,(清)嘉庆二十年南昌府学重刊宋本《十三经注疏》本。

[3] (三国)王弼注,(晋)韩康伯注,(唐)孔颖达疏:《周易注疏》之《周易兼义》上经需传卷二,(清)嘉庆二十年南昌府学重刊宋本《十三经注疏》本。

[4] (三国)王弼注,(唐)陆德明音义,(唐)孔颖达疏:《周易注疏》卷二,(清)《文渊阁四库全书》本。

讲，天往西转，而水往东流，彼此相违背，象征着人间的纷争诉讼。面对这样的卦象，君子该如何处置呢？《象》以"谋始"作为告诫，也就是追考事件发生的起因，从根源上来解决问题，包括宣明规章制度、责任所在等等，做到纪律分明，奖赏合理，如此措施，纠纷就可以避免，社会也就平安了。

如果我们再检索更早的一些资料，就会发现，劝诫以修省，这在甲骨占卜中已经有所贯彻了。《尚书·高宗肜日》说：

> 西伯既戡，黎祖伊恐，奔告于王。曰：天子！天既讫我殷命，格人元龟，罔敢知吉？非先王不相我后人，唯王淫戏用自绝，故天弃我。[1]

文中的"西伯"指周文王；"黎"是国名；"祖伊"是殷朝的贤臣。"王"指的是殷商的纣王。整段话的意思是：时有黎国无道，西伯侯出兵征讨，获得胜利。殷朝的忠臣祖伊看到周朝有德，气势兴旺，日益强大，而殷之纣王作恶多端，势必进入危险状态，甚至亡国。他担心文王打败了黎国之后，紧接着就会讨伐殷朝。于是，从自己管辖的领地来到殷商王朝京都，劝导纣王。一见面，祖伊以尊重的口气称呼纣王为"天子"，然后严肃地说：国家命运，决定于天。今天，我仰观上天，知道上天要断绝我殷朝的命脉了！自古以来，国家兴旺，都是有先兆的，这样的先兆，一般人是看不出来的，唯有至诚的人和至灵的龟才能前知。现在，天下有识之至人，以及元龟占卜，都显示凶祸一定会到来。这不是先王不想保佑我们这些殷商的后人，而是大王您被色相迷惑，淫乱无度造成的，所以上天抛弃我殷朝啊！

祖伊的劝告言辞非常严厉，其中特别提到"元龟"，说明其言辞是由龟卜兆象延伸开来的。尽管殷商王朝最后无法改变灭亡的命运，但祖伊的劝导却很有警示意义。从字里行间，我们不难看出祖伊希望自己服务的殷商王朝保有天命、平安无事的心念。这从一个侧面印证：占卜劝诫人恐惧修省，蕴含着平安的现实需要。

---

[1] （宋）陈经：《尚书详解》卷十九，（清）《武英殿聚珍版丛书》本。

第五章　平安之道与预测延伸

作为中国古代的预测方式，占卜的技术形式多种多样。除了前章论述的龟卜与筮占，"太乙""六壬"与"奇门遁甲"也具有占卜功能。在传统分类中，"太乙""六壬"与"奇门遁甲"均入术数类。古人将它们称为"三式"，当作高级的预测技术，其操作程序虽然不同，却又都基于易学的八卦原理。因此，本章将它们放在同一系列来考察。

第一节　太乙神数与治国安邦

"太乙神数"系以"太乙"为旨归的预测法式。向来古人将太乙神数当作治国安邦的高级术数学，认为它是"天命之术"，也就是能够窥测天赋神数的大学问，影响颇大。当今社会，一些进行"太乙神数"操作的人也多有赞语。这个问题，大众自有公论，笔者不拟深究。本节，笔者将侧重从文化学角度来探讨蕴含于太乙法式之中的平安旨趣。

一、太乙神数的由来与原理

"太乙"这个名称在中国古代具有多重意涵，或为人名，或为神称，或为经络穴位名称，或为药方名称等。在术数学领域，"太乙"指的是"太乙神数"。所谓"神数"即神算之数，也就是通过一番神奇推演来预测事态发展情况与最终结局的法术。

"太乙",也作"太一""泰一"等。《楚辞》中有《东皇太一》章,宋洪兴祖撰《楚辞补注》卷二谓:"太一星名,天之尊神。祠在楚东,以配东帝,故云东皇。"[1] 这说明,"东皇"是对"太一"的尊称,因为祭祀的神祠在楚国东方,所以称作"东皇"。汉代以前,太一神的地位很高。《史记》卷二十八《封禅书》称:"亳人谬忌奏祠太一方,曰天神贵者太一,太一佐曰五帝,古者天子以春秋祭太一东南郊,用太牢,七日为坛,开八通之鬼道。于是,天子令太祝立其祠,长安东南郊,常奉祠如忌方。"[2] 这段描述表明,"太一"乃是高于"五方帝"之上的神明,天子每年于春秋时节两祭"太一",祭祀的地点是东南郊;祭祀用的是"太牢",系最高规格;祭祀的期限是七天,特点是开了"八通鬼道",也就是在八个方位开通鬼魂能够出入的门道。显而易见,这样的祭祀法度充满了宗教神秘气氛,而其符号象征意义颇为深远。其中尤其值得注意的是"长安东南郊"的说法,不论客观效果如何,这几个字反映了古代先民寻求社会环境平安的愿望。了解这一层意思,对于我们揭开太乙神数的平安旨趣很重要,因为"太一"既然是"太乙"的另一种表达方式,那么"太乙神数"的整个理论体系必定有信仰精神蕴含其中,而信仰是某种愿景最稳定的表达,它通过具有特定意义的符号象征为人们提供了安身立命的方向,这一点我们从《太乙金镜式经》中就可以得到佐证。该书之《序》称:"太乙,天帝之神也,下司九宫,中建皇极。"[3] 照《序》的说法,"太乙"就是天帝。其中所讲的"司"是掌管的意思,"下司九宫"就是管辖着九大空间方位。古人将天地空间划分为九个区块,即八方加上中央,成为"九宫"。实际上,"九宫"代表着全宇宙的空间,因此,"下司九宫"可以理解为管辖了宇宙的全体。之所以用一个"下"字,是因为天帝高高在上,祂居高临下,这就更加凸显了"太乙"天帝的崇高地位。至于"中建皇极"是说于中间建立了统摄一切的根本准则。"皇极"一词最早见于《尚书·洪范》:"次五曰建用皇极。"《尚书注疏》卷十二

---

[1] (汉)王逸章句,(宋)洪兴祖补注:《楚辞》卷二《九歌章句第二·离骚》,(民国)《四部丛刊》景明翻宋本。
[2] (汉)司马迁:《史记》卷二十八,(清)乾隆武英殿刻本。
[3] (清)董诰辑:《全唐文》卷三百九十八,(清)嘉庆内府刻本。

称："皇，大；极，中也。凡立事，当用大中之道。"[1]宋代经学家胡瑗的《洪范口义》卷上谓："言圣人之治天下，建立万事，当用大中之道。所谓道者何哉？即无偏、无党、无反、无侧，无有作好，遵王之道；无有作恶，遵王之路是也。"[2]从这些解释可知，作为根本准则的"皇极"也就是大中至正之道。"太乙神数"也是基于"中道"准则建立起来的。

关于"太乙神数"的来历，《太乙金镜式经·序》有一段话叙及：

> 黄帝以惠迪吉，而为五帝之圣；大禹戒从逆凶，而衍九畴之文；炎汉高祖受命，张良秘金刀之录；吴主争权，刘惇演炎旌之祥。[3]

其意思是讲：黄帝灵慧，遵循道法，故而成为五方帝的神圣首领，能够统御全局；夏朝开国君主大禹恪守戒规，因此能够逢凶化吉，推演"洪范九畴"的妙文；鼎盛的汉高祖刘邦秉承天命，张良获得"兴刘"的符箓秘法；三国时期，吴国孙权争夺霸权，刘惇推演了勃兴的祥瑞轨迹。

《太乙金镜式经》的序言虽然没有明确指出"太乙神数"肇始于黄帝时期，但字里行间却蕴含着这样的意思，因为序言是在追溯太乙神数的来历时说的。这样的观点在其他比较流行的太乙类文献里讲得比较明确，例如《太乙统宗宝鉴序》即称：

> 昔黄帝战蚩尤于涿鹿之野，天作大雾以霭昼昏。风后相地，造指南车晓之，盖取诸太乙之法也，传袭至今，上下三千余年。[4]

此序作者自称"晓山老人"，序文作于元大德七年（1303年），距离当今

---

[1] （汉）孔安国传，（唐）孔颖达疏：《尚书注疏》卷十二，（清）嘉庆二十年南昌府学重刊宋本《十三经注疏》本。
[2] （宋）胡瑗：《洪范口义》卷上，（清）《文渊阁四库全书》本。
[3] （清）董诰辑：《全唐文》卷三百九十八，（清）嘉庆内府刻本。
[4] （清）陆心源：《皕宋楼藏书志》卷五十一子部，（清）光绪万卷楼藏本。

（2014年）凡711年，因此有"三千余年"之说。按晓山老人的说法，指南车是依照太乙之法建造的，那么黄帝时期太乙之法应该已经形成。

以往学界对于此类冠名黄帝的知识产权往往加以否认，以为完全不可能，仅仅是虚构而已。问题在于众多古籍都言及太乙之学起源于黄帝时期，我们在还没有充分证据的时候，如果轻易否定或者肯定，恐怕都是不合适的。

笔者以为，作为一种术数学，太乙神数的具体推演法度很可能在黄帝之后，但相关的原理应该在黄帝时期已经奠定，经过比较长时间的发展而逐步完善起来。最迟在汉代，太乙神数的推演模式已经建立，并且广为应用。考《史记》卷一百二十七《日者列传》谓：

> 孝武帝时，聚会占家问之，某日可取妇乎？五行家曰可，堪舆家曰不可，建除家曰不吉，丛辰家曰大凶，历家曰小凶，天人家曰小吉，太乙家曰大吉。辩讼不决，以状闻。制曰：避诸死忌，以五行为主。[1]

这段话的意思是：汉武帝时，占卜术士汇聚在一起，讨论某一天是否可以娶媳妇。"五行家"说可以，"堪舆家"说不可以，根据天象占测人事吉凶祸福的"建除家"说日子不吉利，以阴阳五行配合岁、月、日、时解释人事的"丛辰家"说该日大凶，历法家说该日小凶，推演天人关系的"天人家"说该日小吉，而"太乙家"则说该日大吉。彼此辩论不休，事情传到皇帝那里。皇帝发布旨令说：避免遇上死亡的忌讳，以五行的理论为主来定夺。在《史记》上述记载中，"太乙家"是当时占卜家行列中重要的一种，说明"太乙法度"已经作为占卜类型在生活中应用着。

1977年，在安徽阜阳县双古堆出土了西汉汝阴侯墓的"太乙九宫占盘"。该占盘的"九宫"名称及各宫节气日数与《黄帝灵枢》中的《九宫八风篇》的说法完全一致。该式的小圆盘过圆心处划了四条等分线，在每条等分线两端刻有"一

---

[1] （汉）司马迁：《史记》卷一百二十七，（清）乾隆武英殿刻本。

君"对"九百姓","二"对"八","三相"对"七将","四"对"八",这与易学的"洛书"布局相吻合,且与《易纬·乾凿度》关于"九上一下,三左七右,以二射八,以四射六"的"洛书"结构描述一致。这项考古发现为《史记》的说法提供了实物的佐证。

汉代以后,太乙神数作为一种重要的预测法式,在术数界具有很高地位。查《四库全书》,有2899卷文献史料涉及"太乙",先后出现5000多次,足见这是一个特别重要的术语。又查《中国图书宗录》,于"子部·杂占"之属,录有《太乙经》一卷,载于宛委山堂本《说郛》中,又见录《太乙金镜式经》十卷,入《四库全书》"子部·术数"类以及《四库全书珍本初集》"子部·术数"类。《四库全书总目提要》尚录有《太乙统宗宝鉴》;《正统道藏》收有《黄帝太乙八门入式诀》《黄帝太一八门入式秘诀》《黄帝太一八门逆顺生死诀》;另有《古今图书集成》之"博物汇编·艺术典"收有《太乙淘金歌》注释类文献一部。这些文献为我们弄清"太乙神数"的基本原理提供了基本依据。

二、太乙神数的平安意旨

太乙神数推演蕴含什么平安精神呢?这是一个比较复杂的问题。以下,笔者拟从三个方面来考察和发掘。

(一)太乙名称的平安象征

有关"太乙"名称问题,我们在上文虽已涉及,却尚未深入考察。如果从文字学入手来看"太乙",我们就能够发现蕴含其中的平安意蕴。在金文里,"太"作"𠀓",于"大"字之下添一横,表示极大、超大。至于"乙"字,甲骨文的写法像一条弯曲的绳子,表示可以将某物捆绑,使之不摇动散开,具有固定安稳的意思。"乙"与"一"谐音,两者意义可通,表示混沌之初的整体存在。许慎《说文解字》称:"唯初太始,道立于一,造分天地,化成万物。"[1]这样说来,"一"乃

---

1 (汉)许慎:《说文解字》卷一上,(清)《文渊阁四库全书》本。

具有宇宙发端的蕴含。"太"与"乙"连，表示超大的客体存在。当"太乙"与神联系，成为"神"的名称时，就意味着超大之神。既然如此，那么这个"神"就是地位极高、不可战胜，由祂来保护天下，也就平安了。先民们之所以用"太乙"来称呼天地间之大神，其思想大抵如此。

"太乙"名称的这种平安意蕴，我们从一个自然现象里还可得到佐证。顾栋高撰《毛诗类释》记载："鹊作巢取在木杪枝，不取堕地者，故一名乾鹊。《淮南子》云：鹊巢向太乙，背太岁。先儒以为鹊巢居而知风。每岁多风，则去乔木，巢旁枝，故能高而不危。"[1] 这样说来，连鹊鸟筑巢都考虑朝着"太乙"方，说明追求平安乃是动物界的本能。

（二）太乙行九宫的平安时空

太乙神数的平安意蕴不仅寄托于其名称里，而且贯注于基本结构模式中。就结构模式而言，"太乙神数"大抵本于易学的"洛书"法式。关于"洛书"的缘起问题，《周易·系辞上》曾有一句话简单涉及，谓"河出图，洛出书，圣人则之"[2]。照此看来，圣人作《易经》乃是本于河图、洛书，但河图、洛书是什么样子，秦汉至隋唐间的儒生已经不甚了了，好在曾经被当作经学异端的纬书里有一些描述，《易纬·乾凿度》卷上谓：

> 易一阴一阳，合而为十五之谓道。阳变七之九，阴变八之六，亦合于十五。则象变之数，若一阳动而进，变七之九，象其气之息也；阴动而退，变八之六，象其气之消也。故太一取其数，以行九宫，四正四维，皆合于十五。[3]

《易纬·乾凿度》所讲的内容大意是：《周易》的卦爻符号以一阴一阳来统括。

---

1 （清）顾栋高：《毛诗类释》卷十六《释鸟》，（清）《文渊阁四库全书》本。
2 （三国）王弼注，（晋）韩康伯注，（唐）孔颖达疏：《周易注疏》之《周易兼义》卷七，（清）嘉庆二十年南昌府学重刊宋本《十三经注疏》本。
3 （汉）郑玄注：《易纬·乾凿度》卷上，（清）《武英殿聚珍版丛书》本。

其数有九，分列四方、四维，纵横相对，每两个一组，加上中央之五，都是十五，这就是道。少阳之数为七，少阴之数为八；老阳之数为九，老阴之数为六；阳变，则由七进到九，阴变，则由八退到六。七与八相加为十五；九与六相加也是十五。从卦爻之象来看，一阳发动而前进，在数上的表现就是由七进到九，象征气的增长；一阴发动而退，在数上的表现就是由八退到六，象征气的衰退。所以，太乙遵循这种自然象数法度，行进于九宫，无论是四正方向，还是四偏方向，其对应的数字合起来一定是十五。

《易纬·乾凿度》所描述的实际上就是易学的后天八卦方位。有学者将后天八卦方位总结为：戴九履一，左三右七，二四为肩，六八为足，五居中宫，并且配上八卦，即一宫坎卦，二宫坤卦，三宫震卦，四宫巽卦，五数居中，六宫为乾卦，七宫为兑卦，八宫为艮卦。这个后天八卦方位成为中国文化传统中的一个常用的空间结构模式，流传广泛。不过，唐宋以来流行的太乙术数却没有照搬传统的后天八卦方位，而是将其所临之宫的数字做了四十五度调整，于是方位还是后天卦，而数字却发生变化。具体相配见如下图表：

巽九	离二	坤七
震四	五	兑六
艮三	坎八	乾一

按照这样的配合，其数字纵横相加，依然都是十五。"太乙神数"大抵以此为结构模式，进行推演。

从平安之道的角度来看太乙神数的结构模式，我们会发现：以洛书为根基的术数推演，是以对应与圆满来考虑决策的。西北之乾一与东南之巽九对应，合而为十，是一种圆满；西南之坤七与东北之艮三对应，合而为十，又是一种圆满；

再看正西兑六与正东震四、正北坎八与正南离二，其合依然是十；八方对应之数与中五汇，皆为十五，正如月亮运转的晦朔弦望，到了"望月"的时候，这就是大圆满。以十五为圆满，正是平安愿望的最大寄托。

倘若我们再深入考察其"阴阳遁局"的推演，就更加能够看出其平安的考虑。所谓"遁"本指形态的迁移。阳遁指事物从有形向无形的转化过程；阴遁指事物从无形向有形的转化过程。太乙术数的时辰推算，依照九宫八卦原理，推算年月日时的迁移。年、月、日用阳遁；时则采用阴遁、阳遁，冬至后用阳遁局，夏至后用阴遁局。阴遁第一局太乙始于九宫，逆行九宫，不入中宫。阳遁第一局太乙始于一宫，顺行九宫，不入中宫。为什么不入"中宫"呢？刘养鲲于《太乙淘金歌详解》一书中总括说：

> 夫太乙者，水位也。遇土即止，故避而不入中五也。河图之数，五十有五，而太乙之数去五，止用五十也，错综而成八宫。盖上驾天一生水，而地六（成之），故为乾也。下驾地二生火，而天七（成之），故为兑也。左驾天三生木，而地八（成之），故为艮也。右驾地四生金，而天九（成之），故为离也。故一宫为乾，在西北。二宫为离，居正南。三宫为艮，居东北。四宫为卯，居正东。五宫居中，太乙不入。六宫为酉，正西。七宫为坤，居西南。八宫为子，居正北。九宫为巽，居东南。并八间神，申、戌、亥、丑、寅、辰、巳、未，共十六神，所以统天地之气，测天地之候也。[1]

从这段论述可知：太乙行进之所以"不入中宫"，是遵循五行生克理论而安排的。就五行来说，木火金水列于四方，土居中宫，而太乙属于水，中宫之土可以克水，因此太乙不入中宫。再从河洛数理来看，天地之数五十五，分布于五方。其中，五居于中央，与土相配，这个"五"实际上也代表"土"，太乙天神虽然能量巨大，但却无法超越，所以不入中宫。这种思考无疑是相当深邃的，体现了先

---

[1]（清）陈梦雷：《钦定古今图书集成博物汇编艺术典》卷六百八十七，北京：中华书局，1934年影印本，第477册。

民们追求平衡、避免内部各种因素相互冲杀的追求。从今天的立场看，这就是防止内耗，说到底也是为了平安。

（三）太乙神数文献论平安

事实上，有关太乙的经典文献在行文里也不时使用"安""安平"之类的术语。例如《太乙金镜式经》卷八阐述"九州分野"时有"六安入女六度""乐安入危四度""安定入营室十一度""安平入毕十四度"等等。在这些描述里，"六安""乐安""安定""安平"都是地名，而"女""危""营室""毕"都是二十八星宿名称或者代称。古地名多有"安"字，说明先民们本来就希望自己所居处的地方平安吉利。太乙神数推演，注重空间与二十八星宿的对应，是一种传统的空间定位技术，这种定位技术虽然与当今的 GPS 的空间定位不能相提并论，但其本质是一样的，都是为了确立处所位置，方便行动，避免危险，具有平安的基本功能。

我们再看古人推太乙所在的法式，就能更加清楚地发现先民们对平安问题的高度重视。《太乙金镜式经》卷二在阐述太乙之神三年轮值一宫的时候说：

> 第一年治天，齐日月星辰，使七曜无差，其度以明，天道所临之分，承天道而行，则获治天之考。第二年治地，调四气八风，能使风雨不愆其候，以明地道所临之分，无兴土木之功役人民妨稼穑，则获治地之考。第三年治民，使君臣、父子、长幼无失其序，以明人道所临之分，进忠良，察狱讼，恤孤寡，则获治人之考。古太乙考治天下，若无道之国，失礼之君，恃干戈，恣侵伐，则兵灾、水旱、饥馑、流亡，以行其罚；若守道安民，戢兵禁暴，则五纬不愆，度四民，无失业。故经云：太乙所临之国，有道则昌，无道则殃。[1]

这段话从天、地、人三个层面分别论述太乙神数如何围绕治理问题进行测算的问题。

---

[1]（唐）王希明：《太乙金镜式经》卷二，（清）《文渊阁四库全书》本。

第一年的目标是治理"天",也就是人们赖以生存的天体环境,其中所谓"齐"可以理解为有秩序,"齐日月星辰"就是让日月星辰有秩序;"七曜"指的是日月五星,即太阳、月亮以及木火土金水五颗重要的星宿,"七曜无差"就是使日月与五星遵循轨道运行而没有异常;"其度以明"就是日月星辰的运行度数可以从太乙神数的测算中明显地体现出来;"天道"指的是二十八星宿的运行轨道,而"天道所临之分"指的是二十八星宿照临的地面空间,"承天道而行"指的是所有对应于二十八星宿的地面空间区域都能够按照天体秩序,该寒冷就寒冷,该天热就天热;如此一来,就"获治天之考",所谓"考"与"老"相通,表示长久,意思是使得天的治理功效能够久远不差。

第二年的目标是治地,也就是人们赖以生存的地面环境。所谓"调"就是调理和顺,"四气"就是春夏秋冬四季,"八风"指的是八个重要节气的"风"。据《易纬·通卦验》所述,立春条风至,春分明庶风至,立夏清明风至,夏至景风至,立秋凉风至,秋分阊阖风至,立冬不周风至,冬至广莫风至。在《太乙金镜式经》看来,治地有两大原则:一是保证地面每个区域的气候正常,不出现风雨不调的情况;二是统治者不可以大兴土木、给民众派劳役、妨碍农业耕作。只有避免这样的不正当行为,治理的功效才能久远。

第三年的目标是治民,这里"治民"应该理解为治理老百姓赖以生存的社会环境。具体措施就是检查"君臣、父子、长幼"的伦理秩序,做到君像个君,臣像个臣,父像个父,子像个子,其言行举止都符合自己的身份位置;对于忠良之人应该让他们能够晋升,成为国家栋梁;此外,还应该监察狱讼的情况,不要积压冤情;孤寡之人也要得到抚恤。做到这些,社会就能够长治久安。

最后,《太乙金镜式经》总结说,古代太乙神数考察治理天下的情况之后发现:如果遇上无道的国家,君主也不讲究礼仪,仗恃暴力,得不到就动干戈,随意地发动战争,那么兵灾、水旱、饥馑、流亡之类灾难就会降临,来惩罚他们;如果君主恪守大道,安定百姓,收敛乃至不用兵,禁止暴虐行为,则金木水火土五星的运转就不会延期,士农工商四民就不会失业。因此,古代的经典这样说:太乙之神照临的国度,凡是遵守大道的,就会兴旺,凡是没有遵守大道的,就会遭殃。

以上引用的《太乙金镜式经》言辞，一方面分别论述治理天地人三界的内容、法度，另一方面则概要地阐发恪守大道的重要意义。尽管行文并没有使用"平安"的字眼，但每一层次的论述都是围绕平安理想而展开的，体现了"太乙神数"推算预测的基本立场。

第二节　奇门遁甲与和合天机

"奇门遁甲"是以"遁"为基本思路的一种预测术，向来也很受推崇。许多小说都将奇门遁甲说得很神奇。例如《三国演义》第六十八回描述曹操问金丹派传人左慈会什么法术，左慈答："我常年在峨眉山修行，忽然有雷震碎石壁，露出'天书三卷'，为《遁甲天书》，分《天遁》《地遁》《人遁》三卷。"接着，左慈还介绍《遁甲天书》的功用："天遁能腾云跨风，飞升太虚；地遁能穿山透石。人遁能云游四海，藏形变身，飞剑掷刀，取人首级。"这虽然是小说家言，但却反映了古人心目中对奇门遁甲功用的一种特别期待。

从奇门遁甲的体系里可以发现平安理念吗？让我们先考察一下其缘起与基本原理，而后再做分析。

一、奇门遁甲原理、缘起与流传

"遁"字本义表示以盾牌掩护身体逃跑，引申之，则意味着将某物隐藏起来，使人看不见；而"甲"字最初表示种子萌芽后所戴的种壳，也表示东方孟阳之气的萌动，而后成为十天干之首。"遁"与"甲"连称，构成"遁甲"合成词，表征将"甲"隐遁起来。"甲"为什么要隐遁呢？作为诸天干之首，甲虽然至为尊贵，但在五行上属于"木"，逢庚辛"金"，会有冲克，需要特别保护，所以用遁法，使之隐而不显。正如大将军一样，"甲"可以在隐蔽处发号施令，达到克敌制胜的目的。从这个角度来说，"遁甲"已经蕴含着"平安"的思路，因为"甲"既然是首领，为了防止凶险，将其隐遁，这不仅是对首领的保护，也是对集团整体的保护。

至于"奇门"之"奇"指的是十天干中的乙、丙、丁。古人认为，日生于乙，而月明于丙，丁为南极、为星精，所以称乙、丙、丁为"三奇"，奇门即指乙、丙、丁而言。乙、丙、丁之后的几个天干戊、己、庚、辛、壬、癸称作"六仪"，推演时常使"三奇"隐于"六仪"之下，而成特殊的时空格局。

在基本原理上，奇门遁甲有三点与传统易学有关。首先是太极与三才之道。易学以"阴阳"未分之际为"太极"，以天地人为"三才"，探索天地人的道理就是所谓"三才之道"。后人将"三才"的关系图式化，造作了对应的符号结构模式。遁甲之学以"太极"为其本根，以三才为用，效法其符号结构模式，以成天地人的相互呼应。从其外观看，作为占测之用的同轴圆盘有四个，即上中下三层，再加上居于"山顶"的神盘。这个山顶盘正像易学中的"太极"居于最高处，故称之为"顶"。山顶盘以下的三层再分上中下。上层象天，列九星，即天蓬、天任、天冲、天辅、天英、天禽、天芮、天柱、天心；中层象人，开八门，即伤门、生门、杜门、景门、死门、休门、惊门、开门；下层象地，列八卦，即坎、离、震、兑、乾、坤、艮、巽。八卦九宫有一定的排列规则。九宫天蓬与休门、坎卦相对，这叫作"三才定位"。

其次是虚数之法。易学卜筮之道，本有虚数之法。《系辞上》谓"大衍之数五十，其用四十有九"[1]。这就是所谓的"虚一之法"。后来，扬雄撰《太玄经》，继承并且发展了虚一之法，从而立"虚三之法"。按《太玄经》占筮之策依天地之理，设十八策，合则为三十六策，以地虚三，故只用三十三策。遁甲之学将"虚一"与"虚三"统一起来，谓甲为诸阳首，虚而不用。甲之下有三天干乙、丙、丁，合日、月、星为三奇。既然属于"奇物"，当然就应该"虚"之而不可乱用。三奇之后为六仪，戊、己、庚、辛、壬、癸，分阴分阳，顺逆相推，六甲周流而隐。所谓"六甲"指的是甲子、甲戌、甲申、甲午、甲辰、甲寅。《遁甲演义》卷三《奇遁布局法》称：甲子"常同"六戊；甲戌常同六己；甲申常同六庚；甲午常同六辛；甲辰常同六壬；甲寅常同六癸。甲虽不用，而六甲为天乙之贵神，常

---

[1] （汉）郑玄撰，（宋）王应麟辑：《周易郑注·系辞上第七》，（清）《湖海楼丛书》本。

隐于六仪之下为直符，其发用实在此，故谓之遁。"此大衍虚一，《太玄》虚三之义也。"[1]《奇遁布局法》所谓"同"当训为"通"，即卦位契合而通。如甲子在四宫巽卦，那么，六戊周流所在也是四宫，如此往复，顺逆相推，然甲常隐于六仪之下，这就是"遁"的根本用意所在。

复次，河洛之数。正如前所论述的太乙神数一样，奇门遁甲的推演也遵循河洛法度。康熙《御定星历考原》卷二在陈述遁甲原理的时候说："先须掌上排九宫，纵横十五在其中。须将八卦轮八节，一气统三为正宗。"[2]这里的"九宫"以及"纵横十五"就是易学的九宫八卦格局。此外，宋代经学家朱震撰《汉上易传》卷下《卦图》述曰："遁甲九宫八门，得《易》之河图者也。"[3]接着，他又指出："且如河图、洛书，见于《系辞》，而河图四十五、洛书五十五之数，传于异人，安得以为圣人之旨无有哉？"[4]这句话明确点出了河图、洛书数。对照一下刘牧与朱熹等人所载河图、洛书，可以看出，朱震所讲的河图与刘牧《易数钩隐图》中的河图一致，均为四十五点；而与陈抟、朱熹所讲的河图不一致。有趣的是，刘牧的河图是四十五点，洛书是五十五点；而朱熹《周易本义》卷首中的河图却是五十五点，洛书四十五点。由此可见，刘牧与朱熹所传承的河图、洛书，其本体其实一致，仅是名称相反而已。从这种状况看，我们就可以明白，朱震讲的遁甲得《易》之河图"实际上就是遵循大《易》河洛象数中的九宫八卦定位法度。

关于奇门遁甲的缘起，向来也追溯至黄帝。例如《秘藏通玄变化六阴洞微遁甲真经》卷上《遁甲神经出处序》说：

> 昔蚩尤作乱，黄帝频战不克。帝曰："闻伏羲治天下无兵。今蚩尤一庶人，生妖气，伐而无功，战而不克，吾之过矣。"忽目前五色云从空而下，云中有六玉女持书出。二童曰：奉九天玄女圣命，送遁甲符经三卷，告与伐之，

---

1 《四库术数类丛书》第8册，上海：上海古籍出版社，1991年版，第973页。
2 （清）官修：《星历考原》卷二《年神方位》，（清）《文渊阁四库全书》本。
3 （清）纳兰性德：《大易集义粹言》卷二十八，（清）《通志堂经解》本。
4 同上。

愿传此文。乃天地（之）祸福，是八卦之吉凶。辩（辨）风云之变动，识气候之成败，观日月之盛亏，论阴阳之顺逆，晓星辰之休咎，知人情之胜负。此术乃万变万化之法也。帝乃长跪而受之。[1]

又说：

遁甲者，乃玄女之法，帝得之而设坛造印剑令，依此战蚩尤于涿鹿之野。尔后厥胜，藏之金殿。[2]

序言作者指出：往古的时候，有个部落首领叫蚩尤，他不服从黄帝的统辖，兴兵作乱，黄帝多次派兵与蚩尤战斗，却不能攻克。黄帝说："我曾经听说伏羲治理天下没有什么军队。今天蚩尤仅仅是个平凡庶人而已，竟然生出妖氛之气来，我出兵讨伐不能见效，战斗却无法克敌制胜，这就是我的过错啊！"正思虑之间，忽然看见五色云彩从空中降下来。云中有六个玉女奉持神书闪现，两位金童说：奉九天玄女的神圣使命，送遁甲符经三卷，告诉尔等攻伐的办法，愿意将此经文的秘诀传授尔等。神经包含着天地祸福本原，也就是八卦吉凶的奥秘。掌握其秘诀，就能够辨别风云的变动，认识气候的成败，观察日月的盈亏，讨论阴阳的顺逆，明了星辰运转所暗示的休咎道理，知道人事情状的胜负法则。遁甲神术乃是宇宙之间万变万化的法宝。遁甲是九天玄女传授的秘法，黄帝得到这种秘法，就设立坛场，建造符印神剑密令。按照神经所讲授办法与蚩尤迎战于涿鹿的原野，尔后取得胜利，就把这部神经秘藏在金殿之中。

《秘藏通玄变化六阴洞微遁甲真经》有关"遁甲"由九天玄女传给黄帝的说法，在其他"遁甲"类文献里也可以找到。像《宋仁宗御制景祐遁甲符应经序》以及明代程道生《遁甲演义》都有类似描述。

---

[1] 《道藏》第18册，第588页。
[2] 同上。

第五章　平安之道与预测延伸

将奇门遁甲的发端推源于天仙，这当然是宗教性的表达，在此可以不用深究。考文献记载，至少我们可以看到，两汉时期就有奇门遁甲传授。例如《后汉书》在叙说易学源流时言及："有风角、遁甲、七政、元气、六日七分、逢占、日者、挺专、须臾、孤虚之术，及望云省气，推处祥妖，时亦有以效于事也。"[1]这段话明确指出了"遁甲"是当时流行的术数法度之一。《后汉书》在具体介绍方术人物时还多次言及"遁甲"，例如《高获传》说高获"素善天文，晓遁甲，能役使鬼神"[2]。《赵彦传》描述：在琅邪战役中，赵彦"推遁甲，教以时进兵，一战破贼，燔烧屯坞，徐、兖二州，一时平夷"[3]。这显示，东汉延熹间，奇门遁甲确已应用于实战中。东汉以降，史书不时叙及奇门遁甲。南北朝至隋唐，有关奇门遁甲的书大量产生。

《隋书》卷三十四《经籍志》录有《黄帝阴阳遁甲》六卷、《遁甲决》一卷、《遁甲文》一卷、《遁甲经要钞》一卷、《三元遁甲图》三卷、《遁甲九元九局立成法》一卷、《遁甲肘后立成囊中秘》一卷、《遁甲囊中经》一卷、《遁甲囊中经疏》一卷、《遁甲立成》六卷、《遁甲叙三元玉历立成》一卷、《遁甲立成》一卷、《遁甲立成法》一卷、《遁甲穴隐秘处经》一卷、《黄帝九元遁甲》一卷、《黄帝出军遁甲式法》一卷、《遁甲法》一卷、《遁甲术》一卷、《阳遁甲用局法》一卷、《杂遁甲钞》四卷、《三元遁甲上图》一卷、《三元遁甲图》三卷、《遁甲九宫八门图》一卷、《遁甲开山图》三卷、《遁甲返复图》一卷、《遁甲年录》一卷、《遁甲支手决》一卷、《遁甲肘后立成》一卷、《遁甲行日时》一卷、《遁甲孤虚记》一卷、《遁甲孤虚注》一卷等，凡55部。

《新唐书》卷五十九《艺文志》录有《遁甲开山图》一卷、《伍子胥遁甲文》一卷、《信都芳遁甲经》二卷、《葛洪三元遁甲图》三卷、《许昉三元遁甲》六卷、《杜仲三元遁甲》一卷、《荣氏遁甲开山图》二卷、《遁甲经》十卷、《遁甲囊中经》一卷、《遁甲推要》一卷、《遁甲秘要》一卷、《遁甲九星历》一卷、《遁甲万一诀》

---

[1]（南北朝）范晔：《后汉书》卷八十二上《方术列传第七十二上》，百衲本景宋绍熙刻本。
[2] 同上。
[3] 同上。

三卷、《三元遁甲立成图》二卷、《遁甲立成法》三卷、《遁甲九宫八门图》一卷、《遁甲三奇》三卷、《阳遁甲》九卷、《阴遁甲》九卷、《遁甲三元九甲立成》一卷等，凡24部。

《宋史》卷二百〇六《艺文志》录有《僧一行遁甲通明无惑十八钤局》一卷、《遁甲要用歌式》二卷、《阳遁天元局法》一卷、《阴阳遁甲经》三卷、《阴阳遁甲立成》一卷、《天一遁甲兵机要诀》二卷、《三元遁甲经》一卷、《遁甲符应经》三卷、《遁甲步小游太一诸将立成图》二卷、《胡万顷太一遁甲万胜时定主客立成诀》一卷、《一行遁甲十八局》一卷、《司马骧遁甲符宝万岁经图历》一卷、《冯继明遁甲元枢》二卷、《玄女遁甲秘诀》一卷、《天一遁甲图》一卷、《天一遁甲钤历》一卷、《天一遁甲阴局钤图》一卷、《遁甲搜元经》一卷、《遁甲阳局钤》一卷、《遁甲阴局钤》一卷、《遁甲玉女返闭局》一卷、《遁甲钤》一卷、《八门遁甲入式歌》一卷等，凡26部。

又考《元史》与《明史》，不见有《隋书·经籍志》《新唐书·艺文志》《宋史·艺文志》那样的大量遁甲书籍著录，唯《江南通志》卷一百九十二《艺文志》录有《遁甲文》一卷、《遁甲诀》一卷、《遁甲孤虚记》一卷、《遁甲要》一卷、《遁甲要用》四卷、《遁甲秘要》一卷、《遁甲反复图》一卷、《遁甲肘后立成囊中秘》一卷、《太乙遁甲赋》一卷、《遁甲全书》(不分卷)、《国朝奇门遁甲六壬纂要》等，凡11部。可以看出，元明以来，有关遁甲的著述逐渐减少，但无论如何，奇门遁甲作为一种传统术数学，在社会文化领域的影响依然很大。

二、奇门遁甲的平安路向

"遁甲"作为一种奇特的道教法术，在古代小说中时有反映。近日，笔者复读《水浒传》，发现该书第一百一十一回有段情节描绘了奇门遁甲的神功异能。书中写道：

计燕青、李逵、杨雄、石秀、乐和、孙寿鹤、何玄通、戴宗一干人等遭到官兵追捕，受了伤的戴宗在李逵背上叫道："不好了！官兵大队赶来，如何抵挡，请你们把俺弃下，赶紧回山罢！"李逵回答："你休如此说，待他赶近，索性大家上

第五章　平安之道与预测延伸

前杀个痛快。"众人回头看时，火光越近。戴宗说："众寡不敌，如何是好？"只听得孙寿鹤说道："列位休慌，待俺施个小术，且躲避一回再说。"戴宗说："师兄，可是五行遁甲之术，快请一试！"孙寿鹤向四边一望，只见前面有座林子，便教大家赶紧躲入林子，点一下人数，连自己恰是八人，便按八卦方位，令七人先行坐下。孙寿鹤口中念念有词，抓把土向外一撒，又咬破指尖，吸一口血望空喷去，喝声"疾！"自己也连忙坐下，吩咐大家不准开口，自然灵验。

孙道人施行的遁甲术结果如何呢？该书描写了这样的情节：计燕青、李逵等人依照孙道人的遁甲方位列阵排好，静谧无声。负责抓捕越狱逃犯的泰安州大将铁方梁带着一帮人马出城追赶，赶上五七里路，却不见"强人"一点踪迹。于是，他根据马军都头的情况报告，怀疑"强人"躲进树林里了，便催动人马，一路向前赶去，火光之下，大家仔细辨认，只见一片白茫茫地，似烟似雾，哪里有个林子。铁方梁说："这里一座好大的林子，怎的不见了？"兵士们也觉得十分奇怪："都是迷茫一白，不见一棵树影，敢是林子还在前面？"铁方梁引军再走，又赶了一里多路，依然不见什么，只得退回州城而去。

在官兵追赶的时候，躲藏在树林里的这八个人各按方位坐定，垂头闭目，不作一声。只听得一阵人喊马嘶，大队追兵已到，那些官军只在林子外讲话，却不进入林子里，闹了半晌，方才过去。一会儿，躲藏的人感觉追兵又折回来，声音嘈杂，分不清楚，又是闹了半晌，才一哄而走。大家静坐着，将近一个时辰，只听得孙寿鹤叫开口说："见今追兵已去，俺们可以走了。"于是大家起身，睁开眼来一看，曙色已露，村鸡乱唱，快天亮了。李逵叫道："闷死我也！都是这老道弄鬼，害我做了半天哑巴！"乐和惊异地说："孙道人，不信你有如此神通！"孙寿鹤回答："这般小术，何足为奇！今夜仗着天昏月黑，侥幸瞒过他们眼睛，若在白天，这遁法便不易施展。"燕青说："戴院长曾讲过，道人善能五行遁甲，我不相信，今日方知此话非虚。"说着，大家都到林子外面，东方已明。

以上情节绘声绘色，一方面陈述了追兵追赶却不见林子的情况，一方面叙说躲藏在林子里的人又如何感觉追兵未能进入林子的细节，旨在说明道人施行奇门遁甲的隐遁术是有效的。追兵来了，这些躲藏的人却可以轻易避开，显然是告诉

167

人们奇门遁甲可以化险为夷，转危为安。像这样的情节，在明清时期的章回体小说大量存在，显示了奇门遁甲实际上为小说家构思情节提供了重要思路。

小说家描述遁甲转危为安的根据在哪里呢？如果我们查考奇门遁甲的经典文献，就会发现其奇门遁甲的理论体系乃是以一种特殊的术数架构暗示平安精神。

（一）从立坛请神来看

在实施过程中，奇门遁甲兵术先要立坛请神。关于这一点，《秘藏通玄变化六阴洞微遁甲真经》卷上有这样的记载：置油面饼七个，欢喜团七个，净布七条，枣汤七盏，于二更时，星月朗明，向北斗下，置七位供养，烈火丰香。手执此经，稽首百拜。而后讲述设坛人乃是太上之子，久行清静，承受《太上玉女六阴洞微经》，今欲行持，愿垂盟鉴。接下来有一段祝愿文：

> 北极镇天真武灵应真君，今夜今时，愿垂降驾。臣有小事，百拜上奏御前。臣奉太上之劫，法箓行持。斩鬼祛邪，助国安家，求仙学道，给济孤贫。欲以《六阴洞微经》行持，驱使二三玉女，和平天地，制御邪魔。于理所为，欲从其愿。伏愿帝君衷鉴，加助威灵。敢仗高真，永居正位。安印之所，即是道场。[1]

这段祝文显示，奇门遁甲，立坛请神，乃是以"玄天上帝"为主神。这本身就包含了祈求平安的用意，因为"北极镇天真武灵应真君"即"玄武"，这两个字即象征去干戈而安宁的精神旨趣。"玄"的小篆写法"𤣥"，其下端像单绞的丝，上端像丝绞上的系带，表示做染丝用的丝结，其本义为赤黑色。后来假借为"元"，读如"袁"，此"袁"系"园"的本字，表示园子、家园。金文"园"字，外边一个阑珊围着衣领，这显然具有护卫生活居处地以确保安全的意义。再看

---

[1]（宋）刘罕传：《秘藏通玄变化六阴洞微遁甲真经》卷上，《道藏》第18册，第586页。

"武"字，甲骨文写作"⚊"，此字为上下结构，上为戈，下为脚，两个部分合起来表征带着武器出征作战。不言而喻，出征打仗是有很大风险的。不过，事情往往需要两面看。通过打仗，平息动乱，乃是为了平安生活。所以，后人便从抑制战争的角度来解释"武"字。许慎《说文解字》谓"止戈为武"，所谓"止戈"就是停止干戈相向，其目的即是要从战争走向和平。

就文字学方面看，无论是"玄"还是"武"，在深层次里都潜藏着先民渴求平安的愿望。尽管"玄武"的名称并非"玄"与"武"字义的简单相加，更不是一种意义的凑合，不过，先民那种追求平安的意识却以潜移默化的方式融进了汉代以来以"玄武"为符号象征的"玄天上帝"信仰体系中。关于这一点，我们从道教经典文献里可以找到不少佐证。

《太上说玄天大圣真武本传神咒妙经》卷三称，玄武出生时，取小名为"安"，长大后到武当山修道去了，整整四十年，方才成就道果。因为他修道有成，玉皇大帝诏封为太玄，镇于北方。因为北方又称壬癸之方，所以镇于北方也就是"居壬癸之方"。对于这个"居"字，陈伀集疏本《太上说玄天大圣真武本传神咒妙经》卷二解释说："居者，安处也。"所谓"安处"就是平安的居处。这一方面是说玄天上帝宁静地安处于壬癸之方，另一方面则意味着壬癸之方因有玄天上帝镇守而使人们能够安然处之。从这样的经典文化背景入手，我们再回过头看看《秘藏通玄变化六阴洞微遁甲真经》卷上所说的"永居正位"就不难明白祈祷平安的文化精神旨归了，而设立道场，实际上是以道场为符号，希望通过一系列的仪式，以请玄天上帝派遣天上玉女等神仙来"制御邪魔"，其目的就是求得平安。这种愿望不仅是为设坛者自身，也是为了他人，乃至整个国家、天地万物，祝愿文中的"助国安家""和平天地"，很明显表达了这种精神。

（二）从排局布盘来看

"奇门遁甲"的技术操作，实际上是排盘问题。遁甲排盘的目的在于把纷繁复杂的现象简化为可以描述和把握的符号系统，并且通过这种符号系统看清未来的发展趋势，避免潜在危险，采取最佳行动方案。这种思路在明代程道生《遁甲演义》卷三有明确的论述：

> 直符天乙之神，事急宜从此方而出，以击对冲。此急，则从神之谓也。
>
> 九天威捍之神，可以扬兵布阵，呐喊摇旗。孙子曰：善战者，动于九天之上。
>
> 九地坚牢之神，可以屯兵固守，保障城池。曰善守者，藏于九地之下。
>
> 玄武小盗之神，可以提防奸细，窥觇军情，若得奇门会合之方，不可以此为忌。
>
> 白虎凶恶之神，可以防备贼兵，偷营劫寨。若得奇门会合之方，不可以此为忌。
>
> 太阴阴佑之神，可以履符禁敌，闭城藏兵，人有急难，可从此方避之，免其祸患。
>
> 六合护卫之神，可以埋伏抵搪，提防不测，人有急事，宜于此方避之，免其害。
>
> 腾蛇虚诈之神，出此方者，多主精神恍惚，梦寐乖张。若得奇门会合之方，则不忌。[1]

这一段描述的是遁甲布局如何发挥"八神"特殊作用，以迎吉去凶。所言"值符"分日值符与时值符，也就是本旬值班的星宿，有些书上称它为"大值符"；再就是作为神盘八神之一的那个值符，有些书称之为"小值符"，以区别于值班星的"大值符"。一般而言，道家奇门遁甲的"值符"就是指八神中排在第一位的"神"。

"腾蛇"，即腾蛇，也就是能飞的"蛇"。《荀子·劝学》篇谓："腾蛇无足而飞，梧鼠五技而穷。"[2]《后汉书·张衡传》谓："玄武缩于壳中兮，腾蛇蜿而自纠。"[3]此等

---

1 （明）程道生：《遁甲演义》卷三，（清）《文渊阁四库全书》本。
2 （春秋战国）荀况撰，（唐）杨倞注：《荀子》卷一，（清）《抱经堂丛书》本。
3 （南北朝）范晔：《后汉书》卷五十九，百衲本景宋绍熙刻本。

描述说明：早在先秦至汉代，"腾蛇"已经为人们所关注。它的实际情况如何，今不得而知，但它在传说中确实很神秘，因此进入奇门遁甲的八神系统中。

"太阴"与"太阳"相对，常指月亮。唐人杨炯《盂兰盆赋》曰："太阴望兮圆魄皎，阊阖开兮凉风裊。"[1]清人龚自珍的《叙嘉定七生》谓："抱秋树之晨华，指太阴以宵盟。"[2]杨炯与龚自珍之文都以"太阴"暗指月亮。当然，"太阴"更多的是指极盛的阴气。如董仲舒的《春秋繁露·官制象天》云："是故春者，少阳之选也；夏者，太阳之选也；秋者，少阴之选也；冬者，太阴之选也。"[3]为什么冬为太阴之选？是因为冬天阴气盛。在古代的时空模式里，冬天又与北方相对应，于是"太阴"成为北方神的称呼。

"六合"原指上下与四方，其后则泛指天下或宇宙。例如《山海经·海内南经》称"地之所载，六合之间，四海之内"[4]，而汉代思想家贾谊的《过秦论》则有"履至尊而制六合"[5]之说。此外，"六合"也用以指称季节的偶合。如《淮南子·时则训》许慎之注称："孟春与孟秋为合，仲春与仲秋为合，季春与季秋为合，孟夏与孟冬为合，仲夏与仲冬为合，季夏与季冬为合。"[6]一年四季，每季三个月，共有十二个月，以六为节，春秋冬夏，两两对应，阴阳相济，故为"合"。此外，生肖、干支等，也因为有阴阳之别而可以找到和合之类别，所以也存在"六合"。

"白虎"本是自然界的一种凶猛动物，《山海经·西次四经》中称孟山以及鸟鼠同穴之山多白虎，晋代葛洪的《西京杂记》描述了秦末有白虎现于东海，一位叫作黄公的人被白虎所害，足见白虎在中国古代不少地方出没。由于其勇猛和颜色的关系，白虎很早的时候就成为二十八星宿的西方七宿的总代表。

与"白虎"一样，"玄武"也有动物原形。《楚辞·远游》谓："召玄武而奔

---

[1] （唐）欧阳询：《艺文类聚》卷四《岁时部中》，（清）《文渊阁四库全书》本。
[2] （清）龚自珍：《定庵全集》续集卷四，（清）光绪二十三年万本书堂刻本。
[3] （汉）董仲舒：《春秋繁露》卷七，（清）《武英殿聚珍版丛书》本。
[4] （晋）郭璞：《山海经传》海外南经第六，（民国）《四部丛刊》景明成化本。
[5] （汉）班固：《汉书》卷三十一《陈胜项籍列传第一》，（清）乾隆武英殿刻本。
[6] （汉）刘安撰，（汉）许慎注：《淮南鸿烈解》卷一，（民国）《四部丛刊》景钞北宋本。

属。"[1]所谓"奔属"是"跟随"的意思,整句话连起来说,召唤玄武前来,让它跟随在后面飞奔。这里的"玄武"是什么呢?楚辞学专家洪兴祖在《楚辞补注》里说,玄武,人称龟蛇,"位在北方故曰玄,身有鳞甲故曰武"[2]。这种说法大量见载于古代典籍,可见玄武作为"龟蛇合形"是古人所公认的。在二十八星宿系统里,玄武代表北方,因此也被尊为北方之神、水神、生殖之神等等,后来人格化为真武大帝。[3]

"九地"本指地的最深处。南朝梁人江淹《遂古篇》云:"九地之下,如有天兮。"[4]宋代文天祥《呈小村》诗云:"雷潜九地声元在,月暗千山魄再明。"[5]清人蒲松龄的《聊斋志异·龙飞相公》云:"但深在九地,安望重睹天日乎!"[6]在古人看来,地有九重,最深的一重就称作"九地"。由于深不可测,人们想象其最深处有神明掌管,于是"九地"便又成为地神的名称。

"九天"与九地对应,本指天的最高处。古人认为天有九重。《孙子兵法》《楚辞》以及《淮南子》等大量古书都使用了"九天"的名称。按照汉代扬雄《太玄经》的说法,所谓"九重天",分别为一为中天,二为羡天,三为从天,四为更天,五为睟天,六为廓天,七为减天,八为沉天,九为成天。此外,《吕氏春秋》记载了九重天的其他名称,谓中央曰钧天,东方曰苍天,东北曰变天,北方曰玄天,西北曰幽天,西方曰颢天,西南曰朱天,南方曰炎天,东南曰阳天。如果进一步查考文献,还会发现有关九天的诸多称谓,简直令人眼花缭乱。

从以上稽考不难看出,奇门遁甲布局中的"神盘"具有广泛的文化来源。初看起来,似乎是一种"拼盘";然而应该看到,经过历代奇门遁甲专家的整合,上述名称实际上已经成为宇宙八种力量元素的代号。换一句话来说,它们是一套符号化的代码,当这些符号代码与干支方位相对应的时候,就显示出宇宙能量的对比、事物之间错综复杂的关系。排兵布阵,注意的是看清冲杀,明白有利时机,

---

1 (汉)王逸章句,(宋)洪兴祖补注:《楚辞》卷五《远游章句第五》,(民国)《四部丛刊》景明翻宋本。
2 同上。
3 关于"玄武"的来龙去脉,此前已论及,这里从略。
4 (南北朝)江淹撰,(明)胡之骥注:《江文通集注》卷五,(明)万历二十六年刻本。
5 (宋)文天祥:《文山先生全集》卷十三《别集》,(民国)《四部丛刊》景明本。
6 (清)蒲松龄:《聊斋志异》卷十,(清)铸雪斋钞本。

掌握主动，化解被动，克敌制胜。不论其客观效果如何，我们从上面引文里可以看出作者追求平安、逢凶化吉的用意。

如果进一步检索，我们还可以发现，遁甲类著作有关排局布盘的论述，多使用"安"字。这一点在程道生《遁甲演义》里就能够找到许多证据，例如卷一中的"建国安邦""民安物泰"，卷二中的"立寨安营"，卷三中的"安抚边境""入宅安坟"等，体现了先民们追求平安的"时空观"。

第三节　六壬课法与阳气培补

"六壬"作为中国古代另一种奇特的预测术数，与太乙、奇门遁甲一样，被列为"三式"之一，具有很大的影响，历来推演者多。向来有所谓"大六壬"与"小六壬"的不同说法，"小六壬"是一种比较简明的报时起课法，即以"大安、留连、速喜、赤口、小吉、空亡"六神为顺序来推算吉凶的术数法度；至于"大六壬"则有"四课、三传"的复杂推演程序。两者各有千秋，但其根本都在一个"壬"字。为了发掘蕴含其中的平安智慧，本节拟以"大六壬"为主来进行稽考。

一、六壬课由来与学说发展

六壬的"平安"旨趣何在呢？让我们从其名称意涵、由来与基本原理说起吧。"壬"字在甲骨文中如"工"的形态，象征聪明机智，善于使用巧具，善于办事。后来成为十天干之一，用以表示时空。许慎的《说文解字》称：

> 壬，位北方也。阴极阳生，故《易》曰"龙战于野"。战者，接也。象人怀妊之形。承亥壬以子，生之叙也。与巫同意，壬承辛，象人胫。胫，任体也。凡壬之属皆从壬。[1]

---

[1] （汉）许慎：《说文解字》卷十四下，（清）《文渊阁四库全书》本。

这段话意思是说：在天干里，"壬"表示北方这个方位。与此同时，"壬"也代表冬天，意味着阴气到达极点而阳气萌生，所以《周易》说"龙大战于旷野"。其中的"战"，是"交接"的意思。就字形而言，"壬"像女人怀孕的样子。用"子"承接地支的"亥"和天干的"壬"，这符合孳生顺序。"壬"字在"工"字中加一横，这与"巫"字在"工"字中加两个"人"的造字思路相同。"壬"继承"辛"，像人的小腿。小腿，是担任身体承重的器官。所有与"壬"相关的字，都采用"壬"作偏旁。

许慎从文字构型入手，解释了"壬"的意涵，他结合经学《周易》的"龙"象，揭示"壬"的象征理趣，尤其具有深意。稽考干支之学，可知各有阴阳。十二地支六阳、六阴；十天干五阳、五阴。"壬"是十天干之九，与十天干之"癸"一起，配合五行之"水"，表征五方之北。"壬"与"癸"虽然都代表北方，但阴阳属性不同，"壬"属阳，"癸"属阴。以阳为用，以阴为助，这是"六壬"术数学的根本。

"六壬"之"六"从何而来呢？其根据有二。第一，河图之数。史料显示，宋代以来流行的河图有多种不同排列方式，但都离不开"一"与"十"的点阵。从《道藏》中的《周易图》以及张理《易象图说》等资料可知，河图之数，以"天一"生水，起于北方，以"地六"成之，这就是"六壬"之所以用"六"的基本根由。第二，六十甲子循环。在六十甲子中，有六个逢"壬"的时辰，即壬申、壬午、壬辰、壬寅、壬子、壬戌，这六个时辰的地支部分申、午、辰、寅、子、戌都属阳，六壬术数以之为用，更彰显兴阳的基本思路。

正如太乙神数、奇门遁甲推演形态，六壬课也有可供测算的盘符模式。六壬式盘依照天圆地方原理，构造天地两层式盘，地盘在下，天盘嵌于地盘之上，中间有轴心，可以自由转动。分为天盘与地盘两部分，天圆地方，天盘嵌在地盘当中，中有轴可以自由转动。北宋杨维德《景祐六壬神定经》记载造式之法称：

造式天中作斗杓，指天罡。次列十二辰、中列二十八宿，四维局。地列十二辰、八干、五行、三十六禽。天门、地户、人门、鬼路,四隅讫。[1]

根据汉代夏侯灶墓所发掘的式盘,再结合《景祐六壬神定经》的记载,可知天盘主要由三部分构成:一是居于中间的北斗七星,核心处是斗杓;二是十二神将,围绕斗杓,构成一个中圈,代表十二时辰、十二个月;三是二十八星宿,代表绵延不绝的大千世界。

地盘共有三圈:最内一圈为十天干,以甲、乙、丙、丁、庚、辛、壬、癸居于东西南北四方,以戊、己居于西南与东北,再与五行相配,形成东方甲乙木、南方丙丁火、西方庚辛金、北方壬癸水的格局,而戊己土本来属于中央,在六壬式盘中则分寄于天、地、人、鬼四隅;出于十天干之外的是十二地支,子发轫于北方坎卦水位,左旋东转,再由东而南而西,列丑、寅、卯、辰、巳、午、未、申、酉、戌、亥,以构成一个大圈,有圆满之喻;十二地支之外,复有一圈,则为二十八星宿,表征天地相应,使用时,转动天盘,以天盘与地盘对位的干支时辰来判断吉凶。

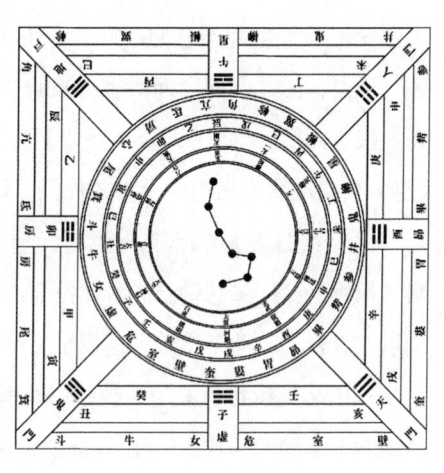

"六壬式盘"图

关于六壬法度的哲理,收入《四库全书》的《六壬大全·提要》有一段做了很好的概括。其中说道:

(六壬)大抵数根于五行,而五行始于水,举阴以起阳,故称壬焉;举成以该生,故用六焉。其有天地盘与神将加临,虽渐近奇遁九宫之式,而由干支而有四课,则亦两仪四象也;由发用而有三传,则亦"一生二,二生三,三

---

[1] (清)赵之谦辑:《景祐六壬神定经·释造式第三十》,(清)《仰视千七百二十九鹤斋丛书》本。

生万物"也；以至六十四课，莫不原本羲爻，盖亦《易》象之支流，推而衍之者矣。[1]

《六壬大全·提要》指出了六壬的文化根柢是五行理论，阐发了天盘、地盘设立的依据，认为六壬的"四课"是依据《易经》的两仪生四象原理而成，这可以看作是"体"。由体生用，则形成"三传"，也就是干支生克而形成的事物关系，这种生克变化乃是生生不息的，符合老子《道德经》第四十二章关于事物化生的理论。进一步说，由"四课"而衍生出来的"六十四课"都可以从伏羲氏的卦爻象数里找到本根。因此，《六壬大全·提要》将六壬课法定性为"《易》象之支流"，是由大《易》法象推演出来的一套术数体系。这一番概括可以说是很精到的。

关于六壬课法的起源，《六壬大全·提要》追溯到《国语》，指出其时有司乐之官"州鸠"论述琴瑟钟石的音律推演，合乎六壬大义；不过，《提要》作者又言及州鸠以"五音十二律"定数，这似乎又难以确定为六壬的源头。接着，《提要》作者进一步指出《吴越春秋》与《越绝书》里有"时将加乘"等说法，与清代康熙时期流行的六壬推演术一致。由此，《提要》作者断定：六壬课法至少在汉代已经流行。

今查经史子集诸文献，的确可以看到汉代有关六壬的记载。1977年，考古学家发掘了安徽阜阳罗庄双古堆西汉汝阴侯夏侯灶（？—前165年）墓葬，在墓坑里发现了包括六壬式盘在内的一批珍贵文物，足以证明至少在西汉初，六壬课法已经非常成形，并且得到了上流社会的推崇和重视。

魏晋时期，六壬课法更为术数家所重视。葛洪在《抱朴子内外篇·自序》中言及自己晚年钻研许多术数学问，其中就包括了六壬课。隋唐时期，有关六壬的著作开始多起来。《隋书·经籍志》著录《六壬式经杂占》九卷、《六壬释兆》六卷；《旧唐书·经籍志》著录《六壬历》一卷；《新唐书·艺文志》著录《六壬历》一卷、《六壬择非经》六卷、《六壬式经杂占》九卷、《六壬明镜连珠歌》一卷、《六壬髓经》三卷、《李筌六壬大玉帐歌》十卷。

---

[1] （清）永瑢：《四库全书总目》卷一百九子部十九，（清）乾隆武英殿刻本。

《宋史·艺文志》著录《六壬军帐赋》一卷、《六壬诗》一卷、《六壬六十四卦名》一卷、《六壬战胜歌》一卷、《六壬出军立就历》三卷、《六壬玉帐经》一卷、《六壬寸珠集》一卷、《六壬录》六卷、《五真降符六壬神武经》一卷、《六壬关例集》三卷、《六壬维干照幽历》六卷、《张氏六壬用三十六禽秘诀》三卷、《大六壬式局杂占》一卷、《六壬玄机歌》三卷、《六壬七曜气神星禽经》一卷、《一作纪六壬六甲八山经》八卷、《六壬透天关法》一卷、《六壬精髓经》一卷、《僧令岑六壬翠羽歌》三卷、《六壬金经玉鉴》一卷、《六壬课秘诀》一卷、《六壬课钤》一卷、《杨惟德六壬神定经》十卷、《王升六壬补阙新书》五卷、《徐道符六壬歌》三卷、《陆渐六壬了了歌》一卷、《余琇六壬玄鉴》一卷、《苗公达六壬密旨》一卷、《杨稠六壬旁通历》一卷、《姜岳六壬赋》三卷等。宋代郑樵《通志》卷四十八《艺文略》著录了《六壬军鉴式》三卷等凡四十八种。其他一些文献目录学著作，也多有著录。这些著述有不少已经失传。

目前尚可见到的六壬古籍主要有《邵彦和大六壬断案》四册，宋人邵彦和撰，清代程铨辑，清代写本；《大六壬寻原》四卷，明代张纯照辑注，民国元年江东书局石印本；《大六壬集应钤》六册，明代黄宾廷撰，清代写本；《官板大六壬神课金口诀》七卷，明代适摘子撰，清金陵经正堂写刻本；《大六壬口诀纂》四卷，明代林昌长撰，明万历年六壬稿本；《大六壬大全》十三卷，清代郭御青校定，民国十年锦章书局石印本；《大六壬视斯》二卷，清代叶悔亭辑，民国元年江东书局石印本；《大六壬金口诀》三卷，清代周儆弦重订，上海大成书局石印本；《大六壬立成大全钤》一册，清代陈梦雷辑，清印本；《大六壬课经集》四卷，清代郭御青校定，清五云斋刻本；《大六壬五变中黄经》一册，不署撰人，清代稿本；《壬遁秘》一册，不署撰人，清代稿本；《金匮玉衡经》一册，清代孙星衍校，清印本；《大六壬探原》一册，清代袁树珊撰，民国刻本；《大六壬指南》五卷，清代陈公献撰，民国元年江东书局石印本；《六壬粹言》六卷，清代刘赤江编，清道光六年品莲堂刻本；《六壬经纬》六卷，清代毛志道撰，清雍正刻本；《六壬类聚》四卷，清代纪大奎撰，清杨照藜校刊本；《六壬三传起法》一册，不署撰人，清代写本；《大六壬银河棹》，不署撰人，清代大文堂刻本；《御定六壬金口合占》

六卷，不署撰人，清康熙内府精抄本；《御定六壬直指》二卷，不署撰人，清康熙四十八年经元堂刻本；另有三卷本《御定六壬直指》，亦不署撰人，系清康熙内府写本；《御定六壬直指析义》六卷，不署撰人，清康熙四十八年经元堂刻本。近年来，随着社会文化需求的增长，有关六壬的出版物忽然多起来，但大多是古籍白话解之类。这一方面反映了人们对六壬课法的兴趣，另一方面则说明要想在这方面有所突破，是一件很难的事情。

二、六壬课的平安机制

当我们初步了解了六壬课的起源、基本原理以及历史发展、文献史料的一般情况之后，接下来就可以进一步深入考察其平安思想意涵了。

作为一种颇受古人推崇的预测形式，六壬课以"平安"为第一要义，这是毋庸置疑的，因为这种预测形式不仅要分析当下的主客状态，而且要预见未来的一系列变化，并且为人们提供采取行动的术数依据。关于这个问题，我们可以从六壬课的操作法度与象征符号、趋避告诫、实际案例得到证明。

（一）从操作法度看平安追求

与传统上大多预测形式一样，六壬课也有一套信息输入的操作法度，最基本的就是"四课三传"，由此推演成局，形成了七百二十种的基本运算形式，再进一步推演，则有数以万计的预测格局。

所谓"课"，就是六壬排盘的基本格局。六壬排盘，分地盘与天盘。基于阳动阴静的哲理思考，六壬预测，地盘固定不变，天盘则变动不居，因此排盘实际上考虑的是天盘布局及其变迁问题。六壬排课，以日辰为凭借，日上为干阳神，由干阳神化出干阴神；辰上为支阳神，支阳神化出支阴神。干支阴阳四神，合于易学太阴、太阳、少阴、少阳四象，构成四种基本格局，所以称作"四课"。

怎样排出"四课"呢？第一步，先要在脑子里确定地盘格式。由于排盘乃是干支化用，地盘用的是地支，于是地盘问题实际上就是地支排列问题。通常可以手掌作为辅助，排出地盘，即以无名指第一个关节为起点作"子"，按顺时针方

第五章 平安之道与预测延伸

向流转，列出十二地支的不同位置，依次为："丑"位于中指第一节，"寅"位于食指第一节，"卯"位于食指第二节，"辰"位于食指第三节，"巳"位于食指末端，"午"位于中指末端，"未"位于无名指末端，"申"位于小指末端，"酉"位于小指第三节，"戌"位于小指第二节，"亥"位于小指第一节。这样构成了一个掌上方阵，表征地方之形如图。如果简化手掌之形，写在纸上就成为如下图形：

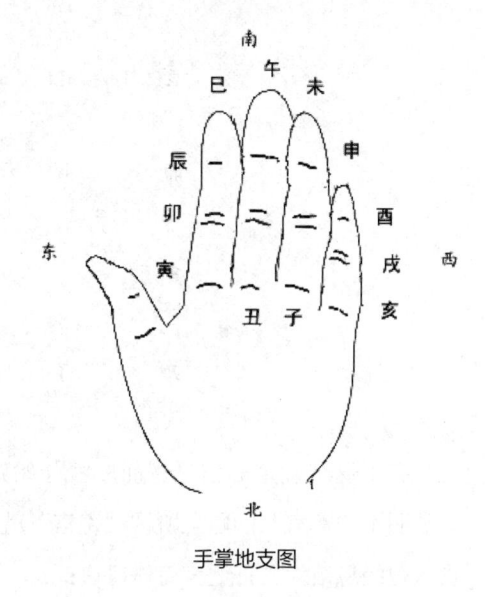

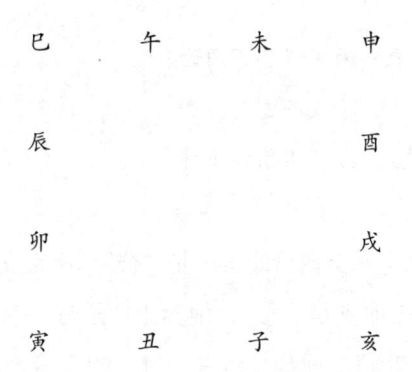

手掌地支图

巳	午	未	申
辰			酉
卯			戌
寅	丑	子	亥

这个方阵，以"子"代表十一月，"丑"代表十二月，"寅"代表正月。其余类推。

接下来，就可以考虑天盘排序了。六壬排盘口诀中有"月将加时为天盘"的说法，其所谓"月将"是一种比喻，就是把十二地支看作十二位将领，而"加时"就是把"月将"放在"时支"上。假定所预测时间为癸酉日子时亥将，那就把作为月将的"亥"写在地盘"子"（时辰）的位置上，紧接着"亥"之后的是"子"，依顺时针排列其他十一个地支，就形成了天盘格局如下：

辰	巳	午	未
卯			申
寅			酉
丑	子	亥	戌

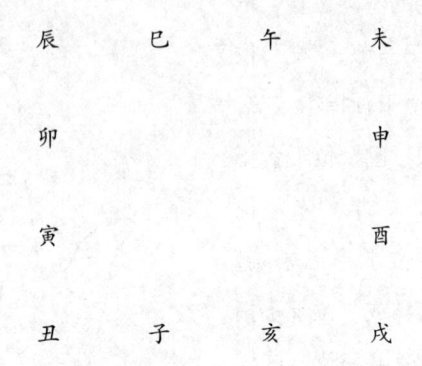

有了这个确定的信息，而后就开始做四课、三传推演。其中，"四课"推排必须明了"寄宫"问题。所谓"寄宫"就是十个天干寄托于地支的意思。这一点，古人曾经总结为一首七言诗体口诀：

> 甲课寅兮乙课辰，丙戊课巳不须论。
> 丁己课未庚申上，辛戌壬亥是其真。
> 癸课原来丑宫坐，分明不用四正神。[1]

根据这个口诀，我们知道，癸酉日的日干是"癸"，所寄支宫是"丑"，地盘"丑宫"所对应的天盘十二地支是"子"，地盘上"子宫"对应的天盘十二地支是"亥"；再接着看日支"酉"，地盘"酉宫"对应的天盘十二地支是"申"，地盘"申宫"对应的天盘十二地支是"未"。将这种对应列成表格如下：

未	申	亥	子
申	酉	子	癸

---

[1]（明）佚名氏：《六壬大全》卷一，（清）《文渊阁四库全书》本。

天地盘相对应，得出了四个组合，因此称作"四课"。由右而左看，第一课：日干"癸"上神坐"子"，此"子"即为日干之阳神，简称"干阳"。第二课："子"上神坐"亥"，此"亥"即为日干之阴神，简称"干阴"。第三课：日支"酉"上神坐"申"，此"申"即为日支的阳神，简称"支阳"。第四课："申"上神坐"未"，此"未"即为日支的阴神，简称"支阴"。由此可见，所谓"四课"转换为干支阴阳，也就是"干阳""干阴""支阳""支阴"。一干一支、一阴一阳，两两相对，这就是"四课"的基本组合。

排出"四课"，这实际上是为判断状态是否"平安"建立了一个确定的参照系。以这个参照系为基础，再行"三传"之布局。具体推演起来，相当复杂，其核心的精神就是通过干支的排列，显示事物存在与发展的错综复杂关系，从而能够看清事物之间的力量对比，确定解决问题的办法。

在六壬课的布局、推演过程中，"四课"是基础。因此，可以把"四课"看作事物机运变化的先兆，它是整个六壬推演的切入点。由此切入，观察干支的相生相克、冲煞、动静等等问题。从这个角度来看，六壬排课布局，实际上就是通过抽取时间或者空间中的某种信息，从而透视事物的整体情况。这正如医院体检抽取人的血液、体液或者肌肉的切片来化验，以查清肌体全身的生理状态一样。在检查中发现病灶，就及时排除；如果没有病灶，人们也就可以放心。因此，六壬排课推演，实际上就是一种平安检测法，具有人体医疗、社会医疗的符号表征意义。

（二）从象征符号看平安旨趣

六壬术数在获取特定信息而排出"四课"和"三传"之后，就要进行一系列的分析。这种分析，说到底是以阴阳五行为理论武器，进行多方位的系统考察。从中，我们可以看到古人所建立的符号系统即蕴含着平安旨趣。这里，我们可以通过"月将"的解读得到佐证。

所谓"月将"实际上就是按照一年十二个月而设定的"十二天将"，又称"十二神将""十二支神""大神"等等，说法不同，但对象其实是一致的。"月将"的具体名称分别为：天乙贵人、腾蛇、朱雀、六合、勾陈、青龙、天空、白虎、太常、玄武、太阴、天后。

与奇门遁甲中的"八神"相类似，六壬神课中的"月将"也具有悠久的文化史源，尤其与古代天文学关系密切。古人曾经用青龙、白虎、朱雀、玄武来标示二十八星宿，作为九州分野的坐标系。此外，还采用十二星次来纪岁，按照北斗天罡运转指向，分出十二辰，确立了纪月建节的历法体系。六壬神课所用十二神将，其背后乃是一套自然时空系统。作为推演干支阴阳、五行生克的参照系，十二神将的符号意义首先在于为预测者提供了分析问题的时空照应，便于从时空角度认识问题和解决问题，这一切说到底乃是以平安生存为前提的。

关于"月将"的特征功用问题，明代怀庆府推官郭载騄校勘本《六壬大全》卷二《大神总论》一开始即进行概要性论述。其略云：

> 十二支神，有阴阳之分，各司其事。以十二宫论之，凡五行、五方之次序，四时、四季之循环，三垣二十八宿之次度，七政四余之星辰，九州岛万国之分野，阴阳生克之体用，莫不包罗于其内，经纬于其间，斯天神之大概也。[1]

所谓"十二支神，有阴阳之分"说的是，十二地支的属性可以分为阴阳两大类：子、寅、辰、午、申、戌属阳；丑、卯、巳、未、酉、亥为阴。所谓"三垣"指的是紫微垣、太微垣、天市垣，系中国古人对恒星的一种分类称谓。紫微垣包括北天极附近的天区，大体相当于拱极星区，如大熊、小熊、天龙、仙王、仙后等；太微垣包括室女、后发、狮子等星座的一部分；天市垣包括蛇夫、武仙、巨蛇、天鹰等星座的一部分。至于"二十八宿"，即指青龙、白虎、朱雀、玄武所涵盖的四方星。所谓"七政"指的是日、月、金、木、水、火、土诸星曜；"四余"指的是紫气、月孛、罗睺、计都等四虚星。所谓"九州"即指徐州、冀州、兖州、

---

[1]（明）佚名氏：《六壬大全》卷二，（清）《文渊阁四库全书》本。

青州、扬州、荆州、梁州、雍州、豫州；而"万国"则泛指各诸侯国。在《六壬大全》作者看来，由十二地支形象化的十二宫的适用范围相当之广，无论是时间系统，还是空间系统，抑或政治系统，都能够从十二宫的符号系列里找到象征依托，十二支神所代表的就是十二宫。阴阳化用、五行生克都应该从十二支神属性入手来解释才能说清楚。

解读至此，人们或许不禁要问：六壬神课为什么引入"十二神将"的符号系统呢？笔者以为，追溯到根源上，依然是立足于"平安"的价值判断，因为六壬神课推演来推演去，其实就是在帮助人们看清局势，发现生存与发展的有利因素，避开不利因素。这一点，从"十二神将"的人事比拟象征就可以看出来。

"十二神将"虽然各有来历，但都与人事休戚相关。譬如天乙贵人，《六壬大全》卷二中解释说：

> 天帝之神，主战斗，知人吉凶。经曰：天乙阊阖门外事。天皇大帝，下游十二辰，家于艮丑斗牛之次，执玉衡，校量世间之事，乃壬式中天子也。[1]

文中所言"天帝之神"指的就是"天乙贵人"；而"主战斗，知人吉凶"是说天乙之神可以发号施令，并且明白人间善恶吉凶诸事。接下来，《六壬大全》引述了古代经典来说明"天乙贵人"的地位、执事。所谓"阊阖门"一指宫殿门，如《魏书》卷十一《帝纪第十一》谓："群臣拜贺礼毕，登阊阖门。诏曰：'朕以寡薄抚临万邦，思与亿兆同兹庆泰，可大赦天下。'"[2]此之"阊阖门"即宫门。另一指天门，如《楚辞·离骚》："吾令帝阍开关兮，倚阊阖而望予。"[3]王

---

[1] （明）佚名氏：《六壬大全》卷二，（清）《文渊阁四库全书》本。
[2] （南北朝）魏收：《魏书》卷十一《帝纪第十一》，（清）乾隆武英殿刻本。
[3] （汉）王逸章句，（宋）洪兴祖补注：《楚辞》卷一《离骚经章句第一·离骚》，（民国）《四部丛刊》景明翻宋本。

逸《楚辞章句》注曰："帝，谓天帝也；阍，主门者也。补曰：《说文》云：阍，常以昏闭门隶也。"[1]又谓："阊阖，天门也。言已求贤不得，疾谗恶佞，将上诉天帝，使阍人开关；又倚天门望而距我，使我不得入也。"[2]根据这些注解，可知"天乙阊阖门外事"应是讲"天乙"管着阊阖门外之事。这"天乙"就是"天皇大帝"，他出了阊阖门，游历"十二辰"，也就是十二宫，遍及宇宙四面八方。所谓"家于艮丑斗牛之次"是说，天乙贵人以"艮丑斗牛"为本宅，"艮"于后天八卦方位在东北，对应于二十八星宿是在"斗牛"位置，对应于十二地支，是在"丑"的位置。"玉衡"原指北斗七星之一，又名北斗五，位于斗柄与斗勺连接处，即斗柄的第一颗星，象征天体运行方向，"执玉衡"意味着手中掌握生杀大权。"校量世间之事"是说天皇大帝对于人间世事了如指掌。"乃壬式中天子也"一句是说，天乙贵人在六壬神课推算中，可以看作人间天子。顾名思义，所谓"天子"就是"天"之"子"。一方面，天子在人间具有无上权力，掌控一切；另一方面，天子秉天令而行，他也不能违背天地自然规律，否则就要受到惩罚。古时候，一旦发生严重的天灾，天子要降"罪己诏"表示对事态负责，就是这个道理。六壬神课推演设立"天乙贵人"这个符号，暗示宇宙天地、人间社会运行有常、祸福相因，故而为人行事，必须奉阴阳之大法，明五行之生克，才能逢凶化吉，获得平安。

确定了天乙贵人的核心地位，这是六壬神课推演必须着重考虑的，但这只是事态符号判断的关键一步。基于把握全局的思路，六壬推演将十二天将看作一个连环的整体来分析格局。对此，《六壬大全》卷二《天将总论》有一段概要性论述：

> 十二天将，天乙贵人为主居中。前有五位：一蛇、二雀、三合、四勾、五龙，此水火土之神在左方者。后有五位：一后、二阴、三玄、四常、五虎，

---

[1] （汉）王逸章句，（宋）洪兴祖补注：《楚辞》卷一《离骚经章句第一·离骚》，（民国）《四部丛刊》景明翻宋本。
[2] 同上。

此金水土之神在右方者。天空虽云后六位，有名而无物，缘贵人相对无物冲之，犹月杀之有月空，以遇之事皆空也。以课之天盘起贵神之例，地盘定顺逆之序，顺布者则背天门，逆布者则向地户。凡壬课吉凶系于天将，五行虽各有所属，而用者专取天盘乘神决之。如贵人属土，若乘亥、子则属水矣，生克皆以水论。生日为吉，虽凶将亦为吉；克日为凶，虽吉将亦为凶；紧要不离生克二字，吉将喜生，扶忌克制，凶将反此。更察乘神所加盘之神生克旺相休囚；喜则宜旺相，忌则宜休囚也。[1]

这段论述大体意思是讲：十二天将，最为重要的是天乙贵人，祂居于格局的主体中位。在天乙贵人之前有五位神将，这就是腾蛇、朱雀、六合、勾陈、青龙，他们居于左方，在五行性质上属于水、火、土；在天乙贵人之后也有五位神将，这就是天后、太阴、玄武、太常、白虎，他们居于右方，在五行属性上属于金、水、土。天空这位神将虽然在排列上居于天乙贵人后方的第六位，但实际上是有其名而无实指，虚拟而已，赖天乙贵人与之相对，因无实指而抵消，正如神煞中的"月杀"遇到空亡一样，无成无败，诸事不论。根据这样的规矩来确立天盘的贵神起点，以及地盘顺布逆行之次序。如果顺布，其指向就背着天门；如果逆行，其指向就正对地户。大凡六壬神课推演，吉凶问题取决于天将。天盘、地盘的神将虽然各有五行归属，但发用的人则专门采取天盘上的乘神来决断。譬如贵人在五行上属于土，而天盘上的乘神亥、子却属于水，其生克便以水的秉性来讨论。如果生日是吉利的，即使遇上凶将也是吉利的；如果克日为凶，即使遇上吉将也会是凶的结果。最为关键的是紧紧抓住"生克"两个字来判断局势，吉将显示生机，能够化解禁忌的东西和不利场景；凶将却相反。判断的时候，一定得仔细推究"乘神"、所"加盘之神"的生克格局以及"旺相休囚"的发展变化，遇上吉将有喜，呈现旺相趋势；遇上凶将大忌，呈现休囚趋势。

---

[1]（明）佚名氏：《六壬大全》卷二，（清）《文渊阁四库全书》本。

从以上概要论述中可知，六壬神课推演所建立的"十二神将"，实际上是作为一种特殊符号系统，教人看清事态发展的复杂局面，知道什么是凶险，什么是吉利的，以便能够果断采取应变措施。除此之外，六壬神课还有"神煞"与"六亲"等相应的符号象征，构成了多维度、多层次的预测模式，为古人的平安生存提供了独特的文化资源。在今人看来，其名称概念虽然比较陌生，甚至显得颇为神秘，但其追求平安、积极进取的思路却是值得借鉴的。

第六章　平安之道与社会谐调

以道家、儒家为主体的"平安"理论，一方面推源于"天"，观察、了解天体运动规律，再反观人类生活，另一方面则比类于"地"，从大地宽厚广载的情状得到启迪，引申出可以长久运用的规则。然而，观天、察地的落脚点却是人类自身，因为攸关个体健康平安生活的直接因素是作为生活环境的社会制度。所以，无论是道家还是儒家，都十分关心社会问题，提出了平安社会理想，并且依据社会情状，逐步形成了社会管理的基本思路和措施、办法。就具体论述看，儒道两家虽然存在比较大的差别，但都强调社会谐调。

第一节　平安社会理想

社会理想与社会制度，这是密切相关的两个层面。"社会理想"是关于社会建设的美好想象、希望和宏伟目标；"社会制度"是规范社会生活的组织方式，包括政治法律制度、团体运行系统、伦理道德规范等等。社会理想与社会制度，既相互区别，也相互推动。一方面，社会理想决定了社会制度的具体建设；另一方面，社会制度又引发思想家进行新思考，形成更高的理想目标。

在历史上，道家与儒家都有自己的平安社会理想，其中最具代表性的是"至德之世"与"小康社会"两种论述。

一、至德之世

作为一种社会理想，"至德之世"这个概念首见于《文子》。该书卷上《道德》篇称：

老子曰：至德之世，贾便其市，农乐其野，大夫安其职，处士修其道，人民乐其业。是以风雨不毁折，草木不夭死。河出图，洛出书。[1]

这段话以"老子曰"开头，表明《文子》在思想宗旨上承袭老子《道德经》的精神。考《汉书·艺文志》，见其道家类著录了《文子》九篇，班固在其条文下注明："老子弟子，与孔子同时。"北魏李暹所撰作《文子注》称文子"姓辛，号曰计然，范蠡师事之。本受业于老子"[2]云云。1973年，河北定县汉墓出土的竹简中，有《文子》残简，其中与今本《文子》相同的文字达六章之多，足见《文子》一书当为西汉尚存的先秦古籍，故而前人谓文子为老子弟子的说法是有根据的，而《文子》称上述之言得自老子，也是有缘由的。根据这样的判断，则"至德之世"的理想表述至迟在老子时代已经形成。从字面上讲，"至德"就是至高无上的"德"，而"至德之世"就是至高无上之"德"盛行的社会，也就是老子《道德经》讲的"上德"之世，亦即"太上"的理想社会。

《文子》记载的老子之言，描述了"至德之世"的许多特征。概括起来，有三个方面。

（一）社会各界人士安居乐业

文中的"贾"是一个多义字，或作为姓氏，或指称买卖，引申为做买卖的人，亦即今日所谓商人，此处所引述的《文子》之言指的是后者。在金文中，"贾"写作"🔲"，系左右结构。其左为"贝"，代表钱币；其右为"古"，本为武器之表征，后来引申为"沽酒"之"沽"。两边合起来，表示用钱买酒。篆书写作"🔲"，为上下结构，其上为"网"字的变形，其下保留"贝"的形状，合起来表征用网兜装着钱币到市场上采购货物。从金文到篆书，字形的变化透视出买卖规模扩大的信息。

有趣的是，"贾"作为姓氏的时候，与某种图腾相连，而这种图腾的形态里

---

1 （唐）徐灵府：《通玄真经注》卷五，（民国）《四部丛刊三编》景宋本。
2 （宋）晁公武：《昭德先生郡斋读书志》卷三上，（民国）《四部丛刊三编》景宋淳祐本。

188

第六章　平安之道与社会谐调

也蕴藏着物品交易的信息。贾姓图腾左侧是一只凤鸟，凤鸟的头部下有个"十"字形图案，当是太阳的符号。右边是椭圆的物体形状，考古学家认为是装钱币的坛子，坛子里层层叠起的东西就是钱币，这些钱币从坛子底部一直叠到坛子口，表示钱币多多，相当富有。凤鸟与太阳相伴，表示"日中为市"，中午时光，阳气正旺，物品交易也达到了高潮，所以钱币装满了整个坛子。由此看起来，贾氏的祖先本来就是做买卖的，它反映了上古时期物品交换的某种盛况。

贾姓图腾

根据以上社会生活背景，我们来看"贾便其市"，就能明白《文子》所描绘的"至德社会"首先是物产极为丰富，商贾们可以自由贸易，社会为这种贸易提供了保障措施。所以，物品流通迅速，人民生活极为轻松方便。因为物品能够顺畅流通，农夫们生产出来的物品能够销售出去，他们自然"乐其野"，也就是乐于在野外从事自己喜欢的生产劳动。一方面是生产，另一方面是销售，两者都能够顺利进行，这是整个社会正常运转的前提。至于"大夫安其职，处士修其道，人民乐其业"三句是说政府官员安心地从事自己的管理职务，没有在政府机构任职的一批知识分子，他们被称作"处士"，也能够安心从容地进行修道实践体验，普天下的老百姓都乐于从事自己的职业。各行各业的人们安分守己，以自己从事的职业为快乐。这里，应该特别注意的是，《文子》以"贾"作为论述的首要项目，体现了作者非常重视物品流通问题。

（二）风调雨顺，自然环境得到很好保护

《文子》在描绘了上述社会生活的美好图景之后，紧接着用"是以"两个字作

189

为转折。在古文中,"是以"大多情况下表示"所以""因此",也就是说下文所要陈述的乃是上文言及事项的结果。"是以风雨不毁折,草木不夭死"是讲自然界有风有雨,但却不会毁伤人类生活的一切设施,而草木也能够自然生长,不会中途短命早死。原因何在呢?应该有两种可能:其一是气象预报十分准确,在风雨来临之前,整个社会早已做出了精心准备,该转移的就转移,该撤退的就撤退,该隐蔽的就隐蔽;其二是人类社会生活设施非常高级,足以抵挡大风暴雨的袭击。不论是哪一种原因,《文子》所显示的是,社会生活离不开自然环境,只有自然环境得到很好的维护,人类的平安生活才有保障。

人们赖以生活的自然环境之所以得到很好的维护,这与"大夫安其职""处士修其道"有密切关系。因为作为政府官员的大夫恪尽职守,各司其职,所有职能部门都负起责任,相互之间没有扯皮推诿的事情发生,遇上情况及时处理,整个政府的运转效率非常之高。再说,处士们修道,不求闻名于世,他们隐居在山林里,一边修炼,一边著书立说,偶尔与大夫们交流,就把治理社会的好主意、好建议说一说,大夫们及时将处士们的建议向中央政府报告,向天子禀报,处士们的好主意、好建议能够得到采纳,并且付诸实施。而商人、农夫也为社会的平稳付出自己的努力,他们兢兢业业,以自己的职业为乐,有所乐则尽力而为,共同维护自然环境,整个社会就处于谐调有序状态。

(三) 社会祥和,瑞应之物应运而生

上引《文子》最后一句"河出图,洛出书"讲的是祥瑞。"河图、洛书"之说早见于《尚书》等中国先秦古籍。《周易·系辞上》谓:"河出图,洛出书,圣人则之。"[1]意思是讲,黄河有龙马背图而出,洛水有神龟载书而起,圣人按照河、洛法象画出了八卦。在古人心目中,"河图、洛书"出世,这就是祥瑞,例如孔子曾经感叹:"凤鸟不至,河不出图,吾已矣夫!"[2]孔子的感伤恰恰从反面证明了上古

---

[1] (三国)王弼注,(晋)韩康伯注,(唐)孔颖达疏:《周易注疏》之《周易正义序》,(清)嘉庆二十年南昌府学重刊宋本《十三经注疏》本。

[2] (魏)何晏集解,(唐)陆德明音义,(宋)邢昺疏:《论语注疏》卷九,(清)《文渊阁四库全书》本。

先民是以河图、洛书为祥瑞之兆。《文子》直言"河出图，洛出书"是正面肯定了社会平安、祥和，河图、洛书就会显示出来。

依据宋代著名道士陈抟的说法，河图乃是"一"至"十"自然数的排列，一、三、五、七、九为天数，二、四、六、八、十为地数，合起来共有五十五。天地之数，一阴一阳，对应有序。而洛书则为"一"至"九"的排列，其口诀为"戴九履一，左三右七，二四为肩，六八为足，五在中宫"，其数字排列，纵横斜正相加皆为十五。河图法方为天象，洛书法圆为地象。河图表征天地之体，洛书表征天地之用，有体有用，体用结合，天地大全。从某种意义上看，《文子》特别叙及河图、洛书，即是宣示社会之所以平安，是因为遵循了天地流行、对待、体用之道。

有关"至德之世"问题，《庄子》一书也有多处论及。例如该书《马蹄》篇这样描述：

> 至德之世，其行填填，其视颠颠。当是时也，山无蹊隧，泽无舟梁；万物群生，连属其乡；禽兽成群，草木遂长。是故禽兽可系羁而游，鸟鹊之巢可攀援而窥。夫至德之世，同与禽兽居，族与万物并，恶乎知君子小人哉？同乎无知，其德不离，同乎无欲，是谓素朴。素朴而民性得矣。[1]

这段话用了"填填"与"颠颠"作为整体面貌的概括。按照焦竑的解释，"填填"形容"迟重"，也就是稳重；"颠颠"形容专一，也就是没有非分之想。意思是说：在至德的社会里，人们的心念行为稳重而专一。那个时候，山里没有蹊径隧道，河海湖泊没有船舶过渡，各种不同的物种一并存在，飞禽走兽成群结队，草木生长繁茂，一派欣欣向荣景象。由于没有伤害的心念，没有占据的行为，人与其他动物相处得很好，彼此没有什么隔阂，人们甚至可以用绳索把各种动物牵着游玩，可以爬到树上去看鸟鹊的巢穴。总的来讲，《庄子》的"至德"社会，有

---

[1] （唐）成玄英：《南华真经注疏》卷四，（清）《古逸丛书》景宋本。

两大特点：一是人与禽兽和平相处，大自然的各种生物自然而然地生长；二是人心十分淳朴，大家没有非分之想，知足常乐，彼此不用斗智，也就无所谓君子与小人的分别了。既然如此，社会也就平安了。照《庄子·马蹄》篇的描述，人与人之间，乃至人与动物之间能够平安相处，是因为人们保持着淳朴的天性，这是"至德之世"之所以存在的最深层次原因，也就是上古平安社会能够持续相当时间的奥妙之处。

除了《马蹄》篇，《天下》篇也言及"至德之世"的特质，指出在这种社会中，"不尚贤，不使能，上如标枝，民如野鹿。端正而不知以为义，相爱而不知以为仁，实而不知以为忠，当而不知以为信，蠢动而相使不以为赐。是故行而无迹，事而无传"。所谓"不尚贤"来自老子《道德经》第三章。老子的意思是说，社会上虽然存在着贤才，也需要贤才，但用不着特别标榜，这样可以使天下百姓们不会争夺贤位。至于"不使能"则是针对《墨子》"使能"说的。《墨子》所谓"使能"是以尊尚有才干的人为前提的。本来，一个社会让有才干者发挥作用，这是无可厚非的，也是应该的，但在道家看来，如果宣传过分也会造成社会不平等之类的诸多问题。所以，老子反对"尚贤"，就是反对靠巧诈而居于社会高位。《庄子》继承了老子思想并且有所发挥。在《庄子·天下》篇看来，在"至德之世"中，虽然有君主的存在，但却像树立标杆一样，他们不会对人民采取什么统治手段，所以普通百姓的生活无忧无虑，像野外的麋鹿一样自由奔跑。人们的行为自然是端正的，所以不知道什么叫作"义"；大家相亲相爱，所以不知道什么叫作"仁"；大家交往很实在，所以不知道什么叫作"忠"；大家的行为得当，所以不知道什么叫作"信"；大家依照本能相互帮助，不以为是馈赠，所以行动没有留下刻意的痕迹，事情办好了也用不着宣传。《庄子·天下》不仅把"至德之世"看成是百姓的理想国，而且也是让君王无忧患的社会。

《文子》与《庄子》之后，《淮南子》与《太平经》等书都对"至德之世"的境况有所描绘。可以说，"至德之世"就是道家所憧憬的生活理想社会。在这种社会中，由于人们能够保持纯朴天性，整个社会没有斗争，彼此谐调有序，社会与自然之间浑然一体，故而是平安生活的理想状态。

二、小康与大同

道家学派憧憬"至德之世"的美好生活，而儒家则多谈论"小康"与"大同"。追溯稽考一下"小康"与"大同"概念的由来与发展，我们可以发现儒家理想社会与道家理想社会的异同之处。

关于"小康"，近三十年来，已经成为改革开放追求的一种社会目标，学者以及政治家们对其由来与内涵做了很多解读。就发端而论，大多围绕《礼记·礼运》篇的描述展开讨论。不过，笔者以为，若要弄清其原初大旨，似乎还应该追溯得更远一些。其实，在《诗经》里早有"小康"的概念。该书之《小雅·民劳》云：

民亦劳止，汔可小康。[1]

《民劳》共有五章，这里引用的是第一章的前两句。关于此诗的缘起，汉代诗学名家毛亨在《毛诗序》里指出，此诗乃"召穆公刺厉王也"[2]。照此看来，诗歌是召穆公为了劝告周厉王而作的。据汉代经学家郑玄的笺注可知，厉王是成王的第七代孙子。召穆公为什么要创作这首诗来劝告周厉王呢？郑玄描述说，"时，赋敛重数，徭役繁多，人民劳苦，轻为奸宄，强陵弱，众暴寡，作寇害，故穆公刺之"。这段话意思是讲，周厉王统治的时候，赋税太重，徭役又多，老百姓十分困苦，不得已铤而走险，犯法作乱。整个社会，强壮的欺凌弱小的，人多的团体强暴人少的团体，流寇盗贼四处危害，所以召穆公作诗，劝告周厉王重视社会治理。尽管对于这首诗是否因"刺王"而起的问题，前人有不同看法，但从社会背景来看，"小康"这个概念可以说是适应当时社会民心思治的情况下出现的。

如何理解《民劳》提出的"小康"概念内涵呢？这个问题必须与全诗主旨结

---

[1] （汉）毛亨传，（汉）郑玄笺，（唐）孔颖达疏：《毛诗注疏》卷十七，（清）嘉庆二十年南昌府学重刊宋本《十三经注疏》本。

[2] 同上。

合起来探讨。诗中的"民"即周朝的劳动人民。"劳止"即每天劳作,其强度几乎到了无以复加的地步。"汔"字,通"乞",即乞求。"汔可小康"是说劳动人民乞求稍微安康的生活。"康"字,甲骨文写作"𥻘",其上部像人俯身的样子,其下部是水桶形状加上水滴,其造字本义是俯身用水桶打水,表明人的生活与水资源存在密切关系。后来,字义引申,表示体内滋润通畅;再引申之,表示社会和谐安定。按照郑玄的解释,"康"与下文的"绥"都是"安"的意思。由此可见,"小康"的本义乃是社会的初步平安。

如何才能获得初步平安呢?《民劳》紧接吟唱道:

> 惠此中国,以绥四方。
> 无纵诡随,以谨无良。
> 式遏寇虐,憯不畏明。
> 柔远能迩,以定我王。[1]

所谓"惠"是"爱"的意思,"中国"指的是"京师",即国都,而"四方"指的是"诸夏",即国都以外的国土区域。"惠此中国,以绥四方"是说,通过省赋税劳役的方式,惠爱居处于中畿之国、京师之人,以安天下四方诸夏之国。然而,仅仅如此是不够的。为了让老百姓过上安定的生活,应该全面整治社会秩序。"无纵诡随,以谨无良"是说对于诡诈欺骗的行径绝不放纵,对于小人的不良行为也要尽早预防。"式遏寇虐,憯不畏明"是说对于掠夺暴行要坚决制止,绝不因为强寇手段高明就畏缩而不敢整治。"柔远能迩,以定我王"是说安抚远方之国,使近处的人民得以顺从,如此才能够安定天下,传承大王的千秋功业。

从上述解释可知,《民劳》一诗不仅构想了天下安康的初步社会目标,而且提出了安定天下的许多整治措施。面对当时民不聊生的状态,《民劳》从社会救治的

---

[1] (汉)毛亨传,(汉)郑玄笺,(唐)孔颖达疏:《毛诗注疏》卷十七,(清)嘉庆二十年南昌府学重刊宋本《十三经注疏》本。

角度入手创作，体现了"以动维安"的思路。这种思路与《周易》之"巽"卦精神是一致的。历代易学家在解释《周易》卦象变动时每每引述《诗经·小雅·民劳》，且陈述"小康"。例如《子夏易传》卷六说：

> 巽以申之，复其小康也，是以小亨，巽而往，无不利也。[1]

这里的"巽"系"巽"卦，表征"风行"。如何理解"巽以申之"呢？关键在于领悟"申"字。在甲骨文中，"申"写作"𤰔"，代表闪电，像雨天的闪电朝各个方向伸展开来，在古人心目中，这是非常具有神秘意味的，所以"申"既是闪电的象形，也是"神"的表征。在十二地支中，"申"居于第九，为阳主动。"巽以申之"是说执政者应该和合的道理，申谕天命，采取必要的措施，整肃社会，以正天威。既然是整肃，就意味着变革，铲除不利于民生的种种弊端，这就是"动"，但此等的"动"，不是人为地搞社会运动，更不是为了统治者个人的私利无端折腾，而是应天理，顺民心，对不合理的制度进行调整，从而使社会结构日益趋于有序化、执政日益趋于合理化。唯有如此，社会才能重新归于平静，所谓"复其小康"就是恢复到初步的安宁富康。这样看来，先民所谓"小康"的论述，其核心旨趣就是追求社会和谐平安，而其理论基础就是纯朴的天命观，即以天道运行法则来校正人间社会制度。所以《周易》"巽"卦《彖传》曰："重巽以申命。刚巽乎中正而志行，柔皆顺乎刚，是以'小亨，利有悠往，利见大人'。"[2]这句话道出了小康社会的法理本质乃是：顺应天道，合乎民情，刚柔相应，中正不偏。

关于"小康"的社会状态，《礼记·礼运》中有一段话比较概括地陈述了其特征：

> 今大道既隐，天下为家，各亲其亲，各子其子，货力为己，大人世及以

---

[1] （春秋战国）卜商：《子夏易传》卷六，（清）《通志堂经解》本。
[2] （三国）王弼注，（晋）韩康伯注，（唐）孔颖达疏：《周易注疏》之《周易兼义》下经丰传卷六，（清）嘉庆二十年南昌府学重刊宋本《十三经注疏》本。

为礼，城郭沟池以为固。礼义以为纪，以正君臣，以笃父子，以睦兄弟，以和夫妇，以设制度，以立田里，以贤勇知，以功为己，故谋用是作，而兵由此起。禹、汤、文、武、成王、周公，由此其选也。此六君子者，未有不谨于礼者也。以著其义，以考其信，著有过刑仁讲让，示民有常。如有不由此者，在埶者去，众以为殃。是谓小康。[1]

所谓"大道"即公正无偏之道；"隐"表示大道隐没而不用。这个时候的总体局面是"天下为家"。什么是"家"？在甲骨文里，"家"写作"㊅"，上下结构，其上代表房屋；其下是"猪"的模样。上下构型，表示房屋里养着生猪，以示安居乐业。本来，这是社会稳定的象征；然而，养猪的事延伸开来，意味着家庭逐渐有了私有财产。为了增加私有财产，社会就会起争夺。从这个意义上来看，"家"的本质就是"私"。天下为家，就是天下人都为私利而奋斗。于是，世袭模式形成了，父亲传位给儿子，君主以天位为家，人们采用智谋，甚至用兵，战争屡屡发生。为了解决纷争问题，社会需要圣王，大禹、商汤、文王、武王、成王、周公就是在这样的背景下被拥戴的。这六位圣王治国的特点是"谨于礼"，所谓"谨"，就是认真、慎重对待礼制的建设与实施。其内容包括：（一）"以著其义"，让礼制建设的意义彰显出来；（二）"以考其信"，通过具体贯彻以表明其有效性。这个时期的礼制内容包括社会伦理、政治道德、奖赏与刑罚制度，一切措施都是公开透明的，目的是让人们知道整个社会有常规，可以依循。对此，《钦定礼记义疏》卷三十解释说："民有失，宜用礼裁之；民有相欺，用礼成之；民有罪者，用礼以照明之；民有仁者，用礼赏之以为则；民有争者，用礼讲说之使推让。行上五德，皆示民为常法也。若为君而不用此谨礼五事，虽在富贵之势位，众必以为祸恶，共以罪黜退之矣。"由此看来，《礼记·礼运》所描述的"小康"社会，最大的特点是建立了有秩序的礼仪法规制度，基本的目的实际上还是为了公众的平安生活。

---

[1]（宋）卫湜：《礼记集说》卷五十四，（清）《通志堂经解》本。

与"小康"相对举的是"大同"。关于"大同"的理想社会,《礼记·礼运》也有一段论述:

> 大道之行也,天下为公。选贤与能,讲信修睦,故人不独亲其亲,不独子其子,使老有所终,壮有所用,幼有所长,矜寡孤独废疾者,皆有所养。男有分,女有归,货恶其弃于地也,不必藏于己;力恶其不出于身也,不必为己。是故谋闭而不兴,盗窃乱贼而不作,故外户而不闭,是谓大同。[1]

按照《礼记·礼运》篇的说法,"大同"社会先于"小康"社会而存在。"大同"社会的特征是"天下为公"。所谓"公"就是"共"。在甲骨文中,"共"写作"🖐🖐",像两手捧着贵重物品以祭祀神明;引申开来,"共"意味着协同行动,对于人群聚落而言,协同行动就是合作,并且一起享受合作成果,这就是"公"。《说文解字》称:"公,平分也。从八,从厶。八犹背也。"[2] 许慎从两个角度解释了"公"的意涵,一是从字义方面,表明"公"就是财产平均分配;二是从字形方面,表明"公"是与"厶"相背离。故而,"公"意味着大众、国家事务。这样说来,"公"是一种原则,更是一种状态。就原则角度看,"公"首先意味着天下最高首领不是世袭的,而是通过禅让方式授予圣者。就状态来说,"公"意味着所有社会成员都能够尽其所用,生活得到保障,即使是鳏寡孤独以及残疾人都能够获得养护。男人可以得到相应的职位,女人都能够嫁给良善之家;人们不必为自己收藏货物,但也不会将货物随便丢弃地上浪费;大家卖力干活,却不是为了自己;因此,所有机智敲诈的谋略都不需要使用,没有小偷小摸,也没有抢劫的盗贼作乱。居住的地方开着门窗,治安状况非常好,这就是"大同"。

与"小康"相比,"大同"的基本特征是:(一)领导人的位置不是靠世袭,而是社会全体人员推举出来的;(二)社会成员都能够发挥才干;(三)人心善良,

---

[1] (宋)卫湜:《礼记集说》卷五十四,(清)《通志堂经解》本。
[2] (汉)许慎:《说文解字》卷二上,(清)《文渊阁四库全书》本。

民风淳朴，大家和睦相处，不必实施惩罚性的条规；（四）有完善的社会保障体系与治安体系，大家可以放心地生活。

《礼记·礼运》所描述的"大同"社会理想向来很受关注，历代学者、政治家注意从中汲取精神营养，以建构社会政治理论，尤其是清代的康有为著《大同书》，以论说其政治理想体制。全书共三十卷，约二十万字，分为十部：甲部《入世界观众苦》，乙部《去国界合大地》，丙部《去级界平民族》，丁部《去种界同人类》，戊部《去形界保独立》，己部《去家界为天民》，庚部《去产界公生业》，辛部《去乱界治太平》，壬部《去类界爱众生》，癸部《去苦界至极乐》。这部著作激烈反对"独尊"，诅咒专制皇帝为"民贼屠伯"，重视发展生产与社会教育，提倡男女平等、婚姻自主。他把人摆在天理之上，主张废除国家，反映了比较深刻的人文精神。尽管康有为最终并没有找到实现"大同"社会理想的道路，但他的思考对于后来的社会变革却有特殊的借鉴价值。该书有"去乱界治太平"的构想，这种渴求平安的意识与《礼记·礼运》中所描述的"外户而不闭"的说法可谓一脉相承。

第二节　平安社会纽带

以上部分，我们考察了道家、儒家的社会理想模式，从中可以看出先民们的思考是建立在维系"平安"前提下的。无论是道家的"至德之世"说，还是儒家的"小康""大同"论，对于当今建构平安社会而言都有重要启迪意义。

建构平安社会的纽带是什么呢？其因素是多方面的，其中最核心的有两个方面，即文化价值观与组织系统。

一、社会文化价值观

"社会"指的是由一定的经济基础和上层建筑构成的整体，乃是有组织的生活系统。"社"这个字由上古元初宗教信仰而造就。在甲骨文里，"社"写作"⌂"，这是原始村落人们为了祭祀神明而聚土成墩的象形。后来，金文将"社"

写作"祂",这个字左边是"示"旁,表示祭祀上天神明以得灵启;右边是"木"字加一横,一横在下代表"地",而"木"在上,暗示因土而起,表征土地神。这样看来,"社"一开始就意味着信仰的存在,先民因为信仰而组织起来。信仰本是精神性的,为了宣示其存在,遂用土墩或者种树以象形。许慎《说文解字》称:"社,地主也。从示土。《春秋传》曰:'共工之子句龙为社神。'《周礼》曰:二十五家为社,各树其土所宜之木。"[1]许慎这个解释,先说明"社"这个字代表什么,接着阐述社神是共工,最后引证《周礼》,阐述了信仰的贯彻是有组织的。所谓"二十五家为社",表明"社"又是一种组织形式,二十五家构成一种基本组织,这个组织也称作"社";所谓"各树其土所宜之木"是说每一个"社"又根据自己的地域情况确立神树,各地方的神及其代表的神树可能是不同的,但不论用什么树种作代表,先民们相信土地有神,这是一致的。由于这种信仰的存在,先民们便组织起来,在适当的时间点举行祭祀活动,这种信仰成为先民生活的最基本的精神纽带。

有"社"的信仰和组织,"会"的活动就发生了。"会"字,在金文里作"會",本来表示将菜肴与米饭主食同锅合煮,也就是人们常说的"大杂烩"。之所以杂烩饭食,很重要的原因之一是因为信仰而使人们组织起来开展祭祀活动,这种活动导致了群体用餐,于是"大杂烩"也就出现了。另外,在甲骨文里有"徻"字:左边是双人旁,表示众人;右边为上下结构,上面为"合",表示并联,下面是一个脚趾的样子,表示走到一起。《说文解字》谓:"会,合也。从亼,从曾省。曾,益也。"[2]照此看来,"会"即表示聚合。"亼"与"同"相通,"亼"就是"同",信仰志趣相同而会合在一起,因会合而使力量增加。

"社"与"会"联称,构成"社会",这首见于《旧唐书》。该书卷八《本纪第八·玄宗上》称:"礼部奏请千秋节休假三日,及村闾社会,并就千秋节,先赛白帝,报田祖,然后坐饮散之。"[3]这段话说的是:唐代礼部草拟公文,报请"千秋

---

[1] (汉)许慎:《说文解字》卷一上,(清)《文渊阁四库全书》本。
[2] (汉)许慎:《说文解字》卷五下,(清)《文渊阁四库全书》本。
[3] (五代)刘昫:《旧唐书》卷八《本纪第八》,(清)乾隆武英殿刻本。

节"放假三天。其中将"村闾"与"社会"联称,构成"村闾社会",这表示的即是乡村组织。查唐代以来文献,"社会"一词屡屡出现,例如黄休复撰《益州名画录》卷中有"田家社会"[1],张景撰《疑狱集》卷十有"乡人社会"[2],曹学佺撰《蜀中广记》有"多莲社会"[3]等等,这些例子都表明"社会"乃是中国先民一种组织方式、生存体制。

有社会就有文化。有文化就有作为人们生活取向的价值观。简单地说,文化价值观是一群人认为有益的、正确的或有价值的信条。所谓"信"可以理解为信仰或者信念。"信条"就是对信仰或信念的精神系统的浓缩,是最精华、最核心的部分。

文化价值观是人们社会生活的反映,也是文化不断积淀的结果。不同区域、不同社会、不同时代,人们的文化价值观是有区别的;随着时代变更,文化价值观也可能发生改变;但由于人类生活在一定层面上具有共性,文化价值观也就有一些具有普世价值的内涵。

中国古代诸子百家都有独特的文化认知,形成了自己的文化价值观,其中比较有代表性的是儒家与道家。

(一)儒家文化价值观

关于儒家文化价值观,人们曾经做了种种概括。或以为"诚",或以为"中庸",或以为"三纲五常"等等。笔者反复研读儒家经典之后以为:儒家的文化价值观就是"仁、义、礼、智、信"。

为什么可以把"仁、义、礼、智、信"看作儒家的文化价值观呢?因为这在古代社会被奉为"五常",也就是人们必须遵循的五种常理、常规、常法、常伦,即最基本的范式。"仁、义、礼、智、信"的重要性,在古代儒家经典文献中早有陈述。如唐代经学家李鼎祚撰《周易集解》卷一把"乾"卦的"元、亨、利、贞"与人间的"仁、义、礼、智、信"相提并论,并且从天地运化、五行相生的

---

[1] (宋)黄休复:《益州名画录》卷中,(清)《函海》本。
[2] (五代)和凝:《疑狱集》卷十,(清)《文渊阁四库全书》本。
[3] (明)曹学佺:《蜀中广记》卷八十六,(清)《文渊阁四库全书》本。

角度阐述"仁、义、礼、智、信"的天理依据。他指出:《周易·系辞上》有"在天成象,在地成形"[1]的说法。所谓"在天成象"是说"大道"通过天象表现出来,用《周易》的术语来描述就是"元、亨、利、贞"。这四个字中,"元"表示万物生长,有"仁"的意蕴,仁为春天之主,生发于东方,有"木"的品性;"亨"表示万物通达,合于"礼"的仪俗,礼为夏天之主,养育于南方,有"火"的品性;"利"表示万物适宜,体现"义"的节操,义为秋天之主,收成于西方,有"金"的品性;"贞"表示万物平正,具有"智"的灵性,智为冬天之主,储藏于北方,有"水"的品性。木、火、金、水分配东西南北,它们由"土"来统帅,"土"是五行的根本,于人间社会代表君主,蕴含"信"的善德。一年四季,冬去春来,循环往复,这是"乾"卦所表征的"四时常运"意义;五行之"土"居于中央,分旺于四方,象征人君居于皇极,无为而治,这是"坤"卦所表征的"厚德载物"意义。李鼎祚这种论述将"仁、义、礼、智、信"与东西南北中、木火土金水相互配合,他所要表达的意思是:"仁、义、礼、智、信"并非人为提出来的,而是天经地义的,系"天人合一"原则精神的伦理表现。李鼎祚这种说法既追溯了"仁、义、礼、智、信"的思想渊源,又揭示了"仁、义、礼、智、信"的深层哲学底蕴,可谓道出了儒家文化价值观的哲学底蕴。

作为儒家文化价值观,"仁、义、礼、智、信"的提出与完善有一个过程。最初,孔夫子主要围绕"仁、礼、义"三德展开论述。在孔夫子看来,"仁"的精神就是爱人,"义"的精神就是尊贤,"礼"的精神就是通过具体的措施与制度来实施仁义。孔夫子之后,孟子加上"智",形成"四德"。汉代大儒董仲舒进一步提出"信",构成"五常"。从先秦到明清,儒家学派对"五常"内涵的理解与诠释有所不同,但基本立场是一致的。

概括起来,"仁、义、礼、智、信"的基本含义可做如下解释:

"仁"字,甲骨文写作"𠂉=",左右结构。左边的单人旁代表"人",包括君与民;右边的"二",是等值的符号,表示匀齐;"人"与"二"合,意味着君

---

[1] (三国)王弼注,(晋)韩康伯注,(唐)孔颖达疏:《周易注疏》之《周易兼义》卷七,(清)嘉庆二十年南昌府学重刊宋本《十三经注疏》本。

民同视，人人均等，公平博爱。在古籀文里，"仁"写作"🉐"，此字由"千"与"心"构成，"千"代表众生，"心"代表心怀众生，博爱宽容。儒家对"仁"这种古义进行新的解读与发挥，以为"仁"就是天理良心，人与人相处应该具备天理良心，己所不欲，勿施于人。就大处来说，"仁"就是大忠大孝，爱国爱民，临危不惧，勇于献身。

"义"字，甲骨文作"🉐"，上下结构。其上为"羊"，意为"祥"；其下为"我"，这个"我"本是有利齿武器的象形，代表战斗；"羊"与"我"结合，表示战斗前向神明占卜吉凶，其结果吉祥，适合开战。许慎《说文解字》称："义，己之威仪也。"[1] 意思是讲，义表示自己军方出征的威武仪式，表征适宜。引而伸之，有因时制宜、因地制宜、因人制宜等义。儒家发挥了这种意义，从社会正义方面解读了"义"。例如孔子《论语·里仁》谓："君子喻于义，小人喻于利。"[2] 孔子在这里把"君子"与"小人"对照起来，目的就是要说明什么是"义""利"问题。在孔子心目中，"君子"是一种人格理想典型，而"小人"是相反的人格典型。孔子褒扬君子，就是倡导"义"。这个"义"，如《荀子》所解释，就是"正义"，也就是道德标准、社会秩序赖以建立的思想核心。

"礼"字，甲骨文作"🉐"，上下结构。其上像许多美玉系着绳结；其下是一个"壴"形，犹如士人击鼓。为什么击鼓？那是在举行祭祀神明仪式。串串美玉，那是供品；士人击鼓，那是行仪。可见"礼"本来是指祭祀神明礼节。许慎《说文解字》谓："礼，履也。所以事神致福也。从示从豊，豊亦声。"[3] 许慎为什么把"礼"解释为"履"呢？原来，"履"的本义指穿着船形的鞋子上任，庄重有威仪，有践行礼仪的意思，所以《尔雅·释言》乃以"履"为"礼"。最初，这种礼是表示人对神的敬重，后来引申，以人事之仪则为礼。随着社会的发展，"礼"的内容逐步扩展，举凡婚丧喜庆、国家典章制度，都纳入了"礼"的范畴。儒家对

---

[1] （汉）许慎：《说文解字》卷十二下，（清）《文渊阁四库全书》本。
[2] （三国）何晏集解，（宋）邢昺疏：《论语注疏》解经卷第四，（清）嘉庆二十年南昌府学重刊宋本《十三经注疏》本。
[3] （汉）许慎：《说文解字》卷一上，（清）《文渊阁四库全书》本。

"礼"极为重视,这个词在《论语》中出现了75次,孔子经常告诫弟子们要"知礼""立于礼"[1];而"非礼勿视,非礼勿听,非礼勿动"[2]更是成了孔门弟子的格言。儒家之所以对"礼"如此重视,是因为这是实现"仁"境界的基本范式。孔子说:"克己复礼为仁。一日克己复礼,天下归仁焉。"[3]这是从个人修养角度阐述"礼"的作用。从社会秩序角度看,儒家讲的"礼"在于让人明白自己的身份并且采取符合自己身份的举动。例如君臣、父子、夫妻、兄弟、朋友等关系的处理都有相应的条规,这说明"礼"是很具体的。按照儒家的立场,人人都能够遵守礼仪道德,全社会就有了正常秩序。

"智"字,甲骨文作"𥏻",左中右结构。左边的"干"表木质武器,右边是箭头的样子,中间是器皿的样子。两旁陈列干、矢,表明"智"本出于用兵打仗;中间置放"器皿",这是祭祀通神的设备。古人对于军事行动特别谨慎,用兵打仗的事,一定以礼品供奉神明,通过占卜,获得神启,神借助人口陈述圣意,"口"又象征神启圣意。因此,这种智不是一般的凡人思考,而是神圣的精华显露。儒家升华了军事祭祀文化中的"智",将之提升为道德认知,《论语·子罕》称:"知者不惑,仁者不忧,勇者不惧。"[4]其中的"知"就是"智",孔子把"智"与"仁、勇"相提并论,作为君子的基本德行。《礼记·中庸》对此予以概括:"知、仁、勇三者,天下之达德也。"[5]所谓"达德"就是通行的美德,也就是普天下都应该遵循的做人的基本操守。照儒家的解释,"智"就是要明白是非、曲直、斜正、真妄,懂得做人的基本道理、明了社会生活的基本准则。

"信"字,金文作"𠊚",又作"𠌊",左右结构。左边是人旁,表示人的行

---

[1] (三国)何晏集解,(宋)邢昺疏:《论语注疏》解经卷第八,(清)嘉庆二十年南昌府学重刊宋本《十三经注疏》本。
[2] (三国)何晏集解,(宋)邢昺疏:《论语注疏》解经卷第十二,(清)嘉庆二十年南昌府学重刊宋本《十三经注疏》本。
[3] 同上。
[4] (三国)何晏集解,(宋)邢昺疏:《论语注疏》解经卷第九,(清)嘉庆二十年南昌府学重刊宋本《十三经注疏》本。
[5] (汉)郑玄注,(唐)孔颖达疏:《礼记注疏》卷五十二,(清)嘉庆二十年南昌府学重刊宋本《十三经注疏》本。

为；右边的"口"表示人发言。"口"上的字形是"辛"，乃是石针的象形。古人举行重大活动前，先占卜以求神明启迪，获得神明应允之后，人要对神发誓，"口"代表发誓，在口上加上"辛"，表明如果违背誓言，将受石针穿身的惩罚，表明其言既出，坚决执行，不可反悔更改，《诗经·卫风·氓》所谓"信誓旦旦"[1]是也。儒家继承和发挥了上古先民关于"信"的精神，作为人伦修养的五常之一。《论语·为政》说"人而无信，不知其可也"[2]，强调信用、信誉的极端重要性。

在儒家文化中，"仁、义、礼、智、信"作为"五常"，构成了一个整体，彼此是相互关联、不可缺少的。人照此修养，社会以此规范，一切运转如常，没有欺诈、不铤而走险，当然就平安无事。

（二）道家文化价值观

由儒家的"五常"入手，我们再延展于道家，发现道家在文化价值观方面也有精彩的论述。无论是先秦以老庄为代表的古典道家，还是东汉以来的制度道教，都积极探讨人生社会问题，留下了珍贵的史料，尤其是老子的《道德经》更以格言的形式阐发了为人处事的基本道理。

道家文化价值观怎样表达？以往学术界虽然做过一些探讨，但并没有进行概括。近年来，笔者反复阅读道家经典文献，觉得道家文化价值观也可以用五个字来概括，这就是：真、善、柔、静、通。这五个字是由道家核心概念"道德"生发出来的。也就是说，道家的核心精神是"道德"，而"真、善、柔、静、通"是落实道家核心精神的思路和方法。如果说"道德"是"体"，那么"真、善、柔、静、通"就是"用"。

1. 真

"真"字，金文作"🖼"，上下结构。对于这个字的形态，学者有不同解释。

---

[1] （汉）毛亨传，（汉）郑玄笺，（唐）孔颖达疏：《毛诗注疏》卷三，（清）嘉庆二十年南昌府学重刊宋本《十三经注疏》本。

[2] （三国）何晏集解，（宋）邢昺疏：《论语注疏》解经卷第二，（清）嘉庆二十年南昌府学重刊宋本《十三经注疏》本。

或以为，其上为"卜"，其下为鼎器之形。"卜"就是占卜，"鼎器"用以祭神，两者合之，象征占卜的高人。这种解释虽然也有根据，但难以说明后来道家修真的理趣。日本学者白川静在《汉字》第一卷中对"真"有发人深省的解读。他认为："真"为颠倒的死者之形，上部为"化"，表征已经风化了的东西，其下的"県"（县）为倒吊着的人首状态，是头发下垂的死者的头，颠倒之"颠"就表示临时凭吊这种路旁的横死者，亦即道殣之"真"的字。白川静先生由"形体素"入手说"真"，进而考察了古人安顿死者的一些相关字，例如"镇""填""寘""瑱"等。在他看来，横死者的灵魂积压着强烈的嗔怒情绪，安顿的方式之一就是唱镇魂歌，让死者得以安宁；"填"就是把横死者的尸体埋到地下；"寘"就是布置适当的祭祀场所来安置死者；"瑱"就是用玉器来抚慰死者。[1]这种字形关联解释法，从侧面揭示本字中那些被淹没已久的最初含义，显然是很精辟的。历史上，人们将"死亡"称作"归真"，例如唐代杨炯《温江县令任晃神道碑》："百年夭枉，一旦归真。"[2]宋代苏轼《宝月大师塔铭》："莹然摩尼，归真于土。"[3]这些例子可以佐证"真"字在古时候的确是表征死亡的用语。

"真"既然是死者身形颠倒的写状，为什么道家特别崇尚这个"真"字呢？原来，这是遵循逆向思维法度的体现。道家之道，既蕴含顺生万物的意涵，更有逆向回归的旨趣，老子《道德经》讲的"反者道之动"就是此义。"反"与"返"通，表示回归。在道家看来，人与天下万物一样，既来源于"道"，又要回归于"道"，生生不息，周而复始。于是，"真"这个字开初作为死者写状的意义便获得更新，甚至根本性转换，由"死"而转"生"；继而，"生"的意涵扩张起来，"真"成为长生成仙的符号。许慎《说文解字》称："真，仙人变形而登天也。从匕，从目，从乚，八所乘载也。"[4]许慎从字形结构上阐述了"真"的意涵，他指出这个字采用"匕、目、乚、八"予以会义，"八"表示的就是仙人升天时所乘坐的

---

1 参看［日］白川静：《汉字》第一卷，第216—217页。
2 （唐）杨炯：《杨盈川集》卷七，（民国）《四部丛刊》景明本。
3 （明）曹学佺：《蜀中广记》卷八十五，（清）《文渊阁四库全书》本。
4 （汉）许慎：《说文解字》卷八上，（清）《文渊阁四库全书》本。

工具。正因为字形上有这样的因素，所以"真"在道家文化里所表示的乃是长生不死的人变形升天。许慎这种说法揭示了道家之"真"最为本质的内涵。

然而，如果我们再深入一层考察，就会发现"真"除了"死而复生""变形而仙"的意涵，还有"涵养德性、回归纯朴"的理趣。查老子《道德经》，多次使用"真"字。如该书第五十四章谓："修之于身，其德乃真。"这里的"真"指的就是返璞归真。老子《道德经》的基本思路是身国共治，既要修身也要治国。照老子看来，婴儿的心智未开，没有受到凡俗名利地位的引诱，所以最为纯朴，修身的目的就是回归婴儿本真。这种回归不仅意味着个体的纯朴、不欺诈，而且意味着整个社会既崇尚实事求是，又有生命完善的人生理想。《庄子·大宗师》说：

且有真人，而后有真知。何谓真人？古之真人，不逆寡，不雄成，不谟士。若然者，过而弗悔，当而不自得也。若然者，登高不栗，入水不濡，入火不热。是知之能登假于道也若此。[1]

照庄子看来，要获得"真知"首先应该成为一个"真人"，也就是道德高尚、生命完善、能够达于天听的人。这样的人，不会因为自己得到的少而嫌弃，也不会自恃优势而胡作非为，更不会为了个人的利益而谋划事情，像这样的人，凡是选择而经历过的事情绝不反悔，顺利得当也不洋洋得意。有这样的心态，登上高处不会发抖，进入水中不会沾湿，进入火里不会觉得热。只有智慧与道相合的人才能达到这种境界。庄子这种解释，把道家的"真"推到了一个极致，那就是生命的高度完善、智慧的极大拥有。这种"真"完全超越了人世间的社会存在，进入了道我融通的状态。

2. 善

如何达到"真"的精神境界呢？道家进一步提出了"善"的理念。《道德经》第八章说：

---

[1] （唐）成玄英：《南华真经注疏》卷三，（清）《古逸丛书》景宋本。

第六章　平安之道与社会谐调

上善若水。

水善利万物而不争。

处众人之所恶，

故几于道。

"善"字，甲骨文写作"𦍌"；金文写作"𦍌"，上面是一个羊头的样子，底下是两个"言"字。有学者认为，羊头表征的是安祥温和，因为"羊"就是"祥"的本字。初看起来有道理，但其下的两个"言"做何解释？这是很值得推敲的。日本学者白川静认为，"羊"是獬豸的象形，而"言"代表的是立誓言。从形态上看，"言"字上面是"辛"，像一把针，表示语言有穿透力。古时候解决民事纠纷，牵来獬豸做判决。有纠纷的人面对神明，置放针器，立下誓言，以示讲真话，如果有假，当受针刺。这样说来，"善"字在最初表征的乃是公平、诚实。[1]后来，词义逐渐丰富，引申出"仁慈""友好""美好""义举"等内涵。《说文解字》以"善"为"吉"，谓"此与义美同意"。久而久之，"善"字成为崇高品德的形容。老子"上善若水"当包含了上述诸多意涵，而最重要的即表征美好品德。按照老子的看法，最好的品德应该像水一样。水滋润万物，使万物生长，而不去争名、争利，水总是处在最让人嫌恶的地方，这就是它最接近道的习性。道是什么呢？道就是宇宙万物的本原、根据，它化生万物，却从来不与万物相争，这就是"上善"，它是最接近于"大道"的。

老子用"水"来比喻崇高美德，其背后蕴藏着"易学"洛书的五行卦象法度。上古洛书，以"金木水火土"五行与九宫八卦相配。其数一在北方，五行属水，配坎卦；九在南方，五行属火，配离卦；三在东方，五行属木，配震卦；七在西方，五行属金，配兑卦；二在西南方，五行属土，配坤卦；四在东南方，五行属木，配巽卦；六在西北方，五行属金，配乾卦；八在东北方，五行属土，配艮卦；五在中央，统摄四方。在道家看来，居于北方的"一"虽然最小，却是生成万物

---

1 参看［日］白川静：《汉字》第一卷。

的起点，最为重要。对此，苏辙在《道德真经注》卷一里说："天以一生水。盖道运而为善，犹气运而生水也，故曰上善若水。二者皆自无而始成形，故其理同。道无所不在，无所不利，而水亦然。然而既已丽于形，则于道有间矣，故曰几于道矣。然而可名之善，未有若此者也，故曰上善。"[1]按照苏辙的解释，则"善"是因为"道"运化的结果；换一句话来讲，"善"即"道"的一种外化显形，这就像"气"的运化而成"水"一样，所以把"上善"比作"水"。从五行来看，"水"居于北方，为众阴归结处，虽然弱小，却有生生不息的能量，因此，"水"在五行中特别重要，因此老子以"水"来比喻大道化生万物、滋养万物的功德。这种功德的基本特性是：处下、利物、不争。

老子"上善"的理念成为整个道教文化价值观的基本内容之一，后来的道教学者以老子"上善"精神为基础，阐述其思想，都是围绕"处下、利物、不争"展开的。"处下"意味着谦卑，"利物"意味着奉献，"不争"意味着不计较个人名利地位。

3. 柔

以水为"上善"法象的论述，让人不禁想起"柔"的理念。在道家著述里，"水"往往又是"柔弱"的象征。例如老子《道德经》第七十八章称：

> 天下莫柔弱于水，
> 而攻坚强者莫之能胜，
> 以其无以易之。

"柔"字，篆书写作"柔"。上为"矛"，像带锋头的木枪；下为"木"，像枪杆。《说文解字》谓："柔，木曲直也。"意思是说，糅扳木条，使之能曲又能直。由此看来，"柔"本是对木头可变性的描述，其根本的意涵是"软"。后来，其意涵进一步延伸，用以形容富有弹性、温顺等，例如柔软、柔和、柔嫩、柔美等等。

---

[1] 《道藏》第 12 册，第 194 页。

老子《道德经》将"柔"与"弱"结合起来，形成复合词，其所表示的乃是"弱小"却具有弹性的意义。照老子看来，天下最柔弱的东西，没有超过于水的了。可是，如果有坚强的东西去攻击水，水总是得到最后的胜利。如石头丢到水里，就被它涵盖，因为它有包涵性；火遇到水，就会被扑灭，因为它有化解性；泥土碰上水，就变得柔软，因为它有柔韧性；木材浸在水里，就会腐烂，因为它有渗透性；钢铁泡于水中，就会生锈，因为它有侵蚀性；而且，无论水在什么地方，其柔弱卑下的本性都绝不更改，因为它有永恒性。从水的种种品质中，老子不仅看到了"柔"的特殊意义，而且将之当作行动哲学方法论。《道德经》由"水"之"柔"生发开来，多处论述了"柔"的作用，例如第三十六章说"柔弱胜刚强"，第七十六章说"人之生也柔弱，其死也坚强"，又说"坚强者死之徒，柔弱者生之徒"，"强大处下，柔弱处上"。从这些论述可以看出，老子是非常强调"柔弱"的，体现了古典道家文化价值观的重要侧面。

4. 静

道家的"柔弱"论又与"静"的精神相联系。老子《道德经》第三十七章说：

> 不欲以静，
> 天下将自定。

"静"字，金文写作" "。左边是"青"，此系"清"的本字，表示纯净；右边为身体前倾的样子，表示全力以赴，清洁自我。左右会合，表征纯洁内心，去除杂念和欲望。由于杂念去除可使人抑制躁动的状态，此字又表"宁静"。老子关于"静"的论述乃兼有两层意涵：一方面，"静"由"不欲"产生，"不欲"就是去除内心杂念欲望，由此而达到的"静"即纯洁；另一方面，"天下将自定"意味着天下社会安定不动，老百姓安居乐业。老子《道德经》第四十五章谓"清静为天下正"，这把"清"与"静"联系起来，进一步佐证了古典道家讲的"静"是包含了纯洁与宁静两种意涵。

老子的"清静"论说在古典道家其他著述里得到继承。《庄子·天下》说：

"古之畜天下者，无欲而天下足，无为而万物化，渊静而百姓定。"[1]意思是讲，古时候养育天下的君主，没有贪欲心，凡事任其自然，所以天下四方富足，万物生化不已。这一切都因为君主的心如湖泊那样渊深宁静，所以百姓安定。老庄这种以"静"修心治国的精神在制度道教中得到了全面发挥。相传出于三国著名道士葛玄之手的《清静经》谓："夫道者，有清有浊，有动有静；天清地浊；天动地静；男清女浊，男动女静。降本流末，而生万物。清者，浊之源；静者，动之基。人能常清静，天地悉皆归。"[2]这段话从"道体"的特征入手阐述清静理念。在《清静经》看来，"道"是阴阳谐调的整体，体现在现象界，便有清浊、动静、本末的对应。不过，相对而言，"清静"二字乃是最为根本的，所以人的生活应该保持清静的状态，这样天地也就归于大定了。《清静经》的论说高度概括了制度道教修持的基本精神与思路，所以在后来被奉为早晚功课诵读的经典。

5. 通

道家修持不仅强调"静"，而且讲究"通"。老子《道德经》第十五章说：

古之善为道者，
微妙玄通，
深不可识。

这三句话的关键字眼就是"通"，此字甲骨文作"通"：左边为双人旁"彳"，代表行；右边像个木桶的样子，代表盛物用具，木桶下有个"止"，表示盛物以行，到达目的地而停止下来。据此，则"通"的原初意义就是物品流通。后来，意义引申，"通"有交通、感通、畅通、玄通等不同意指。

物品要通，不仅要有运输工具，还得有种种运输手段，而最重要的是要有道路。可以说，道路的基本功能就是通达，道家之"道"正是基于此点而发展出许

---

[1] （唐）成玄英：《南华真经注疏》卷五，（清）《古逸丛书》景宋本。
[2] （元）李道纯：《太上老君说常清静经注》，《道藏》第17册，第141页。

多哲理意涵的。如老子讲的"微妙玄通"的前提是修道，人通过修道，有了特别的感悟，浑身气血畅通无阻，并且能够感通外在的信息，内通与外通合一，自通与他通衔接，构成了一个超越时空的流通状态，这就是"微妙玄通"，外人难以理解这种状态，所以说"深不可识"。

《庄子》对"通"有更多的论说。《逍遥游》称，"道通为一"[1]。在庄子看来，天下万物纷纷扰扰，形状各有不同，但都是"道"造化的结果，其本性都是一样的，这就叫作"道通为一"，性命修养首先必须破除分别心，达到万物齐一的境界，到了这个时候，内外自然畅通。《逍遥游》又说："凡物无成与毁，复通为一。唯达者知通为一，为是不用而寓诸庸。庸也者用也，用也者通也，通也者得也。"[2]所谓"无成与毁"是说"成"与"毁"本来是不存在的，正如"是"与"非"本来不存在一样，由于人的心智作用，而有成毁、是非的分别。修道人就是要去除分别心，如果能够去除分别心，就可与道融通为一。所谓"达"就是不滞于一方，遇物能够忽然自忘，不用心智去图谋，置身于凡庸的状态流之中，顺其自然，这就叫作"庸"。说到底"庸"就是"用"，不用计谋而顺物之用，这就是大用，而这种"用"的本质就是"通"，因"通"而有"得"，这种得不是技巧之得，而是自然之得。这样看来，"通"是在忘我、忘物、忘形、忘理的状态下实现的；换一句话来说，"通"是"道"的自然状态，顺道而为才能"通"，才能"得"。

汉代以来的制度道教，对于"通"有更为丰富的论述。例如魏伯阳《周易参同契》卷三的"黄中渐通理，润泽达肌肤"[3]就是一例。魏伯阳此说是依据《周易》的义理而暗示丹道修持的效果。《周易·坤·文言》谓："君子黄中通理，正位居体，美在其中。而畅于四支，发于事业，美之至也。"[4]坤为地、为土，其色黄，其六五之爻居上卦中位，故称"黄中"；而所谓"理"指文理，由中而发外，文理可

---

1 （唐）成玄英：《南华真经注疏》卷一，（清）《古逸丛书》景宋本。
2 同上。
3 （五代）彭晓：《周易参同契分章通真义》卷上，《道藏》第20册，第138页。
4 （三国）王弼注，（晋）韩康伯注，（唐）孔颖达疏：《周易注疏》之《周易兼义》上经乾传第一，（清）嘉庆二十年南昌府学重刊宋本《十三经注疏》本。

见,这种"发"的过程就是"通",正气通达,显而为美;"畅"也是一种"通",即大通,"畅于四支"即正气流淌于身体各处,身体健康,神志清楚,精力旺盛,做事效率高,所以能够使事业发达,这是美的极致。《文言》是根据卦象来论说人体与事业之境况。魏伯阳的《周易参同契》发挥《文言》的象数理趣,暗示内丹修炼有成,人体之道通达,气血流畅而有光泽,这就叫作"润泽",而润泽的最直接体现是人体肌肤,凡肌肤发亮有光泽,就是气血通畅的表现。魏伯阳《周易参同契》这两句五言诗告诉人们:修道的直接目的就是打通气穴,让体内正气畅通。通则康健,延年益寿,不通则病。正因为如此,所以道教修炼特别重视"通",气血通、精神通、内外通。唯通为美,唯通为寿,唯通为道。

道家"真、善、柔、静、通"的修持五字真言,儒家的"仁、义、礼、智、信"五常,它们体现了儒道两家不同的文化价值观,但就修持的目的来说却是一致的,这就是为了人的完善,通过修持,达到自我和谐、人物和谐、社会和谐、天人和谐。因为和谐,消除了冲突隐患,也就平安了。从这个角度看,儒道的文化价值观也是维护个体平安、社会平安、自然平安的一种法度。

二、社会组织系统

在历史进程中,社会的文化价值观逐步形成和完善。唯有如此,人们的决策、举动才能有所遵循。但是,仅仅提出文化价值观是不够的。为了维持社会的平安有序,还需要恰当的组织系统。纵观古今中外,我们可以发现,社会本来就是一种组织化的存在,它通过组织形式而运转、发挥作用。

概括起来,社会组织形式有三大纽带:血缘组织、行业组织、政府组织。这三条纽带是相互交错的、不可分离的。这些组织,既可以为社会平安带来正面作用,也可能产生负面影响。如何管理好这些组织,大有学问。

(一)血缘组织

所谓"血缘组织"就是依据某种血亲关系而形成的自然组织,主要表现为家庭、宗族、民族。

顾名思义，"家庭"是以家的存在为前提的一种基本的社会组织形式。"家"字，甲骨文写作"𤣩"，上部是房屋的象形，下部为"豕"，像在房屋里圈养肥猪。在先民心目中，猪秉性温顺，具有旺盛的繁殖能力，养猪可以得到丰盛食物。于是，猪与房屋一起，成为"家"的标志。先民们希望的家庭是人丁兴旺，又有猪肉吃，这就是先民们所渴求的美满生活。

不过，有猪肉吃的家庭组织并非在人类诞生之初就存在。曾经很长一段时间，人类是穴居巢处的。历史上的有巢氏正是穴居巢处的标本。《韩非子·五蠹》篇说：上古之初，人民穴居野处，有巢氏教民构木为巢，居住树上，以避免野兽侵害。随着社会的发展，居处形式也有了进步，于是发明了洞穴之居。所谓"山顶洞人"便积淀了这样一段历史。"穴"字表示"人"在屋下，这个时候尚未有农业生产，恐怕只是靠采摘野果和打猎为生。

当农业和狩猎成熟发展起来，具有血缘关系的人们相安而居，这就有了"家"。于是也就有了"家人"。这个名称最早见于《易经》。在《左传》里也有涉及"家人"的故事。在《易经》这部上古"占卜"书中有一个卦就叫作"家人"。其卦辞云："家人，利女贞。"按照《易经》的卦象思维，"家人"之卦六爻，下三爻为离，象征火，上三爻为巽，象征风。因此，《象传》称"风自火出"。本来，最初的"家人"乃是象征同一姓氏者的休养生息。后来儒家借助家庭之"家"，发挥伦理教化之道，所以《象传》说："家人，女正乎内，男正乎外；男女正，天地之大义也。家人有严君焉，父母之谓也。父父，子子，兄兄，弟弟，夫夫，妇妇，而家道正；正家而天下定矣。"[1]《象传》从男女问题延伸开来，进而叙说家庭社会所应遵循的道德伦常秩序。据说孔夫子整理《诗经》，以《关雎》为首篇，也是为了正家人夫妇之道。足见在一定历史时期，"家人"是与社会道德密切相关的。

"家"在人类社会生活中起着相当重要的作用。即便是乞丐也希望有一个家。

---

1 （三国）王弼注，（晋）韩康伯注，（唐）孔颖达疏：《周易注疏》之《周易兼义》下经咸传卷四，（清）嘉庆二十年南昌府学重刊宋本《十三经注疏》本。

在民间流传着这么一个故事：在外乞讨的一位老者于一乡村路边捡到一块骨头。快过年了，他连忙将这块骨头带回家。除夕之夜，这家乞丐没有别的东西，便将骨头熬了一锅汤。全家人十分高兴，他们唱啊跳啊，载歌载舞，欢欢喜喜过穷年，但却是一个十分快乐的年，因为他们暂时结束了漂泊不定的流浪生活，家人团聚了。可见，"家"对于安定的生活来说相当重要。

乞丐尚且需要有个家，其他各界人士对于家的需求当然是不言而喻的。婴儿待哺需要家，青年成长需要家，老年人颐养天年也需要家。即使是那些标榜"独身主义"的人也曾经获得"家"的滋养。从现实物质层面看，"家"是人类基本生理与物理需要的一项基本保证。

更重要的是，家提供了一种温情和亲情。当你在外遭受挫折时，你可以回到家中向家人倾诉那些在外面不方便说的话；当你在光怪陆离的世界闯荡累了的时候，你可以回到家中安歇；当你在社会上取得满意成就时，你可以回到家中与家人共享快乐。从这个角度看，有"家"就有平安，"家"就是平安生活的一种保障。

"家"是最基本的血缘社会单位。由家庭的发展，就有了宗族。所谓"宗族"指的是拥有共同祖先的人群集合体。最初，同一宗族的人往往聚集于同一个地方，形成比较大的聚落，是家庭的放大。因此，有学者将宗族又称为"家族"；但若细究起来，"宗族"是比家族更大一级的概念，一个宗族可以包括若干家族。不论家族还是宗族，都以具有共同祖先为基本特征，由于出自同一个祖先，家族与宗族都同姓。

宗族之"宗"，甲骨文写作"🔲"，字形由宝盖头和"示"构成。宝盖头代表庙宇；"示"的上面两横代表天，下面的"小"代表日月星。先民们以祖庙为场所，举行祭祀活动，力图获得上苍与祖先的保佑，上苍与祖先通过日月星辰的各种兆象启示人，《周易·系辞传》所谓"天垂象，见吉凶"就是此等境况的写照。许慎《说文解字》称"宗"者"尊祖庙也"。足见"宗"本来就是一个表征祖先崇拜的字。"族"，甲骨文写作"🔲"，这个字由三个部分构成。最上部分像一面旗帜，是部落的标志；中间部分是"矢"，即箭头，代表武装力量，第三部分是"口",为器皿象形,乃是通神的工具。这说明"族"一开始就是信仰、武装和统一号令的标识,无论是通过器皿通神还是用箭矢保护,都表征着先民们的平安意识。

由宗族的发展而有了民族。按照人类学的一般看法,所谓"民族"指的是基于一定生物特征、宗教信仰、语言文字、历史文化的特定群体。在这种特定群体中,生物特征意味着血缘关系的客观存在,宗教信仰是民族凝聚力的基本精神保障,语言文字是民族内部思想情感交流的必需,历史文化是民族生活的必然积淀。

关于"民族"这个概念,以往学术界有一种看法,认为中国古代典籍虽然有"民群""部族"等术语,却没有"民族"称谓,这是错误的。笔者检索《四库全书》,发现"民族"这个概念已在许多专书里使用。最早见于梁代萧子显《南齐书》谓"今诸华士女,民族弗革"[1]。唐宋以来,"民族"已经成为族群的一个通用概念。例如唐代皮日休《忧赋》谓"上自太古,粤有民族"[2],宋代徐梦莘撰《三朝北盟会编》卷一百四十四《炎兴下帙》称"有被掳贵官二十余家,各称其民族"[3],同书卷二百二十七称"陛下曾念中原之民族",宋魏了翁撰《鹤山集》卷六十二言"间有重民族、争门户、立庙院、修宗会等事"[4]。凡此种种,表明"民族"概念本中华本土故有,只是近现代以来,随着西学的东渐,这个概念才注入了新内涵,有了新解释。

民族包含了宗族。各姓氏源流反映了中国宗族的多种分支和演变。华夏民族共推炎帝、黄帝为远祖,证明了血缘关系也是民族得以成立和沿袭的基础。炎黄之后,姓氏分衍,姓氏逐渐增加。宋代编纂的《百家姓》收录姓氏440个,至清代刊刻的《增广百家姓》,已增加到504个。由此可见,民族是包含多姓氏的血缘组织形式。在现实生活中,各个民族还通过一定方式形成聚合大团体,中华民族就是这样的聚合大团体。它由56个不同的民族组成,经过时间的洗礼,融合成为

---

1 (南北朝)萧子显:《南齐书》卷五十四《列传第三十五高逸》,(清)乾隆武英殿刻本。
2 (唐)皮日休:《皮日休文集》卷一《忧赋》,(民国)《四部丛刊》景明本。
3 (宋)徐梦莘:《三朝北盟会编》卷一百四十五,(清)许涵度校刻本。
4 (宋)魏了翁:《重校鹤山先生大全文集》卷六十二,(民国)《四部丛刊》景宋本。

不可分割的整体。

如果说宗族是因血缘关系而自然缔结,那么民族则是血缘关系的衍生。正如宗族的维系导致宗法制度的建立一样,民族的繁衍也推动了民族文化的形成,这种民族文化反过来保护了民族共同体,使之能够休养生息。从实际生活来讲,民族是情感认同、利益认同、目标认同的组织形式。由于认同,处于一定社会的人可以在一定程度上避免冲突,从而平安地生活;反之,不顾民族的整体利益,人为地分裂民族,就可能引发冲突,乃至爆发战争。这从反面证明了民族团结乃是社会平安生活的必需。

历史上,中国的家族、宗族,都具有敬天法祖的传统。同一家族或宗族的人立祠堂、修族谱、修祖坟,并且形成了以族长为核心的管理、调济系统。这些形式最为重要的功能就是慎终追远,联络感情,化解矛盾,从而形成族群的凝聚力,这无疑有助于个体与族群整体的有序化生活。当代社会,城镇化运动逐步消解了农村以姓氏为核心的居住生活方式,许多宗祠破损乃至消失,人们上高楼,住套房,彼此见面机会少了,精神的直接交流少了,这对于人们的健康生活是不利的,许多人内心空虚,感到漂泊不定。这种情况如果没有改变,将会造成一些人的偏激性格,导致社会不安定。这是建设平安社会应该充分注意到并且认真研究对待的问题。笔者以为,以往以姓为基础的聚族而居,宗祠曾经发挥了社会和谐稳定的重要作用;当今,随着城镇化运动的迅猛开展,居处的姓氏杂多,在此情况下,或许可以通过建造书院的方式,为社区居住者提供文化学习与情感交流的服务。

(二)行业组织

行业组织是重要的社会系统组织。"行",甲骨文写作"𠁕",是十字路口的象形,表征道路交通。许慎《说文解字》称:"行,人之步趋也。"[1] 照许慎的解释,"行"所表示的是人在小路上行走或小跑。许慎之所以这样解释,是因为由甲骨文、金文到大篆、小篆,"行"的字形发生了许多演变,最重要的是篆书把本来

---

[1] (汉)许慎:《说文解字》卷二下,(清)《文渊阁四库全书》本。

作为十字路口的"行"写成了正反两个双人旁，着重强调人的行走。这样一来，"行"侧重于表示人在行动中，当许多人排成一列的时候，"行"就读作"háng"，具有纵向或横向排列的意思。至于"业"，金文写作"䇂"，上部是"辛"，刀具的象形，下部是"去"，表示出门劳动。"业"的造字本义是带着专用的工具进行劳动。

"行"与"业"结合，构成"行业"，这个概念首见于《后汉书》卷六十八《符融传》："二子行业无闻，以豪杰自置。"[1] 这句话是符融见李膺时讲的。其中的"二子"指晋文经、黄子艾，此二位善于言辞，常以天下豪杰自居，却没有实际的修业，所以符融说他们"行业无闻"，也就是说他们在专业领域没有什么本领，默默无闻，只不过懂得花言巧语罢了。从符融的谈话里，我们可以看出早在东汉时期"行业"已经成为专门工作领域的名称。此后，"行业"一词频繁使用，如《三国志》评太祖"任侠放荡，不治行业"[2]，《晋书》说简文帝之子道生"不修行业"，《宋书》卷六十六谓"谨有行业"[3]，《梁书》卷三十谓"闻其行业而善焉"，《旧唐书》卷二十四《礼仪志》谓"量行业授官"[4]，《抱朴子外篇》卷三十九谓"行业不可惰"[5] 等。这些例证中的"行业"，大多是从德行功业意义上说的，也有从职业或者生产作业角度说的。

就生产作业或技术专业角度看，中国社会经济中的行业可谓由来已久，有分工就有行业。例如上古时期，由于生活需求，人们重视制陶工作，那时就有专门的制陶业，相传黄帝时期的宁封子就是个制陶高手，其故事隐隐约约透露出制陶成为行业的一些信息。随着分工的进展，各种各样的行业逐步形成。历史上有所谓"三百六十行，行行出状元"的谚语，其中的"三百六十"虽然是个虚数，但也反映了社会分工细致、行业很多的情况。

1　（南北朝）范晔：《后汉书》卷六十八《郭符许列传第五十八》，百衲本景宋绍熙刻本。
2　（晋）陈寿：《三国志》卷一《魏书一》，百衲本景宋绍熙刊本。
3　（南北朝）沈约：《宋书》卷六十六《列传第二十六》，（清）乾隆武英殿刻本。
4　（五代）刘昫：《旧唐书》卷二十四《志第四》，（清）乾隆武英殿刻本。
5　（晋）葛洪：《抱朴子外篇》卷三十九，（民国）《四部丛刊》景明本。

有行业，就有行业组织。最有代表性的行业组织是"行会"与"会馆"。诸多研究成果表明，在欧洲，随着城市的兴起，中世纪时期就有行会；在中国，行会兴起于何时，学者们向来有不同看法。有人认为，中国行会可以追溯到春秋战国时期；有人认为，行会正式出现在唐代，发展于宋朝。这个问题的关键在于如何定义"行会"，如果把"行会"看作是为了调整同业关系、解决同业矛盾、保护同行利益、协调与政府关系的工商业组织，那么其正式诞生当在宋代。因为宋代以前的"行"尚未凸显业者自身的主体性、自主性，基本上是由政府主导，只是到了宋代，商人的总体力量强大起来，故而有力量通过行会组织来争取自身利益。此后，行会逐步发展壮大。明清时期，更有会馆的形成。顾名思义，所谓"会馆"就是相会的馆舍场所。明代之初，随着科举考试的恢复，读书人纷纷进京赶考，同乡人为了给应试的人提供方便，设立了会馆。以后，会馆的功能逐渐延伸，成为联络同乡人居住、谈生意的好场所。

关于行会与会馆的历史，有很多学者撰写了论著予以论述，这个问题非本书的主题，故而不准备花太多笔墨来分析。笔者所关心的是行会对社会平安的作用。概括起来，主要有如下三个方面。

1. 确立信仰，提升凝聚力

无论是行会还是会馆，都具有信仰的属性。在中国古代，每个行会都有祖师，凡是入行的人，都要履行祭拜祖师的礼仪。例如，木瓦石行祭拜鲁班，酒业行祭拜杜康，茶业行祭拜陆羽，钱庄行祭拜财神赵公明、关公等。各行各业在祖师诞辰日、忌日以及年节，都会举行祭祀，同行业的人在这些日子里，通过"张灯进表，唱戏酬神"，表达景仰祖师的情感。至于会馆，由于参加者大多为同乡的缘故，更是将家乡供奉的神像塑造于其中，有的会馆干脆设在宫观里，例如坐落于南京建邺区升州路西端水西门的天后宫就是福建会馆。

由于信仰的确立，行会与会馆便成了同行与同乡的精神家园。在行会的活动场所里，人们可以通过祭拜、祈祷等形式，排除内心的压抑情绪，有助于从业者的身心健康。从某种意义上讲，神明信仰也意味着一种行业道德、社会道德的认同，有助于社会秩序的维护。

2. 订立章程，协调内外关系

基于规范行业活动的考虑，所有行会都有自己的行规，这种行规的集中表现就是章程。其内容涉及行业管理的各个方面，包括生产组织、材料获取、材料分配、产品销售等都有详细的规定，甚至对度量衡器的使用也明确写入章程里。此外，如收徒授业也有行业准则。与行会订立章程相类似，会馆也有一套管理系统，例如总会首、分会首的设立；也有实行董事会、理事会的制度，相应地就有管理的条规或章程。

行会、会馆订立章程，这实际上是确定了从业活动、社会活动的一些规矩，便于大家统一遵守。会内成员、馆内成员如果有纠纷，可以通过组织予以调解。在明清之际，行会、会馆组织系统内的纠纷，一般都先进行内部调解，根据章程，判别是非，确定偿罚，一般情况下，纠纷都能够解决问题，这无疑有助于化解社会矛盾，维护社会系统的正常运转。

3. 提供社会救济，推动慈善工作

明清之际的行会，凡入会者都要缴纳一定的会费。除了维持行会运转之需，会费还用于救济那些遇到特别困难的从业者。至于会馆，更加注重乡情，所以救济困难、化解危机也列入了其工作范围。此外，行会与会馆在社会慈善方面开展诸多工作，例如创立义学、义冢，襄助寒士，施医给药，周恤贫孤。慈善事业的经费来源有乐善捐资，有集资分摊等不同形式，不论是哪一种方式，都体现了行业、会馆对慈善工作的重视。这在客观上有利于社会和谐。

明清以来，行业组织发生了很大的变化。近现代的中国，产生了大量的社团组织，这种社团组织大都具有行业的特征，例如中国工程行业协会、中国粮食行业协会、中国医药行业协会、中国工商行业协会、中国广告行业协会等等。此类行业协会的存在，有助于交流信息，沟通民间与政府之间的关系，具有不可替代的协调作用，有利于社会稳定。

（三）政府组织

就社会运行来说，政府组织起着关键性的作用，因为政府是社会管理的核心，

对于社会生活具有导向作用。

就起源而论，政府本出于一种武力征服。在甲骨文里，"政"写作"🖋"。此字左边是"正"，表示出兵讨伐不义；右边是"攴"，像持杖执鞭，表示用武力征讨。可见最初的"政"乃具有暴力统治的意义。"府"字，金文写作"🖋"，表示官方藏放财宝的建筑物，也就是国库。"政"与"府"联称，首见于《北史》卷八十三《王褒传》："政府臣僚，皆楚人也，并愿即都鄢郢。"[1]这是讨论定都的话，意思是讲：政府中的官员都是楚地的人，所以都愿意将京都设在鄢郢。从其言辞可知，"政府"已经由早先那种暴力统治职能转变为国家行政机关。

就行政管理来看，唐代以前虽然没有使用"政府"概念，却已经有政府的实体。将近五千年前的黄帝时期据说就有"明堂"，凡九室，用作商议军国大事。这隐约反映了当时中央政府的一些情况，而《周礼》所记载的"天、地、春、夏、秋、冬"的六官制度从一个侧面说明了先民们将社会管理与天体时空相对应的观念。经过漫长的发展，到了唐宋时期，中国古代的政府机构达到了比较完善的境地，这时候的中央政府体制为三省六部。所谓"三省"指的是尚书省、中书省、门下省。其中，"尚书省"特别重要，其下设有吏、礼、户、兵、刑、工六部，主管行政事务；"中书省"则负责起草政令，实际上是一个秘书班子；至于"门下省"，乃是掌管出纳和常命的机构，有审查诏令权力。为了提高工作效率，唐代有时让"中书省"和"门下省"合署办公，于是有了"政事堂"。到了宋朝，"政事堂"设于中书省内，称为中书。此外，尚有枢密院，其主官为枢密使，主管军事。其时，中书省和枢密院并称为"二府"。由此可以看出，直到宋代，国家中央政府的机构也是相对简明的。

当代中国，由于社会发展，为了应对各种复杂局面，中央政府的机构设置比起古代来要复杂得多。国务院管辖下的部门曾经达到40个，经过改革，目前也有27个部门，还有许多特设机构、直属机构等。这表明了当代社会系统的错综复杂，管理的成本由此大大增加。

---

[1]（唐）李延寿：《北史》卷八十三《列传第七十一·文苑》,（清）乾隆武英殿刻本。

就社会平安来讲,什么样的政府组织能够发挥更好的效用?这不能一概而论,但有三点是检验的试金石。第一,以民为本。唯有以民为本,才能"得民心",受到广大民众的支持,政权才能长久,老百姓才能口服心服。第二,公平公正。唯有公平公正,人们才有希望,有盼头,社会才能健康发展。第三,渠道畅通。上下沟通的渠道畅通了,民间有好的主意才能上传,政府有新的措施才能迅速下达,出现了矛盾才能化解。这三条乃是政府组织在平安社会构建中能否形成正能量的基本指标。

第三节 平安社会管理

有了组织机构,社会就形成了一种秩序。如何让各种组织机构有效地运转起来,中央政府的施政理念具有决定性的意义。所谓"思路决定出路",表明了执政者把握国家、社会管理方向是至关重要的。在这方面,我国历史上留下了珍贵的精神财富,无论是道家、儒家,还是法家、墨家,都有丰富的论述。笔者经过梳理,以为如下两个方面尤其值得借鉴。

一、无为而治的施政原则

"无为"这个词汇的确切含义对于当今的一般民众来说依然是陌生的,因为这不是生活用语,而是政治哲学术语,所以普通人不熟悉是不奇怪的。至于知识阶层和领导干部,情况比较复杂。其中有很熟悉的,有比较熟悉的,也有非常不熟悉的。这种复杂情况发生在当代中国是正常的,因为当代中国的知识领域与古代中国的知识领域有很大不同。人们在分工越来越细的情况下往往难以了解本行业以外的术语,所谓"隔行如隔山"形容的就是这种情况。

孔夫子说,"知之为知之,不知为不知"[1]。承认自己对某事某物不知道,这是

---

[1] (三国)何晏集解,(宋)邢昺疏:《论语注疏》解经卷第二,(清)嘉庆二十年南昌府学重刊宋本《十三经注疏》本。

实事求是的态度。然而，当今学术界和政界，有一些人实际上并不了解"无为"的由来和内涵，却偏偏要给"无为"来一番定性，说"无为"就是无所作为，是消极、落后的，反映了没落贵族的思想立场等等。这种看法曾经在数十年中占据主导地位。因此，笔者有必要对此略做解释。

（一）无为的精神：顺应自然

"无为"真的表示无所作为吗？非也。为了正确理解"无为"的内涵，我们还是先看看老子《道德经》是怎样论述"无为"的吧。

《道德经》第三十七章说：

> 道常无为而无不为。侯王若能守之，万物将自化。化而欲作，吾将镇之以无名之朴。无名之朴，夫亦将无欲。不欲以静，天下将自定。

老子告诉我们：大道化生天地万物，任其自然生长，从不加以干涉，这就是"无为"。从宇宙的存在状态来看，金、木、水、火、土五行变迁，春、夏、秋、冬四季轮换，没有一样不是大道的造化，这一切便是"无为之道"产生的"无不为"结果。假如侯王能够恪守"无为之道"，天下万物便自然生化不息，丰盛富足。但是，丰盛富足的物质难免会使一些人私欲膨胀，导致种种贪得欺诈行为。如果侯王善于治世，就应该以身作则，少私寡欲，并且以"无为"的道理去开导和教化私欲过剩者，人民自然归于清静而无争夺，从而天下自然就能够安定了。

明白了上面的意思，我们就可以进一步解释一下《周易》所谓"天文"与"人文"对应的问题了。中国古代所谓"天文"与当今的"天文学"是有所不同的。《周易》"贲"卦《彖传》说："观乎天文，以察时变；观乎人文，以化成天下。"[1] 此《彖》辞的"天文"指的是天的自然纹理，可以理解为天体的各种自然现象，而"人文"指的是社会人伦，即人与人之间的关系。整句合起来的意思是说：

---

[1] （汉）郑玄：《周易郑注》上经噬嗑传第三，（清）嘉庆中萧山陈氏刊本。

考察天体运转的自然现象，就能够预知时节与气象的变化；考察社会人伦，就能按照普遍的法则来教化天下百姓。可见，《周易》的基本思维方式乃是天人对举，从天道观察入手，进而推论人事，其中蕴含着人类社会应该效法天道的精神。老子《道德经》的"无为"论与《周易》这种思维方式是颇相一致的。就文化传承而言，《道德经》的"无为"理论乃是《周易》观天道以推人事这种思维模式的贯彻结果。正是基于"天文"与"人文"相互关联的思路，老子将大道的"无为"法则与侯王应该有的行为连通起来论述。在老子心目中，大道的无为特征可以用"朴"来形容。所谓"朴"，乃是树木的自然状态，没有他者干预，保持纯真本性。在没有进入名相思考范围时，这种天然的树木就称作"无名之朴"，它意味着没有乱作的欲望，侯王治理天下的简单道理就是恪守一个"朴"字。如此，内心清静而合于大道本性，天下也就自然而然地平定了。

顺应自然的"无为"精神对于社会政治生活来说，相当重要。关于这一点，可以秦汉社会更替的情况来说明。大家知道，历史上的秦始皇是一个好大喜功的君主，贾谊《过秦上》曾经描述说："及至始皇，奋六世之余烈，振长策而御宇内，吞二周而亡诸侯，履至尊而制六合，执敲朴以鞭笞天下，威振四海。"[1] 这个耀武扬威的秦始皇，虽然在统一度量衡、统一文字、统一国土方面做出重大贡献，但他主导下的秦国兴师动众，横征暴敛，劳民伤财，致使民不聊生，怨声载道，最终引发农民大起义，丢失政权。汉代秦而立，百废待兴，无论是王朝政府还是普通百姓都相当贫困。在这种背景下，"无为而治"的黄老道学政治思想在社会上勃兴，名相曹参、张良、萧何等人深感实施"无为而治"方略的意义。与民休息，发展生产，成为当时的基本导向。经过一个阶段的努力，社会逐步恢复元气。汉文帝、汉景帝时期，"无为而治"思想进一步被当时掌握大权的一批政治家们所认同，并且成为这一时期治国的基本方针，故而生产力大幅度提升，社会财富迅速增加，出现了"道不拾遗，夜不闭户"的良好社会风尚，整个社会安定繁荣，史学家们将这个时期称作"文景之治"。秦朝到汉初的事实证明：能否遵循"无为"

---

[1]（汉）贾谊：《新书》卷一，（民国）上海商务印书馆景印本。

精神来治理国家，其结果是大相径庭的。

（二）无为：对施政者膨胀私欲的制约

老子的"无为"精神原则，是在观察天道的情况下提出来的，也是在思索人间社会复杂关系的情况下提出来的。按照老子《道德经》的基本思路，天道是自然无为的，而人间社会本应该效法天道，顺应自然无为的运行大势，这样才能使社会享有公平与公正。然而，人间社会的现实却并非如此，他在《道德经》第七十七章中意味深长地指出：

> 天之道，其犹张弓乎？高者抑之，下者举之，有余者损之，不足者补之。天之道，损有余而补不足；人之道则不然，损不足以奉有余。

老子把天道的运化比作"张弓"。他以设问和比喻的方式阐述"天之道"与"人之道"的区别："天之道"的自然法则，不就像拉弓射物吗？弓位高了就要往下压一压，弓位低了就要往上抬一抬，这就是天道，用多余的来补不足。可是，"人之道"却与"天之道"相反，不是损有余以补充不足，却是"损不足以奉有余"。于是，富的更富，穷的更穷。整个社会也就处于一种贫富悬殊、矛盾逐步激发的状态。在老子看来，人间社会这种"损不足以奉有余"的现象是违反大道自然法则的做法。

而人间社会之所以发生"损不足以奉有余"的怪现象，在老子看来，就在于政府官员个人私欲膨胀，不能出于公心。对于那些自私自利的政府官员的行为，老子以犀利的笔锋予以抨击。《道德经》第五十三章说：

> 朝甚除，田甚芜，仓甚虚，服文彩，带利剑，厌饮食，财货有余，是谓盗夸。非道也哉！

这一章通过对比，描述了社会贫富悬殊的情形：一方面是耕作者的田园荒芜，仓廪空虚，人民的吃穿得不到保证；另一方面是负有社会管理责任的部分官员忘记了廉俭的品德，他们穿着华丽的衣服，佩上明亮的利剑，吃厌了山珍海味，玩腻了声色犬马，财产很多，受用不完，却从不去接济别人。对于这些官员，老子给予非常严厉的批判，说他们简直就是强盗头子。在老子看来，这种占有欲望强烈的官员被私心所驱使，他们在决策的时候处处考虑的是既得利益，所以不可能符合大道精神。

老子的《道德经》基于"无为"理念对那些将社会财富占为己有的自私自利官员的批判是相当深刻的，体现了老子对社会的深层反思，也很有现实意义。当今社会，有一些官员不正是如此吗？他们拥有人民给予的权力，却处心积虑地为自己谋利益，而不为社会百姓谋利益。他们利用手中的职权和可能的机会，侵吞国家财产，贪污受贿。善于钻营的腐败官员往往喜欢搞蒙骗百姓的"建设工程"，他们表面高举"建设"大旗，却在暗地里勾结开发商，搞权钱交易，他们不顾百姓死活，强行拆迁民房，使得许多人无家可归，有的被拆迁者甚至被迫自焚，酿成一幕幕悲剧。广大老百姓对那些横行霸道的贪官恨之入骨却无可奈何！当中国共产党和政府惩治腐败，将许多贪官绳之以法的时候，老百姓拍手叫好！事实证明：党和政府惩治不法官员的腐败行为，这是顺应民心的英明决策，也是符合大道精神的。

其实，如何做一个让老百姓欢迎的领导者，老子《道德经》第五十七章早有告诫：

> 我无为而民自化，
> 我好静而民自正，
> 我无事而民自富，
> 我无欲而民自朴。

这是发人深省的金玉良言。文中的"我"代表关怀百姓的圣人。当圣人居于领导岗位的时候，他们最为关心的是人民能否安居乐业。为了让老百姓过得幸福，圣人采取的是"无为而治"的治国方略。在此处的四句话里，老子明确指出了实施"无为"的效果——"民自化"，社会上形成了淳朴的乡风民约，老百姓自我管理、自我约束，这一切都是因为领导者真正把握了"无为"准则的缘故。就领导者风范来说，"无为"的具体内涵就是"好静""无事""无欲"三个方面。"好静"表示领导者冷静地面对一切事务，不可莽撞行事，更不可为私心所驱使，而应该正己不贪，这样才能使老百姓有效法的榜样，从而端正行为。"无事"表示领导者不要瞎折腾，更不要随便兴师动众搞这样那样的建设，这样那样的方案、审查，结果却是劳民伤财，无功有害；相反，应该给老百姓宽松的社会环境，唯有如此，老百姓才能感到自由自在，没有压迫，从而发挥自己的聪明才智，达到自然致富的目的。"无欲"表示领导者必须去除个人的种种欲望，时时刻刻，出于公心办事，这样才能使老百姓安心地生活，从而保持淳朴本色。

当然，老子《道德经》讲"我无欲"并非意味着担当了领导职务就不能有任何生理情欲，而是特指在履行公职的时候不能有私心，更不能侵吞国家或集体财产，不能损害公众利益。至于维持生命的基本生理情欲，老子《道德经》只是告诫应该有所节制，例如第十九章说的"见素抱朴，少私寡欲"就是这方面的忠告，它包含两层意义：一是承认人的基本生理情欲乃合于自然本性，所以必然存在；二是告诫人们应该注意克制过度的情欲，所谓"少""寡"其实就是说"饮食男女"的生理情欲不能任其无限制地膨胀。由此延伸到领导干部来说也一样，因为领导干部首先是人，享有作为人的基本权利。不过，即便如此，也依然需要节制生理情欲。不然，任其泛滥，不仅可能损害自己的身心健康，也对社会风气，乃至国家政治产生巨大危害。

（三）无为：正确决策的思想前提

就社会管理来讲，"无为"说到底就是以"天人合一"为纲领，认识和遵循社会运动规律，从而进行正确决策。

所谓正确决策，最重要的前提就是破除偏见。因为只要存在偏见，就会被假象所迷惑，无法真正做出符合客观事物运行规律的判断，从而造成决策失误。

人为什么会形成偏见呢？除了自我私欲的干扰，还在于认知存在问题。大家知道，一个人自从生下来之后就受到了两种限制。首先是受到生活范围的限制。由于处境不同，每个人的生活范围是有区别的，有的人生活范围大一点，有的人生活范围小一点，但不论是大一点的，还是小一点的，只要将其范围放在茫茫宇宙之中，就都显得非常渺小。因此，人的认知眼界从一开始就受到制约。这种制约造成了人们在认识事物时有可能造成偏差。就社会领域的认知来讲，这种制约也是存在的。例如在东部生活的人对西部的情况就不一定能够了解得详细和深入；反之，在西部生活的人们也不一定能够对东部的情况了解得详细和深入。再如一个从事机械制造的专家不一定能够了解病人的疑难杂症；反之，一个医生也不一定能够对机械制造过程了解得透彻。由于地域和行业分工的关系，人们通过某种途径得来的具体知识本来就具有局限性。其次是受到既得知识传统的限制。为了"种类"的繁衍，老一代会将自己的知识传授给下一代。就生活经验来讲，由老一代传下来的知识大部分都是有用的，其中包括语言、习惯以及各种常识等。然而，由前代人传授的知识本身就是有局限的，这不仅在于前代人的认知本来就受到局限，而且在于随着时间的变更，认知对象的情况发生变化，由此造成了知识传统与认知对象实际情况的不一致。不论是认知空间的限制，还是知识传统的限制，人们都可能形成某种偏见，并且把这种偏见当作"真理"。

在《庄子·秋水》中，有个"井底之蛙"的寓言故事，反映的就是这种情形。作者告诉我们：有一只青蛙，住在一口浅井里。有一天，从东海来了一只巨鳖。青蛙对巨鳖说："我生活在这里真快乐啊！你看，当我高兴的时候，就跳到井外，攀缘到栏杆上，蹦蹦跳跳，痛快地玩耍。要是玩累了，我就回到井里，躲藏在井壁的窟窿里，闭上眼睛，舒舒服服地休息。这里的水不深，我跳进井水中的时候，井水差不多浸到我的两腋，我轻轻托住下巴，在水上漂浮；井中的稀泥很软，我就把双脚埋在里面，那种感觉太好了！再看看周围的那些小虾、螃蟹、蝌蚪什么的，谁能比得上我快乐呢？再说，我独自占领了一口井水，尽情地享用其中的乐趣，这样的生活实在太美了，在下邀请您进来看看吧！"巨鳖接受了井蛙的邀请，准备到井里看看，但它的左脚还没有跨进去，右脚就已经被井的栏杆绊住了，巨鳖不得不慢慢退回去，然后站在井旁对青蛙讲述大海的奇观："兄弟，您知道海有多大吗？即使用'千里之遥'来形容，也难以说明它的波澜壮阔；即使用千丈之高来比喻，也不能表示它的高度。还在夏禹的时候，气候很不好，十年当中就有九年在下雨，大水泛滥成灾，但却感觉不出海面已经增高了；商汤的时候，气候更反常了，八年当中就有七年干旱，四面八方的土地都裂开了缝隙，但依然感觉不出海岸降低了。我生活的东海啊，不因时间长短而改变，也不因为雨量的多少而增减，在这样的环境中生活才叫作快乐啊！"井蛙听了巨鳖的叙述，非常吃惊，好半天都说不出话来。这时候，它才知道自己生活的地方实在太渺小了。

关于"井底之蛙"的故事，以往的学者多有解读。大多数专家认为，《庄子·秋水》是以生活在井底的青蛙象征那些眼界狭小的人们。这一点当然是不可否认的，因为井底之蛙不仅感觉自己的生活环境优雅舒适，而且还把自己与小虾、螃蟹、蝌蚪相比，以为自己比它们都快乐，看起来就有点洋洋得意，甚至骄傲自满了。像井底之蛙一样的人们在现实生活中的确是存在的。你看那些封闭式的领导干部谈起本单位的情况时常常也是将其描述得天花乱坠，好像他领导下的区域，人们已经是在天堂中似的。这种只说好不见坏的情形，不仅反映了严重的认知偏见，而且表现了固执的品行，最终必然导致决策上的失误。然而，《庄子·秋水》何止是讽刺井底之蛙式的人物呢？其实，那只从东海来的巨鳖也不值得效法，甚至也是被讽刺的对象之一。你看，面对井底之蛙，巨鳖的口气很大，它用了许许多多夸张性的语言来描述东海的情形，把东海的好处说得简直到了无以复加的地步，依然反映了某种偏见。如果说井底之蛙是因为生活环境的狭小而产生偏见，那么巨鳖则因为生活环境的相对宽阔而形成自我优越感，它喜欢吹牛，这从本质上看也是偏见，甚至可以说具有偏执的心态。从道学的立场看，都不值得提倡，引申到社会管理领域，都是应该避免的。

因生活环境和知识传统引起的认知偏见，可以使人骄傲自负，刚愎自用。如果担当领导职务，就不会很好地听取他人的意见，甚至可能一意孤行，其决策就可能与不断发生变化的客观情势不适应，最终导致失败。对于这种固执己见、刚愎自用的决策，老子《道德经》早有告诫。该书第二十九章说：

> 将欲取天下而为之，
> 吾见其不得已。
> 天下神器，
> 不可为也，
> 不可执也。
> 为者败之，
> 执者失之。

在这一章中，有个关键性的语词——"执"。这里的"执"是"固执"的意思，引申之则为"操弄"。在老子看来，天下是不能随便操弄的。那些为了满足个人私欲而操弄天下的人，是不能达到最终目的的。谁想操弄天下这种"神器"都会失败，即便一时到手了，最后还是会丢失的，从而被当作千古罪人来唾骂。

既然偏见、固执都将造成决策失误，那么应该如何避免这种不良的认知呢？老子《道德经》第十六章告诉我们，应该通过精神修养，达到"归根复命"的心灵状态来修正自我认知：

> 夫物芸芸，
> 各复归其根。
> 归根曰静，
> 是谓复命，
> 复命曰常，
> 知常曰明。

老子指出，宇宙间万物生生不息，纷繁复杂，但最终都要回到本初状态。回到本初就是由动而入于静。什么是"静"呢？老子讲的"静"并非只是描述人的躯体处于不动状态，更为重要的是表征了精神的安宁无念。决策之前，之所以需要进行精神的调理，是因为日常生活的事务纷纷扰扰，如果让各种琐事占据了内心，就会受到蒙蔽，不能达到真知。因此，为了正确决策，必须修真。所谓修真说到底就是去除妄心杂念、去除私欲，从而回归生命本初。具体说来，可以从调整自我呼吸入手，逐步地进入忘我状态，使自己与天地融通为一。这时候，我即天地，天地即我，精神信息库得到了彻底清理和纯化，就像我们当今使用计算机把那些无用的垃圾信息通通排除了一样，大脑的运行不仅正常，而且提高了效率。

从决策立场来看，"归根复命"的效果乃是把握了万物之"常"。所谓"常"也就是"常道"。在各种信息纷繁和私欲占据心灵的时候，"常道"隐潜不明，唯有静定才能使自己的心灵犹如一面没有灰尘的镜子，从而感通大道周转不息的规律，这就叫作"复命曰常"。由于掌握了事物运动的规律，内心明澈，就不会被假象所迷惑，这就叫作"知常曰明"。老子讲的"明"既是一种修持功夫，也是一种决策前提。因为"明"是通过宁心静气的方式实现的，而宁心静气乃是破除偏见的最佳途径，通过宁心静气、破除偏见，与大道感通，实现"天地与我并生，万物与我为一"的境界，从而进行决策就能够公平、公正，这就是老子所说的"道常无为而无不为"。

二、由道而法的行政方略

道家所谓"无为"对于社会管理是不是就意味着不要规则、章法了呢？当然不是。这个问题常常被误解，所以有必要再做进一步解读。

（一）依道制法：人性自然的行政关怀

就整个思想体系来讲，大道理论并非一成不变，而是不断发展的。先秦以老庄为代表的大道理论提出了一些根本原则，后来的道家学者又不断予以发挥和丰富。在社会行政管理方面也体现了这种发展。所以，我们论说这个问题应当有历史眼光。

第六章 平安之道与社会谐调

大家知道，社会管理需要一定的习俗或制度来保障。在古代，社会管理属于礼制范围。"礼"包含的内容很多，其中有民俗伦理方面的，也有行政典章、法律条文方面的，还有宗教礼仪方面的。

对于"礼"的内容和作用问题，古代各学派的认识与看法有所不同，尤其是儒、道两家的立场距离颇大，有的时候甚至是针锋相对的。

儒家从建立之时起就相当重视礼制文化的传承与建设。在孔子时代，儒家学习与研究的学科之中就有"礼"一门。按照《汉书·艺文志》等文献记载，儒家学习的"礼"包括《周礼》《仪礼》《礼记》三部。

相传《周礼》是西周时期著名政治家、思想家、文学家、军事家周公旦所著，孔子教授弟子的礼学据说就出自这个传统。然而，就现存文本看，《周礼》在流传过程中也发生了变化，留下了许多其他学派的思想痕迹。就内容而论，《周礼》涉及的领域颇广，大至天文历象、邦国建制、文物制度，小至工艺制作、衣饰车马，甚至草木虫鱼，无所不包。

与《周礼》相辅为用的还有《仪礼》，这是一部记载古代礼仪制度的著作。根据前人的考证，《仪礼》的产生时间可能比《周礼》还早，因为该书具有明显的商周礼仪痕迹，当时社会上层有许多复杂礼节，需要经过比较长时间的学习才能掌握，而儒生对此是有专门训练的。在操办过程中，儒生逐渐积累了关于社会礼仪的各种资料，后来汇编起来就成为《仪礼》。

至于《礼记》，乃是古代儒生解释《周易》与《仪礼》的理论性著作。它的编定时间在西汉，时有礼学家戴德和他的侄子戴圣，相继编纂关于古代礼学的解说资料。前者所写为《大戴礼记》，共有八十五篇，但在流行过程中有所散失，到唐朝时期只剩下三十九篇；后者所写为《小戴礼记》，共有四十九篇。大小戴《礼记》在内容上各有侧重和特色，流行更广的是《小戴礼记》，因为该书在东汉时期有著名经学家郑玄做了出色的注释，所以很受历代儒生欢迎。

从"三礼"的传授可以看出，儒家是很强调社会礼制学习的。这种情况从孔子时期已经奠定了思想基础，他曾经明确表示自己要"克己复礼"。孔子所要复的"礼"是什么呢？这就是周礼，他对此讲得很明白：

> 吾说夏礼，杞不足征也；吾学殷礼，有宋存焉；吾学周礼，今用之，吾从周。[1]

意思是说：我讲论夏朝礼制呢，夏朝后裔杞国已不足以验证它；我学习殷朝礼制呢，殷朝后裔宋国只是还残存着一些制度罢了；我学习周朝礼制，这种礼制现在还在实行着呢，所以我遵从周礼。从这种陈述中可知，孔子是经过比较之后选择周礼的。后来的儒家学派沿着孔子的思路，对于礼制相当维护。

与先秦儒家的做法很不同，早期道家虽然熟知礼制内容，但却对之持批判态度。老子《道德经》第三十八章说：

> 失道而后德，失德而后仁，失仁而后义，失义而后礼。夫礼者，忠信之薄而乱之首。

老子告诉我们：失去了大道，然后才讲求"德"；失去了"德"，然后才讲求"仁"；失去了"仁"，然后才讲求"义"；失去了"义"，然后才讲求"礼"。如果社会的"礼"成为虚伪的装饰，人与人之间的忠信丧失，祸乱与灾变就要发生了。

老子为什么批判"礼"呢？《庄子》对此有一番意味深长的解释。《庄子·知北游》篇说："礼，相伪也。故曰：失道而后德，失德而后仁，失仁而后义，失义而后礼。礼者，道之华而乱之首也。"[2]《知北游》把"礼"说成"相伪"，真可谓开门见山，一针见血；该篇在重述了老子言论之后紧接着对"礼"的本质做了补充性说明，它所讲的"道之华"并非意味着"道的精华"，而是指"道的装饰"，即徒有的华丽外表。在《知北游》看来，用华丽外表来装饰，这就好像一个人在说谎，最终总要被戳穿，因此是天下大乱的罪魁祸首。[3]

---

[1] （宋）卫湜：《礼记集说》卷一百三十五，（清）《通志堂经解》本。
[2] （唐）成玄英：《南华真经注疏》卷七，（清）《古逸丛书》景宋本。
[3] 当然，老庄哲学怀疑主义并非在任何情况下都否定"礼"与"仁义"，而是为了剥去伪装，对于原始朴素的"仁义"还是给予一定地位的。

第六章　平安之道与社会谐调

老庄对"礼制"的批判具有很强的针对性。春秋战国时期，在社会大变革过程中，原本朴素的"礼学"发生危机，这种危机表现在伴随着"礼"与"仁义"的时兴而出现了假仁假义现象。所谓假，含有假借意义，也就是把"仁义"当作手段以达到其他目的，比如争夺霸权等。像被史学家称作"正而不谲"的齐桓公其实就是靠"假仁假义"而最终完成霸业的典型之一。齐桓公一方面帮助遭到狄人侵扰的邢、卫小国，筑夷仪以封邢，城楚丘以封卫，从而使"天下诸侯称仁焉"；另一方面则对诸侯"拘之以利，结之以信，示之以武，故天下小国诸侯既许桓公，莫之敢背，就其利而信其仁，畏其武"[1]。可见，齐桓公所谓"仁"乃是他推行"武事"以成就霸业的一种掩盖而已。像这种例子在春秋战国时期是很多的，被儒家尊奉为"亚圣"的孟子在他的书中就陈述了"五霸"在仁义方面的很多虚假行为。正因为如此，以老庄为代表的先秦道家对那些具有虚假特性的"礼制"给予猛烈抨击。

以老庄为代表的先秦道家批判虚伪的礼制，从社会管理的层面看，就是要恢复人性自然。因为人性出于道性，道性自然，人性当然也应该是自然的。所谓"人性自然"包含着两层意蕴，一方面，人性基于道性，本来是质朴的，就像婴儿的发声、吃奶等事，均为自然性的表现。这种自然性，也可以说就是善性。民国时期的著名学者刘咸炘在论及《淮南鸿烈》的时候说："人皆知《孟子》主性善，而不知道家亦主性善。道家言自然善，自然皆善，则性善何疑？特未标此义耳。标此义者，则有《淮南·本经篇》明本原之义，而曰：心反于初而明性善。"[2]这是相当精辟的概括。老子《道德经》以"上善"谓大道，说明大道的本性是善的，人由大道而生，当禀赋了大道的善性，所谓"修道"就是要去掉那些覆盖在善性上的污垢，恢复本真。另一方面，基于性善的认知，社会管理应该具有人文精神，从而实现行政的人文关怀。老子《道德经》第八章说"正善治"，这里的"正"通"政"，意思就是说：社会行政因为"善"而达到治理的良好效果。从这个角度看，所谓"正善治"也就是营造一种人性化的社会制度。这种制度讲究诚信，没有欺

---

[1] （春秋战国）左丘明：《国语·齐语》，济南：齐鲁书社，2005年版，第120页。
[2] 刘咸炘：《道教征略》（外14种），上海：上海图书馆、上海科学技术文献出版社，2010年版，第218页。

诈，老百姓的善良本性也就得以恢复。如何实现行政上的人文关怀呢？在老子看来，最为关键的是上层领导者对下层老百姓的态度。《道德经》第四十九章说："圣人无常心，以百姓心为心。"从今天的立场看，"圣人"就是具有高尚道德情操的领导者，他们进行社会管理并没有固定模式，而是从老百姓的需求入手来考虑问题的，能够想百姓之所想，急百姓之所急，这就是行政上的人文关怀。

  道家理论批判虚伪礼制，力图实现行政上的人文关怀，这并非表示完全否认人类社会生活的法度。相反，从老子开始，就已经明确提出了人类社会应该有"法"。《道德经》所谓"人法地"虽然不是直接从法度意义上讲的，但也意味着人类社会应该有适合于生存的规则。这种思想被后来的《黄帝四经》继承和发挥，《黄帝四经·道法》篇说"道生法"，这个"法"就是法度，即社会生活的准绳，延伸开来就是规章制度。按照道家的主张，"道"是根本，"法"是派生的。"道"是主导，"法"是维护社会秩序的具体措施。出自大道精神的"法"有什么特性呢？《鹖冠子》说："唯道之法，公正以明。斗柄东指，天下皆春；斗柄南指，天下皆夏；斗柄西指，天下皆秋；斗柄北指，天下皆冬。斗柄运于上，事立于下；斗柄指一方，四塞俱成。此道之用法也。"[1]《鹖冠子》所讲的"法"不是由人随意决定的，而是根据大道原则确立的，所以称作"唯道之法"。这里的"唯道"两个字特别重要，表明人类社会的"法规"应该以大道作为唯一的遵循根据，体现着社会运行规律，这种规律犹如北斗星的运转一样，其斗柄指向与春夏秋冬的自然节律相一致。从这个意义上看，"法"其实是效法天道自然本性的体现，因此是"公正以明"的。

（二）一任法度：公正无偏的行政机制

  道门认为，遵循大道而建立起来的法度对于维持社会秩序是很重要的。关于这一点，《通玄真经》有很好的论述，该书之《上义》篇说：

    夫法者，天下之准绳，人主之度量也。悬法者，法不法也。法定之后，

---

[1]（春秋战国）鹖冠子：《鹖冠子·环流第五》，《道藏》第 27 册，第 207 页。

中绳者赏，缺绳者殊（诛）。虽尊贵者，不轻其赏；卑贱者，不重其刑。犯法者，虽贤必诛，中度者，虽不肖无罪。是故公道而行私欲塞也。[1]

照《通玄真经》看来，社会国家要能够有序地运行，则必须有法可依。法是天下的准绳，君主管理天下必须有法才能对各种行为予以判断。因此，法律必须颁布，让普天下的人们都明白，这就叫作"悬法"。就字源而论，"悬"本是人首倒挂的样子，从于系。引申之，"悬"则表示将某物挂起来，"悬法"就是把法令条文放在明显位置，令人一目了然。于是那些原本无所适从的地方就有法可依了，而不明白"法"的人也能够明白了，这就叫作"法不法"。当"法"公布于世以后，实施者就应该做到依法办事。凡是遵纪守法的人就给予奖赏，凡是违法乱纪的人就给予惩罚。在执行过程中，必须中正公平。具体说来，应该做到如下几条：第一，即便是很尊贵的人，如果他是守法的，不应该少给奖赏；第二，如果是卑贱的人犯法，不应因为他卑贱就加重惩罚，而是依法量刑；第三，不论是在什么情况下，只要犯法就应该追究责任，即使平日被奉为"贤人"的人照样不能免；第四，如果行为符合法度，即便他曾经是个"不肖"的人，也不能随意加罪。能够做到上述四个方面，公道就能够在天下畅行，而私欲就会被塞住。

根据天道法则，道门以为社会治理要达到中正公平，必须经过一番探索和体验，处理好各种关系。《通玄真经》说：

治人之道，其犹造父之御驷马也。齐辑之乎辔衔，正度之乎胸膺，内得于中心，外合乎马志，故能取道致远，气力有余，进退还曲，莫不如意，诚得其术也。[2]

这里的"治人"可以理解为社会行政管理，而"治人之道"就是关于社会行

---

[1] （唐）徐灵府：《通玄真经注》卷十一《上义》，《道藏》第16册，第725页。
[2] 同上书，第724页。

政管理的基本原则。按照天道的精神，社会行政管理能够形成一套具体的操作技术，这种操作技术就像"造父"驾驭驷马一样，应该遵循车马运行的规律，才能运作有序。

"造父"是什么人呢？据《史记·赵世家》等文献记载，造父本姓嬴，东夷族人，是周穆王的首席御官，据说周穆王曾经令造父驾车到西方巡狩，周穆王见了西王母长得漂亮，乐得忘记了回返的事。恰在这时候，徐偃王造反，周穆王才着急起来。幸好造父驾驭马车的技术高超，他载着周穆王快马飞奔，日行千里，终于赶回故国。周穆王一回国就组织兵力，一举击败徐偃王。为了表彰造父的救国安邦之功，周穆王把赵城封给造父。从此，造父就以赵为姓，成为赵姓始祖。

造父为什么会有那么高超的驭马驾车技术呢？据《列子·汤问》记载，造父的技术是向泰豆氏学习的。一开始，造父就很谦恭，但这样坚持了三年，老师依然没有传授造父关于驾驭车马的技术。于是，造父在礼节上更加恭敬小心。泰豆氏看出造父是个可教之才，就说："古诗言：'良弓之子，必先为箕，良冶之子，必先为裘。'汝先观吾趣。趣如吾，然后六辔可持，六马可御。"[1]意思是讲，古代诗歌中说：擅长制造良弓的人，必须先做簸箕的活儿；擅长冶炼的人，必须先做皮革处理的活儿。你先观看我快走的姿势，然后慢慢学习，等到你快走的姿势与我差不多一样了，就可以掌握住六根缰绳，驾驭好六匹马拉着的车子。造父回答说："一切遵照您的吩咐办。"这时，泰豆氏便立起木桩作为道路，这木桩很小，只能放一只脚。泰豆氏按照一定的步伐数目放置木桩，踩着木桩行走。他快步往返，却不会摔跤，也没有失足。造父就跟着老师学习走木桩的技术，三天就完全学会了。泰豆氏非常惊讶地说：徒儿，你真是太聪明了，学得这么快！那些久经实践的驾驭人也不过像你这样而已。记住！前面你这样快步行走，用的是你自己的脚，但应该在心中细细体会其中的技巧，领悟了其中的秘诀之后就推而广之，应用到驾驭方面。在协调缰绳和辔衔的时候，是快是慢，要让马的嘴唇感觉和你的手力一致，让马的行动法度掌控在你的心中，把握住所有节奏，这样就能够得

---

[1]（春秋战国）列御寇撰，（晋）张湛注：《列子》卷五，（民国）《四部丛刊》景北宋本。

心应手，并且让马也心领神会。如此，就能进退自如，走得像用绳墨画的一样笔直，转弯像圆规画的一样圆。如果能够这样，即便要去的地方很远也会有气力的。学会了驾驭技术，你就可以领悟：衔有动作，响应的却是来自辔的装置；辔有动作，响应的却是来自手的感觉；手有动作，响应的却是来自心灵的本能。到了这样的境地，你就不是用眼睛看马，也不是用鞭子赶马，真正达到了心境闲暇，身体端正，六匹马的缰绳都不会错乱，二十四个马蹄也不会出现不协调的状况，转弯、前进、后退，没有不是中规合矩的。这时候，车轮之外就可以不要多余的车道，马蹄之外也可以不要多余的地面。于是，你就不会感觉到山川峡谷有什么危险，至于平原湿地，看它们的时候都是一样的了。我的技术全都在这儿了，你把它牢牢记住就是了。

从造父学御的故事中，我们可以获得什么启迪呢？其中最为重要的是"回旋进退，莫不中节"[1]，这表明驾驭也是有法度的。所谓"莫不中节"就是一切都合于法度，而要达到这样的出神入化境地，就必须经过一番严格训练，并且能够细心体验，最后才能使人心与车马节奏融通为一。这种道理也适用于社会行政管理，所以《通玄真经》采用造父的故事以比喻"治人之道"，并且予以引申发挥，强调"正度"的重要性。所谓"正度"，说到底就是公正合理。在《通玄真经》看来，社会行政管理，也与驭马驾车一样，需要得其"自然之道"，才能达到"万举而不失"[2]的效果。《通玄真经》的这种看法乃是老子《道德经》效法自然思想在社会行政管理上的应用，代表了发展时期道家的基本主张，至今依然具有现实意义。

（三）简约明达：释放潜能的行政环境

道门主张社会行政管理一任法度，并非要制定很多烦琐的法律条文以及各种令人眼花缭乱的行政措施。相反，从先秦开始，道家宗师就指出应该政令简明，使人们生活方便。

老子《道德经》第五十七章说："法令滋彰，盗贼多有。"老子所讲的"法令"

---

[1] （金）高守元：《冲虚至德真经四解》卷十四，《道藏》第15册，第113页。
[2] （唐）徐灵府：《通玄真经注》卷十一《上义》，（民国）《四部丛刊三编》景宋本。

就是各种政策法规条文，而"滋彰"则是形容发布的政令法规已经超出了实施的可能范围，到了泛滥成灾的地步。照此说来，一个政府如果发布太多的法令条文，弄得人们无法遵循，就会出现许许多多的盗贼，因为法律条文烦琐，就可能产生歧义，留下漏洞，那些想钻漏洞的人就会顺势而兴，这些人因为是通过钻漏洞而窃取资源，其行为与在光天化日之下抢劫没有什么两样，所以称作"盗贼"。老子这种思想得到了《通玄真经》的继承，该书《微明》篇以文子向老子请教的方式论述国法问题。文子问曰："为国亦有法乎？"老子曰："今夫挽车者，前呼邪轷，后亦应之。此挽车劝力之歌也。虽郑卫胡楚之音，不若此之义也。"[1]在这里，老子以两人合作拉车与推车作为比喻。他指出，在前面拉的人一声"邪轷"，后面就响应一声，这是为了协调用力所唱出的号子。虽然在不同的地域，所唱的号子也许不同，譬如郑卫胡楚的人，其发音不同，但用意却一样，这就是协调行动，具有"法"的意义。可见"法"来自生活，用于生活，形式如何无关紧要，使社会有序运转才是关键，因此，就像驾车的号子一样，简单可行最好，不需要太多太复杂的曲调。通过这个比喻，《通玄真经·微明》做出结论说："治国有礼，不在文辩；法令滋彰，盗贼多有！"很显然，《微明》篇这个结论是对老子《道德经》思想的直接弘扬。基于老子的思想，《通玄真经》在许多场合都强调法令不能烦琐苛刻。例如《道原》说："夫法刻刑诛者，非帝王之业也。棰策繁用者，非致远之御也，好憎繁多，祸乃相随。"[2]作者告诉我们，法令繁多并且滥用，最终只能引发灾祸，这可以说是一个严重的警告。

  法令繁多严苛为什么会引发灾祸呢？王弼在《道德经注》第四十九章的注释中说明了这个问题："若乃多其法网，烦其刑罚，塞其径路，攻其幽宅，则万物失其自然，百姓丧其手足，鸟乱于上，鱼乱于下。是以圣人之于天下，歙歙焉心无所主也。"意思是讲，刑罚不胜其烦，就把生活的路径都堵塞了，万物失去了自然本性，老百姓的手足好像都不能自由伸展了，这就好像鸟儿不能在天上飞翔，鱼儿不能在水里穿梭一样。如此一来，宇宙之间反而坏了规矩，这是多么严重的问

---

[1] （唐）徐灵府：《通玄真经注》卷七，（民国）《四部丛刊三编》景宋本。
[2] 同上。

题啊！所以，圣人管理天下从不用烦琐而严苛的法令去束缚人们的手脚和心灵。

既然法令太烦琐有害，那就只有删繁就简了。所以《通玄真经·精诚》说："法省不烦，教化如神。"严遵《道德指归论》卷一《上德不德篇》也说："法正而不淫。"所谓"不淫"就是不要滋生出种种不必要的枝节来。正如《庄子》所用"骈拇"的比喻一样，人的手脚本来都有个大拇指，但如果从大拇指再生出一个旁支来，就是累赘了，此非"天下之至正"[1]，所以应该去除。

根据以上的认识，《通玄真经·上义》总结说：

> 善赏者，费少而劝多；善罚者，刑省而奸禁；善与者，用约而为德；善取者，入多而无怨。故圣人因民之所喜以劝善，因民之所憎以禁奸。赏一人，而天下趋之；罚一人，而天下畏之。是以至赏不费，至刑不滥。圣人守约而治广，此之谓也。[2]

《通玄真经》这里讲的"赏""罚""与""取"都属于法令规章的范畴。如何对善举进行奖赏？如何对恶行予以惩罚？又如何给予？如何获取？其中都是很有学问的。《通玄真经》用了"少""省""约""不费""不滥"的语词，都在于表明依大道治国，应该简而不繁。

在社会行政管理上之所以要简约明达，是因为这在精神上符合大道的"抱一"原理。《道德经》第二十二章说："少则得，多则惑。是以圣人抱一为天下式。"在这几句话中，"抱一"是关键词。所谓"抱一"就是持守大道而不舍。"一"是与"多"相对应的，老子明确反对"贪多"的做法，这也包括了法律条文不能烦琐。按照老子的意思，唯有简明才是治理天下所应该遵循的，这就叫作"天下式"。这里的"式"尤其具有深意，它意味着"法度""模式"的纯正不偏、简要为本。

关于社会行政管理的"抱一"简要原理，老子在《道德经》第五十九章中有

---

1 《庄子·骈拇》，（清）《文渊阁四库全书》本。
2 （唐）徐灵府：《通玄真经注》卷十一，（民国）《四部丛刊三编》景宋本。

进一步论述，他把这个原理又称作"啬"，以为：

> 治人事天莫若啬。
> 夫唯啬，
> 是谓早服。
> 早服谓之重积德，
> 重积德则无不克，
> 无不克则莫知其极。
> 莫知其极，
> 可以有国。
> 有国之母，
> 可以长久。
> 是谓深根固柢，
> 长生久视之道。

什么叫作"啬"呢？这就是节俭、爱惜。老子教导我们：不论是社会行政管理，还是敬奉上天神明，都应该遵循"啬"的精神。为什么要"啬"呢？因为只有贯彻体现节俭原理的"啬"，才符合"早服"的行动趋向。所谓"早服"就是及早地做好准备，从持守大道的精神方面检讨行为。按照老子的思路，社会行政管理与养生治身是一个道理，都应该节俭精神、积蓄能量。能够如此，就叫作"重积德"。因为节俭精神，使之不妄泄，就能够心德全备；而心德全备，就能回复到人的自然本性，使人尽早投身于"道"的事业。真心投身于"道"的事业，就要在世上多做善事，不断地积累"功德"。若能做到德行深厚，治理人与侍奉上天就没有不能胜任的。既然可以胜任这样的大事，就难以估计他力量的极限。像这种力量难以估计的人，也就可以担负治理国家的重任了。这样就抓住了治国的根本。圣人率天下以"道"，天下自然就可以长治久安了。这就好像深山里的大树，高大挺立，根深叶茂，生命旺盛，千秋万载，难以撼摇，这就叫作"长生久视之道"。

在老子《道德经》中,"去繁就简"的节俭原理,属于"三宝"之一。在该书第六十七章中,老子说:

> 我有三宝,
>
> 持而保之:
>
> 一曰慈,
>
> 二曰俭,
>
> 三曰不敢为天下先。

老子以充满期待的语气告知世人:我有三件宝物,长久以来一直珍藏着它们,慎重地使用它们:第一称为"慈",第二称为"俭",第三叫作"不敢为天下先"。所谓"慈"即慈爱天下万物。慈爱天下万物就能产生勇气。比如一位母亲,为了子女的生活,背负着自己的责任,敢于面对人生的种种艰难苦楚,这就是慈爱所激发的勇气。"俭"即节俭爱惜。节俭爱惜才能宽裕,做事游刃有余。譬如节俭自己的精神,使不妄泄,就能精神饱满,使先天之气运转,五气朝元,三花聚顶,元神复位,然后山川依我驰骋,天地任我遨游,从而更能发挥济人救世的伟大作用。"不敢为天下先",才能成为天下万物的首领,因为只有具备谦虚宽容的美德,才能受到人们的尊敬和拥戴。

老子《道德经》把"俭"置于"三宝"之中,这尤其意味深长。由此可以看出,道家倡导社会行政管理的"简约明达",并非孤立行为,而是由慈心决定的。有了慈心,必然就会宽容,不会以烦琐严苛加在他者身上,由此引申,就必须尊重他人,所以"不敢为天下先"也是势在必然了。由此可见,"俭"而不繁,是社会行政管理具有人性关怀的必然要求,也是彼此相互谦让的行为基础。

一个社会,如果能够奉行大道原则,无为而治,简约明达,所有人都感到宽松自在,潜能被源源不断地激发出来,人与人、人与环境全都和谐共处,这样的社会,将是令人向往的。

下编

平安之道的生命观照

第七章　平安之道与环境要求

人们如何才能平安生活？除了有合适的社会制度、人文环境，还得有恰当的自然环境，因为人是在一定的空间中生活的，空间格局的各种因素决定了人的生活质量。长期以来，社会上流行着一种观念，叫作"人定胜天"。在这种观念驱使下，人们改造自然，发动了对自然界的种种征服行动，最终破坏了环境。而今，环境污染已经成为影响人们平安生活的最为严重的问题。因此，很有必要反思一下当今人类的行为。从先民那里寻找智慧，笔者翻检资料，发现道教文献以及相关的术数文献，有不少地方涉及环境问题，这些文献的一些论述对于我们当今维护环境安全是有帮助的，尤其是其中的堪舆理论，其总体把握的精神更值得重视。鉴于此，本章拟由此入手来展开讨论。

第一节　堪舆与生态安全

"堪舆"是中国本有的概念，是一种勘察天地、寻求合理的生活行动的术数体系，而"生态"是西方环境科学的概念，两者出自不同的文化背景、社会背景，初看起来彼此并没有什么关系，但细究起来，却有相一致的地方。

一、堪舆概念内涵及其生态学意义

为什么说"堪舆"与西方学者提出的"生态"概念具有一致的地方呢？这个问题，可以从"堪舆"概念内涵的解释入手予以说明。

(一)"堪舆"概念解析

什么叫作"堪舆"呢？按照汉代文字学家许慎《说文解字》的解释，"堪"原指天道，"舆"原指地道。地在下而卑，天在上而高。地载天盖，是为堪舆。由此引申，则俯以察地文，仰以观天象，堪舆即为勘察。用到地形勘察上面来，则堪舆无疑是相地术的一种文雅的名称。

关于"堪舆"的性质问题，古人曾有许多论述，现代学者也提出了种种看法。由于认识角度不同，看法也就相去甚远。有人把"堪舆"当作旧时的一种迷信，也有人把堪舆看成"地球磁场与人类关联学"。笔者以为，把堪舆一概斥之为迷信是不公正的，而把它乔装打扮，完全等同于近代以来的实验科学行为或科学理论也是不足取的。

从一般意义上看，堪舆应从两个层次来加以理解。首先，这是一种客观环境的自然构成；其次，这又是一种术数活动。前者是客观的，后者则是主观的。在长期的使用过程中，人们没有把堪舆同堪舆术分开，从而也就形成了一词多义的情形。因此，我们对于前人的阐述必须从整体上加以把握，方能明了其真义。

正如其他术数学探讨一样，笔者主张从多层次来认识堪舆问题。作为一种独特的文化现象，堪舆教人如何择吉避凶，探究人与自然环境的关联。在数千年的历史中，古人既有扑朔迷离的堪舆实践活动，又有丰富多彩的堪舆理论著作。

值得注意的是，堪舆还有许多近似的名称：或称之为风水，或谓之为形法，或目之为青囊、相宅、相地等等。

在堪舆的各种可转换或近似的名称中，"风水"最为人们所熟知。"风水"一词首见于旧题郭璞撰的《葬经》："葬者，乘生气也……经曰：气乘风则散，界水则止。古人聚之使不散，行之使有止，故谓之风水。"[1]《葬经》是从丧葬的角度提出"风水"这个概念的。它认为埋葬死者应该选择有生气的地穴，这样才能使之再生。气是万物之源，有聚有散，有行有止，聚则成形，散则化体。大自然中运行之气因风与水的激荡，调和而凝于地穴，通过地形察看，认识风与水的特有关

---

[1] （晋）郭璞：《葬经》，（清）《文渊阁四库全书》本。

第七章　平安之道与环境要求

联,选择地形,这就是风水。在此,《葬经》不仅从气化运动角度认识风水的客观意义,而且重在于"察",这就为风水与堪舆词义的转换奠定了基础。

与风水一样,"形法"在图书分类上也列入堪舆之中,有时甚至被等同于堪舆。"形法"之称见于《汉书·艺文志》:"形法者,大举九州之势,以立城郭室舍形,人及六畜骨法之度数,器物之形容,以求其声气贵贱吉凶。"[1]由此不难看出,"形法"的关键在于"相",即认识大地、人物、牲畜、器物的形相,根据这种形相来判断贵贱吉凶。本来,形法的范围比堪舆更广,但在具体语言环境中,有时又借"形法"以表示堪舆活动,表示相地、相宅。所以,《四库全书总目提要》指出形法非相宅相地的专名,"假借"而已。不过,既然可以假借,我们碰到形法之类典籍或冠有"形法"之名的著作时也就必须进行辨析,看看它是否属于"堪舆"之类。

至于"青囊"乃是堪舆的一种象征性说法。青囊本是古代相士装书的袋子,后来假借以称相士。号称青囊的相士又用自己的这种名号作为书名,于是有的术数学著作便有青囊之称。这也体现在堪舆文献之中,如传授郭璞堪舆术的郭公据说就有一部《青囊中书》。久而久之,青囊又成了堪舆的另一别名。

在古代,"相宅"也具有堪舆的意义。《尚书·召诰序》谓,周成王在丰之时,"欲宅洛邑,使召公先相宅"[2]。在这里,"宅"是居住的意思,"相宅"就是选择生活住宅之所。由于人死了之后也需要安歇之地,"宅"便又被延伸而有了"墓穴"的含义。堪舆术士将"宅"分为阴阳两类。阳宅是活人居住的场所,阴宅是死人安眠之场所。不论是活人居住,还是死人安眠,古代认为宅地的确定都应经过一番选择。在确定其方位之后还应根据一定的规则进行营构。在这个过程中,必须考虑多种因素的作用,因而"相"便有了浓厚的主体意识。

"堪舆"名称的多种转换是不同时空中人心营构的结果。一方面,这种转换体现了不同时空不同相士对人与自然之关联的不同层次之认识;另一方面,这种转换又有共同的归宿,这就是通过某种场地的选择以满足和谐的心理需要。所谓

---

[1] (汉)班固:《汉书》卷三十,(清)乾隆武英殿刻本。
[2] (汉)孔安国传,(唐)孔颖达疏:《尚书注疏》卷十五,(清)嘉庆二十年南昌府学重刊宋本《十三经注疏》本。

"天下同归而殊途，一致而百虑"，用来说明"堪舆"名称的多种转换无疑也是合适的。

（二）"堪舆"以环境平安为第一追求

"堪舆"内容丰富，既涉及理论问题，也涉及具体的技术操作问题，但不论哪一个方面，都是以人的平安生活为第一要求。关于这一点，早在汉代的道教经典《太平经》中已经有所论述。该书卷四十五《起土出书诀》曰：

> 夫人命乃在天地，欲安者，乃当先安其天地，然后可得长安也。[1]

这段话的关键词有二：一是"安"，另一个是"天地"。

"安"字，《说文解字》谓之"靖也。从女在宀中"。其中的"靖"又作"静"，而"宀"代表房屋。从甲骨文、金文的字形可知，"安"字像一个女子将手置于胸前，静静地坐在一间屋子里，其意涵为安宁、安定、安全。在《太平经》这段话中，"安"的意义也是丰富多样的，但应该说"安全"是比较重要的义项。至于"天地"一词，最初指的是"天"与"地"，《周易》所谓乾为天、坤为地，就是这种意思，后来引而申之，泛指整个自然界和人类社会。

联系前后文，可知《太平经》上述言辞的出发点是人命安全。由于人命存在于天地间，要达到人命安全目的，就得从其生存环境——"天地"入手考虑问题，这就是"先安其天地"的起因。文中的"其"代表人命，"其天地"可以读作"人命的天地"。如此看来，天地便不是孤立存在，而是与人命不可分割地联系在一起。换一句话来说，天地与人构成了一个系统，即生态系统。因此，当"天地"与"安"字组合起来的时候，也就有"生态安全"的思想意涵包括其中了。

其实，在《太平经》里，已经出现了"安全"这个词汇。该书卷三十七《试文书大信法》称：

---

[1] 王明：《太平经合校》，第124页。

第七章 平安之道与环境要求

其后世学人之师,皆多绝匿其真要道之文,以浮华传学,违失天道之要意。令后世日浮浅,不能善自养自爱,为此积久,因离道远,谓天下无自安全之术,更生忽事反斗禄,故生承负之灾。[1]

在这里,《太平经》就文书传承问题展开批评。其中的"后世"是与"先王之世"相对而言的。在传统中国,"先王"有不同意指,但一般是指上古的贤明君王。例如《周易》"比"卦之《象》曰"先王以建万国"[2]即是此义。照《太平经》的看法,先王之世文书传承的是"真要道";但"后世"文书传承却远离了大道,所以也就没有"安全之术"可言了。尽管《太平经》是在批评当时天下失道的情形,但字里行间却透露出对"安全"问题的关注。作者指出"天下无自安全之术",这恰恰说明天下需要"安全"之术。既然"天下"指称的是自然界与人类社会整体,而这个整体即构成了有机生态,那么"天下安全"也就蕴含着"生态安全"的思想旨趣。结合《试文书大信法》的论述,我们再回过头审视"安其天地",就能够领悟《太平经》关于生态安全的前瞻精神了。

关于重视生态安全的思路,在《黄帝阴符经》中也同样贯彻着。该书说:

天地,万物之盗;万物,人之盗;人,万物之盗也。三盗既宜,三才既安。故曰:食其时,百骸理。动其机,万化安。[3]

这段论述的核心是天地、万物与人的关系问题。作者用了"盗""宜""安"三个关键词来阐述天地、万物与人的相互关系,以及人在处理相互关系过程中所应有的方式及其结果。

---

1 王明:《太平经合校》,第55页。
2 (三国)王弼注,(晋)韩康伯注,(唐)孔颖达疏:《周易注疏》之《周易兼义》上经乾传第一,(清)嘉庆二十年南昌府学重刊宋本《十三经注疏》本。
3 (唐)李筌:《黄帝阴符经疏》卷中,《道藏》第2册,第740—741页。

首先,《黄帝阴符经》看到,人的生存环境是多种事物构成的广袤空间,这个空间可以用"天地"二字来概括。正如《太平经》一样,《黄帝阴符经》中的"天地"也具有极大的包容性。对此,唐代道教学者李筌用"阴阳"二字来疏解天地,以为阴阳衍生出木火土金水五行,于是有了"七炁"。李筌指出:"天地万物,胎卵湿化,百谷草木,悉承此七炁而生长,从无形至于有形,潜生覆育,以成其体。"[1]这样说来,天地间的存在物是多彩多姿的,"胎卵湿化,百谷草木",彼此的生存方式各不相同,但它们又都禀赋阴阳五行"七炁"而生,经历了从无形到有形的过程。

其次,《黄帝阴符经》根据天地间的存在状况概括出"天地""万物""人"这三个重要概念,并且以"盗"字来陈述三者之间的关系。如何理解这个"盗"字呢?《说文解字》称:"盗,私利物也。"在古文字中,"盗"的上部像一个人在流口水,下部像一个器皿,表示人看到珍品,被诱惑而产生占有的心念,进而悄悄取走,这就叫作"私利物"。《黄帝阴符经》使用"盗"字当然不是赞扬私自窃取他人器物的行为,而是用以表征天地、万物与人在自然状态下相互汲取资源以利生的关系,因为这种"汲取"是悄悄进行的,所以用"盗"来形容。

复次,《黄帝阴符经》指出天地、万物与人相互汲取资源必须合"宜"。这个"宜"字寓意深刻,很值得揣摩。弄清了"宜",就能够领悟《黄帝阴符经》所谓"三才既安"的生态安全理趣了。"宜"的字形为上下结构,上面的宝盖头表示房屋,下面的"且"像砧板上放着肉,合起来表示以肉祭祀神明。《礼记·王制》讲到天子将出征的时候谓"宜乎社",此之"宜",为动词,表示在社坛举行宗教祭典,带有誓师庆典的气氛,当它转化为形容词时则表示适宜。之所以适宜,是因为所为之事在理、合道、吉祥,《黄帝阴符经》正是从这种意义上使用"宜"字的。在《黄帝阴符经》看来,天地、万物与人之间相互汲取资源、能量,也应该适宜而合道。对此,李筌《黄帝阴符经疏》引述《列子》关于"盗亦有道"的故事予以诠释,并且发挥说:"向于三盗之中,皆须有道,令尽合其宜,则三才不

---

[1] (唐)李筌:《黄帝阴符经疏》卷中,《道藏》第2册,第740页。

差，尽安其任矣。"[1]李筌讲的"三盗"就是天地人三才互为其盗，这种"盗"不是强取，而是遵循大道原则。因为"尽合其宜"，所以天地人的生态秩序不会有差错。既然如此，当然是安全的，故而各自可以放心地执行任务，完成使命，这就叫作"尽安其任"。由此可见，"三才既安"也是传统生态安全意识的一种表达方式。

像"安其天地""安而用之""三才既安"这样蕴含生态安全意识的短语在道教经书中还可以找出很多，例如《灵宝无量度人上品妙经》卷一的"国安民丰""安镇国祚"，同书卷三的"八维安镇""保安天地""安镇乾坤"，同书卷四的"安镇普天"，同书卷五的"保安境土""镇安世土"，同书卷七的"镇安地纪"；《太上无极总真文昌大洞仙经》卷一的"各安方位"；《元始五老赤书玉篇真文天书经》卷中的"四方安平"，同书卷下的"居危获安""庆载永安"；《太上九天延祥涤厄四圣妙经》的"安和身命"；《上清黄气阳精三道顺行经》的"令与安平"；《太上说六甲直符保胎护命妙经》的"合门安泰"；《太上洞渊北帝天蓬护命消灾神咒妙经》的"立地安天"；《太上洞玄灵宝智意本愿大戒上品经》的"怀道安世"；《太上洞玄灵宝诫业本行上品妙经》的"常得安存"；《太上玄灵斗姆大圣元君本命延生心经》的"安全胎育"；《太上北斗二十八章经》的"保安郡邑"；《洪恩灵济真君集福宿启仪》的"安人利物"等等。不言而喻，这些语汇中的"安"并非都是表达"安全"，但有相当一些确实包含了"安全"的意旨。当"安镇""保安"之类动词与"八维""普天""境土""郡邑"等地理空间、社会空间连接起来的时候，其生态安全意识也就显露出来了。

查考一下《四库全书》中的堪舆文献，同样可以看到"平安"被作为基本保障的记载。北周庾季才撰、宋王安礼等重修《灵台秘苑》卷三《土圭影》篇称：

九州之大，必有所中。前古法制无闻，唯《周礼·大司徒》以土圭之法测土深浅，正日景以求地中。日南则景短多暑，日北则景长多寒，日东则景

---

[1] （唐）李筌：《黄帝阴符经疏》卷中，《道藏》第 2 册，第 740—741 页。

夕多风,日西则景朝多阴。日之景尺有五寸,谓之地中。四时之所交,风雨之所会也,阴阳之所和也。然则万物阜安,建王国焉。[1]

"灵台"之名最早见于《诗经·大雅》。其中有《灵台》之诗,歌咏周文王造灵台倏然而成,如神灵之所为,故谓之"灵台"。作为一种古建筑,"灵台"从某种意义上说,就是堪舆的代表,所以庾季才、王安礼以"灵台"为核心概念,编纂《灵台秘苑》,以叙说堪舆建筑文化。此处所引文字,围绕"土圭影"展开。"土圭"是古代正四时和测度土地的器具。古人最初的操作就是竖起一根杆子,根据影子的情况来判断太阳的走向位置,并且确定"九州"[2]。按照《尚书·禹贡》的描述,九州包括徐州、冀州、兖州、青州、扬州、荆州、豫州、梁州、雍州。《灵台秘苑》认为:九州方域,一定有个中心点。如何寻找和确定这个中心点,上古的法制已经湮没无闻,但《周礼·大司徒》关于"土圭影"的技术却有案可稽。按照这种办法可知:位置偏南,其影子短而多暑热天气;位置偏北,其影子长而多寒冷天气;位置偏东,气候干燥多风;位置偏西,气候潮湿且多阴雨。测得夏至那天中午的日影,长一尺五寸,此地就称作"地中",意味着一年四季的时间节点在这里交会,风雨适时而来适时而去,体现了阴阳二气的谐调。这个地方百物丰盛,居处安康,因此可以建国,确立千里王畿。《灵台秘苑》的论述最终落实到"万物阜安"这个问题上,说明了古代先民建设京城是以能否平安作为基本条件考虑的。

二、风水文化与生态安全

古代先贤所谓"堪舆"在通常情况下称作"风水"。尤其在民间,"风水"这个概念更为人们所熟悉。正如许多标识为"堪舆"类型的专书一样,人们谈论

---

[1] (南北朝)庾季才:《灵台秘苑》卷三《土圭影》,(清)《文渊阁四库全书》本。
[2] 《灵台秘苑》卷三这段引文中的"九州",并非指日本国土中的那个大岛屿,而是中国历史上的一种区域划分概念。

"风水"在很大程度上也是从人与环境相互关系来考虑问题的,具有广义的生态安全意识。为了便于理解与实践操作,本节以下内容就采用"风水"这个概念来论述。

风水文化的生态安全理念何在呢?概括起来,主要有如下两个方面。

(一)从风水象征看生态安全

为什么要看风水?说到底就是为了寻找能够安身立命的场所。基于这样的目的,先民们对地形地貌进行了多方面的考察,有了许多非常独特的认识。其中,最重要的观念就是通过象征,把大地拟人化并看作有生命的存在。这一点在唐代道教学者卜应天撰的《雪心赋》中便有生动的叙说:

> 相山亦似相人,
> 点穴犹如点艾。[1]

"相山"与"相人"都是古代的相术。"相山"就是考察山形地貌,而"相人"就是观察人的长相。在风水学界有一句俗话叫作"人不入形不相,地不入形不葬"。意思是讲,如果一个人不入相术中的一定规格,就不值得再深入一步予以考察,如果山形不符合相地术中所记载的态势,就不能作为埋葬死者的处所考虑。《雪心赋》把"相山"与"相人"相提并论,体现了"以山为人"的生命意识。

"点穴"是风水实践过程中一个重要环节。向来,风水实践有"寻龙、踏砂、观水、点穴"四大步骤。"寻龙"就是勘察山形龙脉走势,"踏砂"就是在确定主龙脉走势的情况下对周围小山的形态以及相互对应关联做进一步考察,"观水"就是观看水流的状况,"点穴"是确定风水取用的核心所在。这四个步骤,最终落到了"点穴",因此这是最为关键的一环。穴本指土室。如《诗经·大雅·绵》所谓"古公亶父,陶复陶穴"即是此义。另外,穴又指孔洞、巢穴。风水师把穴当作死

---

[1] (唐)卜应天:《雪心赋》第九章《论葬法》,载《地理天机会元》卷二,上海校经山房石印本。

者的葬地或生者的住所。《雪心赋》把"点穴"比作"点艾",这牵涉到中医学的治疗方式。

艾是一种多年生草本植物,叶背有白毛。茎、叶点燃后可以驱蚊蝇,叶也充药用。在古代,"艾"与"乂"可通假,"乂"有"治"义,又训为"养",故"艾"亦有治养之义。"点艾"就是用艾草来点灸人体穴位。按照中医针灸学原理,人体有十二经络,又有奇经八脉。在脉络之间有许多交会点,称为"穴位"。不同的疾病可通过不同穴位的针灸或艾灸得到治疗。中医认为如何选准穴位,这对于"艾灸"疗法来说是至关重要的,稍有偏差,即可造成损伤。卜应天《雪心赋》把中医学的艾灸原理应用到堪舆学的点穴上来。他提出"点穴犹如点艾",这实际上是把风水中的空间场地选择与人体穴位的选择及分寸的掌握相比拟。由此不难发现,其山地之论背后乃是一个"人"字。

当然,《雪心赋》并不是单纯地"以山为人"。在该书作者心目中,山地不仅是人,而且还有性别特征:

倘若龙虎护胎不过穴,则为漏胎。[1]

"胎"本是关于妇女怀孕问题的一个专有术语。按《广雅》等文字学著作的说明,女子始孕叫作"朕",孕至一月叫作"胚",孕三月就叫"胎"。《说文解字》谓:"胎,妇孕三月也。从肉,台声。"妇女怀胎生子,即为母亲。当风水师把这种包含母性意识的概念运用到地形观察时,自然而然就有了母性观念。在风水活动中,所谓"胎"是指什么呢?徐试可在重编《雪心赋》时于"护胎漏胎图"下加了小字的注解:"胎者,穴也。左右包裹过穴为护胎;不过穴为漏胎。"既然"穴"被当作母亲怀孕的胞胎,那么所选择的场地也就是具有生育功能的"母亲"了。为了使"她"能够安全地度过怀孕期,还要注意保护措施。"龙虎护胎"表明选择的主穴必须有龙虎护卫的态势。所谓"龙虎"是处于主穴两旁的山峦,《雪

---

[1] (唐)卜应天:《雪心赋》第七章《论龙穴真假》,载《地理天机会元》卷二,上海校经山房石印本。

心赋》认为，主穴两旁是否有山峦护卫，这是保证山地这个"母亲"能否安全怀孕的大问题。照规格来说，左右两旁的山峦一定要伸展到穴位的前方，只有这样才能防止周围不良因素的干扰，让山地"母亲"心安地度过孕育期；如果两旁山峦的"手臂"太短，就无法进行严密守护，以至于最终造成母亲流产，这就叫作"漏胎"。《雪心赋》这种论述，既注意到山形的相互关系，又体现了山体护卫的安全意识。

《雪心赋》以山为人的地形整体把握与护卫精神不是偶然的。倘若读一读制度道教的原始文献，就不难看出风水学中的土地拟人化、母性化意识并非孤立的思想现象。在前已述及的《太平经》中就有土地拟人化、母性化的许多描述。该书卷四十五《起土出书诀》称：

> 天者，乃父也；地者，乃母也。父与母俱人也，何异乎？天亦天也，地亦天也，父与母但以阴阳男女别耳，其好恶者同等也。[1]

《太平经》把天当作父，把地当作母，但并没有轻视地母；相反，却强调了"俱人"的一致性。为了陈述"俱人"的看法，《太平经》用了"何异乎"的问句，目的在于让读者明白天地的共同品性。所谓"天亦天也，地亦天也"是说它们都可以看作人，其本质没有区别。既然天地是父母，而父母都是人，就不能只敬父而不敬母。《太平经》之所以这样强调，是因为汉代已经出现了随便开凿山地、使得山地破损的生态环境问题。将天地比作父母，这有助于唤醒人们保护山地的意识，从而维护生态环境安全。

在大地人化或母性化的基础上，《太平经》进一步从结构、组成上说明保护大地的重要性：

> "今天师既开通愚生，示以天忌，愿复乞问一疑事。今河海下田作室庐，

---

[1] 王明：《太平经合校》，第114页。

或无柱梁，入地法三尺辄得水，当何哉？""善乎，子之问也。此同为害耳，宜复浅之。此者，地之薄皮也，近地经脉，子欲知其效，比若人，有厚皮难得血，血出亦为伤矣；薄皮者易得血，血出亦为伤，俱害也。故夫血者，天地之重信效也；夫伤人者，不复道其皮厚与薄也，见血为罪名明白。"[1]

这是以地皮比人皮，以地下出水比人皮出血。人的皮虽然有薄有厚，但不能因为皮薄，把它刺出血来就无罪。同样道理，地皮也有薄有厚，乱挖一通，不惜余力想见其水，其罪过与伤人出血无异，这充分表现了《太平经》保护大地的积极态度。尤其值得注意的是其中所提到的"经脉"概念。《太平经》认为地中有"经脉"，这实际上是把人体经络系统认识方法应用到了地质结构的认识与考察中。既然承认了地中经脉的存在，也就暗示着地中"穴位"的存在。《太平经》这种观念成为整个道教堪舆学的先导。

关于大地与人体的对应关系，《太平经》还有一段颇为细致的描述：

泉者，地之血；石者，地之骨；良土，地之肉也。洞泉为得血，破石为破骨，良土深凿之，投瓦石坚木于中为地壮，地内独病之，非一人甚剧，今当何乎？地者，万物之母也，乐爱养之，不知其重也，比若人有胞中之子，守道不妄穿凿其母，母无病也；妄穿凿其母而往求生，其母病之矣。[2]

《太平经》不仅把大地同一个活人同等看待，而且明确提出乐养地母的问题。它把大地生殖万物看作母亲生子一样，认为母腹中有子，须得怀胎十月，得其气数，才能降生，如果迫不及待，乱挖一通，不但儿子受到损害，母亲也会受到伤害而得病。

事实说明，风水学那种大地人化与母性化的观念具有深厚的思想根基。这种

---

[1] 王明：《太平经合校》，第122—123页。
[2] 同上书，第120页。

根基在《太平经》中就已经奠定了。经过长时间的发展，《太平经》所具有的地母思想在风水学典籍里得到了阐扬，成为传统生态环境理论的一个核心，其影响至深至远。

（二）从风水实践看生态安全

理论来源于实践，风水文化也是如此。所以，我们从有关历史文献里不仅可以了解风水的基本理论构成，更可以感受到其鲜明的实践性。在长期的风水观察和技术操作过程中，古代风水师留下了大量的实践史料，从此类史料之中，我们也能够领悟到生态安全的思路。《雪心赋》云：

> 山聚处，水或倾斜，谓之不善。水曲处，山如散乱，谓之无情。取小醇而遗大疵，是谓管中窥豹。就众凶而寻一吉，殆犹缘木求鱼。诀以言传，妙由心悟。既明倒杖之法，方知卦例之非。山本静，势求动处；水本动，妙在静中。静者池沼之停留，动者龙脉之退卸。众山止处是真穴，众水聚处是明堂。堂中最喜聚窝，穴后须防仰瓦。[1]

这段意思是讲：山峦相聚的地方，水流如果倾斜，不能形成泊面，就是不善之地；水流弯曲的地方，如果山脉零散而没有呼应，就好像人与人没有情义那样；具体勘察时仅仅注意到小的益处，却没有看到大的瑕疵，就和用一根小竹管来看豹子的全身差不多。选择的地方只顾一小处的吉利，却存在众多的凶险，这就好像爬到树上想获得鱼群一样，简直是痴心妄想。风水技术的诀窍是通过语言来传达，但其奥妙是要靠心去领悟的。唯有明白了以杖定穴的正宗技法，才能理解生搬硬套卦象数理的不可取。山本来是静止的，但龙脉却必须从蜿蜒起伏的山形走势中求得；水本来是流动的，但神妙却体现在静止状态中。水静的时候，体现为池沼的样子；水动的时候，则让人感觉龙脉好像在后退。众山走势突然收拢的地

---

[1] （唐）卜应天：《雪心赋》第三章《论山水本源》，载《地理天机会元》卷二，上海校经山房石印本。

方就是真正的气穴所在，众水汇聚的地方就是引领气机的明堂。风水学以汇聚成窝状的地形为明堂的好格局。如果在穴位之后出现了像瓦片两头翘起的样子，这是很忌讳的。

《雪心赋》绘声绘色地描述山水形态。其中言及的"不善""无情""大疵"都是形容地形的缺陷、弊端。作者以亲身观察的经历，讲述了如何避免地形缺陷，又通过动静的状态叙说，展示了山水的善恶、美丑，注意从山水的错综复杂关系把握风水的奥妙，其所体现的正是居处环境必须安全、完美的生态智慧。

第二节　人居空间的平安布局

风水实践最终要落实到人居空间问题上来。为了平安健康的生活，人们需要选择适宜的自然环境来营造居住场所。上古时期，为了防卫，也为了交流，先民们造就了聚落，进而发展为乡村、社区、城市。古代的乡村社区以及城市是如何布局的？在今天看来，古人的空间布局具有什么启迪意义？这都很值得探讨。

一、村社平安风水布局

在中国，农耕社会与村落环境密切相关。传统的村落非常讲究风水格局。例如徽州的宏村素有牛形村之称，当地流行这样的顺口溜："山为牛头树为角，屋为牛身桥为脚。"意思是说，这个村落依山而建，山看上去就像一个牛头，而村中的大树就像牛角；村子里的房屋连接起来就构成了牛的身体，架构于河流上的桥往下延伸就像牛脚站立着。从高处俯瞰，整个村落有如一头青牛，悠闲自在地斜卧在山前溪边。

这种以"牛"作喻的风水话语常见于古代典籍，如《晋书·周访传》记载：

初，陶侃微时，丁艰，将葬，家中忽失牛而不知所在。遇一老父谓曰："前岗见一牛眠山污中，其地若葬，位极人臣矣。"又指一山云："此亦其次，当世出二千石。"言讫不见。侃寻牛得之,因葬其处。以所指别山与访。访父死葬焉,果为刺史,著称宁益,自访以下,三世为益州,四十一年如其所言云。[1]

文中的"陶侃",《晋书》有传,他是江西鄱阳人,初为县吏,渐至郡守,官至大司马,精勤吏职,不喜饮酒,亦不聚赌,为人称道。《晋书》这段文字描述陶侃尚未为官前的一段奇异经历。其中的"丁艰"在古时候特指遭逢父母丧事;而"二千石"则是郡守的代称,汉晋时期,太守的俸禄为二千石,故而古籍常以此指代之。

《晋书》讲:开初,陶侃还未发迹,就遇上了父母丧事。将要埋葬时,家中的牛忽然不知去向。陶侃外出寻找,遇上了一位老者,那老者对陶侃说:前面山岗中,有一头牛在山凹低洼处睡觉。这个地方如果做坟地,埋上先人,后代将会出宰相级大官。接着,那老者又指着另外一座山峦说:这座山的风水虽然差些,但如果葬先人于此,将世代出太守。说罢,那老者突然失踪。陶侃按照老者指点,找到了牛睡的地方,将父母葬于牛眠之地;而将老者所指另外那座山的风水宝地告诉好友周访。后来,周访父亲死了,就葬在那个地方。果然,周访后来当了刺史(相当于太守),在宁州、益州一带很出名。自周访以下,三代人都当了益州主官,连续发迹达四十一年之久。

《晋书·周访传》的故事,将陶侃与周访的发迹完全归因于好风水,在现代许多人看来似乎显得荒唐,但在古人心目中,这是天人感通的印证,其中关于牛眠地的象征颇耐人寻味。事实上,在中国民间,人们往往喜欢用动物形态来形容地形地貌,例如指某山为虎头山、马尾山、田螺山、蝙蝠山、凤凰山等等。徽州宏村人用牛来形容其地形地貌,这是传统风水观念在村落生活中的具体表现。

宏村除了山形独特,其水系也颇具情趣。潺潺流淌的水系七弯八拐,从一户人家流到另一户人家,把家家户户紧紧地系扎在一起。这巧夺天工的设计不仅给居民的生产、生活带来了很大方便,而且为消防提供了充足水源。这种山水交融的布局历来是风水学所讲究的。《雪心赋》有一段描述可以佐证:

---

[1] (唐)房玄龄:《晋书》卷五十八《列传第二十八》,(清)乾隆武英殿刻本。

若见土牛隐伏,

水缠便是山缠。

或如鸥鸟浮沈,

脉好自然穴好。

水外要四山来会,

平中得一突为奇。

细寻朝对之分明,

的要左右之交固。[1]

《雪心赋》说:如果遇上山峦像牛潜伏的样子,那么周围有水缠绕,就等于是山峦错综其间。如果看见山峦有如鸥鸟乍起乍落,这就是好山脉,而有好山脉必定有好气穴。看水一定要注意山峦的走向,一般而言,前后左右都有山峦护卫是吉祥的;远远看去,一片平坦,如果其中突起,就是奇穴。在考察过程中,一定要仔细认清朝山、案山的情况,明白左右两边的阴阳交合感通。

从《雪心赋》以上的描述可以看出,古代风水师并非孤立地看山观水,而是注重考察山水的相互关系。依山傍水,阴阳照应,这是村落建造布局的首选。在此前提下,村落建设尤其重视水口。所谓"水口"就是水流的出口。古风水学认为:水口以锁紧为上。《雪心赋·论水法》称:"水口则爱其紧如葫芦喉。"[2]意思是讲,水口要像葫芦口那样,内宽外狭,有如葫芦喉之小,看不见水的去处。凡一乡一村,水流处若有高峰大山,交牙关锁,重叠周密,不见水去,其中必有大贵之地。具体而言,水口又分外关、中关、内关三个层次。所谓外观,就是水口最外层,中关就是水口的中层,内关就是水口的内层。由于山峦环抱,迂回转折,层层紧扣,其气行而不漏泄,这就是好格局。

不过,山水形势也不是处处合于风水格局。有的时候,山水状态大体合局,

---

[1] (唐)卜应天:《雪心赋》第五章《论龙脉》,载《地理天机会元》卷二,上海校经山房石印本。

[2] (唐)卜应天:《雪心赋》第四章《论水法》,载《地理天机会元》卷二,上海校经山房石印本。

第七章　平安之道与环境要求

但又有些不太完善，这时候则可以通过人工修补，以聚气得机。通常的做法有如下三法：

第一，引水聚财。这就是在不破坏基本水系的前提下，适当开凿一些沟渠。人工开凿的沟渠必须注意在村落中环流。《水龙经》说："水积如山脉之住，水环流则气脉凝聚。"[1]照古人的看法，引水环流是为了凝聚气脉，据说可以聚财。古人以水表征财，也表征女人。初看起来，这似乎有点不可思议，但细究起来却不无道理。试想一想，一个地方如果没有水源或者说水都不可能流灌，一定是很贫瘠的。如此，则草木不长，六畜不旺，人怎么居住呢？至于把财与女人联系起来，这也不难理解。因为财旺的地方，女人自然就来了。从这个角度说，好水乃是吸引女人前来的最关键自然因素。反过来看，能够吸引女人前来的地方一定有好水，而有好水就能够发展经济，当然也就有财。这就是村落需要引水环流的原因。

第二，植树补基。在历史上，村落乃是自然形成的。人们世代汇聚而居，常常由于先祖的行动。最初也许没有考虑太多，只要有水源、土地，就建造房屋，繁衍生息。渐渐地，人们对生活空间注意起来，发现一些不理想的地方，就想通过一定的方式予以修补。例如房屋背后无靠，左右太空，不利于抵挡偏风冲杀，于是开始植树。久而久之，房屋之后与左右两侧的树木茂密了。其出发点虽然不一定有明确的风水意识，但客观上却符合风水谐和有情的精神。在今天看来，多种树，也有助于清新空气，有利于人的视觉审美。实际上，这也是一种维护自然生态的行动。

第三，建塔"兴文运"或"镇煞"。在中国村社还有一个重要现象，这就是塔楼的建造。诸如"文昌塔""魁星楼"等，至今依然在许多地方存在。所谓"文昌塔"乃因"文昌信仰"而起。考"文昌信仰"本起源于星宿崇拜。《晋书·天文志》谓："文昌六星，在北斗魁前，天之六府也，主集计天道。一曰上将，大将军建威武；二曰次将，尚书正左右；三曰贵相，太常理文绪；四曰司禄、司中，司

---

[1]（清）蒋平阶：《水龙经》，载《故宫珍本丛刊》，海口：海南出版社，2003年版。

隶赏功进；五曰司命、司怪，太史主灭咎；六曰司寇，大理佐理宝。"[1]根据这个描述可知，"文昌"本由六星构成，各有各得的功能。称其为"上将""次将""贵相"等，表明中国先民认定天上星宿代表着某种神秘力量，从这个意义上看，文昌六星在晋朝以前乃具有自然神的特质。此后，文昌星宿崇拜逐渐人格化。其最有代表性的表现就是梓潼帝君故事的流行。《正统道藏》"洞真部·谱录类"以七言诗和散文相结合的方式描述了梓潼帝君生平与显灵事迹，从诸多侧面彰显了"文昌"的社会影响力。书中记载：文昌帝君曾七十三次化生人间，世为士大夫，为官清廉，他有仁慈心，是一个爱民的好官，他"济人之难，救人之急，悯人之孤，容人之过，广行阴骘，上格苍穹"。因此，天帝命文昌帝君掌天曹桂籍文昌之事。凡世间之乡举里选，大比制科，服色禄秩，封赠奏予，乃至二府进退等等，都归文昌帝君管理。这种描述反映了社会渴望文化保护的普遍心理。所谓"文昌塔"正是此等心理的最好寄托。从艺术学角度看，乡村建设文昌塔，既树立了一种可以弥补地形缺陷的景观符号，也造就了一种激励人们求学上进的思想标识，它是先民们追求正能量的直接展示。

乡村建造塔，还有"镇煞"保平安的意义。古人以为，宇宙空间，既有正气，也有煞气。所谓正气就是扶持人们平安生活的正能量，所以煞气就是干扰乃至破坏人们平安生活的负能量。正气又称作善气，煞气又称作邪气、恶气。先民们希望自己生活的空间能够以正压邪，塔的建造也体现了这种精神，尤其魁星塔更有这方面的用意。"魁星"在一些场合与"文昌"重合，而在另一些场合则另有所指。一般来说，"魁星"在天文学上指的是"奎星"，此"奎"与"魁""馗"音同而互通。在神仙形象上，奎星的化身即钟馗。民间有"魁星踢斗"的造像，除了象征科考"夺魁"，还有镇慑[2]外邪、保卫平安的导向，例如陕西省镇安县正是因奎星镇安的旨趣而得名，其他地方的奎星塔、奎星楼也都有镇安的思想寄托。

---

[1] （唐）房玄龄：《晋书》卷十一《志第一》，（清）乾隆武英殿刻本。
[2] 按："镇慑"一词古典文献用得较多，"镇"是安稳不动，"慑"是威慑。

二、城市平安风水布局

城市是群居生活的一种多格局空间形式。"城",金文作"🈯",此字左侧表示环绕村邑的护墙,右侧"成"是武器的象形,不论是护墙还是武器,都是为了城内居民能够平安生存。因此,城市的建设一开始就有高墙,外围还有护城河,由此构成了多重保护的空间布局。

城市之"市",金文作"🈯",表示人带着货物或者钱币到了集贸之地进行买卖活动。许慎《说文解字》称:"市,买卖所之也。市有垣,从冂,从𠂆;𠂆,古文及,象物相及也。"[1]意思是讲,市代表买卖时前往的交易场所。集市有垣墙,所以字形以"冂""𠂆"作形旁,"𠂆"乃是"及"的古文写法,表征集市贸易中物品比比相连。其中的"垣"也是墙,说明"市"还是采取了保护措施的,这依然体现了平安的保障措施。至于"象物相及",除了物品汇聚的意思,还意味着人们可以放心地进行交易,因为如果不能放心,就不敢带着自己的物品到这样的场所进行交易。

一般地说,古代城市的产生有两种途径,一是"因城而市",另一是"因市而城"。所谓"因城而市"就是先有高墙防护的群居场所,后有贸易集市;所谓"因市而城"就是先有贸易集市,后有高墙防护的群居场所。不论是哪一种情况,都说明城市必须具备居住区与贸易区两大区域。

古代城市既然存在两大功能区,就会有布局问题。最初,城市是自然形成的。为了生存,先民们选择与水源靠近并且能够遮风挡雨的地方作为居住区。靠近水源,意味着河流、湖泊的存在是居住区选择时必须考虑的一个不可缺少的重要因素;而遮风挡雨则意味着某种屏障的存在。由此也就有了居住区的自然布局,这就是依山傍水的村落。随着交易活动的出现,简陋的街区形成了。当村落与街区进一步扩大并且相连,城市就出现了。这种城市属于自然布局的城市,它以山峦为靠背,以河流为纽带,建造起连接居处与贸易的空间格局。这时候,先民们并没有自觉的风水意识,但在客观上却遵循着风水学的基本布局原理。

---

1 (汉)许慎:《说文解字》卷五下,(清)《文渊阁四库全书》本。

经历了漫长的生活历程，先民们开始有意识地规划城市，建造宫舍。关于此，《诗经·大雅·公刘》已有所反映：

> 笃公刘，于胥斯原，既庶既繁；既顺乃宣，而无永叹。陟则在巘，复降在原。何以舟之？维玉及瑶，鞞琫容刀。
>
> 笃公刘，逝彼百泉，瞻彼溥原；及涉南冈，乃觏于京。京师之野，于时处处，于时庐旅，于是言言，于时语语。
>
> 笃公刘，于京斯依。跄跄济济，俾筵俾几。既登乃依，乃造其曹："执豕于牢，酌之用匏。"食之饮之，君之宗之。
>
> 笃公刘，既溥既长，既景乃冈，相其阴阳，观其流泉。其军三单。度其隰原，彻田为粮。度其夕阳，豳居允荒。[1]

诗中的"公刘"是周朝始祖后稷的后裔、周文王的十代祖先。原先周族都于邰，即今陕西武功县境；公刘执政时期，始迁都于豳，其城在今陕西省旬邑县西南。公刘是如何率领族人迁都的呢？这首诗做了比较具体的描述。其大体意思是说：

忠厚的公刘，尊敬的祖先，他察看豳地，筹划新都。忽登山顶，远远眺望，忽下平原，细细明瞅。身上佩带的是什么宝啊？美玉琼瑶，般般皆有，鞘口玉饰，光彩和柔。

忠厚的公刘，尊敬的祖先，他沿着溪岸行走，留意百泉涌流，广阔原野，映入双眸。登上高冈，放眼观照；京师美景，眼底尽收。四野的土地啊，多么肥沃！在此建都，美丽无俦。快快把宫室修起来吧，满怀喜悦，其乐悠悠。

忠厚的公刘，尊敬的祖先，他定都京师，立下鸿猷。群臣侍从，威仪隆盛；赴宴入席，杯觥相酬。宾主有序，依次排定；把猪抓出来祭祀神明，用瓢来盛满美酒，大家快活地喝酒吃肉，推选公刘为领袖。

---

[1]（汉）毛亨传，（汉）郑玄笺，（唐）孔颖达疏：《毛诗注疏》卷十七，（清）嘉庆二十年南昌府学重刊宋本《十三经注疏》本。这是叙述公刘迁都于豳的史诗，全诗共六节，此处所录系二、三、四、五节。

第七章　平安之道与环境要求

忠厚的公刘，尊敬的祖先，他丈量平原，审视山丘，测定日影，察明泉流。组织军队，分成三班，勘察低地，开挖深沟，垦荒种粮，治理田畴。再到西山，观看夕阳降落，更感到豳地的广袤开阔，今非其旧！

诗中运用了"胥""顺""陟""降""瞻""觐""登""相""观"等一系列动词来表现公刘选择宫室地址的活动过程。忠实厚道的公刘观察着豳地，面对茂盛的草木，他心里暗自欢喜。初步满意的心情促使他全面地巡视，他先登上了孤立的小山，接着又降下原野。他看到了众多的泉水，遇上了高大的山丘，再放眼广阔的原野，登上了南面的山岗，映入眼帘的一切显得那样有秩序，真是一块宝地，难怪这位氏族首领选中了这个地方作为京都建宫之址。

从《公刘》这首诗中，我们看到了上古时期先民们建造都城的基本步骤：第一，通过实地察看，选择优美的空间场所，既有山峦环抱，又有充足水源；第二，通过测日影与看夕阳的方式来确定朝向；第三，根据土地质地规划宫室建筑与种植区间。尽管其中所描述的城市布局还比较模糊，但却展示了先民们重视城市布局的精神。

随着社会的发展，城市布局成为非常重要的工作，传统风水学对此尤其重视，因此，我们看到了几乎所有地方志文献都要描述城市的由来，且对其布局做具体记载。总结起来，关于城市布局问题，主要关涉三大内容。

首先是"立极定向"。

所谓"极"有多种含义，或表示终点、顶点，或表示穷尽、竭尽等等，其词性既为名词，也作动词、副词。在金文里，"极"写作"极"，左右结构，左边是"木"，代表柱子，右边是"及"，表征到达极端。古时候有"立中建极"之说，认为宇宙有一个中心点，地球有一个中心点；引申开来，建造城镇，也应该寻找到相应的中心点，对此，宋代经学家叶时《礼经会元》说：

圣人为民立极，立中道以为标准，可不于王畿千里之地而先正其本乎？是故司徒建国，必求地中。测之以土圭，正之以日景；南北东西，必揆其中；朝夕长短，必视其中；寒暑风阴，必度其中。测其土深，欲其浅深得中也。

265

> 正以日至，期其长短得中也。古人立土圭以测日景，必先测其土地之深，然后立土圭焉。[1]

这段引文中所谓的"立极"就是确立中道。作者指出，古代的司徒负责国家都城建设，必定要寻找到"地中"。其方法就是通过土圭来检测，通过日景来校正；不论东西南北、朝夕短长，还是寒暑往来，都必须以中道为度。这种观念深深影响了传统城市规划与布局。那些曾经被作为京都的城市更是如此，像西安、洛阳、北京、成都等无不遵循着中道立极原则。

遵循中道，确立中点，这是城市整体规划的前提与基础。与此同时，还必须明了坐向。所谓"坐"就是背靠的一方，所谓"向"就是面对的一方。一座城市就像一个人，朝向如何将影响到整体视野，影响到全局发展。对此，老子《道德经》有十分精辟的论述，该书第四十二章说：

> 万物负阴而抱阳，冲气以为和。

这里意思是讲，天地万物总是包含"阴"与"阳"两个方面，阴阳相互感通，而有"中和"之气。从城市规划布局角度看，"负阴"与"抱阳"就是坐向问题。具体来讲，"负阴"就是"坐"，而"抱阳"就是"向"。基于地球的磁极原理，中国古代的城市规划布局大多采用子午定位，坐北朝南。不过，这也不是死板的、机械的。就地形来看，山水走势乃是确定坐向的基本依据。在这种情况下，依山的一面就是"坐"，靠水的一面就是"向"。如果山水区分不明显的，则以地形较高的一面为坐，地形较低的一面为向；或者以视野较窄的一面为坐，视野较宽阔的一面为向。这就是纳气原理。

其次是"天人合一"。

"天人合一"既是中国哲学最重要的思想命题，也是古代城市布局的基本精

---

[1]（宋）叶时：《礼经会元》卷二，（清）《通志堂经解》本。

神。在上古时期，先民们并没有将天与人决然分开，这种意识首先体现在古文字学里。"天"这个字，甲骨文写作"![]"，上下结构，上部表示天空，下部表示人体躯干；合起来看，这个符号实际上就是人体形象，上部的圆形就像人的头部，而下部就像人体的两手、两足自然伸展。可以说，古人是按照人体形象来摹写天的形象。"天"与人连为一体，不可分离。

遵循着"观物取象"的思维方式，《易经》形成了"三才之道"，这个"三才之道"也蕴含"天人合一"的妙理。该书之《说卦》说：

> 昔者圣人之作《易》也，将以顺性命之理。是以立天之道曰阴与阳，立地之道曰柔与刚，立人之道曰仁与义。兼三才而两之，故《易》六画而成卦；分阴分阳，迭用柔刚，故《易》六位而成章。[1]

《说卦》告诉我们：往古之时，圣人创作《易经》是要用它来表征性命生成与变化的道理，所以确立阴阳的概念来阐发天道，确立柔刚的概念来阐发地道，确立仁义的概念来阐发人道。兼具了天地人三方面，并且将其卦象符号相重，《易经》的重卦符号每卦有六画，其卦画各有阴阳之位、柔刚之分，因此《易经》的卦象以六爻之位而成章理。

按照《易经》的符号象征法度，八个经卦各三画，代表"三才"，上为天，下为地，中为人，三者构成了相互对应、不可分离的统一关系。由经卦两两相重，构成了六十四个别卦，每卦六画，依然分成了天、地、人三个层次，人居于天地之间，上达于天，下立于地，依然是一个整体。从这个角度看，所谓"三才之道"就是"天人合一"之道。

《易经》的"天人合一"思想在道家学派中得到了全面贯彻与发挥。无论是老子的《道德经》，还是老子之后的《列子》《庄子》《关尹子》《淮南子》，都可以找

---

[1] （三国）王弼注，（晋）韩康伯注，（唐）孔颖达疏：《周易注疏》之《周易兼义》卷九，（清）嘉庆二十年南昌府学重刊宋本《十三经注疏》本。

到这方面的诸多精辟论述。其中《道德经》第二十五章说：

> 人法地，地法天，天法道，道法自然。

人以地为法，地以天为法，天以道为法，道以自然本性为法。老子《道德经》用一个"法"字把人、地、天、道连通起来，形成了一个紧密的链条，这个链条的最高端是"道"，而"道"的品性是自然，这种自然是万物化生的自然，也是宇宙整体的自然。从这个立场看"天人合一"，就能够明白所谓"合一"就是合于大道，顺乎自然。

《庄子·天道》说：

> 夫明白于天地之德者，此之谓大本大宗，与天和者也。所以均调天下，与人和者也。与人和者谓之人乐，与天和者谓之天乐。[1]

《庄子》指出，能够认识清楚天地的功德，这就叫作大本大宗，因为此等境界乃是与天相和。能够均平调顺天下，这就达到了人和。能够与人相和，就是人的快乐；与天相和，就是天的快乐。

《庄子》这段话讲的"天地之德"是什么？《周易·系辞下》用一个"生"字来概括，叫作"天地之大德曰生"。唐代孔颖达《周易正义》解释说："言天地之盛德，在乎常生，故言'曰生'。若不常生，则德之不大；以其常生万物，故云'大德'也。"[2] 照此看来，宇宙的最大功德就是生生不息，明白了生生不息，遵循生生不息的法则，这是根本的宗门，因为这样做就是"天和"。关于"天和"问题，宋代学者林希逸在《庄子口义》卷五中解释为"和合"，这个"合"可以理解为合作，也可以看作合成，归根结底就是人与天融通为一。

---

[1] （唐）成玄英：《南华真经注疏》卷五，（清）《古逸丛书》景宋本。
[2] （三国）王弼注，（晋）韩康伯注，（唐）孔颖达疏：《周易注疏》之《周易兼义》卷八，（清）嘉庆二十年南昌府学重刊宋本《十三经注疏》本。

由老子《道德经》到《庄子》，我们可以看到一条清晰的思路，这就是在发生论、存在论、认知论与修养论中都贯穿着"天人合一"精神，而这种精神在我国传统的城市规划布局上也得到了很好的应用。例如举世闻名的唐都长安，城郭呈长方形，城内街道均为东西或南北朝向，宽畅阔达，宛如一块规则明朗的棋盘。那星罗棋布的宫殿和街坊群，正像天上星星那样罗列，又像棋子似的分布，大诗人白居易用"千百家似围棋书"来描绘这种独特的布局格式。有人说唐都长安的布局既是对天空的摹写，也是对人体自身的模拟，颇有道理，因为星罗棋布的天空与人体的内景隧道都通过棋格而得到映象。又如元大都北京城，以太液池水面为中心确定城市布局。在水面的东西两岸布置大内正朝、隆福宫、兴圣宫三组宫殿，环绕三宫修建皇城，将湖光山色纳入城市核心区域，使宫殿建筑与自然景色巧妙地融为一体，充分展示了中国哲学"天人合一"的思想境界。再如新疆伊犁河上游的特克斯城，按照《易经》八卦来布局，形成纵横交错的态势，也一样寄托着"天人合一"精神，因为八卦本来就是"观物取象"的结果，既是天地自然的符号表征，也是人体结构的代码。八卦布局的基本精神告诉人们：遵循天道乃是人类生存的思想原则。像唐都长安、元大都北京、新疆的特克斯的布局在九州大地上并非少见。事实证明，"天人合一"理念在先民心目中是根深蒂固的。

　　复次是"谐和有情"。

　　基于"天人合一"的自然法则，中国传统城市建设还体现了"谐和有情"的特色。所谓"谐和"，本指发音配合得当，即异口同声，如出一人。"谐"的本字是"皆"，金文写作"𣄴"，上下结构，上部是两个人并排的样子，下部是"曰"字，表示说话。两个人站在一起说话，本应该是两口，但文字上却只有一"曰"，说明发声协调，分不出彼此。故而，"谐和"乃有两层基本意义：第一，在空间上存在不同的发声体，这些发声体不论多少，都可以概括为"阴阳"两极；第二，阴阳两极的发声体所发出的声响在音律上相互对应协调，而不出现干扰。由此引申开来，作为"谐和"的对象，不仅仅指发声，而且延展到宇宙间的各种存在物，只要存在物能够两两相对，且形成默契照应，就可以称作"谐和"，就像古代音乐上的黄钟大吕等音阶所构成的"十二律"——对应，从而发出悦耳优美的旋律来。因为双方的谐和达到了默契状态，所以说"有情"。不言而喻，"情"是拟人化的形容，例如"山水有情"，是说山山水水就像人一样，遥相呼应，情真意切。

就城市建设布局而言，"谐和有情"首先意味着各种建筑物多彩多姿，而不是单调乏味的；其次，各种建筑物形成了有序的整体，而不是混乱不堪。在这一点上，中国古代城市建筑基本上都贯注着"阴阳五行"的精神。所谓"阴阳"就是上述所讲的两两对应；而"五行"就是"金、木、水、火、土"五种元素的有情配合。就风水学来说，"五行"体现在四方布局上就有青龙、白虎、朱雀、玄武的"呼应"。左青龙、右白虎、前朱雀、后玄武，这样的阵势是古代风水建筑都遵循的，城市规划建设也不例外。

北京紫禁城可以说是城市规划布局"谐和有情"的典范。紫禁城的基本建筑理念就体现在一个"和"字，其中太和殿、中和殿、保和殿都是"谐和"精神的贯彻。至于乾清宫、坤宁宫、交泰殿虽然不言"和"，但"和"却蕴含其中，因为乾坤本来就是天地阴阳的总括，乾对坤，清对宁，两两相对，情意绵绵，而"交泰"出自《周易》的"泰"卦，其卦六爻，上三爻为阴爻构成坤卦，下三爻为阳爻构成乾卦，阴气下降，阳气上升，依然是一阴一阳，阴阳交感而成泰。

皇宫都城讲究谐和有情，其他城市的布局当然也需要谐和有情，只是在规格上有区别。如果说，皇宫都城是以"天子气派"暗示人与天的谐和有情，那么其他城市往往通过具有地方特色的景观布局来寄托"谐和有情"。例如昆明城，"三面湖光抱城郭，四面山势锁烟霞"，这两句诗可以说很好地勾勒出这座美丽城市的魅力就在于长葆湖光春色、山披霞烟。再如古代的温州城，相传出自风水学大师郭璞的设计，该城的四周护山构成了"北斗七星"的自然护卫态势，设计者根据这种特有的山形，再考虑瓯江与南溪的自然婉转，采用坐南朝北的方式布局，符合老子《道德经》"反者道之动"的思想旨趣，也体现了《易经》由后天返先天的"逆向"转运哲理，而其城中的小桥流水、江心岛屿，陶醉了无数诗人，更显温情脉脉。温州的构型，从一个侧面展示了传统城市"开合有度，情融于景"的审美情趣。

不过，比较遗憾的是，当代的城市设计者似乎忘记了祖先留下的上述布局三原理。许多城市布局混乱，缺乏整体思路和长远规划，生硬地照搬西方建筑学的一些方案，大多建筑物像个火柴盒，千篇一律，丢了传统，没有创新，没有特色。有些地方的市政建设，主事者与开发商相互勾结，以商业牟利为目的，房屋建筑，密密麻麻，非常急促，让人感觉很有压迫感、躁动感，这样的城市建设虽然看起来热闹，但缺乏文化底蕴，不能给人宁静，当然也就不利于平安健康生活，更谈不上开智创造了！

第三节　房屋建筑布局与平安吉祥物

如果说在村落建设与城市建设布局中贯彻平安精神是从人居处的外部环境方面来考虑问题，那么房屋建筑的平安导向则是从人居处的内部环境要求做出安排。从生活的现实情况来看，房屋建筑的内部布局可以说对人的健康、心境、智慧都有直接的影响。

一、房屋建筑布局的基本原则

一般而言，房屋指上有屋顶，周围有墙，能防风避雨，御寒保温，供人们在其中工作、生活、学习、娱乐和储藏物资，并具有固定基础和适合人体伸展的层高，能够持续多年的场所。另外，根据某些地方的生活习惯，可供人们常年居住的窑洞、竹楼等也包括在内。

从广义上看，房屋包含的种类、形式很多，诸如古代的皇族宫殿、寺庙以及仓储用房、校舍、医院等都在其涵盖的范围之中。本章所要探讨的主要是作为家庭生活的房屋，也就是古人所说的住宅。

"宅"出现很早。在甲骨文中，"宅"写作"![甲骨文]"，其上方是个架子的模样，下方像是托起架子的柱子，表示托木架梁。作为人类居住场所，"宅"的最大特点是存在着可以让居住者灵活运用的空间。老子《道德经》第十一章说："当其无，有室之用。"意思是讲，正因为有了空间，才显示了宅室的作用。

然而，如何认识居处房屋的空间，如何布局房屋空间，这是大有学问的。为此，先民通过长期的生活实践，在住宅布局方面积累了丰富的经验，且留下了大量的文献资料，其中《黄帝宅经》是最具代表性的一部著作。正如其他许多经典一样，《黄帝宅经》对于平安问题有精到的论说。该书卷上说：

> 故宅者，人之本。人以宅为家，居若安，即家代昌吉；若不安，即门族衰微。坟墓川冈，并同兹说。上之军国，次及州郡县邑，下之村坊署栅，乃至山居，但人所处，皆其例焉。[1]

意思是讲：住宅乃是人类赖以生存的根本。人类以住宅作为家庭的依托。如果住宅能够给人平安，那么家族就世世代代昌盛吉祥。如果住宅不能给人平安，那么家族就会走向衰微。以此类推，作为安顿死者的坟墓也一样讲究平安的格局。遵循平安宗旨，适合于任何居处的建筑，不论是高层的军国驻地，还是州郡县城，乃至村坊的民屋，以至于隐士的山居，只要是人居住的地方都不能例外。《黄帝宅经》这段论述把平安作为住宅、坟墓建设的最基本追求，由此可见先民对于居安的高度重视。

宅居要安，除了坐落环境的影响因素，内部布局也是必定要考虑的工作。关于这一点，《黄帝宅经》等许多经典文献已经提出了基本的思想原则。

（一）虚实有道

"虚实"是中国文化中一对重要概念。《韩非子·安危》谓："安危在是非，不在于强弱。存亡在虚实，不在于众寡。"[2] 宋代苏辙《老聃论下》称："今将以求夫仲尼、老聃之是非者，唯能知虚实之可用与否而已矣。"[3] 在这两段引文中，韩非子

---

[1] 《道藏》第 4 册，第 979 页。
[2] （春秋战国）韩非：《韩非子》卷八，（民国）《四部丛刊》景清景宋钞校本。
[3] （宋）苏辙：《栾城应诏集》卷三，（民国）《四部丛刊》景宋写本。

将安危、存亡相提并论，他认为决定安危的不是力量的强弱，而在于是非，决定存亡的不是人数的多少，而是虚实。从其论述来看，韩非子把虚实问题放在最为关键的位置。这种看重虚实的思想立场来自何方呢？苏辙的论述指出了文化根据，这就是以孔子为代表的儒家和以老子为代表的道家。不论是儒家还是道家都有是非观，这种是非观说到底是以形势的虚实为判断标准的，可见，虚实问题已经成为古人制定方略、做出决策的事物依据。

在《黄帝宅经》里，"虚实"也是一对核心范畴。该书卷上说：

> 宅有五虚，令人贫耗；五实，令人富贵。宅大人少一虚，宅门大内小二虚，墙院不完三虚，井灶不处四虚，宅地多、屋少、庭院广五虚。宅小人多一实，宅大门小二实，墙院完全三实，宅小六畜多四实，宅水沟东南流五实。[1]

意思是讲：住宅有五种样式，称作"五虚"，凡属于五虚的住宅，住进去就使人贫穷；也有五种样式，称作"五实"，凡属于五实的住宅，住进去会使人富贵。什么是"五虚"呢？住宅大而居住的人太少，这是第一虚；住宅之门太大而居住的空间太小，这是第二虚；住宅的院墙不完整有缺损，这是第三虚；住宅的井和灶安排不妥当，这是第四虚；住宅占地面积过大，房子少而院落却很宽，这是第五虚。什么是"五实"呢？住宅小而居住的人多，这是第一实；住宅的房屋大而房门小，这是第二实；住宅的院墙完整，这是第三实；住宅小而畜生多，这是第四实；住宅的外水沟向东南方向流去，这是第五实。

按照《黄帝宅经》的判断标准，"虚"的住宅是不好的，故而不适合居住；"实"的住宅是好的，故而适合居住。《黄帝宅经》关于"虚实"的论说是建立在古代中国社会生活的基础上的，其中有些情况与当今人们的住宅追求是不同的，例如"五虚"的第一虚，将住宅大而居住人口少看作"虚"，这似乎与现代人的空间大小选择相背离。随着经济的发展，人们的经济能力大大提高，于是大多数人

---

[1]《道藏》第4册，第980页。

在选择居处房屋时总是以大为好,对此如何评估呢?其实,关键不在于房屋的大小,而在于房屋面积与居住人口的比例。照《黄帝宅经》看来,人口少时不宜住很大的房屋。这是有一定道理的。就个人的卧室而言,只需 15 到 20 平方米就够了。考察一下古代的房子,卧室都不是很大,一般也就 10 多平方米。为什么如此呢?这是从聚气角度考虑的。古时候,没有像现代这样的暖气设备,房间的温度,一是靠体温的发散,二是通过生炉子来提升。卧室太大了而人少,到了冬天要维持其较高的温度,这是不容易的,即便是生炉子也要耗损更多的材料。可见,古人是从聚气的功能需求做出决定的。有人也许会说,现在条件好了,完全可以把卧室搞大一点。这个想法可以理解,但在客观上却违背社会的协调与整体能力。试想一想,如果每个房间都不加以控制,弄个一百多平方米的卧室,整套房间就可能达到上千平方米,这将耗损大量的资源。当然,更为重要的是个人身体与卧室小环境的关系问题。当人置身于卧室,就建立起一个人屋关系的内环境,这时候如果内部小环境的温度比人体温度高,就觉得太热,不舒服;反过来,内部小环境的温度比人体低,也一样不舒服。这就需要靠外力调节,但调节本身就是一种干预,干预过多,对于人体健康是不利的。推而广之,整座房屋宅院与居处其中的人也形成特定的关系,人太少而整座房屋太大,就显得空荡荡的,到了冬天,单靠人体来调节房屋温度,就将维持人体生命的能量虚耗掉了。这就是《黄帝宅经》以"宅大人少"为第一虚的原因。再看"门大内小",为什么也是应该避免的"虚"呢?因为"门"是用来出入的,古时候的门基本上是用木头构建,留有缝隙,即使关闭起来,依然不是很紧密,外面的风包括各种看不见的"气"都会很容易地进到屋子里面。更为重要的是"门"与房间不成比例,没有了规矩,无法达到"纳气"的功能。至于"墙院不完"是说布局不完整,该有围墙的地方却没有,没有形成整体,这是不安全的,容易受到外邪的入侵攻击。还有"井灶不处",位置不对路,不仅使用起来不方便,而且没有建立起精神信仰的文化符号,所以也在避免之列。"井"与"灶"在先民的心目中,既是实际生活中不可缺少的设备,也是世代相传的平安象征。考《周易》之"井"卦辞云:"改邑不改井。无丧无得,往来井井。汔至亦未繘井,羸其瓶,凶。"意思是讲,村邑虽然改动了但井却无法迁走。井水既不会枯竭，也不会满溢，汲水者往来井然有序；然而，过了一段时间，情况发生变化，井几乎快要干涸了，不能再用绳子系桶汲取井水了，井绳缠绕水桶，有凶险。《周易》"井"卦之辞描述了两种情况：一是井水充盈，人们每日汲水很正常，这就是"吉"；二是井水干涸，汲水所用的绳索和桶具也坏了，这就是"凶"。一吉一凶，形成了鲜明对比，如果说"吉"代表平安，那么"凶"就是不平安了。两相对比，强调了"井水"的正常使用对于先民生活的重要性。再说"灶"，不仅是煮饭的基本设备，而且是一家命籍所系。古有灶神信仰，道教称作"司命灶君"，建造宅舍，"灶"是不能免的，但将之置于何方却多有讲究。所谓"不处"就是位置不当：就"井"而论，指的是位置偏远、偏僻、行进不便；就"灶"而论，指的是范围、朝向不对。古人讲究"五行化运"，灶属火，东南方[1]为木位，故提倡建灶于东南方，以符合"木生火"的运化机制。如果灶位与朝向不能构成"相生"，而是相克，那就会耗损能量，所以也是"虚"。关于"五虚"的最后一条，"宅地多、屋少、庭院广"，依旧是从比例上讲的，"宅地多"表明总体面积较大，而"屋少"与"庭院广"是讲作为卧室的部分与作为休闲及公共活动区域两者的比例。在《黄帝宅经》看来，用作卧室的部分要多些，作为休闲和公共区域部分不必太广。如果卧室太少，人气就缺乏，再加上空荡荡的庭院，就更加显得不聚气了。根据"聚气"的原则，《黄帝宅经》指出了"五虚"之后，紧接着描述了"五实"，彼此一一对应。既然"五虚"是要避免的，那么"五实"就是要倡导的。

（二）和合阴阳

"虚实"的本质，其实是"阴阳"。如果说"虚"属于"阴"，那么"实"就是"阳"。由此推展开来，造屋建房，必须以阴阳为总纲，正如中医检查人的身体一样，评估一座房屋也应该用阴阳的理论做指导。

《黄帝宅经》卷上说：

---

[1] 关于宅舍的方位问题，古时候都是独栋建筑，因此以大门作为纳气口来确定方位；当代套房，大多为连体建筑，大窗便成为纳气口，故以大窗（大厅之窗）朝向来确定方位。

> 夫宅者，乃是阴阳之枢纽，人伦之轨模，非夫博物明贤而能悟斯道也……其最要者，唯有宅法而真秘术。凡人所居，无不在宅，虽只大小不等，阴阳有殊，纵然客居一室之中，亦有善恶。大者大说，小者小论。犯者有灾，镇而祸止，犹药病之效也。故宅者人之本。人以宅为家居，若安即家代昌吉，若不安即门族衰微。坟墓川冈，并同兹说。上之军国，次及州郡县邑，下之村坊署栅乃至山居，但人所处，皆其例焉。[1]

意思是讲，宅舍是"阴阳"的总枢纽，也是人间伦理辈分关系的一种轨迹和模型，不是知识广博的贤才是无法领悟其中道理的。自古流行的"山医命卜相"五种技术，只有宅舍建造的法度是真正的秘术。凡人居处，都在宅舍里面，虽然所居宅舍的大小不一样，阴阳的表现也不尽相同，但是既然在一个宅舍之中，便有善恶的问题。善恶大的，有大的说法。善恶小的，有小的情况。违背宅法的阴阳道理，就有灾难；若能抓住阴阳的根本来加以镇守，就能停止灾祸的发生，就像药到病除一样具有神效。所以说，宅舍是人们生存的根本，人们以宅舍作为家庭居处的地方，宅舍如果平安，那么整个家庭代代昌盛吉祥；如果宅舍不平安，那么家庭宗族就逐渐衰落。安顿祖先的坟墓及其所在河流山峦的道理也是一样的。从最高层级的军国，到次一级的州府郡县，再延伸于村坊署栅乃至简易的山居，只要是人所居之处，就有阴阳善恶的问题。

《黄帝宅经》言宅舍为"阴阳之枢纽，人伦之轨模"，这是有深刻含义的。所谓"枢纽"本指北极星的纽星天枢，后来泛指重要地点、事物关键之处或者事物相互联系的中心环节。由此看来，《黄帝宅经》是把宅舍看作贯彻"阴阳"法则的关键，认为通过宅舍可以掌控、调理攸关人生的阴阳问题，这表明宅舍具有"阴阳"路径总开关的地位。至于说"人伦之轨模"，也是强调宅舍在引导人间伦理道德方面的主导作用。之所以如此，是因为宅舍的建造是严格遵循阴阳法则与人伦之道的，人间的长幼尊卑秩序说到底是效法天道的表现，而天道大法就是阴

---

[1] 《道藏》第 4 册，第 979 页。

阳，因此宅舍建造的核心精神就是"阴阳"。对此，《黄帝宅经》卷上有进一步的论述：

> 阴阳之理也，经之阴者生化物，情之母也；阳者生化物，情之父也。作天地之祖，为孕育之尊。顺之则亨，逆之则否，何异公忠受爵，违命变殃者乎？今采诸秘验，分为二十四路，八卦九宫，配女男之位，宅阴阳之界，考寻休咎，并无出前二宅，此实养生灵之圣法也。[1]

《黄帝宅经》告诉我们，阴阳大道理贯彻于本经之中。阴者感生万物，可以看作一切事物性情的母亲；阳者注生万物，可以看作一切事物性情的父亲。阴阳乃是天地的祖先，孕育万物的尊长。顺应阴阳的道理则亨通，违背阴阳的道理则否闭，这与公人忠于职守获得爵位、违背圣命就遭殃的情况有什么不同呢？而今根据以往长期验证的事实，分为二十四个路径，按照八卦九宫的格局，配上女男的本有位置，明确宅舍的阴阳界限，考辨吉凶善恶问题，并没有超出阴阳二宅所讲的情况，阴阳二宅所确定的成规实在是养育生灵的神圣法则。《黄帝宅经》这段话以父母比喻阴阳，不仅强调其化生的功能，而且尊奉为天地之祖，充分显示了先民对宅舍建造的自觉精神，而且善于总结，最终升华为生养的理论。

怎样贯彻"阴阳"的大道理呢？《黄帝宅经》以"二十四路"为纲要进行阐发：

> 二十四路者，随宅大小，中院分四面作二十四路，十干十二支乾艮坤巽，共为二十四路是也。乾将三男震坎艮悉属于阳位（即从西北乾位之震为阳明矣），坤将三女巽离兑悉属阴之位（即从东南巽角顺之戌为阴明矣）。是以阳不独王，以阴为得（阳宅为宜修阴方），阴不独王，以阳为得（如上说）。亦如冬以温暖为德，夏以凉冷为德，男以女为德，女以男为德之义。《易诀》

---

[1]《道藏》第4册，第979页。

云：阴得阳，如暑得凉，五姓咸和，百事俱昌。所以德位高壮藹密即吉。重阴重阳则凶。阳宅更招东方北方，阴宅更招西方南方为重也（是东面为辰南、西面为戌北之位，斜分一条为阴阳之界）。[1]

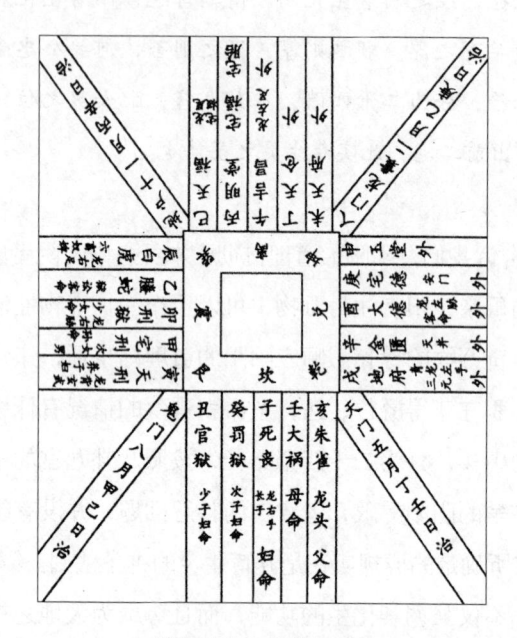

《黄帝宅经》方位布局图

这段话意思是讲：二十四路是判别宅舍的基本模型，其情况根据宅舍大小不同而进行具体的划分。设计师以中院为基准，分出东西南北四面以及二十四路，甲乙丙丁戊己庚辛壬癸十天干、子丑寅卯辰巳午未申酉戌亥十二地支，再加上乾艮、坤巽，就构成了二十四路。在《易经》的卦象符号体系中，乾坤两卦是父母。震、坎、艮为"三男"，从属于乾父，居于阳位，其气肇始于西北乾卦，顺行而至于巽卦；巽、离、兑是"三女"，从属于坤母，居于阴位，其气肇始于巽卦，顺行而至戌。乾与巽相对，坤与艮相对。乾为阳，巽为阴；坤为阴，艮为阳。乾巽、坤艮，皆阴阳对应。所以，阳并不单独为旺，必须得阴助才能兴旺；同样道理，

---

[1] 《道藏》第4册，第980页。

阴也不能单独为旺，必须得阳助才能兴旺。这就像冬天得到温暖，夏天得到凉冷，才显示其德性；又如男性以得到女性相助为有德，女性以得到男性相纳为有德。《易诀》里说：阴得到阳，就像暑天纳凉，五行种姓，和合有序，百事就昌盛。可见，阴阳感通，要达到最佳状态，这才算吉利。如果只是偏重阴或偏重阳，都是凶险。以辰、戌为点，画一条连接线，居于东方、北方的是阳宅，居于西方、南方的则是阴宅。阴宅要纳阳，阳宅要纳阴，这就是宅舍建造的基本原理。

二、房屋建造布局的几项具体操作

人居宅舍建设不仅以"阴阳"学说为纲领，而且依照"五行"相生相克原理来确定朝向和厅堂、卧室等空间分位的布局。由此延伸，考虑形质与气色的关系以及各种摆设，包括吉祥物的应用等等。这些技术性操作，既有传统的民俗传承因素，也有审美因素。

（一）顺理五行

关于"五行"理论问题，此前许多章节已经有所涉及，尤其是诠释太乙、六壬、奇门遁甲等术数学理论时，对于五行因素及其关系多有阐发。在房屋建造布局方面，"五行"更成为具体技术操作的基本模型。

先民们何以对"五行"情有独钟？这是有历史渊源的。考之《尚书》，其中的《甘誓》《洪范》已论及之。《甘誓》称："有扈氏威侮五行，怠弃三正，天用剿绝其命。"[1] 其中的"有扈氏"系夏朝时代的一个酋长部落。史书记载，大禹之子"启"继承权位之后，于钧台大宴四方部落首领。有扈氏不满于启对禅让制度的破坏，拒绝出席这次盛会。在启及其朝臣看来，这是对其权威统治的挑战，于是以"恭行天之罚"的名义讨伐有扈氏。《史记·夏本纪》称"有扈氏不服，启伐之，大战于甘"[2]。《尚书·甘誓》乃是夏启讨伐有扈氏的动员誓词。在《甘誓》里，夏

---

[1] （汉）孔安国传，（唐）孔颖达疏：《尚书注疏》卷七，（清）嘉庆二十年南昌府学重刊宋本《十三经注疏》本。
[2] （汉）司马迁：《史记》卷二，（清）乾隆武英殿刻本。

启宣称有扈氏违背上苍神意，以其叛逆侮辱了金、木、水、火、土"五行"，有扈氏怠慢甚至抛弃了"三正"历法，惹恼了上苍尊神，因此上苍尊神要断绝他们的国运，夏启奉行上苍尊神旨意，出兵惩罚他们。《甘誓》里这句话虽然不是正面论述"五行"，但却反映了"五行"在夏启时代已经成为国家条纲的理论遵循。

关于"五行"的含义，讲得比较明确的是《洪范》篇。其中有云："鲧堙洪水，汩陈其五行；帝乃震怒，不畀洪范九畴，彝伦攸斁，鲧则殛死，禹乃嗣兴，天乃锡禹洪范九畴彝伦攸叙。"[1]意思是讲，面对洪水泛滥成灾，鲧采用堵塞的手段，结果错乱了五行，上帝发怒了，不给予洪范九畴，于是鲧死于非命；之后，大禹承袭国祚，顺应天意，社会兴隆，上苍尊神即赐予大禹洪范九畴，确立了社会人伦秩序。所谓"五行"就是金、木、水、火、土。水的特性是湿润向下，火的特性是炎热朝上，木的特性是能曲能直，金的特性是锐利割物，土的特性是培植庄稼。湿润向下的水，生出咸的味道；炎热朝上的火，生出苦的味道；能曲能直的木，生出酸的味道；锐利割物的金，生出辛的味道；能养庄稼的土，生出甘的味道。

《洪范》不仅记载了"五行"的由来，指出其形成于大禹时代，而且阐述了"五行"的顺序、功能，尤其在排列上以"水"为第一，突出了水源在生活中的首要地位，这在中国文化史上具有划时代意义。但是，《洪范》并没有对"五行"的相互关系做出规定，故而依然是朴素的认知。春秋战国至秦汉时期，随着诸子百家理论的勃兴，"五行"学说也逐步完善起来。汉代以来，堪舆家根据"五行"相生相克的原理，对宅舍的朝向、布局，人与宅舍空间的对应关系做出许多推演。其中，涉及十天干与十二地支、十二生肖等的逢冲化合问题，而最重要的莫过于通过干支配合而形成的"六十甲子"，来演示人生命理与五行生克。

众所周知，古代的"六十甲子"模型，广泛应用于天文、历法、农学、医药、命理等领域。从近现代西方实验科学的立场看，这种配合常常被断以"荒谬"的结论，但从文化史的角度看，却是先民一种符号学构建。就人居宅舍的设计与选择而言，六十甲子的应用，就在于通过符号系统来厘清生命秉性与时空的关系，

---

[1]（汉）孔安国传，（唐）孔颖达疏：《尚书注疏》卷十二，（清）嘉庆二十年南昌府学重刊宋本《十三经注疏》本。

选择一种更加有利于生命存在与发展的空间环境与时间节点。既然十二生肖对应于十二个月，而十二个月又对应于十二地支，其中有五行的属性，那么从环境因素考虑，不同生肖的人与宅舍方位、坐向就构成了相生相克的关系。大体说来，就是避免同性相对。例如属鼠的人，避免坐午向子；属牛的人，避免朝向东北方丑位的房屋；其他生肖者以此类推。这种规定，无法由当代实验科学来加以证明，仅是古代堪舆家根据理气学说进行推导的结果。从实际需要来看，也无法实现全面的圆融，因为同一个家庭的人，生肖往往不一，至于后代子孙，倘若继承先人留存下来的住宅，也照样存在不能全面圆融的问题。

古代堪舆家除了考虑十二生肖与干支、五行的对应，还创造了所谓"五姓纳音"的宅舍建造与选择法度。

"纳音"之说由来已久。汉代王充《论衡》卷二十五《诘术》引《图宅术》曰："商家门不宜南向，徵家门不宜北向。则商金南方火也，徵火北方水也。水胜火，火贼金，五行之气不相得，故五姓之宅，门有宜向。向得其宜，富贵吉昌。向失其宜，贫贱衰耗。"[1]文中讲的"商家""徵家"指的是对应于"五音"之"商"与"徵"的宅舍之家。所谓"五音"，即角、徵、宫、商、羽，对应于"五行"之木、火、土、金、水。《黄帝内经》卷二《阴阳应象大论》谓：天有五音，人有五脏；天有六律，人有六腑。又载：角为木音通于肝，徵为火音通于心，宫为土音通于脾，商为金音通于肺，羽为水音通于肾。五音又与五方相对应，角对应于东方，徵对应于南方，宫对应于中央，商对应于西方，羽对应于北方，从而形成了一套"宅舍纳音"学说。为什么说"商家门不宜南向"呢？因为"商音"对应的是五行之"金"，南向属五行之"火"，此"火"能克"金"。同样道理，"徵家门不宜北向"是因为五音之"徵"属"火"，而北向则属五行之"水"，此"水"能克"火"。因为相克，所以五行之气不能辅助宅舍之家。由此《图宅术》得出结论：依照五音属性归纳而成的"五姓之宅"，大门都应该有适宜的朝向，选择了正确的朝向，宅舍之家不仅可以大富大贵，而且能够吉祥昌盛；如果选择的方向发

---

[1] （汉）王充：《论衡》卷二十五，（民国）《四部丛刊》景通津草堂本。

生错误，就会走向贫穷卑微，不断耗损财物。

所谓"五姓之宅"，就是把所有的姓氏依照发音时唇、舌、齿的张歙缩撮等不同情况而确定姓氏的"五行"归属，从而形成五大系列。角音之姓有赵、周、朱、孔、曹、金、华等凡42家；徵音之姓有钱、李、郑、陈、姜、史、唐、薛等凡75家；宫音之姓有孙、冯、严、魏、彭、任、宋、林等凡80家；商音之姓有王、蒋、韩、何、张、谢、章、潘等凡123家；羽音之姓有吴、褚、卫、许、吕、喻、苏、鲁等凡63家。此外，对于一些复姓，堪舆之学也做了规定，例如钟离、澹台属角音，尉迟、西门、独孤属徵音，公孙、豆庐、东方属宫音，上官、东平、令狐属商音，慕容、乙弗、叱于属羽音。此类归属，见载于唐代的《五音地理新书》以及元代的《类编历法通书大全》等文献之中，为唐宋以来的宅舍评判与选择提供了方便。堪舆家可以根据"五姓之宅"列表，很快查找出相应的五行属性，避免相克，以求相生。例如钱姓，其音为徵，对应于东方，就不能选择朝西的方位，因为东方属木，西向为金，若朝西则金克木；再如孙姓，其音为宫，对应于中央，不能选择朝东的方位，因为东向为木，中为土，东向之木克中央之土。凡此种种，皆基于五行生克原理。

宅舍纳音之法度，曾经颇为流行，但后来慢慢沉寂。历史上其实也有不同看法。王充《论衡》在引述了《图宅术》之后有一段诘问：

> 夫门之与堂何以异？五姓之门，各有五姓之堂，所向无宜何？门之掩地，不如堂庑。朝夕所处，于堂不于门。图吉凶者，宜皆以堂。如门，人所出入，则户亦宜然。
>
> 孔子曰："谁能出不由户？"言户不言门。五祀之祭，门与户均。如当以门正所向，则户何以不当与门相应乎？且今府廷之内，吏舍连属，门向有南北；长吏舍传，间居有东西。长吏之姓，必有宫商；诸吏之舍，必有徵羽。安官迁徙，未必角姓，门南向也。失位贬黜，未必商姓，门北出也。或安官迁徙，或失位贬黜何？
>
> 姓有五音，人之质性亦有五行。五音之家，商家不宜南向门，则人禀金

第七章　平安之道与环境要求

之性者，可复不宜南向坐南行步乎？一曰五音之门，有五行之人，假令商姓口食五人，五人中各有五色，木人青，火人赤，水人黑，金人白，土人黄，五色之人俱出南向之门，或凶或吉，寿命或短或长，凶而短者，未必色白，吉而长者，未必色黄也。五行之家何以为决？南向之门，贼商姓家，其实如何？南方火也，使火气之祸，若火延燔，径从南方来乎？则虽为北向门，犹之凶也。火气之祸，若夏日之热，四方洽浃乎，则天地之间皆得其气，南向门家何以独凶？南方火者，火位南方，一曰其气布在四方，非必南方独有火，四方无有也，犹水位在北方，四方犹有水也，火满天下，水辨四方，火或在人之南，或在人之北，谓火常在南方，是则东方可无金，西方可无木乎？[1]

将上引一段翻译出来，大体意思是讲：门与厅堂为什么不同呢？有五姓的门，就有五姓的厅堂，厅堂的朝向为什么就不存在适宜或者不适宜的问题呢？要是从占有空间来看，厅堂、走廊占的地方一定是比门所遮盖的地方要大，人朝夕居住的地方不是门而是厅堂。按照图宅术的思路，本来应该以厅堂为核心来推断吉凶才正确。如果说大门是因为人出入的地方必须规定朝向，那么旁门也具备出入的功能，为什么不在考虑范围呢？

孔子曾经讲过："谁能够不经过门户走出屋外去呢？"孔子说的是"门户"而不单单讲大门。稽考古代礼俗可知，关于五神的祭祀，门神与户神是同等重要的。如果硬要以大门来确定住房的方向，那么为什么不把屋门与大门同等看待也用来确定方向位置呢？况且现在的官府，官员办公与居处的地方，房屋一间接着一间，门的朝向有南也有北；长官的宿舍，门所处的方向有东也有西。长官的姓，一定有属于宫音、商音或者其他音的；一般官吏的宿舍，一定有归属徵音、羽音的姓氏者居住。官职稳定、官位提升，不一定是因为他们的姓属于徵音而其门就朝南开；丢掉官职，或者被降职乃至罢官，也不一定是因为他们的姓属于商音而门就

---

[1]（汉）王充：《论衡》卷二十五，(民国)《四部丛刊》景通津草堂本。

朝南开。有的人官职稳定、官位提升，有的人却丢掉官职、被降职或者罢官，这是为什么呢？

　　姓分属五音，人的气质特征也分属于五行。按照五音之家的说法，姓归属商音的人家不适宜把大门朝南方，那么禀性属金的人，是否又不能朝南坐、朝南走呢？我要驳斥说：既然根据五音确定了姓氏的五行属性，并且由这种属性来规定大门朝向，那么从五行特征来看人的秉性，一个姓属商音的人家有五口人，五个人的面部气色都不同，木性之人脸色属青，火性之人脸色属红，水性之人脸色属黑，金性之人脸色属白，土性之人脸色属黄。他们的五行气色不同，都走朝南之门，其结果有的遇吉有的逢凶，有的长寿有的短命，遇凶短命者并非都是脸色白，遇吉长寿者亦非皆脸色黄。五行之家到底是根据什么做出判断呢？再说朝南开的门，伤害姓属商音的人家，它的真实情况怎样呢？南方属火，如果火气造成的祸害足够大，烈火蔓延开来，即使朝北开的门，也同样不能避免祸害。这是不是说火气造成的祸害，就像夏天热气一样遍及四方呢？如果这样的假设成立，那么天地之间都要受到热气的祸害，为什么唯独朝南开门的人家遭凶害呢？南方属于火，是因为火位在南方。对于这个说法，我要驳斥说：夏天的热气分布于四方，未必仅仅南方才有火，其他方向就没有火。如同水位在北方，而实际上四方都有水一样。火布满天下，水遍及四方，火有时发生在人的南面，有时却发生在人的北面。如果说火经常在南方，那么可以说东方没有金，西方没有木，事实果真如此吗？

　　王充通过观察，摆出许多事实，批评以"五姓纳音"确定宅门方向的做法，既有案例，也有逻辑分析，看起来是比较有力的。但是，从东汉以后，有关"五姓纳音"的宅舍建造与方位选择术数依然流行，它已经转化为一种民俗，具有了文化象征的意义。

　　"五姓纳音"作为一定历史阶段的产物，深深打上了传统象数法度的烙印，它把所有的姓氏归纳为五大系统，看起来简明扼要，便于当时的宅舍营建与选择，但各种姓氏到底根据什么原理而分别纳入"五音"的？这是一个很难解释的问题，其间难免有牵强附会之处。即使诸姓氏被纳入的音序有其道理，也不见得就符合逻辑上的周延原则。

基于以上情况，笔者认为：以角、徵、宫、商、羽为序的"五音建运"以及同五方、五脏、季节的配合，虽然早见于《黄帝内经》等先秦文化典籍，具有符号代码的意义，但在人居宅舍建造与选择问题上不宜生搬硬套，也不能将对象复杂化，而应以科学、审美与风俗相统一为原则来进行实际操作。

所谓"科学"，具体讲就是符合环境科学原理。人的生命居于天地之间，其降生之际便与天体星宿以及周遭生存空间构成了不可分离的关系，大空间与小空间的各种因素一定对生命体的健康与能力造成影响。因此，对于宅舍建造与选择首先应该着眼于大环境，考虑水源干净、空气清新、交通方便的区域；其次，考虑自然构型美观、赏心悦目之处。至于古人根据出生之年，明其十二生肖所属，再根据出生之年月日时推演五行属性，以避免方位与居住者五行之相克，这种择居法度也不是不可以参考。该等法度经过千百年的传承，已经积淀成为一种文化心理，在民间具有很大影响。所以，宅主有这种讲究是可以理解的。就环境心理学的立场看，在符合环境科学与审美统一的前提下，注意生肖与坐向的相生相克问题，或许可以营造一种其乐融融的生命环境。

（二）"八宅明镜"法

中国宅舍建造讲究"纳气"，这就是汲取天地五行正气，所以有所谓"纳气口"之说。一般而言，独栋房子，以正大门为"纳气口"，但当代小区连体套房则以厅堂的大窗为"纳气口"。确定了宅舍"纳气口"，再考虑厅堂、卧室、厨房、卫生间、阳台的分区。

所谓"纳气口"的确定，古人尚有"八宅明镜"法。清代丁仁撰《八千卷楼书目》卷十一子部记载，唐人堪舆名师杨筠松撰《阴阳五要奇书》，其中就有《八宅明镜》，凡二卷。杨筠松（834—900年），名益，字叔茂，号筠松，窦州（今广东信宜）人。唐文宗太和八年生，唐光化三年卒。作为一代地理名师，杨筠松颇受朝廷所赏识，曾被唐僖宗朝奉为国师，官至金紫光禄大夫，掌灵台地理事，可见杨筠松在唐代官方的地位甚高。不仅如此，杨筠松在民间也有很大影响，相传其堪舆术广为流行，使天下贫者致富，故被后人尊称为"杨救贫"。

《八宅明镜》一书是否为杨筠松所撰？这是需要进一步落实的问题。据宋代陈振孙撰《直斋书录解题》卷十二、郑樵撰《通志》卷六十八《艺文志》以及《四库全书总目》等著录可知，杨筠松著有《地理口诀》一卷、《鼓角沙经》一卷、《杨公曜金歌并三十六图》一卷、《玄机经》一卷、《玄空烟火》一卷、《杨益撼龙经》一卷、《撼龙经》一卷、《疑龙经》一卷、《葬法倒杖》一卷、《青囊奥语》一卷、《青囊序》一卷、《天玉经内传》三卷、《天玉经外编》一卷、《都天宝昭经》三卷、《安门秘法》一卷、《灶卦书》一卷、《都天宝昭经》三卷等。从历代文献专家之著录情况看，清代以前，未见有杨筠松撰《八宅明镜》的说法。

又查清代关于《八宅明镜》的出版情况，目前尚存的有30多种版本，诸如乾隆三十一年（1766年）善成堂刻本、乾隆三十七年（1772年）林筠堂刻本、乾隆五十五年（1790年）以及道光七年（1827年）青黎阁刻本、光绪七年（1881年）公善堂刻本、光绪三十三年（1907年）文奎堂刻本、宣统十一年（1911年）上海扫叶山房石印本。这些不同年代的木刻本或石印本，基本上都是署名箬冠道人撰，唯有光绪三十年（1904年）的一个刻本以及苏州绿荫堂（未知年代）刻本署杨筠松撰。比较起来可知，署名箬冠道人撰的《八宅明镜》早流行于乾隆时代（18世纪），而署名杨筠松撰的《八宅明镜》则到了20世纪初才出现。杨筠松为唐代人，当然不可能到了20世纪初又著书。根据这些情况，可以做出一个初步判断：《八宅明镜》当出自箬冠道人手笔，或许因为取法于杨筠松的堪舆理论，后人为提升其地位，遂更为杨筠松撰。2010年，世界知识出版社出版新的排印本，则署杨筠松著、箬冠道人撰。

当然，本书的最后形成刊刻还经过了胥江钓叟顾吾庐的整理，这从《凡例》就可以看出来。该书《凡例》一开始就说："斯书系箬冠道人所授，并未见有刻本传流行世。即地师偶知九宫八卦之奥，以为独得之秘密。每见求衢改宅者，屡受居奇推托，故不敢私为枕秘，谨刊流行，以公海内。"从其叙述可知，箬冠道人授给顾吾庐的乃是抄本，与此前的《序》一样，《凡例》乃是顾吾庐在经过了仔细研读之后为帮助读者理解而撰写的。

"八宅"之名，早见于《逸周书》，该书卷四《大匡解》第三十七有"八宅六位"[1]之语。此书原名《周书》，隋唐以后亦称为《汲冢周书》。前人考证，典籍《墨子》《战国策》称引《周书》多次，其文字与今《逸周书》同，说明《逸周书》乃是春秋战国前的古籍，足见"八宅"起源甚早。考唐人杜佑撰《通典》卷三《食货三》：

> 昔黄帝始经土设井，以塞诤端；立步制亩，以防不足。使八家为井，井开四道而分八宅。凿井于中，一则不泄地气，二则无费一家，三则同风俗，四则齐巧拙，五则通财货，六则存亡更守，七则出入相司，八则嫁娶相媒，九则无有相贷，十则疾病相救。是以情性可得而亲，生产可得而均。[2]

按照这个说法，"八宅"乃是一种社会建制，系"井田制"的一个构成要素。至于是否出自黄帝时期，则另当别论。从其功能看，早先的"八宅"建制乃是围绕一口井、依照八个路向而形成的宅舍聚落，尚无"五行纳音生克"之义。汉代以来，有关八宅纳音的法度开始流行。到了隋唐时期，"八宅"坐向与时辰的对应更为讲究。例如唐人韩鄂撰《四时纂要》讲述五月禁忌，即关涉"八宅"，该书卷三谓："移徙大耗在子，小耗在亥。五富在亥，五贫在巳。移徙不可往贫耗上。又夏丙子、丁亥，不可嫁娶，移徙八宅，凶。"这条资料虽然没有明确解说夏日丙子、丁亥何以"移徙八宅"为凶，但可以推知，应该是从五行、时辰与宅舍坐向的生克关系考虑的。宋元以降直到明清时期，典籍多涉"八宅"之事，箬冠道人当是承袭古法而撰《八宅明镜》。

《八宅明镜》分上下两卷。上卷主要内容包括论男女生命、六十花甲纳音、伏羲八卦次序之图、八卦分东西四宅之图、先天八卦方位、后天八卦方位、河

---

1 （晋）孔晁注：《汲冢周书》卷四，（民国）《四部丛刊》景明嘉靖二十二年本。
2 （唐）杜佑：《通典》卷三《食货三》，（清）武英殿刻本。

图、洛书、先天卦配河图之象图、后天卦配河图之象图、先天卦变后天卦图、先天卦配洛书之数图、后天卦配洛书之数图、排山掌起三元甲子诀、游年歌、星煞吉凶、东四宅诀、西四宅诀、八卦三元九宫九星之图、三元命卦配灶卦诀、九宫命宅三元排掌图、捷诀、算定上中下三元不可差误、三元甲子男女宫位便览、乾坎艮震巽离坤兑东四西四八宅秘图、王肯堂论八宅生气等星吉凶之源、福元、宅舍大门、六事、坑厕、分房、床座、灶座火门、作灶、香火、论婚姻、论女命利月、和尚公杀男命宜忌、论男女生命行嫁月孤虚煞、阴错阳差歌、吕才合婚图、三元男女生命宫数、嫁娶周堂图、男女合婚辨谬、修造论、阳宅六煞、花粉煞日、作灶忌绝烟火日、分居绝烟火煞、九星、四吉星方、四凶星方、作灶求财法、催子法、催财法、安床造床忌用日、罗天大忌日、修造忌晦气煞日、神嗷鬼哭日、斩草破土忌用物、戊已都天、八卦方位、八宅东西、八卦所属、九星五行、三元九星、总论、形势、楼、间数、门路、定游星法、天井、床、灶、井、坑、黄泉诀、黄泉吉凶、生命、九星制伏。下卷主要内容是关于杨筠松（救贫）传承下来的"灶卦"之法，内容包括辰南戌北斜分一界之图、迁者来路元空装卦诀、来路灶卦方向诀、验过吉凶八位总断、增灶口向、增分房、增修方、生气图、天医图、延年图、祸害图、六煞图、五鬼图、绝命图、伏位图、子嗣口诀、乾命之宅、坎命之宅、艮命之宅、震命之宅、巽命之宅、离命之宅、坤命之宅、兑命之宅、婚姻论、子息论、疾病论、灾祸论、求财论、修造论、通天照水经遥鞭断宅歌、歌断、诸星吉凶、飞宫诀、九宫所属、玉辇经、玉辇开门放水六畜等图局、戌乾亥三山玉辇开门放水六畜图、壬子癸三山玉辇开门放水六畜图、丑艮寅三山玉辇开门放水六畜图、甲卯乙三山玉辇开门放水六畜图、辰巽巳三山玉辇开门放水六畜图、丙午丁三山玉辇开门放水六畜图、未坤申三山玉辇开门放水六畜图、庚酉辛三山玉辇开门放水六畜图、门楼玉辇经、乾宅开门、坎宅开门、艮宅门路、震宅门路、巽宅门路、离宅门路、坤宅门路、兑宅门路、上元中元下元、游年、异授天尺图式、尺法、造床法、作灶法。从章节目录看，其中有相当内容乃是传自杨筠松，这或许是清末以来一些刊刻家将杨筠松与箬冠道人并列为《八宅明镜》作者的缘由吧。

第七章　平安之道与环境要求

《八宅明镜》一书的内容颇为庞杂，但其要领在于讲究八卦与八方气运。关于此，胥江钓叟顾吾庐于乾隆五十五年（1790年）写的序言有一段说明：

> 愚性素常不信乎风水，不惑于地理。混混漠漠，任意迁居，或西或东，凶吉不一；或南或北，苦乐各异。实不知其所由也。偶于己酉仲冬，适有箬冠道人来家访余，谈及八宅之妙。余叩其术，曰："乾、坎、艮、震、巽、离、坤、兑八宅，分其吉凶。而屋有东四宅、西四宅；人有东四命、西四命。何为东四宅？坎、震、巽、离是也；何为西四宅？坤、乾、兑、艮是也。"又云："人有东四命、西四命，按甲子分上、中、下三元，如一坎、三震、四巽、九离为东四命，二坤、六乾、七兑、八艮为西四命。东四命宜居东四宅，西四命宜居西四宅，命与屋相合，无有不财丁并发者。如屋难以移迁，一室之内亦有二十四方向，按其位置，改灶移床，即可应验。"余即叩授其术，箬冠道师探囊取书二本授余，名曰《八宅明镜》，并授天尺一支，云乃杨筠松先生所著。如一宅不利，改门则利；一室不吉，改房门则吉。开门造床，依其尺寸，趋吉避凶，应验如爽。[1]

顾吾庐这段序言首先介绍他是如何得到《八宅明镜》这本书的。顾氏是于作序前一年与箬冠道人相识且得其传授的。箬冠道人送书时讲了"八宅法"的玄妙。所谓"八宅"就是依照《易经》八卦分为八向宅位。其中有东四宅、西四宅的划分。按照后天八卦方位，坎、震、巽、离这四卦表征东四宅，而坤、乾、兑、艮则表征西四宅。从人的出生年月日时推演，可知每个人的命格可以分为东四命与西四命。凡是东四命的人适宜住东四宅，而西四命的人则适宜住在西四宅。

关于东四宅与西四宅的规定，根据后天八卦方位，就可一目了然。但是，东四命与西四命却是需要推算的。

如何推算呢？《八宅明镜》将十二地支与八卦九宫汇聚在一个手掌上，并且概

1　（清）箬冠道人：《八宅明镜》顾吾庐序，（清）光绪七年公善堂刻本。

括出一首歌谣，称作《排山掌诀》：

排山掌上起，从寅数到狗。
一年隔一位，不用亥子丑。[1]

意思是讲，男女命宫的山向方位可以通过手掌标示的地支及卦位来辨别。起点是"寅"，终点是"狗"，这个"狗"就是十二生肖倒数第二，对应于十二地支的"戌"。每一年对应于一个位置，但亥、子、丑是不用的。按照阴阳的哲理，男女命格是有区分的。为了快捷区分，《八宅明镜》又给出一首七言口诀：

上元甲子一宫连，中元起巽下兑间。
上五中二下八女，男逆女顺起根源。[2]

又云：

一四七宫男逆布，五二八宫女顺推。
男五寄坤女寄艮，甲子周循本命寻。[3]

所谓"上元"及"中元"，系命卦纪年的术语。"命卦"，具体而言，即"三元命卦"。这里的"三元"指的是依照干支推演而形成的时间系统。每一元六十年为一个甲子，"三元"就是三个甲子，共计一百八十年。第一甲子称上元，第二甲子

---

[1] （清）箬冠道人：《八宅明镜》卷上，（清）光绪七年公善堂刻本。
[2] 同上。
[3] 同上。

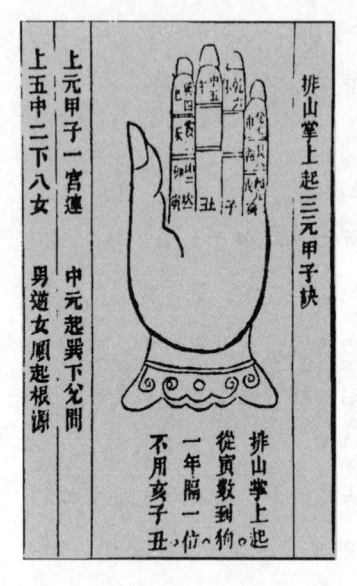

称中元，第三甲子称下元。而所谓"宫"即按照洛书规制而形成的排序，即一坎、二坤、三震、四巽、五中、六乾、七兑、八艮、九离。按照上引之七言口诀，凡是上元所生的男子，都是从一坎起甲子逆行。

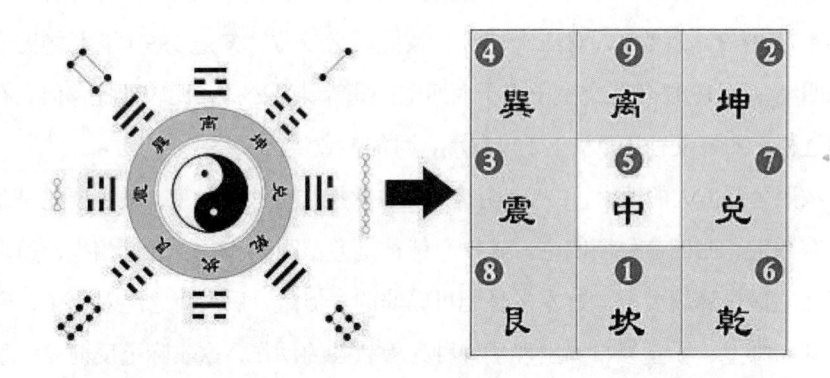

洛书配后天八卦图

例如男命于上元甲子年生，则甲子起于一宫坎，逆而推之，则乙丑便在九宫离，丙寅在八宫艮，丁卯在七宫兑，戊辰在六宫乾，己巳在中宫五，庚午在四宫巽，辛未在三宫震，壬申在二宫坤，癸酉又回到了一宫坎。如此周而复始，至癸亥而终于五宫之中；因为五中无配合之卦，按照口诀之规定，乃寄系于坤宫。

这里有一个关键问题，就是时间节点从什么时候起算？根据传统历法，就是从黄帝元年算起，迄今为4716年。至1984年，则已经历了78个甲子。从1984年至今（2020年），又经过了36年。如此算来，目前正处于第79个甲子，是为下元之际。当此之时，根据"一四七宫男逆布，五二八宫女顺推"之说法，则男命甲子从七宫兑起逆行，至癸亥而终于二宫坤，女命甲子从八宫艮起顺行，至癸亥而终于四宫巽。男命遇中宫为坤命，女命遇中宫为艮命。

关于具体的技术操作问题，有人曾根据《八宅明镜》所定口诀，总结出一个对应于阴阳历的计算公式：

男命公式：(100-出生年份)÷9

女命公式：（出生年份－4）÷9

例如1990年出生的男子，将90年份代入公式，计算如下：（100-90）÷9=1，余数1，对应于坎卦。再如1987年出生的女子，将其87代入公式，计算如下：（87-4）÷9=9，余数2，对应于坤卦。按照后天卦位，知道1990年生之男子属于东四宅，而1987年生之女子属于西四宅。此等计算公式，比较便捷，但它有个推演过程，如果没有从源头上予以追溯，可能招致误会。

按照箬冠道人的理念，"八宅明镜"的技术操作有许多讲究，最主要的是东四命住东四宅、西四命住西四宅。其核心精神是遵循阴阳和合、五行相生，追求生命存在的最佳环境要求。这本来是无可厚非的。但是，后人将之绝对化了，于是在门向与卧室、厅堂等布局出现了种种死板教条的动作，这实际上反而破坏了整体和谐。

笔者以为，人的生命，从诞生到成长乃至老死，确实受到天体自然以及居处环境的影响，注重环境选择以及合理布局，这是应该的，但也不能仅仅考虑五行生克问题，还得讲究审美与活动空间是否舒适、方便。试想一想，西方人早先并不了解中国的风水理论，他们所建造的房屋也不讲究什么"五姓纳音"以及"八宅明镜"的法度，建好了房子就住进去，大多也很安全。所以，"八宅明镜"之类的技术操作更多的是具有民俗学的意义，对于生活在中国社会的民众而言可以作为一种健康学的辅助性参考，但不能将之绝对化。

（三）风水吉祥物在生活家居中的意义

关于房屋布局问题，中国人比较关心的还有风水吉祥物的布置问题。所谓"风水吉祥物"就是遵循风水学基本原理而制作的用以驱邪扶正、平安纳福的物品。

逢凶化吉、平安生活、招财进宝、有福有禄、延年长寿，这是中国人世世代代的普遍心理。其中，尤其以追求居处平安为第一要义，所以吉祥物一开始就被赋予平安的内涵。

1. 石敢当

走进一些古村落，我们常常看到老宅的地基处或者屋前屋后竖立长条石，上面刻写着"石敢当"或"泰山石敢当"，这是一种具有信仰内涵的吉祥物。关于"石敢当"的由来有种种不同说法。最早见诸文字的是西汉史游的《急就章》："师猛虎，石敢当，所不侵，龙未央。"从上下文来看，这个"石敢当"可能是个身怀绝技的人物，你看他以猛虎为师，威风赫赫，来敌不能侵犯，又如云龙一样，落座未央宫。

元代学者陶宗仪《南村辍耕录》记载：

> 今人家正门，适当巷陌桥道之冲，则立一小石将军，或植一小石碑，镌其上曰"石敢当"，以厌禳之。按西汉史游《急就章》云"石敢当"，颜师古注曰：卫有石碏、石买、石恶，郑有石制，皆为石氏；周有石速，齐有石之纷如；其后以命族敢当，所向无敌也。据所说则世之用此，亦欲以为保障之意。[1]

与《急就章》的简洁文字相比，陶宗仪的记载比较详细地陈述了设立"石敢当"的缘由，那是因为居家房舍迎面有巷子、桥梁、道路对冲，为了避免看不见的邪气侵袭，便在石头上刻以将军模样，营造其震慑氛围。从颜师古对《急就章》的疏解可知，早在春秋时期便有冠"石"之名的大将军，说明"石头"于上古时期或已被奉为安镇的灵物。久而久之，演化出形式多样的"石敢当"。

在古文献里，我们还可以看到于"石敢当"之前加上"泰山"的字眼。例如王端履撰《重论文斋笔录》卷八载：

> 吾邑人家门户当桥梁巷陌之冲，则竖石碑，书"泰山石敢当"五字以镇之。田易《乡谈》谓石敢当，见史游《急就篇》。颜师古注曰：卫郑周齐皆有石氏，其后因以命族敢当，所向无敌也。据此则古名始于西汉，《五代史》刘

---

[1]（元）陶宗仪：《南村辍耕录》卷十七，（民国）《四部丛刊三编》景元本。

> 知远为晋押衙，高祖与愍王议事，知远遣勇士石敢，袖椎侍晋祖以虞变，敢与左右格斗而死，今立门首以为保障。似五代之石敢，其云当者，或谓唯石敢之勇可当其冲也。然泰山之义未知何居端履，案此当为禳火而设，非折冲也。《公羊》僖三十一年传：触石而出，肤寸而合，不崇朝而遍雨乎天下者唯泰山尔。似泰山石敢当者，谓其地有泰山之石，能兴云雨敢当其灾也。祭见如此未知然否？[1]

王端履这段记载首先陈述了"石敢当"的由来，继而引证《春秋公羊传》的文字，揣测在"石敢当"之前加上"泰山"的原因，他指出这可能是由于该地有泰山之石，能够兴云降雨并且可以抵挡灾害。不过，他并没有完全肯定，而只是推想而已。

关于"石敢当"何以加上"泰山"二字，民间有个有趣的传说：

位于泰安城南的汶口镇，据说有个住户，夫妻两口子恩爱有加，却没有儿子，唯得一女，奉为掌上明珠。不知于何时开始，姑娘每于太阳下山之后即心生恐惧，瑟瑟打抖。家人探视，总觉得东南方向有阴风刮来。天长日久，姑娘面容憔悴，几乎失去了少女光泽，看医生也不管用。

看到这种情况，有人对老两口进言："这姑娘恐怕是身缠妖气，吃药已无济于事。早闻泰山上有姓石名敢当者，颇为勇猛，可请之驱妖祛病。"急于医治千金的老两口听到这个消息，便托人找到石敢当，说明情况。石敢当说："此事好办，请来童男童女十二对，每人给予铜锣一面；另外准备香油一盆，以棉花搓成粗大灯芯；再备一口大锅，一把椅子。倘若所需各物齐整，俺定能拿住妖怪。"老两口按照石敢当之吩咐，将用具一一提供。石敢当首先将灯芯置于香油盆内，而后点燃。再端铁锅扣住盆子。如此停当，石敢当即用脚挑着锅沿，等待时机。天黑之际，东南方向果然呼呼作响，妖风由远而渐近。石敢当看准时机，一脚踏翻铁锅。霎时间，油灯放出耀眼光芒。十二对童男童女见状，即刻敲响锣鼓。妖怪刚进屋，

---

[1] （清）王端履：《重论文斋笔录》卷八，（清）道光二十六年授宜堂刻本。

看见灯光，听到响声，顿时慌了手脚，左躲右散，朝南方逃跑而去。此后，妖怪逃至闽地，继续为非作歹。闽地有不少农户也中了妖气，染上重病。人们苦不堪言，四处打听治妖之高人，听说泰山石敢当颇有能耐，即派人礼请石敢当至闽地捉妖。石敢当用老办法将妖怪赶走，但此妖并未收敛，依然四处作歹。石敢当想：俺赶它一回，它就逃到别处。国土如此之大，俺何以能够四处追击呢？不如以泰山石头作为代身，刻上俺之家乡与名字——泰山石敢当，不论何地闹妖，皆可将此石头震慑。于是，以石代身之做法遂流传开去。嗣后，人们因避邪之需，便将刻有"泰山石敢当"的石头砌在墙上或者置于门口，以驱邪求吉。

这个故事流传甚广，各种版本的细节略有差异，但都表明，"泰山石敢当"最初乃是作为勇士的代号。在思想内涵上，它是远古灵石崇拜的一种延伸；在心理需求上，它又寄托了黎民百姓祈求安全的渴望。从这个角度看，石敢当在中国民间曾经是一种非常普遍的吉祥物。在今天，新建设的百姓家居虽然很少再布置"石敢当"了，但这种驱邪求吉的心理依然根深蒂固。

2. 化煞桃符

中国古代民间社会，除了用"石敢当"镇慑房舍，也采用"桃符"化煞。萧统编、胡绍煐笺证的《文选笺证》卷三引述《毛诗传》曰："梗病也。"接下来，《笺证》解释发挥说：

> 谓为人作梗病者，王氏《观国学林》曰：今人正月，旦以桃木为版，书神荼、郁垒于版，而置于门，谓之桃符，即桃梗也。《战国策》：土偶人与桃梗语是也；《东京赋》：度朔作梗，言以度朔山桃木为符梗。善以梗为病误。绍煐按：作梗，犹云为祟；今俗云作梗。王氏谓梗为桃梗，而引《战国策》为证，不知《战国策》之桃梗，即木偶也；而云"度朔作木偶"，于文为不辞矣。[1]

这段话的本义是为了解释"作梗"，却引出了"桃符"的重要概念。什么是"桃

---

[1] （南北朝）萧统编，（清）胡绍煐笺证：《文选笺证》卷三，（清）光绪《聚轩丛书》第五集本。

符"？简单讲，就是以桃木为原材料、画上了神仙图像的一种特殊符号。按照绍煐的说法，"桃符"也叫作"桃梗"。所谓"梗"，由"木"与"更"构成。"木"表示枝条，"更"表示枝条上的纽结，引申为阻挡。先民们从避邪的需要出发，将桃梗制成版，画上了"神荼、郁垒"的形象。

"神荼、郁垒"之名，最早见载于《山海经》，该书之《海外经》谓："东海中有山焉，名曰度索。上有大桃树，屈蟠三千里。东北有门，名曰鬼门，万鬼所聚也。天帝使神人守之，一名神荼，一名郁垒，主阅领万鬼。若害人之鬼，以苇索缚之，射以桃弧，投虎食也。"这样看来，神荼、郁垒乃是管理万鬼的神。居处于度索山上的鬼，如果干了坏事，就会被神荼、郁垒捉住，且用绳子捆绑，送去喂虎。

考南北朝时期宗懔撰《荆楚岁时记》也有一段文辞言及桃符：

> 按庄周云，有挂鸡于户，悬苇索于其上，插桃符于旁，百鬼畏之。又魏时人问议郎董勋云：今正腊旦门前作烟火、桃神、绞索、松柏，杀鸡着门户逐疫，礼欤？勋答曰：礼。十二月索室逐疫，衅门户磔鸡煤火行，故作助行气。桃，鬼所恶，画作人首，可以有所收缚不死之祥。又桃者，五行之精，能制百鬼，谓之仙木。《括地图》曰：桃都山有大桃树，盘屈三千里，上有金鸡，日照则鸣。下有二神，一名郁，一名垒，并执苇索以伺，不祥之鬼则杀之。即无神荼之名。应劭《风俗通》曰：黄帝书称上古之时，有神荼、郁垒兄弟二人，住度朔山上，桃树下简，百鬼妄搰人，援以苇索，执以食虎。于是县官以腊除夕，饰桃人垂苇索，画虎于门，效前事也。[1]

这段文字，旁征博引，从先秦道家才子庄周的讲述，到汉代应劭的《风俗通》，再到魏晋董勋与时人的对话，跨越不同时段，涉及不同层级的人物，让我们得以了解先民以桃符刻鬼的风俗传统实在由来已久。为什么要以桃木为材质？原来，古人乃奉之为"五行之精"。至于捉拿妖鬼的神仙，《括地图》与《风俗通》

---

[1] （南北朝）宗懔：《荆楚岁时记》，（民国）景明《宝颜堂秘籍》本。

第七章　平安之道与环境要求

的记载并不一致，前者以"郁""垒"为二，后者则以"郁""垒"为一，且加上"神荼"之新名，但本质是一样的，这就是以桃木画上流传已久的神仙形象，带有警戒和驱邪的鲜明象征旨趣。

以桃板画上"神荼""郁垒"之类神仙图像为什么称作桃符？这除了与制作材料——"桃"有关，还与"符"这种特殊表征方式有不解之缘。"符"本是一种古文字，它起源于上古时期的"云书"，相传黄帝时期崇尚"云龙"之气，作"云书"而"以云纪官"。所谓"云书"就是模拟天上云彩飘动的样子而形成的一种书写方式。这种"云书"是如何流传的，尚无足够的文献支撑以梳理其脉络；不过，有资料显示，秦汉之际的方士转变为道士之后，"云书"也随之演变为"符箓"，用以召神克鬼，驱邪保安。由此观之，"桃符"在流传过程中实际上也运载着道教追求平安的精神，所以能够成为一种颇具特色的吉祥物。

桃符的使用，到后来逐步演变为"春联"。例如宋代陈元靓撰《岁时广记》卷四十录《古今诗话》称：

伪蜀每岁除日，诸宫门各给桃符，书"元亨利贞"四字。时昶子善书札，取本宫策勋府桃符书云：天垂余庆，地接长春。干德中伐蜀，明年蜀降。二月以兵部侍郎吕余庆知军府事，以策勋府为治所。太祖圣节号"长春"。此天垂地接之兆。又杨文公《谈苑》云：辛寅逊仕伪蜀孟昶为学士，王师将攻伐之前岁，昶令学士作两句写桃符，寅逊题曰：新年纳余庆，嘉节号长春。明年蜀亡。吕余庆以参知政事知益州长春，乃太祖诞圣节名也。[1]

此段记载的是唐末五代时期后蜀的岁俗故事。从中可以看到，后蜀时期每年除夕，官方都在宫门统一写上《周易》"乾"卦之卦辞"元亨利贞"，以求吉利。此外，诗话抄录了两对"桃符"：一是"天垂余庆，地接长春"，为"四言联对"；二是"新年纳余庆，嘉节号长春"，系"五言联对"。作者记录当时的桃符，本意

---

[1] （宋）陈元靓：《岁时广记》卷四十，（清）《十万卷楼丛书》本。

应是要彰显"桃符"的谶语预兆功能，但从一个侧面反映了桃符联对讲究对仗的艺术特色。

陈元靓《岁时广记》卷五又录《皇朝岁时杂记》云：

> 桃符之制，以薄木版长二三尺，大四五寸，上画神像、狻猊、白泽之属，下书左郁垒右神荼，或写春词，或书祝祷之语。岁旦则更之。王介甫诗云：总把新桃换旧符。东坡诗云：退闲拟学旧桃符。[1]

此段记载了宋代所见"桃符"的规格、内容，既有神仙画，也有字。编者为了让人更具体了解桃符的情况，引述了王安石与苏东坡的诗句予以佐证。其中所言"春词"可以理解为应春节之需而书写的祝词。

考宋代陈起所编《江湖小集》卷五十五录有《新年换桃符》云：

> 桃符频换句难新，休对春风诉旧贫。
> 近日儿童谈道学，几时征诏及闲人。
> 山田收薄官输在，树雪吹残曙色真。
> 慨昔巢由老岩穴，终身击壤作尧民。[2]

从其标题来看，这首七律显然是围绕新年更换桃符的事项展开的。第一句"桃符频换"四个字让我们感受到了岁月如梭，而"句难新"则透露出每年更换时或许只是变换形式而已。诗人由更换桃符联想到历史文化环境，将自己享受"官输"俸禄与巢父、许由老死岩穴的情境相对比，抒发了一种听任自然的满足感。我们虽然无法了解当时是怎样更换桃符的，但却能够感受到当时社会对桃符用句的推敲，而这正是后来春联所看重的。

---

[1] （宋）陈元靓：《岁时广记》卷五，（清）《十万卷楼丛书》本。
[2] （宋）陈起：《江湖小集》卷五十五，（清）《文渊阁四库全书》本。

清代俞正燮《癸巳存稿》卷十一有《门对》一篇，其中言及：

  桃符板即今门对，古当有之。其事始于五代，见记载耳。北宋春帖子，皇帝、皇太后、皇后、贵妃阁，皆由词臣拟进。南宋则臣民家门对，亦见记载《困学纪闻》云：楼钥桃符，门前有约。频来客座上，同看未见书。《随隐漫录》云：京口妓韩香家桃符：有客如擒虎，无钱请退之。《稗史》云：洪平斋桃符曰：未得之乎一字力，只因而已十年间。洪第后上史浩书，自宰相至州县，各指摭其短，一一云如此而已，因十年不调也。[1]

  题目叫作"门对"，也就是"门联"。他明确把"桃符版"看作"门对"，表明彼此一脉相承。所谓"其事始于五代"是指孟昶书桃符联："天垂余庆，地接长春。"[2]而"北宋春帖子"则是当时流行的一种脱胎于桃符的民俗文化。"春帖子"又称"春端贴"，这是于立春日剪贴在宫中门帐上写上吉祥诗句的一种文品，其格式以五言、七言为主。从形式上看，"春帖子"包括斗方、合字斗方、门心、春条、框对、横批等。所谓"斗方"，乃是用正方形的纸张书写"春""福""满"等字样，而后斜放竖立，贴时使尖角对准四方，其形如斗大，故谓之"斗方"。所谓"合字斗方"就是把多个字组合起来，形成特殊的造型，以表征"招财进宝""日进斗金"之类的吉祥祝福。所谓"门心"就是贴在大门两扉的祝福语，此与上古画上神荼、郁垒的桃符有异曲同工之用。所谓"春条"即单条书写的吉祥语，此种格式大多贴于房门上。所谓"框对"即贴于大门左右柱或两侧壁上的联对，由上联与下联构成，依古代竖排习惯，由右到左，故而上联居右而下联居左。所谓"横批"即横贴于门楣的祝福语，诸如"出入平安"之类。"春帖子"虽然是在"立春"日使用，与当代春联施行于"除夕"的时间点不同，但若上溯于远古，则知"立春"即为春节，所以"春帖子"已经具备了春联的种种功能。就祈求平安的意愿看，此种吉祥物即为桃符的一种演变形式。就上下文的关联看，俞正燮的记

---

1 （清）俞正燮：《癸巳存稿》卷十一，（清）《连筠簃丛书》本。
2 （宋）陈元靓：《岁时广记》卷四十，（清）《十万卷楼丛书》本。

载对"桃符"以及"门对"或"春联"这三个名称的使用并未仔细区分,如他在《门对》这一篇札记里又载:"元杨瑀《山居新话·春帖》云:光依东壁图书府,心在西湖山水闲。张羽《贞居词·和周文璞》云:醉写桃符都不记,明日新年依其言。是家家有春联矣。"[1]他从杨瑀的《春帖》和张羽的两句联对引出了"家家有春联"的结论,这种模糊性的描述,恰好说明了"桃符"与"春帖子"及"春联"的密切关系。

从当代流行的贴春联文化活动,上溯至于"桃符",我们可以感受到:中华民族一直以来以祈求平安为要务,故有"安居乐业"之说。所谓"安居",就是希望住所安全,因此采用吉祥物以去除凶险,获得安宁,这在堪舆文化中就成为一种顽强的思想意识,尽管当今的人们说不出其中有何科学道理,但就民族心理、社会心理的稳定而言却有不可替代的意义。

3. 吉祥物的延伸、变通对风水学的影响

如果我们将视野稍微扩展就会发现,被先民们奉为"吉祥物"的东西是相当不少的。这种情况在汉代以来流行的笔记小说、志怪小说中都有丰富的资料。例如郭宪《汉武帝别国洞冥记》卷二记载:元鼎元年(前116年),朝廷笃信神仙道,在甘泉宫西侧建造了一座"招仙阁",用翠羽麟毫做帘子,以青琉璃做扇子,半空吊着一张很高贵的床,上面悬挂着"浮金轻玉"的磬。所谓"浮金",就是色泽如金的一种贵重物品,它可以自己浮在水面上。所谓"轻玉"就是轻巧而又明澈的玉。阁中还陈列着种种锦绣织品,诸如霞光绣、藻龙绣、连烟绣以及走龙锦、云凤锦、翻鸿锦等等,可谓华贵非常。更有点燃的荃蘼香屑、粟许,芳香气息,持续三月而不绝。还有一种细枣,来自一座临海名山。从外表看,这种枣与世上流行的软枣样子差不多,但来历可不简单,据说一万年才结一次果,所以特别珍贵。稍微用力将枣子挤一挤,会有膏流出来。这种膏可以点灯。

在进行了一番烘托之后,《汉武帝别国洞冥记》的作者笔锋一转,进入正面描写:

---

[1] (清)俞正燮:《癸巳存稿》卷十一,(清)道光二十八年灵石杨氏刊本。

西王母握以献帝。燃芳苡灯，光色紫，有白凤、黑龙、騄足，来戏于阁。边有青鸟，赤头，道路而下，以迎神女。神女留玉钗以赠帝，帝以赐赵婕妤。至昭帝元凤中，宫人犹见此钗，黄琳欲之。明日示之，既发匣，有白燕飞升天。后宫人学作此钗，因名玉燕钗，言吉祥也。[1]

在这段故事里，核心人物是西王母与汉武帝。两人见面，西王母就把那种无比稀罕的枣子献给汉武帝，这算是十分贵重的见面礼。接着是点燃芳苡灯，那灯闪出紫色的光。伴随着灯光，神奇的白凤、黑龙，还有白马，纷纷出来嬉戏于招仙阁。旁边有头上长着赤冠、身为青色的巨鸟飞来，降落于道路上，迎接神女的到来。这位"神女"是谁？该书并未交代，但从上下文的关系来看，应该就是西王母。她与汉武帝会面之后，不仅有见面礼，而且还有临别赠品，这就是"玉钗"。为什么这"玉钗"是临别赠品呢？因为作者用了一个"留"字予以暗示。什么叫"留"？直截了当地讲，就是把东西留下。见面时送的礼品，作者用"献"来形容，临别送的礼品就称"留"，而正是这件留赠的礼品成为"吉祥物"。你看，汉武帝得到这件宝物，即转送给他的宠妃钩弋夫人赵婕妤。到了昭帝元年（前86年），宫中人还看见玉钗。有个叫黄琳（估计是昭帝的爱妃）想要这件宝物，昭帝于第二天就吩咐打开匣子，据说有白燕子从匣子里飞上天去。后来的宫人学着制作这种宝物，且名其宝物为"玉燕钗"，奉为吉祥物。作为博物体志怪小说，《汉武帝别国洞冥记》的情节当然有虚构成分，但也绝非全为向壁虚构，其中必有某种事实作为基本元素，在一定程度上反映了时人对稀异物品的崇拜心理。唐宋以来，"玉燕钗"成为文人们吟咏的对象，例如唐代李白《白头吟》写道："头上玉燕钗，是妾嫁时物。"[2] 李商隐《燕台诗》云："破鬟倭堕凌朝寒，白玉燕钗黄金蝉。"[3] 宋代毛滂《踏莎行》词："玉燕钗寒，藕丝袖冷。"[4] 这些诗词作品从一个侧面

---

[1] （汉）郭宪：《汉武洞冥记》卷二，（明）《顾氏文房小说》本。
[2] （唐）李白：《李太白集》卷四《白头吟》，宋刻本。
[3] （唐）李商隐：《李义山诗集》卷二，（民国）《四部丛刊》景明嘉靖本。
[4] （清）沈辰垣辑：《历代诗余》卷三十六，（清）《文渊阁四库全书》本。

表现了人们崇拜吉祥物心理的传递。

奉"玉燕钗"为吉祥物，这只是其中的一个小例子。像这种事例在题署刘向撰的《说苑》以及王嘉的《拾遗记》、陶潜的《搜神后记》、陈元靓的《岁时广记》等书中还有大量的记载，这表明了风水学上讲究吉祥物布置是有深广文化背景的。

现代的一些家居布置，人们越发重视房舍吉祥物的布置。比如，以"黄水晶"作为招财进宝的象征，以"金满乾坤"化解八行煞气，以"灵龟转运"助人否极泰来，以"五子纳福"助人兴旺发达。此外，尚有五帝钱、蝙蝠、狮子、洞箫、剑、镜等物，皆各派用场。一些风水学著述，还将各种吉祥物的颜色与居者生辰八字对应起来考虑，运用阴阳五行理论分析摆放位置等等。之所以有这等讲究，正说明传统的灵物崇拜思想具有巨大的辐射力。其具体功效如何姑且不论。从审美角度看，房舍适当的摆设无疑可以增加美感；从生存心理看，倘若居家喜欢此种摆设，说明他对此有一定需求。既然有需求，也就有存在的合理性。

第八章　平安之道与传统礼俗

"平安"问题是因社会需求提出来的,而社会是由人构建的一种组织形态。这种组织形态之所以可能发生和持续,是因为生命的存在与繁衍。基于人的内在渴望和外在交往,社会形成了以生命为核心的日常生活习俗、典章制度、交往仪轨,这就是礼俗。

从发生论角度看,礼俗由来甚久。甚至可以说,有了人的交往,就有礼俗。在长期发展过程中,礼俗与政治典章制度、生活禁忌等都存在密切关系。就其存在的作用机制看,礼俗与宗教仪轨具有不解之缘,国外如此,中国也不例外。由于复杂的文化环境,我国传统礼俗难免染上神秘色彩,于是往往被误解为"迷信"。倘若我们透过神秘的外衣追溯其来龙去脉,即可看出传统礼俗背后的生命律动与平安诉求。这种诉求的背后必有"理"在,此理即道,其道在安。换一句话来讲,我国传统礼俗乃是因为平安诉求而衍生,在深层次里所寄托的乃是平安精神。正是在此等意义上,笔者使用了这个章名。

事实上,古人对礼俗早有精辟论述。《汉书·匡张孔马传》引《诗经》云:"商邑翼翼,四方之极。寿考且宁,以保我后生。"[1] 这是《商颂·殷武》的句子,大体意思是讲:殷商的都城神采奕奕、富丽堂皇,屹立于邦国正中。赫赫有名的武丁,他的形象光辉而鲜明,威慑四方,是他保佑我们子孙福寿康宁。《殷武》之诗的出发点虽然是为了歌颂殷商帝王武丁,以鼓舞士气,但却透露出上古先民以平安为礼俗的思考。对此,颜师古有一段解释,他说:"言商邑之礼俗,翼翼然可

---

[1] (汉)班固:《汉书》卷八十一,(清)乾隆武英殿刻本。

则效,乃四方之中正也。王则寿考且安,以此全守我子孙也。"[1]这里不仅明确使用了"礼俗"这个概念,而且以"全守"诠释"保我后生"的意义。什么叫作"全守"?所谓"全"就是彻底包容,涵盖一切领域、各个方面,而"守"就是守卫、保护。根据这样的语义,我们看《殷武》之诗,就可以感受平安精神已经贯注于那个时代的生活全过程。唐代以来,"礼俗"概念在古代文献里的出现频率渐渐多起来,成为人们相当关注的一个文化课题。

第一节 从自然崇拜到图腾崇拜

《左传·成公十三年》说:"国之大事,唯祀与戎。"[2]这里的"祀"即祭祀,而"戎"乃指战争。该书作者不仅将"祀"与"戎"相提并论,而且以"祀"为先,说明春秋战国时期,祭祀在整个国家运作中占有特别重要的地位。

祭祀礼俗发生很早。就目前所见各种先前留存的器具以及史料来看,早在原始社会时期便有了祭祀文化活动。它的本质是承认"神"的存在和对"神"的崇拜。最初,其所崇拜的对象主要是天地、日月、山川等自然物,此可谓自然崇拜。在生活实践过程中,随着视野的扩大和探知活动的增进,先民们激发了寻找自身来源的精神需求。限于当时的认识水平,先民们把自身与自然界中的动物、植物联系起来,对那些深感神秘的存在物产生了膜拜心理,于是逐渐形成了图腾崇拜。自然崇拜与图腾崇拜,二者构成先民文化生活的重要内容,支撑着社会组织的运转。通过这两种文化现象的考察分析,我们可以发现其深处所蕴含的"平安"愿望。

一、自然崇拜与岁时礼俗

有关"自然崇拜"问题,以往学术界已经有不少研究成果。其中,既有比较

---

[1] (汉)班固:《汉书》卷八十一,颜师古注,(清)乾隆武英殿刻本。
[2] (清)严可均辑:《全上古三代秦汉三国六朝文》之《全后魏文》卷二十,民国十九年景清光绪二十年黄冈王氏刻本。

系统的学术专著，也有相当分量的学术论文。关于学术专著，1949年以前，丁山所著《中国古代宗教与神话考》有许多部分论及，例如月神与日神、四方之神与风神等都在该著中有所触及。1964年，朱天顺先生撰写的《原始宗教》一书出版，此书虽然篇幅不大，却是中国学者中关于自然崇拜问题的先驱性论著；后来，朱天顺先生又有《中国古代宗教初探》问世，在《原始宗教》一书基础上，扩展了研究范围，对自然崇拜问题的史料有了进一步的扩充，其分析也较原先深入。另有何星亮著《中国自然神与自然崇拜》一书于1992年出版，该书在引论之后先对自然神与自然崇拜做出定义，而后概要阐述自然神与自然崇拜的基本特点，继而分别探讨天神与天崇拜，土地神与土地崇拜，日月神与日月崇拜，星神与星崇拜，雷神与雷崇拜，雨神与雨崇拜，虹神、云神、风神及其崇拜，山神与山崇拜，石神与石崇拜，火神与火崇拜，最后总结自然崇拜在中国文化史上的地位。何星亮这部著作沿着朱天顺先生两书的框架性思路，吸纳多年来的许多研究成果，比较全面地展示了我国先民关于自然崇拜的历史状况，分析了发生的原因，有助于学术界进一步探索自然崇拜产生的集体心理以及社会影响。

（一）自然崇拜的定义与对象

什么是自然崇拜？向来也有各式各样的表述。英语国家将之名为"Nature Worship"，该词的"Nature"指的是自然界、自然状态，而"Worship"表示尊敬、礼拜、爱慕等，合起来表征人们对自然存在的景仰。一般地说，作为宗教的一种原生形态，自然崇拜并非是对自然存在物的直接崇拜，而是把自然看作具有生命、意志的存在而加以礼敬。

关于自然崇拜的现象，前人已经做了种种的分类与概括。就空间存在的角度看，大体可以分为三大系统。一是属于天的系统，包括日、月、星；二是属于地的系统，包括山、石、树、湖、海、江河等；三是存在于天地之间的诸多自然现象，包括风雨、雷电等等。对此，《礼记·祭法》有一段阐述：

燔柴于泰坛，祭天地；瘗埋于泰折，祭地也；用骍犊。埋少牢于泰昭，祭时也。相近于坎坛，祭寒暑也。王宫，祭日也。夜明，祭月也。幽宗，祭星也。雩宗，祭水旱也。四坎坛，祭四方也。山林、川谷、丘陵，能出云，为风雨，见怪物，皆曰神。有天下者祭百神。诸侯在其地则祭之，亡其地则不祭。[1]

这段话经常被研究民族宗教的学者们所引用，但关注的角度不同，理解也大有异趣。从这段记载里，我们不仅可以看到祭祀的诸多对象，而且可以了解先民们设立祭坛的情况。其中有一点值得特别注意，这就是祭坛的名称。祭祀天地以及春夏秋冬四时，其坛名均有"泰"字，谓泰坛、泰折、泰昭。此"泰"字何意？"泰"与"汰"通，金文作"🝒"，其上为"大"，像人体之形，"大"之下像两只手撑开，再下是"水"的形状，合起来表征以双手捧水洗涤。先民们以为，天然净水是纯洁的，天气酷热之际将之泼在身上，既可以降温，也能祛污驱邪，从而获得吉祥。查《周易》六十四卦，其中"泰"卦就"泰"的意涵做了简洁的表述，其卦辞谓："泰，小往大来，吉，亨。"从这条卦辞来看，"泰"本是表征吉利、亨通的。为什么吉利亨通？其中的"小往大来"预示了答案。什么叫"小往大来"呢？原来这是就卦象说的。"泰"卦之象，下乾☰上坤☷，"坤"卦三个阴爻居于外（在上），"乾"卦三个阳爻居于内（在下），阴为小，阳为大，在外者必将过往，在内者必将来盛，故谓之"小往大来"。对于这种象数的表征态势，《周易》"泰"卦《彖传》有简要解释："小往大来，吉亨。则是天地交而万物通也，上下交而其志同也。内阳而外阴，内健而外顺，内君子而外小人。君子道长，小人道消也。"[2]意思是讲：柔小者往外，刚大者往内，吉祥而亨通。之所以如此，是因为上三爻为阴，下三爻为阳，阴气下降而阳气上升，阴阳交通和合，由此万物得以生养而成长；引申到人间社会，君臣具有共同的目标，故而上下交合，黎民百姓的思想意识便能够一致。阳在内而刚健，阴在外而柔顺，内卦象征君子，外卦象征小人，君子气正而旺故道长，小人气邪而衰故道消。复有《象》曰："天地

---

[1]（汉）郑玄注，（唐）陆德明音义：《礼记》卷十四，（民国）《四部丛刊》景宋本。
[2]（三国）王弼注，（晋）韩康伯注，（唐）孔颖达疏：《周易注疏》之《周易兼义》上经需传卷第二，（清）嘉庆二十年南昌府学重刊宋本《十三经注疏》本。

交,泰;后以财成天地之道,辅相天地之宜,以左右民。"[1]此所谓"天地",即乾坤之本象,乾坤一阴一阳,阴阳气和,故称"天地交"。因为天地和合,万物生长,所以有"财",这就叫作"财成天地之道"。因为有"财",所以一切顺当,这就叫作"宜"。这个"宜"字宝盖头,象征宗庙,"且"是"俎"与"宜"的共同字源,甲骨文写作"", 表示祭祖杀牲;一块肉中间划出一条线,表示平分肉食,一线平分,公正不偏,所以能够在社会上形成信誉,百姓们能够服从,为政者即可"左右民",能左能右,产生引导作用。由此可见,"泰"也暗示了公平、公正。因为公平、公正,生活原则得以确立,社会也就相安无事。上古祭祀坛场,其大者之名称,诸如天地、四时之祭,均含有"泰"字,这从一个侧面反映了先民们追求社会安宁的渴望。

《祭法》叙及的祭祀场所,除了泰坛、泰折、泰昭,还有坎坛、王宫、夜明、幽宗、雩宗等。其中,"坎坛"用以"祭寒暑",这体现了先民们关于生活问题与解决问题方式的相互对应。本来,一年四季,寒暑有时,该寒则寒,该暑则暑,但天地有不常之变,当寒而热,当暑而寒,造成了人们生活的错乱。于是,以祭祀法度求其常。按照郑玄之注、陆德明之音义,"坎"与"坛"是有分别的。如果说"坎"是在低洼处,那么"坛"则在凸起处。"坛"与"坦"通,"坦"表明亮之貌。相对于此,则"坎"便可引申出晦暗之义了。严寒突然降临,这与"水"有关系。水往低处流,所以祈求神明禳解严寒不时,就选择在低洼之处。酷暑与火有关系。火燃必炎上,所以祈求神明消除酷暑乱行,就选择在高亮之处。继之所谓"王宫",可以理解为"旺宫"。在甲骨文中,"王"字像一把带着手柄的宽刃巨斧,象征不可战胜的力量。因为不可战胜,所以能够成为天下的统领。许慎《说文解字》称:"王,天下所归往也。董仲舒曰:古之造文者,三画而连其中谓之王。三者,天、地、人也,而参通之者王也。孔子曰:一贯三为王。"[2]意思是讲,王是人心所向、天下归附与向往的英杰。董仲舒说,古时候造字,用一画竖

---

[1] (三国)王弼注,(晋)韩康伯注,(唐)孔颖达疏:《周易注疏》之《周易兼义》上经乾传卷第一,(清)嘉庆二十年南昌府学重刊宋本《十三经注疏》本。

[2] (汉)许慎:《说文解字》卷一上,(清)《文渊阁四库全书》本。

笔将三道横笔连通起来，这就叫作王。三道横画，代表天地人，能够参透天地人的奥妙，就是王者。孔子也说：能够以一贯三，将天地人统括起来，这就成为王。许慎引证孔子与董仲舒的话，无非是要证明他对"王"的解释并非向壁虚构，而是有学术传承根据的。对比一下甲骨文的象形表征，我们可以看出作为经学家的许慎对"王"的解释，展示了一种义理的思想升华。当"王"与"宫"相结合，用以作为祭祀日神的场所时，其词性发生了转化，由名词转变为形容词，代表火燃烧旺盛。用此火气旺盛之处来祭日，体现了先民们"天人对应"的思路。按照《易经》的象数思维，人间为王，天上为日，王对应于日，故而祭日用王宫，取其旺盛之义。遵循同样的思路，祭月就在"夜明"坛举行。所谓"夜明"也就是月坛。这个"夜坛"与"王宫"是相对应的。如果说"王宫"属于阳，那么"夜坛"就属于阴，如此阴阳呼应，日月轮转，体现的就是合乎宇宙运行的一种秩序。先民们设立这样的祭坛，正是要维护自然秩序。至于"幽宗"与"雩宗"，则是祭祀星宿与水旱之神的。这两种祭祀名称都有一个"宗"字。对此，汉代郑玄指出："宗皆当为禜字之误。"[1]这样说来，"幽宗"当为"幽禜"，而"雩宗"本为"雩禜"。郑玄此说是有根据的。考《左传·昭公元年》有云："山川之神，则水旱、疠疫之灾，于是乎禜之；日月星辰之神，则雪霜、风雨之不时，于是乎禜之。"[2]这里，无论是祭祀山川还是祭祀日月星辰，都称作"禜"。什么叫"禜"呢？许慎《说文解字》称："禜，设绵蕝为营，以禳风雨、雪霜、厉殃于日月、星辰、山川也。"[3]意思是讲，所谓"禜"就是用绳子把茅草编织起来，围成一个特定空间，作为祭祀的场所，祈求神明以消除风雨、雪霜、水旱、疠疫之灾。从其操作法度看，"禜"表示圈作，所以许慎称作"营"。这个"营"一方面表示营造，另一方面又具有营地的意涵。值得注意的是，"禜"字上面由两个"火"字构成，这暗示此等祭法应该是要烧柴以照明的。就风雨、雪霜之祭而言，这或许寄托了先民祈晴的愿望；就日月星辰之祭祀而言，这或许表达了照幽的愿望。

---

1 （汉）郑玄注，（唐）陆德明音义：《礼记》卷十四，（民国）《四部丛刊》景宋本。
2 （晋）杜预撰，（唐）陆德明音义：《春秋经传集解·昭元第二十》，（民国）《四部丛刊》景宋本。
3 （汉）许慎：《说文解字》卷一上，（清）《文渊阁四库全书》本。

（二）岁时祭祀的平安精神

远古时期，先民们的自然崇拜对象是非常广泛的，几乎遍及生存空间的各个领域。根据不同的对象，先民们创造出相应的祭祀形态。久而久之，各种祭祀形态表现出一定的季节性和独特的内涵，于是有了"岁时礼俗"。

什么叫"岁时"？简单讲，就是年岁的时节。其中，最为重要的是春夏秋冬四季，展开来则有二十四节气。天地运行，万物发生，皆有其时节。在重要的关节点举行祭祀，在古文献里存在着相当丰富的资料，由此可以看出先民们对岁时祭祀是相当重视的。

考《礼记·曲礼下》有云：

> 天子祭天地，祭四方，祭山川，祭五祀，岁遍。诸侯方祀，祭山川，祭五祀，岁遍。大夫祭五祀，岁遍。士祭其先。[1]

这一段话概要地描述了先秦时期由上而下进行祭祀的基本情况。其主祭者包括天子、诸侯、大夫、士四个等级，祭祀的对象因主祭者的不同而有差异。其中有几点值得注意。

首先，关于"岁遍"的意义。汉代郑玄注释说："岁遍者，谓五方之帝迎气，雩祀明堂及郊，虽有重者，诸神总遍，故云岁遍。"[2] 按照这个说法，所谓"岁遍"指的是一年之中把应该祭祀的神明全部都轮过一遍，包括对青赤黄白黑五帝的祭祀以及雩祀、明堂祭祀、郊祀等，其中虽有特别隆重者，但却没有忽略其他诸神。一岁有二十四节气，分为十二个月，当然不可能在一天、一个月内全部完成，而是分时节开展的，但遵循的基本原则就是必须在一年之类内毫无遗漏地都予以祭祀。因此，"遍"即意味着"遍及"，而"岁遍"则指一岁之中遍及诸神之祭祀。

为什么要"岁遍"？如何进行"岁遍"的祭祀？宋代历史学家李焘有一段很好的解释，他指出："周礼一岁遍祀天地，皆王者亲行。自汉唐以来，礼文日盛，

---

[1] （汉）郑玄注，（唐）陆德明音义：《礼记》卷一，（民国）《四部丛刊》景宋本。
[2] （汉）郑玄注，（唐）孔颖达疏：《礼记注疏》卷五，（清）嘉庆二十年南昌府学重刊宋本《十三经注疏》本。

费用日广,故一岁遍祀,不可复行。唐明皇天宝初,始定三岁一亲行。致斋之日,先享太清宫,次享太庙,然后合祭天地,从祀百神。所以然者,盖谓三年一行大礼,不遍及则人情不安。此近世变礼,非复三代之旧。而议者欲以三代遗文参乱其间,亦失之矣。"[1]按照李焘的这个说法,"岁遍"是周代的礼仪制度,其最为重要的特点是王者践行,也就是帝王亲自主持典礼的举办。其中所谓"不可复行"即不再重复举行。从其对比性的叙说来看,"岁遍"乃有厉行节约的意味。由于"岁遍"礼仪涉及面很广,且后来的具体规程愈发复杂,朝廷也感到压力巨大,所以从唐代天宝初年开始,改为"三岁一亲行",即由原来的"岁遍"变成了"三岁遍",尽管发生变化了,但皇帝"亲行"是必须的。皇帝不仅要"亲行",而且必须做到"遍及"。为什么要这样呢?据说如果没有"遍及",则"人情不安"。由此可以看出,从唐代天宝初年开始尽管把岁时祭祀改为三年一祀,但核心精神却没有变化,这就是要通过这种礼仪而使人情得安。李焘虽然不同意那些以夏商周三代礼仪来掺杂于唐代新礼,但对于皇帝身体力行而遍祀诸神的规矩却是肯定的,这从一个侧面透射了自古以来祭祀安邦的心灵需求。就心理层面来看,岁遍的祭祀其实就是"神道设教",以虔诚的态度祭祀诸神,这在客观上是对"感恩"伦理的一种示范,通过感恩而安定民心,也就安定了社会。

其次,关于祭祀对象的普遍性所寄托的自然崇拜内涵。从天子、诸侯、大夫到士,其祭祀对象虽然体现出一定的等级,但总体上则保存着远古时期自然崇拜的礼俗。为什么说祭祀对象具有普遍性呢?因为天地、四方、山川几乎囊括了生活环境的各主要领域。这些具有普遍性特点的祭祀为什么寄托着自然崇拜的内涵呢?因为天地、四方以及山川都是自然存在,先民们以特定的礼仪对自然存在表示礼敬,这就是崇拜。[2]其具体的操作,我们从"巡狩"的情况可见一斑。

---

[1] (宋)李焘:《续资治通鉴长编》卷四百七十七,(清)《文渊阁四库全书》本。

[2] 关于天地自然崇拜,古文献多有"圜丘"与"郊祀"资料。例如《周礼·春官·大司乐》:"冬日至,于地上之圜丘奏之。"贾公彦疏:"土之高者曰丘,取自然之丘。圜者,象天圜也。"卜商《诗序》有"郊祀天地"之说。此种祭祀礼仪虽然保存了许多自然崇拜的因素,但其所崇拜之对象天帝以及五方帝均有人格化之属性,故于此略而不论。

"巡狩",顾名思义,就是出巡视察。《孟子·告子》云:"天子适诸侯,曰巡狩。巡狩者,巡所守也。"[1]其中的"适",按照许慎《说文解字》的解释,即"之"的意思,这个"之",作为代词具有多重功能,这里表示"前往"。《孟子·告子》这段话大体意思是讲,天子前往诸侯所在的邦国视察,就叫作巡狩,也就是巡视诸侯守土的情况。由于是对守护国土情况的巡视,《尧典》干脆把"巡狩"径称为"巡守"。

从整体上看,天子巡狩诸侯邦国,其举行的活动颇多,但其核心环节则是祭祀。对此,《尚书·舜典》记载说:

> 岁二月,东巡守,至于岱宗,柴。望秩于山川,肆觐东后。协时月正日,同律度量衡。修五礼、五玉、三帛、二生、一死贽。如五器,卒乃复。五月南巡守,至于南岳,如岱礼。八月西巡守,至于西岳,如初。十有一月朔巡守,至于北岳,如西礼。归,格于艺祖,用特。五载一巡守,群后四朝。敷奏以言,明试以功,车服以庸。[2]

这段话所包含的信息量很大,涉及天文、历法、政治体制、社会交往等多方面的内容。在经典诠释学中,本条资料历来很受重视,也有很多诠释文字。笔者所关注的是其中到底蕴藏多少自然崇拜的岁时礼俗内容。

"岁二月"到底是什么时候?根据汉代郑玄等解释,应该是"建卯之月"。《淮南子·天文训》曰:"天一元始,正月建寅。"[3]由此类推,二月即是卯月。天子巡狩,是从二月开始的。二月是仲春,故而,此月东巡,即是春巡。此后,又于五月、八月、十一月,分别进行南巡、西巡、北巡。五月是仲夏,八月是仲秋,十一月是仲冬,其出巡的日期对应于每个季度的中间月份。因此,南巡即夏巡,西巡即秋巡,北巡即冬巡。

---

1 (春秋战国)孟轲撰,(汉)赵岐注:《孟子》卷二,(民国)《四部丛刊》景宋大字本。
2 (汉)孔安国传,(唐)陆德明音义:《尚书》卷一,(民国)《四部丛刊》景宋本。
3 (汉)刘安撰,(汉)许慎注:《淮南鸿烈解》卷三,(民国)《四部丛刊》景钞北宋本。

天子巡狩，肯定前呼后拥，而诸侯朝觐述职，都是其政治活动分内的事情。但从其地点和过程的描述可以看到：天子巡狩并不是寻找楼台馆舍居住下来，纯粹听取政绩汇报，他所带的人马的首要目标是东岳、南岳、西岳、北岳的四座名山，在这些地方举行祭祀典礼。具体而言，就是履行"柴"与"望"这两种仪式。

"柴"是什么意思？在《史记·五帝本纪》中，"柴"字作"祡"。《史记集解》谓祡为"燎也"。此"燎"又作"尞"。《说文解字》称："祡，烧柴尞祭天也。"[1] 按照清代文字学家段玉裁的说法，在古本《尚书·舜典》中，祡乃是原有的字，后来才被改作"柴"。考诸《说文解字》的编列顺序可以看出，凡带"示"偏旁的字都与宗教典礼有关，例如祝、福、祯等。"示"字上面两横代表天，下面的"小"字代表日月星，《周易》所谓"天垂象，见吉凶"[2]，是指苍天通过星象的变化启迪人们关于事态发展走向，这就是"示"的意涵。为了获得上苍的启迪，天下的人们需要发出一定的讯号，"祡"祭礼仪就是一种信号。唐代陆德明编的《经典释文》引汉代马融的话说："祭时积柴加牲其上而燔之。"[3] 意思是讲，举行祭祀礼仪时，要把木柴堆积起来，将牛羊猪三牲之肉堆放在木柴上，而后点火燃烧，让火烟上升天际，以禀报神明。这种方式非常简朴，可以说保持了原始自然崇拜的礼仪特征。祡祭的对象是什么呢？从《礼记·郊特牲》《春秋公羊传》等经典诠释的情况看，尽管举行祭祀典礼的地点是在东西南北四岳，但其对象却非山岳，而是天帝，这一点汉代郑玄讲得很清楚，他在注解《礼记·郊特牲》"天子适四方，先柴"时指出："所到必先燔柴，有事于上帝也。"[4] 这里的"所到"是一种统括性的说法，涵盖了东西南北四岳，而"必先"二字则表明其祭祀礼仪乃以此为重，反映了上古帝王崇天的思想立场。不过，话说回来，"上帝"作为一种

---

[1] （清）段玉裁：《说文解字注》卷一篇上，（清）嘉庆二十年经韵楼刻本。

[2] （三国）王弼注，（晋）韩康伯注，（唐）孔颖达疏：《周易注疏》之《周易兼义》卷七，（清）嘉庆二十年南昌府学重刊宋本《十三经注疏》本。

[3] （唐）陆德明：《经典释文》卷三，（清）《抱经堂丛书》本。

[4] （汉）郑玄注，（唐）孔颖达疏：《礼记注疏》卷二十五，（清）嘉庆二十年南昌府学重刊宋本《十三经注疏》本。

神，其实是天的符号，所以禁祭上帝，从原初精神看，依然具有崇拜自然之天的属性。

天子出巡四岳进行"禁祭"的同时，还伴随着"望"的礼仪。《尚书·舜典》讲的"望秩于山川"，在另一处直接表达为"望于山川"，而后又接着说："遍于群神。"此外，在《史记》《论衡》等书中也反复出现"望"的祭法。何谓之"望"呢？一般解释为"遥望而祭"。例如汉代孔安国在对《尚书》做注时谓"九州名山、大川、五岳、四渎之属，皆一时望祭之"[1]。孔安国的注释，于"望"之后直接加上了"祭"，构成了"望祭"一词，明确了"望"是一种祭法。但是，具体又是如何操作的呢？是不是说抬头远望行注目礼就算祭祀完毕？还是说极目而望，凡是能够看到的都按照一定规制礼仪来祭祀呢？单从《舜典》行文是看不出来的。不过，相关的文献倒是透露了一些蛛丝马迹。例如在《诗经·周颂·我将》一诗的"正义"里作如是说："望秩者，山川之神，望其所在，以尊卑次秩祭之。《尧典》注云遍以尊卑次秩祭之是也，言至于方岳之下者，每至其方之岳，皆为告祭之礼。"[2]这里所谓"望其所在"是就诸侯所管辖范围而言的，也就是说天子巡狩四方，根据诸侯所在方位确定其规格品级，来施与祭礼，这种祭礼亦属于"告祭"。考《诗经·大雅·江汉》云："釐尔圭瓒，秬鬯一卣，告于文人。"[3]对此，唐代孔颖达疏曰："王命召虎云：今赐汝以圭柄之玉瓒，又副以秬米之酒，芬香条畅者一卣尊，汝当受之，以告祭于汝先祖有文德之人。"[4]由此可见，"告祭"是要备上一定礼品的，"望祭"当然也就不是空手上山看看而已。从《尚书·舜典》的叙说语境看，"望祭"当是在天子四季巡狩过程中发生的，属于"岁遍"的范围。

复次，上古岁时祭祀，既有"禁祭天地"和"望秩山川"这种比较直观的自

---

[1] （汉）孔安国传，（唐）孔颖达疏：《尚书注疏》卷三，（清）嘉庆二十年南昌府学重刊宋本《十三经注疏》本。

[2] （汉）毛亨传，（汉）郑玄笺，（唐）孔颖达疏：《毛诗注疏》卷十九，（清）嘉庆二十年南昌府学重刊宋本《十三经注疏》本。

[3] （汉）毛亨传，（汉）郑玄笺，（唐）孔颖达疏：《毛诗注疏》卷十八，（清）嘉庆二十年南昌府学重刊宋本《十三经注疏》本。

[4] 同上。

然崇拜现象，也有一些是身体神崇拜、器物崇拜与自然崇拜相结合的错综形态，这主要表现在"祭四方"与"祭五祀"。

初看起来，"祭四方"似乎是指对东西南北四方神的祭祀。如果是这样，这也就纯属于自然崇拜的性质，因为四方与天地、日月、山川一样，是客观的原初性存在。不过，古人对经典文献的注疏却别有内涵。汉代郑玄注曰："祭四方，谓祭五官之神于四郊也。句芒在东，祝融、后土在南，蓐收在西，玄冥在北。"[1]这段话明确指出了所祭"四方"不是四方之神，而是"五官之神"，但祭祀的地点却是在东西南北四郊。关于这一点，孔颖达的"正义"做了进一步的解释，他说："此经直言祭四方，知非祭五天帝于四方者，以上云祭天地，则五帝在其中矣。故知非天帝也。案宗伯云：疈辜祭四方百物。知此方祭，非四方百物者，以此文在山川五祀之上，与大宗伯血祭社稷、五祀、五岳、五祀在五岳之上，此四方亦在山川之上，故知是五官之神。"[2]孔颖达担心读者理解有偏差，特别进行辨析，他认为所祭之神不是五天帝，也不是四方百物之神。通过上下文的梳理和前后对比，孔颖达确认"祭四方"的对象是"五官之神"。然而，"五官之神"具体所指是什么呢？从诸多文献的记载看，应有体外与体内的不同存在方式。前所引述郑玄注文之谓句芒、祝融、后土、蓐收、玄冥，分纳于东西南北，可视为体外"五官之神"。之所以将此五位神明看作体外"五官之神"，是因其居处人体之外的四方空间，却主管了人体五官，象征人体五官的协调运作。与体外相互对应，天子所祭四方的"五官之神"也指人体五官内在之神。关于此，《礼记·月令》之说可资佐证。其略云：春祭脾，夏祭肺，季夏祭心，秋祭肝，冬祭肾。为了对应于人体五脏，《月令》于"夏"中再分出一个"季夏"，于是形成"四季五分"而与人体五脏吻合起来。针对这样的配合，郑玄有一段论辩，他说：《月令》祭四时之位，及其五脏之上下次之耳。冬位在后而肾在下，夏位在前而肺在上。春位小前，故祭先脾；秋位小却，故祭先肝。肾也，脾也，俱在鬲下；肺也，心也，肝也，俱在鬲上，祭者必三，故有先后焉，不得同五行之气。今医病之法，以肝为木，心

---

[1] （汉）郑玄注，（唐）孔颖达疏：《礼记注疏》卷五，（清）嘉庆二十年南昌府学重刊宋本《十三经注疏》本。
[2] 同上。

为火，脾为土，肺为金，肾为水，则有瘳也。若反其术，不死为剧。"[1]郑玄这段话主要是辨析一年四季于四方祭祀五脏之神的位次，他指出了这种位次与医病之法中的五脏、五行配合不同，但并不否认上古时期将人体五脏纳入了祭祀范畴的礼俗。由此可知，关于五脏与五方、五行的配合，虽然在不同的典籍中表达不同，但却都贯彻着一种精神，这就是对人体健康的特别重视。从本质上说，人体也是一种自然存在，传统祭祀礼俗将人体作为对象，这可以看作自然崇拜的一种延伸，反映了先民平安追求的天人合一理路。

从自然崇拜到器物崇拜，这种情况则体现在"五祀"的礼俗中。"五祀"的具体内容是什么呢？班固《白虎通德论》卷二说：

> 谓门、户、井、灶、中霤也。所以祭何？人之所处，出入所饮食，故为神而祭之。何以知五祀谓门、户、井、灶、中霤也？《月令》曰其祀户；又曰其祀灶，其祀中霤，其祀门，其祀井。[2]

按照班固的这个描述，"五祀"都与人的居处空间有关。班固的记述虽然不是直接来自当时社会民间，但其所据《月令》系《礼记》中的一篇，可以反映先秦至西汉时期的实际情况，足以为凭。具体对象，前四位"门、户、井、灶"，当代人并不陌生，但"中霤"却需要解释一下。《吕氏春秋》卷六《季夏纪》说："其祀中霤，祭先心。"汉代高诱注曰："土王中央，故祀中霤。霤，室中之祭，祭后土也。祭祀之肉，先进心。心，火也，用所胜也。一曰心土，自用其藏也。"[3]由此看来，所谓"中霤"即后土。此神称由来已久。《子华子》卷上谓："元，太初之中气也。天帝得之，运乎无穷；后土得之，溥博无疆；人之有元，百骸统焉。"[4]子华子把后土置于天帝之后，这实际上是把两者对应起来，形成了皇天后土的上下

---

[1] （汉）郑玄：《驳五经异义补遗》，（清）嘉庆中承德孙氏刊本。
[2] （汉）班固：《白虎通德论》卷二，（民国）《四部丛刊》景元大德覆宋监本。
[3] （秦）吕不韦撰，（汉）高诱注：《吕氏春秋》卷六《季夏纪第六》，（民国）《四部丛刊》景明刊本。
[4] （春秋战国）程本：《子华子》卷上，明刻本。

关系，说明后土的规格是很高的。不过，从《白虎通德论》等典籍的记载看，就家宅而言，所祭后土当是本宅土地神。[1]

值得注意的是，古代历史文献叙说"五祀"往往将之与人体五脏连通起来，这种情况直到唐代还是如此。例如唐代徐坚撰《初学记》称：

> 《礼记》孟春之月，其祀户，祭先脾；孟夏之月，其祀灶，祭先肺；中央土，其祀中霤，祭先心；孟秋之月，其祀门，祭先肝；孟冬之月，其祀行，祭先肾。[2]

从其时间点看，春夏秋冬，加上季夏共五时，其所祭者，户与先脾对应，灶与先肺对应，中霤与先心对应，门与先肝对应，行（或言井）与先肾对应。于五脏前均加上一个"先"字，说明其所祭并非是活着的人体脏象，而是指先祖之五脏。按照传统的时令、五方、五行、五脏的对应原则，脾脏不当与孟春对应，肺不当与孟夏对应，肝不当与孟秋对应，但《礼记》记载祭祀时却是如此。其原因何在？班固《白虎通德论》解释说：

> 春祀户，祭所以时先脾者何？脾者土也，春木王煞土，故以所胜祭之也。是冬肾，六月心非所胜也，以祭何？以为土位在中央至尊，故祭以心，心者藏之尊者。水最卑，不得食其所胜。[3]

按照传统中医学的说法，春天木旺，肝属木，应该祭先肝才对，但其所祭却是脾，原来是祭祀被"克"的。同样道理，孟夏祭先肺，是因为肺属金，心属火，火克金，肺弱，需要扶持，所以就祭肺；孟秋祭先肝，是因为秋于五行为金，肺属金，肝属木，金克木，肝属于被克的对象，所以在孟秋祭之。但是，有两个时令的祭

---

[1] "后土"有时又指"社稷"，关于这个问题，将在本章第二节阐述，这里从略。
[2] （唐）徐坚：《初学记》卷十三礼部上，（清）光绪孔氏三十三万卷堂本。
[3] （汉）班固：《白虎通德论》卷二，（民国）《四部丛刊》景元大德覆宋监本。

祀对象却不符合"祭受克"规则,这就是季夏与孟冬,本来季夏对应于土,其所克乃是水,本应该祭祀先肾,但却祭祀先心。班固指出的理由是"心者藏之尊者",意思是讲,心处于五脏之尊,所以居中而祭。至于肾,属于水,本来是克火,应该要祭心才对,但因为水最弱势,所以依然祭先肾。

时令	五行	五方	五脏	五祀	祭祀脏腑
孟春	木	东	肝	户	脾
孟夏	火	南	心	灶	肺
季夏	土	中	脾	中霤	心
孟秋	金	西	肺	门	肝
孟冬	水	北	肾	井	肾

班固的解释,只是一种说法。郑玄对此,却另有他说,谓之曰:

《月令》祭四时之位,及其五脏之上下次之耳。冬位在后而肾在下,夏位在前而肺在上。春位小前,故祭先脾;秋位小,却故祭先肝。肾也,脾也,俱在鬲下;肺也,心也,肝也,俱在鬲上,祭者必三,故有先后焉,不得同五行之气。今医病之法,以肝为木,心为火,脾为土,肺为金,肾为水,则有瘳也。若反其术,不死为剧。[1]

显然,郑玄并不是从五行相生相克的角度阐述祭祀先后,而是就五脏在人体的位置摆列入手予以解读。他明确表示,不能按照医家关于五脏与五行的关系理论来确定时令的祭祀对象,其说与班固颇异其趣。不论其理由如何,从可考的史料可以看出,自殷商以来,尽管"五祀"的对象及其先后略有变化,但先民注重

---

[1] (汉)郑玄:《驳五经异义补遗》,(清)嘉庆中承德孙氏刊本。

人体脏腑与时令、方位以及居处环境的关系，形成了特有的祭祀信仰文化传统。一方面，这是上古自然崇拜的衍生与变通；另一方面，这也体现了"天人合一"的理念，寄托了先民们热爱生命、敬重生命的健康精神与平安意识。

二、中国的图腾崇拜及其多元整合

古代先民的生活，不仅对天地日月山川等自然物充满敬畏之心，而且将其中某些存在物奉为己身生命的发端。出于一种溯源宗始的本能，先民们对体外某些关系密切的存在物施以祭祀礼仪，这就形成了图腾崇拜。

（一）图腾的由来与严复对孟德斯鸠的批评

学术界一般认为，"图腾"乃是原始社会先民把某种动物、植物或非生物等当作自己的亲属、祖先或保护神的一种标志。先民们相信，这种存在物有一种神秘的超然力，由于其存在，整个部落族群受到了保护，并且从中获取特别的能量和技能。

查明清以前的历史文献，"图腾"一词已经出现，例如宋代李昉辑《文苑英华》卷八十四所录《四灵赋》称：

> 惟圣人之志气如神，百物自化，四灵荐臻。是以鸟兽浸其惠泽，昆虫怀其深仁，福应尤盛，休祥日新。不然，何以灵挺出飞龙来宾，羽族降而集凤鸟，毛群格而畜麒麟，莫不率彼飞走，荷此陶钧，或群或友，是扰是驯。夫其时然后动，动而斯中，叶休明之德，迈川岳之贡，负图腾大河之龙……[1]

这段话的大体意思是讲，唯有圣人的志气若神明一样坚定，任其自然，天下百物都能生生不息，龙凤麟龟来祥。圣人大济苍生，所以飞鸟、走兽都得到惠泽的滋润，昆虫也获得应有的保护。普天之下，福气充盛，到处洋溢着祥瑞的气氛。

---

[1] （宋）李昉辑：《文苑英华》卷八十四，明刻本。

如果不是因为圣人治世有方，怎么有可能出现飞天之龙来做嘉宾的景象呢？还有羽毛族类都降下来，尤其是凤凰的汇聚，非常神奇；再说在地上行走的兽类，连麒麟都出现了。它们汇拢在一起，成群结队，善解人意，欢欣鼓舞，一派祥和。为什么会有这样的祥瑞景象呢？那是因为圣人的决策得时令而合天运，其行动适度而冥契中庸之道，所以社会清明，行遵伦常，于是四方朝贡，飞龙腾跃，背上彰显了奇异的图像，这就是图腾啊！

按辑录者的简明题解，此赋以"麟凤凰四灵王者嘉瑞为韵"，知其本意乃是歌咏祥瑞。作者是谁？李昉并未说明，但清代陈元龙辑《历代赋汇》卷五十五《祯祥》所录则表明为陆龟蒙撰，另有《全唐文》亦同此说。陆龟蒙，生年不详，卒于公元881年，则知其为唐人。曾任湖州、苏州刺史幕僚，后隐居松江甫里（今甪直镇），撰有《甫里先生文集》等。根据这条线索，我们可以初步判断，"图腾"一词最迟出现于唐代，只是那时的图腾意义与一般学者们所指那种象征氏族部落起源标志的图腾不同。

学术界普遍认为，"图腾"一词来源于印第安语"totem"，意思为"它的亲属"或"它的标记"，最早见于1791年在伦敦出版的英国商人人类学家龙格所著的《一个印第安译员兼商人的航海探险》一书中。1748年，法国启蒙思想家、百科全书式的学者孟德斯鸠（Charles-Louis de Secondat, baron de La Brède et Montesquieu, 1689—1755年）撰著《论法的精神》(De l'esprit des lois)，其中多涉"totem"。近代中国学者严复翻译此书名为《法意》。该书第十八卷第十三章为《蛮狄诸种之民法》，论及了图腾社会的一些规矩，认为：

> 民法起于疆界产业者也，蛮狄诸种无疆界、无产业，故虽有民法亦简而不繁，且无所谓法也，直以为其俗焉可耳。[1]

在孟德斯鸠看来，疆界、产业是民法产生的土壤和决定性的因素。而被称作

---

[1] ［法］孟德斯鸠撰，（清）严复译：《法意》卷十八《论法之系于土壤肥硗而异者》，（清）宣统元年本。

"蛮狄"的游牧民族因为没有固定的疆界和产业，所以他们的"法"也就简单而不烦琐。按照孟德斯鸠的判断，这在事实上是无所谓"法"的，只是依照习俗办事而已。他进一步解释说，游牧民族既然没有明确严格的"法"，就只能找那些年纪大的人来讲述过往的历史，以其礼俗作为社会生活的遵循，因此这些年长的人具有很大的权力。这样看来，产业问题对于游牧民族来说并不是成法的关键，他们所尊崇的是贤智多闻、骁勇善战。他说这些游牧民族：

> 或入山林而逐利，或随牛羊而洊居，其男女虽有牉合，不能如城郭之民之有别也，城郭之民以有定居，故女子谓嫁曰归，游牧畋渔之众巢居幕处，每多野合，乃至易内聚麀，则无礼如禽兽矣。[1]

按照孟德斯鸠的说法，游牧民族与城郭之民有两个显著的区别：第一，城郭之民是定居的，而游牧民族则居无定所，到处流荡；第二，体现在男女婚姻问题上，城郭之民乃是女子嫁到男方，有了归属，但游牧民族因为流动性特别大，所以男女关系混乱，像野兽一样随便交合，带有原始的狂野性，所以称作"野合"。

对于孟德斯鸠的这种看法，严复于章节中加了按语说：

> 此孟氏想当然语耳，而征诸事实不然。夫图腾社会，自为礼俗，斯无论已。宗法以降，往往男女之别，见之最早，守之至严。多妇则诚有之，至于易内聚麀，不数觏也。[2]

从这段按语看，严复对于孟德斯鸠的看法是不同意的，一开始严复就对孟德斯鸠的基本观点予以批评，说其"想当然"，即主观猜测而无事实根据。理由何在呢？严复从中国传统图腾社会的情况入手予以阐述。按照严复掌握的资料，"图腾

---

[1] ［法］孟德斯鸠撰，（清）严复译：《法意》卷十八《论法之系于土壤肥硗而异者》，（清）宣统元年本。
[2] 同上。

社会"是先于宗族社会的一种组织形式,游牧民族也经历了由图腾社会到宗族社会的历史转变。"图腾"作为一种信仰的象征,寄托着一个族群基本的生活习俗、基本规矩。后来的宗法制度的许多习俗、规矩乃是沿袭图腾社会而来,其中关于男女婚姻关系更是如此。

严复的批评主要是针对孟德斯鸠描述的"野合"以及"聚麀"说的。"野合"之事,最早见于《诗经·小雅·鼓钟》,其中有句云:"鼓钟将将,淮水汤汤,忧心且伤。"为什么伤悲呢?汉代毛亨解释说:"幽王用乐不与德,比会诸侯于淮上,鼓其淫乐,以示诸侯。贤者为之忧伤。"[1]按照毛亨的说法,《鼓钟》是用以讽刺周幽王的。作为西周的亡国之君,姬宫湦,荒淫无度,在比会诸侯的时候甚至使用引诱人放荡的靡靡之音,所以当时的贤达之士感到忧伤。在毛亨看来,如此隆重的时刻演奏淫乱的乐曲,实在不合乎道德。对此,东汉末经学家郑玄也有说法,他笺注云:"为之忧伤者,嘉乐不野合,牺象不出门,今乃于淮水之上,作先王之乐,失礼尤甚。"[2]从郑玄的描述可以看出,周幽王比会诸侯的时候,事实上有淫乱的行为,但却偏偏演奏了"先王之乐",实在太失礼了。比较一下毛亨与郑玄的解释,可以发现两人对《诗经·鼓钟》内涵的理解有所不同,不过有一点却是一致的,这就是"野合"违背了基本的伦理道德。关于这种认知,司马迁在记叙孔子生平时也有所涉及。《史记·孔子世家》:"纥与颜氏女野合而生孔子。"[3]文中的"纥"即叔梁纥,孔子的父亲,"颜氏女"即颜徵在,当时叔梁纥找到颜氏女时已经过了男人适婚年龄(超过64岁)。所以,唐代司马贞的《史记索隐》谓:"今此云'野合'者,盖谓梁纥老而徵在少,非当壮室初笄之礼,故云野合,谓不合礼仪。"[4]清代毛奇龄《昏礼辨正》有进一步的佐证:"幼时观邻人娶妇,妇至,不谒庙,不拜舅姑,牵妇入于房,合卺而就枕席焉。归而疑之曰:此非野合乎?"[5]根据

---

[1] (汉)毛亨传,(汉)郑玄笺,(唐)孔颖达疏:《毛诗注疏》卷十三,(清)嘉庆二十年南昌府学重刊宋本《十三经注疏》本。
[2] 同上。
[3] (汉)司马迁:《史记》卷四十七,(清)乾隆武英殿刻本。
[4] 同上。
[5] (清)朱彝尊:《经义考》卷一百三十五《仪礼》,(清)《文渊阁四库全书》本。

这些引证，可知"野合"本指违背礼仪的男女性关系。至于"聚麀"，则见于《礼记·曲礼上》："夫唯禽兽无礼，故父子聚麀。"[1]所谓"麀"指的是牝鹿，而"聚"有共用的意思，"聚麀"形容兽类父子共一牝的行为。对于禽兽而言，这无所谓合理或不合理，因此也就不存在礼仪的评估，但对于人类来说却是大失礼仪规矩、万万不可行的，所以会受到严厉的惩罚。南宋慈溪（今浙江慈溪东南）人桂万荣曾经记载了汉代黄霸处理民间人事纠纷，其中就使用了"聚麀"一词。其所撰《棠阴比事》写道：黄霸于汉宣帝时为相，"燕代之间，有三男共娶一妇，因生一子，及欲分离，各争其子，遂讼于台，请霸断之。霸曰：非同人类，当以禽兽处之，遂戮三男，其子还母。按荀子云：有法者以法行，无法者以类举。若夫黄霸戮三男，王尊杀假子，盖举其事之类耳。法不禁禽兽聚麀，然人杀禽兽无罪，则戮之可也"[2]。黄霸为什么把三个男人杀了？因为这三个男人同有一妇，被当作非人类的行为，视同禽兽。这样的处置无疑是非常严厉的，但却从一个侧面反映：古代对于违背人间社会伦理的禽兽行为是极为不齿的。既然如此，孟德斯鸠说图腾社会的人们"聚麀"，等于把该时期的人类社会视同禽兽一样野蛮。在严复看来，孟德斯鸠的描述并不符合中国上古时期的图腾社会，所以他在翻译时特别加了按语。

（二）中国图腾崇拜及其平安精神

就中国而言，实际的图腾崇拜是一种什么情况呢？大量的地下发掘文物以及经典文献记载都表明：在远古时期中国先人早有图腾崇拜的现象发生。在20世纪80年代，考古工作者曾经在河南濮阳有过不寻常的发现。为了配合引黄调节池工程，考古专家于1987年对河南濮阳西水坡古墓进行了抢救性挖掘。按照当时专家的初步估计，这只是一般性的古墓，出土的文物应该不会过于惊人。不过，在开掘了古墓之后，考古工作者却极为震惊。在45号墓穴中，正中躺着一具尸骨，

---

[1] （汉）郑玄注，（唐）贾公彦疏：《周礼注疏》卷第二十九，（清）嘉庆二十年南昌府学重刊宋本《十三经注疏》本。

[2] （宋）桂万荣：《棠阴比事》卷上，民国二十三年上海商务印书馆景印本。

尸骨左右两侧用蚌壳摆放了一条龙和一只虎,其中这条"真龙"有1.7米。距离45号墓约45米的地方,是一口灰坑,呈东北至西南方向,里面有人骑龙、人骑虎图案,其人乘龙虎腾空奔驰,非常形象生动。科学测定表明,这是一座距今6460±135年的古墓,可见由来甚早。[1]这一发现引起了众多的讨论,有学者以此作为龙图腾崇拜的见证,这有一定的道理。但问题是:龙被奉为图腾,而虎又有什么文明史的价值呢?笔者以为,龙与虎一左一右,象征一阴一阳,表示阴阳和合而化生,是先民们追求生生不息的一种符号表达。如果说龙是图腾,那么虎也一样具有图腾的意义,因为龙虎一左一右、一东一西,两者的摆放是对等的。既然如此,我们可以说这个墓葬所体现出来的是"双图腾崇拜"。之所以成双,可能是出于生育要阴阳和合的认知。这种意义,我们从后世的东王公、西王母的记载可以得到佐证。东王公之原型是东皇太一,最早见于屈原的《九歌》,首篇即为《东皇太一》。汉代王逸注《九歌》云:"太一,星名,天之尊神。祠在楚东,以配东帝,故云东皇。"[2]闻一多先生在《东皇太一考》中认为,"太一"乃是伏羲的化名。[3]有趣的是,古文献记载的伏羲氏生有一副"龙相"。《拾遗记》称伏羲氏"长头修目,龟齿龙唇"[4];而《玄中记》直言"伏羲龙身"[5]。根据这些线索,我们有理由认为,属于东方部族的东王公当系龙图腾崇拜的代表。至于"西王母",一直以来都与虎有关系。例如《山海经·西山经》即称:"西王母,其状如人,豹尾虎齿而善啸,蓬发戴胜。"[6]所谓"其状如人"意味着作者笔下的"西王母"不是人而是神,而祂的"豹尾虎齿"之善啸形象,活脱脱地展现了老虎的特质。从东王公与西王母的相关史料可以看出,东配龙,西配虎,东西相应,这不仅是远古时期的图腾崇拜的两大标志,而且体现了阴阳感通而化生的哲理思考。

---

[1] 濮阳市文物管理委员会、濮阳市博物馆、濮阳市文物工作队:《河南濮阳西水坡遗址发掘简报》,《文物》,1988年,第3期。

[2] (晋)郭璞:《山海经传》西山经第二,(民国)《四部丛刊》景明成化本。

[3] 闻一多:《闻一多全集》第一卷《龙凤》,北京:读书·生活·新知三联书店,1982年版。

[4] (晋)王嘉:《王子年拾遗记》卷一,(明)万历中新安程氏刊本。

[5] (清)茆泮林:《玄中记》,(清)道光十四年《梅瑞轩刊》本。

[6] (晋)郭璞:《山海经传》西山经第二,(民国)《四部丛刊》景明成化本。

由于东方是太阳升起的位置，加上太阳在人们生活中的根本性影响，我们的先民也产生了崇拜太阳的行为，并且营造了"太阳神鸟"的象征符号，这方面也有地下发掘文物可资佐证。2001年2月8日，在成都近郊的金沙村的管道施工中，挖出了部分铜器、石器等文物，这引起了考古人员的密切关注，随后即展开大规模的考古发掘。大批金器、玉器、铜器和象牙不断出土。2月25日上午10时许，一件特别的金饰件被发掘出土，据有关报道可知，刚出土时金饰件已被揉成一团，细心的考古工作者小心翼翼地将金饰复原，当展开之后，金饰上刻画的"太阳"和"鸟"的图案清晰地呈现出来。显示王权的大量玉器、金器的出土，足以证明这件金饰极有可能就是古蜀王举行盛大祭祀典礼遗存下来的宝物。经过对金沙遗址出土文物的综合研究，考古专家基本认定遗址年代大致在商代晚期至春秋早期（约前1200—前650年），商代晚期至西周中期是它最繁盛的时期，这一时期金沙应是古蜀国的都城所在地。[1]

金沙遗址中的"太阳神鸟"金饰，呈圆形，器身极薄。图案采用镂空方式表现，内层分布有十二条旋转的齿状光芒，外层图案由四只飞鸟首足前后相接，四只神鸟围绕着旋转的太阳飞翔，中心的太阳向四周喷射出十二道光芒，体现了远古人类对太阳及鸟的崇拜精神，所以又被称为"四鸟绕日"。关于"太阳神鸟"的思想意义，自金沙遗址发掘以来，学者们发表了不少论文予以探讨。其中，比较有代表性的论文有黄剑华的《太阳神鸟的绝唱——金沙遗址出土太阳神鸟金箔饰探析》，载于《社会科学研究》2004年第1期；钱玉趾的《金沙遗址太阳神鸟及金带的用途》，载于《文史杂志》2007年第5期；刘道军的《从金沙"太阳神鸟"看金沙遗址文化》，载于《青海民族研究》2007年第1期；王炎的《"太阳神鸟"金箔图饰为朱利部落族徽说——关于成都金沙遗址出土金箔文物的文化阐释》，载于《中华文化论坛》2009年第1期；同美、益卓合写的《金沙遗址出土文物太阳神鸟黄金面具青铜立人的藏文化解读》，载于《民族学刊》2018年第3期等。这些文章从不同侧面对"太阳神鸟"的性质和功能做了解读。多位学者言及"太阳神鸟"

---

[1] 参看朱章义、张擎、王方：《成都金沙遗址的发现、发掘与意义》，《四川文物》，2002年，第2期；以及成都市文物考古研究所：《成都金沙遗址的发现与发掘》，《考古》，2002年，第7期。

第八章　平安之道与传统礼俗

是应古蜀王时期宗教祭典需要而产生的，并且指出具有"图腾崇拜"的性质和功能，而王炎则进一步推断金沙遗址出土的"镂空阴刻"的"太阳神鸟"金箔图饰系"杜宇朱利部落的联合图腾"。[1]这个推测将"太阳神鸟"作为图腾的族属具体化，虽然有待更多史料的支撑，但从古蜀王国的发展历史看却有广阔的文化背景。

不论情况如何，"太阳神鸟"作为"太阳"与"鸟"的合型，它在祭祀典礼场合出现，其具有图腾的功能是可以肯定的。图腾，作为特定的符号标志、无声的语言，虽然没有明确的文字描述，但其承载的部落文化信息却是丰富的。对此，有学者就其构型中的四鸟头尾衔接与太阳的十二道金光进行考察。刘道军说：这里的数字四和十二并不是巧合，而是历史发展的必然。它们表示着特定的含义，外层四只逆向飞行的鸟代表春夏秋冬四季轮回，内层圆圈周围的十二道等距离分布的象牙状的弧形旋转芒纹代表一年十二个月周而复始。虽然从太阳神崇拜象征意义的角度，它与"使四鸟"和"金乌负日"的神话传说以及太阳神崇拜有关，但是，这并不影响它所表示的这种一年分四季和十二个月的历法的含义。从另一个角度，即从历法知识方面来看，这个"太阳神鸟"乃具有了新的色彩，它已被古蜀人赋予了科学的含义。[2]

刘道军此文着重于"太阳神鸟"蕴含数字的分析，一方面指出了"太阳神鸟"与古文献记载的神话传说的关系，另一方面发掘其深层次所寄托的历法内涵。所谓"金乌负日"，古文献中有大量的记载，例如《山海经·大荒东经》："汤谷上有扶木，一日方至，一日方出，皆载于乌。有神人面犬耳兽身，珥两青蛇，名曰奢比。尸有五彩之鸟，相乡（向）弃沙，唯帝俊下友，帝下两坛，彩鸟是司。"[3]这段文字一次言"乌"，两次叙及"彩鸟"，并且与太阳出入相联系。能够载着太阳出入的"乌"，那是多么巨大而具有神奇力量的大物啊！不仅如此，《山海经》还多次描述了"四鸟"，例如《大荒东经》中说"有蒍国，黍食，使四鸟，虎、豹、

---

[1] 王炎：《"太阳神鸟"金箔图饰为朱利部落族徽说——关于成都金沙遗址出土金箔文物的文化阐释》，《中华文化论坛》，2009年，第1期。
[2] 参看刘道军：《从金沙"太阳神鸟"看金沙遗址文化》，《青海民族研究》，2007年，第1期。
[3] （晋）郭璞：《山海经传》大荒南经第十五，（民国）《四部丛刊》景明成化本。

熊、罴"，又说"帝俊生中容，中容人食兽、木实，使四鸟，虎、豹、熊、罴"。[1]此外，该书在讲述帝俊、帝鸿时也都出现"使四鸟"。比较难以理解的是关于"四鸟"与"虎、豹、熊、罴"的关系。今人断句时或以"四鸟"之后用冒号，表示"虎、豹、熊、罴"即是"四鸟"。初看起来，似乎近于荒唐，因为"虎、豹、熊、罴"属于兽类，而"鸟"则属于禽类，两者在归属上具有不同性质；不过，从部落氏族分衍的象征角度看，却有一定道理。清代经学家郝懿行注解《山海经》时曾有论述，他指出：

> 经言皆兽，而云使四鸟者，鸟兽通名耳。使者，谓能驯扰役使之也。《秋官·司寇》职云闽隶掌役畜养鸟，而阜蕃教扰之；夷隶掌役牧，人养牛马与鸟，言貉隶掌役，服不氏养兽而教扰之，掌与兽言。此三隶者，皆当在东荒界内。《秋官》记其养鸟兽，荒经书其使四鸟，厥义彰矣。《春秋传》称介葛卢闻牛鸣而知生三牺，亦是东夷能通鸟兽之音者也。[2]

郝懿行的这段文字引了《周礼》中的《秋官》以及《春秋传》，旨在说明上古时期驯畜与养鸟是同一个职司部门所为。其中所谓"鸟兽通名"四个字颇耐人寻味。既然"鸟"与"兽"可以通名，那就意味着"虎、豹、熊、罴"也可以称作"鸟"。就图腾象征而论，很可能在整体部落上是鸟族，而其分支则为"虎、豹、熊、罴"。它们统合起来，就构成了"四鸟"。对照一下，可以看出《山海经》所描述的部族图腾与金沙遗址所见"太阳神鸟"实有吻合之处。

"太阳神鸟"的飞行方向为什么是逆行（反时针）的？刘道军以为"代表春夏秋冬四季轮回"。就基本精神而言，这当然没有错，不过，既然是"逆行"，应该是"冬秋夏春"。按照这样的顺序，就不仅仅是四季轮回，更为重要的是复归本初；而与之对应的太阳十二道光，就其光尖看，也一样是逆时针转动的，这就更加确定了古老的"太阳神鸟"图腾崇拜具有万脉归宗的思想旨趣。

---

[1] （晋）郭璞：《山海经传》大荒东经第十四，（民国）《四部丛刊》景明成化本。
[2] （清）郝懿行：《山海经笺疏》第十四，（清）嘉庆十四年阮氏琅嬛仙馆刻本。

第八章 平安之道与传统礼俗

如果我们放开眼界，比较全面地查找历史文献以及地下发掘资料，就会发现中国的图腾崇拜并非只是龙、虎、太阳神鸟之类。作为一个多民族国家，中国历史上所拥有的图腾崇拜，其形式多种多样，思想内容丰富深邃。长期以来，学者们在这方面撰写了不少论文。打开"中国知网"，以"图腾"为关键词，在主题范围内搜索，可以找到对应的 11629 条结果；若以篇名为范围进行搜索，也可以找到 4303 条结果。这些论文，虽然并非都是考察中国古代图腾崇拜的文章，但总体上看以中国本土的图腾崇拜研究者居多。例如陈钟凡的《图腾艺术史序》，孙作云的《周先祖以熊为图腾考》，于省吾的《略论图腾与宗教起源和夏商图腾》，张永国的《关于苗族的图腾崇拜问题》，何耀华的《彝族的图腾与宗教的起源》，梁庭望的《壮族图腾初探》，蔡家麒的《自然·图腾·祖先——原始宗教初探》，赵卫邦的《略论我国西南少数民族的图腾制度》，陈维刚的《哈尼族原始图腾及其族称》，龚维英的《周族先民图腾崇拜考辨——兼说黄帝族、夏族的图腾信仰》，陈维刚的《广西侗族的蛇图腾崇拜》，潜明兹的《动物图腾神话与动物故事管见》，宋兆麟的《原始的生育信仰——兼论图腾和石祖崇拜》，万九河的《中国原始社会的图腾》，龚友德、李绍恩的《兰坪怒族的自然崇拜和图腾崇拜》，马世之的《商族图腾崇拜及其名称的由来》，王卫平的《试论古代越族的"文身断发"与图腾崇拜》，高立士的《克木人的图腾崇拜与氏族外婚制》，李锦山的《史前动物雕塑与图腾崇拜》，王克林的《龙图腾与夏族的起源》，李子和的《苗族鸟图腾崇拜刍议》，陈剩勇的《试论古代越人的"蛙图腾"》，冯靖涵的《海南黎族图腾文化及其象征性寓意研究》，赵玉芳、屈玉丽的《论西域龙马图腾的形成与发展》，黄晓瑜的《浅析壮族图腾文化的数字动漫化传承策略研究》，李任飞的《皇帝服装上的龙图腾"升职记"》，颜刚威的《我国龙图腾与民族文化心理》，尹建新的《凤舞九天尽呈祥——试论"凤祥"的图腾文化特征》，赵妍的《图腾崇拜与传奇小说中猿猴抢婚型故事探源》，秦硕的《浅谈三星堆文化遗址图腾面具中的文化内涵》，辛学飞的《红山文化各时期的熊图腾崇拜》，李萍的《论龙蛇巴人的图腾崇拜》，谭樊马克的《从文字看商代图腾问题》，谢凯的《贵州苗族图腾文化的传承与研究》，王茳的《论贵州苗族图腾崇拜的"多子"符号》，李奕辰的《神话、图腾与生肖》等等。[1] 以上所列举的只是 1936 年至 2020 年间有关中国图腾崇拜研究的一小部分较有代表性的论文。这些论文所涉及的族群多、地域广、象征思想旨趣丰富，在一定程度上反映了中国社会图腾崇拜的一些侧面。

除了诸多杂志发表的数千篇论文，学者们还就中国古代的图腾崇拜文化现象撰写了许多学术专著。在这方面，中国社会科学院何星亮先生所著《中国图腾文化》一书值得特别关注。该书以"文化的层次"为引论，此后以十三章的篇幅分别论述，内容包括图腾与图腾文化、中国图腾文化概述、图腾观念、图腾名称、图腾标志、图腾禁忌与图腾外婚、图腾仪式、图腾生育与图腾化身信仰、图腾圣物与图腾圣地、图腾神话、图腾艺术、图腾的类型、中华民族的标志和象征。通过大量史料和层层剖析，该书指出中国的远古居民无疑也曾经存在发达的图腾文化，图腾意识是中国远古居民的共同意识，而图腾制度是中国各民族最早的社会组织制度，图腾崇拜是中国各民族最早的宗教形式，图腾意识与中国哲学的起源有关，图腾文化对中国古代法的产生也有影响，图腾文化对中国古代文学艺术的形成也有渊源关系。作者认为图腾文化是中国最古老的文化体系，中国许多文化现象都渊源于图腾文化。就时间文化层而言，它是中国的基层文化，即中国最早的文化层次。之所以断定为最早，是因为"中国旧石器时代中、晚期直至新石器时代，中国的思想文化体系主要是图腾文化，其他文化现象如巫术等，都是图腾文化的附属物，尚未形成一个独立的文化体系，新石器时代以后，农业、畜牧业开始形成，社会生产由攫取形式过渡到生产形式，中国社会开始了一个新的飞跃。伟大的社会变革必然带来文化体系的大变迁。于是，在狩猎、采集这一类攫取性生产方式基础上形成的图腾文化，逐步转变适合农业、畜牧业等生产性生产方式的文化体系。后一个文化体系便是中国文化的第二个层次的文化。不过，中国的基层文化——图腾文化并不是被取代，而是有选择地保留。一些有生命力有功能的文化元素长时间被保留下来，一些文化元素与新一层的文化体系融为一体，一些失去功能的文化元素则自动退出历史舞台"。最后，作者总结说："图腾文化在中国文化史上占有重要地位，对后世各

---

[1] 这里罗列的论文在"中国知网"上都可以迅速查找，因此不一一列出发表的刊物名称及发表时间了。

种文化发生过深远的影响，许多文化现象的起源都与它有关。"[1]何星亮先生这个概括无疑是有力度的。如果把日月星辰、山川等原始自然崇拜看作图腾崇拜的构成元素，那么何星亮的总结应说是符合客观情状与历史发展脉络的。

中国图腾崇拜何以能够经久不衰？原因当然是多方面的，但最重要的就是平安精神的贯注与传递，这一点充分地体现在图腾禁忌上。一般地说，禁忌是人们对危险的、不洁的或神圣的事物所持态度或行为的特别制约。所谓"危险"，意味着对人的生存可能造成伤害；而"不洁"就是对人的生存环境、生存条件造成污染，其中最为重要的是食品方面；至于"神圣"则形容崇高、尊贵、庄严而不可亵渎。在生活实践中，由于环境问题、食物问题、行为问题而造成某种伤害，给人们留下了深刻记忆，出于本能，人类就会禁止自身跨入危险地带，防止再度食用中伤自己的食物，规避那些使自己陷入危险、造成麻烦的错误行为。久而久之就形成了禁忌。最初的禁忌，应当是自发的、没有系统的；随着经验的累积和交流，禁忌成为人群的习惯，并且逐渐转化为道德信条、族群法。当族群的图腾出现并且成为信仰的象征之后，禁忌的习惯、条规就被附在图腾信物上而逐步固化。在先民的心目中，图腾是极为神圣的，不可以亵渎。由此而形成了别具一格的图腾禁忌。其中，最值得关注的是图腾的婚姻禁忌。东汉班固等编撰的《白虎通》谓："婚者，谓昏时行礼，故曰婚；姻者，妇人因夫而成，故曰姻。"[2]这指出了"婚姻"二字的含义。至于婚姻的发生，《礼记》有个说法："昏礼者，将合二姓之好，上以事宗庙，而下以继后世也。"[3]《礼记》所讲的系宗法社会形成以后的婚姻状态，但在宗法社会以前其实已经存在婚姻形式。根据摩尔根《古代社会》与恩格斯《家庭、私有制和国家的起源》的研究，人类社会的两性关系曾经经历了杂乱性交与血缘群婚形式。如果说"杂性乱交"还没有婚姻的性质，那么血缘群婚则意味着同一血缘族群内部的两性结合，即族群之内直系或旁系的兄弟姐妹互相

---

[1] 何星亮：《中国图腾文化》，北京：中国社会科学出版社，1992年版，第400页。
[2] （清）陈立：《白虎通疏证》卷十，（清）光绪元年淮南书局刻本。
[3] （汉）郑玄注，（唐）孔颖达疏：《礼记注疏》卷六十一，（清）嘉庆二十年南昌府学重刊宋本《十三经注疏》本。

通婚,"它基本上排除祖辈与孙辈、父母辈与子女辈的婚姻关系"[1]。但久而久之,先民逐步发现,同一族群内的两性婚姻所衍生的后代出现种种问题,诸如残疾、畸形、体格衰落等等。现实迫使先民们从血缘婚姻转变为族群外婚。由于每个族群有自己的图腾,这种图腾成为族群存在的符号,被赋予了习俗、道德和行为规矩的内涵。表现在婚姻问题上,图腾便成为同一族群两性关系发生的禁忌,这意味着只有族群图腾以外的两性结合才是合理的、能够被认可的,学术界将此称作"图腾外婚"。从某种意义上看,中国古代的同姓不婚乃是图腾外婚的缩影,因为姓氏在最初都有图腾的特质。"家谱编印基地"网站曾对中国四百个大姓的由来与发展做出概括,指出其共同特点之一就是禁止同姓结婚,这除了家族伦理因素,很重要的考虑就是为了生育安全。

有关禁忌问题,从"十二生肖"崇拜的文化习俗方面也可以看出一些蛛丝马迹。所谓十二生肖,即民间所称"属相"。依照一定规则排列,则有"鼠、牛、虎、兔、龙、蛇、马、羊、猴、鸡、狗、猪"的顺序。据湖北云梦睡虎地和甘肃天水放马滩出土的秦简可知,先秦时期即有比较完整的生肖系统存在,而后不断流传,在社会上产生了巨大影响。作为中国民间颇为独特的图腾法式,十二生肖信仰也伴随着诸多禁忌,《生肖禁忌歌》即可为证。歌云:

自古白马怕青牛,十人相伴九人愁,
匹配若犯青牛马,光女家住不停留。
羊鼠相交一旦休,婚姻匹配自难留,
诸君若犯羊与鼠,夫妻不利家景愁。
蛇虎配婚如刀错,男女不合矛盾多,
生儿养女定何伤,总有骨肉相脱离。
兔子见龙泪交流,合婚不幸皱眉头,
一双男女犯争斗,苦如黄莲夕梦愁。

---

[1] 何星亮:《中国图腾文化》,第181页。

金鸡玉犬大不宜，合婚双方不可遇，
两属相争难躲避，世人一定要禁忌。
猪与猿猴不到头，朝朝日日泪交流，
男女不容共长久，合家不幸一笔勾。[1]

这首《生肖禁忌歌》所表达的主要内容是：（1）马牛配，十有九个愁；（2）羊鼠配，两相成怨偶；（3）蛇虎配，家散骨肉分；（4）兔龙配，不幸眼泪流；（5）鸡犬配，吵架不和睦；（6）猪猴配，难守到白头。

按照习惯做法，人们往往把生肖禁忌与十二地支的阴阳五行属性相联系。为了明白其中的讲究，兹将地支、生肖、五行的对应列表如下：

地支	子	丑	寅	卯	辰	巳	午	未	申	酉	戌	亥
生肖	鼠	牛	虎	兔	龙	蛇	马	羊	猴	鸡	狗	猪
五行	阳水	阴土	阳木	阴木	阳土	阴火	阳火	阴土	阳金	阴金	阳土	阴水

先民们发明的十二地支，经过比较长时间的积淀，被赋予了阴阳交错的内涵，子、寅、辰、午、申、戌为阳，丑、卯、巳、未、酉、亥为阴；其中又暗含五行，亥、子为水，寅、卯为木，巳、午为火，丑、辰、未、戌为土，申、酉为金，亥、子为水。术数学专家根据阴阳五行理论，找出十二地支的"合"与"冲"的关系。所谓"合"指的是子丑合土，寅亥合木，戌卯合火，辰酉合金，巳申合水，午未合日月，其"合"有六，故谓之"六合"；与之相对应的则有"六冲"，也就是子午相冲，丑未相冲，寅申相冲，卯酉相冲，辰戌相冲，巳亥相冲。

"六冲"的主要依据是《易经》的八卦象数原理。《易经》卦象，分为经卦与别卦两大系列。经卦每卦三画，阴阳两爻相叠，则有八种形态，故为八卦。将三

---

[1] 纪成：《八字实用命理秘籍》第四章，国学大师网发布。

画卦两两相重，变化出六十四别卦。每一别卦六爻，至七而气尽，谓之"七杀"。对应于十二地支，逢七而相冲，如子午对冲，丑未对冲，寅申对冲，卯酉对冲，辰戌对冲，巳亥对冲，共计六对，名曰"六冲"。

以"阴阳五行"的生克理论来核对《生肖禁忌歌》，可以发现相生者四对："马牛配"为火生土，"蛇虎配"为木生火，"鸡犬配"为土生金，"猪猴配"为金生水。相克者为两对，"羊鼠配"为土克水，"兔龙配"为木克土。对比之下，相生为多，相克为少；即非全为相生，更非全为相克，没有规律可循。再从"冲合"角度检视，所言六对禁忌，也是非合非冲。由此可见，《生肖禁忌歌》并不遵循术数学规定的五行生克、逢冲化合的理则。或许，这只是经验之谈，没有普遍意义，今人之婚配大可不必因为生肖问题自寻烦恼。

当然，笔者这样说并不是完全否认十二生肖作为图腾禁忌的文化价值。有资料显示，曾经被奉为图腾的十二生肖，本来也是姓氏的一大源头。例如，牛、龙、马、羊四姓，至今还可见其家族传承，至于其他的生肖，作为姓氏在古籍里也多有记载。既然生肖是姓氏，就存在血缘的延续与婚配问题。因此，当今民间关于生肖的婚姻禁忌，虽然已经大大超出了婚姻法规定的"五服之内"，但避免近亲结婚的精神还是可取的。

第二节　祖先崇拜与族群繁衍

祖先崇拜与图腾崇拜是密切相关的。中华民族自古以来就有"敬天法祖"的传统。所谓"敬天"就是以天为智慧的来源，抱着景仰的态度予以崇拜；而"法祖"就是效法祖宗传承下来的伦理道德、制度、习惯等文化传统。"祖"的本字是"且"，甲骨文的写法" "，两个"夕"中间刻一条横线。"夕"代表肉片，中间的横线代表平分肉块。在狩猎时代，杀牲祭祖是很隆重的仪式，祭祖之后就按照公平的规则分肉。后来，"且"字加上示字旁，突出了祭祀祖先而获得精神启迪的意味。

一、祖先崇拜的由来与发展

祖先崇拜作为华夏民族生活中一种强烈信仰，不仅是宗族整合的精神支柱，也是开拓进取、壮大声威的旗帜。

（一）祖先崇拜之肇始

正如众多的宗教信仰一样，中国的祖先崇拜并非从来就有，而是一定历史时期的产物。许多学者认为祖先崇拜是从图腾崇拜发展而来的。换一句话来讲，图腾崇拜在先，而祖先崇拜在后。

在中国文化史研究中，早有学者提出"图腾祖先"的概念。何星亮在《中国图腾文化》一书中说：

> 图腾祖先观念是图腾观念的一种，其产生时间晚于图腾亲属观念。所谓图腾祖先观念，就是原始时代的氏族或部落认为自己的始祖不是人，而是某种动物、植物、无生物或自然现象，所有成员都是由它繁衍起来的，都是它的后裔。人们以种种方式表明自己是图腾祖先的后裔，并以特殊态度对待生

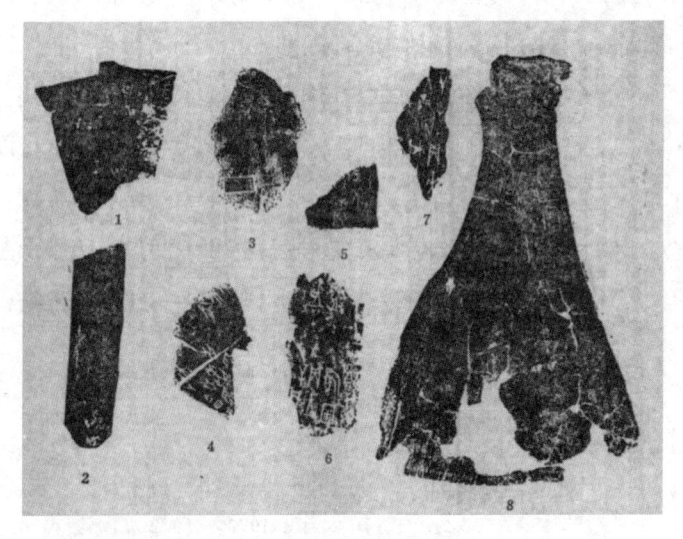

甲骨卜辞拓片

存在自然界中的"始祖"的同类。例如，以虎为图腾的氏族认为，古代的一只虎是全体氏族成员的始祖，氏族与生存在自然界中的虎具有血缘关系。[1]

何星亮的论述表明，在远古时期，人们曾经在人类以外寻找祖先，且以某种图腾形式出现，认定整个族群的繁衍与其图腾相联系，这个论断是有充分依据的。

著名古文字学家胡厚宣先生曾经以甲骨文为资料，探讨商族的图腾祖先问题，他指出："商族在上古时代曾以鸟作为图腾，这在商朝后期殷墟出土的甲骨文中可以找到直接可靠的证据。"[2] 他选择了八片甲骨、十条卜辞进行分析。例如，殷祖庚或祖甲时的卜辞：

□□卜，王，□其尞□上甲父□𩾏。

这一条卜辞曾经编入了詹姆斯·梅隆·明义士（James Mellon Menzies）所编的《殷墟卜辞》[3]中。但编者收录的甲骨文是用毛笔重新摹写的，存在失真与错误。鉴于此，胡厚宣以实物墨拓，再加上自己的解读。根据相关资料，胡厚宣做出判断：卜辞开头所缺两字当为占卜的日期，"王"后所缺当为"贞"，"尞"后所缺当为"于"，"父"后所缺当为"王"。尞即燎，是为祭名，意思是烧。卜辞大意说：某日占卜，殷王祖庚或祖甲亲自问卦，要尞祭上甲的父亲王亥可以吗？王亥的"亥"字，从亥从鸟，作𩾏。[4]

胡厚宣对于缺字的恢复绝非空穴来风、随意想象，而是依照甲骨占卜的一般格式得出的，故而是可信的。王亥的"亥"字，其象形写法，上下结构，下半部

---

1 何星亮：《中国图腾文化》，第63页。
2 胡厚宣：《甲骨文所见商族鸟图腾的新证据》，《文物》，1977年，第2期。
3 ［加］詹姆斯·梅隆·明义士：《殷墟卜辞》，台北：艺文印书馆，1972年版。
4 按：胡厚宣《甲骨文所见商族鸟图腾的新证据》(《文物》，1977年，第2期）所列八条卜辞，先后存在紧密联系，颇值得注意。

分是最初的"亥",上半部分是一只鸟的形状,这令人想起了商族由来的古老神话。《诗经·商颂·玄鸟》云:

> 天命玄鸟,
> 降而生商,
> 宅殷土芒芒。
> 古帝命武汤,
> 正域彼四方。[1]

这首诗的大体意思是说:上天派遣一只神奇的鸟降到人间,于是生了商王朝的始祖,他住的殷地又宽又广。当时天帝给予了成汤建功立业的使命,他征伐四方,拥有了天下。

对于这首诗,前人做了许多诠释。其中的"玄鸟"当做何解?或指其为雄鸡,也有说是陨石、流星,但更多认为是燕子。这当然不是一般的"燕子",而是如《山海经》所称之神鸟。关于"降而生商"的事,向来有这样的说法:帝喾的次妃简狄,是有娀氏的女儿,她与别人外出洗澡时看到一枚鸟蛋,于是就把鸟蛋吞下去,此后怀孕生下了契,这个契就是商人的始祖。

吞蛋怀孕,当然是神话。不过,透过神话倒是可以捕捉到古代婚俗图腾的某些不一样的信息。考《吕氏春秋》,有如下记载:

> 是月也,玄鸟至。至之日,以太牢祀于高禖。[2]

所谓"是月"就是仲春二月。在这个季节里,玄鸟飞来。当玄鸟到达的时候,要用高规格的"太牢"礼仪祭祀"高禖"。对此,汉代经学家高诱笺注曰:

---

[1] (汉)毛亨传,(汉)郑玄笺,(唐)孔颖达疏:《毛诗注疏》卷二十,(清)嘉庆二十年南昌府学重刊宋本《十三经注疏》本。
[2] (秦)吕不韦撰,(汉)高诱注:《吕氏春秋》卷二《仲春纪第二》,(民国)《四部丛刊》景明刊本。

> 玄鸟，燕也，春分而来，秋分而去。传曰：玄鸟氏，司启者也。周礼禖氏以仲春之月，合男女于时也。奔则不禁，因祭其神于郊，谓之郊禖。音与高相近，故或言高禖。王者后妃，以玄鸟至日，祈继嗣于高禖，三牲具曰太牢。[1]

高诱的笺注，明确指出"玄鸟"是燕子，其特点是春分飞来，秋分飞去，传递了一个重要的时间信号。根据这种信号，古代设立了特定的官职，就叫作"玄鸟氏"，其基本工作就是"司启"。按照《周礼》的记载，时有"禖氏"主管婚俗。在仲春二月，是怀孕的最佳时节，于是开放不禁，让男女奔走相会，其地点就在城郊禖坛。在这里，相会的男女要祭祀婚俗之神"郊禖"。古时候，"郊"读为"高"，所以"郊禖"又称作"高禖"。[2]王者、后妃在玄鸟飞来的时候就到郊外神坛祭祀高禖，奉上牛羊猪三牲大礼，是为"太牢"。

高诱的笺注有三点尤其值得深入稽考。一是"合男女于时"。所谓"合"就是交合，即男女的两性结合；而"时"就是物候季节，就怀孕生子的需求考虑，选择恰当的时节十分重要。为什么选择"仲春"而不是"孟春"？因为孟春太冷，阳气虚弱，唯有"仲春"，阳气开始旺盛，有利于怀孕。二是"奔则不禁"。这里的"奔"即男女投奔，"不禁"恰好反映平时是有禁的，只是到了春分的特定季节，男女选择了郊外禖坛之所相会祭祀，这时候男女相会交合的事就不在禁止之列了。由此就不难理解为什么"天命玄鸟，降而生商"的描述了。原来之所谓"降"不外是暗示燕子飞来，在玄鸟氏的主持下，男男女女，汇聚到了高禖神坛，自由选择，相互结合，这无疑提升了怀孕的可能性。三是"高禖"的象征底蕴。"禖"的本字当是"媒"，因为在神坛祭祀，祈求生子，有神圣性，所以女字旁的"媒"就转变为示字旁的"禖"。此之"示"字，上两画代表天，下三画代表日月星，表示天神通过日月星象的启迪，这就是所谓"司启"。

---

1 （秦）吕不韦撰，（汉）高诱注：《吕氏春秋》卷二《仲春纪第二》，（民国）《四部丛刊》景明刊本。"奔则不禁"或作"奔者不禁"。
2 至今，闽南话亦读"郊"为"高"。

第八章　平安之道与传统礼俗

据著名的神话学家丁山的考证，"高禖"乃是"句芒"的转语。[1] "句芒"之"句"，读如"勾"，与"高"谐音，故高禖的原型当是句芒。作为东方之神，句芒的最大特点是人面鸟身，这一点见载于诸多古文献。例如《山海经·海外东经》："东方句芒，鸟身人面，乘两龙。"[2]《墨子·明鬼下》："昔者郑穆公，当昼日中处乎庙，有神入门而左，鸟身，素服三绝，面状方正。郑穆公……曰：'敢问神名？'曰：'予为句芒。'"[3]《隋巢子》曰："昔三苗大乱，天命夏禹于玄宫。有大神人面鸟身，降而福之。司禄益富而国家实，司命益年而民不夭，四方归之禹，乃克三苗，而神民不违。"[4] 袁珂先生认为，此"人面鸟身"之神，当即句芒。种种迹象表明，在人们的记忆中，句芒的身体就是一只鸟的样子，而高禖作为句芒的另一种名称，当然也是鸟形。作为神鸟，高禖使商代始祖"契"获得了生命，此后商族世世代代也都传递了这只神鸟的生命信息，正因为如此，这只神鸟受到景仰，成为"图腾"；不仅如此，"神鸟"也是商族所认定的图腾祖先。通过这段追溯，再回头看看殷墟卜辞中王亥的"亥"为什么赋予鸟形，就比较好理解了。

其实，有关图腾祖先的信息不仅暗藏于殷墟甲骨卜辞中，而且见载于大量的经典文献之中。著名历史学家于省吾先生曾经就此撰写了《略论图腾与宗教起源和夏商图腾》的长文。在这篇文章中，于省吾从莫尔根[5]叙述的图腾概念入手，指出原始氏族社会的出现距今约五万年左右（据苏联史学家的说法），图腾的起源是伴随着氏族社会的发生而发生的。我国古籍中有关三代以前的图腾传说是不胜枚举的，其较可信据者，如《左传·昭公十七年》传郯子所述"昔者黄帝氏以云纪""炎帝氏以火纪""共工氏以水纪""太皞氏以龙纪""少皞氏以鸟纪"都是谈论中国图腾者所常举的例子。接着，于省吾又考察《史记·西南夷列传》《后汉书·南蛮传》《周易·说卦传》《晋书·四夷匈奴传》等书中叙及的丹、白马、盘

---

[1] 丁山：《中国古代宗教与神话考》，上海：龙门联合书局1961年版，上海文艺出版社1988年影印，第49页。
[2] （清）郝懿行：《山海经笺疏》第十九《海外东经》，（清）嘉庆十四年阮氏琅环仙馆刻本。
[3] （春秋战国）墨翟：《墨子》卷八，《道藏》第17册，第263页。
[4] （清）张英：《渊鉴类函》卷四十七帝王部八，（清）《文渊阁四库全书》本。
[5] 按："莫尔根"的翻译，后来大多作"摩尔根"。

337

瓠、牦牛等曾经被杜佑《通典》斥为"怪诞"以及刘知几《史通》讥为"迂诞诡越"的许多例证，指出正是因为有上述文献记载，我们今天才得以追寻到中国古代图腾信仰的珍贵史料。尤其值得注意的是，围绕许慎《说文解字》所言以蛮闽为蛇种、貉为豸种、狄为犬种、羌为羊种等事例，于省吾展开辨析，指出许慎的描述长期以来引起不少纷争，但如果从图腾崇拜的角度来认识，则"凝滞顿释"；沿着这个思路，于省吾更举云南的傈僳族、怒族为例，指出怒江地区有十几个氏族都存在图腾制度的残余，例如腊饶息以虎为图腾，阿吃息以羊为图腾，吉饶息以蜂为图腾，鹅饶息以鱼为图腾，汉饶息以鼠为图腾，明饶息以猴为图腾，业饶息以雀为图腾，乌饶息以熊为图腾，麻打息以竹为图腾，括饶息以荞为图腾等等。文章的第二部分，集中考证夏族图腾，作者从《史记·夏本纪》入手，且引证扬雄的《蜀王本纪》及《论衡·奇怪》《吴越春秋》《山海经》等资料，指出"禹母吞薏苡而生禹"与"启母化石"乃有案可稽，故夏族当以薏苡与石为图腾。文章第三部分，考察商族图腾，作者从《诗经·商颂·玄鸟》入手，更以《楚辞·离骚》有关资料相佐证，再稽考商代青铜器的"玄鸟妇壶"之铭文，多种资料与实物结合，指出"玄鸟"二字非妇之名，而是"商人先世图腾的残余"，最后得出结论："夏商图腾制度也不外乎以动植物和无生物等为种族的来源。虽然夏商两代，尤其是商代已进到原始社会后期阶段而图腾只是作为残余而存在，但由于夏商两代的图腾得到进一步的证实，这就足以说明古代处在中原的华夏部落也和其他各少数民族一样，都有过图腾崇拜的这一历史阶段。"[1] 于省吾的多重引证，为我国上古时期的图腾崇拜研究扩展了视野。需要进一步说明的是：无论是黄帝的云纪、炎帝的火纪、共工氏的水纪、太皞氏的龙纪、少皞氏的鸟纪，还是各少数民族的图腾，以及夏代的薏苡、石，还有商代的玄鸟，不仅具有氏族徽标的图腾意义，而且也是族源祖先的标志，潜藏着以图腾为祖先的崇拜心理。

（二）关于人格祖先

经过了漫长的历史进程，在原有图腾祖先崇拜的基础上，衍生出人格祖先

---

[1] 参看于省吾：《略论图腾与宗教起源和夏商图腾》，《历史研究》，1959年，第11期。

崇拜的形式。所谓"人格",是与"物格"相对而言的。"物"主要是自然物,包括动物、植物以及作为动植物生存环境的天地、日月、山川等自然存在。此类之"物"的许多具体样态,曾经被华夏诸民族奉为图腾祖先。随着先民们自我意识的觉醒,具有人格特质的祖先也在神庙里被供奉起来。由于直接的血缘关系,"人格祖先"也被称作血缘祖先。在一些学术论著里,研究者将血缘祖先崇拜,简括为祖先崇拜,并且将祖先崇拜与图腾崇拜联结对应起来,指出祖先崇拜乃是图腾崇拜之后的一种重要的宗教信仰形态或准宗教形态。

近30多年来,祖先崇拜也成为学者们关注的一个重要文化视域,探讨祖先崇拜的学术论文与日俱增。以"祖先崇拜"作为关键词在"中国知网"查找,可以发现自1901年开始至2020年,题目中出现"祖先崇拜"者共计434篇。这些论文大部分是以中文撰写的,且作者也大部分是中国人,可见我国学者在这方面投入了不少精力,取得了可观成果。就发表的年份看,1976年以前这方面的论文颇少,而1976年以后虽然有起有落,但总体趋势是逐步增加,到2014—2015年达到了高峰,此后又有所回落;就研究的历史期限而言,学者们将祖先崇拜的发生追溯到旧石器时代晚期,延续至当今;就具体研究对象看,涉及灵魂观念、祭祖仪式、社会功能等等;就涵括的民族而言,以汉族、哈尼族、土家族、基诺族为多。有的文章属于宏观综论、概括,有的文章则有较强的针对性、地域性,可谓多彩多姿。

祖先崇拜是如何产生的?有学者指出:

> 从发生学的角度观之,祖先崇拜最初可以直接追溯到图腾崇拜,因为一氏族或民族一旦确认某一非人类的特定的图腾物为自己的祖先或保护神时,即已基本确立了自己的图腾祖先偶像,从而也就初步奠定了祖先崇拜的基础。但图腾崇拜毕竟与后代的祖先崇拜有着质的区别,前者还必须经过与生殖崇拜、灵魂崇拜的复合,才能最终完成向后者的演变。如果说图腾崇拜仍然是一种以特殊形态出现的自然崇拜,生殖崇拜已开始逐步从自然崇拜转向自我崇拜,那么,灵魂崇拜则又进而从生殖崇拜的直观、生理的自我崇拜转向幻

想、心理的自我崇拜，祖先崇拜便是以上三者的复合体。[1]

按照这个说法，则祖先崇拜是从图腾崇拜演变而来的。从一开始，图腾便具有祖先偶像的意义，就此角度而言，图腾崇拜即图腾祖先崇拜。不过，图腾祖先崇拜只能算是后世的人格祖先崇拜的基础。从图腾祖先崇拜过渡到人格祖先崇拜，有两个因素的融入，促使人们最终完成了祖先崇拜的精神形态，这两种因素就是生殖崇拜与灵魂崇拜。问题在于：生殖崇拜与灵魂崇拜，哪一种形式发生得更早，对于完成祖先崇拜的精神形态的作用更大呢？梅新林在《祖先崇拜起源论》这篇文章中并未明确地阐述，只是在分析澳大利亚土著部落一种贮存祖先灵牌——"珠灵卡"（Churinga，或译为"丘林噶""丘隆噶"或"屈林加"等）[2]时引述了法国学者列维-布留尔（Lucien Lévy-Bruhl）所著《原始思维》的一句话："这是一些个体的体外灵魂，是祖灵的媒介，也许还是这些祖先本人的身体。"从上下文的关系看，梅新林似乎是强调了灵魂在祖先崇拜中的首要意义；不过，他在把澳大利亚土著部落的"珠灵卡"与中国祖先灵牌相对比时却说，"它也同样向我们充分显示了其对图腾崇拜、生殖崇拜与灵魂崇拜的原始包容性"[3]。笔者注意到，梅新林这个阐述将生殖崇拜排列在图腾崇拜之后、灵魂崇拜之前的位置，这种排列可能是无意的，但却暗示了生殖崇拜似乎在灵魂崇拜之先且在祖先崇拜的精神形态形成过程中优先发生了作用。

笔者的看法是：生殖崇拜对于祖先崇拜这种精神形态的最后形成固然颇为重要，但就根本上说，如果没有灵魂崇拜，则生殖崇拜也就无从谈起，因为崇拜乃是以神秘意味的发生为前提的，图腾之所以被崇拜是因为先民们认定图腾有神性。在先民们心目中，作为原初祖先符号的图腾，是灌注了某种神意在其中的，正是这种神意信息的流转，使得氏族部落得以繁衍。当人的自我意识觉醒之后，图腾神意就转变为祖先的灵魂。

---

[1] 梅新林：《祖先崇拜起源论》，《民俗研究》，1994年，第4期。
[2] 参看祭俊生：《人类社会的形成和原始社会形态》，北京：中国社会科学出版社，1988年版，第307页。
[3] 梅新林：《祖先崇拜起源论》，《民俗研究》，1994年，第4期。

查上古甲骨文，可知"神"与"申""电"本是同一个字，写作"⚡"，像一道快速的闪电朝着不同方向开裂，这就是"申"，也是"电"。所谓"申"，有霹雳快闪的意义，所谓"电"则又表征一种玄妙的"光"。先民们认为打雷闪电是天空有一种人类不可控制的力量在主导茫茫寰宇的存在，故而产生了崇拜的心理。这种对体外玄妙力量的崇拜应该是最早的"神"的观念的体现。闪电之光哪里来？生活的直接感知让先民们以为：这来源于高高在上的"天"。中国传统的祭天仪式的具体记载虽然是到了黄帝时期才体制化，但对"天"的崇拜则是要早得多的。考古发掘资料显示，早在六千多年前以牛河梁区域为标志的红山文化便有象征天神崇拜的圆形祭坛和象征地祇崇拜的方形祭坛。此外，牛河梁还发现了远古时期的女神庙，其中的泥塑女神像保存完好。如果说，女神庙的泥塑神像是一种祖先崇拜的实物遗存，那么圆形祭坛则表达了新石器时代中国先民对高高在上之天的敬仰，方形祭坛反映了先民们对大地的尊尚。而十分有趣的是，中国先民是从自身形态出发去认知天地之存在的。在甲骨文里，"天"的写法"天"是一个类似于"口"（实际上是圆形）的符号配上"大"字或"夫"字。有学者解释，居上的"口"当是太阳的象形，而"大"或"夫"就是人体身躯的样子，表示人的头上即是日月星辰居处的空间。这个解释有一定的道理。但如果我们把上方的圆形符号与下方的"大"或"夫"字连为一体看，恰好可以证明先民们是以人的模样去推想"天"的。古人早有"头象天"而"足象地"的说法[1]，其间隐隐约约蕴含着"天人合一"的理念。根据这种精神逻辑，既然上苍闪电"有神"，人以天地为法，人身之内当然也有"神"，后世道教经典大量地阐述人体各脏器都有神明守护，当是远古先民人体类天而有神的观念之发展。人体之"神"，具体说来就是"灵魂"，它正如种子，可以代代承转。既然如此，保护祖先灵魂就十分重要，由此便形成了人格祖先崇拜的精神形态。

关于人格祖先，亦即血缘祖先崇拜的形式，学界已有种种探讨，提出了许多具有深邃思考的见解。澳大利亚华裔学者刘莉根据大量的考古资料，对中国传统

---

[1]（五代）宋齐邱：《玉管照神局》卷上，（清）《十万卷楼丛书》本。

的祖先崇拜表现形态做了概括，其所撰《中国祖先崇拜的起源和种族神话》一文开头说：

> 祖先崇拜一直被视为中国古代的一种主要宗教形式。根据文献记载，祖先崇拜至少可上溯至商代，并且绵延不断，流传至今。几千年来，这个信仰系统不仅塑造了人们的思想和行为，而且也不断被历代的统治阶层所利用，以达到使其政治地位合法化的目的。祖先不单是可以被创造，而且也是可以被更新的，所以祖先崇拜的性质随着时间的变化而变化。[1]

笔者注意到刘氏此文"一直"这个措辞。它提醒我们，关于祖先崇拜在学术界的研究不仅由来已久，而且颇受重视。此外，刘氏此文对祖先崇拜的性质做了确定性的论述，指出它是"一种主要宗教形式"，这就是说祖先崇拜属于宗教范畴，应该从宗教学的视野来考察观照。基于这种认知，刘氏更将探索祖先崇拜课题远溯于新石器时代，指出祖先崇拜经历了"集体祖先"到"个人祖先"的发展历程，认为祖先崇拜仪式在新石器时代晚期政治制度中所发挥的作用，和它在商代的作用非常相似。在刘氏看来，在商代国家政治体制中，宗教权、政治权和亲属关系彼此依托，互为一体，祖先崇拜仪式已经"高度制度化，祖先崇拜渗透到国家政治生活的方方面面"[2]。这种"制度化"是血缘关系的体现和保障。故而，考察梳理"宗法制度"乃是认知祖先崇拜的文化功能、社会影响的重要应有议题。

二、宗法制度的建立与社稷祭祀的生命安顿

什么是"宗法制度"？这是研究中国古代史的学者们颇为关注的问题。一般认为：宗法制度是由氏族社会父系家长制演变而来的，是王族贵族按血缘关系分配国家权力，以便建立世袭统治的一种制度。

---

1 ［澳］刘莉著，星灿译：《中国祖先崇拜的起源和种族神话》，《南方文物》，2006 年，第 3 期。
2 同上。

（一）祖先崇拜与宗法制度

正如历史上各种宗教制度、政治制度，宗法制度不是突发出现的，而是社会发展到一定时期的产物。

祖先崇拜与宗法制度相比，哪个在先呢？当然是祖先崇拜在先，而宗法制度在后，这应该是一个没有争议的问题。因为"宗"本来指的就是以祖先崇拜为基础的血缘统绪，而所谓"法"也就是祖宗之法。"制度"就是根据血缘嫡沿而形成的规矩。不过，祖先崇拜的存在，并非宗法制度形成的唯一条件。如果没有财产继承等需求，宗法制度也就不具备存在的充分必要性。

结合生活环境等因素来考虑，可以发现特定的地理空间对于祖先崇拜所引发的宗法制度具有不可忽略的意义。我国古代史家常常把人们的生活习俗与"水土"联系起来，例如班固所撰《汉书·地理志》即称："凡民函五常之性，而其刚缓柔急，音声不同，系水土之风气，故谓之风。"[1]所谓"五常"，即仁、义、礼、智、信，对应于木火土金水五行。在古人心目中，"五常"乃是人所拥有的基本的品德，也就是禀性。就总体而言，"五常"作为基本禀性，存在于诸方人群中，但不同人群所具有的发音等自然素质却因地理空间不同而有异，与之相关的民风习俗也就各具特色。班固举例说："天水、陇西，山多林木，民以板为室屋。及安定北地，上郡西河，皆迫近戎狄，修习战备，高上气力，以射猎为先。"[2]在这里，班固以房屋建造和打猎为例，说明不同区域的不同生活习俗，反映了地理空间对人们生活习俗的影响。人们为什么会形成不同的生活习俗，说到底还是为了平安起见。顺着这样的路向来稽考中国的宗法制度，就会发现以黄河、长江为水域的版图更适合于农业生产。随着农业的发展、产品的剩余，继承财产的需求增长，宗法制度应运而生。

班固说：

宗者，何谓也？宗，尊也，为先祖主也，宗人之所尊也。礼曰：宗人将

---

[1] （汉）班固：《汉书》卷二十八下，（清）乾隆武英殿刻本。
[2] 同上。

有事，族人皆待。圣者所以必有宗，何也？所以长和睦也。大宗能率小宗，小宗能率群弟，通于有无，所以纪理族人者也。宗其为始祖后者为大宗，此百世之所宗也。宗其为高祖后者，五世而迁者也。高祖迁于上，宗则易于下，宗其为曾祖后者为曾祖宗，宗其为祖后者为祖宗，宗其为父后者为父宗，以上至高祖宗皆为小宗，以其转迁，别于大宗也。别子者，自为其子孙，为祖继别也。各自为宗，小宗有四，大宗有一，凡有五宗人之亲，所以备矣。[1]

这段话大意是讲："宗"表示尊贵，乃是先祖的标识，为宗人所景仰。依照传统礼节习俗，宗人如果有事情，族人都自觉等候安排，协助办事。圣人为什么必须立宗？就是为了宗族的长久和睦。古代所谓"宗"有大小之分，大宗能够率领小宗，小宗能够率领众多的小弟，由此促进经济文化的流通、发展，族人的生活因之而井然有序。作为始祖的后代，属于大宗，代代相续，居于尊宗之地位。始祖之后就是高祖，高祖的后裔，传承五世而没有更迁。正如一棵树一样，有主干，也有分枝，随着时间的推移，分枝越来越多，但只有明了主次才能理顺宗族的关系。

宗法制度，渊源于远古的氏族社会，正式形成于周代初年的诸侯分封时期，体现了血缘关系与国家组织两者密不可分的特征，甚至可以说国家组织就是依据宗族的血缘关系而缔结起来的。在这个统绪里，天子被奉为大宗，其长子即可以继承这个主干，属于大宗的传承人；而嫡长子之外的其他儿子则封为诸侯。相对于天子这个大宗而言，诸侯就是小宗；不过，在其封国之内，诸侯又是大宗。正如天子的嫡长子是皇位法定继承人一样，诸侯的嫡长子在其封域之内也是该诸侯国的王位继承人。除了嫡长子，诸侯的其他儿子则居于小宗地位，受封为卿大夫。如此而形成了遍布于天下的血缘网络结构，中国封建社会正是依靠这个血缘网络结构维系的。

班固在《白虎通德论》中使用的"别子"与"继别"的概念乃出自《礼

---

[1] （汉）班固：《白虎通德论》卷八，（民国）《四部丛刊》景元大德覆宋监本。

记·丧服小记》等篇,其原文为"别子为祖""继别为宗",合则为祖宗。如何理解这个问题,向来有不同说法。金景芳先生曾就此撰写了《论宗法制度》,予以深入考释,他认为正确地理解"别子"这一概念是明白整个宗法制度的关键。基于这样的认识,金景芳的文章首先就"别子"的意涵、由来等内容进行分析,他指出:

> 别子的别字原取区别、分别的意思,表明要跟旧有的系统区别开来,另建一个新的系统。为什么要区别开来呢?由于尊卑不同。具体说,为国君的是尊,不为国君而为国君的臣属是卑。所以别子这个概念,实含有两种意义:一是"自卑别于尊";一是"自尊别于卑"。前一种意义指公子而言。公子与嗣君虽然同是先君之子,同是一个血统传下来的,但是,由于公子不继君位,在政治地位上已与嗣君大大悬殊,即一方是君、为统治者,一方是臣、为被统治者,尊卑不同。公子须离开旧有的系统(君统)另建立自己的系统(宗统),这就是"自卑别于尊"。后一种意义,指公子之子孙有封为国君者而言。公子之子孙不消说是在宗统中,但是,今已封为国君,政治身份与前已大不相同,这样,也要离开宗统另建君统,这就是"自尊别于卑"。不过,宗法所说的别子,只限于自卑别于尊的一种情况,至自尊别于卑的别子,则因所建的是君统,不在宗法范围之内。[1]

从金景芳的解读可以看出,《礼记·丧服小记》所谓"别子"与"继别",说到底就在于分清尊卑,从而形成一种可控的社会秩序。当新的国君确立之后,先君的其他儿子,相对于国君而言就成为臣民,只是他与国君具有同样的血统,因此被称为公子,这就是所谓的"别子",即有别于国君之子。对于后代子孙而言,此先君之"别子"因为开启了一个有别于"君统"的分支,故而在宗法制度上便具有新枝祖先的地位,所以说"别子为祖",而继承别子者则为"宗"。尽管从

---

[1] 金景芳:《论宗法制度》,《东北人民大学人文科学学报》,1956年,第2期。

"君统"的角度看,"别子"及其继承者相对处于卑下地位,但就宗法传承而言却有着开创意义。因为是开创就成为祖宗,且在宗祠里享有开基祖宗的香火,受到族人的崇拜。从这个角度看,"别子"的区分与"继别"法度在深层次里乃蕴含着以血缘为纽带的祖先崇拜精神与族群繁衍的渴望,寄托了先民们寻求生命延续的追求。对此,汉代春秋学名家董仲舒于《春秋繁露》一书中有进一步的阐述:

> 天地者,万物之本,先祖之所出也。广大无极,其德昭明;历年众多,永永无疆。天出至明类也,其伏无不昭也;地出至晦,星日为明,不敢暗。君臣、父子、夫妇之道取之此,大礼之终也。臣子三年不敢当,虽当之必称先君,必称先人,不敢贪至尊也。百礼之贵,皆编于月,月编于时,时编于君,君编于天。[1]

意思是讲:天地乃是万物的根本,若追溯源头,华夏祖先也出自天地。天地广大,无所不包,其生生不息之德照耀四方。天地久远,无限绵延。天高高在上,象征光明,无幽不照;地谦卑居下,但有日月悬挂于上,不敢有所晦暗。君与臣、父与子、夫与妇,两两相对,皆取法于天地之道。所有的礼制仪轨都推源于天地。作为臣子,虽然劳作有功,绝不敢归功于自己,而是归功于先君、先人,这就是不敢贪图自我尊贵。人间百礼之所以珍贵,就是因为合于每月的历法,而每月运转,合于春夏秋冬四时的往来交替,这种往来交替,体现在人君的合序号令,人君的合序号令则以天为法则。

董仲舒的论述,将崇祖与尊君两者与天地秩序连通起来,建构了以天地为法象的社会政治哲学,试图论证宗法制度的合理性与政治制度的永恒性,这虽然缺乏严格的逻辑论证,却体现了古代儒学的一种秩序理想。如果说父子、夫妇是宗法制度得以延续的纽结,那么君臣尊卑则是政治制度的核心。尽管董仲舒的论述没有明确区分"君统"与"宗统",但可以看得出以君为尊的思想纲领。

---

[1] (汉)董仲舒:《春秋繁露》卷九,(清)乾隆中武英殿木活字排印本。

（二）社稷与生命安顿

中国古代社会的维系，由祖先崇拜发展起来的宗法制度发挥着极为重要的作用。在这种制度下，上古农耕时期即已存在的社稷崇拜变成一种文化象征，这种文化象征既蕴含着先民对生存条件的依赖，也凝聚着族群的精神信仰和国家认同，由此衍生出来的祭祀礼俗则强化了这种信仰与认同，而这一切的发生都出于生命安顿的需求，或者说是以生命安顿为出发点的。

关于"社稷"，老子《道德经》第七十八章有云：

> 受国之垢，
> 是谓社稷主。
> 受国不祥，
> 是为天下王。
> 正言若反。

意思是讲：能够承受国中的污秽与侮辱之人，才称得上国家的主人翁；可以担当全国灾难责任的人，才称得上天下之王。如此承受卑下与委屈，才是圣人刚柔得中的品质。事物是可以相互转化的，圣人正是依据"反者道之动"的理则来把握事物的发展。老子《道德经》第七十八章中所言"社稷"即国家，其开头有"是以圣人云"，表明其说法具有权威性。

我们再来看看《六韬》中的一段话，也能够发现"社稷"在古人心目中的崇高地位。该书卷一有《文王欲明传于武王者》一节说：

> 文王寝，疾召太公望、太子发在侧曰：呜呼！天将弃予，周之社稷将以属汝，今予欲师至道之言，以明传之子孙。太公曰：王何所问？文王曰：先圣之道，其所起，其所止，可得闻乎？太公曰：见善而怠，时至而疑，知非而处，此三者道之所止也；柔而静，恭而敬，强而弱，忍而刚，此四者道之

所起也。故义胜欲则昌，欲胜义则亡，敬胜怠则吉，怠胜敬则灭。[1]

从其语境看，周文王召见太公望与太子姬发，是在他有一天睡觉前的时候发生的。文王对他们说：上天即将抛弃我了，我大周王朝的社稷将由太子来传承。而今，我想师法大道，并且传授给子孙。太公望说：大王想问的是哪个方面的问题？文王说：就是早先的圣人之道，什么该行、什么该止。太公望回答说：看见善事却懈怠，时机已经来了却犹疑不决，知道事情不对劲却还纠缠其中不能脱离，这就是大道所不容许的；柔和且文静，谦恭且居敬，刚强但不过分，隐忍但有限度，这四个方面如果能够实施，是符合大道精神的。因此，道义战胜欲望，社稷就兴旺；欲望战胜道义，社稷就衰亡；居敬战胜懈怠就吉利，懈怠战胜居敬就入于毁灭境地。

从太公望与周文王的谈话中，我们可以看出：社稷在《六韬》里也是国家的象征。这种文化符号意义，在春秋战国时期的诸子百家中几乎是一致的。

不过，如果我们从本源上追溯，就可以发现"社稷"本具有自然崇拜的信仰特质，故而其所伴随的礼俗也就打上了原始自然崇拜的烙印。

作为土谷之神，"社稷"本来是分开的。"社"字由"示"旁与"土"字构成，许慎《说文解字》称："社，地主也。"所谓"地主"就是管理土地的神明，简单讲就是土地神。至于"稷"，则是五谷之神。"稷"这个字，甲骨文写作"𥝩"：左边是"禾"，表示稻谷；右边为"兄"，表示祭祀祝祷。先民在一定时节举行祭祀，感恩谷神赐予粮食，祈求风调雨顺、五谷丰登。到了金文，"稷"字写作"𥡕"，其字的右侧以"鬼"字替代了早先的"兄"字。在构型上，"𥡕"像佩戴面具的巫师，仪式化的信息隐于其中。

在农业社会中，"社"与"稷"所代表的土地、谷物乃是先民们赖以生存的基本条件，故而得到尊崇，慢慢地成为国家存在的象征。其中所蕴含的文化信息相当丰富。对此，历代经典文献也都有记载。20世纪60年代以来，中国学术

---

[1] （周）吕望：《六韬》卷一，（清）嘉庆中兰陵孙氏刊本。

界论及"社稷"者越来越多。查"中国知网",篇名中出现"社稷"的文章共有260篇。其中,属于学术探究且具有代表性的主要有刘德谦的《从"五色土"说起——古代社稷坛小史》,刊载于《文史知识》1984年第4期;李向平的《社稷神性新考与周人的政治信仰》,刊载于《社会科学家》1990年第5期;曾广开的《社稷之神的起源与演化》,刊载于《寻根》1996年第1期;李立的《社稷五祀与东夷农耕文化》,刊载于《蒲峪学刊》1996年第1期;张顺发的《试论孔子君臣民的社稷观》,刊载于《贵州社会科学》1995年第2期;徐柏才的《论传统社稷之德对公民道德建设的启迪》,刊载于《广西民族大学学报(哲学社会科学版)》2007年第2期;史志龙的《先秦社、稷关系考》,刊载于《井冈山大学学报(社会科学版)》2011年第2期;张宏斌的《姓氏与社稷关系考辨》,刊载于《儒道研究》2014年年刊;李瑞的《〈左传〉"无宁兹许公复奉其社稷"解析》,刊载于《汉字文化》2017年第1期;褚叶儿的《社稷祭祀及其礼义研究》,刊载于《首都师范大学学报(社会科学版)》2019年第2期。这些文章,有的考察社稷的起源,有的探究"社"与"稷"的相互关系,有的解析社稷祭祀的仪式程序,有的发掘社稷祭祀的伦理道德内涵,等等,学者们从不同侧面研究社稷的文化内涵。

关于"社稷"祭祀的由来问题,刘德谦的《从"五色土"说起——古代社稷坛小史》一文从北京中山公园"五色土"的状态描述入手,进而引证《周礼》等文献,指出西周时掌管国家祭祀的大宗伯就掌有"以血祭祭社稷"的职责;该文又以《周礼》所言小宗伯"掌建国之神位,右社稷,左宗庙"以及封人"掌诏王之社壝",说明当时有专人负责社稷坛的建立以及日常祭祀活动的管理。不仅如此,该文还根据《史记·夏本纪》等资料,指出前人普遍认为《禹贡》中徐州所贡的五色土,便是舜时铺填社坛的所用之物;无怪乎《汉书》在述及汉时对社稷的祭祀时要说"郊祀社稷,所从来尚矣"了,这个"尚",就是久远之义,夏禹不过是"遵之"而已。这样看来,社稷祭祀发生的确相当久远。刘德谦这篇文章虽然属于通俗介绍之类,但所据史料却是可靠的。

关于社稷祭祀对象问题,褚叶儿所撰《社稷祭祀及其礼义研究》从汉晋之际经学家郑玄与王肃的争论入手进行辨析。作者指出：王肃倾向于认为社稷祭祀的对象为人鬼，而郑玄则认为是地祇；郑玄的观点不仅承认了地和天相比，与人更为切近的关系，而且维系了天地人之间严格的祭祀体系。故而在郑、王讨论的基础之上，后世儒者接受了社祭地祇的观点，但是通过对社和稷及其关系的重新理解与思考，他们更为突出土地与稷谷立人养人的意涵，在这种解释之下，社祭之礼体现了人对于土谷生养的恩报。褚叶儿发表此文时虽然只是一名在读的博士研究生，但她遵循传统考据学法度，条分缕析，体现了相当扎实的研究功力。

如果我们读一读《诗经》里的《载芟》与《良耜》就会感受到上古先民们祭祀社稷的隆重热烈的气氛。《毛诗序》说：《载芟》，"春籍田而祈社稷也"[1]。所谓"籍田"就是天子与诸侯借助民力以耕田。周代天子拥有千亩之田，而诸侯则各拥有百亩之田。天子与诸侯只是在开春时象征性地扶犁而耕，接下来就借助老百姓的力量进行实际性的耕种。《毛诗序》又说：《良耜》，"秋报社稷也"[2]。与春耕开始要向社稷祈求丰收而进行祭祀相对应，到了秋天收获的时候就要以得来的成果报答社稷，体现了先民们的感恩态度。

《载芟》是《诗经·周颂》中的一首，凡31句，不分章。诗一开始先描写开垦，有的割草，有的刨树根，一片片土壤翻掘松散，一派繁忙的景象；接着写参加春耕的人，既有漂亮的妇女，也有健壮的小伙，男女老少全出动，强弱劳力都上场，休息时他们在田间吃饭狼吞虎咽，其画面真是栩栩如生。诗的后半部分主要写春祭社稷的情景，其中有这么几句：

> 为酒为醴，
> 烝畀祖妣，
> 以洽百礼。[3]

---

[1] （汉）毛亨撰，（汉）郑玄笺，（唐）陆德明音义：《毛诗》卷十九，（民国）《四部丛刊》景宋本。
[2] 同上。
[3] （汉）毛亨传，（汉）郑玄笺，（唐）孔颖达疏：《毛诗注疏》卷十九，（清）嘉庆二十年南昌府学重刊宋本《十三经注疏》本。

所谓"醴"是一种甜酒，而"烝"是"进"的意思，"畀"表示给予。"祖妣"指的是祖父、祖母以上的祖先。周代以"后稷"为先祖，史称其姬姓，名弃；其母为有邰氏女，名曰姜嫄；周弃生于稷山（今山西稷山县），故被尊为稷王，也作稷神，更被其族裔奉为农神、耕神、谷神。这三句大体意思是讲：酿造好清酒与甜酒，隆重地进献给先祖、先妣品尝，祭祀的程序井井有条，体现了百礼和洽的精神。

《良耜》也是《诗经·周颂》里的一首，全诗32句，亦不分章。在内容上有三个层次。第一层次，追溯春耕夏耘的情景；第二层次，展示秋天大丰收的面貌；第三层次，叙说秋冬报答的祭祀情景。最后四句云：

杀时犉牡，
有捄其角。
以似以续，
续古之人。[1]

先民们对社稷的祭祀始终怀着敬仰的精神。因为敬仰，所以采取了最高的礼仪——"血祭"。这里的"杀"就是血祭的一道程序，表示杀了牛羊猪之类生物作为祭品。"犉"，指的是黄毛黑唇的牛；捄，形容牛角很长；"似"字与"嗣"通，表示继续；而"古之人"就是祖先。这四句合起来是讲：杀一头黑唇的大黄牛，你看它的双角弯弯，多么美丽；遵循先前的法度，一切都有规矩。

为什么要祭祀社稷呢？学者们对其原因做了许多探究，认为最为根本的在于报恩。"社"作为土地的象征，使得人们有了生存的空间，而"稷"作为五谷之首，保障了人们生存的基本食物，所以应该通过特定的祭祀礼仪予以回报。这个说法并非没有根据。查汉代史学家班固所撰《白虎通德论》卷二《社稷》篇说：

---

[1]（汉）毛亨传，（汉）郑玄笺，（唐）孔颖达疏：《毛诗注疏》卷十九，（清）嘉庆二十年南昌府学重刊宋本《十三经注疏》本。

王者所以有社稷何？为天下求福报功。人非土不立，非谷不食。土地广博，不可遍敬也。五谷众多，不可一一而祭也。故封土立社示有土，尊稷五谷之长，故封稷而祭之也。《尚书》曰：乃社于新邑。《孝经》曰：保其社稷而和其民人，盖诸侯之孝也。[1]

　　意思是讲：王者为什么建立了社稷祭坛？这是为天下百姓祈求幸福与报答恩果。人没有土地不能站立，没有谷物就不能吃饱。土地非常广阔，无法都进行敬拜；五谷品类也很多，不能每一种都给予祭祀。所以，封土为坛场，依礼行仪，表示对土地的尊重。为什么礼尊稷呢？因为稷乃是五谷之首长，所以敕封稷神而祭拜。《尚书》讲：凡是新的都邑皆需建立社坛。《孝经》说：保护社稷坛场，按时进行祭祀，如此才能使社区内的人们和合有序，安居乐业，这是诸侯奉行孝道所要求的。

　　《白虎通德论》所谓"求福"所包含的内容当然很广。《尚书·洪范》称："五福：一曰寿，二曰富，三曰康宁，四曰攸好德，五曰考终命。"[2] 按照孔安国的解释，所谓"寿"有个标准，就是活到120岁；"富"就是财产丰备，没有欠缺；"康宁"即没有疾病；"攸好德"即喜好德操的修养，多行善事而得善报；"考终命"，尽其天年而不横死夭折。五福把"寿"放在第一位，说明先民们乃是以生命为重的。五福的第二项"富"，讲的是能否达到"寿"的条件保障，因为人的生存依赖一定的物质条件，财产丰备保证了生命存在的需求。五福的第三项"康宁"是能否"寿"的过程讲究："康"就是健康，既没有外伤，也没有内伤，既包含肉体健康，也包含精神健康；"宁"就是安宁，内心安宁，生活环境也安宁。五福的第四项"攸好德"是达到"寿"的伦理道德境界，通过祭祀、祈祷，进行内心反省，使内心充满善意，且外化为善行。五福的第五项"考终命"是关于"寿"的防护措施，唯有防止横死、夭折，才能达到真正的"寿"，120岁的基本年限才能

1　（汉）班固：《白虎通德论》卷二，（民国）《四部丛刊》景元大德覆宋监本。
2　（汉）孔安国传，（唐）孔颖达疏：《尚书注疏》卷十二，（清）嘉庆二十年南昌府学重刊宋本《十三经注疏》本。

成为现实。将"五福"的追求与《白虎通德论》讲的"求福"联系起来,我们不难看出其中的生命安顿精神。

值得注意的是:按照《白虎通德论》的说法,王者求福并非是为了个人,而是为天下考虑。什么是"天下"?《六韬》卷一《文韬》引述太公望曰:"天下非一人之天下,乃天下之天下也。"[1]由此可见,天下并非是帝王所独有,而是普天下的人们所共有。因此,"为天下求福"就是为天下所有人祈求幸福。落实到生存大环境,就是"安社稷"。如何"安社稷"?古代诸子百家论述颇多。例如《孟子》言:"有安社稷臣者,以安社稷为悦者也。"[2]意思是讲:世上有安定社稷的忠臣,他们总是以社稷的安定为快乐。《春秋公羊传》说:"出竟有可以安社稷、利国家者,则专之可也。"[3]其所谓"出竟"即出境,表示到他国去,基于社稷安定、国家有利的目标,可以有专权。《春秋公羊传》属于儒家的经典注疏之作,而《孟子》则列为儒家"四书"之一,这两部文献都强调"安社稷"的重要性,代表了儒家祈求社稷之安的思想导向。

再看具有道家思想立场的《管子》,主张"安社稷"的精神也贯注于其字里行间。该书之《形势》篇有云:

> 人主之所以使下尽力而亲上者,必为天下致利除害也。故德泽加于天下,惠施厚于万物,父子得以安,群生得以育。故万民欢尽其力,而乐为上用。入则务本,疾作以实仓廪,出则尽节死敌,以安社稷。[4]

所谓"人主"即帝王,亦即帝王之所以能够让属下的人们尽力而为并且与帝王亲近,是因为帝王必须为天下人谋求利益避免危害。所以,帝王的恩泽滋润天

---

1 (周)吕望:《六韬》卷一《文韬》,(清)《平津馆丛书》本。
2 (春秋战国)孟轲撰,(汉)赵岐注:《孟子》卷十三,(民国)《四部丛刊》景宋大字本。
3 (汉)何休撰,(唐)陆德明音义:《春秋公羊经传解诂·庄公第三》,(民国)《四部丛刊》景宋建安余氏刊本。
4 (春秋战国)管仲撰,(唐)房玄龄注:《管子》卷二十《形势解第六十四》,(民国)《四部丛刊》景宋本。

下百姓，为万物的生长普施实惠，由此父子平安，众生繁衍。在这种环境下，百姓们都愿意尽己之力，喜欢为帝王所派用。帝王的治国思路，就内政而言，最重要的是抓住根本，这就是扶植农业生产，使得粮仓充满；就外交而言，就是要让百姓们能够精忠报国，宁死不屈，与敌人斗争到底，这样社稷才能安定。《管子》这段话围绕人主与百姓的关系展开论述，指出人主应该施恩于天下万物，其落脚点也是"安社稷"，与《白虎通德论》的思想颇为一致。

有关"安社稷"的问题，墨家也有精辟的论述。墨子说：

> 天下之所以生者，以先王之道教也。今誉先王，是誉天下之所以生也。可誉而不誉，非仁也。子墨子曰：和氏之璧、隋侯之珠、三棘六异，此诸侯之所谓良宝也，可以富国家、众人民、治刑政、安社稷乎？曰：不可。所谓贵良宝者，为其可以利也，而和氏之璧、隋侯之珠、三棘六异，不可以利人，是非天下之良宝也。今用义为政于国家，人民必众，刑政必治，社稷必安。所为贵良宝者，可以利民也，而义可以利人，故曰义天下之良宝也。[1]

意思是讲：天下为什么能够有生机？是因为以先王之道为教化的思想归宿。今天人们赞美先王，就是赞美天下何以繁荣的缘由所在。本应该赞美却不赞美，这就叫作不仁。子墨子说：不加五彩的和氏之璧，不饰银黄的隋侯之珠，以及煌煌郑重的九鼎大器，被诸侯当作珍贵的宝物，它们能够使国家富强、人口增加、行政有序、社稷镇安吗？不能。什么可以算作真正的宝物呢？唯有对上述四个方面有利才称得上，然而，人们推崇的和氏之璧、隋侯之珠、三棘六异，它们是不可能对人们的现实生存有利的，因此不能算是天下的贵重宝物。今天，以"义"为教，作为国家行政的主旨，人口就会众多，社会就能治理，社稷必然安宁。什么才算是珍贵的宝物？其衡量的标准在于是否对人民有利，而大义的社会道德的确有利于人的生活，所以"义"就是天下珍贵的宝物。

---

[1] （清）孙诒让：《墨子间诂》卷十一，（清）光绪三十三年刻本。

《墨子》这段话旨在阐述仁义对于社会生活的重要价值，作者提出了四个方面的衡量标准，并且将"安社稷"作为压阵的目标。既然社稷与国家、人民、刑政并列，表明《墨子》文中的"社稷"并不等于国家，而是国家存在的灵魂，或者说信仰支柱。《墨子》这段话后来被法家经典《慎子》所征引并且予以发挥，表明法家对墨家这种倡导是肯定与支持的。

总而言之，"社稷"是中国古代诸子百家一个非常重要的文化论题。先民们强调"安社稷"说到底乃是为了保护生命，为了生命健康、安全而落实文化信仰。

第三节　作为生命礼俗的道教斋醮科仪

就中国的传统而言，"礼"既是一种文明的象征，也是生活的规矩；同时也是文化信仰的一种法度。如果说前者主要表现于人与人的关系中，那么后者则主要反映于人与神的关系中。就后者来看，又以道教的斋醮科仪最为典型。

一、道教斋醮科仪的由来与完善

作为一种礼仪，"斋醮"在道教中占有很重要的地位，这是因为斋醮不仅是道教礼敬神明的一种法度，而且也是信奉者自我修行、调整身心状态的一种文化技术，故而向来颇受学术界的重视。由于斋醮带有比较多的神秘成分，早期的道教研究者涉猎较少，即使改革开放以后，在杂志上公开发表的文章也不多。查"中国知网"，可以看到篇名带有"斋醮"关键词者仅有81篇。其中，显示在最前面的是一篇英文的文章，题目为"A Taoist Celebration. A 30-Minute Color-Sound Videotape"（《道教庆典：30分钟的视频音频》），原文发表于 *Asian Folklore Studies*，1980年第2期，这实际上是关于一个彩色视频的介绍和分析，安排在杂志的"书评"栏目，故而学术分量不重。1983年，《宗教学研究》第2期发表了曾召南先生为《中国大百科全书·宗教卷》写的条目"斋醮"，这是目前所见中国大陆创办的杂志上有关道教斋醮的最早的一篇文章。记得笔者攻读硕士学位研究生期间（1983—1986年），业师卿希泰教授曾经写了名为《道教斋醮及其形成问题初探》的长文，应邀参加了在香港举办的学术会议，限于当时的条件，卿先生文章写好之后，由我负责用毛笔抄写，再复印数份，至今记忆犹新。此后，陆陆续续有人撰写这方面的文章。其中，张泽洪发表的文章最多，较有代表性的诸如《论道教斋醮仪礼的祭坛》，载于《中国道教》2001年第4期；《道教斋醮仪式的文化意义》，载于《中国文化研究》2002年第2期；《论唐代道教斋醮科仪》，载于《社会科学研究》2000年第6期；《济生度死——道教斋醮的内涵与功能》，载于《东亚人文学》第2辑。此外，道教界内的学者也陆续有人撰文发表，诸如负信常的《道教斋醮略述》，载于《中国道教》1991年第1期；张金涛、张青剑的《天师道的符、箓、斋、醮初探》，载于《江西社会科学》1994年第4期；张凤林的《斋醮科仪与神仙信仰》，载于《中国道教》1994年第4期。在专著方面，业师卿希泰与笔者共同主编的《道教文化新典》专设《科仪》编，分三章论述道教斋醮科仪的形成与历史发展，此书于1996年由中华道统出版社（台北市）出繁体字版，于1999年由上海文艺出版社出简体字版。在同一年，张泽洪的博士论文《道教斋醮符咒仪式》由巴蜀书社出版。这些论著为探讨道教斋醮问题打下了良好的基础。

（一）关于"斋醮"科仪的名义

什么叫"斋醮"？曾召南先生撰写的"斋醮"条目一开始用六个字概括："道教祭祷仪式。"所谓"祭"就是祭祀，"祷"就是祷告。如果说"祭"是通过献礼来呈现，即信仰者——人向神奉献祭品，以表达敬仰的态度，那么"祷"则是信仰者对信仰对象——神表达某种诉求。对此，曾召南先生进一步指出："其法为设坛摆供，焚香、化符、念咒、上章、诵经、赞颂，并配以烛灯、禹步和音乐等仪注，以祭告神灵，祈求消灾赐福。"[1]由此可以看出，道教斋醮具有自己的一套规程。

---

[1] 曾召南：《斋醮》，《宗教学研究》，1983年，第2期。

然而，必须指出的是："斋"与"醮"在唐代以前的文献中未见连称，而是各自独立的，说明它们本来是两个礼仪修持系统。

关于"斋"的问题，许慎《说文解字》说："斋，戒洁也，从示。"[1]这里的"戒洁"表明，"斋"有两大要素。所谓"戒"，甲骨文写作"𢦏"，由"戈"与双手交错而成，"戈"是武器，双手持戈，象征警惕，防止受到侵犯。这样看来，"戒"在最初是对外的，具有防护外来侵袭的意义。至于"洁"这个字比较后起，直到篆书才有。在字形上，"絜"为左右结构，左边是水流，右边是扎在一起的丝线，两者结合表示将丝线洗干净。本来，无论是"戒"，还是"洁"，其工作对象都表现为外在物质形态的，但后来慢慢转变为礼敬神明的一种准备，开始有内在的精神特质。例如《史记·五帝本纪》称：帝颛顼"絜诚以祭祀"[2]。这里的"絜"与"洁"通，而"诚"是一种心理状态，"絜诚"意即达到了纯净的"诚"，内心上没有任何污染。为了能够实现内心的洁净，就需要从身体的外在洁净入手，故而有"沐浴斋戒"之说。礼敬神明之前，先把自己的身体洗干净，继而由外而内，实现内在的洁净。《庄子·大宗师》有一段颜回与孔子的对话即论及斋法：

> 颜回曰：回之家贫，唯不饮酒、不茹荤者数月矣，若此则可以为斋乎？曰：是祭祀之斋，非心斋也。回曰：敢问心斋？仲尼曰：若一志。[3]

颜回对老师孔子说：我的家贫穷，没有其他太多讲究，只是不饮酒、不荤食，坚持好几个月时间了。这样做可以算是"斋"吗？孔子回答说：这属于祭祀性质的"斋"，还不是"心斋"。颜回又问：什么是"心斋"？孔子说：心无旁骛，纯洁若一。

《庄子·大宗师》的主要目的是要阐述什么是"心斋"，却也简明扼要地说出了祭祀之斋的主要要求。《云笈七签》卷三十七《斋戒叙》在引述《庄子》的话以

---

[1] （汉）许慎：《说文解字》卷一上，（清）《文渊阁四库全书》本。
[2] （汉）司马迁：《史记》卷一，（清）乾隆武英殿刻本。
[3] （春秋战国）庄周撰，（晋）郭象注：《庄子》卷二，（民国）《四部丛刊》景明世德堂刊本。

后指出："夫斋者，齐也，齐整三业，乃为斋矣。"[1]在古代文献中，"斋"与"齐"可以互通。照《云笈七签》的说法，"斋"的行为特征就是"齐"。在甲骨文中，"齐"字的写法"👁👁👁"像三颗种子同时发芽，强调的是整齐划一。所以《说文解字》称"齐"是"禾麦吐穗上平也"。这里的关键所在是"平"，也就是平整。从这个角度看，"斋"就是一种行为、状态的统一技术。具体而言，就是齐整"三业"，所谓"三业"指的是身、口、意三个方面，具体来讲，就是保持身体的洁净，讲话符合社会公共伦理道德，不说脏话、错话，再进一步就是从内在精神上下工夫，做到内心纯洁。按《混元皇帝圣纪》的说法，斋法有三个层级："一者设供斋，以积德解愆；二者节食斋，可以和神保寿，斯谓祭祝之斋，中士所行也；三者心斋，谓疏瀹其心，除嗜欲也，澡雪精神，去秽累也，掊击其智，绝思虑也。夫无思无虑则专道，无嗜无欲则乐道，无秽无累则合道，既心无二想，故曰一志焉，盖上士所行也。"[2]第一个层级为"设供斋"，即为神明献上供品，举行一定的典礼仪式，目的有两条，即"积德"与"解愆"。所谓"积德"即累计自我修养的德行，而"愆"指的是罪过，"解愆"就是化解罪过。第二个层级为"节食斋"，说明白一点就是控制饮食，不暴饮暴食。只是这种措施与现代人的节食方式有本质的区别，如果说当今人们一般所实施的节食只是从食品的类型与数量上进行控制，那么道教的节食斋则是服从于祭祀需要的。换一句话来说，道教的节食标准是从祭祀神明的要求出发的，在祭祀祝祷过程中实施节食，从而达到和神保寿的目的。第三个层级为"心斋"，这是前两个层级基础上的进一步发展与提升。通过除嗜欲、去秽累、绝思虑三大步骤，实现专道、乐道、合道三大目标。在道教看来，修持斋法是非常重要的，认为学道必须从持斋入手，否则就像在夜里没有灯烛，无法看清周遭事物，因此也就没有进步的方向。

再说"醮"的问题，这个字最早出现于篆书，其字形"醮"：左边为"酉"，本是酒坛的象形；至于右边的"焦"，上面是"隹"，为鸟类动物，代表肉类祭品，下面四点是"火"，表示以火烧烤鸟类祭品。左右结合起来，表示祭祀的时候在礼

---

[1] 《道藏》第22册，第257页。
[2] 同上。

器上象征性地装上一些酒，以示用美酒敬神。许慎《说文解字》谓"醮"为"冠娶礼祭也"。所谓"冠"指的是冠冕；而"娶"指的是婚娶。古时候成年男子要举行冠冕之礼，到了一定年龄就要结婚，女子到男方家称为"嫁"，男人将女人迎进家门就是"娶"。"冠娶"这两种生命礼俗都包含了祭祀神明的环节，故有"冠娶礼祭"之说。对此，清代文字学家段玉裁注解《说文解字》时说："士冠礼，若不醴则醮。用酒三加，凡三醮。郑曰：酌而无酬酢曰醮。士昏礼，父醮子，命之迎妇。嫡妇则酌之以醴，庶妇使人醮之，酌之以酒……盖古本作冠娶妻礼也。"[1] 从段玉裁的解释可知，冠礼与婚礼都是很隆重的。

"醮"这个字也特指祭神的礼仪，段玉裁的解释进一步指出：醮，"一曰祭也……宋玉《高唐赋》：醮诸神，礼太一。此后世醮祀之始见也"[2]。从"一曰"这个句式看，段玉裁显然是把"祭"作为"醮"的一种独立的字义，这与前一种"冠娶礼祭"不同，前者所谓"醮"发生在整个冠娶礼俗过程中，仅仅是其中的一个环节，尽管这个环节可能特别重要，但并不是一个独立的礼仪系统，而后者则专指祭祀神明之礼仪。段玉裁引宋玉《高唐赋》，一方面表明此等祭祀神明之醮发生之早，另一方面也表达所醮神明的范围。"醮诸神"，表明"醮"的对象比较广，因为"诸"是个全称，意味着涵盖了所有的神明；换一句话来讲，"醮"的礼仪适用于所有的神明，包括天地、四方以及人间社会的祖先神等等。《高唐赋》在歌咏了诸神之后特别强调"太一"，说明当时"太一"信仰在人们的宗教生活中占据特别重要的地位。所言"此后世醮祀之始见也"，表明有案可稽之醮祀以宋玉的《高唐赋》为最早，后世的种种演变格式都可以从这里找到源头。汉代以来的制度道教，正是传承了礼神明之醮仪的。《正一威仪经》说："醮者，祈天地神灵之享也，亦有多种，所有饼果，并须清洁，不得肉脯荤秽，三官不佑。"[3] 按照这个说法，道教所实施的"醮"有多种形式，在实施过程中的基本要求是清洁，规定不用肉脯之类的荤品，原因是天地水三官大帝不喜欢这类荤品，所以只能用水果糕饼之类

---

[1] （清）段玉裁：《说文解字注》卷十四篇下，（清）嘉庆二十年经韵楼刻本。
[2] 同上。
[3] 《正一威仪经》，《道藏》第18册，第257页。

的素食做供品。对此,唐代杜光庭特别做了说明,他指出:"醮者,祭之别名也,牲牷血食谓之祭,蔬果精修谓之醮,皆可延真降灵。"[1]这样看来,"醮"乃是祭的一种特别形式。醮与其他祭祀的基本区别在于供品上,一般性的祭祀可以血食做供品,但醮祀却只能用精良的蔬果。

(二)从"斋醮"连称看道教仪轨变通

就现存历史文献看,"斋"与"醮"连称为"斋醮",首见于唐代崔致远的《求化修诸道观疏》,其中说道:

> 紫极宫重修、城下诸宫观求化瓦木等价。伏以苦县诞灵,神州演法,真性乃圣朝之祖,强名为至道之宗。玉叶金柯,耀芳阴于万代;瑶甬琼笈,传妙旨于四方。遂得斋醮有归,科仪无坠,神宫灵宇,宛写诸天,秘殿精坛,严修胜地。[2]

崔致远,系朝鲜半岛新罗王京人,字孤云,号海云,谥号文昌。于12岁时,即唐懿宗咸通九年(868年),崔致远乘船西渡入唐,初乃就读于都城长安,经过6年努力,于唐僖宗乾符元年(874年)进士及第。他曾经出任溧水县尉,任期届满之后,又被淮南节度使高骈聘为幕府,授职幕府都统巡官。至28岁时,即唐僖宗中和四年(884年),崔致远以"国信使"的身份东归新罗。留唐16年间,崔致远为人谦和恭谨,交游颇广。他为苦县紫极宫等道观撰写《求化修诸道观疏》,出于什么原因不得而知,但从其措辞看,道教斋醮在唐僖宗时期已经是社会上一种很有影响的礼仪文化。

略迟于崔致远的康骈关于"斋醮"的一段描述也很值得注意。他在《剧谈录》卷下《说方士》中记载了唐武宗时期高道赵归真为朝廷主持斋醮的一段趣事:

---

[1] (后周)王契真:《上清灵宝大法》卷五十九《斋法宗旨门·谢恩醮》,《道藏》第31册,第253页。
[2] (唐)崔致远:《桂苑笔耕集》卷十六,(民国)《四部丛刊》景高丽本。

> 武宗皇帝好神仙异术，海内道流方士多至辇下。赵归真探赜玄机，善制铅汞，气貌清爽，见者无不竦敬。请于禁中，筑望仙台高百尺，以为鸾骖鹤驭可指期而降，常云飞炼中须得生银，诏使于乐平采取，既而大役工徒，所出者皆衔石矿，非烹冶乃无从而得。归真斋醮数朝，写御书置于岩穴间，俄有老人策杖而至曰：山川藏宝，盖因有道而出，况明主以修真为念，是何感应不臻？尊师无复怀忧，明旦当从所请。语罢而出，莫知其所之。是夕，有声如雷，山矿谽开数丈，银液垒然而涌出，与入用之数相符。禁中修炼至多，外人罕知其术。[1]

康骈在这篇短文里首先讲述了唐武宗癖好神仙异术的大背景，接着介绍赵归真被皇帝请到内室行斋醮法事的情形。那老人到场，是不是事先安排，并无资料可以证明，笔者不敢无端怀疑，但他预告山川所藏珍宝会因为大道流行、明主修真而显化，后来又有雷炸一样的声响，银液涌出，确实颇为奇异而神秘。此类神怪之说，姑且置之不论；有一点不可否认的是：至少到了中唐时期，斋醮法事已经同道教方术相结合，作为一种招引神仙降临的仪轨了。

二、从道教斋醮类型看平安追求

"斋醮"连称，作为道教主体礼仪，自唐宋以来逐渐流行，教门内外，此一称呼多见。不过，在具体操作上，则"斋"与"醮"还是有分别的。故而，从类型划分上来考察平安追求，这就有可能，也有必要。

（一）道教斋法的平安精神

据《历世真仙体道通鉴》卷二十三《葛仙公传》记载，三国时期著名道士葛玄已力图对道教科仪部类进行划分，他将上清斋法分为二等，且加三箓七品斋法。葛玄时代是否已形成三箓七品斋法，值得怀疑，但却反映了三国时期的道教试图

---

[1] （唐）康骈：《剧谈录》卷下，（清）《文渊阁四库全书》本。

将斋法进行分类的思想踪迹。早期所谓"斋法"是一种统称，它在某种程度上乃泛指道教科仪。对斋法进行分类之较确切可考者是陆修静。陆氏所撰《洞玄灵宝五感文》提出了"九斋十二法"的分类方式。其略云：

> 一曰洞真上清之斋，有二法：其一法，绝群离偶，无为为业，寂胃虚申，眠神静炁，遗形忘体，无与道合；其二法，孤影夷豁。二曰洞玄灵宝之斋，有九法，以有为为宗：其一法，金箓斋，调和阴阳，救度国正；其二法，黄箓斋，为同法拔九祖罪根；其三法，明真斋，学士自拔亿曾万祖九幽之魂；其四法，三元斋，学士一年三过，自谢涉学犯戒之罪；其五法，八节斋，学士一年八过，谢七玄及已身宿世今生之罪；其六法，自然斋，普济之法，内以修身，外以救物，消灾祈福，适意所宜；其七法，洞神三皇之斋，以精简为上，单色为偶，绝尘期灵，沐浴玄云之水，烧皇上之香，燃玄液之烛，服上元香丸；其八法，太一之斋，以恭肃为首；其九法，指教之斋，以清素为贵。[1]

这个分类是就当时的历史情况制定的。早期的正一盟威之道之斋法分化、衍变，形成了许多不同式样。魏晋南北朝阶段，承袭正一盟威之道科仪法度的道派以上清派、灵宝派为大宗，陆修静统括三洞经书，在斋法上主要是对上清派与灵宝派进行总结。因此，他的分类从道派入手，形成第一层级的划分；接着又从功能范围上再进一步细分，从而形成了九斋十二法。

就行文看，陆修静关于斋法的划分陈述并没有出现"平安"的字眼，但透过其字里行间，却可以体会到那种对自我与家族、社会平安的深层挂怀。证据何在？只要稍做分析，就可以彰显出来。

关于上清系列的第一斋法，所谓"绝群离偶"，陆修静指出两大要点，一是舍朋友之交，二是无妻奴之累，从而达到"孤相独宴，泊然穷寂，形影相对"[2]。为什

---

[1] （南北朝）陆修静：《洞玄灵宝五感文》，《道藏》第 32 册，第 620 页。
[2] 同上。

么要舍去朋友之交？因为这个"交"意味着杂染，许多烦琐的世俗之务就会造成精神烦恼。为什么要做到"无妻奴之黑"？所谓"黑"对应于"白"，如果将"白"看作"阳"，那么"黑"就是"阴"，"妻奴之黑"意味着情感的纠缠，耗散元气、正气。这些庶务都是成道的障碍，因此修斋的第一关就是要从去杂染入手，能够斩断杂染情欲，内心就安宁。由内安而外安，内外皆安，是为平安。

如何真正地去杂染呢？上清派行斋第一法，还特别强调辟谷食炁。这首先体现在"无为为业"，尽管是有"业"，但这个"业"并不是凡俗间的作业，而是"端推好然，无所一为，胎息后视，心所神机"。其中讲的"胎息"就是模拟婴儿在母腹中的腹吸状态，既然是像胎儿那样腹吸，当然就是辟谷。随后，陆修静在注解"寂胃虚申"一句时又说："胃以受食为有事，既虚息不食，则泊然寂定也。虚申，请斋以耳为期，至申而食。今既不食，徒有此中虚过而已。"很明显，这种斋法就是要让胃部得到休息，从而达到寂定的目的。既然胃部寂定，当然就使消化系得安了。实现这个步骤，就是人体得安的前提，所以特别重要，不可或缺。

关于上清系列的第二斋法"孤影夷豁"，陆修静注解说："皆与上同，但混合形神，讽经有异。"虽然是程序相同，却特别强调"混合形神"，所谓"混合"可以理解为形神合一，以至于达到融通不分的境地，这实际上也具有安神的意义。所云"讽经有异"，说明第二斋法，用了不同的经典来讽诵，客观上能够使安定的心态更为加深。将两种斋法连通起来，不难看出上清斋法是侧重于做心地功夫，具有内斋的特质。

与侧重于内斋的上清斋法相比，洞玄灵宝斋法则强调内外兼修，既力图达到个人修身极道的目的，也要求服务于家国社会。

所谓"金箓斋"，系道教大型的斋法，其服务对象是帝王一级的人物，因为规格特别高，所以用"金"表示，以明其高贵。其宗旨是为帝王祈祷风调雨顺、国泰民安。有关它的功能，经典文献描述甚多。陆修静以"调和阴阳，救度国正"八个字概括。在先民心目中，万物皆有阴阳，故而都应该从阴阳关系入手考虑问题。无论天上的日月星，还是人间社会，之所以失序乃至错乱，都是因为阴阳不调。人间的阴阳不调，发出错乱的气息，上升于天界，造成了负面的感应，于是天体就形成了阴阳错位的征象，譬如流星飞逝、山川崩裂、地震蝗灾、山洪暴发等等。这些征象的产生给人类发出警告，令其知晓生活环境的危险，从而反思自我行为。金箓斋虽然以帝王的名分来举行，但说到底也是为了当时全社会之免灾，"救度国正"的意义就在这里。不言而喻，"正"是与"歪"相对而言的，之所以要"救度"，是因为国有所不正，在道门看来，通过金箓斋法，乃是匡正国事、祈求安康的祭祷礼仪。

陆修静之后，在金箓斋法的基础上，演化出玉箓斋法，这是服务于帝王眷属、大臣将相的一种大型斋法。按照古代的阴阳观，天与地相应，皇帝与皇后相应，君与臣相应。有天必有地，有君必有臣，有皇帝必有皇后。同时，天地阴阳与人类社会的阴阳又是相感通的。因此，当天地阴阳失序发生灾难时就可以通过相应的方式来禳解。如果乱在阳，应由天子出面，举行金箓斋；如果乱在阴，则应以皇后的名义来举行玉箓斋。由于大臣将相也属于"阴"的系列，玉箓斋的服务对象自然也就延伸至臣相等级。所以，大臣将相嘱托道门举办玉箓斋就有了合理的根据。玉箓斋缘起当在隋唐之际，宋代时广为流行。目前存于道教经书总集中的玉箓斋文献有《玉箓三日九朝仪》等数种。从程式上看，玉箓斋仪与金箓斋仪没有太大区别，只是内容上多有奉旨建斋以及称赞当今皇帝、国母、皇后之类字样。陆修静的《洞玄灵宝五感文》没有专门列出玉箓斋，说明南北朝时期在这方面尚未有细致的分别，但祈求国泰民安是一以贯之的。

除了金箓、玉箓两种斋法，与之密切相关的还有黄箓斋。道门将此称作"度亡"禳灾。顾名思义，"亡"也就是死亡。本来，人有生必有死，寿终正寝是自然而然的。但是，在生命旅途上，存在着许许多多的非正常死亡，或死于冤枉，或死于战争刀枪之难，或死于瘟疫等等。先民们认为，有了冤结，就会造成阴阳两界气郁不通，长此以往，不但死者之魂不能得安，在世的人们也会因为死者冤魂梗塞而有难，所以"度亡"就成为道教不可缺少的科仪形式。之所以称作"黄箓斋"，是因为道人书符皆用黄纸，故名；再说，"黄"还有特别的象征意蕴。在传统五行、五色的配合理论中，"黄"乃地之色，地为众阴之首，孤魂亡魄，入于阴世，故以"黄"表征度亡。如果从符号象征的角度进一步追溯，我们可以发现其追求平安的思想理趣。考

《周易》"坤"卦之卦辞有"西南得朋，东北丧朋，安贞吉"[1]的说法，其《象传》有"安贞之吉，应地无疆"[2]的解释，无非表达了大地之安，乃是万物之安的保障，而在先民们看来，欲安大地，当化解孤魂野鬼之冤气，从而"消弭灾变"，使"生灵蒙福，幽攘沾恩"。不过，按照陆修静的解释，黄箓斋的基本功能最初被定为"拔九祖罪根"[3]。此说以九代之祖在世时因为犯下过错，故而无法摆脱困境，致使后代受到牵连，不能平顺。从这个角度讲，超度亡魂也是为了现世之平安。

关于斋法，陆修静在重点讲述了金箓、黄箓斋法之后，又补充说明明真斋、三元斋、八节斋、自然斋、洞神三皇斋、太一斋、指教斋。这些斋法，主要体现两点思想诉求：一是超度自身历代祖先，如明真斋所谓"自拔亿曾万祖九幽之魂"意味着自身祖先只有自身去超度，故谓之"自拔"；二是自己谢罪，包括以往历世以及今生，凡有过错，均需实施斋法以求得豁免。显然，道教讲的斋法是从宗教立场出发的，其思想前提是因果报应、六道轮回、世代承负之类，具有明显的神秘主义思想特征，从当今的文化建设角度看，当然不合时宜，但从有罪过而造成不安，甚至是灾难，从而进行伦理道德之教化，引导人们追求平安的角度看，这还是有积极意义的。

（二）道教醮仪的平安旨趣

隋唐以来，"斋"与"醮"虽然常常合用，以统称道教的礼仪法事，但细究起来，两者之间还是有一定区别的。如果说"斋"侧重于拔除幽魂野鬼的冤屈达到平安目的，那么"醮"则侧重于祈请天神、地祇以及各路仙真护佑，以至于醮坛有3600神位之设。

查《正统道藏》，有关醮仪的经典文献不少，譬如《太上洞玄灵宝五帝醮祭招真玉诀》一卷，《大明玄教立成斋醮仪范》一卷，《洪恩灵济真君祈谢设醮仪》

---

1 （三国）王弼注，（晋）韩康伯注，（唐）孔颖达疏：《周易注疏》之《周易兼义》上经乾传第一，（清）嘉庆二十年南昌府学重刊宋本《十三经注疏》本。
2 同上。
3 （南北明）陆修静：《洞玄灵宝五感文》，《道藏》第32册，第620页。

一卷,《罗天大醮早朝科》一卷,《罗天大醮午朝科》一卷,《罗天大醮晚朝科》一卷,《罗天大醮设醮仪》一卷,《金箓延寿设醮仪》一卷,《黄箓九幽醮无碍夜斋次第仪》一卷,《正一解厄醮仪》一卷,《太上三五正一盟威阅箓醮仪》一卷,《正一醮宅仪》一卷,《正一醮墓仪》一卷,《天心正法修真道场设醮仪》一卷,《太上三五傍救醮五帝断瘟仪》一卷,《太上消灾祈福醮仪》一卷,《太上洞玄灵宝天尊说罗天大醮上品妙经》一卷,《醮三洞真文五法正一盟威箓立成仪》一卷,《正一法文经护国醮海品》一卷,《元辰章醮立成历》一卷,《伏魔经坛谢恩醮仪》一卷。

见于《藏外道书》者有《斗醮启师全集》《斗醮召和全集》《斗醮会将全集》《斗醮隍司全集》《斗醮迎驾全集》《九皇朝元醮品二夕全集》《九皇朝元醮品三夕全集》《九皇朝元醮品四夕全集》《九皇朝元醮品五夕全集》《九皇朝元醮品六夕全集》《九皇朝元醮品八夕全集》《九皇寿醮真人集》《九皇寿醮文曲集》《九皇寿醮丹元集》《九皇寿醮武曲集》《九皇大醮关告集》《九皇大醮迎驾集》《九皇寿醮贪狼集》《九皇寿醮巨门集》《土皇醮欸启坛全集》《土皇醮款五方真文集》《土皇醮款安龙集》《河图三辰星醮早朝上集》《河图三辰星醮午朝中集》《河图三辰星醮晚朝下集》《醮品祀火全集》《醮谢火全集》《雷霆水醮正启三圣全集》《保苗关告会将全集》《保苗醮扬旐昭全集》《保苗迎真接驾全集》《保苗炎帝正朝全集》《保苗三曜忏悔全集》《保禾醮结界祭符谢真全集》《阳醮品天皇诏赦全集》《言功设醮全集》《甲子大醮正奏三皇全集》《言功设醮全集》《阴醮招安启请全集》《阴醮宣经全集》《阴醮投状全集》《阴醮明灯全集》《阴醮标山全集》。

对比一下《正统道藏》(包括《万历续道藏》)与《藏外道书》,我们可以发现不同的侧重点。就举醮所仰仗的神明而言,《正统道藏》所收醮仪多见太上老君,而《藏外道书》则多见九皇、北斗、土皇;就醮仪的规格而言,《正统道藏》所收更偏重于一般性,而《藏外道书》则更注重特殊性。不过,不论是《正统道藏》还是《藏外道书》,其所收之醮仪文献都是围绕人间的生活安全展开的。其中,最值得注意的是断瘟、解厄之类醮仪,具有明显的现实目的。

所谓"断瘟"即针对不同时期瘟疫流行的问题而设。例如《太上三五傍救醮五帝断瘟仪》开篇有云：

> 夫人家忽逢天灾厄难，家口瘿疔，经一日五日者，此是宅舍前后，五帝神祇不卫于人，及有四方邻里，忽被染剔，皆是天行疫鬼，云中李子遂、张元伯、刘元达、乌丸鬼等病患人家。但是人家若患天行时疫，三年内，皆再发一度。可于醮历，检定良日，求一道士，延请就宅。[1]

这段话一开始就陈述"天灾厄难"，说明这是人们现实生活要面对的安全问题；接着指出"家口瘿疔"，显然，这是把"家口瘿疔"列入"天灾厄难"的范围。什么叫作"瘿"？病理学指机体组织受病原刺激后，局部细胞增生，形成的囊状性赘生物。植物受病菌、昆虫、叶螨、线虫等寄生后，常形成"瘿"。从这个解释可知，所谓"瘿"从外形上看就是囊肿；其成因是多方面的，但病菌、昆虫的寄生是重要的原因。在中医学中，有所谓颈瘤，俗称大脖子，指生长在脖子上的一种囊状瘤子，包括甲状腺肿大等。至于"疔"，指的是形小根深、其状如钉的疮疹。

《太上三五傍救醮五帝断瘟仪》特别针对"家口瘿疔"制定了醮仪，并且列入了瘟病范围，说明此类疾病是会传染的，在历史上深深影响人们的生活。这种疾病是如何发生的？此书是从宗教立场上进行解释的，从当今的科学研究角度看当然有不合时宜之处，但也具有符号象征的意义，对于人们的心灵安宁具有一定的积极意义，可以看作是一种文化疗治。

再说"解厄"乃是针对灾厄流行的情况提出来的。"厄"这个字最早见于篆书，本指人在崖上无法行进，形容无路可走而绝望，引申开来包含了各种灾难。《正一解厄醮仪》说：

> 凡人年命有厄，元辰死忌，五罗算尽，阳九阴八，盗贼口舌，疾病官横，财产不利，触事灾忧者，可依法推究章醮解之，即得转祸为福，大吉利。宜

---

[1] 《道藏》第18册，第333页。

以太岁、本命、甲子、庚申，及诸吉日，醮请司命北斗七星，生度灾厄。所须之物，并随其贵贱丰俭量之。[1]

这段话首先阐述人生可能遭遇的各种厄难。所谓"年命有厄"指的是本命年可能发生的灾难，"元辰死忌"指的是一生中有迈不过去的致命节点。"五罗算尽"指的是由于五种障碍而造成的死亡。关于"五罗"，唐代高僧释慧琳撰《一切经音义》卷二十六解释为"阿修罗别言"，认为"五罗"之"罗"，就是"障"的意思。考《隋书·经籍志》载有《元辰五罗算》一卷，从其归入"历数"的划分情况看，大抵是根据人生运数推测灾变的书。"阳九阴八"当是从易学的老阴、老阳、少阴、少阳而来。九之数为老阳，六之数为老阴，八之数为少阴，七之数为少阳。本来，老阴之数六应该对应老阳之数九，而少阴之数八应该对应少阳之数七，但客观上常有不对应，"阳九阴八"就是不对应，这就是所谓的"阴差阳错"。既然如此，就是不合。这种不合就会生发出矛盾，甚至对抗，从而造成灾难。此类术语无非是要阐述人的生活会遇到种种灾变，遇上这些情况就应该通过醮仪来祈禳。其次，指出醮仪禳解的时日以及祈请的神明、供品等。其中，特别指出了"转祸为福"以及"生度灾厄"，反映了道教醮仪避祸求安的精神。

在道教醮仪中，祈请天神、地祇以避祸消灾，这种平安的诉求是贯穿始终的。这一点，我们从其上香、献礼祷告辞中也可以得到佐证。《正一解厄醮仪》之初献辞言及当时面对的种种忧虑，诸如"众死并会，刑杀加临，八难所缠，七伤为恶，凶神搆祸，毒鬼兴灾"[2]。不难看出，当时的社会生存环境是恶劣的，面临的危险是很多的。到了亚献辞，我们可以看到对人间社会面临问题的忧虑更深，祈求安康的愿望更加强烈了。其中说："愿解东方青瘟青灾，春之三月木行之厄，愿解南方赤瘟赤灾，夏之三月火行之厄，愿解西方白瘟白灾，秋之三月金行之厄，愿解北方黑瘟黑灾，冬之三月水行之厄，愿解中央黄瘟黄灾，四季之月土行之厄。"[3] 这里

---

1 《道藏》第 18 册，第 271 页。
2 同上书，第 272 页。
3 同上。

第八章 平安之道与传统礼俗

按照四季、五方、五行的关系，举出代表性的瘟灾，所谓青瘟、赤瘟、白瘟、黑瘟、黄瘟是否与四季、五方完全对应，另当别论，但这种正视不同时期的灾情恰恰体现了道教对现实社会的关切。到了终献，醮仪编撰者提出了许多愿景，诸如："千愆万过，赐为消除，梦想正真，灾殃弭灭"，"居宅清肃，人口平安，金玉满堂，钱财运合，五龙镇守，六耗不生，男女贞贤，门户兴盛"[1]等等，其中的"梦想"，不提"成真"，而言"正真"，其所强调的是"正"，表明自我的念想必须止于"正"，只有"正"才能得安。

关于醮仪，有不同的类型，针对不同事态，形成不同规格，最高规格的醮仪是罗天大醮，这是道教祭祀神明、消灾祈福、护国安民的一种古老典礼仪式。所谓"罗天"，也就是高于诸天胜境之上的"大罗天"。南北朝时期陆修静所撰《太上洞玄灵宝授度仪》中有云："至心归命，天门上方、无极太上灵宝天尊，玄都玉京金阙七宝玄台、紫微上宫三十二天上帝，飞梵大罗天君，真人玉女，上方诸灵官。"[2]这几句话类似于宝诰，内容是请神。所请之神以"灵宝天尊"为先，接着有"三十二天帝"，说明当时已有"三十二"的诸天层级概念。尤其值得注意的是其中出现了"大罗天君"的神名，可见陆修静那个时代的科仪已经有"大罗天"的空间对象。同属南北朝的周武帝敕辑《无上秘要》也涉及"大罗天"。该书卷二十一《仙都宫室品》载有"大罗天宫台、七宝玄台"，在抄录了两台之后，辑纂者补充了一个说明："右在大罗天中玉京山上。大劫周时，三洞神经并在其中，灾所不及。"[3]意思是讲，大罗天中有一座玉京山，大罗天宫台与七宝玄台都建造在玉京山中。三洞的神圣经典就存放于两台。虽然大的劫难周遍四方，但此境地不受灾害殃及，可见这个仙境十分安全。

罗天大醮的整个过程或长或短，短者三天，长则可达四十九天。根据张君房《云笈七签》等书记载可知，其基本构成包括福醮、祈安醮、王醮、水醮、火醮、九皇礼斗醮以及三元醮等，谓之"七朝醮典"。罗天大醮的主要科仪有焚香、开

---

[1] 《道藏》第18册，第272页。
[2] 《道藏》第9册，第844页。
[3] 《道藏》第25册，第53页。

坛、请水、扬幡、宣榜、荡秽、请圣、摄召、顺星、上表、落幡、送圣等。于诵经礼拜时，伴有古典道乐，更有踏罡步斗，颇为神圣。罗天大醮向来颇受关注，史籍多有记载，如《全唐文》便收录了不少关于"罗天大醮"的资料。

　　罗天大醮的文化内涵是丰富的，其中最为重要的当然是祈求国泰民安、风调雨顺。这种思想旨趣从杜光庭所撰《罗天醮太一词》中就可以得到佐证。该篇醮词谓："臣伏按历纬，今年大游四神，在雍秦之分；小游天一，次梁蜀之乡。地一届于坤宫，月孛临于井宿。仰披天度，缅属灾期，省已拊心，伏增忧惕。是敢按遵元格，崇启坛场，修黄箓宝斋，备罗天大醮，辄披元蕴，敷露真文。伏冀尊神，回景上元，贻休下土，旁垂祯贶，永息灾躔。赐臣封境乂安，龙神辑睦，生灵康泰，远近昭苏，疵疠无侵，干戈弭戢。唯虔修奉上，副神功不任。"[1]其中所谓"灾期"和"灾躔"，表明罗天大醮的举行乃是因为有灾。既然有灾，就应该设法消除，所以有"永息灾躔"的祷告。与此同时，举行罗天大醮也是为了祈求神明赐福，所以醮词有"封境乂安"与"生灵康泰"的祈祷。

　　再读一下杜光庭的《罗天普告词》，对罗天大醮的"祈福消灾"将会有更深的体会。该篇醮词云："……中原多难，天步方艰，社稷缀旒，寰瀛涂炭。训齐武旅，徒悬报国之诚；迢递神都，莫得扶天之路。今者稽求历纬，考察经图。大游四神，方在雍秦之野；小游天一，傍临梁蜀之乡。地一届于坤宫，月孛躔于井宿。缅维天度，弥切忧兢。是敢披灵宝简文，按河图品格，设罗天大醮，开黄箓宝坛。仰金阙玉京，虔祈万圣；遍寰中象外，普告众灵。驰意马以披心，托香龙而荐恳。冀蒙鉴佑，允降威神。伏惟三界诸天、四司五帝、乾元主宰、地府尊灵，降阴阳不测之神，假变化无穷之力，神兵密助，真应潜彰，大业中兴，万方安泰，皇基永固，四海澄清，扫彗孛于长空，剿鲸鲵于巨浪。常瞻圣日，共载尧天。赐臣境域安宁，灾凶弭息，五兵韬戢，四气均调。黎元无瘥疫之虞，稼穑有丰登之望。三川六镇，士庶龙神，克洽欢康，同臻贞吉。其有幽魂滞识，六趣三涂，沐元泽以生神，诣朱陵而受福。存亡开度，动植苏舒，誓倾忠孝之诚，仰副神明之

---

[1] （五代）杜光庭：《广成集》卷九，《道藏》第11册，第273页。

鉴不任。"[1]这篇醮词一开始先陈述面临的问题：疆域灾难频发，神州生灵涂炭，正是因为生灵遭遇困境，所以恳切祷告，祈求众神保境安民，扶持天下生灵渡过难关，进而五谷丰登，同获贞祥。

统而言之，道教斋醮科仪尽管形式多样，但从文化精神看却都是为了人间社会的平安生活。作为一种宗教文化，固然存在许多糟粕性的因素，但其中所贯穿的民族心理、社会救治渴望及其相应的技术手段却值得深入发掘。

---

1 （五代）杜光庭：《广成集》卷九，《道藏》第11册，第273页。

第九章 平安之道与医疗养生

无论从宏观方面看，还是从微观方面看，平安都是相对而言的。当我们说平安的时候，实际上已经意味着有某种不平安的现象存在，或者说存在着某些干扰平安生活的因素。这种因素，既存在于生命活动的外部环境之中，也蕴藏于生命活动的内部环境之中。因此，才有关于"平安"的提醒，乃至呼吁。至今我们依然可以看到一些地方还保存着古老的传统，这就是在门框上贴上写有"出入平安"的横批：所谓"出"就是出行，表明出门在外；所谓"入"就是回到自己居住的场所，表示回到家园。无论是"出"还是"入"都强调平安，由此不难看出"平安"二字有多么重要。然而，不平安的事还是可能发生。这就更加需要平时注意提防，如果事情发生了，造成对身体健康的损害，就必须救治，所以有了"医疗"的系统理论与技术手段。医疗的直接目的是救死扶伤，推展开来也包括日常的保养。落实到根本点上，还是寻求平安的生活，这就是本章将"平安之道"与"医疗养生"贯通起来的理由。一方面，这表明"医疗养生"也是"平安之道"探讨的范围；另一方面，这意味着可以从"医疗养生"角度来看什么是"平安之道"。

第一节 平安医疗认知

为什么提出"平安医疗"的概念呢？因为当今社会，一些既得利益者占据医疗管理位置，掌控着医疗资源，形成了一些不利于身心健康的"潜规则"，包括医院以病人为创收来源等等，致使过度检测、过度用药等等。于是有人调侃说："往昔郎中是医生，今日医生是医死。"这虽然有点绝对化，不符合整体的情状，但也从一个侧面反映了当今我国医疗存在的弊端。鉴于此，笔者觉得很有必要就健康标准和如何行医做一些实际探讨。

一、关于健康标准及其新认识

什么是"健康"，向来有不同的说法。以往有一种健康观指出，"无病即健康"。笔者以为，这是关于健康的最基本要求，或者说是最低要求。所谓"无病"，表明生命机体处于能够正常运转的状态，但不一定是优质状态。

"健康"这个词是由"健"与"康"两个字构成。所以，有必要首先将这两个字的由来与意涵弄清楚。"健"由单人旁与"建设"之"建"组合而成。在篆书里，"健"既是声旁，也是形旁。就其形旁而论，本来表示竖立起来的房屋框架；加上人字旁，借以比喻人的腰板犹如房屋那样挺拔。许慎的《说文解字》称："健，伉也。"所谓"伉"就是健壮的意思。为何能够健壮呢？《周易》"乾"卦之《象》曰："天行健，君子以自强不息。"[1] 意思是天体不停地运转，君子效法天体之运转，不断提升自我道德境界，增强自我的能量与能力，没有止息。由此可以看出，古人所谓"健"乃是一种运动状态。由于天地的运动是有规律的，人的生命效法天地规律而不停地运动，这就是遵循天道，唯有遵循天道而生活，才算是"健"。再说"康"，这个字早见于甲骨文，其字形为"𢆶"，上中下结构，最上一个部分，像人手握着"干"（一种武器，也是工具），中间是簸箕的形状，最下的点状像米粒，合起来表示人借用"干"这种武器形工具，拨动簸箕，扬去糙米中的屑末，以留下精米。就此造型而言，"康"有去粗存精之义。考《尔雅·释宫》有云："五达谓之康。"何谓"五达"？原来，古代的宫廷有"九达之途"，"一达谓之道路，二达谓之歧旁，三达谓之剧旁，四达谓之衢，五达谓之康，六达谓之庄，七达谓之剧骖，八达谓之崇期，九达谓之逵。说《尔雅》者皆以为四道交出，复有旁通。

---

1 （三国）王弼注，（晋）韩康伯注，（唐）孔颖达疏：《周易注疏》之《周易兼义》上经乾传第一，（清）嘉庆二十年南昌府学重刊宋本《十三经注疏》本。

故刘炫《规过》以逵为九道交出也。今以为道方九轨者，盖以九出之道"[1]。如此"九达"，表示宫道畅通。而"五达"与"六达"，合则为"康庄"，故而有"康庄大道"之说。由此可知，"康"有通达无阻之意涵。引申到人体方面，"康"意味着血脉畅通，一炁流行；倘若有所阻碍，即为不"康"。从这个角度看，健康的最重要标志之一是"通达"，血管、脉络、气道均顺而不堵。

根据世界卫生组织的解释，健康不仅指一个人身体没有出现疾病或虚弱现象，还指一个人在生理上、心理上和社会上的完好状态。这是迄今为止比较全面的"健康"定义，也是当代关于"健康"的权威说法。其中包含两大层次，首先，此定义提出了衡量躯体是否健康的两种指数。"没有出现疾病"，这是考察一个生命机体是否健康的第一指数，如果有病，不论何种疾病，也不论疾病的轻重，就不健康；至于"虚弱表现"，指的是身体器官组织的功能不能正常发挥。其次，将躯体健康与否的衡量指数延伸开来，从生命机体的物质层面与精神层面进行综合考察。所谓"生理上"指的就是生命机体的物质层面，而"心理上"则指生命机体的精神层面。再进一步推展，则要考察生命机体在社会交往中的功能表现，诸如待人接物是否得心应手，言辞表达是否顺畅有节，遇上职位变动是否能够坦然接受，受到激烈批评是否能够应对自如等等。由于社会是个复杂的组织架构形态，伴随着种种文化存在，其中有家庭、宗族、社团组织、国家机制等等，生命机体在这样的社会环境中是否适应，就相当考验其功能状态。社会是一种关系，维系复杂关系的运转，除了法律、法规，尚有伦理道德，包括家庭伦理、师生伦理、企业伦理、社团伦理、政治伦理等，都是生命机体需要面对的问题。

然而，光是从生理上、心理上和社会上三个层面来考察生命机体健康与否，这实际上并不全面，因为人所面对的环境不仅有社会空间，还有自然空间。天地之间日月运行，山水呼应，四季交替，一切都在变化之中。不同的时空有不同的水土、不同的温差，能否适应各种不同的自然环境，这对生命机体而言也是非常的考验。有的生命机体比较能够适应各种不同的自然环境，有的就不行。我们经

---

[1] （晋）杜预注，（唐）孔颖达疏：《春秋左传注疏》卷四，（清）嘉庆二十年南昌府学重刊宋本《十三经注疏》本。

常听说有人到了一个新的地方，由于温差变化、饮食不同，就出现不适应的症状，我们称之为"水土不服"。如果严重不服，说明生命机体的适应能力不好，这也应该归入不健康的表现。

人的生命机体存在是动态的。从婴儿、少年、青年，到老年，不同阶段应该有不同的健康标准。就物质层面来讲，随着年龄的自然增长，人的血压、血糖、血脂指数相对会有比较大的落差。因此，物质层面的标准指数是变化的。至于精神层面的标准指数，当然也会随着年龄的不同而显示出差别来。比如婴儿与少年时期属于人生初期的学习阶段，对社会伦理、公共规则还没有完全了解，就不能以成年人的标准来衡量；再比如老年人，虽然知识积累丰富，有社会历练，但反应能力则逐渐减弱，接受新事物的能力不如青年人，记忆力衰退等问题彰显出来，也不能以成年人的标准来衡量。因此，衡量一个生命机体是否健康，其标准指数也是动态的。如果不能从动态上把握健康问题，反而会给生命机体造成压力，激发出种种心理问题。这就是说，健康有标准，但标准不是死的，而应该根据不同年龄而确定不同指数。

从管理学的立场看，人民的健康问题是国政的第一要务，执政者当然需要高度重视。2016年8月26日，中共中央政治局召开会议，审议通过"健康中国2030"规划纲要。中共中央总书记习近平主持会议。会议认为：

> 健康是促进人的全面发展的必然要求，是经济社会发展的基础条件，是民族昌盛和国家富强的重要标志，也是广大人民群众的共同追求。党的十八届五中全会明确提出推进健康中国建设，从"五位一体"总体布局和"四个全面"战略布局出发，对当前和今后一个时期更好保障人民健康作出了制度性安排。编制和实施"健康中国2030"规划纲要是贯彻落实党的十八届五中全会精神、保障人民健康的重大举措，对全面建成小康社会、加快推进社会主义现代化具有重大意义。同时，这也是我国积极参与全球健康治理、履行我国对联合国"2030可持续发展议程"承诺的重要举措。[1]

---

[1] 参看新华社发布：《中共中央政治局召开会议审议"健康中国2030"规划纲要》，中华人民共和国中央人民政府，2016年8月26日。

会议回顾了新中国成立尤其是改革开放以来我国健康工作取得的显著成就与存在的问题，针对我国面临着工业化、城镇化、人口老龄化以及疾病谱、生态环境、生活方式不断变化等带来的新挑战，指出需要统筹解决关系人民健康的重大和长远问题。会议强调：

"健康中国2030"规划纲要是今后15年推进健康中国建设的行动纲领。要坚持以人民为中心的发展思想，牢固树立和贯彻落实创新、协调、绿色、开放、共享的发展理念，坚持正确的卫生与健康工作方针，坚持健康优先、改革创新、科学发展、公平公正的原则，以提高人民健康水平为核心，以体制机制改革创新为动力，从广泛的健康影响因素入手，以普及健康生活、优化健康服务、完善健康保障、建设健康环境、发展健康产业为重点，把健康融入所有政策，全方位、全周期保障人民健康，大幅提高健康水平，显著改善健康公平。[1]

这是基于中华民族伟大复兴的发展战略而绘制的健康事业蓝图，具有鲜明的现实性与远景规划性和可操作性。

2020年11月27日，《人民日报》发表了时任国务院副总理孙春兰的署名文章《全面推进健康中国建设》。这篇文章对中国共产党十九届五中全会通过的《中共中央关于制定国民经济和社会发展第十四个五年规划和二〇三五年远景目标的建议》提出的"全面推进健康中国建设"的重大任务，进行了全面解读，指出这是以习近平同志为核心的党中央从党和国家事业发展全局做出的重大战略部署，充分体现了以人民为中心的发展思想，必将对我国卫生健康事业发展、增进人民健康福祉产生深远的影响。我们要深刻领会精神实质，准确把握基本要求，认真落实各项任务。孙春兰副总理说：

---

[1] 参看新华社发布：《中共中央政治局召开会议审议"健康中国2030"规划纲要》，中华人民共和国中央人民政府，2016年8月26日。

党的十八大以来，以习近平同志为核心的党中央把保障人民健康摆在优先发展的战略地位，作出了"实施健康中国战略"的重大部署，制定了一系列改革举措，推动卫生健康事业取得新的发展成就，在这次抗击新冠肺炎疫情中发挥了重要作用，经受住了重大考验。当前，中国特色社会主义进入新时代，人民群众对美好生活有了新期盼，对卫生健康事业提出了新要求。我们必须站在党和国家工作全局，深刻认识全面推进健康中国建设的重大意义。[1]

这是负责任的政党与政府"为人民服务精神"在健康事业方面的具体贯彻和落实，是在经受了"新冠疫情"考验之后进行的深刻思想总结。

孙副总理首先从我国现代化建设全局、保障人民享有幸福安康生活、维护国家公共安全这三个角度阐述了全面推进健康中国建设的重大意义和必要性。其次，诠释了如何准确把握全面推进健康中国建设的思路和原则，指出全面推进健康中国建设是我国卫生健康事业发展理念的重大创新、发展方式的重大转变，必须全面、系统、准确地理解其核心要义和思路要求，确保各项工作沿着正确的轨道向前推进。其要点包括五个方面：坚持把保障人民健康放在优先发展的战略位置，坚持大卫生大健康的理念，坚持基本医疗卫生事业公益属性，坚持以改革创新激发卫生健康事业活力，坚持补短板强弱项。复次，明确加快落实全面推进健康中国建设的重点任务，包括深入实施健康中国行动，深化医药卫生体制改革，构建强大的公共卫生体系，促进中医药传承创新发展，积极应对人口老龄化，强调应该采取更加有力的举措，把各项任务落到实处。

在新冠病毒流行的艰难岁月中，孙春兰副总理不辞劳苦，深入抗疫第一线。长期的基层工作，使得她能够细致了解民众生活疾苦与需求，故而能够高屋建瓴地看清大健康对于改革开放、国计民生的极端重要性，对于我们准确把握中国共产党十九届五中全会精神，具有方向性的指导意义。

---

[1] 孙春兰：《全面推进健康中国建设》，《人民日报》，2020年11月27日。

二、关于"亚健康"问题以及影响健康的主要因素

既然健康问题对于国民生活以及中华民族的伟大复兴如此重要,检视一下现状并且切实采取可行措施,这是不可回避的施政内容。

讲健康,关心人民的身心健康,当然必须解决如何应对疾病问题,包括公共卫生领域可能出现的各种应急情况。不过,仅仅关注这些层面,当然是远远不够的。由健康状态到疾病状态,这是一个过程。在这个过程中,有一种状态常常被人们忽略,这就是"亚健康"问题。

在"360 百科"里搜索"亚健康",我们可以看到这样的解释:亚健康是指非病非健康的一种临界状态,是介乎健康与疾病之间的次等健康状态,故又有"次健康""第三状态""中间状态""游移状态""灰色状态"等称谓。世界卫生组织将机体无器质性病变,而有些功能改变的状态称为"第三状态",我国称为"亚健康状态"。处于亚健康状态的人,虽然没有明确的疾病,却出现了精神活力和适应能力下降。

再查"百度百科",我们可以看到关于亚健康的特征描述,主要包括四个方面。

第一,身心上不适应的感觉所反映出来的种种症状,如疲劳、虚弱、情绪改变等,其状况在相当时期内难以明确。这就是说,不适应的状态不是短时间停留,而是持续进行的。如果持续太久,就会从亚健康状态发展成为病态。

第二,与年龄不相适应的组织结构或生理功能减退所致的各种虚弱表现。这第二条的关键词是"虚弱",但"虚弱"的标准是什么?"百度百科"并没有明确说明,只是提示"与年龄不相适应"的"机能减退"。笔者举个例子来说明,比如一般来说 40 岁的人可用 15 秒跑完 100 米,但有人测试时却只跑了 50 米。这就是一种能力减退。

第三,微生态失衡。何谓"微生态"?简单讲,就是一种微观的生物种群平衡状态。在我们的生命机体里,存在着一定数量的微生物种群。它们依靠汲取人的生命机体的能量获得生存,故而有"寄生"之说。当我们把体内以及体表附着的微生物看作"寄生者"时,这就意味着人被奉为"宿主",即被寄宿的主体。在长期进化过程中,寄生的微生物(细菌)与宿主之间形成了一种动态平衡关系。一

方面，宿主为微生物提供生存与繁衍的能源；另一方面，微生物则帮助宿主分解从外界摄入的资源，以助消化。与此同时，依附于宿主的微生物也帮助宿主清理杂物，与那些不利于宿主生存的外来侵略性菌群进行拮抗，从而实现宿主与微生物之间的互利双赢。本来这是"两相情愿"的和合状态；但是，如果因为摄入的资源不利于"寄生者"的生存工作，或者太有利于"寄生者"的生存工作，这种动态平衡就会被打破，于是宿主的各种运行机制就会出现絮乱的状态，长期不解决，致使絮乱越来越严重，宿主就进入病态。

第四，某些疾病的病前生理病理学改变。其临床表现不一，或为头昏眼花、胸闷心悸，或为疲乏无力、关节疼痛，或为食欲不振，乃至不思饮食，便秘便稀，或为性能减退、怕冷畏寒等。由于此类症候的出现，人的心理也受到影响，致使情绪低落，诱发孤独感、抑郁烦闷、焦躁多疑、躁动易怒、恐惧胆怯、记忆力下降、注意力不能集中、精力不足、反应迟钝等。进入社会交往领域，不能宁静思考和处理各种关系，动辄情感用事，甚至丧失信心，自乱阵脚，无力应对比较复杂的局面，最终产生轻生念头。国内业界曾经针对不同人群进行调查，发现"亚健康"人群大量存在。有数据显示，一些行业的亚健康人数甚至达到了 80%，这是令人惊心动魄的数字。

"亚健康"虽然还不算真正的病态，却是进入病态的前奏。由于其症候不太明显，在不太严重的时候往往不会引起关注。长此以往，疾病就会出现。

是什么原因导致"亚健康"的频发？又是什么因素致使生命体出现疾病呢？细究起来颇为复杂，各有各的看法。但归纳起来，无非是自我原因与环境原因。

所谓"自我原因"，就是自身素质、秉性、欲望、情感、习惯诸多方面存在不利于健康生活的问题。

顾名思义，"素质"就是人的基本品质，"素"代表本然，没有外加成分。从这个角度看，"素质"是先天的，也可以说是遗传的。人的体魄自降生开始，即体现出一定的差别，有强有弱。有的人比较能够抵御严寒的侵袭，有的人就弱不禁风；有的人天生肠胃就比较好，消化功能强大，有的人天生消化功能就弱，吃不了生冷硬物；这就是差别。造成此类差别，既有种族的原因，也有家族的原因。了解形成的原因和自身的生存适应状态，就能从根源上找到疾病发生的缘由，尽可能予以避免。

所谓"秉性"，就是人的本性，即天生的性格，简称曰"天性"。《论语·子罕》篇谓："岁寒，然后知松柏之后凋也。"[1] 皇侃疏："此欲明君子德性与小人异也，故以松柏匹于君子，众木偶乎小人矣。"又说："松柏与众木同处春夏，松柏有心故本蓊郁，众木从时亦尽其茂美者也。若至无道之主，君子秉性无回，故不为恶；而小人无复忌惮，即随世变改，桀纣之民比屋可诛。"[2] 这里"岁寒"一句是孔子讲的话。意思是说，到了寒冷的季节，才知道松柏是最后落叶的。孔子把松柏与其他树木做对比，指出寒冬腊月，冷风吹拂，众多树木都早早凋谢，唯独松柏却能够坚持到最后，比喻君子与小人的天性差别。皇侃的疏解明确使用了"秉性"这个词语，谓"君子秉性无回"，即表示君子的天生禀赋不会随着外界的引诱而动摇改变，而小人却犹墙头草，随风摇摆，没有定性。皇侃虽然不是专门论述天赋本性问题，却从一个侧面反映了先民们关于先天禀赋不同的认知。

人的先天禀赋不同，造就了性格差异。关于这一点，前人曾经用"五行"来表征，以为人的秉性虽然千差万别，但归纳起来则有五种类型，这就是木、火、土、金、水"五型"。这里的"型"可作模型理解，也可以看作形态，"五型"即五种的标准型式。先民们认为：人禀五行之气而生，即所谓木主仁，火主礼，土主信，金主义，水主智；但由于遗传等因素的作用，并不是每一个人都是五行禀赋齐全的。于是，人的个性就有了种种偏差，或急躁火爆，容易发怒；或行动迟缓，效率偏低；或易于伤感，自我封闭；或心性多疑，损人利己。此类偏差发展到了一定的极限，或者对他人造成伤害，或者自伤。不论哪一种情况，最终都会导致自身疾病，因为伤人，必定引起他者之反弹报复，给自身造成心理压力，进入了应急状态，对自己的生活肯定不利，不知不觉中，引发病灶的形成，这是常有的事情。至于情绪、情感上的自伤，其危害也不亚于由伤人引起的麻烦。

---

1 （南北朝）皇侃：《论语义疏》卷五，（清）乾隆道光间长塘鲍氏刊本。
2 同上。

总之，关于引发疾病的几种个人因素，秉性是最为重要的。古人有所谓"江山易改，本性难移"，从某种程度上反映了先天因素对于人的健康与否关系甚大。不过，这并不是说后天因素就不重要。譬如情绪的控制问题，了解了自身有火爆的个性，就得学会自我控制，遇到不高兴的事尽量不发火。再说习惯问题也是后天养成的，这与从小家庭影响、教育背景等方面有关。良好的家庭教育、学校教育以及社会教育都可以养成好的生活习惯，有规律地生活；但置身于恶劣的人际关系环境，就会形成坏的生活习惯，比如抽烟、酗酒、赌博、熬夜、不按时吃饭等等，久而久之，也会对自我生命造成损伤。

与自我原因相对的就是环境原因。"环境"这个词具有十分丰富的内容，也有不同的解释。如果以个体独立生命为着眼点来分析，那么环境可以分为社会环境与自然环境。不言而喻，人的生活与环境是密切相关的，不论是社会环境还是自然环境，都会对人的具体生活造成影响。社会环境首先包括各种运行的社会制度，比如人事管理制度、医疗保险制度、房产制度等等都直接或间接地制约着每一个生命个体的生活。至于每个人居处的房屋，虽然是以物理空间的形式彰显其作用，但如何建造房屋，如何装修，包括如何摆设室内家居，都凝聚着社会审美、风土人情的元素，故而可以看作社会行为造就的人工环境，因此也属于社会环境的范围。我们现在经常听到"以人为本"这句话，如果从平安生活的生命哲学角度来分析，就应该充分意识到社会环境治理的极端重要性。因为哲学研究最重要任务就是寻找事物发生的原因，提供正确决策的依据。生命哲学，说到底就是要找到生命的起源，为人类生命的正常生活提供合理性。故而，从生命哲学的本源论、方法论出发来审度社会环境，这是迫切的学术工作。由社会环境再延伸开来，就是自然环境。在远古时期人口稀少，人们面对的都是青山绿水，没有人为的空气污染、水资源污染等问题存在，但有自然灾害发生，水灾、旱灾、地震等的出现给生命的存在和繁衍造成极大的打击。今天的人们随着科学的发展，提高了预测能力，可以利用先进的科学手段来避免自然灾害所带来的冲击；然而，人类的贪婪和占有欲却破坏了生态平衡。大量使用农药，致使土壤污染、水质污染相当严重，还有房屋建造的密集行为，过度开发，使得大自然不堪忍受，大自然反过来惩罚人类，这些都是沉痛的历史教训。人类要健康生活，就必须重新审视自我行为，让大自然回归原生态。

第二节　宏观预防医疗思路

既然疾病的发生存在着多种多样的原因，诊断治疗也就不能从单一的路向上考虑问题，而应该从更为广阔的视野上来进行观察和思考，这就是笔者提出"宏观医疗思路"的理由。笔者不是医生，也不是医疗管理部门的干部，本来不需要踏进这个存在颇多麻烦的领域，但因为疾病问题关涉每一个生命个体，也影响到每一个家庭，甚至牵扯社会团体的运作，故而，关心疾病与健康课题，就摆在了我们的面前。作为一个人文学者，笔者不可能去涉足具体的医疗技术和具体病症的诊断以及疗治过程，但可以从生活视野上来进行整体观察和人文思考。

一、"治未病"的大智慧

在祖国传统医学领域，我们经常可以听到"治未病"的说法。许多学者指出，"治未病"是一种预防医学的思想体现。这当然没有错，但怎样理解预防医学，站在不同立场上可以有不同的解读。如果从生命哲学的立场来看"治未病"，就不仅仅意味着对一个具体生命个体采取什么疗治措施的问题，而应该从人类生命的发生、存在以及影响因素等诸多方面考虑问题。由此延伸开来，就涉及方方面面的内容，就如一辆汽车的运转，需要发动机，也需要有发动机带动的各种装置。汽车的行进，发动机当然是关键，但也不能忽略其他相关装置的作用，所谓"牵一发而动全身"说的就是这个道理。

"治未病"这个说法最早见于《黄帝内经·素问·四气调神大论篇》：

> 从阴阳则生，逆之则死；从之则治，逆之则乱；反顺为逆，是谓内格。是故圣人不治已病治未病，不治已乱治未乱，此之谓也。夫病已成而后药之，

第九章　平安之道与医疗养生

乱已成而后治之，譬犹渴而穿井，斗而铸锥不亦晚乎？[1]

这段话意思是讲：遵从阴阳相反相成、对应协同的理论来生活就生机勃勃，如果违背阴阳的天理就必定进入死地。按照阴阳学说来调理，生命体就和谐有序；反之，如果悖逆阴阳学说，就出现混乱。本来是依循阴阳学说而使得身体组织谐调，但如果反其道而行之，这就是内在性格出了问题，故谓之"内格"。所以圣人对待疾病问题，不是到了症候已成才救治，而是在疾病尚未发生的时候就开始调理了，延伸到社会方面，也不是等到社会发生混乱了才着手处理，而是未雨绸缪，在混乱尚未发生的时候就采取措施了。如果等到疾病已经成为症候再用药，等到混乱出现了再整顿，这就好像口渴了再急急忙忙挖井，也像战斗已经打响了再去打磨攻防的锥子，不是太晚了吗？

《黄帝内经·素问》这段论述有两点值得特别注意。第一，关于阴阳哲学问题。众所周知，"阴阳"的概念虽然是到了《国语》记载周幽王朝代伯阳父论地震时才出现，但《周易》的卦象符号本来就蕴藏着阴阳对应的认知和观念。这就是说，阴阳观念早于阴阳概念而存在。《周易》的卦象，以两个最基本的符号，即阴爻（- -）与阳爻（—）为基础，两两相叠而有三画之八经卦，再两两相重而成六十四别卦，其中贯穿着阴阳相推而生变化的辩证法思想。《黄帝内经·素问》将《周易》的阴阳理论应用到生命机体的认知与解读领域，考察生命体的诞生以及活动过程，从而形成了"食饮有节，起居有常，不妄作劳，故能形与神俱，而尽终其天年，度百岁乃去"[2]的论断。为什么能够活过百岁？《黄帝内经·素问》告诉我们，最根本的就是遵循阴阳对应与协调的原理，这就是"道"。展开来讲，阴阳之道，体现在一年四季春夏秋冬的变化之中。《黄帝内经·素问》指出："夫四时阴阳者，万物之根本也。所以圣人春夏养阳，秋冬养阴，以从其根。"[3]照此看来，春夏秋冬四时本身就分阴分阳，阳是外向发散的，阴是内敛凝聚的。春夏季节，天

---

[1]（唐）王冰注：《重广补注黄帝内经素问》卷一《四气调神大论篇第二》，（民国）上海商务印书馆影印本。
[2]（唐）王冰注：《重广补注黄帝内经素问》卷一《上古天真论篇第一》，（民国）上海商务印书馆影印本。
[3] 同上。

地之气发散，人的生活应该适应这种发散才不会造成气郁不通，否则就会使肝脏、心脏出问题；秋冬季节，天地之气收敛，人的生活也应该养精蓄锐才有足够的能量维持生命的运转，否则就会致使肺脏、肾脏、脾脏出问题。《黄帝内经·素问》这种法时通气的生活倡导，说到底就是顺道而行。第二，"内格"问题。什么叫"内格"？王冰解释说："格，拒也。谓内性格，拒于天道也。"[1] 王冰将"格"字解释为"拒"，这是有文字学依据的。"格"字从木，各声。在甲骨文里，"格"字像一个人拿着木械，向前进发，表示行军作战，故有格斗、格杀的说法。既然是行军作战，就有主动进攻与阻挡来者进攻的动作出现，"拒"就是一种阻挡。本来，在行军作战中阻挡对方攻击，这是合理的，但如果延伸到其他方面，不分场合、不分情况地阻挡，就会遭殃。例如在个体生活方面，因为个性好强而不遵循自然规律，就会造成自我损伤，因为其所抗拒的是"天道"，所以问题就严重了。从这个角度看，王冰解释"治未病"的基本思路乃是基于顺应天道，体现了本源论与规律论的思考。虽然王冰那个时代并没有什么"生命哲学"的概念，但却符合生命哲学的认知。

言及"治未病"，人们往往会联想起扁鹊的故事。生活于公元前407—前310年的扁鹊系秦越人，春秋战国时代的一位名医。据《韩非子》以及刘向《新序》、司马迁《史记》等书记载，扁鹊有一次回到齐国，桓公知道扁鹊声望很大，即设宴款待。扁鹊看见桓公，就直截了当地说：君王有病，就在肌肤之间，不治会加重的，但桓公却不以为然。十日之后，扁鹊再见桓公，即言大王之病已至血脉，若不治将加深。桓公依旧不信。再十日，扁鹊又见桓公，言其病已入肠胃，不治会更重。桓公听了不仅不信，而且颇为不悦。再过十日，扁鹊一见桓公，即刻避开，桓公十分纳闷，就派人询问。扁鹊回答：病在肌肤之间，可用熨药治愈；病在血脉，可用针刺、砭石之术祛除；病在肠胃时，也可借助酒力来化解；一旦病入骨髓，无法可治，今大王之病已入骨髓，故我扁鹊已经无能为力。果然，在五日之后，桓公身患重病，忙派人去找扁鹊，而扁鹊已经远走他方。不久，桓公就

---

[1] （唐）王冰注：《重广补注黄帝内经素问》卷一《四气调神大论篇第二》，（民国）上海商务印书馆影印本。

这样死了。

齐桓讳疾忌医的故事说明，疾病的形成，从隐象到显象是一个过程。所谓"治未病"实际上就是从过程论的立场来观察与把握事物的发展轨迹。关于这一点，相传出于扁鹊的《难经》中有具体例证：

> 七十七难曰：经言上工治未病、中工治已病者何谓也？然所谓治未病者，见肝之病则知肝当传之与脾，故先实其脾气，无令得受肝之邪，故曰治未病焉。中工者，见肝之病，不晓相传，但一心治肝，故曰治已病也。[1]

这第"七十七难"所讨论的就是疾病的发展问题。作者引证古经说：上等的治疗高手从未发病时入手来治理，而中等的医工则见病治病。这说的是什么意思呢？所谓"治未病"，是看见肝脏有病，就知道病情发展会传导至脾脏，所以首先从调理脾脏正气入手，使之充盈而不至于受到肝脏邪气的侵袭，这就叫作"治未病"。中等的医工，看见肝脏有病，却不知道疾病传导的原理与症候，一心一意仅就肝病问题治肝病，没有从相互联系的角度观察与考虑问题，这就叫作"治已病"。

这里所谓"经"指的是《黄帝内经·灵枢》，其中的第五十五篇《逆顺》有言："上工刺其未生也，其次刺其未盛者也，其次刺其已衰者也；下工刺其方袭者也，与其形之盛者也，与其病之与脉相逆者也。故曰方其盛也，勿敢毁伤，刺其已衰，事必大昌。故曰上工治未病，不治已病，此之谓也。"[2]文中一个"刺"字，表明其论述的议题是由针灸而引发的。所谓"刺其未生"指的是疾病症候尚未显示出来时就下手针刺，这是最为上乘的；其次为"未盛"，即疾病虽然已经显示出症候来，但未达到症候的鼎盛期，这也是可以针刺的；再次为"已衰"，即症候势头已经衰落，诸如发烧明显退下去了，这时候依然可以针刺。在这三种情况下施针，都算是"上工"。与"上工"的做法不同，"下工"偏偏选择症候来袭就施针，

---

1 （周）秦越人撰，（元）滑寿注：《难经本义》卷下，（明）《古今医统正脉全书》本。
2 （清）张志聪：《灵枢经集注》卷七，（清）康熙刻本。

包括症候明显，甚至是病相与脉相处于相逆的情况下，都强制施针，这是很危险的。所以古医有训：在症候大盛的时候，不敢对其体肤有任何损伤，只有在症候衰退才施针，如此操作，就能打退病魔的侵袭。所谓"上工治未病，不治已病"，说的就是这个道理。

《黄帝内经》的论述体现了用针如用兵的精神。治疗疾病，从程序上看，犹如打一场战争。古时候，双方对阵开战是要击鼓的，一鼓作气，再而衰，三而竭。在对方来势正猛的时候，避免正面对抗，唯有避过对方锐气，再猛烈发兵以攻，这就容易打败对方。以针刺之法治病，也需要这种战略战术，而尤其关键的是做到及时诊断，早期治疗；与此同时，还需要从脏腑的相互关系上进行整体把握，看到疾病的可能发展路向，做出准确的判断，形成精准的治疗方案与法度。从这个角度看，"治未病"既是一种诊断疗治方略，也是一种生命哲学的宏观把握，体现了健康与疾病相互转化的战略分析和操作规程。

二、人与生存环境共治

疾病产生是一个相当复杂的过程，既有内因，也有外因。从宏观生命哲学的立场看，引发疾病的过程，是人与环境相互作用的过程。所以，疾病问题就不仅仅要从生命个体因素入手展开疗治，而且要看清各种关系，分析彼此的相互作用。

"关系"这个词并非现代的术语，古人早有应用。考《六韬》卷三《论将十九》在论及国与国的战争时中有一行小注曰：

> 两国不有一亡，则必有一破。军杀将，此见将之关系最重。[1]

这是说，两个国家打仗一定有输赢，要么一个国家被灭亡，要么另一个国家被攻破惨败。在战争过程中，军队的战略是把将领的杀灭放在头等位置，可见将领最为重要。这是从国家存亡角度分析诸多关系因素，以明确将领的地位。

---

[1] （周）吕望：《六韬》卷三，（清）《平津馆丛书》本。

又考宋代葛洪《涉史随笔》之《仇士良教其党固宠之术》篇说：

> 国家之隆替，社稷之安危，天下之治乱，生民之休戚，君子、小人之消长进退，天命、人心之去就离合，其端皆基于人君之学与否耳。君诚，有志于学，则所闻者正言，所讲者正理，所亲者正人，所履者正行，知古今成败之所由来而常有惧心，审忠邪关系之不可忽而常有戒心，制其治于未乱，保其邦于未危，日就月将，以至于缉熙光明之地，彼睨喜怒，候惨舒，动中主情，举无谬旨，如仇士良之徒，自无所投其隙，如此则臧否毁誉皆可得其真功，负赏罚皆可得其当，而跻斯世于太宁之域矣。[1]

葛洪[2]所论，以仇士良的为臣之术为切入点展开。仇士良（781—843年），字匡美，循州兴宁（今广东兴宁市）人，左监门卫将军仇文晟之子，系唐朝时期一个善于玩弄权术的宦官。据《新唐书》所载，仇士良所任官职颇多。开成五年（840年），拜开府仪同三司、左卫上将军，封楚国公，可谓显赫。

葛洪《涉史随笔》在进行上述评论前转述了《新唐书》的一段描述：

> 仇士良以左卫上将军内侍监致仕，其党送归私第。士良教以固权宠之术曰：天子不可令闲，常宜以奢靡娱其耳目，使日新月盛，然后吾辈可以得志。谨勿使之读书，亲近儒生，彼见前代兴亡，心知忧惧，则吾辈疎斥矣，其党拜谢而去。[3]

由此可知，仇士良是有一帮党翼的。他教给党翼们的固宠权术的核心就是让天子沉醉于女色娱乐，而不可以让天子读书、亲近儒生。因为天子一旦亲近儒生

---

1 （宋）葛洪：《涉史随笔》，（清）《知不足斋丛书》本。
2 按：历史上有两个葛洪，晋朝的葛洪系道士家族出身，有《抱朴子》内外篇行世；而著《涉史随笔》之葛洪，系淳熙十一年（1184年）进士，嘉定年间官至参知政事，观文殿学士，事迹具《宋史》本传。
3 （宋）葛洪：《涉史随笔》，（清）《知不足斋丛书》本。

读书，就知道前代兴亡的历史教训，懂得恐惧，那么朝臣就没有专权弄政的机会。

葛洪读史，颇有感慨。针对仇士良这种行为，葛洪做出了评论。他指出：国家的兴隆更替，社稷宗坛的安全与危险，天下的治理或乱象，人民百姓的喜乐或忧虑，君子、小人的此消彼长，天命的维系或丢失，人心的归向与离去，这些现象的发生，都与人君是否学习、怎样学习关系很大。人君心地诚笃，立志学习，那么他所听到的即为正确的言论，所讲的是正确的道理，所亲近的乃是身怀正气的人，所履行的就端正，他知道古往今来一切成功或者失败的原因，所以内心常怀着恐惧，能够审查什么是忠诚、什么是奸邪，知道利害关系不可忽略，于是就有戒备之心，在没有混乱的时候就开始制约和整治，这样就能够确保邦国不出现危机，如此日积月累，就能达到内心明亮的境地；读书而明心见性，了解世间的悲欢喜乐、宽严盛衰，避免决策时出现失误。如此一来，像仇士良这样的势利之徒就无法有机会钻牛角尖了。有关善恶得失的评判以及赏罚分寸，就能够得当，于是国家治理就达到安宁状态。

葛洪针对仇士良而引发的评论显示，国家社会正如人的躯体一样，也是要生病的。正常的社会人际关系淳朴，彼此不需钩心斗角，生活在这种环境中，内心是安宁的，处事方式也是简单的。安宁的内心状态，有助于个体情绪稳定，不需要临时调动体内资源去应付不必要的活动，减少能量耗损，对于健康生活而言当然有积极意义。

从葛洪的《涉史随笔》引申开来思考生命健康问题，不仅要重视社会环境治理，也要重视自然环境治理。因为国家社会的存在是以自然空间为前提的，没有自然空间，一切都是不可能的。所以，维护自然空间的纯洁性，这也是中华民族先民们颇为重视的课题。大千世界，生命存在是千姿百态的，彼此构成的复杂关系，就形成了生态。日月星辰，运转有序，各种生命依照一定的法则而生存，由此形成了一种平衡状态。然而，平衡也是会遭到破坏的。毋庸置疑，人类在整个生态系统中处于主导地位，可以汲取更多的资源来为人类生命存在服务。然而，如果过度汲取，就可能造成各种关系失衡。我们的先民对此早有认知，并且形成了维护自然生态的立场和相应措施。

在这方面，道家学派的相关论述是有启迪价值的。[1] 道家一方面主张万物自"道"而生，另一方面又主张万物生而有"道"。道家以万物皆有道性的观点阐明了万物平等的主张，否定了人类有凌驾于万物之上的特权。《庄子·秋水》说："以道观之，物无贵贱。"[2] 即从"道"的高度来看，万物之间没有贵贱等级之分。《西升经》也明确宣称："道非独在我，万物皆有之。"[3] 道家关于万物皆由元气生成、皆禀赋道性的观点，打破了人与自然之间的界限。人与万物在道性上是平等的，自然界中的一切并不是为人类而存在，而是各有其自身的价值。这种"道法自然"、顺应自然的思想，在整个道家思想史上得到了不断的发展。

道家讲万物平等，尊重万物自身的价值，但同时又讲以人为本，这与万物平等的思想并不矛盾，因为平等并不是平均和同一，而是和而不同。人类的特殊禀赋本身就是自然进化与发展的产物，因此，人应该发挥自己的长处，为保护自然做出应有的贡献。道家对于世间美妙的自然环境，向有"十大洞天、三十六小洞天、七十二福地、十八水府、五镇海渎、二十四治、三十六靖庐以及十洲三岛"之说。道家所认为的洞天福地，虽然位于人间世界，但却别有一番天地。这些人间仙境，是天地间最灵秀的地方，其中万物自然长育，生机勃勃。东汉许慎的《说文解字》就说："仙者，人在山上貌。"道家吸收了传统信仰中的山岳崇拜，甫一产生就与名山大川结下了不解之缘。符合条件的名山灵墟、洞天福地，皆须植被茂盛、环境清幽、生机盎然，方才能够对修道产生良好的助力。正是在这些观念的影响下，千百年来，众多的仙真高道隐居山林，他们游心于淡，合气于漠，慈心于物，既成就了自己，也保护了山川林木。从生命存在的理想状态角度看，道家关于洞天福地的构想和实践，对于当今的环境治理而言是值得我们特别重视的。

道家敬重自然，形成了深邃的保护环境的精神，而儒家也不例外。中国人民

---

[1] 关于道家生态思想问题，近30年来我国学术界研究者多，查"中国知网"，相关的学术论文有300多篇，其中以中国人民大学葛荣晋的《道家的生态智慧与环境保护》一文最具代表性，该文发表于《传统文化与现代化》1995年第4期，此后陆续有学者发文引申论说。

[2] （唐）成玄英：《南华真经注疏》卷六，（清）《古逸丛书》景宋本。

[3] （唐）孟安排：《道教义枢》卷九，《道藏》第24册，第832页。

大学焦国成先生曾经撰文指出：儒家以为一阴一阳为天之道，由此肯定宇宙的本质为"生"；又以为"生生而有条理"，前后而相续，彼此而联结，由此而得出"万物一体"之论。万物既然都是由阴阳二物交合相摩而来，即都共一个乾坤，即都是宇宙生命体生生过程的一个环节，那么，万物彼此之间本来就共一个母体，本来就是一体的。比如说，一粒玉米，种下地去，到了秋天，生出了一棒玉米。这一粒玉米种子和这一棒玉米果实之间，本来就是这个被称之为"玉米"之物的不同发展阶段。一粒玉米种子消灭了，转化成了一棒玉米，那么这一棒玉米与那一粒玉米之间本来便是一体，一棒上的各个玉米粒之间也是一体。玉米在生长过程中，又得水土火风之养，自然又与水土火风是一体。依照儒家的观念，宇宙内的各种事物之间，都是一种不可分离的一体关系。《易经》提出的彼此紧密相连的六十四卦，《中庸》提出的"能尽其性，则能尽人之性；尽人之性，则能尽物之性；能尽物之性，则可以赞天地之化育"[1]，孟子提出的"尽心、知性、知天""万物皆备于我"，都是"万物一体"观的表达。[2]基于这种生命哲学的认知，儒家形成了深刻的爱物精神。焦国成又指出：在儒家后学那里，通过吸收道家思想，把宇宙事物的本来样子看成是最为完美的，并要人尽力保持这种完美。在他们看来，如果人们随意把己意强加给外物，这不仅破坏了自然事物的自然完美，也构成了对于自然生命的戕害，还破坏了人与自然事物和整个宇宙的和谐共生关系，最终必将危及人类自身。同时，这种道德观念也没有否定人在宇宙之中的主体地位，它仍然肯定人是宇宙中唯一能够认识万物一体关系的精灵，仍然肯定只有人能够以主体的身份去关怀天地之间的生命，去参赞天地的化育。

焦国成对儒家生态思想的分析和概括颇为精到深入。沿着焦国成的路子，近年来又有许多学者对儒家生态智慧进行发掘整理，此类成果为我们深入探讨环境治理问题奠定了基础。[3]如果说传统中医学的"治未病"思想主要是从预防医疗的

---

[1] （汉）郑玄注，（唐）孔颖达疏：《礼记注疏》卷五十三，（清）嘉庆二十年南昌府学重刊宋本《十三经注疏》本。

[2] 参看焦国成：《儒家爱物观念与当代生态伦理》，《中国青年政治学院学报》，1996年，第2期。

[3] 关于儒家生态思想研究，见于"中国知网"的论文有500多篇，足见这个课题也颇为学界所重视。

角度提出的，那么道家的万物有道平等观与儒家的爱物精神对于生命环境而言则具有宏观的治疗学意义。

第三节　人文医疗精神

基于《周易》"生生之谓易"的思想立场，道家通过观天道而推人事，儒家则以尽心修养而知天，但不论是儒家还是道家都体现了整体把握的思维方式，而其背后则是一种人文关怀。将这个人文关怀落实到生命的护养领域，也就形成了人文医疗。

一、人文医疗的由来与讨论

"人文医疗"这个概念在唯科学主义盛行的年代里是不可想象的，因为它讲的不是利用物质性材料来救治生命体疾病，所以往往被忽略。

不过，在西方却早有"人文医疗"的概念和实践。1906年，威廉·比·因斯代尔（William B. Hinsdale）在《学派评论》当年第6期发表了《人文教育在医疗学习中的价值》(The Value of Humanistic Studies as a Preparation for the Study of Medicine)。这篇论文虽然没有明确使用"人文医疗"概念，却已经具备了这种内涵。至1976年，英格兰《医学杂志》(The New England Journal of Medicine)于当年第10期发表了《人文医疗实践》一文，这是笔者所见明确采用"人文医疗"作为文章标题的一篇有影响的学术论文。1978年以来，西方国家医学杂志刊载的有关人文医疗的论文逐渐多起来。

在中国，以"人文医疗"作为标题的文章则是在21世纪初才见诸报纸杂志。2008年，《世界中西医结合杂志》于当年第1期发表了题为《人文医疗，温馨海慈》的短文。不过，这不是学术论文，而是以"人文医疗"为视角来介绍青岛市海慈医疗集团。在同一年里，云南省玉溪市举办了第九届医学检验学术年会暨科技成果推广会，会中印刷了《玉溪市医学会会议论文集》，其中有江川县人民医院毕金伟与吕玉江两位医生合写的《人文医疗对提高检验科服务质量的探讨》。该文探讨检验科在为病人服务的过程中如何提高服务质量。通过几年的实践和操作，作者认为：应当加强医患关系中的人文因素，即信仰因素和亲情因素，全面提高敬业精神，加强思想教育，职业道德教育、规范优质服务的程序和服务内容，提倡以"病"为中心转向以"人"为中心的人文医疗服务，这样才能提高检验科的服务质量。

2011年《中国卫生人才》于第4期发表了泰国亚太国际大学名誉校长斯日坡恩·谭媞普恩维莱（Siriporn Tantipoonwinai）的《人文医疗新概念》，她认为广大医务人员和管理人员有责任重新思考原有的医疗模式，共同努力从内部进行自我转变，使人文医疗重回我们的医疗实践。文章指出："随着医疗科学技术的发展，近年来，医疗领域发生了巨大变化，许多在十几年前不可治愈的疾病现在已经能够达到完全的康复或者寿命得以延长。医疗的核心在最近几年也发生了改变，科学、技术、经济利益成了广大医务人员的价值取向和责任导向。医务人员把患者的床位数、收治的疾病种类、患者本人常都看作是一种物体、一种技术和一种产品，把治疗疾病而不是照护患者当作工作的核心。这种模式下的医疗体系是一种缺乏人文主义精神的医疗，使医患之间缺乏了人情味，没有了利他主义精神的关怀，没有了相互支持，医疗实践体系失去了仁慈、同情、体恤的人文科学伦理、思想、价值作为实践的基础，缺乏了真正的、可信的、公正的关爱，医患之间缺乏了亲密性和相互关联，医疗服务逐渐成为一种缺乏人道主义精神的商品式交易。"[1]斯日坡恩·谭媞普恩维莱虽然没有对"人文医疗"这个概念进行界定，但她对当下医疗业界存在问题的批评是尖锐的，也是深刻和及时的。

当下的医患关系为什么紧张？斯日坡恩·谭媞普恩维莱认为，根本原因在于价值观出了问题，她说："如今的医疗已经失去了应有的人与人之间心灵情感的碰撞，曾经激励医生工作的那种为民服务、爱患者、同情患者的精神逐步被一种追求权力、社会地位和经济补偿的所谓的专业化所替代，让患者在一个不确定、不知所措的就医环境中徘徊、彷徨，患者感到挫败、不满意、不信任，与医务人员

---

[1] ［泰］斯日坡恩·谭媞普恩维莱：《人文医疗新概念》，《中国卫生人才》，2011年，第4期。

发生冲突与矛盾，这种生疏的医患关系对医务人员和患者都是有害的。造成这种冲突和不协调的主要原因是我们失去了将人类的关爱价值作为医疗实践的伦理道德基础这一根本原则。"[1]由此，她呼吁广大医务人员和管理人员有责任重新思考原有的医疗模式，共同努力从内部进行自我转变。为了使人文医疗重回我们的医疗实践，我们应当向我们的员工和同事实践并推广以下的价值观：信任、爱、忍耐、尊重、宽恕、诚实、尽责。这七种价值观，就从医的基本道德角度提出要求，其针对性很强。

"人文医疗"，有人也称作"人文医学"。例如《中国医学伦理学》2016年第2期刊登了罗娟的文章《人文医学视角下遏制过度医疗的对策探讨》，该文在分析过度医疗的定义及出现的原因的基础上，对过度医疗的危害做了评论，包括增加医疗费用、浪费医疗资源、恶化医患矛盾、影响整体医学的发展，并从伦理道德、职业精神和人文素养三个方面提出了预防和解决过度医疗问题的对策。再如《世界最新医学信息文摘》2019年第64期发表了云南省玉溪市江川区人民医院检验科医生毕金伟的文章《人文医疗对提高检验科服务质量的探讨》，该文作者根据自己多年行医的经验教训，指出应当加强医患关系中的人文因素，他所谓的"人文因素"指的是信仰因素和亲情因素。文章呼吁全面提高敬业精神，加强思想教育、职业道德教育，规范优质服务的程序和服务内容，将服务的核心从"病"转变为"人"，通过更加人文化的医疗服务来提升科室的服务质量。这两篇文章中所谓的"人文医学"与"人文医疗"在精神主旨上是一致的，其所强调的皆为人文精神在医疗过程中的贯注。

近年来，医院医生以及人文社会科学研究专家除了在报刊发表了大量的关于人文医疗的学术论文，也出版了专门的学术专著。陈晓阳、王云岭、曹永福合著的《人文医学》[2]即是这方面的代表性成果。该书于2009年由人民卫生出版社出

---

1 ［泰］斯日坡恩·谭娓普恩维莱：《人文医疗新概念》，《中国卫生人才》，2011年，第4期。
2 该书第一作者陈晓阳，生于1955年，博士学位，教授，博士研究生导师，山东大学人文医学研究中心主任，山东大学医学院医学伦理学研究所所长，山东省科学技术学会常委，《中国医学伦理学》杂志副主编。

版,全书共分十六章。第一章导论,由人文医学的兴起入手,继而阐述人文医学的研究对象、任务、学习研究方法;第二章至第八章,分别从哲学、宗教、美学、法学、伦理学、文化以及医学史的不同视角对医学进行人文审视;第九章,分析医学的异化问题;第十章,考察医学模式,揭示医学向"生物—心理—社会医学"模式的转变轨迹;第十一章,分析医学危机与医学目的;第十二章,阐述医学与生死观的关系问题;第十三章,论述医学与现代性的关系;第十四章,论述医学与人性的关系;第十五章,阐述医药卫生体制改革中的价值选择;最后的第十六章为归纳总结,概要论述医学人文素质,指出医学生所应该具有的人文教育与人文素质培养。就总体而论,这是目前所见最为系统论述人文医学的专著性教科书,对于人们了解人文医学的学科知识颇有益处。

通过学术史回顾可以看到:近几十年来,医学界出现了许多弊端,个别患者对就医环境产生了较大的不信任感,究其原因在于人文关怀之缺失。一批有良心的医生基于实际情况的了解,强烈呼吁人文精神在医疗行业的回归。从客观情况看,没有人文关怀,甚至缺德而对病人过度治疗或者漠不关心,都表明从医者自身精神有病,一个道德缺失、精神有病的"医生"怎能让来就医的"患者"放心呢?既然如此,在医疗行业,重振人文精神,大力提倡人文关怀,这是势在必行的。

二、人文医疗的诸多内涵及其功能

如何理解"人文医疗"的概念内涵呢?站在不同的角度,将会有不同的看法。笔者近来阅读了许多关于这方面的论著,发现大多数研究者主要是从医生角度展开论述的。由此得出从医者应该具备什么样的人文素质,这当然很重要。笔者以为,除了强调从医者的人文素质,还应该从患者的立场出发考虑精神需求。于是,就引出了这样的课题:人文本身是否可以成为医疗资源或者医疗手段?笔者的回答是肯定的。

在中国,"人文"这个词最早见于《周易》。该书"贲"卦《象传》谓:"刚柔交错,天文也;文明以止,人文也。观乎天文,以察时变;观乎人文,以化成天下。"[1]《彖传》将"人文"与"天文"对举，体现了古人的整体联系观念。"文"字，甲骨文写作"✕"，像刀具刻画出来的交错线条纹案。《说文解字》释曰："文，错画也。象交文。凡文之属皆从文。"[2]照此说来，"文"的本义是指线条相互交错，也就是纹理。故而，"天文"可以理解为天象纹理；"人文"可以理解为人间纹理。所谓"观乎天文"就是观察天象；具体而言，这就是观察天上日月星辰的情状，包括位置、排列、运行轨迹等等；通过观察，发现阴阳寒暑变迁，这就叫"以察时变"。所谓"观乎人文"就是观察人类社会的存在情况，包括生产过程、生活习俗、人情世故等等表现状态，也就是调查、了解现实生活的真实面貌。"观"的目的是要"化成天下"，这里的"化"指的是教化，通过教化，使社会井然有序，从而更加有利于人们的整体生活。

值得注意的是，《周易》"贲"卦《彖传》将"天文"与"人文"对举，实际上是表明：人类社会与自然界一样是有规律可循的。"观乎天文"旨在告诫人们应该顺应天道，而将"人文"与"天文"对举，就是要人们以自然天道为参照系，来制定人类社会的典章制度。然而，社会的运行并非都是有秩序的。当一个社会丢失了生活规矩时，混乱就产生了。作为管理者，面对乱象，应当拿出富有针对性的方略、措施。关于这一点，《彖传》"文明以止"[3]四个字很有启发性。就《周易》"象数学"角度看，"文明以止"是由"贲"卦的卦象符号引申出来的。"贲"卦六爻，上三爻构成三画的"艮"卦，下三爻构成三画的"离"卦。"艮"卦代表山，"离"卦代表火。山象征"停止"，火象征"文明"。引申开来，所谓"文明以止"即表示通过"止"的方式来达到文明效果。"文明"是与"野蛮"相对而言的。如果说"文明"是一种健康的常态，那么"野蛮"就是一种不健康的异态。既然社会出现了不健康状态，那就需要医治。如何医治呢？具体的技术、药方或

---

[1] （三国）王弼注，（晋）韩康伯注，（唐）孔颖达疏：《周易注疏》之《周易兼义》上经随传卷三，（清）嘉庆二十年南昌府学重刊宋本《十三经注疏》本。

[2] （汉）许慎：《说文解字》卷九上，（清）《文渊阁四库全书》本。

[3] （三国）王弼注，（晋）韩康伯注，（唐）孔颖达疏：《周易注疏》之《周易兼义》上经随传卷三，（清）嘉庆二十年南昌府学重刊宋本《十三经注疏》本。

许多种多样，但核心的思路则可以概括为一个字，这就是"止"。所谓"止"，在甲骨文中本是脚掌的象形，后来引申为中断、停止等，例如"止痛"即是。在疾病治疗上有"止法"，例如"止泻""止血"等等就是止法的具体表现。推广到社会生活领域，"止"也具有医疗意义。一个社会，由于欲望驱使，人与人之间争斗不止，造成了秩序混乱，资源匮乏，人们已经不能照常生活下去，需要来一番调整，这就像车开到了山崖险境，再往前开必然要翻车，唯有立刻踩刹车才能挽救危亡。从这个角度来看，"止"作为人文思想的集中表现本来就是一种救治理念。在这种理念下造就的传统人文体系也就具有宏观医疗的意义。

辩证法的理论告诉我们，事物的存在与发展是相对的。有"止"就有"行"。《周易》"艮"卦《象传》曰：

> 时止则止，时行则行，动静不失其时，其道光明。[1]

意思是讲：时间表明应该停止就停止，时间表明应该行动就行动。不论是"动"还是"静"，都必须效法天时，而不是违背天时，如此行事，才有光明的前景。

"止"与"行"是相反相成的，无所"止"也就无所"行"。一个人的生活如此，一个社会的运转也是如此。延伸到医疗领域，也必须是"止"与"行"相辅为用，"止行相辅"谓之"宜"。之所以称"宜"，是因为或行或止都是以效法天道为旨归的。天道好生而不杀，医者为人治病，乃是救死扶伤，所以称作"医生"。寇宗奭的《本草衍义》卷一《序例上·衍义总叙》说：

> 天下医生，补以名职，分隶曹属，普救世人之疾苦，兹盖全圣至德之君，合天地之至仁，接物厚生，大赉天下，野无遗逸之药，世无不识之病。[2]

---

[1] （三国）王弼注，（晋）韩康伯注，（唐）孔颖达疏：《周易注疏》之《周易兼义》下经夬传卷五，（清）嘉庆二十年南昌府学重刊宋本《十三经注疏》本。

[2] （清）寇宗奭：《本草衍义》卷一，（清）光绪中归安陆氏刊本。

意思是讲：普天之下的医生，都有恰当的名分、职务，分属不同的行政区域管辖，目的在于使天下所有的人都看得了病、看得起病，这就是君主之愿望。这种愿望体现了圣人的崇高品性，因为这种品性与天地好生仁德相契合，故而凡是可以搜罗到的药品都能找来，所有的病都能给予诊治。

寇宗奭这段叙言虽然带有歌颂帝王的口吻，但所强调的则是"天地之至仁，接物厚生"九个字，前者表明天地的本性是仁慈，后者体现了"以生为医"的基本精神导向。如何理解"接物厚生"的医疗意义呢？笔者以为，除了医者以及医疗管理部门应该要有辅生不息的精神，还应该包括充分利用各种有助于黎民百姓平安健康生活的资源以及形式、手段，其范围既有物质的（包括日常生活的基本食品、各种治病的药物），也有精神的（包括情感关怀等等）。就后者而言，可以看作将人文因素用于治疗过程，简称之即为"人文医疗"。

不言而喻，"人文因素"是一个很宽泛的概念，涉及文史哲等诸多领域。这就是说，在众多学科中，都可以发掘出一些对疗治疾病有用的人文资源。比如通过诗歌朗诵解除病人的紧张、恐惧心理；通过笑话讲述使病人心情愉悦等等；通过器乐演奏使患者内心宁静。凡此种种，都是借助人文疗养治病的手段，这应该是没有争议的。这里，笔者拟稍做展开讨论的是信仰疗法是否可以归入人文疗法的问题。

有关信仰疗法的问题，19世纪末以来的西方医学界多有探讨。其中，以《英国医学杂志》(*British Medical Journal*) 刊载的文章为多。从1889年7月13日开始，该杂志开始刊载"信仰疗法"的介绍文章。此后陆续有专家发文呼应讨论。诸如1898年10月9日、10月29日，1899年6月17日，1910年1月8日、6月8日、6月25日、7月2日、7月9日、7月23日、8月9日、8月20日以及1911年的12月16日，1924年的1月1日、1月24日等，在数十年中，《英国医学杂志》刊载了数十篇关于"信仰疗法"的文章，反映了国外医学界对"信仰疗法"的高度重视。

在西方世界，所谓"信仰疗法"，即是借助神力来疗治患者的精神与肉体的病痛。此等疗法通常由神职人员或通灵的俗人充当治疗的中间人。有趣的是，在古希腊时代，供奉医药神阿斯克勒庇俄斯的神庙就建在疗养泉水的附近，说明了西方在进行信仰疗法的同时也注意自然疗法。到了公元后，西方的信仰疗法也随着基督教的传播而流行起来，耶稣基督和他的使徒之治病神迹被作为救度的有效例证不断讲述。基督教科学派以信仰疗法闻名，五旬节派则以更激情的方式来实践，如透过按手礼的习惯方式。此类疗治，既有言辞的引导，也有意义符号的传递，不论哪一种形式，都具有心灵疏通的特点，当然可视为人文疗法的一种类型。

在中国古代，虽然没有"信仰疗法"的名称，却有"信仰疗法"的实践。例如《黄帝内经》记载的"祝由"术，便具有"信仰疗法"的性质。秦汉以来，随着本草学的兴盛和诊断学、针灸技术的发展，"祝由"术的地位减弱，但在传统中医学里，"祝由"一直作为一个科目存在。朱橚的《普济方》卷二百六十九《符禁门》于《持禁总法附论》中说：

> 夫上古有祝由之法，移精变气，推其病由而祝之，则病无不愈。今之书禁，即其遗文焉。制而用之存乎法，推而行之存乎诚，示之以心画其莫，如符攻之以说禬，则莫如祝掌之间，执持有目则谓之印。五者备矣，举而措之，施诸治法，何道而不可哉？语病之由，当原其本。气何由而平？病何由而生？真有所戏，邪有所袭，皆生诸病。祝由之理，祝此而已。谓夫彼受于邪由，精神不守所致，故在我者，当专心诚意以持之，欲致其诚心，先斋戒事，以神明其德，然后秉印用符，兼以诅祝，而为持禁之道，真定以胜邪，其应如神矣。苟非其诚，道不虚行，不云乎至诚如神，其斯之谓与？[1]

这段意思是讲：上古时期，有"祝由"的法门，据说可以转移病人的精神、改变脏腑气机紊乱的状态。治病的方家推究疾病发生的原因，而实行"禁咒"之术，则疾病没有不治好的。当今所见"书禁"科目，就是上古时期遗留下来的文本。根据实际情况来使用，讲究得法；操作实践，讲究诚心；将心灵的能量通过

---

[1] （明）朱橚：《普济方》卷二百六十九《符禁门》，（清）《文渊阁四库全书》本。

模型呈现出来，其过程恰如祭祀时以符箓攻邪。发生效用只在手掌之间，操持有纲领而得心应手，这就称作"印"。以上五个步骤具备了，就开始进行"祝由"，这还有什么不妥呢？叙说疾病缘由，应当追溯根本。人体气息如何才能平稳？疾病是怎样发生的？人体真气不能固守，邪气就来侵袭，正不压邪，疾病就来了。"祝由"的道理无他，仅是从正邪入手施治而已。患者受到邪气的侵害，精神不能内守，所以对于医者来讲，必须专心致志，怀着诚恳的心意，才能奏效。而要诚心正意，就必须进行斋戒，使自己内心纯洁，达到与神明感通的状态，然后施以符印，兼用诅咒、祝语，这就是所谓"持禁之道"，如此践行，真气固守而压胜邪气，就有玄妙的效果。如果医者心灵不诚恳，道法就无效。不是经常听到"至诚犹如神明"吗？祝由的实施过程大概就是这个情况吧！

朱橚《普济方》的描述反映出什么人文要素呢？首先，从归类上看，"祝由"属于"符禁门"。所谓"符"实际上是一种古文字，它渊源于黄帝时期的"云书"，相传黄帝作云书，故以云纪官，春、夏、秋、冬诸官都带有"云"字，就此而言，黄帝时期的官职可谓"云字号"的老店铺了。后来，这种"云书"转变为符箓，依然具有云彩飘动的古篆特点。道人以朱砂画在竹制黄纸上，烧化之后配上清水，成为患者的一种特殊"药物"。在形态上，符箓其实就是特殊的符号，可以通过感官的传递而安定患者的情绪。至于"禁"就是禁止的意思，即禁止疾病发生的根源，其初心与《周易》"贲"卦《彖传》所谓"文明以止，人文也"的精神是一致的。其次，从操作过程看，祝由法度，讲究的是一个"诚"字，以诚感通，这是一种内在的深层次的精神交流，具有道德疗法的功能。既然是从道德层面入手的治疗，其所具备的人文特质也就可以肯定了。

汉代以来，古老的祝由治病法度在制度道教中得到了传承与发展。在社会动荡、瘟疫流行的年代，道教将药物治疗与信仰治疗相结合，发挥了不可替代的作用。例如汉末张角所创"太平道"，跪拜首过，让病人进行道德反省，且施以符水，史称"病者颇愈，百姓信向之"[1]。张道陵所创"正一盟威之道"，一方面注释

---

[1] （南北朝）范晔：《后汉书》卷七十一《皇甫嵩朱俊列传第六十一》，百衲本景宋绍熙刻本。

老子《道德经》，以"道诫"为宗，成《老子想尔注》，令信奉者修习，作为修身治病的读本；另一方面，也用符水咒说为人疗疾，体现了道德治疗与祝由治疗的结合。在后来将近两千年的时间里，符咒治病的古老传统一直在道教中流行，成为民间治疗疑难杂症的一种法度。对于此类治疗法度，具有基督教信仰背景的西方学者斥之为"迷信"，民国时期的许地山（基督教信徒）先生撰写《道教史》依然给戴上"迷信"帽子，今天看来显得不公平。因为西方学者以耶稣为病人摸头祈祷治病为信仰疗法，中国传统中医学以及道教中的禁咒祷告，在本质上其实是一致的，只是表现形式不同而已。从尊重历史、尊重民俗、尊重国情的实际情况出发，对于中医"祝由"科以及与之密切联系的道教符咒禳禁疗法的性质与价值也应该重新认识和评估。

第十章　平安之道与生活修行

平安健康的状态，这与生活方式休戚相关。所谓"生活方式"，具有狭义与广义之分。就狭义而言，这指的是个人及其家庭的日常活动方式，包括衣、食、住、行以及闲暇时间的利用等；就广义而言，这指的是人们一切活动的典型方式，包括劳动生活、消费生活和精神生活（如政治生活、文化生活、宗教生活）等活动方式。在不同的社会时空里，人们的生活方式是不一样的。就大处看，东西方的生活方式相去甚远；就小处看，每个生命个体由于禀性、气质差异，也会有不同的生活方式。就时代看，古人的生活方式与今人的生活方式也不可同日而语。从根本上看，人们的生活方式取决于生产方式。有什么样的生产方式，就有相应的生活方式，因为生产方式不仅是满足人们生活资料的保障，而且在根本点上影响着，甚至制约着人们的活动方式。例如古代社会，以马为主要交通工具，人们出行先是骑马，后来便有马车等等，由此而形成一定的习俗。近现代社会，随着发动机的发明与使用，摩托车、汽车、火车、飞机的交通成为主要的出行方式；而骑马便成为一种休闲方式，至于真正的骑马远行恐怕就成为一种历史记忆了。

然而，在一个社会中，什么样的生活方式才是健康的，人们的认知与态度却是不同的。就一个独立小空间而言，个人可以依照爱好、兴趣进行布置，实现自我生活方式的理想化和个性化；但就终极关系而言，个体生活还是离不开社会条件与自然环境的制约。在这种情况下，总结历史经验，采取一定的技术手段来安排生活，这是必须的。当生活方式出了偏差，予以纠正，这也是必须的；随着社会的发展进步，个人及其生命团体通过调整，以完善生活方式，这就是先民们所谓的"修行",既是修养,也是修正。谓之"修养",即因修而得养;谓之"修正",即因修而归正。修养、修正,是要落实到行动上的,故而称作"修行"。无论是"修养",还是"修正",都是为了平安健康地生活。在这个过程中,一切活动皆围绕生命而展开,故而,探讨发生根源,分析其合理性,都离不开生命哲学的思考。

第一节 安居乐业的生活方式

什么是平安健康的生活方式?其答案因人而异。不过,安居乐业应该是大多数人所希望的。

一、社会呼唤安居乐业的环境

所谓"安居乐业",简单讲就是安定愉快地生活和劳动。在古人心目中,"安居乐业",既是拨乱反正的结果,也是社会发展繁荣的必需。汉代思想家仲长统曾经在《理乱》篇中论及"安居乐业"问题,他指出:

> 豪杰之当天命者,未始有天下之分者也。无天下之分,故战争者竞起焉。于斯之时,并伪假天威,矫据方国,拥甲兵与我角才智,程勇力与我竞雌雄,不知去就,疑误天下,盖不可数也。角知者皆穷,角力者皆负,形不堪复伉,执不足复校,乃始羁首系颈,就我之衔绁耳。夫或曾为我之尊长矣,或曾与我为等侪矣,或曾臣虏我矣,或曾执囚我矣。彼之蔚蔚皆胸詈腹诅,幸我之不成,而以奋其前志,讵肯用此为终死之分邪?及继体之时,民心定矣,普天之下赖我而得生育,由我而得富贵,安居乐业,长养子孙,天下晏然,皆归心于我矣。[1]

---

[1] (汉)仲长统:《仲长统论·昌言论·理乱》,(明)万历刊本。

仲长统（180—220年），系东汉山阳高平人，字公理。《后汉书》卷四十九本传称之"少好学，博涉书记，赡于文辞。年二十余，游学青、徐、并、冀之间，与交友者多异之"[1]。其性倜傥，敢于直言，故时人谓之狂生。献帝建安十一年，尚书令荀彧举为尚书郎，参丞相曹操军事。著有《昌言》多篇，凡十余万字，今所存仅三篇，《理乱》系其一。文中所谓"我"，不是指仲长统本人，而是"我方"的意思，作者进言帝君，为其献策，故以"我"为称。

整段文辞大体是讲：天下豪杰英雄们虽有天命，但没有获取天下的福分。既然没有这种福分，于是只能靠争夺，于是战争就发生了。在这种情况下，豪杰们纷纷假借天威，乔装打扮，获得一方领地。他们拥有武装，来与我方角力斗智，力图与我方决一雌雄，他们不知进退，错误估计形势，结果贻误天下平安的大好时机，这样的例子实在太多了。与我方斗智者皆理屈智穷，而角力者也都落败。之所以如此，是因为他们在总体形势上无法与我方抗衡，没有再度较量的能力，于是俯首就擒，为我方所驾驭。他们当中，有的曾经是我方的长辈，有的曾经是我方的同辈，有的曾经把我方掳获，有的曾经囚禁过我方。他们心中怀着仇恨，巴不得我方失败，从而成就坐天下的大志，怎么可能忠心耿耿为我方所用呢？好在我方承袭天命，保有国家。而今民心安定，普天之下的人民因为我方的宽容气量得以生生不息，因为我方的正确决策而富贵，百姓们安居乐业，代代繁衍，天下悠然自在，人心归向于我方了。

仲长统这段话，首先讲述了汉末的动乱情况，表明夺取胜利来之不易。可见天下百姓能安居乐业是需要经过一番艰苦卓绝之努力的。其次，说明百姓安居乐业需要维护社会稳定，创造休养生息的客观条件。

安居乐业是一种什么情景呢？仲长统的《乐志论》做了描述：

使居有良田广宅，背山临流，沟池环匝，竹木周布，场圃筑前，果园树后。舟车足以代步涉之艰，使令足以息四体之役。养亲有兼珍之膳，妻孥无

---

[1] （南北朝）范晔：《后汉书》卷四十九《王充王符仲长统列传第三十九》，百衲本景宋绍熙刻本。

苦身之劳。良朋萃止,则陈酒肴以娱之;嘉时吉日,则亨羔豚以奉之。蹰躇畦苑,游戏平林,濯清水,追凉风,钓游鲤,弋高鸿。讽于舞雩之下,咏归高堂之上。安神闺房,思老氏之玄虚;呼吸精和,求至人之仿佛。与达者数子,论道讲书,俯仰二仪,错综人物。弹《南风》之雅操,发清商之妙曲。消摇一世之上,睥睨天地之间。不受当时之责,永保性命之期。如是,则可以陵霄汉,出宇宙之外矣。岂羡夫入帝王之门哉![1]

仲长统以十分理想化的笔调画出了他心目中安居乐业的图景。首先是满足生活的必需:"有良田广宅",即拥有土地肥沃的耕地,可以生产足够的粮食;房屋宽敞而不拥挤,坐落于美好环境中,背山而藏风得水,树木、竹子遍布屋前屋后,果树成林;还有舟车可以代步,没有跋涉的艰辛。再进一步,则是父母能够享用珍品膳食,妻子儿女免除劳作之苦;时有朋友相会,喝酒娱乐;到了节假日,更有丰盛的佳肴享用,到美好的风景名胜区一起游玩。不仅如此,还要有丰富多彩的精神生活,吟咏歌赋,推究以老子为代表的道家玄学,以至于进行畅想,上天入地,神游于宇宙之外。他反问,能够达到这步境地,还去羡慕什么"入帝王之门"的生活呢?言外之意是:安居乐业、自由自在,这比进入帝王之门更为快乐。这或许就是他把这篇文章取名为《乐志论》的原因吧!

呼唤"安居乐业",这并非只是仲长统一个人的愿望,也不单是汉末的声音。如果我们进一步追溯,就可以看到经史子集诸多文献都论及此事。例如题署陈抟撰之《河洛真数》就有一段话从《周易》象数立场解释"安居乐业"的精神根据,其略云:

> 阳刚中正为节之主,甘美有节,其吉可知。以此而行,其功大矣,所以往则有嘉尚也。得之者,甘分守恬,谨身节用,举措得宜,故心逸日休,而

---

[1] (汉)仲长统:《仲长统论·乐志论》,(明)万历刊本。按:《乐志论》有多个版本,本处引用,以万历刊本为底本,参校《后汉书·王充王符仲长统列传》之引述。

无愁苦之事，安居乐业必有大庆之来。[1]

这段话是对《周易》"节"卦九五爻辞的解释。"节"卦系《周易》的第六十卦，其卦象下兑（☱）上坎（☵），兑为泽，坎为水，两者媾和而成六画的"节"卦，象征"节制"。"节"卦六爻，分上下两经卦，皆阳爻居中，阴为柔，阳为刚，居中得正，所以说"阳刚中正"。所谓"为节之主"是说"中正之道"是节制的主导思想。就具体生活而言，人们总是喜欢甘美，但若过分追求甘美，就会生害，所以必须节制。如何节制？《周易》并不倡导苦节，这一点"节"卦之卦辞早有申明，谓之"苦节不可"。既然不提倡"苦节"，于是就有"中正为节"的说法，简称"中节"。《河洛真数》以为：能够在生活上做到中节，就可以保证吉利，并且有大功德。以此行事，前途光明，谓之"嘉尚"。占得此卦此爻，应该安分守己，乐于恬淡生活，如此则心旷神怡，精神放松，不会有愁苦的事情发生，安居乐业就有喜庆的事情到来。

《河洛真数》对"节"卦九五爻辞的解说从爻象爻位入手，继而引申开来，联系生活起居，阐述中节的重要意义，最终归结到"安居乐业"的核心议题上来。对比一下《河洛真数》与仲长统的《理乱》与《乐志论》的阐述，我们可以看出，尽管彼此的出发点与背景不同，但其落脚点却是一致的，这就是"安居乐业"。

二、"老死不相往来"与"起居有常"

在中国历史上，社会治乱，可谓循环往复。动荡之时，人心思治，于是百姓渴求安居乐业的生活；然而，一旦安逸，又容易滋生骄奢淫逸的念头，为了进行适当调理，《周易》以"节"卦来阐发"甘节"的生活道理。将"甘节"精神贯注于社会生活模式，这就有了老子《道德经》的"甘美安乐"图景的描绘。该书第八十章说：

---

[1] （宋）陈抟：《河洛真数·易卦释义下经》卷下，（明）万历刊本。按：此书多引邵康节等人言辞，当非陈抟本人所撰写，考《宋史·陈抟传》，亦无陈抟作此书之记载。

小国寡民。

使有什伯之器而不用；

使民重死而不远徙；

虽有舟舆，

无所乘之；

虽有甲兵，

无所陈之。

使民复结绳而用之。

甘其食，美其服，

安其居，乐其俗，

邻国相望，

鸡犬之声相闻，

民至老死不相往来。

  这一章的字面意思大体是讲：在小国家里，人民相对较少。大家都过着纯朴和谐的生活，即使有各式各样大器具，也置之不用。人民安居乐业，颐养天年。因爱惜生命也不想到处迁徙。这时虽有车和船，也无人去乘坐。虽有盔甲兵器，也不知道要放在哪里。在这样的社会里，人民吃饭觉得甘甜，穿衣觉得华美，居家觉得安乐，风俗习惯觉得很有乐趣。与邻近的邦国对窗相望，觉得特别友好，听到鸡鸣狗吠的声音，觉得恬淡自然，而人民直至老死，也可不互相往来。

  如何理解这一章开头的"小国寡民"向来存在歧义。有人说："小国寡民"是老子在古代农村社会基础上所理想化的"小农农村"，解决所谓时代问题的办法是"回到早已崩溃的农村公社式稳定的小天地生活，这些所谓时代问题及他们所能提出的解决方案合起来，即幻化为小国寡民的理想"。因此，这是老子"逃避现实斗争的倒退，是为时代开倒车"[1]。《中国道教》2005年第1期发表了白春国的《读

---

[1] 关于老子所言"小国寡民"的问题，陈鼓应在《老子注译及评介》(中华书局1984年出版)中列出了童书业、胡寄窗等人的观点，参看该书第357—359页。

"小国寡民"之我见》予以分析,指出这是误解。他认为"小国寡民"不是逃避各种现实斗争的倒退,更不是为时代开倒车。老子的理想是《道德经》第八十一章所讲的"天之道,利而不害;人之道,为而不争",即建立不争的和平社会。这篇短文虽然只是感想式的叙述,并没有大量的文献考证和逻辑分析,但却反映了改革开放以来人们读《道德经》的一种新理解。

事实上,在白春国发表《读"小国寡民"之我见》一文之前4年,白奚已在《安徽大学学报(社会科学版)》第4期发表了《"小国寡民"与老子的社会改造方案》。这篇文章以考据学、历史学、版本学和哲学相结合的研究方法,诠释老子"小国寡民"的本义,作者行文虽然没有直接批评那些把"小国寡民"当作"为时代开倒车"的观点,但显然具有针对性。文章提要指出:"小国寡民"并不是要退回到原始社会,它通过理想化的形式,表达了老子的社会改造构想。这一构想的深层理念是自然主义,无为则是实现这一构想的具体方法。"小国寡民"的社会改造方案包括政治与人生两个方面。在政治上,老子主张实行无为而治,尽量减少政府的意志和不必要的干预,使人民与政府相安无事。在人生方面,老子主张减损贪欲和智巧,化简人际关系,恢复和保持人心质朴淳真的自然状态。这些构想都是老子针对时弊提出的,反映了道家学派的社会批判精神。

白奚从社会改造的角度分析"小国寡民"的思想内涵及其社会价值,可谓独辟蹊径。问题在于:老子为什么要进行社会改造?是为了统治者更好地掌控社会,还是为了百姓的生活?笔者连续提了两个问题,但最根本的是后一个。唯有回答了后面的问题,才能说清楚前一个问题。

将整部《道德经》贯通起来,我们可以发现一个有趣的现象:老子的《道德经》中不时地出现"不"字。例如第二章:"是以圣人处无为之事,行不言之教。万物作焉而不辞。生而不有,为而不恃。功成而弗居,夫唯弗居,是以不去。"第三章:"不尚贤,使民不争;不贵难得之货,使民不为盗;不见可欲,使民心不乱。"第二十二章:"是以圣人抱一为天下式。不自见,故明;不自是,故彰;不自伐,故有功;不自矜,故长。夫唯不争,故天下莫能与之争。"第四十八章:"取天下常以无事,及其有事,不足以取天下。"第五十八章:"是以圣人方而不割，廉而不刿，直而不肆，光而不耀。"老子讲的"圣人"虽然不能等同于统治者，但却为统治者树立一种榜样。因为在老子看来，国家社会应该由圣人来治理，如果一个人的修养达不到圣人的标准，没有圣人的思想境界，是不足以担当治国理政大任的。老子不是以歌颂的笔调来描述圣人品格，而是说圣人能够做什么或不做什么，但以说"不做什么"为多，体现的是"自然无为"的思路。所谓"自然无为"正如许多学者已经指出的那样，并不是无所作为，而是顺应天道的自然法则而行事，在行事过程中不掺入私人目的，更不强加个人的主观意志。从这个角度看，老子树立的圣人典型绝非是一种控制欲望热烈的强权者。圣人典型如此，老子也就不可能为统治者掌控社会而出谋划策了。相反，老子的《道德经》里倒是有很多地方反映出对老百姓的关爱情怀，尤其是第四十九章所说的"圣人无常心，以百姓心为心"更是体现了老子设身处地为老百姓着想的心境；而在第十章则直截了当说"爱民治国"，老子把"爱民"放在"治国"之前，说明他心目中的"治国"乃是以"爱民"为出发点的，"治国"是因为"爱民"，也是为了"爱民"。"国"为什么要"治"？首先是因为当时的"国"出了问题，正如仲长统所描绘的"伪假天威，矫据方国"[1]那样，老子所处的时代已经是礼崩乐坏，以孔子为代表的儒家渴望回到"周礼"盛行的日子，但老子深知社会无法回去了，故而有了"革故鼎新"的思路，于是提出了"小国寡民"的模式。

　　应该特别指出的是：老子时代所谓"国"与当今的"国家"概念并非一回事。在封建时代，整个国家称作天下，拥有天下者称作"天子"。在天子统治之下有诸侯之"国"。就字源看，"国"的本字是"或"，在甲骨文中写作"𢧐"，表示外围护墙上有武力守卫的城邑；金文的"国"字"國"在"口"的外围加上四条线型符号，强调了城邦边界的意义，这种意义在马王堆帛书本《老子》中依然保存着（甲本称作"小邦寡民"）。可见古时候的"国"与"邦"是相等的概念，明白了这一点，我们就不至于误解老子设想的社会体制模式。此外，还必须注意的是，就整部《道德经》连通起来看，老子并非仅仅讲"小国"，他也讲"大国"，例如第

---

[1] （汉）仲长统：《仲长统论·昌言论·理乱》，（明）万历刊本。

六十章有"治大国若烹小鲜"的说法,可见老子心目中有两种地方社会的体制模式。古代老学注疏专家基本上是把"小国"与"大国"对应起来解读的,例如河上公的《道德真经》章句就说:"圣人虽治大国,犹以为小,俭约不奢泰;民虽众犹若寡少,不敢劳之也。"[1]照此说来,老子是提醒邦国治理者应该把大国看作如小国一样,不可以浪费资源,更不可以轻易扰民。河上公的这种说法得到后世注疏者的继承。查考清代以前的各种《道德经》注疏本,可以发现引用河上公章句者颇多,说明"以大为小"这种解释在历史上影响相当大。当然,也有在河上公注疏基础上予以变通者,如宋代的范应元说:"老子前言治大国莅天下之式,而此言小国者,谓王者有道则国不在大,民不在多,诚能无欲无为,则使民有什伯之器而不用也。"[2]范应元这里以"国"对应"王者",而不说"天子"或"帝君",意味着他延续了"国"为"城邦"的原初意义。范应元虽然不是以大国为小国,但他主张王者"有道",应该说还是符合老子原意的。

笔者以为,"小国寡民"首先是一种状态描述,这个说法出现在《道德经》第八十章,已经接近末了。于此关节点出现,说明老子对这种模式是情有独钟的。就制度功能的角度看,老子心目中的"小国寡民"社会模式有什么特征?一方面是不做生活工具的铺排,另一方面是人们的生活简朴。所谓"使有什伯之器而不用"以及"虽有舟舆,无所乘之;虽有甲兵,无所陈之",不是说完全没有这些器具,而只是不用而已。老子为什么强调"不用"器具呢?这只能从生命健康的角度才能得到解释。事实上,如果多用各种器具来代替人体活动,人体器官的功能就会退化。基于"大道至简"的理念,老子认为国家机器应该简化,包括法令法规也不要复杂。人们守土慎迁,乃至"结绳而用",从今天的立场看,似乎办不到,但我们要注意的是老子言辞大多为隐喻性的,所以不可将"结绳而用"当作日常的具体操作,而应该从象征的立场来理解,领悟其"回归淳朴"的基本精神,把握了这一点,我们就不难明白下文所讲的"甘其食,美其服,安其居,乐其俗"以及"邻国相望,鸡犬之声相闻,民至老死不相往来"的用意了。

---

[1] (汉)河上公:《道德真经注》卷四,《道藏》第12册,第22页。
[2] (宋)范应元:《老子道德经古本集注》下卷,宋刻本。

就生命个体而言，从一种繁华状态回归到淳朴，是需要有节制精神的。老子描述的社会图示那种安居乐业的情状，本身就蕴含着《周易》"节"卦所倡导的"甘节"精神。不论是"甘"与"美"，还是"安"与"乐"，讲的都是对当下所能够获得的生活条件的一种态度，即"知足"的态度，有了这种态度，一切都会感觉舒适，诚如《周易》"节"卦九五爻辞所言："甘节，吉，往有尚。"[1]九五之爻，居于上卦之中，得其正位，象征适当地节制会令人感到甘美，这是吉祥的，依此中道而行，必受尊尚。老子讲的"甘其食"等四种生活态度即是对《周易》"节"卦九五爻辞的精神发挥，以为生活应该简朴，不必太多的社交活动，故而可以做到即使在邻国边界，人们也可以不需要接触。对于人的健康生活而言，减少费神的接触，就能够避免能量的耗损，所谓"老死不相往来"的意义就在于此。

从《周易》到老子《道德经》的"甘节"而安居乐业的精神导向，到了《黄帝内经·素问》被转化为一种更加具有实施意义的生活纲领。该书的《上古天真论》说：

> 食饮有节，起居有常，不妄作劳，故能形与神俱，而尽终其天年，度百岁乃去。[2]

这段话前三句讲的是如何生活的要求，后三句讲的是生活效果。对此，素有道教信仰的唐代大医学家王冰解释说：

> 食饮者，充虚之滋味；起居者，动止之纲纪。故修养者，谨而行之。《痹论》曰：饮食自倍，肠胃乃伤。《生气通天论》曰：起居如惊，神气乃浮。是恶妄动也。广成子曰：必静必清，无劳汝形，无摇汝精，乃可以长生。故圣人先之也。新校正云：按全元起注本云：饮食有常节，起居有常度，不妄不作……

---

[1] （三国）王弼注，（晋）韩康伯注，（唐）孔颖达疏：《周易注疏》之《周易兼义》下经丰传卷六，（清）嘉庆二十年南昌府学重刊宋本《十三经注疏》本。

[2] （唐）王冰注：《重广补注黄帝内经素问》卷一《上古天真论篇第一》，（民国）上海商务印书馆影印本。

杨上善云：以理而取声色芳味，不妄视听也，循理而动，不为分外之事。[1]

王冰首先对什么是"食饮"与"起居"做了说明。"食饮"是为了吸收滋味以补虚；而"起居"就是关于动止的"纲纪"，他用"纲纪"来表述"起居"，说明起居问题对于生命健康而言具有决定性的意义，非常重要。如何饮食起居？王冰用"谨而行之"四个字告诫修行者。所谓"谨"就是谨慎。为什么要谨慎？如何谨慎？王冰引经据典，予以阐述。照《痹论》的说法，饮食过多，肠胃是要受伤的，提醒人们应该有所"节制"。至于"起居"，王冰引证的经典文献，旨在告知不要妄动。最后，他以杨上善的话作为归结，讲究的是一个"理"字。什么才算合理？井然有序就是合理，也就是说生活起居也应该遵循规律。就大的方面看，就是顺应天道自然；就小的方面看，就是根据自身的生物钟的节律做出恰当的安排。凡符合天道自然者，就行动；而违背天道自然者就停止。说到底，所谓"循理而动"乃是《周易》"中节"精神的贯彻，其最终目标是为了生命健康长寿，这种将个体生命与社会、自然对应起来考虑问题的观念就是一种生命哲学的思考，而其背后所蕴含的即为平安之道。

第二节　生命伦理的修养功夫

生命健康与否，这不仅关系到自然环境与社会环境，而且与个体的行为方式密切相关，而个人的行为方式又取决于精神修养。其中"生命伦理"修养尤其值得注意。

一、生命伦理研究现状与思考

"生命伦理"是人类对待生命的认知、态度以及行为规范的道德体系。自

---

[1]（唐）王冰注：《重广补注黄帝内经素问》卷一《上古天真论篇第一》，（民国）上海商务印书馆影印本。

19世纪末,"生命伦理"问题就已经引起学术界的兴趣。1892年,爱思唯尔(Elsevier)出版公司主办的《柳叶刀》(The Lancet)于第3期发表了《保健与医药管理中的生命伦理》(The Ethics of Life Insurance and Medical Certificates)。此后,世界各地的医药卫生杂志或相关人文学刊物每年都发表相当数量的关于生命伦理的文章。从"中国知网"搜索可以看到:自1892年以来,有关生命伦理的中外文的学术论文至少一万篇以上。发表的主要刊物,除了《柳叶刀》,尚有美国杜克大学主办的《哲学评论》(The Philosophical Review),美国芝加哥大学主办的《学派评论》(The School Review),美国《哲学、心理学与科学方法杂志》(The Journal of Philosophy, Psychology and Scientific Methods),美国哈佛大学的《哈佛神学评论》(Harvard Theological Review),美国的《哲学期刊》(Journal of Philosophy),英国牛津大学主办的《圣经与宗教杂志》(Journal of Bible and Religion),法国"世界医学协会"主办的《世界医学杂志》(World Medical Journal),英国出版的《英国皇家医药学会会议纪要》(Proceedings of the Royal Society of Medicine),美国约翰斯·霍普金斯大学主办的《生物学与医学透视》(Perspectives in Biology and Medicine),英国主办的《曼城医药学报》(The Manchester Medical Gazette),英国剑桥大学主办的《苏格兰神学杂志》(Scottish Journal of Theology),英国医药伦理研究所主办的《医学伦理》杂志等等。

关于"生命伦理"研究,中国起步较晚。直到1984年,华中科技大学同济医学院主办的《国外医学》于第3期才发表了张虎林的文章《厚生省成立生命与伦理恳谈会》,介绍日本的厚生省为了解决医疗技术迅速发展中不断出现的生与死、人性、社会伦理规范等问题,于4月13日成立了生命与伦理恳谈会,作为厚生大臣私人咨询机构,并召开了第一次会议。1986年,中国社会科学院文献情报中心主办的《国外社会科学》于第12期发表了黄育馥的文章《安乐死、堕胎和人的生命价值——西方学术界的伦理之争》,该文从当今社会生活的复杂情况出发,对西方学术界关于安乐死以及堕胎问题的争论予以述评。1987年,中国自然辩证法研究会主办的《医学与哲学》于第7期发表了佩莱格里诺(Pellegrino)与顾湲合作的文章《乔治城大学医学院和肯尼迪伦理学研究所的生命伦理研究》,

指出当今世界人类生命和价值的传统观念受到了挑战，现代医学和生物学的发展，正在迫使人们对生物医学伦理学的全部智力基础做重新审查。1991年，中国社会科学院哲学研究所主办的《哲学动态》于第4期、第5期连载邱仁宗的文章《美国生命伦理研究概况》，作者介绍了访美一年又八个月的所见所闻，指出美国于该期间召开了12次以生命伦理为主题的学术会议，而关于生命伦理学的研究中心、研究生培养规划以及杂志、书籍更是如雨后春笋不断涌现；不仅如此，在美国还出现了伦理咨询家的专门职业，伦理学委员会作为一种制度机构已在医院中巩固下来，同时对生命伦理学实践和理论问题的探讨也更加深入。该文围绕美国于1989—1990年发生的植物人安乐死以及人工流产案件，就各家所表现的生命伦理认知、态度进行概括分析；此外，该文还介绍了美国一些学者对行业存在的致命道德病所进行的批评。1995年，上海市社会科学界联合会主办的《学术月刊》于第9期发表许国平的文章《生命伦理学发展的新趋势——欧洲生命伦理公约》，该文以"欧洲生命伦理公约"为考察的切入点，指出这门学科的形成和发展受到西方各国的普遍关注，主要原因在于生命科学的迅速发展。伴随着新的生物医学技术的出现，一系列前所未有的道德法律问题被提了出来，例如体外受精、基因克隆等生殖技术的发展，以及由此出生的婴儿是否符合道德标准、是否具备合法地位等，这也增添了以往存在的许多伦理问题的复杂性和迫切性。该文也对安乐死、基因重组技术等问题进行了回应，指出科学研究应该重新考虑应有的极限。

就内容而言，以上这几篇文章主要是介绍欧美国家面对新的生命问题所进行的伦理道德思考，作者尚未就中国境内的生命医疗存在的问题进行探讨。

1996年，西安交通大学主办的《中国医学伦理学》于第6期发表聂精葆的文章《医学伦理之魂：反思和探求医学道德的根基——恩格哈特〈生命伦理学的基础〉对中国的意义》。作为美国得克萨斯大学医学院医学人文学研究所的博士研究生，聂精葆从哲学研究的使命出发，对英国莱斯大学（Rice University）哲学系和贝勒医学院教授恩格哈特（Engellaardt）所著《生命伦理学的基础》一书予以理论分析，指出伦理学必须反复质询理所当然的道德信念的合理性，发现和甄别似是而非的道德宣称和道德权威，在不道德的世界中寻求道德的理念；然而，对现实道德合理性的质询是不容易的，因为此等咨询将会挑战公认的观点或触犯法定的意识形态。作者以老子和孔子为例，并且联系布鲁诺被烧死于火刑柱的历史案件，说明反思质询之困难。与此前侧重于介绍西方生命伦理研究现状的做法不同，这篇文章实际上是以评述恩格哈特的著作为契机，思考中国社会当下攸关生命的问题，以一种由"外"而"内"的方向把握和关注现实。

当然，我国学者也不限于从介绍西方研究成果中认识和申发生命伦理的内涵和价值。生死存亡的当下现实，激发了人们对生命存在价值的重新思考，从而引起了较为强烈的社会关切。1997年，中国伦理学会与天津社会科学院主办的《道德与文明》于第2期发表了杨青的文章《当代生命伦理所面临的难题》。作者指出：随着现代高新科学技术在医学中日益广泛的应用，医学领域中的高新诊疗手段不断增多，这一方面增加了人们诊疗和预防疾病的可靠性，对维护和增进健康、延长寿命、提高生命质量起了积极作用，但在生命伦理道德上也产生了许多难题。他所指的难题主要有四个方面：人工授精、DNA遗传基因重组、安乐死、器官移植。在这些方面的技术操作，必然会对传统生命伦理产生挑战。因此，他呼吁建立面目一新的生命伦理道德标准，并与社会发展、人们的观念相适应。他认为，建立新的道德标准，这是时代赋予生命伦理学的一项艰巨而紧迫的任务。作者虽然没有提出具体的解决方案，但他的呼吁却引起了人们的认真思考。此后，类似的讨论便陆续出现，包括慢性病患者生命末期治疗的决策与伦理要求、生殖限制、人工智能在医疗领域中的应用等问题的讨论逐步向纵深发展。

社会发展的维度推进到21世纪，公共安全问题一时成为人们讨论的热点，尤其是在"新冠病毒"袭击之下，一些隐蔽的问题暴露出来。如何进行应急处理？人们有了更多的思索。2020年，天津社会科学院主办的《天津社会科学》于第4期发表了张轶瑶、田海平合作的文章《生命政治对国家灾难叙事的伦理审视——兼论国家"抗疫"叙事模式的道德正当性问题》。作者认为：生命政治对国家灾难叙事的伦理审视，其对象不是权力治理，而是权力治理在危机治理中的道德合理性和合法性依据问题。针对美国在此次应对新冠疫情过程中表现出的权力滥用、对生命的漠视、对技术和话语权的操控等问题，文章指出，如果权力治理的道德意图在本质上与该国人民之价值诉求是相对立的，那么国家在灾难叙事中就隐藏着一种治理暴力的可能：它可以通过建构一个"例外状态"来制造和生产一种现代性"赤裸生命"，使权力直接作用于生命，从而实现对个体的控制。这种分析体现了敬重生命的精神。

在抗击"新冠病毒"的过程中，我国政府快速做出反应。一方面，以战时形势紧急动员、调集各种资源，救援灾情严重的地区；另一方面，则形成了秩序井然的疫情管控体系，充分显示了社会主义制度的优越性。相比之下，一些平时高呼尊重"人权"的西方国家领导人则以冷酷的态度面对这场世纪疫情，从而造成了疫情失控的局面，其背后的原因很值得探究。2020年，甘肃省社会科学院主办的《甘肃社会科学》于第3期发表了马乔恩、马俊峰的文章《马克思对公共卫生的生命伦理批判及当代启示》，该文以马克思《资本论》为主要经典依据，从公共卫生视角切入，剖析了资本主义制度下，无产阶级贫困、饥饿、肮脏、非人的生命境遇，以及这种恶化的公共卫生条件导致的无产阶级的道德困境。文章指出：马克思通过讨论公共卫生问题实现了对资本主义社会的生命伦理反思与批判，为无产阶级反思公共卫生及其背后的制度设计，摆脱赤裸裸的非人状态，实现人的自由而全面的发展指明了方向。文章认为：当今时代，公共卫生危机带来的生命伦理问题比以往任何时期都更为复杂，因此对《资本论》生命伦理价值的挖掘也比以往更为迫切。

马克思《资本论》关于资本主义国家公共卫生问题的论述虽然形成于19世纪，迄今已有154年，但其精辟的分析却像一面"照妖镜"，使得一切虚假的"人权"声称现出原形，在面对生命公共危机时具有振聋发聩的作用，对于当代生命哲学的建构具有纲领性的意义。

二、中国传统生命伦理修养及其当代价值

回过头，再看看中国的文化传统，民国以前的古典文献虽然没有使用"生命伦理"这个概念，却蕴含着深邃的生命意识，而这种意识从根本上看，又具有鲜

明的伦理思想特征。故而，自 20 世纪末，中国的学者也着力于这方面的研究，且有不少成果问世。

1994 年，《中国医学伦理学》于第 1 期发表了朱汉民、陈谷嘉合写的文章《道德与养生——儒道生命伦理片论》。该文有个简短的摘要："本文从翔实的古籍中总结归纳出儒道两家有关养生的种种论述，并对其异同作了比较和阐释。"[1]文章的副标题有"生命伦理"概念，可以想见作者力图从生命伦理角度来阐述儒道两家在道德与养生关系问题上的看法。文章一开始即指出：

> 儒家与道家道教的人生价值观是截然不同的。儒家推崇个体对社会的道德义务、责任，主张为了实现这种义务与责任，个人甚至应不惜牺牲最珍贵的生命。所以，在儒家的道德箴言中，充满着"舍生取义""饿死事小，失节事大"之类的劝诫。而道家道教则相反，他们总是将个体的生命看得高于一切，为了珍生、养生，个体甚至可以完全放弃自己对社会的道德责任与义务。从道家的珍生、养生，到道教的炼丹以求长生，均是那种将个体生命看得高于一切的人生价值观的体现。根据这两种价值观点，似乎可以看到儒家的道德义务与道教的珍生养生是两种对立的人生价值观，前者的目标是社会稳定，后者只是为了个体生存。[2]

此文将儒道的人生价值观看作"对立"的两种思想形态，为了审慎起见，还用了"似乎"来修饰，看起来似乎很严密，但仔细推究是有问题的，因为支撑这种看法的依据存在误判。固然，儒家伦理道德修养目标是"社会稳定"，但不见得道家就不是这样。查《道德经》第十章有"爱民治国"的说法，既然倡导"爱民"，就不可能不维护社会稳定了，因为社会如果不稳定，"爱民"是不可能落到实处的；至于"治国"就是为了人们赖以生存的社会空间有序化，故而维护社会稳定的精神就贯穿其中。先秦时期以老子《道德经》为代表的道家"爱民治国"

---

[1] 朱汉民、陈谷嘉：《道德与养生——儒道生命伦理片论》，《中国医学伦理学》，1994 年，第 1 期。
[2] 同上。

思想到了汉代以来的制度道教，发展为"身国共治"的修养理论，例如《太平经》以调理精气神为大道，称："上士用之以平国，中士用之以延年，下士用之以治家……大道坦坦，去身不远，内爱吾身，其治自反也。"[1] 文中所指"平国"是以治理为前提的，国家得到治理才能平稳而公正；而"延年"则是"理身"的结果，因身不得理年即难延；至于"治家"乃起于治身，又成为治国的基础。照《太平经》的看法，"大道"既是治身的指南，也是治家和治国"不可须臾离"的法宝。《太平经》把"平国"置于首位，反映了汉代开始的制度道教本来就把国家的平定作为修道的最高目标，或者说自我人格完善的前提。继《太平经》之后，晋代葛洪也将"治身"与"治国"连通起来论述，其所著《抱朴子内篇·地真》谓："一人之身，一国之象也……神犹君也，血犹臣也，气犹民也。故知治身，则能治国也。夫爱其民所以安其国，养其气所以全其身。民散则国亡，气竭则身死。"[2] 按照葛洪的看法，人体简直就成了国家机器。他根据道家的"三分法"，把人之所以为人的要素概括成三个方面，又将它们分别做了比喻。在人体的"国度"中，君、臣、民俱备，各居其所，皆尽其职，此即身国之美妙。就"理身"来说，养气乃是培元之本，由此推及"理国"就应该爱民。不论是"理国"还是"爱民"都表明：汉代以来的制度道教继承了先秦时期以老子为代表的道家学派生命至上的文化精神。从老子《道德经》到葛洪的《抱朴子内篇》关于"身、民、国"的论述中，我们已经可以发现：整个道家学派事实上并非对社会漠不关心；恰恰相反，关注社会、维护社会稳定，乃是道家修行理论的应有内涵。由此可见，将道家的人生目标看作"只是为了个体生存"，这未免失察。

当然，笔者做如上分析，并非主张儒道两家的生命伦理旨向完全相同，也不意味着彼此的伦理实践路径与方法没有区别。如果要加以比较的话，笔者以为如下三个方面尤其值得注意。

首先，道家的生命伦理体系以"天道"为标的，而儒家的生命伦理则更强调

---

[1] 王明：《太平经合校》，第728页。
[2] 王明：《抱朴子内篇校释》，第326页。

"人道"的现实作用。

"天道"与"人道"是中国古代哲学的重要范畴，二者均归属于"道"或者"大道"。无论是道家还是儒家，都推崇"道"或者"大道"。老子《道德经》一开始便是"道可道，非常道"，为道家学派确立了学说体系的根本范畴；而儒家宗师孔子也以"闻道"为乐事，其所谓"朝闻道，夕死可矣"[1]，表明孔夫子对"道"的追求已经到了念念不忘、舍生忘死的地步了。由"道"衍生开来，则有天道、地道、人道，《周易·说卦传》称之为"三才之道"。在卦象爻位的诠释学体系中，一般是"三才"对应的，但应用于诸子百家，便以天道、人道对应为多。具体落实于儒道两家，尽管都是既讲天道，也讲人道，但侧重点不同。

道家的思维法度是"观天道"以推人事，如果说"人事"是人间世事，具有现象的意义，那么"推"就是推究、推演，寻求出人间之道。从这个角度看，人事背后有"道"，这个"道"可称作人道。由此看来，"观天道"以推人事，即是以天道为准则来看人间世事。《天机经》说："是故圣人将欲施为，必先观天道之盈虚，后执而行之，举事应机则无遗。"[2]意思是讲：圣人即将有所作为，必然是先观察天道盈满、虚空的变化规律，然后才采取行动。所有的作为都适应了天机变化，这样就能达到圆满的效果。《天机经》这段论述把"观天道"放在首位，体现了道家遵循自然法则的思想立场。为什么要"观天道"？说到底，还是为了不伤物命。依照道家的立场，人道是天道决定的，人世间的一切规则都应该符合天道，调整人与人相互关系的伦理规范也不例外，这种"尊道贵德"的态度正是道家生命伦理的最高价值取向。

再说儒家，当然也讲天道，例如《子夏易传》阐述"天道"的行文即相当不少，像"易而变之，而得其时，故天道成也"[3]，还有"乾下通而泰也，物不可终通，则天道复其上，地道归其下矣"[4]等等，诸如此类，反映了"天道"这个概念

---

[1] （三国）何晏集解，（宋）邢昺疏：《论语注疏》解经卷第四，（清）嘉庆二十年南昌府学重刊宋本《十三经注疏》本。
[2] （宋）张君房：《云笈七签》卷十五，《道藏》第22册，第120页。
[3] （春秋战国）卜商：《子夏易传》卷九，（清）康熙十九年通志堂刊本。
[4] （春秋战国）卜商：《子夏易传》卷二，（清）康熙十九年通志堂刊本。

第十章　平安之道与生活修行

在发展期的儒家文化体系中也占据重要地位。不过，如果往前追溯则可以发现，早期儒家则较少论说天道，《论语·公冶长》引述子贡的话说："夫子之言性与天道，不可得而闻也已矣。"[1]所谓"夫子"，即孔子。子贡十分感叹：老师孔子有关"性"与"天道"的论述，实在没有听说。子贡是孔子的门徒，连他都没有听说孔子是如何论述"天道"的，反映了孔子教学并没有以阐述天道作为迫切问题。相反，孔子倒是对"人道"问题讲了很多，例如仁、义、礼、智、信以及孝悌、爱人等都属于人道的范畴。孔子这种侧重于人道的导向在撰写《春秋》时体现得更为清楚。陈士元《论语类考》说："建寅之正，人道也。天人一理，但语其宜民，则天道不若人道之切近易知耳，此夏正所以为善也。"[2]孔子的《春秋》每说"王正月"，正是依照夏历以建寅为正。在子、丑、寅"三正"中，"子"象征天道，"丑"象征地道，而"寅"则象征人道。孔子选择夏正，正是以人道为先的见证。此后，儒家基本上遵循这样的取向，对人事问题更加关注，所以其生命伦理也就以突出人道为鲜明特色。

其次，道家的生命伦理升华到修行境界便是真人的理想目标，而儒家则以实现人生社会价值的圣人为楷模。

基于敬畏生命、关爱生命的立场，道家把人格完善问题置于广袤的宇宙空间中来思考。人格如何才能完善？道家认为应该遵循天道。依照天道法则来调理人的行为，这就是修行。而修行的目标就是成为"真人"。在道家典籍里，其论者虽然也常用"圣人"这个概念，但"真人"则更具有标志性意义。作为道家的人格理想典型，"真人"首见于《庄子》书中，此后的道家文献多有叙说。《鬼谷子外篇》谓："生受之天，谓之真人。真人者，与天为一而知之者。"又说："真人者，同天而合道，执一而养产万类，怀天心，施德养，无为以包志虑，思意而行威势者也。"[3]按照《鬼谷子》的论述，所谓"真人"有四大特点：其一，真人生时禀天

---

[1] （三国）何晏集解，（宋）邢昺疏：《论语注疏》解经卷第五，（清）嘉庆二十年南昌府学重刊宋本《十三经注疏》本。
[2] （明）陈士元：《论语类考》卷一，（清）光绪十七年三余草堂刊本。
[3] （周）无名氏：《鬼谷子外篇》，（明）万历刊本。

419

真之炁而先天纯正；其二，真人生后所有的认知都能够与天道相合；其三，真人不仅无私，而且具有慈悲的高尚情怀，他专心致志地养育万物生长；其四，真人的一切行动效法自然，故而能够顺势而成。[1]既然是"怀天心，施德养"，有着一种普施化育的胸襟，也就不是什么"只是为了个体生存"而已了！

与道家塑造"真人"的生命理想典型不同，儒家的生命理想典型乃是"圣人"。查古代典籍，可知诸子百家都有不少关于"圣人"的描述，但各自说法不一。儒家主要是从人师与人伦角度叙说圣人品格的。例如《孟子》有言："圣人，百世之师也。"[2]能够被尊为"百世之师"，足见其品德与知识素养是非常之高的。不过，这种品德素养乃是基于社会关系而提出来的要求。为了阐述这种特质，《孟子》做了比喻："规矩方员之至也，圣人人伦之至也。"所谓"至"就是达到极点、顶峰的意思。在孟子看来，人间世事之至善，没有比取法圣人品格更为重要的，这就像画个圆的图像必须要有圆规一样。圣人所象征的最大规矩是什么？一言以蔽之，就是奉行仁义礼智信，而其要者即为"仁"。故而，孟子引孔子仁说，谓"孔子曰：道二，仁与不仁而已矣。暴其民甚，则身弑国亡；不甚，则身危国削，名之曰幽厉，虽孝子慈孙，百世不能改也"[3]。不仁的君王，暴虐无比，最终是杀身亡国；即便不那么严重，但只要有暴虐行为，都是相当危险的，像周幽王、周厉王那样身败名裂，尽管子孙孝慈，但已经无济于事了。孟子从反面论证施行仁政的重要性，反映了儒家的圣人之教，乃具有鲜明的社会伦理特征。

复次，道家实现生命伦理境界的路径方法是自我超越，而儒家则是强调个人修养前提下的社会责任。

如何达到生命伦理的最高境界？道家主张奉献而不居功。例如老子《道德经》第十章说："生之畜之，生而不有，为而不恃，长而不宰，是谓玄德。"这里省略了主语——"道"，或称"大道"，而"生"就是生化万物，"畜"通"蓄"，表示大道养育万物。在老子看来，大道生化、养育万物，正如母亲一样，不仅是无私的，而

---

[1] 关于"真人"的特点，《庄子》等书有大量的论述，为了节省篇幅，本节仅征引《鬼谷子》行文为代表。
[2] （春秋战国）孟轲撰，（汉）赵岐注：《孟子》卷十四，（民国）《四部丛刊》景宋大字本。
[3] （春秋战国）孟轲撰，（汉）赵岐注：《孟子》卷七，（民国）《四部丛刊》景宋大字本。

且要有高度的责任感和耐心。就逻辑学角度看,"万物"是一个聚合全称概念,其范围不仅是自然界,而且包括社会大众。因此,所谓"责任感和耐心"就不仅是对自然界的生灵而言,而且是对社会存在而言。既然如此,那么以"大道"为思想文化根基的道家学派,也就不是如朱汉民、陈谷嘉在《道德与养生——儒道生命伦理片论》一文中所说的那样:"可以完全放弃自己对社会的道德责任与义务。"[1]只是道家以《易经》的"谦"卦精神为旨归,主张济物利他而不居功,所谓"生而不有,为而不恃,长而不宰"正是谦德的体现。老子这里连续讲了三个"不",就是对那种居功自傲态度的否定。就修行而言,敢于对功名利禄说"不"是很不容易的。道家正是要在普遍争名、争功、争利的不容易环境下实现自我超越。汉代以来的制度道教继承了先秦时期以老子为代表的道家关于自我超越的修行法门。唐末五代杜光庭撰《道德真经广圣义》卷三十七说:"修道之士,积德而不居,阴功而不恃。享寿弥远,而证道登真可也。"[2]什么叫作"积德"?简单讲,就是多做好事、善事,包括帮助他人,为人化解危困,也包括修桥铺路等服务公共事业的举动。不仅如此,做了好事、善事,还不能够四处张扬,而是虚空寂静,内心全然没有功德之念想,唯有如此,才能"与道合真",成为真人,羽化飞升于"三清胜境"。

毋庸置疑,生命伦理境界本来就是以个人修养为突出标志的,在这一点上儒道两家有共同性。老子《道德经》第五十四章谓"修之于身,其德乃真",而儒家的基本经典《大学》也把修身作为"三纲领"与"八条目"的根本,其谓:"古之欲明明德于天下者,先治其国;欲治其国者,先齐其家;欲齐其家者,先修其身;欲修其身者,先正其心;欲正其心者,先诚其意;欲诚其意者,先致其知。致知在格物。物格而后知至,知至而后意诚,意诚而后心正,心正而后身修,身修而后家齐,家齐而后国治,国治而后天下平。自天子以至于庶人,壹是皆以修身为本。"[3]儒家讲"修身"不只是为了个人的品格完善,而是以此为基础,进而齐家、

---

[1] 朱汉民、陈谷嘉:《道德与养生——儒道生命伦理片论》,《中国医学伦理学》,1994年,第1期。

[2] (五代)杜光庭:《道德真经广圣义》卷三十七,《道藏》第14册,第503页。

[3] (汉)郑玄注,(唐)孔颖达疏:《礼记注疏》卷六十,(清)嘉庆二十年南昌府学重刊宋本《十三经注疏》本。

治国、平天下，这一切都是围绕个体生命与社会生命的安顿和完善展开的，因此具有鲜明的社会政治理想色彩，体现了集体主义精神。因此，相比于道家，儒家在实现生命伦理境界方面应该说更具有社会性。

综上所述，儒道两家的学说理论，从根本上看，都是以人格修养为出发点的，尽管彼此的境界不同，实现生命伦理境界的路径、方法也各异，但殊途而同归，最终都是要实现生命的完善。在长期发展过程中，儒道两家的思想文化相互交错，相互汲取。故而，我们看到：当儒家塑造圣人理想典型的时候，道家则提出了"仙圣"的概念。早在《列子·黄帝》中便有"仙圣为之臣"[1]的说法，认为理想的国家应该由"仙圣"作为大臣来治理。从生命伦理境界的修持来看，道家的"仙圣"实际上是神仙真人与治国圣人之伦理内涵的交合。

儒道两家虽然不能完全代表中国生命伦理之传统，但作为中华民族思想文化的主干，儒道两家的生命伦理精神渗透于包括中医在内的文化学术诸多领域，深深影响着中华民族的人格塑造。蕴含在儒道经典文献中的生命伦理思想、修养技术对于当今社会的生命教育、社区安定等都具有重要理论价值与实践意义。

第三节　快乐的生命修养技艺

生命健康关涉多种因素的作用，但概括起来无非是精神与物质两大系列。如果把伦理道德修养看作影响生命健康的精神因素，那么通过仿生等形式所进行的技艺操作则可以看作影响生命健康的物质因素，前者侧重于内心认知、反省与感通，后者则侧重于有形动作体系来活络躯体，达到气血流畅、愉悦身心的目的。

一、道引、禹步及其他

古老的华夏文化传统，蕴藏着十分丰富的养生技艺。其中，"道引术"向来

---

[1]（春秋战国）列御寇撰，（晋）张湛注：《列子》卷二，（民国）《四部丛刊》景北宋本。

颇受人们喜爱而乐用。"道引"[1]，也称作"导引"。作为"养生"概念，它最早见于《庄子·外篇·刻意》。其略云：

> 吹呴呼吸，吐故纳新，熊经鸟申，为寿而已矣。此道引之士，养形之人，彭祖寿考者之所好也。[2]

意思是讲：冷呼而吐故，暖吸而纳新，像熊那样扭动腰体，如鸟那样伸展翅膀，目的就是为了长寿。这些乃是道引高士、保养躯体的人，还有像彭祖这样的老寿星所雅好的技艺。

在历史上，学者们对《庄子》这段话做出了许多解释，但存在不少歧义。笔者以为有三点应该着重把握。第一，道引的关键是吐纳行气。不论以什么动作来进行，必须能够促进吐故纳新行气，才有益于长寿。第二，道引是一种仿生的功夫，其中熊的步态与鸟的飞翔，乃是追求长寿者所喜欢的模拟原型。第三，"道引之士，养形之人，彭祖寿考者"乃是三位一体；换一句话来讲，"彭祖寿考者"既是"道引之士"，也是"养形之人"。在三者之中，"道引"是技艺，"养形"是健康目标之初阶，而"寿考"是健康目标的高阶——这些元素最终凝聚在彭祖身上，所以彭祖就是道引的典型。

以往之研究，或以为彭祖寿高八百仅仅是传说，但查考古籍却发现，屡见有关于彭祖的记载。例如《列子·力命》谓："力谓命曰：若之功奚若我哉？命曰：汝奚功于物而欲比朕？力曰：寿夭穷达、贵贱贫富，我力之所能也。命曰：彭祖之智，不出尧舜之上，而寿八百；颜渊之才，不出众人之下，而寿十八。"[3]《列子》这段话通过对比，旨在强调人的才智并非决定长寿的因素，尽管其本意并非专门陈述彭祖的寿老，但却表明早在先秦时期便有彭祖寿高八百的说法。

---

[1] 按：春秋战国时期不仅道家典籍说"道引"，其他文献诸如《韩非子》《荀子》也见有"道引"概念，但不具有养生术意义，仅作为道路行进的意义使用。
[2] （春秋战国）庄周撰，（晋）郭象注：《南华真经》卷六，（民国）《四部丛刊》景明世德堂刊本。
[3] （春秋战国）列御寇撰，（晋）张湛注：《列子》卷六，（民国）《四部丛刊》景北宋本。

关于彭祖的身世，司马迁《史记·楚世家》记载："楚之先祖，出自帝颛顼高阳。高阳者，黄帝之孙，昌意之子也。高阳生称，称生卷章，卷章生重黎。重黎为帝喾高辛居火正，甚有功，能光融天下，帝喾命曰祝融。共工氏作乱，帝喾使重黎诛之而不尽。帝乃以庚寅日诛重黎，而以其弟吴回为重黎后复居火正，为祝融。吴回生陆终。陆终生子六人，坼剖而产焉。其长一曰昆吾，二曰参胡，三曰彭祖，四曰会人，五曰曹姓，六曰季连，芈姓、楚其后也。"[1] 从这段描述可知，彭祖乃实有其人，生当尧舜之际，故而彭祖所雅好的道引技艺至迟也应在尧舜时代便已流行。

"道引"是在什么背景下产生的？《吕氏春秋·古乐》透露了一些信息：

> 昔陶唐氏之始，阴多滞伏而湛积，水道壅塞不行其原，民气郁阏而滞着，筋骨瑟缩不达，故作为舞以宣导之。[2]

文中所谓"陶唐氏"即"尧"，姓伊祁，名放勋，系上古时期的部落联盟首领、"五帝"之一。史称：尧为帝喾之子，十三岁封于陶；十五岁辅佐兄长帝挚，改封于唐地，故称陶唐氏。《吕氏春秋·古乐》这段话的关键字眼是"宣导"，所谓"宣"，按高诱的解释，乃是"通"的意思，而"导"就是引导气血以畅行。合起来看，"宣导"其实就是道引行气。如何"宣导"？这就是"为舞"，亦即翩翩起舞。迹象表明，"为舞"可能是最初的道引行气方式。为什么要"为舞"呢？照《吕氏春秋·古乐》的说法，是因为当时阴雨绵绵，湿气过重，水道堵塞不通，致使人们受潮，寒凉之气郁结体内，筋骨不能舒展。正是为了解决恶劣的自然环境所造成的疾病，先民们"为舞以宣导之"。

有趣的是，夏朝的帝王大禹也因为治水过程得病而创造了一种独特的治疗方法，称作"禹步"。众所周知，大禹是中国夏朝（约公元前2070—前1600年）的开国君主，系"鲧"的儿子。他的一生可以说与"水"结下不解之缘。战国时期

---

[1] （汉）司马迁：《史记》卷四十，（清）乾隆武英殿刻本。
[2] （秦）吕不韦撰，（汉）高诱注：《吕氏春秋》第五卷《仲夏纪第五》，（民国）《四部丛刊》景明刊本。

的古书《竹书纪年》以及汉代司马迁《史记·六国年表》等文献记载：大禹生于"石纽"，是西羌人的后裔。汉代经学家扬雄《蜀王本纪》说："禹本汶山郡广柔县人，生于石纽，其地名痢儿坪。"[1] 汶山郡是西汉时期的一个辖区，所管辖的范围包括广柔等五个县，治所在今四川茂县之北，大禹的故里就在汶川县境内。由这些史料可以判断：大禹是一个生长于川北并且熟悉水域环境的人。特殊的地理环境使得大禹从小就获得水文化的熏陶，所以在后来治水活动中得以发挥其聪明才智。古文献记载，大禹时期，先后经历了九年的大水灾。作为一国之君，大禹以身作则，勤政为民，治水不懈。然而，由于过度劳作，大禹病了。他得的是什么病呢？《尸子》有一段话提供了大禹疾病的线索，其中言及：

> 古时龙门未辟，吕梁未凿，河出于孟门之上，大溢逆流，无有邱陵，高阜灭之，名曰洪水。禹于是疏河决江，十年不窥其家，手不爪，胫不生毛，生偏枯之疾，步不相过，人曰禹步。[2]

意思是讲：古时候，龙门尚未开辟，吕梁山也还没有穿凿，黄河水从孟门上面涌出，泛滥成灾，不见丘陵，淹没了高山，巨大的洪水使人们苦不堪言。为了治水，大禹梳理河流，开通江道，十年时间没有回过家，他累得手指甲都脱落、腿肚子也没有毛了，患了偏瘫的疾病，走路时无法两脚交互迈过。他走路的样子就称作"禹步"。

由上可见，"禹步"最初指的是大禹的病态脚步。后来，他学习神鸟的特殊行进方法，偶然中产生了奇异效果，于是"禹步"又成为神奇的法术。道经《洞

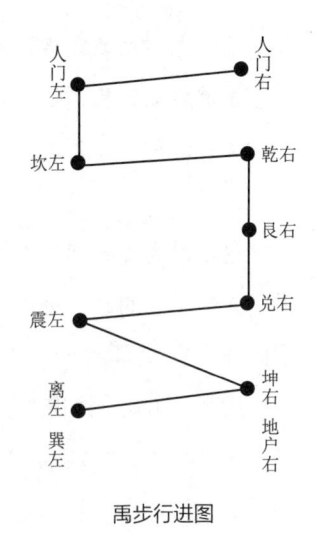

禹步行进图

---

1 （清）黄廷桂：（雍正）《四川通志》卷二十七，（清）《文渊阁四库全书》本。
2 李守奎、李轶：《尸子译注》，哈尔滨：黑龙江人民出版社，2003年版，第76—77页。

神八帝元变经·禹步致灵》称：

> 禹届南海之滨，见鸟禁咒，能令大石翻动。此鸟禁时，常作是步，禹遂摸写其行，令之入术。自兹以还，术无不验。[1]

这段话虽然没有描述大禹如何治好偏枯病的事，但既然"术无不验"，则表明了大禹对神鸟的"仿生"动作是激发了养生能量的。试想一想，如果大禹一直处于偏枯状态，他怎能做到"术无不验"呢？

从行进的步骤程序来看，"禹步"实际上就是一种导引术。按照《洞神八帝元变经》的记载，行"禹步"的时候必须进行一系列的准备工作，施行法术的人应该面向神坛，以夏时的尺子量三尺，作为星宿相距的间隔，以清净白灰画出星宿图像，并且标示出八卦之数。施行法术的人立在地户巽上，面向神坛坐着，鸣天鼓十五通，而后即闭气行"禹步"。其具体行进程序是：

> 先举左足践离，右足践坤，左足践震，右足践兑，左足从右并作兑。乃先前右足践艮，左足践坎，右足践乾，左足践天门，右足践人门，左足从右足并，在人门上立。[2]

这是最为传统而基本的步法。其特点是先左右分进而后左右交错行进，与后世"太极拳"的屈伸进退运动有异曲同工之妙，所以《金锁流珠引》谓大禹"易形而升太极"，即暗示了其养生健身的理趣。

后来，由此步法再变形，形成了千姿百态的路线图式，例如《无上玄元三天玉堂大法》卷之十九《三五步罡品第二十一》根据"河图"的错综之数，编制了上元、中元、下元的天、地、人罡步，配上了特有的咒语，禹步的养生特质更为彰显。

---

[1] （晋）佚名氏：《洞神八帝元变经》，《道藏》第28册，第398页。
[2] 同上。

"禹步"向艺术上延伸,便有了《大夏》舞蹈。据说《大夏》演出时,每八个人站成一行,称为一"佾"。舞者头上戴着毛皮帽子,上半身袒露出来,而下身则穿白色短裙,左手持乐器"籥",右手持羽毛,边舞边唱,粗犷质朴。这种舞蹈尽管已经脱离了原初禹步的法术特质,但因为遵循了《易经》"河图""洛书"的阴阳交错原理,能够使舞者的肌肉、骨骼得到很好锻炼,有利于精神谐调,有助于身心健康。

汉代以来,"禹步"不仅成为道教科仪的重要环节,而且流传海外,影响于东亚国家的宗教仪轨。例如韩国大巡真理会所奉行的《典经》便有许多关于行禹步的记载。该书《公事》篇第二章第九节、第三章第三十九节,《教运》第二章第二十七节以及第二十九节,都涉及"禹步"。这些资料表明,随着时代的变迁,"禹步"已经不单纯是一种导引术了,它逐步朝着仪式文化的方向发展,寄托着天人感通的生命思考。

二、房中养生与阴阳运化

人类生命,不仅表现为两性的个体存在,而且通过两性的相互作用来延续和繁衍。因此,生命健康问题也就离不开男女两性的相互关系。从发生学立场看,男女两性结合,本来就是一种动物本能;不过,自诩为"万物之灵"的人类又是社会化的,两性间的关系也打上"社会化"的烙印。随着社会的发展进步,两性结合便由动物本能的驱使,升华为一种特定文化,而作为这种特定文化的主体内容就是"房中术"。

房中术,又称"男女合气之术""黄赤之道"等,属于男女性知识一类。据说,此法乃"真人口口相传,本不书也"[1],所以外人难窥其真谛。

查"百度百科",可以看到这样的描述:

> 房中术即中国古代的性科学。从现代性科学的观点来看,房中术主要包

---

[1] 王明:《抱朴子内篇校释》,第150页。

含有关性的常识、性技巧、性功能障碍治疗与受孕等方面，同时它又不局限于性，而是把性与气功、养生结合在一起，和追求长生不老或延年益寿结合在一起。目前从史籍中看到的是，它最早出现于汉代，而且和道家关系极为密切。长期以来，房中术被人们涂上一层神秘、玄虚的色彩，但实际上它在很大程度上代表着中国古代的性学理论。

笔者认同"百度百科"最后的说法，将"房中术"定性为古代"性学理论"，而不必安上"科学"的标签。既然在时限上确立为古代，那么要明了其内涵，也就需要追溯历史；当然，所谓"古代"是与"现代"相对而言的，对"房中术"的审视与理解便离不开现代的视角。

"和道家关系极为密切"的"房中术"到底起源于何时？历来传说甚古。据《列仙传》卷上记载，有容成公者得"御女之术"，此即"房中术"。据说，容成公是黄帝的老师，作有《容成阴道》一书。《汉书·艺文志》列此为"房中"第一家。按照这种说法，似乎房中术起源于黄帝之时了。然而，《列仙传》在介绍容成公的生平事迹之时，又说他曾见到周穆王。从传说的黄帝时代到周朝相隔至少几千年，一个人能活这样大的岁数，实属不可思议，故此说令人难以置信。笔者以为，《列仙传》多从传说资料取材，常有多种说法并存的情况。据此判断，则黄帝时期开始有关于"房中术"的探究，经后人整理而成书，秦汉之际遂有《容成阴道》之类文献流传。

从有关典籍的记载看，房中术当是适应了古代宫廷中王侯将相的性生活需要而产生的。葛洪《神仙传》卷一载有商王命采女求道于彭祖之事，在彭祖与采女的对话中就谈到了房中术。彭祖对采女说："身不知交接之道，虽服药无益也。"又说："但知房中之道，闭气之术，节思虑，适饮食，则得道也。"[1] 所谓"交接之道"即"房中之法"，而"房中闭气"则是于交接之时兼凝神炼气的一种方式。在此，行房中术成为长生升仙的一个举足轻重的"砝码"。这种"功效"虽带有葛洪

---

[1] （晋）葛洪撰，胡守为校释：《神仙传校释》，北京：中华书局2010年版，第16页。

本人的猜测成分，但从其行文中我们却得到一个信息，这就是：古代的王公大夫们对房中术问题是颇为留心的。彭祖本人据说就是一个大夫。他把房中术传给采女，背后有一个动力——商王的请求。当商王得到了采女由彭祖那里学来的房中术之后，曾亲自试验，且有所"裨益"，活了三百多岁，但由于"不能戒妖淫"而死。商王到底是哪一个？书中没有明指。不过，就"戒妖淫"事观之，则房中术当是王宫作为调节性生活的一种手段。班固在《汉书·艺文志》中对此讲得更为明确。他指出："房中者，情性之极，至道之际。是以圣王制外乐以禁内情，而为之节。文传曰：先王之作乐，所以节百事也。乐而有节，则和平寿考。及迷者弗顾，以生疾而陨性命。"[1] 既然房中术同制乐事一样是为了禁内情，使之宣而有节，则在这种方术出现之前，当存在着许多性生活过度而导致疾病流行的现象。因为事物的发展到了泛滥成灾的时候，人们自然会紧迫地想出解决或限制的办法，这就像有了艾滋病，人们就会想到如何治疗艾滋病一样。所以，性生活中出现的流弊，当是房中术产生的客观基础之一。

考《汉书·艺文志》录有"房中"八家，除了上面提到的《容成阴道》26卷，还有《务成子阴道》36卷，《尧舜阴道》23卷，《天老杂子阴道》25卷，《汤盘庚阴道》20卷，《黄帝三王养阳方》20卷，《天一阴道》24卷，《三家内房有子方》17卷，凡191卷。[2] 关于房中术著作，《隋书·经籍志》以及《旧唐书·经籍志》还有著录。湖南叶德辉编《双梅景庵阁丛书》收有《黄帝素女经》《天地阴阳交欢大乐赋》等多种，可资参考。这些书的作者或托以帝王，或托以帝王师，这就进一步证明了房中术在历史上曾经作为宫廷王侯们性生活的指导。

因为古代的房中术以宣泄和节制情欲的面目出现，并且具有"补导寿考"的种种传奇色彩，这恰好与道教延年益寿的心理需求契合，所以，当传授房中术的方士转变成道士时，房中术自然也就成为道教方术的组成部分，并且受到一些道教信徒的推崇。葛洪是早期道教中对房中术谈论最多的一个，由他所撰《抱朴子

---

[1] （汉）班固：《汉书》卷三十，（清）乾隆武英殿刻本。
[2] 按：《汉书·艺文志》著录"房中八家百八十六卷"，与诸书卷数不合，当有误。

内篇》仅20卷，其中涉及房中术的就有8卷。在该书里，葛洪反复说明房中术是修道成仙不可或缺的手段。在《微旨》篇中，他指出："人不可以阴阳不交，坐致疾患。若欲纵情恣欲，不能节宣，则伐年命。善其术者，则能却走马以补脑，还阴丹以朱肠，采玉液于金池，引三五于华梁，令人老有美色，终其所禀之天年。"[1]他所说的人是泛称，既包括男人，也包括女人。在他看来，成年人若不过性生活就会导致疾病的产生；相反，若能有节制地行房事，则不但可以长寿而且有利于美容。在《释滞》《极言》《杂应》《辨问》《至理》篇中，葛洪也一再强调阴阳之交的必要性。继葛洪之后，六朝时期的著名道士陶弘景也宣称行男女合气术的益处。在《养性延命录》卷下《御女损益篇》里，陶弘景认为：男不娶，女不嫁，都不是好事。因为男无女，女无男，均可致心意动荡，神劳寿损。这些论述反映了道教关于人性自然的看法。

由于许多道教大师对房中术妙用的宣传，这种本来属于秘传的方术便吸引了一大批人，亲自试验。查《太平广记》，有这样一则人物故事涉及房中术的流行情况：

> 太和先生王旻，得道者也，常游名山五岳，貌如三十余人。其父亦道成，有姑亦得道，道高于父。旻常言：姑年七百岁矣。有人知其姑者，常在衡岳，或往来天台、罗浮，貌如童婴，其行比陈夏姬，唯以房中术致不死，所在夫婿甚众。天宝初，有荐旻者，诏征之。至则于内道场安置，学通内外，长于佛教，帝与贵妃杨氏，旦夕礼谒，拜于床下，访以道术。旻随事教之。然大约在于修身、俭约、慈心为本，以帝不好释典，旻每以释教引之，广陈报应，以开其志，帝亦雅信之。[2]

这篇文字言及王旻的姑姑七百岁，这当然只是传说，没有旁证资料，当小说家言可矣！不过，其中讲述"唯以房中术致不死"则表明，此"姑"的修道法度

---

1 王明：《抱朴子内篇校释》，第354页。
2 （宋）李昉辑：《太平广记》卷七十二《道术二》，（民国）景明嘉靖谈恺刻本。

430

乃以房中术为主，而"致不死"表明此"姑"希望通过房中术修持实现"不死"的目标，仅仅是理想而已，并非表明她已经达到目标；至于"所在夫婿甚众"，则反映了当时女子以房中术修道是得到许多男子帮助的。

追溯历史，可知有关房中术的评价，历来毁誉参半。一般而言，儒家学派对此是有较多批评的，例如宋代黄震于《读诸子》中说：

> 房中之术，则谓必待口传。夫男女之欲，阴阳之常。顺其阴阳之常，而节其情欲之过，所可言者不过如此。必待口传，则鄙俚难形纸笔为可知，是又使人纵于情欲，以速其死耳。[1]

黄震这段话是在阅读诸子中有关房中术记载之后有感而发的。他一方面肯定了房中术"节情欲"的劝诫价值，另一方面则指出那些把房中术搞得神秘化、借以纵情恣欲的弊病。

黄震之后，元代的大儒陶宗仪也对"房中术"流行过程中产生的弊端进行严厉批评：

> 今人以邪僻不经之术，如运气逆流，采战之类曰房中术。按史，周有房中乐，《汉书·礼乐志》（载），高祖时有房中词乐，唐山夫人所作；武帝时有房中歌；又云：房中者，情性之极，至道之际。是以圣王制外乐以禁内情而为之节文，乐而有节，则和平寿考。及迷者弗顾，以生疾而陨性命。[2]

陶宗仪这段批评的前提是"今人"，可见他针对的是元代的情况。在他看来，将"运气逆流，采战之类"归入"房中术"，乃是"邪僻不经"。他承认历史上的确有"房中术"的文化传承，并且列举周代以来的"房中词乐"，说明这些词乐目

1　（宋）黄震：《黄氏日钞》卷五十五《读诸子》，（元）至元刻本。
2　（元）陶宗仪：《南村辍耕录》卷十四，（民国）《四部丛刊三编》景元本。

的在于引导人们在两性生活中应该是"乐而有节",其目的是"和平寿考"。超出这个范围,就是迷失方向,其严重后果是"生疾而陨性命",不但得病,最终是要丢掉性命的。

实际上,关于纵欲所造成的危害,此前的道教学者也多有论述。例如南北朝的茅山派代表人物陶弘景在《养性延命录》卷下《御女损益篇》中指出,过度的两性生活对一个人的身心健康来说是极不利的:"俗猥精动欲泄,务副彼心,竭力无厌,不以相生,反以相害。或惊狂消渴,或癫痴恶疮。为失精之故。"[1]这就是说:亢奋状态下的两性媾和,往往为了讨得对方欢心,不遗余力,纵情耗精,这不但不能延年,反而产生有害的结果。有的患了糖尿病,有的得了麻风、梅毒、疯癫之类的恶疾。这是何等危险!他还指出,有些不过夫妻生活的人,四处寻花问柳,随便交合,结果"风湿犯之",虽得一时之快欲,却种下了痼疾恶根,于是乐极生悲,不寿早逝。他以总结性的口气说:"若孤独而思交结者,损人寿,生百病,鬼魅因之共交,失精而一当百。"[2]鬼魅交媾之事,自然只是宗教性的说法,但陶弘景显然已看到淫念的极大危害。

作为一种传统的性学文化,当然也有其局限性。不过,就平安生活的角度看,先民们经过长期实践积累而留下的经验,却依然有一定价值。对此,唐代大医家、道教学者孙思邈曾经做了总结,其中言及房事禁忌,至今看起来依然没有过失,兹引数段,以兹参考:

> 或曰:年未六十,当闭精守一,为可尔否?曰:不然。男不可无女,女不可无男。无女则意动,意动则神劳,神劳则损寿。若念真正,无可思者,则大佳长生也。然而万无一有,强抑郁闭之,难持易失,使人漏精尿浊,以致鬼交之病,损一而当百也(其服食药物,见别卷中)。
>
> 御女之法,交会者当避丙丁日及弦望晦朔;大风大雨大雾、大寒大暑、

---

1 (南北朝)陶弘景:《养性延命录》卷下,《道藏》第18册,第484页。
2 同上。

雷电霹雳，天地晦冥，日月薄蚀，虹蜺地动。若御女者则损人神，不吉。损男百倍，令女得病，有子必颠痴顽愚，喑痖聋聩，挛跛盲眇，多病短寿，不孝不仁。又避日月星辰火光之下、神庙佛寺之中、井灶圊厕之侧、塚墓尸柩之傍，皆所不可。夫交合如法则，有神德大智善人降托胎中，仍令性行调顺，所作和合，家道日隆，祥瑞竞集；若不如法，则有薄福愚痴恶人来托胎中，仍令父母性行凶险，所作不成，家道日否，殃咎屡至，虽生成长，家国灭亡。夫祸福之应，有如影响，此乃必然之理，可不再思之？

《黄帝杂禁忌法》曰：人有所怒，血气未定，因以交合，令人痈疽，又不可忍小便交合，使人淋，茎中痛，面失血色；及远行疲乏来入房，为五劳虚损少子；且妇人月事未绝，而与交合，令人成病，得白驳也；水银不可近阴，令人消缩；鹿猪二脂不可近阴，令阴痿也。[1]

这里仅摘录《房中补益第八》中的几段。第一段虽然是针对六十岁老人（古时候以七十岁为"古稀"，因此六十岁即为老人）讲的，但也适用于六十岁以下的人群。因为到了六十岁如果体力还正常况且不能闭精，那么六十岁以下者更是不能断绝男女性生活了。当然，这是就正常俗人而言的，至于出家的佛门子弟、道门修行者，则另当别论。

第二段与第三段主要讲行房之禁忌，既包括特别时辰，也包括特殊的空间环境，还有怒气发生、小便急、远行疲劳、女人月经尚未完全停止时都不能交合。孙思邈将男女交合是否遵守禁忌提升到家国存亡的高度予以阐述，绝非危言耸听。试想一想，如果因为性生活不当，不仅造成当事者身体亏损、酿成疾病，而且生育的子女智力低下，身体残障，不能保家卫国，其后果当然不堪设想了。由此可见，"房中无小事"，它关系到国家兴亡，应该引起国人的充分注意！

---

[1] （唐）孙思邈：《孙真人千金要方》卷八十三《房中补益第八》,《道藏》第26册，第544—546页。

第十一章　平安之道与生命境界超越

　　生命存在于天地之间，欲安生命，先安天地。我们的先民知此要妙，于是"仰以观于天文，俯以察于地理，是故知幽明之故；原始反终，故知死生之说；精气为物，游魂为变，是故知鬼神之情状。与天地相似，故不违；知周乎万物，而道济天下，故不过；旁行而不流，乐天知命，故不忧；安土敦乎仁，故能爱。范围天地之化而不过，曲成万物而不遗，通乎昼夜之道而知，故神无方而《易》无体"[1]。观天察地，所以能够知晓幽隐无形与袒露有形的一切事物之所以存在和变迁的缘由；推究事物的本初、反求事物的终了，所以明白生死问题的真谛；精气凝聚而成物，魂魄游荡而生变，抓住气变的原理，就知道"鬼神"出没的真相。大《易》之学，几近于天地理则，依照"易学"行事，所以不违背天地之道。立足于天地，而善于观察，知识遍及万物，而以大道来周济天下，所以起居行止合乎事宜而没有过失；应变有时，周而复始，居正不偏，与天同乐，认清命理，所以没有忧愁；天地定位，否极泰来，安处敦厚的大地，施行仁义，所以能够爱养万物。大《易》之道是如此广大，足以让天地间的万物都能够滋生长成而没有偏失和遗漏，它与昼夜交替的自然法则是一致的。其玄妙的作用没有极限，遵循变化的哲理而能够生生不息。从《周易·系辞上》这段话的描述中，我们可以看到先民们对天地生命的热爱。以仁厚大爱来安顿天地，即是安顿自我之生命，实现心物感通，天人合一。

　　置身于宇宙天地之间，如何实现"天人合一"的生命境界呢？先民们做出了种种探讨，留下了珍贵的文化遗产，颇值得深究。

---

[1] 黄寿祺、张善文：《周易译注》，第500页。

第一节　载营魄抱一与养元合真

在一般人心目中，躯体形态即是生命存在的最直观表现。就此而言，没有躯体，就没有生命；躯体的活力，传达着生命的信息。然而，躯体为何有活力？是什么玄妙的存在主导着人的生命活动？先民们在种种生活体验中感受到了一种精神性的东西似乎对躯体具有主导作用，于是有了"魂魄"的种种描述。

一、魂魄与健康

什么叫作"魂魄"？戴德撰《大戴礼记》卷五中说：

> 神为魂，灵为魄。魂魄，阴阳之精，有生之本也。及其死也，魂气上升于天为神，体魄下降于地为鬼。各反其所自出也。[1]

所谓"神灵"有体内与体外之分。从《尚书》《春秋》《周礼》《仪礼》《礼记》等儒家经典中可以看出，先民们认定人体之外是有神灵存在的。所谓"神为魂，灵为魄"之"为"可当"作为"或者"创造"来理解。就句子结构看，神、灵是主语，魂、魄是宾语，主、宾各自所指当然不同。按照先民的思路，人出生之前，神灵是独立于人类生命躯体之外的存在。当父母有情相爱，与天地感通，便获得了特殊能量，这就是"阴阳之精"，阳精为魂，阴精为魄，这是生命孕育、存在的根本。人体活着的时候，魂魄一直存在；当人体逐渐坏朽，魂魄就离开人体而去。魂气上升到了天上，回归为"神"；体魄下降到了地里，回归为"鬼"。根据"各反其所"的逻辑，则魂魄是从体外输入的。人的躯体就像一座房屋，居处其中的魂魄对房屋具有维护作用；但房屋本身是有期限的，不论主人如何用心维护，房屋最终总是要坏朽倒塌。当原有房屋完全坏朽不能居住时，主人只好离开而回归天地之间。这种想法，从今天的科学立场看起来，似乎很天真，但先民们却是真

---

[1]（汉）戴德：《大戴礼记》卷五《曾子天圆第五十八》，（民国）《四部丛刊》景明袁氏嘉趣堂本。

实相信的。

先民们不仅认为魂魄是由体外输入体内，而且推断不同人的魂魄具有强弱差异，如《春秋左传·昭公七年》说：

> 及子产适晋，赵景子问焉。曰：伯有犹能为鬼乎？子产曰：能。人生始化曰魄。即生魄，阳曰魂；用物精多，则魂魄强。是以有精爽，至于神明。[1]

子产，系春秋时期的著名政治家、思想家。姬姓，公孙氏，名侨，字子产，又字子美，谥成，历史典籍常称之为"子产"。他是郑穆公之孙、公子发（字子国）之子，于公元前554年为卿，先后辅佐郑简公、郑定公。赵景子，嬴姓赵氏，名成，谥景，史称赵景子。古时候，兄弟依照"伯、仲、叔、季"排行，赵景子居于老三，故又称赵景叔。

以上所引《左传》一段对话围绕"伯有"能不能为"鬼"的问题展开。伯有即春秋时期的郑国大夫良霄。史载，伯有主持国政之时，和贵族驷带发生争执，被杀于羊肆。传说他死后变为厉鬼，作祟于人间，郑人互相惊扰，以为"伯有至矣！"其后，"伯有"用以代称受屈或含冤而死的人。子产到了晋国，赵景子问他说：伯有还能做鬼吗？子产说：能。人开始化育的阴精叫作"魄"，对应于阴精的阳气就是"魂"。生时饮食精美丰富，魂魄就强大，因此有现形的能力，一直达到神化。照子产的说法，魂魄强弱，与生时的饮食有关系，丰富而美好的饮食有助于魂魄强壮而有力。换一句话来讲，魂魄之强弱，与后天生活条件又是分不开的。

人的禀性不同，魂魄也有个性差异，表现在什么地方呢？唐代经学家孔颖达在注释子产所言"人生始化曰魄"时说：

> 魂魄，神灵之名，本从形气而有；形气既殊，魂魄各异。附形之灵为魄，附气之神为魂也。附形之灵者，谓初生之时，耳目心识、手足运动、啼呼为

---

[1]（晋）杜预撰，（唐）陆德明音义：《春秋经传集解·昭二第二十一》，（民国）《四部丛刊》景宋本。

声，此则魄之灵也；附所气之神者，谓精神性识渐有所知，此则附气之神也。[1]

按照孔颖达的解释，魂魄乃是体内神灵的称谓。神灵不是直接呈现的，而是通过人体形气得以彰显。不同的人，形气既然有差别，魂魄当然也不一样。"魄"附于形而有灵，"魂"附于气而有神。尽管不能直接把握"魄之灵"，但可以从人出生时便有听闻、啼哭、运动等外在的表现得以感知；至于"气之神"也能从其思维、判断以及深层的领悟得以证明。

古人认为：魂魄对于生命的维持而言颇为重要。如《左传·昭公二十五年》："心之精爽是谓魂魄；魂魄去之，何以能久？"[2]对此，晋代的道教学者葛洪有进一步的发挥，他在《抱朴子内篇·论仙》中指出：

> 人无贤愚，皆知己身之有魂魄。魂魄分去则人病，尽去则人死。故分去则术家有拘录之法；尽去，则礼典有招呼之义。此之为物，至近者也。[3]

在葛洪看来，作为人，不论贤达还是愚笨，都知晓自己身体中有魂魄存在。如果魂魄有部分散去，人就要生病；如果魂魄全都散去，人就死了。如何解决魂魄离散问题？古人想出了相应的办法：如果是部分散去，便请法术之家通过禁咒来挽救；如果整个魂魄都消散了，就遵照礼仪法典予以招回。这些乃是很切近的情况。

葛洪所言"拘录"，又称"鞠录"。《荀子·荣辱》篇说：

> 孝弟原悫，鞠录疾力，以敦比其事业，而不敢怠傲。是庶人之所以取暖衣饱食，长生久视，以免于刑戮也。[4]

---

[1] （晋）杜预注，（唐）孔颖达疏：《春秋左传注疏》卷四十四，（清）嘉庆二十年南昌府学重刊宋本《十三经注疏》本。

[2] （晋）杜预注，（唐）孔颖达疏：《春秋左传注疏》卷二十四，（清）嘉庆二十年南昌府学重刊宋本《十三经注疏》本。

[3] 王明：《抱朴子内篇校释》，第21页。

[4] （春秋战国）荀况撰，（唐）杨倞注：《荀子》卷二，（清）《抱经堂丛书》本。

《荀子》这段话用了"长生久视",出于老子《道德经》第五十九章,足见道家理论早在战国时代就对儒家学派产生了影响,并且为其所接受。如何长生久视?荀子主要是从伦理角度展开论述,认为恪守传统的孝悌规矩,恭谨诚实,为人敦厚,而不傲慢,这样就可以避免刑罚与杀戮。其中的"鞠"一词,依唐代杨倞的注解,乃与"拘"同,故而"鞠录"就是"拘录",表示"自我检束",严格要求自己。就此而言,荀子讲的"鞠录"尚未有宗教信仰的含义。

汉代以来,随着制度道教的形成,"拘录"一词被用于信仰领域,并且与魂魄思想相结合。此等情况可在《赤松子章历》中找到佐证。该书卷五谓:

> 气假托形影,导从鬼兵,驱逼先亡。伤注之鬼,去来家门,迫胁生人,拘录魂魄,致为疾病者,一依鬼律收治,皆令消灭。[1]

《赤松子章历》这段话见于《大冢讼章》,旨在解除人间、阴府的冤仇诉讼问题。照作者的看法,人间与阴府虽然是两个不同的空间,一为有形的社会空间,另一则为无形的精神空间,但彼此并非毫无关系,而是相互作用的。在人间有了冤屈,未能化解,就会累积为邪气,寄托于"形影"间,于是发生感应而引发"鬼兵"前来干扰,对有冤仇的家族先人亡魂进行驱赶、威逼,使之不得安宁。不仅如此,带着邪气的"鬼"还会侵入家门,对活人进行胁迫,摄取活人的魂魄,致使活人生病,这是非常可怕的,所以要依照"赤松子"传授的法度,通过章诰收治这些邪灵恶鬼,化解冤气,以消除恶鬼作祟的现象。

所谓"伤注之鬼"致人生病,系远古时期科学不发达状态下的一种认知,从当今的认识论角度看当然不合时宜。笔者引述《赤松子章历》这段话,乃是为了说明"拘录"这个词,作为道教魂魄学说的重要用语,实际上具有"双向"的意义:一方面,指的是邪灵恶鬼摄取活人的魂魄;另一方面,指的是道士根据斋醮仪轨对邪灵恶鬼的拘拿、收治。查唐代医学家、道教学者孙思邈所著《千金要方》

---

[1] (南北朝)佚名氏:《赤松子章历》卷五,《道藏》第11册,第218页。

卷三十五《伤寒方》列有"治疟符",言及小儿患疟病重,可以通过符咒来"拘录疟鬼"[1],这是古老的传统医学"祝由"科的延续,具有符号与音频相结合的治疗特质。孙思邈记录的这个资料从一个侧面证明:葛洪《抱朴子内篇·论仙》中所谓"术家有拘录之法"实际上是对邪灵恶鬼"拘录"的反向行动,可视为"反拘录",其目的乃是使活人丢失的那一部分"魂魄"回归。

至于葛洪所言魂魄"尽去,则礼典有招呼之义",其俗可从战国时期《楚辞》中寻找到蛛丝马迹。其中有《招魂章》,汉代著名学者王逸以为:

> 招魂者,宋玉之所作也。招者,召也,以手曰招,以言曰召。魂者,身之精也。宋玉怜哀屈原,忠而斥弃,愁懑山泽,魂魄放佚,厥命将落,故作《招魂》欲以复其精神,延其年寿,外陈四方之恶,内崇楚国之美,以讽谏怀王,冀其觉悟而还之也。[2]

《招魂》到底是不是出自宋玉手笔?宋玉是不是为屈原招魂?学术界有不同看法。但不论情况如何,早在战国之际,"招魂"(葛洪讲的"招呼")作为一种生命礼俗已经流行,这是可以肯定的。之所以要"招魂",是因为有人丧魂失魄,所以施术者通过一定的仪轨力图将游荡于人体之外魂魄招回来。《招魂章》反映了这种愿望:

> 魂兮归来!
> 去君之恒干,
> 何为四方些?
> 舍君之乐处,
> 而离彼不祥些!

---

[1] (唐)孙思邈:《千金要方》卷三十五《伤寒方》,(清)《文渊阁四库全书》本。
[2] (汉)王逸:《楚辞章句》卷九,(清)光绪十七年三余草堂刊本。

招魂者凭借"法力"大声疾呼：魂啊，赶快回来吧！何必离开你的躯体，往四方乱走乱跑呢？舍弃你安乐的住处，将遭遇危险，那是多么糟糕的事啊！《招魂章》全文颇长，这里引述的仅仅是开头的一小节，但已足以表明：魂魄在先民心目中有多么重要。

"魂魄"观念不仅反映于民俗文化、宗教信仰的历史文献中，也在医学领域得到体现。例如《黄帝内经》在论及"五藏"与精神意志的关系时有"肺藏魄，肝藏魂"[1]的说法。在五行中，肺属金，对应于五方之"西"，其色白；肝属木，对应于五方之"东"，其色青。其后，道教术家更通过象数学推演，而有"三魂七魄"的说法。按照《云笈七签》的记载，"三魂"各有名称：一曰胎光，二曰爽灵，三曰幽精。"七魄"亦各有名称：第一魄名尸狗，第二魄名伏矢，第三魄名雀阴，第四魄名吞贼，第五魄名非毒，第六魄名除秽，第七魄名臭肺。这些名称古里古怪，令今人不知所以，但对于古代道医而言却是修持"长生久视"功夫的依凭。

为什么是"三魂七魄"呢？隋代学者萧吉的《五行大义》有个说明：

> 魂有三，魄有七者：阳数奇，阴数偶，奇数始于一，一则元气。魂虽是阳，非曰始元，一后次三，故魂数三。又云因天地二气，合而生人。人又一气，三材各一气，故魂有三；阴数二，二亦阴之始，魄虽是阴，又非元始，次二后四阴不孤立，必资于阳，就魂之三合而成七。又一解云：魂在东方，取震数三，魄居西方取兑数七，三魂七魄，合而为十，是应天五行、地五行，两五合为十，共成人也。五是天五气、地五味也。《春秋纬》云：人感十而生，故十月方生也。[2]

从《五行大义》这段记载看，古人对于"三魂七魄"有多重解释。第一种

---

[1] 《黄帝素问·灵枢》卷十二，民国十二年北京中医学社据清江阴朱文震原版修补印《古今医统正脉全书》本。
[2] （隋）萧吉：《五行大义》卷三，日本宽政至文化间刊本。

解释是从自然数角度入手展开的，魂属"阳"，本应该从"一"开始，但因为不是"元气"，而是"元气"化生出来的"次元"生命因素，故而以"三"为数；再说从天地人"三才"对应的角度看，人与天地并列为三，故而"魂"之数本之于三；"魄"属"阴"，其起始的阴数是二，但"魄"虽然属于"阴"，却不是阴数的元始，而是次生的阴性生命因素，所以只能从四起算，而"阴"不能孤立存在，必须资以"阳"，于是由"三魂"之"三"加上阴数"四"，而有了"七魄"之数。

另有一种解释，就是依照《周易·说卦传》所言"帝出乎震，齐乎巽，相见乎离，致役乎坤，说言乎兑，战乎乾，劳乎坎，成言乎艮"[1]一段演绎的"文王后天八卦方位"推导而成。基于伏羲八卦的阴阳原理，"文王八卦方位"以坎离定南北，震兑界东西，坤巽居于西南、东南，乾、艮居于西北、东北。南北之数为一、九，东西之数为三、七，西南之数为二，东南之数为四，西北之数为六，东北之数为八。"魂"主生，对应于震卦，故其数三；"魄"主杀，对应于兑卦，故其数七。对此，朱熹总结说：

魂属木，魄属金，所以说三魂七魄，是金木之数也。[2]

为什么"魂魄"又是金木之数呢？原来，八卦方位不仅具有内在的数，而且与五方、五行相对应。东方之震卦属木，西方之兑卦属金，于"文王八卦方位"中，木数为三，金数为七。这就是"三魂七魄"的易学象数依据。

根据相生相克的原理，"金"是可以克木的，所以人体内在的"魂魄"尽管处于一个生命共同体之中，却有相互制约，甚至相杀的矛盾一面。因为"金"要克木，而木必然要反克，彼此就有斗争，这就会消耗生命能量，最终耗散而入于死地。所以，处理好魂魄之间的关系，便是先民们一直探究的问题。

---

[1] （三国）王弼注，（晋）韩康伯注，（唐）孔颖达疏：《周易注疏》之《周易兼义》卷九，（清）嘉庆二十年南昌府学重刊宋本《十三经注疏》本。

[2] （清）张伯行：《朱子语类辑略》卷一，（清）同治五年福州正谊书院刊，八年至九年续刊本。

二、从抱一到守一

如何处理好"魂魄"的关系呢？先民有种种考虑，提出了诸多设想。其中，最为重要的是老子《道德经》的"抱一"之说。该书第十章称：

载营魄抱一，能无离乎？
专气致柔，能婴儿乎？
涤除玄览，能无疵乎？
爱民治国，能无为乎？
天门开阖，能为雌乎？
明白四达，能无知乎？

这六个问题，前三个侧重于理身，后三个侧重于治国，但其关键是"抱一"，即让魂魄凝聚而不散。

老子从身心治理入手，先讲身心存在状态，再讲身心的调理法门。第一句"载营魄抱一"是状态描述。什么是"营魄"呢？就是魂魄，亦即上述所言"三魂七魄"。所谓"三魂"，有人亦称之为天魂、地魂、人魂，也有人称之为"主魂、觉魂、生魂"或"元神、阳神、阴神"等。所谓"七魄"，对应于"喜、怒、哀、惧、爱、恶、欲"这七种情绪，它们必须依附于物质形体才能存在，所以人身去世，七魄也就消失了；反过来说，如果体内的魂魄都走散，生命也就结束了。

在中国古代，道家的魂魄学说有较大影响。例如，佛教密宗就对道家的魂魄学说进行发挥，提出了"天冲魄、灵慧魄、气魄、力魄、中枢魄、精魄、英魄"这七个概念。密宗提出的这些名称虽然与道家不同，但都表明了一种探索身体精神状态的努力。

在民间，则演化出许多"三魂七魄"的故事。例如《玄怪录》记载，唐元和五年五月，司戎郎崔宣子崔环于病中被两黄衫带到阴间判官院受刑。崔环站在判官院之外，忽然听到以杖击人的声音，紧接着则有阴吏出来对崔环传话：今且宽恕，只将你轻杖四板放归。崔环说："此身不入，何以受刑？"阴吏说："凡人有三魂，一魂在家，二魂受杖打。不信，你看看自己的手臂、大腿是不是有被打的杖痕？"崔环拉起衣袖、裤管一看，手臂和大腿上果然各有四条杖痕，他一下子感觉痛苦不堪，腿脚都抬不起来了，只能匍匐而行。

如果读一下《西游记》，也可以看到"魂魄"的描述。例如第十一回《游地府太宗还魂，进瓜果刘全续配》中有个情节，说到唐太宗神游地府之后，地府的判官把他送到了"超生贵道门"，建议唐太宗回到阳间，千万做一个超生度亡的"水陆大会"，超度那些"无主的冤魂"。唐太宗醒来之后，地府的惨状历历在目，他不敢迟疑，即刻吩咐举办"水陆超度法会"。这个情节虽然是小说家虚构出来的，但它反映了以道家为本根的魂魄观念在中国社会是根深蒂固的。

老子的"载营魄抱一"所用的"营魄"也就是以肉身为载体的魂魄。第一个字"载"表面看起来似乎是讲车载物体，但其实是比喻。不难看出，老子是把人体比喻成一辆车，而魂魄就像车上的物品，只是这种物品看不见、摸不着。肉身与魂魄的关系就像车辆运载货物一样。车辆要把货物运到一个距离长远的地方，就应该用绳子把货物捆绑好才不会让货物半路掉下来；同样道理，肉身运载魂魄也应该做到彼此不分离。老子说的"抱一"，表明"三魂七魄"应该抱团，肉体与精神的关系紧密无间，所以他接着问"能无离乎？"由此看来，"抱一"就是一种固守魂魄的功夫。之所以要"抱一"，就是因为凡人受到七情六欲的驱使，常常有妄想，想得多了就会出现魂魄混乱，甚至离开肉身的状态，如此下去，肉身无主，就会渐渐坏朽。针对这种情况而提出的"抱一"，实际上就是排除杂念、安宁自我、实现"恒久无离"的方法。

在老子看来，要实现"恒久无离"的境界，除了需要处理好魂魄与肉身关系，还得保持气血畅通。俗话说："人活一口气，树活一张皮。"人要是断气了，就像树木的皮被剥掉一样，生命就归于死亡，所以，维持呼吸，这是生存与健康之所必需。要维持呼吸，就得学会调理技术，这就是"专气致柔"。如何理解"专气致柔"这四个字呢？河上公《道德真经章句》是这样解释的：

> 专守精气使不乱，则形体能应之而柔顺。[1]

意思是讲：专心致志，守住精气，不使它混乱，这样人的形体就发生响应，使肢体保持柔软状态，而内气也保持畅通状态。联系上一句"载营魄抱一"，我们就能够明白，原来老子讲的"专"就是集中注意力，让意念贯注于自身呼吸的节奏，具体的操作就是让自己的耳朵听自己呼吸的声音，渐渐地进入一种无听、无意的状态。因此，有人把这个"专"字理解为"抟"，也就是在"专"字左边加上提手旁。什么叫"抟"呢？本来指的是"抱成一团"，引申之则有"汇聚"起来的意思。但是，这种"抟"的状态并不是要刻意追求，而是在任其自然的状态下形成的。值得注意的是，"抟"为一气，并不是要造就刚硬状态，而是非常柔软。柔软到什么程度呢？老子接着依然以提问的方式来表达。"能婴儿乎？"这里的"婴儿"实际上是给出了柔软的标准。为什么要以"婴儿"作为标准呢？因为刚刚出生的婴儿浑身就是柔软的，因为柔软才表明他年少，具有生命力。

生命的修复与完善，需要"命功"，也要"性功"。所谓"命功"就是修养形体的生命功夫，具体而言，就是炼精化气、炼气化神、炼神还虚的步骤操作。所谓"性功"，就是心性的修炼功夫，具体来讲，就是在多行善德的前提下，从"有为"进入"无为"状态。要能如此，需以"心地调理"为核心。老子把这一步功夫叫作"涤除玄览"。

怎样领会"涤除玄览"的意涵呢？以往的学者有许多不同的解释。魏晋时期的王弼说：

> 玄，物之极也。言能涤除邪饰，至于极览。[2]

在这里，王弼首先解释了什么是"玄"，而后讲操作的步骤。从其论述看，王

---

[1] 王卡点校：《老子道德经河上公章句》，第34页。
[2] （三国）王弼：《老子道德经注》第十章，楼宇烈校释本，北京：中华书局，2008年版，第23页。

弼把"涤除玄览"看成两步功夫，或者说是两个步骤。从语法上看，就是把"涤除"与"玄览"都看成动词，两者是并列关系。照王弼的说明，先是要去除心灵上的各种芜杂邪见、各种装饰，然后进入了"以道自观、自察、自鉴"的状态。显然，这个过程一直是有所操作的。

关于这一点，河上公的解释与王弼差别不大。他指出：

> 当洗其心，使洁净也。心居玄冥之处，览知万事，故谓之玄览也。[1]

意思是讲：应该洗涤自己的心灵，达到洁净的状态。于是，心灵就处于极为幽深无染的状态，这个时候，心灵不受外界干扰，不受欲望左右，自动地察知宇宙间的事物，这就叫作"玄览"。由此看来，河上公也是把"涤除玄览"看成两个步骤，只是后面的步骤，河上公已经具备了"以无览为览"的观念。

对于这四个字，清代的宋常星与河上公、王弼的解释有很大的不同。他说：

> 涤者，洒涤也；除者，除去也。玄览者，多见多闻，博古通今。疵者，病也。吾见今之学者，亦有博古今、通事物，广搜往事，射猎简编。要不过耳目见识之学，非真知真见。此等修行，欲至无疵之地，不亦难乎？
>
> 一切玄览之经书，虽是圣人之心印，未得道时，不过借此为渡水之舟筏而已。既得道后，玄览之法尘，若不涤除而去，则心迹不忘，亦不能入于寂然不动地位。所以，人不可认蹄作兔，执筌为鱼。当了一切法尘，当切去一切玄览，譬如病愈药止，更无瑕疵之病有害于我者。[2]

在这两段话里，宋常星首先对"涤除玄览"的词义进行解释，他重点讲了"玄览"的问题。什么是"玄览"？在宋常星看来，涉猎广泛，博古通今，很有知

---

[1] 王卡点校：《老子道德经河上公章句》卷一，第34页。
[2] （清）宋常星：《道德经讲义》卷上第十章，《老子集成》第9册，北京：宗教文化出版社，2011年版，第143页。按：此两段引文，中间有省略。

识，这就是玄览。但是，对于修道者来讲，玄览得来的知识，即便是从经书里获得，也不过是圣人们留下的心印，是修行过程中留下的尘埃，不值得留恋，正如过河需要有舟筏这样的工具一样，当你过了河，就不要再求什么工具，而应该放弃工具，进入一个新的境界。很显然，宋常星是要破除玄览知见，进入一种无知、无见的空灵状态。

比较一下可知，河上公与王弼在"涤除玄览"的修持上都是"两步功夫"，而宋常星却是"一步功夫"，这就是"性功"的"无为"法门、"无为"境界。

从河上公、王弼，到宋常星，哪一种解释更为合理呢？我比较赞成宋常星的说法。如果说"载营魄抱一"与"专气致柔"的"命功"是"有为"法门，那么"涤除玄览"的"性功"就应该是遵循"无为"的指向，这样才能够进入无瑕疵的境地。

老子以"抱一"为入手关键的魂魄调理法门到了汉代发展为"守一"养元的抱真功夫。查汉代制度道教的主要经典——《太平经》，可以看到大量的关于"守一"的论述，例如该书之钞乙部《修一祛邪法》：

> 夫一者，乃道之根也，气之始也，命之所系属，众心之主也。当欲知其实，在中央为根，命之府也。故当深知之，归仁归贤使之行，人之根处内，枝叶在外，令守一皆使还其外，急使治其内；追其远，治其近。守一者，天神助之；守二者，地神助之；守三者，人鬼助之；四五者，物祐助之。故守一者延命，二者与凶为期，三者为乱，治守四五者祸日来，深思其意，谓之知道。故头之一者，顶也。七正之一者，目也。腹之一者，脐也。脉之一者，气也。五藏之一者，心也。四肢之一者，手足心也。骨之一者，脊也。肉之一者，肠胃也。能坚守，知其道意，得道者令人仁，失道者令人贪。[1]

《太平经》这段话大体有四层意思。第一，阐述"一"在道学体系中的重要地位。《太平经》将"一"视为"道"的根本、本初之气，这就使"一"具有了本

---

[1] 王明：《太平经合校》，第12—13页。

体论的意义。不仅如此,《太平经》还认为,人的生命是由"一"所系属,具有了主宰的作用。第二,点明"一"的空间位置。"一"是居中、处内的,这与"中黄太一"的信仰有关。不过,值得注意的是,此处所谓"中央"应该是北辰之中,这可从《史记》以及《易纬·乾凿度》等书的资料得以佐证。考《史记·封禅书》有云:"天神贵者太一,太一佐曰五帝。古者天子以春秋祭太一东南郊。"《易纬·乾凿度》郑玄注云:"太一者,北辰之神名也。"[1] 既然居于北极,则"太一"当对应于五行之水,且与老子《道德经》第八章的"上善若水"精神相一致。第三,通过对比,强调"守一"的优胜之处。在《太平经》看来,不论是守二、守三,还是守四、守五,都不及"守一",只有"守一",才能得天神之助,其效果是延年,所以应该守一。第四,落实于生命调理,"守一"又在躯体空间得到具体的表现,由头顶、五官、七孔、四肢、五脏,都有个"一",各有五方,但不论是守头顶,还是守四肢、守五脏,这个"一"都对应于北方之"水"。从这个角度看,"守一"就是以"水"生肝木,且化解兑金之杀气,而使七魄得以拘制安宁。

通过守一,以安魂拘魄,这种思想在《太平经钞》壬部卷九中讲得更为明确:

问曰:古今要道,皆言守一可长存而不老。人知守一,名为无极之道。人有一身,与精神常合并也。形者乃主死,精神者乃主生。常合即吉,去则凶。无精神则死,有精神则生。常合即为一,可以长存也。常患精神离散,不聚于身中,反令使随人念而游行也。故圣人教其守一,言当守一身也。念而不休,精神自来,莫不相应,百病自除,此即长生久视之符也。阳者守一,阴者守二,故名杀也。故昼为阳,人魂常并居;冥为阴,魂神争行为梦,想失其形,分为两,至于死亡。精神悉失,而形独在。守一者,真真合为一也。人生精神,悉皆具足,而守之不散,乃至度世为良民父母,见太平之君,神灵所爱矣。[2]

这段论述的关键所在是把"守一"看作"无极之道"。所谓"无极",本是老

---

1 (汉)郑玄注:《易纬·乾凿度》卷下,(清)乾隆中武英殿木活字排印本。
2 王明:《太平经合校》,第716页。

子《道德经》中的一个重要用语。该书第二十八章有"常德不忒,复归于无极"之说。在道家思想体系中,"无极"是先于"太极"而存在的一个时空状态,也就是混沌之道,在空间上无限绵延,在时间上无始无终。修持"守一"法门,说到底就是复归于无极,入于无念无想的心境,从而实现"真真合为一"。至此境地,魂魄不散,精神长存。《太平经》当然是基于宗教信仰立场而提出的论说,其中所谓"长存而不老"乃是一种理想性的描述,难以令大众所信服,但从心理协调的意义上看,则有令人专心致志、静气凝神的功效。

第二节　存想、音诵与大丹修炼

关于生命涵养,在中国古代不仅有"抱一""守一"之类使人魂魄恒定的法门,而且有存想、音诵、大丹之类功夫行世。

一、存想与音诵

有关"存想"与"音诵",笔者此前曾经分别进行探讨。在《道教文化十五讲》《道教修行指要》等早期著作中主要是讲了"存想",而近年来又在杂志上发表专论,考察"音诵"。本书于此将"存想"与"音诵"结合起来论述,乃是基于内景之象与外音之景相互对应连通的功能考虑。

(一)存想

什么是"存想"?一般地说,这是通过设想某种形象以集中意念的生命修养方法。自20世纪80年代末以来,学术界对"存想"问题开展了许多研究。其侧重点主要在三个方面。

首先是关于"存想"的思维方式与哲学意义的探讨。1995年,《中国哲学史》杂志于第5期发表了刘仲宇的《存想简论——道教思维神秘性的初步探讨》。该文认为"存想"是道教最常用且最具有特色的思维方法,指出在道教法术、斋醮科仪等方面广泛地运用着"存想"的方法，而且往往成为全部法术、科仪的关键。作者强调：存想是道教思维方法的实质所在，是其宗教思维神秘性的集中体现。[1]

除了思维角度的考察，还有学者从心灵哲学角度探索"存想"，例如《学理论》2014年第26期发表了王维江的《〈黄庭经〉存想之法及其现代心灵哲学意义》，指出存想之术是《黄庭经》的重要修炼方法，该法通过凝神专一的意念，使身心得到和谐统一，这种方法无论对于道家还是对于普通人来说都有助于身心健康、延年益寿、开发智慧。在此基础上，作者将"存想"提升到人的精神境界方面予以认识，指出其现代心灵哲学的价值。

其次，从医学养生与仪式疗法角度诠释"存想"的内涵和功能。相比于哲学思维方面的考察，从医学养生角度来解读"存想"，人们更为关注。这方面的论文较多，主要代表作有《中国气功学》1998年第10期刊登的由袁宇桥摘编的《存想避疫疗法》，该文篇幅较短，虽然类似于"补白"，却有可靠史料支撑，主要取材于《黄帝内经·素问·遗篇》等。文章不仅介绍了存想的技术操作过程，而且说明了注意事项，对于实际演练具有引导作用。

1999年，《中国道教》杂志于第3期刊载张泽洪的《道教斋醮科仪中的存想》。该文虽然是考察"存想"在道教仪式中的应用情况，但作者在解释时却着眼于生命礼俗的健康功能。作者指出，无论是坛仪的设立，还是斋仪的实施，都离不开"存想"，建斋行道首先要荡秽，法师要引三光之正气，运九凤之真精，策役万神，吐纳二炁，蹑罡履斗，结界禁坛。这种荡秽禁坛的功用，小则清肃方维，大则净明天地。道教认为邪能干正，非正气则不能避邪；秽能败真，非真炁则不能涤秽。斋醮净坛的意义，旨在使正真生炁变化流行，使坛场成为一尘不染的清净之地。由此可见，斋醮科仪虽然不言"医"，但大医精神蕴含其中。

2012年，《世界中西医结合杂志》于第1期刊载路洁、杨利、路喜善、路志正合写的文章《从心理神经免疫学探讨〈内经〉"存想五气护身"防疫法的科学内涵》。作者指出：《黄帝内经》中的《刺法论》关于疫病预防有较全面的论述，其

---

[1] 当然，关于"存想"是不是可以看作"思维"，也有不同意见。2000年，《气功杂志》于第7期发表了林书立《气功存想不是思维》一文，可视为对刘仲宇先生文章的一种回应。

中"存想五气护身法"因有较浓厚的道教色彩，一直未得到重视。文章就此法的科学内涵进行了探讨，认为存想、意念等可以增加脑内腓肽的产生，提高免疫细胞的活性，从心理神经免疫角度阐明了本法增强人体免疫能力的机理，证明了"存想五气护身法"的防疫法度具有科学依据，值得进一步研究、发掘。

2018年，《中医健康养生》杂志于第4期发表张海波的文章《存想：神奇的想象力》。该文指出：存想是气功调心操作中的重要内容，是中医气功锻炼的重要方法。作者认为：万物皆可做存想对象。此类对象，大都是练功者所熟悉的情景、事物。由于摆脱了实有景物的束缚，存想的对象可以是日常生活中不存在的。凡有利于身心健康的、可以想象的事物，都可以进行心理世界的还原。作者肯定了作为"想象力"的存想对于身心健康的价值意义，这不仅有经典依据，而且有实践的验证。

复次是存想的艺术美学研究。1993年，《语文教学与研究》刊载肖功厚的文章《"存想则目虚见"的现代美学阐释》。文章指出："存想则目虚见"是高中语文《订鬼》篇课文中的一个关键句子，意思是过于思念冥想，就会使眼睛发生错觉，虚幻地看见鬼。它在课文中朴素地阐明了天地之间本没有鬼而为什么人们却总以为有鬼，从审美文化角度分析了"虚见"的特质。笔者需要指出的是：选自王充《论衡·订鬼》篇中的"存想"，虽然不同于道家为了养生而自觉的意念操作，但就内心意境产生的角度看，虚幻见"鬼"，则有转移注意力的客观效果，在审美上达到了一种朦胧的感受。

2005年，《宗教学研究》第3期刊载程群、潘显一的文章《论道教的"存想"与艺术创作中的"审美想象"之异同》。作者指出：道教修炼中的"存想"与艺术创作中的"审美想象"作为想象的两种类型，两者存在着较大的区别，也存在着一些相通、相似之处。文章就两种想象所要实现的目的、想象的方式、想象的内容、想象产生的源泉、想象给主体带来的自由等方面进行比较，认为两者存在着一些相似之处，即都伴随着强烈的情感体验，故而"存想"具有"审美想象"的因子。笔者研究之后发现：道教的存想不一定都伴随"强烈的情感体验"，有些存想是引导人的精神由实而入虚，在操作上是不断排遣的过程，包括情感也在排遣之列，故而笼统地主张"伴随着强烈的情感体验"，这是不准确的，但某些类型的操作过程存在着"强烈的情感体验"是有根据的，这种"存想"其实就是艺术的审美想象，例如李白的《梦游天姥吟留别》所描绘的景观即属于此等类型。

2011年，《漳州师范学院学报（社会科学版）》第2期发表程群的文章《道教的存想：宗教形态的审美想象——道教美学基本问题辨析》。文章指出：道教的存想是道教高士在修炼、法术、斋醮法事活动中进行的创造性想象活动。与艺术家创造过程中的审美想象相比较，二者具有很大程度的一致性。可以说道教的存想是宗教形态的审美想象。它具有这样几个典型特征：第一，道士的存想具有高度自由性的特征；第二，道士的存想伴随着充沛热烈的宗教情感展开；第三，道士存想中的意象极其丰富、繁杂，存想的意象多为道教神仙谱系当中的神灵、神仙、仙界灵物等等；第四，道士的存想活动具有明确的目的性，道门人士相信，通过存想可以实现人神之间的交流与沟通，达到某种具体的宗教目标。笔者注意到：程群这篇文章的结论比2005年他与潘显一在《宗教学研究》第3期发表的《论道教的"存想"与艺术创作中的"审美想象"之异同》一文的研究成果更进一步，阐述得更为具体，对问题的把握也更有分寸了，证明了时间的"洗礼"对于研究工作而言的确是大有裨益的。

从上面的介绍可知，有关"存想"的问题，学术界的研究主要集中于宗教哲学、医道养生与艺术美学三个层面。然而，有关存想发生的心理机制、身心交互作用的过程及其原理，却依然需要深入考察。

考诸道经，可以看到"存想"的种种描述。例如题为钟离权撰《秘传正阳真人灵宝毕法》卷下《内观第九》即称：

> 此法合道，有如常说存想之理；又如禅僧入定之时。当择福地置室，跪礼焚香，正坐盘膝，散发披衣，握固存神，冥心闭目。[1]

---

[1]（五代）钟离权：《秘传正阳真人灵宝毕法》卷下，《道藏》第28册，第362页。

文中所谓"此法"即内观之法。作者指出：内观之法是合乎大道的，其操作流程与存想大体相似，也像坐禅的僧人入定的样子。要实施这种内观之法，应该寻找一个好的环境，依照礼节，焚香跪拜，正襟危坐，松开头发，解开衣带，叩齿专注，闭目存想。

既然把内观之法视如"存想之理"，我们也可以反过来说："存想"犹如内观之法。因此，从内观入手予以把握，大体是能够明白存想的一些特点的。《秘传正阳真人灵宝毕法》卷下《内观第九》在把内观与存想相关联之后紧接着描述了内观的一些情状：静坐的时候会听到声音，看到景象。这时候不可以被声景所牵引；如果被牵引，那就会引出许多"魔军"，扰乱内心的宁静。所以，要想象前后有大火燃烧，火光高升，但身体不能摇动，这个想象的过程就叫作"焚身"，有烈火焚烧，"魔军"自然退出身外，阴邪就不会进入躯体。这样反复两三遍，接着就想象天地之间到处都是熊熊烈火，把一切都烧遍，最终了无一物。接着会看见"车马歌舞、轩盖绮罗，富贵繁华，人物欢娱，成队成行，五色云升，如登天界"[1]。等到上了天界，又会看到楼台耸翠，院宇徘徊，珠珍金玉，满地不收，花果池亭，莫知其数。一会儿，异香四起，伎乐之音嘈嘈杂杂，宾朋满座，且笑且语，共贺太平，珍玩之物，互相献受。此等景象，虽然不是"阴鬼魔军"，但也不能认定为好事。因为修真之人，弃绝外事，甘受寂寞，或潜迹江湖之地，或遁身隐僻之隅，本该绝念忘情，举动自戒。从这些描述可以看出：内观存想具有主动性，但又不能陷入对景物的迷恋之中，而应该适可而止。

在道学中，存想有很多的法门，既可存想体外之景，也可存想体内之景。唐代道医孙思邈在《千金要方》里曾经介绍了"迎气"存想法，他在引述了孔子"思无邪"之后紧接着说：

  常当习黄帝内视法，存想思念，令见五脏如悬磬，五色了了分明，勿辍也。仍于每旦初起面向午，展两手于膝上，心眼观气上入顶，下达涌泉，旦

---

[1]（五代）钟离权：《秘传正阳真人灵宝毕法》卷下，《道藏》第28册，第362页。

旦如此，名曰迎气。常以鼻引气，口吐气，小微吐之，不得开口；复欲得出气少，入气多。每欲食，送气入腹，每欲食气为主人也。[1]

所谓"黄帝内视法"，其实就是存想，当然不是胡思乱想，而是想象自我身体五脏如悬挂起来的"磬"，有声有色，了了分明。具体的操作程序，一是注意时辰，选择早上起床的时候；二是注意姿势，必须是两手平展于膝盖之上；三是注意以"心眼"内观，心神查照，而非肉眼之外视；四是注意内观线路，五脏之气上头顶，下脚底涌泉；五是注意内观存想时的"纳气"，入多出少，以达到鼓腹推动膈肌、按摩内脏的效果。不难看出：这种内观存想的特点在于"迎气"，其所谓"迎"，首先是以意念迎接自身内气的行进，其次是引导内气的运转。之所以包含"引导"的意义，是因为这种内观存想是为"主人"着想的，相对于"意念"而言，"气"是宾客，所以需要"意念"（代表主人）的主动引导。

存想的操作要领是什么呢？唐代著名道士司马承祯指出：

存谓存我之神，想谓想我之身。闭目即见自己之目，收心即见自己之心。心与目皆不离我身，不伤我神，则存想之渐也。凡人目终日视他人，故心亦逐外走，终日接他事，故目亦逐外瞻，营营浮光，未尝复照，奈何不病且夭邪？是以归根曰静，静曰复命，诚性存存，众妙之门，此存想之渐，学道之功半矣。[2]

司马承祯依照《易经》的"渐"卦精神，把"存想"列入"渐门"系列。所谓"渐"，有循序渐进的意思。照此看来，"存想"不是一蹴而就，而是要通过逐渐练习最终才能获得身心健康的效果。其思想旨趣是"收心"，让平日追逐外事的心回归自我，这就是归根复命。

---

[1]（唐）孙思邈：《千金要方》卷八十一《养性》，《道藏》第26册，第533页。
[2]（唐）司马承祯：《天隐子》，《道藏》第21册，第700页。

（二）音诵

有关"音诵"问题，学术界研究成果较少。在"中国知网"上可以查到三篇。

2007年，《宗教学研究》第1期刊载蒲亨强的文章《〈老君戒经〉及〈老君音诵诫经〉中的道乐史料研究》[1]，该文作者以此两书为北魏时期天师道领袖寇谦之所撰，故而连通起来，考察其中的"颂"词以及音乐调式（如"八胤乐"等等）。

2015年，《宗教学研究》发表刘陶文章《略论〈老君音诵诫经〉中的"刘举"》，该文作者指出：《老君音诵戒经》中的"刘举"并非特指某一位具体人物，而是一个具有象征意义的符号，它源于王莽代汉之际出现的"卯金修德为天子""刘氏复起、李氏为辅"等植根于谶纬神学的古老谶记。东汉灭亡后，民间道教教团将刘氏谶记纳入自己的体系之中，并以末世论对其加以改造，使之成为具有道教特色的谶记。读其行文可知：刘陶这篇文章是一种历史研究，而非音乐的学科研究。

2016年，《中州学刊》刊载笔者文章《道家音诵及其养生疗治功效考论》，拙文是关于"音诵"的专题性论述，其内容不限于《太上老君戒经》以及《老君音诵戒经》的讨论，而是以此两书为基础，对"音诵"的由来、历史流变以及功能进行探究。拙文指出：道家音诵是一种具有悠久渊源的声控技术。它依调式而唱，具有固定旋律，虽然不同于仙歌道曲，但已经具备了音乐的基本功能。将"吟诵"与"音诵"稍做比较，可以发现它们既有共同点，也有不同点。一方面，吟诵与音诵都依字行腔和运气发声；另一方面，吟诵讲究文读语音，更符合语言原貌，而音诵则讲究黄钟律吕之声律。作为道门的独特技艺，音诵具有陶冶性情、感通大道的神圣属性。在实施过程中，音诵主体配合禹步、存想等方式来进行心性修养，感应客体，达到天人合一的境界。在道家看来，音诵既可以带来直接的感官愉悦，又可以使人精神专注，导引内气运行，有助于治病养生。遵循推陈出新的自然完善法，积极而审慎地开发和运用道家音诵资源，对于当今以及未来人们的健康生活来说都有裨益。

---

[1] 按：《正统道藏》之"洞神部·戒律类"所收录，《老君戒经》全称为《太上老君戒经》，而《老君音诵诫经》作《老君音诵戒经》。

考宋代道士吕太古编《道门通教必用集》卷一《矜式篇》有云：

> 神瑞二年夏四月一日，忽有二人乘龙持麾来曰：老君至。斯须，太上乘九龙玉车，神仙导从，集于山顶。谦之虔心作礼，太上敕王方平引谦之前曰：吾得中岳集仙宫主表，称张道陵登真以来，修学之人无所师授，今有中岳道士寇谦之行合自然，宜处师位，吾故授汝以天师之任及《云中音诵新科经》戒汝，宜宣之，佐国扶世，以化生民。谦之受讫，五云台殿俱隐，谦之自是志行日新。[1]

这段话见于《矜式篇·历代宗师略传》中的《寇谦之》节。所谓"神瑞二年"，即公元415年。传文描述了当年寇谦之得太上老君传授《云中音诵新科经》的过程，展示了寇氏领命"佐国扶世，以化生民"的决心。其言"老君至"，当是道门设坛降笔的场景写照，恍若存想境况，但文中叙及的"音诵"却透露了南北朝时期制度道教重视"修诵"的诸多信息。笔者注意到：吕太古特意在"音诵"下以小字出注"即华夏颂步虚声"。所谓"华夏颂"当是诵辞之名，而"步虚声"则为音诵之调式。

有关"步虚声"的由来，则南北朝时期刘敬叔的《异苑》卷五有如下记载：

> 陈思王曹植，字子建，尝登鱼山，临东阿，忽闻岩岫里有诵经声，清通深亮，远谷流响，肃然有灵气，不觉敛衿祗敬，便有终焉之志，即效而则之，今之梵唱皆植依拟所造。一云陈思王游山，忽闻空里诵经声，清远道亮，解音者则而写之，为神仙声。道士效之，作步虚声也。[2]

曹植（192—232年），沛国谯县（今安徽省亳州市）人，出生于东武阳，系

---

1 （宋）吕太古：《道门通教必用集》卷一，《道藏》第32册，第6页。
2 （南北朝）刘敬叔：《异苑》卷五，（清）嘉庆十年虞山张氏照旷阁刊本。

曹操与武宣卞皇后所生第三子，生前曾为陈王，去世后谥号"思"，因此又称陈思王。从刘敬叔《异苑》这篇故事可知，"步虚声"是因曹植入山所闻听才流传开来。其中所言"诵经声"，表明在曹植"依拟所造"之前早有一种原始的声韵，而后经过了一番仿效和改造，才有了步虚声。

查《正统道藏》，收有晋代的《洞真太上素灵洞元大有妙经》。其中的《太帝君偈大有妙赞》涉及"步虚"云：

> 翳翳元化初，眇眇晨霞散。
> 太寂空玄上，寥朗二仪判。
> 凝精抱空胎，结化孕灵观。
> 含真颐神内，倏欻启冥旦。
> 始悟忧促龄，运交返天汉。
> 萧萧咏步虚，旋行礼玉京。
> 稽首归太无，乘风散灵香。
> 俯仰帝皇堂，飘飘随虚翔。[1]

这首赞辞从天地"元化"之初说起，继而叙述阴阳两仪分判、生命化育的过程，再言人生短促，故当研修"返天汉"的技术。其中的"玉京"，系道教向往的天上神仙境界。按南北朝时期周武帝敕辑的《无上秘要》等书记载："玉京山"之全称为"灵宝玄都玉京山"。《洞玄灵宝玉京山步虚经》谓其有十种称呼：一曰盖天首山，二曰弥玄上山，三曰罗玄洞虚山，四曰高上真元山，五曰众宝幽劫刃山，六曰无色大宝山，七曰周观洞玄山，八曰景华太真山，九曰不思议山，十曰太玄都玉京太山，简称玄都山、玉山、萧台、玉山上京、郁罗萧台等。《洞玄灵宝玉京山步虚经》称："玄都玉京山在三清之上，无色无尘。上有玉京金阙七宝玄台紫微

---

[1] （晋）佚名氏：《洞真太上素灵洞元大有妙经》，《道藏》第33册，第421页。按：此首赞辞，全文较长，这里仅摘录开头一段。

上宫，中有三宝神经。山之八方自然生七宝之树，一方各生一株，八株弥满八方，覆盖诸天，包罗三界，为无上大罗天太上无极虚皇天尊之治也。其山林宫室皆列诸天圣众名籍。诸天圣帝王、高仙真人无鞅数众，一月三朝其上，烧自然旗檀反生灵香，飞仙散花，旋绕七宝玄台三周匝，诵咏空洞歌章。是时诸天奏乐，百千万妓，云璈朗彻，真妃齐唱而激节，仙童凛颜而清歌，玉女徐进而跰跹，放窈窕而流舞翩翩，诜诜而容裔也。"[1]据说，道教三十六天的最高层大罗天胜境，以玄都玉京山为中心，四面有诸山环绕。基于此等神圣的空间构想，制度道教做法事，设置科仪坛场，以居中者为"玉京山"，象征天上的最高境界。就此设置来看，道门中人在实施醮仪时是要旋绕"玉京山"的，故而吟咏步虚一定是配合了这种特殊动作体系展开的，体现了"音诵"的神圣性和特定的节奏性。这一点可由《洞玄灵宝玉京山步虚经》所录《洞玄步虚吟》（十首之二）得以佐证：

> 旋行蹑云纲，乘虚步玄纪。
> 吟咏帝一尊，百关自调理。
> 俯命八海童，仰携高仙子。
> 诸天散香花，萧然灵风起。
> 宿愿定命根，故致标高拟。
> 欢乐太上前，万劫犹未始。[2]

所谓"旋行"就是环绕象征玉京山的醮坛核心旋转。唐末五代高道杜光庭撰《太上黄箓斋仪》卷一在抄录这首词时加了个名称"步虚旋绕"，这就更加可以确定步虚音诵的操作是在环行中进行的，由于旋绕环行是科仪操作者的集体行为，步虚音诵一定得相互配合，故而强调节奏和韵律，当是其重要的技术特征。

节奏韵律如何掌握呢？从"蹑云纲"与"步玄纪"大体体悟其中奥妙。所谓

---

1 （晋）佚名氏：《洞玄灵宝玉京山步虚经》，《道藏》第34册，第625页。
2 同上书，第626页。

"云纲",今人或有解释为"云丛"者,笔者以为不确。"云纲"当为"云罡"之假借,"纲"与"罡"同音,故"云纲"即是"云罡"。所言"罡"者,即天罡之星,亦即北斗七星的斗柄,代表了北斗七星。因为北斗七星在天上,常有祥云缭绕,所以称作"云罡"。又因为北斗七星可以为人们指引方向,具有纲领性的意义,所以引申而为"云纲"。道教科仪常要步罡踏斗,屈伸进退,这与《易经》象数学中的"洛书八卦"方位的变换相吻合,由此而造就了特别的节奏。至于"玄纪"也就是玄妙之纲纪。《无上秘要》卷三十一《遇经宿分品》谓:"七圣玄纪,回天上文,或以韵合,或支类相参,或上下相会,以成字音;或标其正讳,或单复相兼。皆出玄古空洞之中,高圣撰集,以明灵文。后学之士,名参其篇,得受宝诀,自然上仙。然有六合,复有七伤。宝之则合,忽之则亡。有分之身,勤加精诚,长斋灵皁,远寻幽山,烧香行礼,晨夕诵经,弃诸杂想,心注太真,赳得玄降,白日飞腾。"[1]这里的"七圣"当为道教主管北斗七星的七大神圣。其文之意是:七大神圣制定的纲纪,通过周旋天道的上品鸿文来表现。这种鸿文是有韵律的,步虚音诵,配合这种鸿文,步法进退,合于斗罡,其目的就是要达到"百关自调理"的效果,也就是使人体关节脉络顺畅通达,没有障碍。从这种操作规程,我们又看到了醮坛法事音诵过程中生命境界的"天人合一"。因为道门所谓"七宝玄台",既在天上,也在醮坛之中,环绕醮坛的中心玉京山而步虚音诵,旨在感通上界,实现一气流行的生命理想状态。

(三)音诵与存想的关系

至此,我们可以对"音诵"与"存想"两种修持法门的关系略做总结了。固然,"音诵"并非"存想",但在操作过程中却伴随着"存想"。在音诵之时,绕"七宝玄台",一边转动,一边念诵、歌唱,转动时要想象天上七宝玄台神仙汇聚听经的样态。这种想象虽然与艺术想象可以有相互重合的功效,但最为重要的一点就是"音诵"的实施者将自身纳入了"神仙队伍"之中,进入一种特殊的"天人合一"状态。此刻自我非我,而称作"与道合真"。可见,传统的"音诵"是离

---

[1] (南北朝)周武帝敕辑:《无上秘要》卷三十一,《道藏》第25册,第102页。

不开"存想"的。唯有将"存想"发挥到极致，才能真正接通天地自然音频的轨道，老子《道德经》第四十一章所言"大音希声"就是这种原理。

再看"存想"，其过程往往也伴随音律调和的操作。例如《玄都律文》所言："常以平旦、日中、日入后存想五方、五气：东方青气，化为青龙；西方白气，化为白虎；南方赤气，化为朱雀；北方黑气，化为玄武；中央黄气，化为己身。则调和五方音而颂之，违律者罚算三百日，主吏坐谪。"[1]这段话首先讲了"存想"的时间，律文选择三个时段：一是"平旦"，也就是太阳停留在地平线上的时候，大抵在卯时开始；二是"日中"，也就是中午正点；三是"日入后"，大抵是酉时。由此看来，《玄都律文》讲的"存想"是严格遵循时间节律的，这恰恰也是"音诵"所讲究的。其次，"存想"的对象是五方之气。青、白、赤、黑、黄，此五色不仅对应于五方，而且与五脏、五方、五音可以相互转换，故而"存想"的对象也包含着音律的沟通。复次，"存想"的操作过程，到了最后要"调和五方音而颂之"，其中的"五方音"就是对应于东南中西北"五方"的五种音调，亦即角、徵、宫、商、羽。此五音在传统医学上被认为是调理五脏的重要手段。《黄帝素问·灵枢经》卷十《邪客第七十一》说："天圆地方，人头圆足方以应之。天有日月，人有两目。地有九州，人有九窍。天有风雨，人有喜怒。天有雷电，人有音声。天有四时，人有四肢。天有五音，人有五藏。天有六律，人有六府。天有冬夏，人有寒热。天有十日，人有手十指。"[2]《灵枢经》将人体与天地时空一一勾连，其中有关"五音"与"五脏"关系之论述，为我们理解道家"存想"的内在机理打开了一条通道，也为音乐养生与文化治疗提供了有益的借鉴。

二、从坐忘到内丹修炼

"存想"不仅与"音诵"有关，而且与"坐忘"的修持法度也存在不解之缘。沿着这条精神路线予以追踪，还可以看到内丹修炼的相关内容。

---

1 （南北朝）佚名氏：《玄都律文》，《道藏》第 3 册，第 456 页。
2 （唐）王冰注：《黄帝素问·灵枢经》卷十《邪客第七十一》，（民国）《四部丛刊》景明赵府居敬堂本。

（一）坐忘

唐代著名道家学者司马承祯于《天隐子》一书中指出：

> 坐忘者，因存想而得也，因存想而忘也。行道而不见其行，非坐之义乎？有见而不行其见，非忘之义乎？何谓不行？曰：心不动故。何谓不见？曰：形都泯故。天隐子瞑而不视，或者悟道乃退。曰：道果在我矣。我果何人哉？天隐子果何人哉？于是彼我两忘，了无所照。[1]

照《天隐子》的说法，"坐忘"乃是由"存想"引起的。一开始，"存想"是"有境"的操作；但从最终的目的看，修道并非是要让那个存想出来的"境"一直保留在内心世界里，而是在达到一定层次后做到"不行"与"不见"。所谓"不行"就是自我内心不动，没有欲望，没有任何思考；所谓"不见"就是看不见形状，也就是在存想获得一定物形之后不执着于"形"，使之物我两忘。

为什么要"坐忘"呢？具体如何操作呢？司马承祯著有《坐忘论》予以阐述。该书之序谓：

> 天地分判，三才定位，人处天地之中，五气合身，故能长且久。后人自昧其性，自役其神，自挠其气，自耗其精，所以不能与天地合。逆取短折而甘心焉，每切痛之。《易》曰：穷理尽性以至于命。《老子》曰：虚其心，实其腹。又曰：常无欲以观其妙。《论语》曰：子绝四，毋意，毋必，毋固，毋我。《孟子》曰性善。又曰：我善养吾浩然之气。皆著性命之要端也。仆因阅藏书，得唐贞一先生《坐忘论》七篇，附以枢翼。识见不凡，明指大道，先导人以敬信，使心不狂惑。次则令断其缘业，收心简事，体寂内明。故又次之以真观，中外无有，然后可以跻于泰定，气泰神定，故曰得道。前悉序坐忘之阶渐，其坐忘总说，不过无物无我，一念不生。如《敬信篇》直言内不

---

[1] （唐）司马承祯：《天隐子》，《道藏》第21册，第700页。

觉其一身,外不知其宇宙,与道冥一,万虑皆遣。伦类经言无少差,苟造坐忘之妙,神气自然相守,百脉滋润,三关流畅,天阳真气来居身中。此乃长生久视不传之道,古今尊尚。神仙悯世,不得已而语,学者当静虑研思,勤而行之,勿视为古人糟粕,而徒取自弃之讥者也。旹(时)丁未重阳,锓木以广其书,真静居士谨序。[1]

作序者"真静居士"是何人,现已不可考。不过,他记载"贞一先生"著有《坐忘论》一书必有其根据。一般而言,对于同一朝代的人不会称朝代名,而是说"我朝"或"本朝"。真静居士既然在"贞一先生"名前冠上"唐"的朝代,说明序作者并非唐朝人。

真静居士所写的序言一开始主要是讲为什么要实施"坐忘"。他从天地人三才关系说起,进而引经据典,表明先人注重养性。由此看来,实施"坐忘"的法门,也就是要"著性命之要端"。在讲了一通关于"坐忘"的意义与功效之后,序言正面介绍贞一先生《坐忘论》的基本内容,对七篇构成的思想进行概要介绍。

查文献资料,可知《坐忘论》有两种版本,最早的版本保存于北宋张君房编的《云笈七签》卷九十四中。此外,南宋曾慥所编《道枢》卷二收有该书节本,称《坐忘篇上》。今所见《正统道藏》"太玄部"所收《坐忘论》七篇,题司马承祯子微撰。其开篇谓:

> 夫人之所贵者生,生之所贵者道。人之有道,若鱼之有水。涸辙之鱼,犹希斗水。弱丧之俗,无情造道。恶生死之苦,乐生死之业,重道德之名,轻道德之行,审惟倒置,何甚如之。穷而思通,迷而思复;寸阴如璧,愧叹交深。是以恭寻经旨而与心法相应者,略成七条,以为修道阶次。枢翼附焉。[2]

---

1 (唐)司马承祯:《坐忘论·序》,《道藏》第22册,第891—892页。
2 (唐)司马承祯:《坐忘论》,《道藏》第22册,第892页。

司马承祯首先强调"生"的可贵,也就是生命存在的重要性;接着说明:为了维护生命,应该修道,因为"道"对于生命来说就像"鱼"与"水"的关系。他批评世间凡俗虽然乐生恶死,看起来好像也重视"道德",其实只是爱其名誉而已,并没有真正的实际行动,其生活方向是本末倒置的。正是鉴于此等情况,司马承祯探讨古经要旨,追寻心法大义,最终撰写了七篇文章和辅助性的说明,取名为《坐忘论》。

作为一种修身养性的法门,"坐忘"是如何操作的呢?司马承祯将之概括为七大步骤:敬信、断缘、收心、简事、真观、泰定、得道。

所谓"敬信"就是树立修道的信念,"断缘"就是切断有为俗事之缘,"收心"就是在安坐时做到"住无所有,不着一物"[1],"简事"就是分辨轻重而舍去无关紧要的事情,"真观"就是以无欲之心态观大道之玄妙,"泰定"就是"形如槁木,心若死灰,无感无求,寂泊之至,无心于定,而无所不定"[2],而所谓"得道"就是通过"坐忘"的修持最终达到"形随道通,与神合一"[3]。对于这七大步骤,司马承祯都引经据典,做了深入浅出的阐述。其中,"敬信"与"泰定"的两段论说尤其有发人深省之处。

关于"敬信",司马承祯指出:

> 夫信者道之根,敬者德之蒂。根深则道可长,蒂固则德可茂。然则璧耀连城之彩,卞和致刖。言开保国之效,伍子从诛。斯乃形器着而心绪迷,理事萌而情思忽。况至道超于色味,真性隔于可欲,而能闻希微以悬信,听罔象而不惑者哉。如人闻坐忘之言,信是修道之要,敬仰尊重,决定无疑者,加之勤行,得道必矣。故《庄》云:堕支体,黜聪明,离形去智,同于大通,是谓坐忘。夫坐忘者,何所不忘哉。内不觉其一身,外不知乎宇宙,与道冥一,万虑皆遗。《庄》云同于大通,此则言浅而意深。惑者闻而不信,怀宝求

---

1 (唐)司马承祯:《坐忘论》,《道藏》第22册,第893页。
2 同上书,第896页。
3 同上。

宝，其如之何。经云：信不足焉，有不信。谓信道之心不足，乃有不信之祸及之，何道之可望乎。[1]

在司马承祯看来，"敬信"两字乃是"道德"的根蒂。正如树木一样，唯有根深蒂固，才能茁壮成长，可见"敬信"是修道的宝贝。然而，世间却多有不识宝贝者，卞和与伍奢父子被害的故事就是证明。卞和是春秋时期楚国人，人称"和氏"。相传他在荆山得到一块未曾雕琢的原初之玉，两次献给楚王，却被当作粗糙的石头，且以欺君之罪砍了双脚。文中所谓"璧耀连城之彩，卞和致刖"即指此事。至于"言开保国之效，伍子从诛"则用的是伍奢父子遭冤的典故。伍奢于春秋之际任楚平王子建之太傅。时有太子少师费无忌向楚平王进了谗言，伍奢与其长子伍尚因此均被楚平王杀害。伍奢次子伍子胥逃到吴国，成为吴王阖闾的重臣。公元前506年，伍子胥带兵攻入楚国首都，挖了楚平王的墓葬，鞭尸三百，以报父兄之仇。吴国倚重伍子胥等人的谋略，遂成一方诸侯霸主。公元前483年，吴王夫差派伍子胥出使齐国。太宰嚭乘机进了谗言，诈称伍子胥阴谋"托齐反吴"。谁知道吴王夫差竟然也听信谗言，派人送了一把宝剑给伍子胥，令其自杀。伍子胥自杀前对门客说：请将我的眼睛挖出置于东门之上，我要看着吴国灭亡。在伍子胥死后九年，吴国果然为越国所灭。卞和与伍奢父子，前者身怀宝玉，后者则有保卫国家的大智慧。他们本来都是国家不可多得的人才，可以为国效力，却不料皆下场可悲。司马承祯借助历史故事提醒人们：至道深远，仅仅停留于表象，是无法悟道、行道的。人一旦被假象所迷惑，就分不清本末，认假为真，无法获得道果。所以，修持"坐忘"法门，就应该确立修道信念，目标明确，信心坚定，才能行远而得真。

关于"泰定"，司马承祯引述《庄子》言辞且加以发挥说：

宇泰定者，发乎天光。宇则心也，天光则发慧也。心为道之器宇，虚静

---

[1] （唐）司马承祯：《坐忘论》，《道藏》第22册，第892页。

至极则道居而慧生。慧出本性，非适今有，故曰天光。但以贪爱浊乱，遂至昏迷。澡雪柔挺，复归纯静，本真神识，稍稍自明，非谓今时别生他慧。慧既生已，宝而怀之，勿以多知而伤于定。非生慧难，慧而不用难。自古忘形者众，忘名者寡。慧而不用，是忘名也，天下希及之，故为难。贵能不骄，富能不奢，为无俗过，故得长守富贵。定而不动，慧而不用，为无道过，故得深证真常。[1]

其中所谓"天光"，见于《庄子·杂篇·庚桑楚》。该篇所谓"泰定"有祸福不入于心的意涵，强调"人有修者，乃今有恒"[2]。司马承祯对《庄子》中的说法予以新的解释。首先，将"宇"解释为"心"，故而"宇泰定"也就是内心泰然自若。如何看待"心"与"道"的关系呢？司马承祯通过比喻来说明，他指出"心为道之器宇"，就是把"心"当作一个容器，唯有容器虚空的时候才能盛物，"心"要容"道"也是如此。内心虚静，"道"就来居；"道"在心中，智慧自生。这种智慧出自天然本性，不是外力强加，所以叫作"天光"。要发"天光"，必须是无欲宁静的状态，如果被"贪爱"情欲所牵扯，就会迷惑本性而无光。因此，修道之人应该像冬日遇雪一样，让躁动的内心情绪冷却下来，回归于淳朴虚静。如此一来，被掩盖的天真本体的认知智慧就会明澈而彰显出来，并非是刻意地追求另外别的什么智慧。内在的天真智慧既然被触动开关而激发出来，就应该将之作为自身的宝贝，好好保护与涵养，不要以其他凡庸的杂多认识来伤害自我内心的安定。人言修道有难处，这并非指激发内在的本真智慧，而是有了本真智慧却能够做到不滥用。自古以来，能够忘记形骸的人多，但能够忘记名声者少。激发出本真智慧却不滥用，这是因为不为名而忘名，能够做到这一步，普天下的人们都无法企及，所以说"难"。高贵却不骄傲，富足却不奢华，就可以避免凡俗间的过错，故而能够长期持守富贵。内心安定而不动摇，内在本真智慧激发生成却不滥用，其修道过程就不会有偏差，所以能够深深地印证真常大道。

---

1 （唐）司马承祯：《坐忘论》，《道藏》第 22 册，第 896 页。
2 （唐）成玄英：《南华真经注疏》卷八，（清）《古逸丛书》景宋本。

第十一章　平安之道与生命境界超越

司马承祯关于"泰定"的论说，其核心要点是"慧而不用"，所谓"不用"指的是不用以求名。之所以"不用"，是因为此等"本真智慧"是内宝，倘若用以求名，能量丧失，本真生命就不保。由此可见，司马承祯把"名"的追求看作修道的大障碍，故而，所谓"坐忘"从性命修持的角度讲，当以忘名为切要的入手功夫。

为了便于修道者进行"坐忘"的程序操作，司马承祯还专门写了配套的"枢翼"。所谓"枢"就是枢纽核心，这当然是指"坐忘"的七大步骤；而"翼"则如鸟飞行之两翼。在《周易》中，有卦爻辞，谓之"经"，又有解释卦爻辞的十篇传言，谓之"十翼"。司马承祯所谓"枢翼"，其地位犹如《周易》之"十翼"，只是"枢翼"不是十篇，而仅有一大段，内含两个部分，恰如飞鸟之"两翼"。实际上，这是关于如何操持"坐忘"技术的注意事项与效果说明。首先，《坐忘论·枢翼》提醒修道者应该不让身外俗事来干扰自己，归结起来叫作"勤行三戒"。所谓"三戒"，指的是简缘、无欲、静心，持守三戒的目的在于定心不乱。其次，指出修持"坐忘"法门的效果，可以实现身心的"五时七候"状态。司马承祯说：

> 夫得道之人，心有五时，身有七候。心有五时者，一动多静少；二动静相半；三静多动少；四无事则静，事触还动；五心与道合，触而不动。心至此地，始得安乐，罪垢灭尽，无复烦恼。身有七候者，一举动顺时，容色和悦；二凤疾普消，身心轻爽；三填补夭伤，还元复命；四延数千岁，名曰仙人；五炼形为气，名曰真人；六炼气成神，名曰神人；七炼神合道，名曰至人。其于鉴力，随候益明，得至道成，慧乃圆备。虽久学定心，身无五时七候者，促龄秽质，色谢归空，自云慧觉，复称成道，求诸通理，实所未然，可谓谬矣。[1]

司马承祯分别对"身心"在坐忘过程中所出现的"时候"做了描述。无论就

---

[1] （唐）司马承祯：《坐忘论》，《道藏》第22册，第897—898页。

"心"的角度看,还是从"身"的角度看,其表征状态都是递进的。每进一步,都是性命修行的一种超越,体现了深邃的生命境界,蕴含着作者诸多的生命体验。其中所谓延命"数千岁"以及仙人、真人、神人、至人等说法当然是一种信仰文化的表述,迄今为止并无科学的验证,但追溯起来,则早见于先秦道家典籍,尤其是《庄子》书中便有成体系的论说。此类理想化的言辞,虽然无法令当今一般社会大众所接受,但却提供了一种生命境界的符号学,从中可以领略到先民们对于生命问题的积极探索。

(二)内丹修炼

就操作过程看,司马承祯提出的"坐忘"七阶的前四阶亦可视为内丹修炼的前期准备。因为有了敬信、断缘、收心、简事的操作,要修炼内丹也就有了很好的基础。

研究道家文化史的人们明白,所谓"内丹"是对应于"外丹"的一种生命健康操作技术。在甲骨文中,"丹"的构型 is 是在矿井象形符号中加上一横,表示矿物,金文与篆文基本上承袭了甲骨文的字形特点。许慎的《说文解字》称:"丹,巴越之赤石也。象采丹井,一象丹形。凡丹之属皆从丹。"照许慎的解释,所谓"丹"表示的是巴蜀吴越地带的赤色矿石。字形像采丹的井口,其中的一点表示赤色矿石。所有与丹相关的字,都采用"丹"来做偏旁。

最初,"丹"乃是方士们追求长生不老而炼制的一种药物,其主要原料是铅和汞。方士们相信,生命造化与天地同途,只要效法天地,炼制出不朽的药物,人服用了这种特别炼制的药物,自然也能够保持其永久性。故而,遵循此等理念而炼制的丹药,称作"外丹",或"金丹"。

汉代以来,随着制度道教的产生,方士转变为道士。这时候,道士们不仅继续烧炼外丹,而且根据"天人合一"的精神,把人体比喻为丹炉鼎器,认为人体内自有药物,可以通过自身精气神的调理而炼成丹药。为了相互区别,这种由内在精气神炼制而成的丹药就称作"内丹"。

作为烧炼人体精气神而成的"内丹"概念,最早见于唐初幻真先生所注之

《胎息经》。该经云：

> 胎从伏气中结，气从有胎中息。[1]

所谓"胎息"指的是胎儿在母腹中的呼吸状态。《胎息经》以父精母卵结合而成胎儿的过程，比喻炼丹。幻真先生注曰：

> 脐下三寸为气海，亦为下丹田，亦为玄牝。世人多以口鼻为玄牝，非也。口鼻即玄牝出入之门。盖玄者水也，牝者母也。世人以阴阳气相感结于水母，三月胎结，十月形体具而能生人。修道者常伏其炁于脐下，守其神于身内，神气相合而生玄胎，玄胎既结，乃自生身，即为内丹不死之道也。[2]

这段话首先讲了下丹田的位置，明确指出其位于肚脐之下一寸三分的气海穴位，同时又以下丹田为"玄牝"。作者否认世人以口鼻为玄牝的说法，而认为口鼻只是"玄牝之门"。老子的《道德经》第六章说："谷神不死，是谓玄牝。玄牝之门，是谓天地根。绵绵若存，用之不勤。"但老子未指"玄牝"为丹田，而幻真先生注释《胎息经》不仅揭明玄牝是气海穴位，而且以"内丹"为"不死之道"，确立了内丹修炼法门的崇高地位。如此定位，当然只是一种生命理想追求的体现，从当今科学立场看，"不死"表达的是愿望，而非现实或者可能成为现实。不过，正因为"内丹"问题与中华传统的信仰文化有着诸多联系，故而引起了人们多方面、多角度的探究。

长期以来，学术界对道教内丹学颇为关注，学术专著论及者多。笔者于1997年创办《道韵》辑刊，由中国台湾"中华大道文化事业股份有限公司"（中华大道出版社）按年度出版。自此每年出版两辑，其封面有诗云："道冠古今天体运，韵

---

[1] （唐）幻真先生：《胎息经注》，《道藏》第2册，第868页。
[2] 同上。

化丹元助周天。"此所谓"周天"即为内丹学的"周天功法"操持，也表明本刊将以丹道研究为主。在组稿过程中，本刊有意识地按专题编排。自第二辑开始，即突出丹道主题，第五辑到第七辑为"金丹派南宗"专论，其中颇涉内丹问题。第十辑至第十二辑，为"三玄与丹道养生"专论。其中攸关内丹学的主要论文有刘直的《琴心三叠舞胎仙——内丹学"和""琴"释义》，张思齐的《论丘处机对金丹派南宗的继承发展及其文学表达》（以上两篇见第七辑，2000年8月）；詹石窗的《长生之道的符号隐喻——丹道养生的易学理趣稽考》，曹剑波的《〈周易参同契〉内丹修炼探幽》，蒋朝君的《李道纯易学与丹道旨趣探微》，张松辉的《论道教对元散曲的影响——以全真丹道词作为中心》，李素平的《女丹双修与神仙信仰》，刘直的《道教神仙的道具——内丹隐语"剑""壶"的源流及释义》，黄永锋的《曾慥丹道养生思想初探》（以上见第十辑，2002年2月）；胡孚琛的《丹道法诀十二讲（连载）——心灵奥秘第五讲》，戈国龙的《从一般方术到内丹的演变》，李远国的《李西月与西派丹道思想概述》，葛瑞冬的《道教内丹术性命双修有无先后考辩》，刘直的《内经图创制时间考》，朱越利的《隋唐五代的性风气与阴丹术（下）》（以上见第十二辑，2003年2月）。

查"中国知网"，以"内丹"为关键词进行检索，可以看到标题上出现"内丹"者有671篇。最早一篇为王沐所写的《我国早期内丹丹法著作〈楚辞·远游〉试析》，发表于《道协会刊》1983年第2期。此后，陆续有学者发表内丹学研究的专论，较有代表性的有郝勤的《道教内丹与中国文化》，发表于《宗教学研究》1983年第3期；孟乃昌的《道家内丹术（气功）理论概念的由来和运用》，发表于《中国道教》1990年第1期；李大华的《试探道教内丹学与神学思辨的关系》，发表于《哲学研究》1991年第8期；徐仪明的《道教内丹学与王阳明"致良知"说》，发表于《中国哲学史》1994年第4期；胡孚琛的《道教内丹学揭秘》，发表于《世界宗教研究》1997年第4期；张广保的《明清内丹思潮与陈撄宁学派的仙学》，发表于《宗教学研究》1997年第4期；戈国龙的《道教内丹学中"顺逆"问题的现代诠释》，发表于《宗教学研究》1998年第3期；蛰龙的《内丹修炼中的五个阴阳相交》，发表于《中国气功科学》1999年第2期；张钦的《内丹学的西传及对分析心理学的影响》，发表于《宗教学研究》1999 年第 2 期；戈国龙的《论内丹学中的阴阳交媾》，发表于《世界宗教研究》2002 年第 1 期；霍克功的《内丹：东西方精神沟通的桥梁》，发表于《世界宗教文化》2006 年第 4 期；沈文华的《以乾坤二卦释内丹中派"中黄直透"之法》，发表于《哲学动态》2008 年第 1 期；盖建民、何振中的《道教内丹学视野下的"奇经八脉"初探》，发表于《厦门大学学报（哲学社会科学版）》2009 年第 3 期；游建西的《道教内丹学南北宗比较》，发表于《中国道教》2009 年第 3 期；王敏、任伟的《中医心肾相交学说与道家内丹术关系的探析》，发表于《中医药学报》2011 年第 5 期；余强军、吕锡琛的《道教内丹生命哲学的虚无观》，发表于《江淮论坛》2011 年第 6 期；詹石窗的《韩国权泰勋的内丹思想与技术实践考论》，发表于《世界宗教研究》2015 年第 2 期；丁常春的《民国道教内丹学之三教合一论》，发表于《世界宗教研究》2017 年第 4 期。这些论文或侧重于理论分析，或侧重于功法程序与特点介绍，各有千秋，为人们认识道教内丹术开阔了视野。

除了论文，学术界尚有多部关于道教内丹学研究较有影响的专题著作。代表性著作有：

其一，张兴发著的《道教内丹修炼》，宗教文化出版社 2003 年版。该书由九篇构成，第一篇《道源》，追溯道教内丹学的文化传承，分别介绍了道祖、文治派、少阳派、正一派、钟吕派、南派、北派、中派、东派、西派、青城派、伍柳派、三丰派、千峰派、女丹派；第二篇《斋心》，于导论之后为尊道贵德、仙道贵生、清静寡欲、净明全真、积功累德、性命双修、道法自然、和光同尘、我命由我、返本还原、法箓梯航、啬宝精气、形神相依、男女皆修、实证实修；第三篇《道术筑基》，于导论之后分别介绍第一篇所涉各派的筑基方法；第四篇至第七篇为内丹术四大步骤的介绍，包括炼精化炁、炼炁化神、炼神还虚、炼虚合道；第八篇与第九篇为内丹术语介绍。本书作者系道教正一派道士，学修相兼，其所持论当有个人修为做参考。

其二，胡孚琛著的《丹道法诀十二讲》，套装上、中、下三卷，社会科学文献出版社 2009 年版。全书分两大部分，上卷、中卷为第一部分，下卷为第二部分。第一部分属于研究性内容，作者以现代科学和中西哲学、精神分析学、中西医学的视角发掘内丹学和禅宗、密宗修炼法门的奥秘，并联系相关的社会人生问题做了分析。由丹道的三家四派入手进行追溯，继而概要论述操作之事理，再分别考察补亏正法、辟谷胎息、行功语要、两重天地、性命双修、开悟禅定、究竟境界，接续辨难答疑、出生入死等问题。第二部分为附录，内容包括自身阴阳清净丹法程序、金火丹诀、知几子《悟真篇提要》、添油接命金丹大道、虚空阴阳之虚无丹法程序、女子丹法传真、黄元吉丹诀、王重阳诗词秘传丹诀集要、李涵虚真人西派丹法搜奇、《青华秘文》丹诀钩玄、崂山道教金山派丹法存抄、精校魏伯阳《周易参同契》、陈朴先生九转金丹秘诀、三丰真人天元丹法秘传、王重阳《五篇灵文注》导读、陈国符先生和《道藏源流考》、道学文化的新科学观。该书前后写了八年，对中华道学的非物质文化遗产做了总结，有助于人们抓住核心与要领。

其三，戈国龙著的《道教内丹学探微》，中央编译出版社2012年版。该书由序论、顺逆、性命、阴阳、有无、结语六大部分构成。该书系作者在博士论文的基础上修改而成，从内在智慧方面对道教内丹学进行现代诠释，对其哲学原理做了较为深入和独到的研究，提出了一整套基于作者内在体验的道教内丹学的理论诠释架构，体现了"悟道与学术相统一"的学思风格。

其四，霍克功的《道教内丹学》，宗教文化出版社2015年版。该书于引论之后分十章阐述。引论提出当代社会需要内丹学；此后又有导论，解释何为内丹学，概要介绍内丹学的基本内容。从第二章开始，就不同角度论述内丹学的具体内容，主要包括道教内丹学的神学基础、生理学基础、心理学基础，以及性命问题、阴阳问题、药物问题、炉鼎问题、火候问题、功夫问题。作者认为：内丹学是以道教宇宙观、神仙信仰、人体生成观、天人合一、天人感应、阴阳五行学说为哲学基础，以传统医学的气血、经络、穴位和脏腑学说为生理基础，以心性论为心理基础，以性命为修炼对象，以人体先天精、气、神为药物，以人体为丹房，丹田为炉鼎，意念呼吸为火候，借用外丹术语、易学符号系统来描述修炼火候及成丹过程，其最终目标为得道成仙的修炼理论和实践体系。全书虽然对此前成果多有借鉴,但架构、表述有自己的特色,自成体系,亦可资参考。

有关内丹学的一般知识,以上著作基本上已经进行了比较完整的介绍和评述,但作为一种传统的生命修养理论与技术,内丹学牵涉的问题颇广,如何领悟其核心精神、掌握其要领,笔者以为如下两条尤其关键。

一是象征思维的表达方式。自汉代以来,丹道经籍可谓汗牛充栋。从魏伯阳的《周易参同契》到钟离权的《灵宝毕法》,从张伯端的《悟真篇》到陈致虚的《金丹大要》,遵循着一种特有的象征理路,而其他各种申发性著述,也都如此,故而要了解传统的内丹法要,读懂此类著述,就必须明白此等表达特色。这一点从宋代曾慥《道枢》所引述文字可见一斑:

> 《老子内丹经》曰:一身之设,一国之象也。圣人以身为国,以心为君,以精气为民。民安则国斯泰矣,民散则国斯虚矣。夫能惜精爱气,则所以长生者也。夫人之形,禀父母精血而为元气所化者也。中黄真人曰:骨肉者,以精血为根焉;灵识者,以元气为本焉。性者命之本也,神者气之子也,气者神之母也,子母者不可斯须而离也。如是则气乃湛然,住于丹田而成变化矣。老子曰:绵绵若存,用之不勤。出息微微,入息绵绵,深根固蒂,此长生久视之道也。《内观经》曰:气来入身谓之生,神去于形谓之死,所以通生谓之道。于是气旺则人旺矣,气衰则人衰矣。故曰气能富形,神能御气而飞形者也。其诀在乎"天门开,地户闭",永永绵绵,而勿废其吸也。至于根其呼也,彻于蒂,如鸡抱卵,如鱼生水,圣胎成而斯蜕矣。纯粹子曰:强兵战胜奈何?奇士曰:金液炼形者也。积魂以消阴魄,阳兵以御阴寇。盖用五行相克、八卦相荡,归根复命而成丹者也。黄帝曰:还丹百数,其要在乎神水华池。易真子曰:还丹者,反覆阴阳之气者也。圣人设其法象,诱太阳之气,先为神丹,以驻形神,然后能成其道焉。如国之有寇,须兵以制之。既制之矣,乃可行皇王之道焉。[1]

---

[1] (宋)曾慥:《道枢》卷六,《道藏》第20册,第638页。

《道枢》摘编了《老子内丹经》《太上老君内观经》以及先前诸多道家先修者的论说，通过多重设喻，以揭明丹道修炼的要领。第一，把身体看作国家。正如国家之中有君、民一样，人体中的"心"就像帝王君主，而"精气"就像人民百姓。在一个社会里，只有人民百姓安康，国家才能平定祥和；如果人民百姓流离失所，那么国家就空虚了。因此，就养生而言，爱惜自我精气就如国君爱民一样特别重要。唯有做到爱惜精气，才能延年益寿，长生久视。第二，由父精母血的结合而孕育人形的问题入手，探讨"神"与"气"的关系。作者再度设喻，将"神"看作"子"，而"气"看作"母"，指出母子不可相离，当"神"与"气"相守而定住于丹田时，奇妙的变化就开始了。住神定气，讲究一个"绵"字，就是柔软且不急躁，这就叫作"绵绵若存，用之不勤"。呼出的气息慢而少，吸入的气息轻而软。正如一棵树的栽培一样，土壤深厚，树根也扎得深，开花也不容易脱落，这就是长生久视之道。第三，将设喻进一步拓展开来，以人身为天地。头为天，足为地。呼吸时不仅讲究绵和，而且要结合存想，感觉气息鼓荡：上达头顶的百会穴位，此谓通天；下冲两足底部涌泉，此谓透地。呼吸时两手要自然放松，像母鸡孵蛋那样把翅膀松开。此外，要想象整个人若鱼在水中游一样，不知道哪是鱼哪是水，鱼水浑然一体。到了这一步，就像蝉虫脱去外壳一般，有一种再生的感受。第四，操作过程注意咽津下润脏腑。其关键是明了"神水华池"的妙用。关于"神水华池"，古来解释甚多。宋徽宗的《圣济经》说："圣经言：神水华池，含津鼓漱是也。由是咽清英而灌溉五神之宫。五神之宫，滋益于内而达于外。故肺气通于鼻，鼻和而知香臭；心气通于舌，舌和而知滋味；肾气通于耳，耳和而闻五音；肝气通于目，目和而视五色。所谓藏气之所以自通也，如此水谷精气为荣。"[1]李时珍的《本草纲目·人之一·口津唾》说："人舌下有四窍，两窍通心气，两窍通肾液。心气流入舌下为神水，肾液流入舌下为灵液，道家谓之金浆玉醴，溢为醴泉，聚为华池，散为津液，降为甘露，所以灌溉脏腑，润泽肢体，故修养家咽津纳气谓之'清水灌灵根'。"[2]根据宋徽宗《圣济经》与李时珍《本草纲目》

---

1 （宋）赵佶（徽宗）：《圣济经》卷八《荣卫行流章第二》，（清）光绪中归安陆氏刊本。
2 （明）李时珍：《本草纲目》卷五十二，（清）《文渊阁四库全书》本。

的记载可知，所谓"神水"是由心气化成且由舌头之下流出的津液，而"华池"也就是汇聚津液的储蓄所。值得注意的是：古人所谓"心"并非仅仅指推进血液循环的心脏，也包括大脑的一些机能。全真道内丹家丘处机的《大丹直指·三田返复金液还丹诀义》曰："神水自上颚而下，清凉甘美；复自肺间下入黄庭，号曰金液还丹。"[1] 从中可以看出，神水的运行路线是：起于"上颚"，经于"肺间"，入于"黄庭"（肚脐之下一寸三分的下丹田）。内丹修炼，不仅要注意调整呼吸，而且要善于咽津。其中的道理与操作规程并非直白地陈述，而是通过一系列的比喻来暗示，唯有明白了此等象征表达手法，方能领悟其精神旨趣。

二是顺天时以行火候。在内丹学中，"火候"操持是最为关键的一环。所谓"火候"，原指烹饪过程中，根据菜肴原料老嫩硬软与厚薄大小和菜肴的制作要求，采用的火力大小与时间长短。炼丹正如烧菜，也需要严格掌握火候。在道门炼丹实践中，素有"药物易知，火候难准"的说法，因此，需要通过具体实践和探究，才能立正而不偏。在历史上，大凡以炼丹为主题的论著都会涉及火候。在古代诗词作品中也有不少描述火候操持过程的。例如宋代张元干的《沁园春·神水华池》：

> 神水华池，汞铅凝结，虎龙往来。问子前午后，阳销阴长，自然炉鼎，何用安排。灵宝玄门，烟萝真境，三日庚生兑户开。泥丸透，尽周天火候，平步仙阶。蓬莱。直上瑶台。看海变桑田飞暮埃。念尘劳良苦，流光易度，明珠难得，白骨成堆。位极人臣，功高今古，总蹈危机吞祸胎。争知我，办青鞋布袜，雁荡天台。[2]

这首词以"神水华池"为题，通过"虎龙"、蓬莱等一系列隐喻，暗示内丹修炼过程的操作法度。其中所谓"子前午后，阳销阴长"说的是能量流的"子午流注"规律，即子时阳升而午时阴升，阴阳复推，生生不息。至于"三日庚生兑户开"则暗合了易学的"月体纳甲法"的进退程序。考其原始出处，一般认为是发端

---

[1]（元）丘处机：《大丹直指》卷上，《道藏》第4册，第396—397页。
[2]（宋）张元干：《芦川归来集》卷五，（清）《文渊阁四库全书》本。

于汉代的易学大家京房氏,其所作《京氏易传》卷下谓:"分天地乾坤之象,益之以甲乙壬癸,震巽之象配庚辛,坎离之象配戊己,艮兑之象配丙丁。"[1]不难看出,京房的"纳甲法"就是把《周易》的八卦与十个天干配合起来,以表征天地阴阳之变化。具体纳配法式是:乾纳甲,坤纳乙,甲乙五行属木,在方位中表示东方;艮纳丙,兑纳丁,丙丁为火,表示南方;坎纳戊,离纳己,戊己为土,表示中央;震纳庚,巽纳辛,庚辛为金,表示西方;乾纳壬,坤纳癸,壬癸为水,表示北方。如此,则五行相生而有春夏秋冬的周而复始。东汉之际的道教丹鼎派理论家魏伯阳作《周易参同契》,以京房的"纳甲法"为基础,结合月亮的晦朔弦望规律,形成"月体纳甲"的新模式,以表征丹道修炼的火候进退程序。其书上篇谓:

三日出为爽,震受庚西方。八日兑受丁,上弦平如绳。十五乾体就,盛满甲东方。蟾蜍与兔魄,日月气双明,蟾蜍视卦节,兔者吐生光。七八道已讫,屈折低下降。

十六转受统,巽辛见平明。艮直于丙南,下弦二十三。坤乙三十日,东方丧其明。节尽相禅与,继体复生龙。壬癸配甲乙,乾坤括始终。[2]

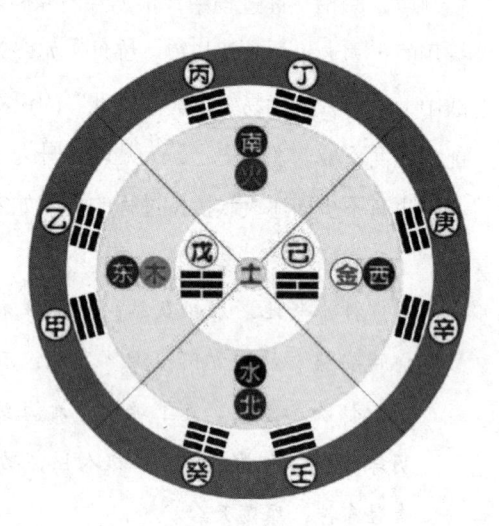

月体"纳甲图"

从其描述可知,卦象、天干与方位的配合是体现一定的时间节点的。初三之日,一轮新月于黄昏时见于西方,其时所配为震卦,此卦一阳初生于二阴之下,其象犹如初三日之月体,对应于西方庚位。初八之日为上弦月,见于南方,其时

---

[1] (汉)京房撰,(三国)吴绩注:《京氏易传》卷下,(民国)《四部丛刊》景明天一阁刊本。
[2] (五代)彭晓:《周易参同契分章通真义》卷上,《道藏》第20册,第135—136页。

所配为兑卦，此卦二阳一阴，其象犹如八日之月体，对应于南方丁位。十五日为满月，当黄昏之际见于东方，其时所配为乾卦，此卦三爻皆为阳爻，犹如圆月之象，对应于东方甲位。又因十五日早晨月未西沉而日已东升，晚上日未西落而月已东出，呈现为日月相望之势，故《周易参同契》谓"蟾蜍与兔魄，日月气双明"。至十六日，月象由满盈转亏，于清晨现于西方，其时所配为巽卦，此卦一阴始生二阳之下，其象犹如十六日清晨之月体，对应于西方辛位。二十三日为下弦月，于清晨见于南方，其时所配为艮卦，此卦二阴一阳，犹如二十三日之月体，对应于南方丙位。三十日为晦，其月没东方，其明尽消，其时所配为坤卦，此卦三爻皆为阴爻，犹如月灭之象，对应于东方乙位。至此，月象已经周转六节，合为三十日，一月之日数圆满，何以又有壬癸之配呢？原来，照《周易》的象数理路，"乾坤"在八卦中居于父母卦与门户的地位，系阴阳之根本，万物所以资始又所以资生。所以在配了甲乙之后，又配壬癸。甲乙居于东方，壬癸居于北方，东为始而北为终，故谓"乾坤括始终"。至于"戊己"两干，并无与具体日期相匹配，而专门纳以坎离，则是表示日月运行之本体，体静而用动，合于五行之"土"，以表旺于四季而罗络始终。

言说至此，月体纳甲的体系已经完备，但《周易参同契》却又补充了四句：

七八数十五，九六亦相当，四者合三十，易象索灭藏。[1]

这是从易学"数占"角度对纳甲依据的进一步说明。易学"数占"有所谓"四营之数"，七为少阳，八为少阴，九为老阳，六为老阴。少阳七与少阴八之数相合为十五，老阴六与老阳九相合亦为十五，两个"十五"加起来恰好是三十，一月之数足。至三十日月没之际，日月合璧，卦象虚空，故谓之"索然灭藏"。[2]

魏伯阳在《周易参同契》中所建立的月体纳甲法，从根本上见，就是为了说明

---

[1] （五代）彭晓：《周易参同契分章通真义》卷上，《道藏》第20册，第136页。
[2] 参看周立升：《〈周易参同契〉的月体纳甲学》，《周易研究》，2000年，第4期。

丹道修炼，乃是效法天时而用之，不论外丹还是内丹，皆不例外。丹经千部，规程繁复，但归结起来，无非是以天为教，以月为法，以时为用，以阴阳为纲要，以精气为内药，操持火候，文武交替，不急不躁，一张一弛，终究可以进退自如，安然有序。这种操作初看起来似乎是生命体的自我操作，但因为是以"身国互喻"为思路，其所实现的效果不仅有助于个体健康，而且有助于平安社会的建设。内丹家在进行具体实践的时候，奉行的是"性命双修，天人合一"。其所谓"修性"很大程度上是社会道德的完善，修行者以多行善事为内丹境界提升的基本要求，这必然促进社会善心的树立和善行的推广，其中贯穿着平安的思想旨趣也就不言自明了。

第三节　内圣外王与齐物境界

平安之道不仅通过具体的技术操作得以实施，而且通过特有的生命境界而获得贯彻。其中尤其值得探究的就是"内圣外王"与"万物齐一"的思想。

一、"内圣外王"的由来与思想发展

"内圣外王"是中国哲学史上的一个重要命题。早在20世纪30年代，许多研究中国哲学的专家已经对这个命题在传统文化中的地位予以较充分的认识。冯友兰先生甚至认为，中国哲学的主题是"内圣外王之道"[1]。80年代以来，这个课题再度引起人们的注意。余敦康先生研究中国哲学数十年，他的一部有关易学研究的专著即名为《内圣外王》，这是学界所熟悉的。另外，朱义禄的《儒家理想人格与中国文化》一书第一章第一节也专门论述"内圣外王"；景海峰所编的《儒家思想与现代化》则收入了刘述先先生的《论儒家"内圣外王"的理想》一文。20世纪末，"内圣外王"之学更加受到学界的关注，报纸杂志相继发表了许多这方面的论文。例如1999年，路杰在《河南社会科学》第1期发表《论"内圣外

---

[1] 冯友兰：《中国哲学简史》，涂又光译本，北京：北京大学出版社，1998年版，第10页。

王"之道》,任剑涛在《齐鲁学刊》第 1 期发表《内圣外王:早期儒家伦理政治构想的理想境界》,杨阳在《管子学刊》第 1 期发表《内在超越与内圣外王》,李静在《重庆师院学报》第 1 期发表《论"外王"之学在宋代向"内圣"之学的转化》等。此外,尚有许多文章,虽然不是专门以"内圣外王"为题,却也在行文中涉及"内圣外王"之学。可以说,"内圣外王"几乎成为中国文化研究者津津乐道的话题。本来这样一个被学界研究"透了"的课题,笔者是可以不必赘言了,但是,当笔者仔细研读了学界的高论以及原始文献之后却产生了新的疑问。

长期以来,学者们往往从儒家的角度来解说"内圣外王"命题,有的学者甚至干脆说"内圣外王之道"是"儒家学说的核心"等等,似乎"内圣外王"的理论是儒家的"专利"。毋庸置疑,在儒家思想史上,有许多人论述了"内圣外王"问题,并且提出了深邃的见解。但是,如果把"内圣外王"专属于儒家,却是不符合历史事实的。"内圣外王"之学的原创到底属于谁?这是首先必须搞清楚的。经过一番稽考,笔者以为"内圣外王"本是道家之学,经过学术交融,成为中国哲学史上一种具有普遍意义的学说。

(一)"内圣外王"的道家学派性质

一个不争的事实是,最早言及"内圣外王"命题的是《庄子·天下》篇。关于这一点,学者们一般是不会予以否认的。于是有人就说:比较可以肯定的是《天下》篇作者是一位"受老庄影响很深的儒家"[1]。这种观点颇有代表性,后来一些人也附和之。

从内容看,笔者也认为《天下》篇非庄周所作,因为《天下》篇的行文有比较长的一段话评述了庄周,可见作者不是庄周本人。不过,我们不能因为文中出现了评述庄周的文字就将之归于儒家门下。如果照这样的逻辑,那么我们也可以将儒家经典中那些涉及道家理念的篇章之作者说成是"受孔孟影响很深的道家",例如《中庸》《大学》之类的作品都可以依此办理;不过,这并非笔者的本意。笔

---

[1] 张恒寿:《庄子新探》,石家庄:河北人民出版社,1983 年版,第 310 页。

者以为,《天下》篇的真实作者是谁的问题可以暂时不用考虑,关键是该篇文章的基本立场到底属于哪个学派,这才是解决问题的思路。

在《庄子·天下》篇里,作者先是描述了"天下大乱,贤圣不明"的情形,他对于那些只会"判天地之美,析万物之理"的"一曲之士"颇有微词。在对许多学派批评了一通之后,《天下》篇正面地点出"内圣外王之道"暗而不明的状况。在《天下》篇看来,"内圣外王之道"之所以暗而不明,是因为"一曲之士"不能对宇宙人生进行全面和整体的把握,而只是得"一察"而自用。

从整体上看,该篇依然是站在道家立场上来评述当时的学术流派的。首先,《天下》篇对儒家所颂扬的"君子"理想人格并非给予充分肯定,而只是谓之得道之余绪;对于墨家与法家人物,《天下》篇多半赞扬他们那些与道家思想相同的方面,批评其与道家不同的方面。在言及老聃、关尹时,作者谓之为古之博大真人,至于庄子那种"独与天地精神往来"的境界就更是受到作者的高度赞赏了。从这些言辞可知,《天下》篇是属于道家的作品。所以"内圣外王"的命题自然也就属于道家原创了。

"内圣外王"关键在一个"圣"字。"圣人"在中国古代已经成为理想人格的象征。如果我们仔细阅读一下《道德经》一类早期著作,那就可以发现"圣人"乃是道家学派一个很重要的概念。在《道德经》之中,"圣人"出现了23次。如第五十七章关于"我无为而民自化"一段前冠以"故圣人云"就是一个例子。而更多的情况是以总结性的形式引出圣人主张,如第六十三章所云"是以圣人终不为大,故能成其大"即是。老子的圣人论,其核心思想是塑造一种理想人格,其中包含着"理身理国"的基本精神。如果说"理身"意味着"内圣",那么"理国"则表征了"外王"。虽然,老子在《道德经》里尚未使用"内圣外王"这个词组,但却已经具备了这样的理念。因为《道德经》通篇几乎都是把圣人的理身与治国统一起来。从这个角度看,我们可以说《道德经》已经奠定了"内圣外王"的思想基础。到了《庄子》的内篇所讲的"心斋"等修持法门乃是将老子的"修之于身"的"内圣"思想具体化了。《天下》篇总结了早期道家的看法,将其修身治国理念概括为"内圣外王"。魏晋时期,玄学家们以老庄思想注疏儒家经典,道家本有的"内圣外王"主张遂逐步地发扬光大。道教作为道家学说的主要继承者，于"内圣外王"之说多有发挥。在《道藏》里保存了许多《庄子》的注本，从中也可以看出道家"内圣外王"思想的影响与发展。

（二）"内圣外王"的思想传播与学派交融

魏晋以来，随着学派交锋、融合趋势的发展，"内圣外王"之学几乎成了"公器"。不仅道家、儒家讲"内圣外王"，其他学派往往也应用其思想来建构自己的理论。其中，有一位兼修儒道的学者，在"内圣外王"学说传承与发展中起了关键性作用，这位学者就是邵雍。查《二程文集》，有一段话记载了二程先生与邵雍的交往，略云：

> 二程先生侍大中公，访康节于天津之庐。康节携酒饮月陂上，欢甚，语其平生学术出处之大致。明日，明道怅然谓门生周纯明（一作甫）曰：昨从尧夫先生游，听其论议，振古之豪杰也，惜其无所用于世。纯明曰：所言何如？明道曰：内圣外王之道也。是日，康节有诗，明道和之，今各见集中。[1]

文中所谓"二程"即程颐、程颢兄弟，皆为理学中的代表人物。至于"天津"并非当今位于北京附近的天津直辖市，而是河南洛阳管辖的一个小地方。宋嘉祐七年（1062年），邵雍由共城迁居洛阳。时有王拱辰、富弼和司马光等人出资为邵雍在洛阳天宫寺西的天津桥南置办了一个园宅。从此，邵雍在此园地上自耕自种，过上了自给自足的生活，并为其宅院起名"安乐窝"。《二程文集》中这段话所言"访康节于天津之庐"即指程颐、程颢两兄弟到访邵雍居处的"安乐窝"。他们到访的时候，邵雍正在其月陂处饮酒，非常高兴，谈起了自己的学术传承渊源。第二天，明道先生程颢对门生周纯明说：昨天跟随邵雍先生游览，听邵先生的议论，深深感到邵先生真是一位传承与振奋古学的豪杰人物，可惜他没有任官，学问不能在世上

---

[1]（宋）程颢、程颐：《二程文集》卷上，（清）《文渊阁四库全书》本。

发挥作用。周纯明问：邵先生说了些什么？程颢回答：内圣外王之道。

邵雍的"内圣外王之道"是什么？从程颢的叙说中并不能直接了解，但后人论及邵雍之学时则有所说明，例如林駉的《新笺决科古今源流至论》有言："不观明道之论，无以知康节为内圣外王之道。"[1] 由此可知，明道先生程颢的学说是深受邵雍影响的，要了解邵雍的"内圣外王之道"就得从明道先生程颢的相关论述入手。关于邵雍"内圣外王之道"的实在内容，林駉《新笺决科古今源流至论》卷四有小字笺注："康节先天图，心法也。其诗曰：身在天地后，心在天地先。天地自我出，自余恶足言。然则先天之学，以心为本，其任经世者，康节之余事耳。"[2] 不难看出，程颢所论及的邵雍"内圣外王之道"就是"先天之学"，具体而言就是作为"心法"密码的"先天图"。考其出处，宋代佚名氏撰之《河洛真数》卷下[3] 载邵雍之子邵伯温言其来历，谓"先君得之李之才，李之才得之穆伯长，穆伯长得之陈图南"[4]。魏了翁的《鹤山全集》也言及此："先天图传自希夷，又自有所传，盖方士技术，用以修炼，《参同契》所言是也。"又说："先天图，自魏伯阳《参同》，陈图南爻象卦数始略见此意，至邵尧夫而后大明。千数百年间，不知此图安所托，而图南始得此图，亦已奇矣，而诸儒无称焉。"[5] 从邵伯温与魏了翁等人的描述可知，被明道先生程颢称作"内圣外王之道"的邵雍"先天之学"早有端绪，可谓源远流长。

南宋开始，所谓"先天之学"更加具体化，被称作"易外别传"。对此，俞琰特别写了一本书，名为《易外别传》阐发其内容。俞氏在该书的序言中写道：

> 《易外别传》者，先天图环中之秘，汉儒魏伯阳《参同契》之学也。人生天地间，首乾腹坤，呼日吸月，与天地同一阴阳；《易》以道阴阳，故伯阳

---

[1] （宋）林駉：《新笺决科古今源流至论》卷四，（清）《文渊阁四库全书》本。
[2] 同上。
[3] 按：此书原题陈抟撰，但书中多涉陈抟故事，且多有宋以来事迹载于其中，笔者怀疑其非陈抟撰，当他人托名所为。
[4] （宋）佚名氏：《河洛真数》卷下，（明）万历刊本。
[5] （宋）魏了翁：《鹤山全集》卷六十三《跋司马子巳先后天诸图》，（民国）《四部丛刊》景宋本。

借《易》以明其说，大要不出先天一图。是虽《易》道之绪余，然亦君子养生之切务，盖不可不知也。图之妙，在乎终《坤》始《复》，循环无穷。其至妙，则又在乎《坤》《复》之交，一动一静之间。愚尝学此矣，遍阅《云笈》，略晓其一二，忽遇隐者授以读《易》之法，乃尽得环中之秘，反而求之吾身，则康节邵子所谓太极、所谓天根月窟、所谓三十六宫，靡不备焉。是谓身中之《易》，今为图如左，附以先儒之说，明白无隐，一览即见，识者当自知之。至元甲申八月望日，古吴石涧道人俞琰书。[1]

这篇序言是俞琰于至元甲申（1283年）月圆的八月十五日写的，署名"古吴石涧道人"，其书收入《正统道藏》"太玄部"，足见俞琰的学说是被道门所认可的。他认为，由邵雍传承的"先天图"本来就是魏伯阳《周易参同契》所蕴含的内容，其奥妙不仅存在于天地之间，而且见诸身体之中。为什么称作"心法"呢？俞琰在引述了邵雍《皇极经世》所讲的"先天图者，环中也"之后，紧接着说：

> 人之一身，即先天图也。心居人身之中，犹太极在先天图之中。朱紫阳谓中间空处是也。图自"复"而始，至"坤"而终，终始相连如环，故谓之环。环中者，六十四卦环于其外，而太极居其中也。在《易》为太极，在人为心；人知心为太极，则可以语道矣。[2]

照俞琰的说法，人的身体就是实实在在的生命"先天图"。正如符号性的先天图正中是太极一样，人的一心也可以看作身体的"太极"。俞琰特别引述了朱熹关于"中间空"的话，当具有以"谦"为入手功夫的思想旨趣。人处天地，各种信息不断地传递到自我的心灵，如果不能以谦虚的心态予以排空，就会被外在俗务不停牵扯。唯有以修心为要务，才能达到"内圣"；唯有先达到"内圣"，才能发而

---

1 （宋）俞琰：《易外别传》，《道藏》第20册，第312页。
2 同上书，第313页。

为"外王"的事功。体现在"先天图"上，就是以中心处的"太极"为法象，调理自身之阴阳。当自我阴阳达到和谐有序之际，就可以依照"六十四卦"大循环的原理，管理天下，使之兴旺，这就是"旺天下"之道。所谓"内圣外王"之"王"与"旺"相通，欲"旺天下"，先旺自己。俞琰解释"先天图"时所谓"语道"就是谈论"内圣外王之道"，这虽然由邵雍以"先天图"的形式表征出来，但若上溯渊源，则通达于《庄子》，兼容了儒道生命修养的精神，真可谓"殊途同归"。

二、庄周梦蝶与万物齐一

在中国文化史上，学者们不仅关注"内圣外王"问题，而且对"庄周梦蝶"的故事也是耳熟能详。在元代杂剧中，甚至有演绎"庄周梦蝶"的作品传世；至于诗词创作，"庄周梦蝶"也是文人们常用的典故。

众所周知，"庄周梦蝶"本是道家学派中一个颇具特色的寓言故事，最初见于《庄子·齐物论》：

> 昔者庄周梦为蝴蝶，栩栩然蝴蝶也。自喻适志与！不知周也。俄然觉，则蘧蘧然周也。不知周之梦为蝴蝶与？蝴蝶之梦为周与？周与蝴蝶则必有分矣。此之谓物化。[1]

从其描述中可以看到一幅颇具玄幻色彩的梦景：庄周梦见自己变成蝴蝶，那是栩栩如生、色彩斑斓的蝴蝶。在那不同寻常的环境里，庄周感到特别愉快和惬意，不知道自己原本是庄周。突然醒过来，惊惶不定之际方知原来自己就是庄周。这个梦景让庄周陷入沉思：到底是庄周变成蝴蝶，还是蝴蝶梦见自己变成庄周呢？就事物存在的通常认识来看，庄周与蝴蝶必定有区别，梦景里庄周变成蝴蝶或者蝴蝶变成庄周，姑且称作"物化"，也就是事物之间的相互转化。

庄子讲述这个梦，蕴含什么深刻哲理呢？要领悟这一点，必须从其篇章结构

---

[1]（宋）褚伯秀：《南华真经义海纂微》卷四，《道藏》第15册，第217页。

第十一章　平安之道与生命境界超越

入手，才能准确把握。查"庄周梦蝶"故事，作者将之安排于《齐物论》篇末，显然具有压轴的作用，也能引发人们进一步思考。

在引出"庄周梦蝶"故事之先，《齐物论》有一段"罔两"与"景"的对话：

> 罔两问景曰："曩子行，今子止；曩子坐，今子起。何其无特操与？"景曰："吾有待而然者邪？吾所待又有待而然者邪？吾待蛇蚹蜩翼邪？恶识所以然？恶识所以不然？"[1]

在上古文化中，"罔两"本是神话传说中的一种精怪。《左传·宣公三年》记载："故民入川泽山林，不逢不若；螭魅罔两，莫能逢之。"杜预注："罔两，水神。"[2] 庄子借用古老的神话传说，予以改造，注入新内容。在其话语系统中，"罔两"已经由早先的"水神"转变为物体影子之外的朦胧之象，因为模糊不定，犹如魑魅魍魉，所以称作"微阴"。至于"景"，也就是通常所说的"影子"。

《庄子·齐物论》将"景"与"罔两"拟人化，借以抒发情志。将《齐物论》的描述翻译为现代文，大体意思是：罔两问景说："先前你行走，现在又停下；往昔你坐着，如今却又站了起来。你为何像墙头草，随风摇摆，没有独立的操守呢？"景顾左右而言他："我是有所凭依才如此吗？我所凭依的东西也有所凭依吗？我所凭依的东西难道像蛇的蚹鳞和鸣蝉的翅膀吗？我怎么知道因为什么缘故会是这样呢？我又怎么知道因为什么缘故而不会是这样呢？"

罔两一连串的发问，在"有待"与"无待"之间转换，实际上是要抹平事物存在有条件与无条件之间的界限。对此，晋代学者郭象将这段对话与"庄周梦蝶"寓言故事勾连起来诠释：

> 罔两，景外微阴，天机自尔，坐起无待。无待而独得者，孰知其故？责

---

[1]（宋）褚伯秀：《南华真经义海纂微》卷四，《道藏》第15册，第217页。
[2]（晋）杜预注，（唐）孔颖达疏：《春秋左传正义·附释音春秋左传注疏》卷二十一，（清）嘉庆二十年南昌府学重刊宋本《十三经注疏》本。

其所待，寻其所由，卒于无待，而独化之理明矣。若待蛇蚹与蜩翼，则无特操之所由，未为难识。今所以不识，正由不待斯而独化耳。或谓罔两待景，景待形，形待造物者，请问造物有邪、无邪？无则胡能造物？有则不足以物众形。明众形之自物自造，无所待焉，此造物之正也。今罔两之因景，犹云俱生而非待也。故罔两非景之所致，景非形之所使，形非无之所化，则化不化，然不然，从人之与由已。吾恶识其所以哉？方其梦为蝶，而不知周；俄然觉，则蘧蘧然周也。自周而言，故称觉耳，未必非梦也。今之不知蝴蝶，无异梦之不知周，而各适一时之志，则无以明蝴蝶之不梦为周矣。世有假寐而梦经百年者，则无以明今之百年非假寐之梦也。觉梦之分，无异于死生之辩。今所以自喻适志，由其分定，非由无分也。夫时不暂停，今不遂存。昨日之梦，于今化矣；死生之变，岂异于此而劳心于其间哉？[1]

郭象首先解释了"罔两"为何物的问题，指出"罔两"乃是影子外围的模糊影像，这种"景外之象"，纯粹是天然造化的结果，没有任何条件。既然没有条件却能够独立产生而存在，谁能够明白其中的原因呢？考究其根由，可知乃是独立产生、自然消亡，这就叫作玄冥独化，其间的道理甚为明白。现实中，蛇的蠕动要靠蚹鳞，蝉的飞行要靠翅膀，这都是有条件的。既然需要条件，就要受条件制约，因此摇摆不定，没有操守，这样的性状并不难明白。当今人们搞不清楚的是没有条件却能够产生的事物。有一种看法认为："罔两"依赖"景"而存在，"景"依赖"形"而产生，"形"依赖造物者的作用而凝聚起来。那么，到底存不存在造物者呢？如果没有造物者，为什么会有"物"的出现呢？如果有造物者，它是不可能造出如此众多之物的。由此可见，天地之间各式各样的事物都是自己成形、没有他力作用的结果，这就叫作"无待"。换一句话来说，不依凭条件而自然产生，这是天地间事物产生的正途。今天讨论的"罔两"与"景"的关系，正如云层共生，不存在谁依靠谁的问题。所以说"罔两"并非是由"景"引起的，"景"

---

[1] （宋）褚伯秀：《南华真经义海纂微》卷四，《道藏》第15册，第217页。

也不是因为物形而造就的，物形不是从"无"中显化出来的。据此，我们可以说：造化生物或者不造化生物、事物的存在有凭依或者没有凭依，都是人心识想的结果。我怎样悟出这个道理的呢？那就是由庄周梦蝶得到启发的。刚开始，庄周梦见自己变为蝴蝶，却不知道自己是庄周；醒来的时候，他明白自己是庄周。从庄周的角度看来，他将醒悟的时候称作"觉"，未必这种"觉"就不是"梦"；当他讲不知道自己是蝴蝶的时候，这与梦里蝴蝶不知道自己是庄周的情况其实没有什么不同，仅仅是不同时空状态下舒畅自我心志而已，事实上无法否定蝴蝶在梦里变为庄周的判断。人世间曾经有人打瞌睡而历经百年，这也不能证明今天的一百年就不是如打瞌睡一样的梦境。觉醒与睡梦的区分，其实与死生问题的辩论一样，没有差别。今天人们以各种故事来舒畅自己的情志，是由对事物的区分引起的，如果自身不存在区分，也就没有念想。时间不会停顿下来，事物也不会永远存在下去。昨天梦见的东西，到了今天都已经发生变化了。生与死的转换，难道与梦觉有什么差别吗？既然没有差别，何必耿耿于怀，白费心思去追究呢？

郭象这段解释，一方面指出现行事物的运动需要凭借一定条件，由于条件不同，运动形式当然就存在差别；另一方面又从事物发生的本源上阐述其一致性，这就是独化生成。最终，他把事物的差别归结为自我心灵念想的结果，甚至把梦中的一百年与现实时空中的一百年之差异以及生死之间的界限均予以抹杀。从形式逻辑的推理上看，郭象的解释是不周延的，把差别的存在看作主观念想的结果，这是否认事物存在的客观性。从当今的主客观相统一的认识论立场看，郭象的说法显然是有问题的；不过，就基本思路上看，郭象的解释却又遵循了《庄子·齐物论》的思想导向。

如果进一步追溯，我们可以看到：《庄子·齐物论》在整体谋篇布局上就是通过层层递进的方式来阐述"万物齐一"的看法。其中有两段论说最典型而透彻地表达了庄子的思想观念：

物无非彼，物无非是。自彼则不见，自知则知之。故曰：彼出于是，是亦因彼。彼是，方生之说也。虽然，方生方死，方死方生；方可方不可，方不可方可；因是因非，因非因是。是以圣人不由而照之于天，亦因是也。是亦彼也，彼亦是也。彼亦一是非，此亦一是非。果且有彼是乎哉？果且无彼是乎哉？彼是莫得其偶，谓之道枢。枢始得其环中，以应无穷。是亦一无穷，非亦一无穷也。故曰莫若以明。[1]

以指喻指之非指，不若以非指喻指之非指也；以马喻马之非马，不若以非马喻马之非马也。天地一指也，万物一马也。[2]

《齐物论》认为：事物无不存在彼此对立的一面，也无不存在彼此相互统一的一面。没有彼此对应的立场，就什么也看不见；没有自知之明，则什么也不能知。所以说：彼方因此方而产生，此方也以彼方的存在而存在。虽然如此，还必须看到事物发展变迁的趋向：出生与死亡接续轮转，肯定与否定相互伴随，正确与错误没有定准。所以，圣人不刻意去分辨是非、正误，而是顺着事物自身的情态来把握应有的方向。从根本上看，彼此本来是同一的。然而，世上的人们总是热衷于分辨，结果此时一个是非，彼时又一个是非。事物果真有彼此的分别或者没有分别呢？其实，当事物回归于本初的混沌状态，就不存在彼此分别，更没有对立，这就是大道的枢纽。这个枢纽就处于环宇之中，因应着古往今来的无穷事物。时间是无始无终的，"是"与"非"也就无穷无尽。与其沉浸于是非争辩之中，莫若返璞归真，观察事物的本然状态，这才能真正明了事物存在的真谛。以事物组成的要素来说明这些要素不是事物本身，不如用非事物的组成要素来说明事物的要素并非事物本身；绞尽脑汁论证"白马不是马"，不如从非马的特点入手揭示"白马"与"马"在概念上的不同。如果从整体上来把握，则可以认定：在天地之间不论存在多少要素，在本质上其实是一样的。从这个角度来看，万物可以视同一马。

关于《庄子·齐物论》，向来研究者多。查"中国知网"，以"齐物"为关键

---

[1] （宋）褚伯秀：《南华真经义海纂微》卷二，《道藏》第15册，第194页。
[2] （宋）褚伯秀：《南华真经义海纂微》卷三，《道藏》第15册，第198页。

词进行检索，可以看到422篇相关论文。在以往的研究中，不少学者认为：庄子是一个相对主义者，《齐物论》中关于"万物齐一"的说法是以诡辩论的形式进行阐述的，故而对其价值持基本否定态度。笔者以为，如果我们从生命修养的立场加以理解，就能感受到庄子论说的另一番意义。就本旨上看，庄子其实并非要对客观情状做出价值评判，而是基于主观的精神修养考虑问题。在庄子看来，认识事物并没有什么绝对客观的尺度，故而人生在世当以"万物齐一"的态度来生活，忘记死生与是非问题，将自己寄托于无穷的境域，从而遨游于尘埃之外，这是对生命精神的内在反思，体现了无限时空中有限生命的自我把握。

第十二章　平安之道与慈善精神

生命精神的把握，说到底就是生命个体与生命整体对平安之道的契合。生命个体与生命整体是相对而言的：没有生命个体，就没有生命整体；反过来看，没有生命整体，也就没有生命个体。就人类而言，生命个体意味着每个具体的人的生命活性存在，而众多的生命个体的活性存在以及世代延续就构成了生命整体。就地球之间或者说天地范围来看，生命的存在方式不仅表现为人类的种属繁衍与个体代谢，也表现为人类之外多样生命的兴替过程。从动物到植物，从海底到陆地，从微观到宏观，多彩多姿的生命活动形态造就了无比玄妙的世界。

天地之间，生命如何繁衍与维系？长期以来存在不同的认识。以往在国际上有一种认识：人类是世界的中心。在这个中心里，有一部分生命体特别优秀，故而可以无限制地占有资源。于是，掠夺资源的行为打破了天地之间各种生命体的平衡关系，人类的生存环境也因此出现了种种危机。然而，值得庆幸的是，我们的祖先对"人类中心主义"以及该"中心"内的种种不平等行为所造成的诸多危害早有觉察，于是有了关于"慈善"的思考和告诫。在这方面，无论是道家、儒家，还是佛教，都留下了宝贵的文化遗产，颇值得深入发掘。

第一节　倡导善德与平安社会

在中国古代典籍中，"慈善"作为合成词组，流行于南北朝时期。例如鸠摩罗什翻译的《中论》之《观业品第十七》中有"偈"云："人能降伏心，利益于众生。是名为慈善，二世果报种。"[1] 此外，范晔所撰《后汉书·西域传》的注文也有"慈善根力"[2]的字眼。不过，就单字而言，则由来已久。

"慈"，这个字早见于金文，其字形作"慈"，以"兹"为源，表示草木滋生而逐渐生长。于其下加上"心"，引申表示父母对子女的关爱。许慎《说文解字》谓："慈，爱也。"所谓"爱"就是怜爱，字形以"心"为偏旁，以"兹"为声旁。《管子·形势》称："慈者，父母之高行也。"[3]对应于父母的"慈"，则有子女的"孝"，故老子《道德经》有"民复孝慈"之说。与"慈"密切相关的"善"，其发源也颇早。在甲骨文中，"善"作"𦍌"，由"羊"的两角、鼻梁及双眼的形态构成。"羊"即为"祥"，表示眼神安祥而温和，所谓"慈眉善目"即是此义。"慈"与"善"结合，构成"慈善"的合成词，为古今社会所积极倡导。

如果说"慈"是天性在人类生命体中的自然贯注，那么"善"则是这种自然贯注在生命个体相互关系中的彰显。生命个体相互关系是通过一定的社会组织得以表现并且凸显其功能的。于是，在相互关系中，"善"便成为更加具有涵盖性的一个概念。倡导善德，在中华民族思想文化中世代相续。

一、积善成德与家国情怀

作为中华民族的悠久思想主张，倡导善德几乎是各个学派的共同主张，但具体表现形式则有所不同。在儒家学派中，"积善成德"的说法尤其具有影响力。

"积善成德"这个说法，最早见于《荀子·劝学》篇：

> 积土成山，风雨兴焉；积水成渊，蛟龙生焉；积善成德，而神明自得，圣心循焉。[4]

---

[1] （隋）释吉藏：《中观论疏》卷十八，民国四年金陵刻经处刻本。
[2] （南北朝）范晔：《后汉书卷》卷八十八《西域传第七十八》，百衲本景宋绍熙刻本。
[3] （春秋战国）管仲撰，（唐）房玄龄注：《管子》卷二十，（民国）《四部丛刊》景宋本。
[4] （春秋战国）荀况撰，（唐）杨倞注：《荀子》卷一，（清）《抱经堂丛书》本。

《劝学》篇这几句话，以"比兴"的手法，说明"积善成德"的意义。"比兴"本是古代诗词创作的一种技巧，它在《诗经》里得到了比较多的应用；此后历代的诗词曲赋乃至论说性文体，都对"比兴"手法予以继承和发展。宋代经学家朱熹解释说："比者，以彼物比此物也。"[1]他又指出："兴者，先言他物以引起所咏之词也。"[2]如此看来，所谓"比"即是对人或物加以形象的喻示，读者于比照中可以更加明确地把握事物的鲜明特征。至于"兴"即借助其他事物来引起所要歌咏的内容。"比"与"兴"常常交错使用，连为一体，故能造就一种特殊的语势。《劝学》篇本段论说，由"积土"入手，进而说"积水"，最后才引出"积善成德"。对于"积水"而言，"积土"是"比"，对于"积土"而言，"积水"也是"比"。不过，作者并非停留于此"两比"，他的落脚点是"兴"，即以"积土"与"积水"，兴起"积德"。

正如"积土"可以"成山"、"积水"可以"成渊"的情况，"积善"则可以"成德"。如果说"积"是一种举措，那么"成"则是该等举措所引出的直接效果。不同的品物，可以引出不同的结果，但"积"的举措却是共同的，没有"积"就没有"成"，可见"积"是前提。遵循这样的思路，我们就能够明白"积善成德"的实践性内涵。"善"不是停留于口头上，而是必须落实于行动中，唯有持续不断地累积善行、善功，才能"成德"。《广雅·训诂三》谓："德，得也。"表示所"得"，不苛求强夺，而是坦然获取，无愧于心。"德"这个字，左边双人旁，表示其所表征者为人的品性；右侧上端的"十"有正直不邪的意义。"十"字之下为横写的"目"，有目不斜视而正当的意涵。繁体的金文，"德"的构型"㥁"，于"目"下加上"心"，表示获取的正当性要入心反省，即每一种行为的正当性都需要从内心上进行深入思考，而思考反省的过程是精神境界不断提升的过程，所以许慎《说文解字》称："德，升也。"此所谓"升"就是道德水准因为善行的累积而提升。这种提升的标志是什么呢？荀子《劝学》篇用八个字予以形容："神明自

---

[1] （宋）朱熹：《诗集传》卷一《国风·樛木》，（民国）《四部丛刊三编》景宋本。

[2] （宋）朱熹：《诗集传》卷一《国风·周南》，（民国）《四部丛刊三编》景宋本。

得，圣心循焉。"所谓"神"出于"申"，本是闪电的象形；加上示字旁，表示闪电的启示。最初，人们对闪电之类的自然现象感到神秘莫测，故《周易·系辞上》有"阴阳不测之谓神"[1]的说法。既然"不测"，就需要通过观察、践行来探索，以达到正确的认识，这就叫作"明"；日月运转，其象入于眼中，反省于内心，这就叫作"自通于神明"[2]。如何"自通"呢？"圣心循焉"四个字给出答案。"圣"字的繁体写法"聖"，下面是一个"王"字。许慎《说文解字》引孔子的话说："一贯三为王。"[3]这里的"三"，指天、地、人。汉代经学家董仲舒在《春秋繁露》中论"王道"时说：

> 古之造文者，三画而连其中，谓之王。三画者，天、地、与人也；而连其中者，通其道也。取天地与人之中，以为贯而参通之，非王者孰能当？是故王者，唯天之施。施其时而成之，法其命而循之。诸人法其数而以起事，治其道而以出法，治其志而归之于仁，仁之美者在于天。夫仁也，天覆育万物，既化而生之，有养而成之，事功无已，终而复始，凡举归之以奉人，察于天之意，无穷极之仁也。[4]

董仲舒这段话首先解释了什么是"王"的问题，认为王者的最大功能在于通达天地人，他所谓"王者"也就是"圣人"，所以论王者之通达，也就为荀子的"圣心循焉"提供了很好的注脚。值得注意的是，荀子讲"循"，而董仲舒也强调"循"。所谓"法其命而循之"的"命"，就是"道"所发出的指令。就本原而论，"道"是看不见的，但却通过具体的"数"而体现出来。所谓"数"就是"道"呈现为事物的依据，从这种依据中可以发现"道"的运行法则，所以人们能够依据

---

[1]（三国）王弼注，（晋）韩康伯注，（唐）孔颖达疏：《周易注疏》之《周易兼义》卷七，（清）嘉庆二十年南昌府学重刊宋本《十三经注疏》本。
[2]（春秋战国）荀况撰，（唐）杨倞注：《荀子》卷一，（清）《抱经堂丛书》本。
[3]（汉）许慎：《说文解字》卷一上，（清）《文渊阁四库全书》本。
[4]（汉）董仲舒：《春秋繁露》卷十一，（清）《武英殿聚珍版丛书》本。

"数"来采取行动,遵循"道"的规律而制定行动的章法,确立志向而成就"仁"的德性。由此看来,儒家所谓"积善成德",归根结底就在于奉行天道而为使命,周而复始地成就"仁功"。

将"积善成德"与遵循天道联系起来思考,这在《周易》诠释学中得到了进一步的印证。例如宋代朱震《汉上易传》卷一论"乾卦"之义时说:

> 君子积善成德。以其成德,行之为行,日可见于外,而不可掩者行也,九二是也。隐之为言,隐伏而未见于世,行而其德未成,是以弗用。张载曰:未至于圣,皆行而未成之地。初九,正其始,二益之,而说学以聚之也。聚者,升而上也。兑为口,问以辩之也。二动中虚,虚则有容,宽以居之也。动而以巽行,仁以行之也。学聚问辩,宽居仁行,二与五应,有君德也,是以言行如上。云九三、九四,以刚乘刚而不中,过乎刚也。二为田,九三居下位之上,虽上不在天,而下已离田,动则危且有咎。故乾乾不息,因其可危之时而惕,则虽危无咎矣。中二爻,人也;四上不在天,下不在田,或进而之五,则中不在人,可惧之地也,故疑而未决,上下进退,不必于处,是以无咎。九三之惕,九四之疑,可谓能用九矣。虽重刚不中。何患于过乎?道者,循万物之理而行,其所无事者也。天地之覆载,日月之照,临四时之消长,鬼神之吉凶,岂有意为之哉?大人其道与天地、日月、四时、鬼神合,故顺至理而推行之,先后天而不违,天且不违而况于人乎?况于神乎?鬼神者,流行于天地之间者也。是以九五利见大人也。亢者,处极而不知反者也。万物之理,进必有退,存必有亡,得必有丧。亢,知一而不知二,故道穷而致灾。人固有知进退、存亡者矣。其道诡,于圣人则未必得其正。不得其正,则与天地不相似,知进退存亡,而不失其正者,其唯圣人乎?故两言之。前曰大人,此曰圣人,知进退、存亡不失其正,则德合阴阳,与天地同流,而无不通矣,此大而化之者也。[1]

---

[1] (宋)朱震:《汉上易传》卷一,(民国)《四部丛刊续编》景宋刻本配汲古阁景宋钞本。

在《周易》中，"乾"为首卦，它以"龙"为法象，说明君子"积善成德"的过程。"乾"卦之"龙"不是一开始就呈现的，而是由潜而现，由现而升，由升而跃，直到飞龙在天、亢龙有悔。引申到"积善成德"的议题上来，就体现出不同阶段的不同功夫。第一阶段，即"乾"卦的初九爻，系"潜龙"状态，君子于此时当"弗用"于世。"弗用"不等于不积善，而是隐修善功而不张扬。因为修养尚未达到圣人的境界，所以不能轻举妄动。第二阶段，即"乾"卦的九二爻"见龙在田"，系"龙"显的状态，即"利见大人"的时刻。所谓"大人"就是有修养的君子，也就是圣人。在这样的时刻，君子大人应该积极作为，为社会的发展贡献自己的智慧、能量，这就叫作"宽居仁行"。所谓"仁"，于五行属木，于时为春，意在生生不息，此所谓上天有好生之德，故而所谓"积善"就是辅生不息。第三阶段，即"乾"卦的九三爻"夕惕若"状态。此爻虽然出于下卦的上位，却离开了田境而不踏实，暗示行动出现风险，欲"积善"而有阻碍，因此需要警惕慎行。第四阶段，即"乾"卦的九四爻"或跃在渊"状态。此之所谓"或"与"惑"通，当此之际，虽然比起九三爻更进一步，却未达于天位，没有足够的支持者，故而应该侧重于反省，其所反省的内容在于检查其行动是否符合天道运行的法则。唯有符合天道，才能作为经验，"顺至理而推行之"。第五阶段，即"乾"卦的九五爻"飞龙在天"状态，得天之正气，象征君子处尊贵之位，行事可以获得巨大成功，故而应该将计划有效地付诸实践，努力推进。第六阶段，即"乾"卦的上九爻"亢龙有悔"状态，当此之际应急流勇退，方可免灾。因为事物发展，有升必有降，有进必有退。因应事理，当进则进，当退则退。总之，"积善"的作为，应该根据"乾"卦龙象的变化而做出适当的调整。其所掌握的原则：一是知时，二是合道，三是得正。如此操作，圣人方可成德，即通过事功成就自己，也成就社会，实现"与天地合流"的大通境界。

"积善成德"，落实于人生社会理想层面，就是"家国"的完善。如何完善？古来儒者皆以为需立足于"谦"之道。《韩诗外传》说：

夫《易》有一道焉，大足以治天下，中足以安家国，近足以守其身者，

> 其唯谦德乎？《诗》曰：汤降不迟，圣敬日跻。[1]

《韩诗外传》在这里强调了"谦德"的重要性。在作者看来，所谓"积善成德"应该从"谦"入手。为了彰显"谦德"的作用，《韩诗外传》引用了《诗经》之《长发》篇的两句话："汤降不迟，圣敬日跻。"意思是讲：成汤降生适逢其时，明哲圣德日益增进。这里所谓"明哲圣德"具体落实于心性修养就是谦德。唯有坚守谦德，才能守身，进而安家国、治天下。作者将"安家国"放在中间的位置，恰恰说明它在整个"积善成德"过程中的凸显地位。因为"家国"是个人安身立命的空间处所的根本。没有家国，就没有个体生命完善的前提，当然也就谈不上治理天下了。由此看来，积善成德的修养过程实际上贯注着浓厚的家国情怀。

积善成德的"家国情怀"，从态度上来落实，就推及"爱敬"。《尚书·伊训第四·商书》有言：

> 立爱唯亲，立敬唯长，始于家邦，终于四海。[2]

对此，汉代经学家孔安国做出解释："言立爱敬之道，始于亲长，则家国并化，终洽四海。"[3] 说明积善成德的修持过程，始于"爱敬"之心的培育，有了"爱敬"之心，家国得以教化，四海得以融洽。唐代孔颖达将"爱敬"的内涵进一步揭明，他指出：

> 王者之驭天下，抚兆人，唯爱敬二事而已。《孝经·天子之章》盛论爱敬之事，言天子当用爱敬以接物也。行之所立，自近为始。立爱唯亲，先爱其亲，推之以及疏。立敬唯长，先敬其长，推之以及幼，即《孝经》所云爱亲

---

[1] （汉）韩婴：《韩诗外传》卷八，（民国）《四部丛刊》景明沈氏野竹斋本。
[2] （汉）孔安国传，（唐）孔颖达疏：《尚书注疏》卷八，（清）嘉庆二十年南昌府学重刊宋本《十三经注疏》本。
[3] 同上。

者，不敢恶于人，敬亲者不敢慢于人。是推亲以及物。始则行于家国，终乃洽于四海，即《孝经》所云"德教加于百姓，刑于四海"是也。[1]

所言"驭"即驾驭，原指控制马匹，保障车辆正常运行。"驭天下"，乃以控马行车为喻，引申为治理天下。"兆人"即占卜明兆之人，引申为百姓万民。此处开头一句说的是：帝王治理天下，安抚百姓万民，唯有"爱敬"两个字为重，能够做到"爱敬"，则家国安定。为了阐述"爱敬"的效力，孔颖达以《孝经》为典据，说明德教实施的要领。最后，以"德教加于百姓，刑于四海"为结。所谓"刑"，与"型"字意义相通，说的不是"刑罚"，而是造就"爱敬"的典型，先是以亲爱恭敬的心情尽心尽力地侍奉双亲，进而将德行教化施之于黎民百姓，使天下百姓遵从效法。

从汉代的孔安国到唐代的孔颖达的诠释中可以看出，关于"积善成德"的修持要领集中于"谦"和"爱敬"，而其实施的社会组织背景则是"家国"，这种"家国情怀"可以说是中华民族之所以生生不息的基本精神支撑。

二、"重积德"与"要妙"境地

"积善成德"，在中国文化史上有许多不同的表达方式，例如"积德行善"也是较多的一个说法。"积德"一词早见于老子《道德经》第五十九章：

> 早服谓之重积德，
> 重积德则无不克，
> 无不克则莫知其极。
> 莫知其极，
> 可以有国。

---

[1]（汉）孔安国传，（唐）孔颖达疏：《尚书注疏》卷八，（清）嘉庆二十年南昌府学重刊宋本《十三经注疏》本。

> 有国之母,
> 可以长久。
> 是谓深根固柢,
> 长生久视之道。

《道德经》在"积德"两个字之前加上"重"字,这是强调"积德"的极端重要性。什么叫作"重积德"呢?《道德经》用"早服"予以提示。所谓"早服",按照河上公的解释,"早"是"先"的意思,"服"是"得"的意思,由此可知"早服"就是"先得"。要"先得"什么呢? 河上公说:"夫独爱民财,爱精气,则能先得天道也。"所谓"爱民财"不是人君或者国家要夺取民财,而是以爱护的态度来对待民财,不随便征用,更不能滥用,而是让老百姓真正拥有财富,得以平安生活。至于"爱精气",则是就个体生命的保护角度讲的。基于个体生命与国家生命对应的思路,道家学派将个体生命视如国家,精气正如国家中的"民财"。既然国家的平安发展要爱惜民财,那么个体生命的平安就应该爱惜精气,不可滥用,而应该节用、慎用,尽可能积蓄。河上公的解释体现了道家的"天人相应"与"身国一体"精神,他以"爱民财"和"爱精气"为"重积德",可见"积德"就是为个体生命与国家生命的存在、发展而蓄存能量。从这个角度看,"德"就是一种有益于社会平安、生命健康的能量。有了这种能量的不断积累,则任何困难都能够克服,永葆国家长治久安和个体生命的生生不息。因为这种思路与技术操作是符合天道的,所以应该倍加重视,"重积德"的"重"就是对这种顺应天道的思路与技术操作的认真负责与具体落实。

如何做到"重积德"呢? 老子在《道德经》中提出了"常善"的标准。该书第二十七章说:

> 是以圣人:
> 常善救人,
> 故无弃人;

>常善救物,
>
>故无弃物。
>
>是谓袭明。

此章的字面意思是:圣人怀着"至善"的心境,以宽厚慈悲的胸怀去救济别人。他的教育是没有分别的,不论贵贱或贫愚,一样地施以教化。他的心与万物合而为一,因此他无论对动物或植物,都没有毁损与轻弃的念头,这就是圣人承袭古始的明德啊!

救人与救物都是"常善"的表现。如何施救呢?河上公解释说:"圣人所以常教人忠孝,欲以救人在命。"[1]这样看来,救人的办法就是引导人恪守忠孝,遵守基本的伦理道德规范。其结果如何呢?河上公接着说:"使贵贱各得其所也。"[2]因为恪守忠孝的基本伦理,所以不论是贵是贱,都可以找到安身立命的归宿。

然而,"善"与"不善"是相互伴随的,当人们言说"善"的时候,同时也就意味着有"不善"的行为或现象存在。如何处理"善"与"不善"的关系呢?《道德经》第二十七章进一步指出:

>故善人者不善人之师,
>
>不善人者善人之资。
>
>不贵其师,
>
>不爱其资,
>
>虽智大迷,
>
>是谓要妙。

这几句话的字面意思是:善人是不善之人的老师。不善之人的作为,反过来

---

[1] (汉)河上公:《道德真经注》卷二,《道藏》第12册,第8页。

[2] 同上。

也成为至善之人的借鉴。善人不会执着老师的资格，因为他希望每个人都是"至善"者，同时他也希望，以后也没有不善的事成为他的教训。善人虽然有着超人的智慧，可是他仍然大智若愚，这才是真正了解真谛的人，更是体悟到精深之道的人。

什么人可以称作"善人"呢？河上公解释说：

> 人之行善者圣人，即以为人师。[1]

河上公的解释比较简要，其落脚点是"圣人"。也就是说，河上公所谓的"善人"就是"圣人"。

我们再来看看唐玄宗如何解释"善人"。他说：

> 夫善人者，离诸爱染，则心清净，于法无滞，则教圆通。取喻于水，物来斯鉴，所鉴者则形而有象，能鉴者见象而无心。[2]

意思是讲：所谓"善人"，离开了爱欲的浸染，内心清澈明净，他明白修行的方法，但不会拘泥于方法，心怀坦荡无碍，所以施行教化能够达到圆融通达的效果。正如老子所言"上善若水"，以水作为比喻，波平如镜的时候，临界的事物都能够被映现出来，具体的形象看得清清楚楚。不过，作为修行善道的人，不论是对外的道德实践，还是自我内心的洗涤，都不会刻意追求，而是无欲、无念，即使映照出外界的诸多物象，也不会引起内心的动荡。

对比一下河上公与唐玄宗的解释，我们可以看出：前者所谓的"善人"乃是道德的化身，他担当着社会教化的使命；后者则以自我人格完善为目标。

老子《道德经》第二十七章所谓的"善人"，具有内修与外行两个层面的意

---

[1] 王卡点校：《老子道德经河上公章句》卷二，第110页。
[2] （唐）李隆基（玄宗）：《御制道德真经疏》卷四，《道藏》第11册，第770页。

义。首先，善人是善于自我修养的人，他时时反省自我，破除执着心，所以能够高瞻远瞩，达到天人合一的境地；其次，善人就是社会的导师，他担当了弘道的职责，因为没有私心，能够和光同尘，所以为世人所赞赏和效法。明白了这一点，"不善人"的意义也就明确了。

"师"是什么意思呢？从字面上看，"师"有老师、师父的意义，也可作"师法"解。老子这一章所讲的"师"就是师法的意思。至于"资"，有"资产"的意义，也有"取资"的意义。老子以"师"和"资"二字作为关键来阐述"善人"与"不善人"的关系。一方面，指出"不善人"应该师法"善人"，不断改过自新；另一方面，"善人"也应该以"不善人"的过错为戒。事实上，不善人的错误言行作为教训，本身就是无形资产，对于善人的内修外行也是有精神价值的。老子指出：如果不能处理好"善人"与"不善人"的关系，即使用尽了巧智，也要陷入自迷、迷人的泥潭。

当然，老子告诫人们处理好"师"与"资"的关系，并不是要人们停留于理性的逻辑思考层面，而是要超越智慧层面，达到"要妙"的至善境界。对此，唐玄宗有一段精到的说明：

> 夫初地进修，两存学相，未能忘教，故贵爱师资。若能了其行门，则学无所学，师资之名既去，贵爱之字不存。然此章大宗，教之忘遣，语以渐顿，不无阶级，论其造极，是法都空。故前举为师为资，示进修之路；后云不贵不爱，导悟证之门。则明所以贵师为存学相，学相既空，自无所贵。所以爱资为存教相，于教兼忘，故不爱资，相忘江湖，自无濡沫。乍闻斯道，凡俗不悟，执学滞教，则必以为大迷。故老君格量云，虽知凡俗以为大迷，于道而论，是谓要妙也。[1]

此段意思是讲：初步学习修行的人，内修与外行两个方面都存在着学习的外

---

[1] （唐）李隆基（玄宗）：《御制道德真经疏》卷四，《道藏》第 11 册，第 770 页。

在法象，不能忘记教化的事情，所以特别强调"师法"应用与"教训"的取资。如果能够悟彻修行的本质，就不会为学习而学习，而能够进入无欲状态，这时候无论什么师法、什么教训资产都离去了，自然也就无所谓"贵爱"的念想了。这一章的大旨就在于教人坐忘、排遣，通过一定的语言引导，让人逐渐领悟，这个过程是有一定程序的，一步一步提升，到了登峰造极的境地，什么法门都不存在了。这样说来，前面所言奉为师法、引为训诫的事，都只是给学者展示一个初步路径而已；而后面所讲的"不贵、不爱"则是引导学者如何进入大彻大悟的玄门。因此，所谓"贵师"仅仅是有形有象的法门。一旦顿悟，学相俱空，也就无所谓"贵爱"了。从个人修行与社会整体完善来讲，"爱"与"资"只是教化的外相，而不是内在的精神。如果能够再超越一步，把教化的事也忘记，"爱资"的事也就不复存在，彼此相忘于江湖，便不需要相濡以沫。刚刚听讲这个道理，凡夫俗子无法领悟，教与学都存在执着心，无法放开，必然游荡于迷途而不能自返，所以太上老君进一步推究，暗示人们还有一个高妙的境界，应该适时地超越自我、超越名教，直至通达于大道。

第二节　修己情怀与无量度人

在中国古代学人心目中，生命修养不仅是个体行为，而且具有密切的集体关联性。儒家讲"修身、齐家、治国、平天下"，大乘佛教倡导"普度众生"的教义，而道家学派则强调"无量度人"。这种开阔的修养视野体现了中华民族在修养问题上的整体思路。

一、修己与安人

"修己"与"度人"，这是关于人生修养的重要课题。不言而喻，"修己"是就自我品德涵养而言的，而"度人"则是在修养自我的前提下对他者所实施的帮助。唯有先"修己"，才能真正做到"度人"。然而，要最终完成"修己"的目标，却不能离开"度人",唯有进行"度人"的道德实践并且卓有成效,才能真正达到自我完善。

关于"修己"问题,古代经典文献论述颇多。其中,尤以孔子的论述影响最大。《论语》卷八《宪问》记载了子路请教老师孔子关于什么才是"君子"的问题:

> 子路问君子。子曰:"修己以敬。"曰:"如斯而已乎?"曰:"修己以安人。"曰:"如斯而已乎?"曰:"修己以安百姓。修己以安百姓,尧、舜其犹病诸!"[1]

子路问什么叫君子。孔子说:修养自己,首先要有恭敬的态度。子路接着问:这样就够了吗?孔子回答:修养自己,使周围的人们得以平安快乐。子路又问:这样就够了吗?孔子说:修养自己,使所有百姓都平安快乐。要做到这一点很难,恐怕连尧舜都难以做到呢呀!

从孔子的回答可知:"敬"是修己的入手功夫。什么叫作"敬"呢?考其字源,乃是"警"和"儆"的本字。在金文里,"敬"的字形"苟",由"口"与"干"字合成,"口"表示说话,而"干"作为武器的象形,两者合起来,具有严肃警戒的意蕴。《诗经》之《大雅·常武》云:"既敬既戒,惠此南国。"[2]将"敬"与"戒"联系起来,以"既"作为连词,表明"敬"与"戒"不仅具有同等的重要性,而且是互相交织的精神状态。换一句话来讲,"敬"是具有警戒意识的"敬",而"戒"则必须具有居敬的态度,这就是作为君子所应有的修己的入门功夫。

居敬以修己,这就是"恭",所谓彬彬有礼是也。由"恭"的修持入手,进而有宽、信、敏、惠,合而为五德。《论语·阳货》说:"恭、宽、信、敏、惠。恭

---

[1] (三国)何晏集解,(宋)邢昺疏:《论语注疏》解经卷第十四,(清)嘉庆二十年南昌府学重刊宋本《十三经注疏》本。

[2] (汉)毛亨传,(汉)郑玄笺,(唐)孔颖达疏:《毛诗注疏》卷十八,(清)嘉庆二十年南昌府学重刊宋本《十三经注疏》本。

则不悔,宽则得众,信则人任焉,敏则有功,惠则足以使人。"[1]这是子张问"仁"时孔子做出的回答。孔子告诉子张:有恭敬的态度,则办事稳妥不会反悔;待人宽厚,可以得到群众的拥戴;讲话有信誉,就可以得到任用;办事机敏而有效率,就能成功;对人施予恩泽,尽量帮助,就能够产生号召力,鼓舞人们去做事。孔子总结说:"能行五者于天下,为仁矣。"[2]在孔子看来,五德具备了就算达到"仁"的目标了。什么是"仁"呢?孔子说:"克己复礼为仁,一日克己复礼,天下归仁焉。"[3]照此而言,修己为仁的基本功夫就是"复礼"。依照以往诸多学者的解释,所谓"复礼"就是恢复周代的传统典章制度。孔子认为,克己复礼特别重要,也特别难,所以哪怕是一天的工夫都非常珍贵。如果说"克己复礼"是修己的功课,那么"归仁"就是效果。孔子之所以强调"仁",是因为"仁"合于五行之木。古有"木性仁"的说法,春天于五行属木,追求"仁"的目标境界,就是要有春天般的温暖,辅生不息,这就是"爱心",所以说"仁者爱人"[4]。修己者有仁爱之心,所以能够安人。

"安人"的具体内容是什么呢?作为一个全称判断,这里的"人"具有广泛性。按照儒家"修身、齐家、治国、平天下"的理念,则"安人"应该泛指天下之人,即众人。不过,从实施步骤上看,"安人"应该是由近而远的,即从身边做起,先是安亲,进而安友、安君、安百姓。所谓"安亲"讲究的是"孝悌",子女后辈孝敬父母长辈。所谓"安友"讲究的是"信义",朋友交往以诚相待,所以能够彼此信任;平日间相互帮助,关键时刻挺身而出,助一臂之力,这就是"义"。所谓"安君",讲究的是"忠心"。作为臣僚,对君主不仅是跟随到底,还应该是尽心负责,如果君主有过错,也应该大胆进谏。所谓"安百姓",就是建立和不断完善道德规范和典章制度。对此,荀子有精辟的论述:

---

[1] (三国)何晏集解,(宋)邢昺疏:《论语注疏》解经卷第十七,(清)嘉庆二十年南昌府学重刊宋本《十三经注疏》本。
[2] 同上。
[3] (三国)何晏集解:《论语》卷六《颜渊第十二》,(民国)《四部丛刊》景日本正平本。
[4] (南北朝)皇侃:《论语义疏》卷九《微子第十八疏》,(清)《知不足斋丛书》本。

> 至道大形。隆礼至法，则国有常；尚贤使能，则民知方；纂论公察，则民不疑；赏克罚偷，则民不怠；兼听齐明，则天下归之，然后明分职，序事业，材技官能，莫不治理，则公道达而私门塞矣，公义明而私事息矣，如是则德厚者进而佞说者止，贪利者退而廉节者起。《书》曰：先时者杀无赦，不逮时者杀无赦。人习其事而固人之百事，如耳目鼻口之不可以相借官也，故职分而民不探，次定而序不乱，兼听齐明而百事不留，如是则臣下百吏，至于庶人，莫不修己而后敢安正，诚能而后敢受职。百姓易俗，小人变心，奸怪之属，莫不反悫，夫是之谓政教之极。故天子不视而见，不听而聪，不虑而知，不动而功，块然独坐而天下从之如一体，如四肢之从心，夫是之谓大形。《诗》曰：温温恭人，维德之基，此之谓也。[1]

荀子这段话从"至道"说起，进而阐述建立典章礼法的重要性。所谓"至道"就是至高无上的大道，此大道乃是人间礼法典章的遵循。《礼记·礼运》篇所谓"大道之行也，天下为公"，正体现了遵循"至道"的最大效用。"公"不仅是一种集体意志的象征，而且意味着公平、公正秩序的建立。荀子这里讲"天下从之如一体"讲的就是社会的有序化。因为有序，所以天下大安，百姓安居乐业。

二、修己安人与无量度人

"修己安人"虽然是儒家宗师孔夫子提出来的，但并非仅限于在儒家学派中传承，其他学派，诸如法家、墨家、道家也都积极响应，尤其是包括制度道教在内的道家学派，对修己问题探讨颇多，其经典诠释有不少这方面的内容，例如宋代道士，玉隆万寿宫掌教，南岳寿宁观长范应元所撰《老子道德经古本集注》便以修己理论评判历史上的帝王，他在注释老子《道德经》第七十五章时说：

> 夫唯无以厚为其生者，是犹贤于贵其生者矣。秦皇、汉武，焚书坑儒，

---

[1] （春秋战国）荀况撰，（唐）杨倞注：《荀子》卷八，（清）《抱经堂丛书》本。

> 反道败德，恣情纵欲，苦万民以自贵其生，适以轻死，及至末年，招来方术，东游海上，求不死药，望遇神仙，贻万世之诮。观二君者，是殊不知恭俭清静，修己以安百姓，而享天年之道也。[1]

从上下文的贯通可以看出，范应元完全明白老子"夫唯无以生为者"这句话是针对帝王讲的，意思是告诫帝王们不要过于寻求自身的"厚生"，更不能为了追求自我享受而不顾百姓生存。范应元以秦始皇、汉武帝为例，指出"焚书坑儒"乃是违背天道和文化伦理的粗暴做法。两位帝王为了满足自我欲望，挥霍无度，害苦了老百姓，所以老百姓不怕死，奋起反抗。范应元还追溯秦始皇执政后期，到处寻找长生不老药，妄想遇上神仙，成为天下笑柄。最后，范应元评论说：这两位帝王之所以被后世抨击，其根本原因就在于不能敬畏天地社稷，不能节俭以清静自我，概括起来一句话：不能"修己以安百姓"，所以悖逆了"天年之道"。

范应元把"修己以安百姓"与"天年之道"联系起来阐述，这个理论现象颇值得注意。怎样理解"天年之道"呢？查《黄帝内经·素问·上古天真论篇第一》有如此论说："上古之人，其知道者，法于阴阳，和于术数，食饮有节，起居有常，不妄作劳，故能形与神俱，而尽终其天年，度百岁乃去。"[2]这里的"天年"当为天然的年数。就人类而言，也就是大自然赋予的生命寿限。《黄帝内经·素问》认为人类可以活到100岁，而《尚书·洪范》以及汉代的道书《太平经》都认为人类的"天年"可以达到120岁。照《黄帝内经·素问》的说法，要活到自然赋予的最高寿数是有前提的，这就是要"知道"，即明白"道"的运行规律，遵循阴阳和合的法则，学会起码的生活技术，饮食有节制，起居有规矩，避免过度劳作，从而使自我的精神与肉体不分离。范应元所谓的"享天年之道"也就是《黄帝内经·素问》讲的"尽终其天年"。在范应元看来，要"享天年之道"，即享有天道赋予的最高自然寿数，必须懂得"修己"，具体要求就是"恭俭清静"，这四

---

[1] （宋）范应元：《老子道德经古本集注》卷下，宋刻本。
[2] （唐）王冰注：《重广补注黄帝内经素问》卷一，（民国）上海商务印书馆影印本。

个字融入了儒、道两家各自的生活管理智慧。所谓"恭",即《论语·阳货》讲的"恭、宽、信、敏、惠"五德之首;"俭"出于《道德经》,该书谓"一曰慈,二曰俭,三曰不敢为天下先"。此三者被道家奉为"三宝",范应元将道家作为"三宝"之一的"俭"列为"修己"的基本课,体现了道家历来倡导的艰苦朴素生活作风。而"清静"二字的特别标示,则表明了道家对"安百姓"的独到思考,老子《道德经》早有"清静为天下正"的论述,故而"清静"既是个人"尽享天年之道"的生活准则,更是"安百姓"的法宝。作为帝王,若要尽享天年,就要注重修己,"以百姓心为心",处处为老百姓着想,保障天下百姓能够平安生活。

从"尽享天年之道"的角度来阐述"修己"的意义、要求和路径,这是道家学派生命哲学的一大特色。按照道家的认识,个体生命与社会生命是密不可分的。要完善个体生命,就必须"修己",而"修己"并非停留于个人的精神内省,必须通过社会践履来实现。儒家以"安百姓"作为修己功夫的基本社会践履,而道家则倡导"修真"。老子《道德经》第五十四章说:"修之于身,其德乃真。"由个人的修真出发,进而推及家庭、邦国,乃至天下,都达到纯真境界,于是真德大普于世。

遵循老子的修真思路,后世的制度道教结合儒家"修己安人"的生命哲学精神,提出了"无量度人"的弘道目标。

考《正统道藏》,内有《灵宝无量度人上品妙经》,简称《度人经》,系灵宝派诸经中的代表作,凡六十一卷。其中,卷一为《度人经》本文,从卷二开始至卷六十一,为本经的推演与诠释。南朝时期高道陶弘景《真诰叙录》谓:"葛巢甫造构灵宝,风教大行。"葛巢甫系东晋末著名道士,江苏句容人,为葛洪之曾孙。既然《度人经》首出于葛巢甫,说明"无量度人"的说法系晋代制度道教灵宝派的首创,此后为诸多道派所共同倡导,尤其是明代《正统道藏》之刊刻,将《度人经》置于全藏之首,足见其地位之高。

据宋代高道蒋叔舆所撰《无上黄箓大斋立成仪》卷十二的征引可知,《度人经》全称《太上洞玄灵宝无量度人上品妙经》。其书冠以"太上"之名,一方面体现了制度道教崇尚老子的文化传统,另一方面也反映了"无量度人"的思想亦发端于老子《道德经》。正如本章第一节论述"常积德"时所指出的，老子有"常善救人，故无弃人"的教导。既然人人得救而无弃，说明老子救人是没有限量的，既然没有限量也就是"无量"。老子讲"救人"，既是精神的超度，也是物质的帮助；老子虽然没有使用"度人"的概念，但其论说却包含了"度人"的精神。到了《度人经》，便将老子的"度人"精神显化出来，于是"无量度人"便成为晋代以来制度道教最重要的思想理念。

《度人经》以元始天尊说经情况及功效为论说的开端：

> 说经十遍，下方无极无量品至真大神、无鞅之众，浮空而至。十遍周竟，十方无极天真大神，一时同至。一国男女，倾心归仰。来者有如细雨密雾，无鞅之众，迮国一半，土皆偏陷，非可禁止。于是元始悬一宝珠，大如黍米，在空玄之中，去地五丈。元始登引，天真大神，上圣高尊，妙行真人，十方无极至真大神，无鞅数众，俱入宝珠之中。天人仰看，唯见勃勃从珠口中入。既入珠口，不知所在。国人廓散，地还平正，无复欹陷。元始即于宝珠之内，说经都竟，众真监度，以授于我，当此之时，喜庆难言。法事粗悉，诸天复位，倏欻之间，寂无遗响。是时，天人遇值经法，普得济度，全其本年，无有中伤，倾土归仰，咸行善心。不杀不害，不嫉不妒，不淫不盗，不贪不欲，不憎不嫉，言无华绮，口无恶声，齐同慈爱，异骨成亲，国安民丰，欣乐太平，经始出教，一国以道，预有志心，宗奉礼敬，皆得度世。[1]

《度人经》这段叙说大体包括两个层面的意涵。第一，描写元始天尊说经的盛况。所谓"说经"又称"诵经"，即读诵经文给信众听。倾心诵读以修持，谓之"修诵"。例如南北朝时期的周武帝敕辑之《无上秘要》卷四十三介绍《洞玄无量度人经》(即《灵宝无量度人上品妙经》)时即称："道言上学之士，修诵是经，皆即受度飞升南宫。世人受诵，则延寿长年，后皆得作尸解之道，魂神暂灭，不经地

---

[1] （晋）葛巢甫传：《灵宝无量度人上品妙经》卷一，《道藏》第1册，第2页。

狱，即得返形，游行太空。此经微妙，普度无穷。一切天人，莫不受庆无量之福，生死蒙惠。"[1]这里所谓"上学之士"即指有学问的道士，他们首先认真研修经文，有深刻理解，而后就诵读给一般的信众听，其听经的过程就称作"受诵"。这是魏晋以来道教经典学习、传播的一种法度。《度人经》一开始描述元始天尊说经情形，即反映了这种修诵程序。作者通过一些细节力图呈现：元始天尊说经时盛况空前，来听经者密密麻麻，以至于把国土都踏陷。为了解决这个空间问题，元始天尊便挂起一个"宝珠"，于是众多听者都进入宝珠之中。这颗宝珠虽然很小，只有一粒黍米大小，却可以容纳无数的听者，这当然是宗教家宣传说经的神奇笔法，旨在给信众一种玄妙的感受，以达到传教的效果。这是其有神论信仰立场所决定的，从非信仰者的立场看当然不可思议，但就传经角度看，构筑神话乃是传播的需要。第二，呈现元始天尊说经的无量度人效果。其中所谓"普得济度，全其本年"，是从生命个体完善的角度讲的。一个"普"字表明《度人经》讲的"济度"是大乘之法，其适用性周遍于所有听者，而其切要处则着眼于生命，因为"全其本年"就是使天赋的年命得以保障。如何保障呢？这就是使所有生命个体不受中伤，这不仅是提供一种"神力"保护，而且要引导听者培育善心，并且落实于行动，做到"十不"与"两无"，从而达到"齐同慈爱，异骨成亲"，这八个字既体现了"济度"对象的平等性，也体现了"济度"范围的超越血缘性。不同血缘者都是亲人，没有分界，所有的人听经之后彼此慈爱行善，最终实现了"国安民丰，欣乐太平"，于是个体生命完善进展为社会生命的完善，这就是"太平"盛世的到来。

如何济世度人？《度人经》并非停留于说经境况的描述和善恶伦理的说教，而是进一步从宇宙发生论和时空结构论的立场予以申发，说明其必然趋势和操作的程序。

遵循道家传统的炁论模式，《度人经》构筑了一个宇宙时空模式。作者认为，在天地产生之前，存在着一种玄妙的物质，叫作"梵炁"，由于"梵炁"的激荡，而有了寰宇诸天：

---

1 （南北朝）周武帝敕辑：《无上秘要》卷四十三，《道藏》第25册，第147页。

> 梵炁弥罗，万范开张。元纲流演，三十二天。轮转无色，周回十方。旋斗历箕，回度五常。三十五分，总炁上元。八景冥合，炁入玄玄。玄中太皇，上帝高真。泛景太霞，啸咏洞章。金真朗郁，流响云营。玉音摄炁，灵风聚烟。紫虚郁秀，辅翼万仙。千和万合，自然成真。[1]

《度人经》告诉人们：有一种混沌的物质，称作"梵炁"，它弥散着而没有边界。梵炁激荡，造就了寰宇万物。屹立于中间的是"元纲"（北极）星体，这个星体的阴阳感通，使得梵炁流布，于是形成了四方三十二天的空间结构。在"元纲"的统领下，天体轮转于十方。此后，更有斗、箕与金、木、水、火、土诸星体的自然布局逐步出现。加上黄天、苍天、青天，则有"三十五分"。

《度人经》关于宇宙生成过程及其结构的描述，具有宗教哲学特质。初看起来似乎难以找到科学理据，但如果从生命修养的立场予以审视，却可以发现其修善成德的思想旨归，因为《度人经》作者乃是基于宏观伦理立场提出这种构想的。剖析其行文，可以看出，作者把"三十二天""三十五分"与欲界、色界、无色界对应起来，说明行善修己的阶次。

所谓欲界、色界、无色界的"三界"宇宙观，本出于佛教。《度人经》汲取了这种划分模式，且予以变通。作者认为：有色欲者，阴阳交接，人民胎生。无色欲者，人民化生。欲界六天，色界十八天，无色界四天，更有四种民天，亦为四天，合为三十二天。修行至四种民天的境界，除二炁出入之外，无年寿之限，乃是喜乐清净之胜地。《度人经》指出：修己登真是循序渐进的。有十善功者，属人口业净，可生欲界之天；有三百善功者，属身业净，得生色界天；有六百善功者，属心业净，得生无色界四天；此后，炁观转妙，结习都忘，洞入自然，即升居种民天。

《度人经》以奇特的宇宙模式为架构体系支持其修真度人的理论，字里行间充满神秘色彩，此等言说对于无神论者来说是不好理解和接受的，但其劝人行善的愿心却值得肯定。

---

[1]（晋）葛巢甫传：《灵宝无量度人上品妙经》卷一，《道藏》第1册，第5页。

第三节　仁及昆虫草木与天地化生

从"修己安人"到"无量度人",体现了以儒、道为文化根基的中华传统修养理论的社会集体精神,正是由于这种精神的传承和发挥,中华民族形成了独特而系统的居敬礼仪,具有深厚的社会凝聚力。

如果我们放眼观察,就可以发现:先民们是把人类生命置于宏观宇宙之中来思考的,个体生命之完善不仅需要良好的社会环境,而且需要和谐有序的天地自然空间。

一、生生不息的大德

先民们注重维护生命的自然环境,体现在哪里呢?概括而言一句话:让自然生物都能够生养不息。关于这一点,儒道两家都有丰富的论述。例如《荀子》就有如下叙说:

> 兼足天下之道在明分。掩地表亩,刺草殖谷,多粪肥田,是农夫众庶之事也;守时力民,进事长功,和齐百姓,使人不偷,是将率之事也;高者不旱,下者不水,寒暑和节,而五谷以时孰,是天下之事也。若夫兼而覆之,兼而爱之,兼而制之,岁虽凶败水旱,使百姓无冻馁之患,则是圣君贤相之事也。墨子之言,昭昭然为天下忧不足。夫不足,非天下之公患也,特墨子之私忧过计也。今是土之生五谷也,人善治之,则亩数盆,一岁而再获之;然后瓜桃枣李,一本数以盆鼓,疏以泽量;然后六畜禽兽,一而剸车;鼋鼍鱼鳖鳅鳝以时别,一而成群;然后飞鸟凫雁若烟海,然后昆虫万物生其闲,可以相食养者,不可胜数也。[1]

照荀子的认知,要让天下人民都富足的办法在于明确分工。依时耕田,料

---
[1]（春秋战国）荀况撰,（唐）杨倞注：《荀子》卷六,（清）《抱经堂丛书》本。

理土地，明其经界，割去杂草，种植谷物，利用家畜粪便来使耕田肥沃，这是农夫百姓的职责；敬授人时，鼓励人民发奋耕作，精进事业而有功利，公平、公正地执法，调解纠纷，使人不偷懒，这是邦国统领的职责；高处土地不干旱，低处土地不淹水，寒来暑往有规律，五谷按时而成熟，这是天地自然所决定的；再进一步看，兼顾各方情况，施予仁爱，统筹调理，即使遇上水灾、旱情来袭的凶败年景，也要保障老百姓没有受冻饥馁的患难，这是神圣君主和贤达臣相的职责。墨子耿耿于怀，忧虑天下穷困而不能富裕，这在实际上并非天下共同的灾难，而是墨子私人的担忧，这种担忧过分了。看看今天田土种植五谷的情况吧：人们如果善于管理，则一亩地可以收成好多盆，第二年依旧可以有同样的收获，瓜、桃、枣、李等，每一株都有很多果实，真是盆满钵满；至于菜蔬则更是多得如水泽那样蔓延了；马、牛、羊、鸡、犬、豕之类禽兽，满载而归；鼋、鼍、鱼、鳖、鳅、鳝等各种水生物皆能够依照时节生育繁衍，而后与生母分别、独立成长，每一种类别都成群结队；飞鸟野鸭大雁飞来飞去，犹如云烟覆盖大海；众多的昆虫，悠闲自在。这一切，构成了相互食养的自然链条，真是数不胜数啊！

《荀子》关于"兼足天下"的论说出于《富国》篇。其中批评墨子忧虑天下财富不足是"私忧过计"，具有学派的针对性，未必能够完全令人信服。不过，他指出自然界具有足够的物质资源可以利用，却有客观依据。他描述了众多植物、动物的情态，体现了儒家学派对大千世界多样性存在的肯定。

荀子这种思想在《大戴礼记》中得到继承与弘扬。该书的《易本命》篇说：

子曰：夫《易》之生，人、禽兽、万物、昆虫，各有以生。或奇或偶，或飞或行，而莫知其情，唯达道德者，能原本之矣。故曰：有羽之虫三百六十，而凤凰为之长；有毛之虫三百六十，而麒麟为之长；有甲之虫三百六十，而神龟为之长。有鳞之虫三百六十，而蛟龙为之长；倮之虫三百六十，而圣人为之长。此乾坤之美类，禽兽万物之数也。故帝王好坏巢破卵，则凤凰不翔焉；好竭水搏鱼，则蛟龙不出焉；好刳胎杀夭，则麒麟不来焉；好填溪塞谷，则神龟不出焉。故王者动必以道，静必以理。动不以道，静不以理，则自天而不寿，妖孽数起，神灵不见，风雨不时，暴风水旱并兴，人民夭死，五谷不滋，六畜不蕃息。[1]

作者引述孔子之言，阐述人与天下万物都能够生生不息，不论奇偶，也不论飞行，都符合《易经》论"生"的道德。因此，只有根据道德才能领悟万物化生的原本。

《大戴礼记》这里所说的"道德"是什么呢？就是化生万物的本体——易。此"易"者，以乾坤为体，以日月为用，以阴阳为纲。就占卜术数而言，乾坤策应而卦爻生。"乾之策二百一十有六，坤之策百四十有四，凡三百有六十，当期之日。"[2] 正是根据乾坤策数，《大戴礼记》推论有羽毛之虫、有毛之虫、有甲之虫之数，皆定为三百六十。就客观的物种品类而言，不一定都是三百六十，但若加以归类，则以此数为框架基准却于理可通。《大戴礼记》借助大《易》之象数来对寰宇万物进行归类，旨在规劝帝王应该树立好生的精神。因为寰宇之间万物化生都是依循天道物理，有其存在的自然根据，而坏巢破卵、竭水搏鱼、刳胎杀夭、填溪塞谷，这一切行为都与天道物理相违背，所以都必须避免。这种论述的字里行间投射出作者对生物多元化的认知以及保护物种繁衍的情怀。

在道家学派中也有许多类似于《荀子》与《大戴礼记》中的论述。例如《文子》有言：

老子曰："食者民之本也，民者国之基也。"故人君者，上因天时，下尽地理，中用人力。是以群生以长，万物蕃殖，春伐枯槁，夏收百果，秋蓄蔬食，冬取薪蒸，以为民资，生无乏用，死无传尸。先王之法，不掩群而取猷獃，不涸泽而渔，不焚林而猎豻；未祭兽，罝罘不得通于野獭；未祭鱼，网

---

[1] （汉）戴德：《大戴礼记》卷十三，（民国）《四部丛刊》景明袁氏嘉趣堂本。
[2] （汉）郑玄撰，（宋）王应麟辑：《周易郑注·系辞上第七》，（清）《湖海楼丛书》本。

不得入于水；鹰隼未击，罗网不得张于皋；草木未落，斤斧不得入于山林；昆虫未蛰，不得以火田；育孕不杀，鷇卵不探；鱼不长尺不得取，犬豕不期年不得食。是故万物之发生，若蒸气出。先王之所以应时修备、富国利民之道也。非目见而足行之也，欲利民不忘乎心，则民自备矣。[1]

《文子》此段引述的两句老子言论不见于《道德经》，估计另有来历。据焦竑《老子翼》等书记载，《文子》之作者，姓辛名钘，号龙拯，葵丘濮上人，曾受业于老子，故其言或得老子私传。

《文子》在引证师说之后，概要论述天地人三和的治国理政纲要，描绘了"群生以长，万物蕃殖"的美好景象；接着阐述"先王之法"，重点强调的是禁令，作者连续用了13个"不"字，以提醒人们不可乱伤物命，禁止范围遍布空中飞的、水里游的、林中长的，几乎是面面俱到，颇为细致。

对违背大道的行为说"不"，这是道家自古已有的风格，早在老子《道德经》中便有大量说"不"的行文。在《道德经》中，更多的不是劝人去做什么，而是诫人不做什么。例如第三章讲的"不尚贤，使民不争；不贵难得之货，使民不为盗；不见可欲，使民心不乱"；再如："是以圣人抱一为天下式。不自见，故明；不自是，故彰；不自伐，故有功；不自矜，故长。"《道德经》这些论述都是针对上层统治者提出来的，体现了老子对高层领导行为规范的高度重视和拳拳奉告之心。《文子》继承了《道德经》的思想立场，且以自然生物的保护作为主要关注点，体现了先民们处理人与自然环境的明智思考。

二、培养爱心与效法天道

既然万物生长是人类社会存在与维系的需要，那么应该有怎样的态度呢？儒道两家也各有思考和论说。

汉代大儒董仲舒指出：

---

[1] （春秋战国）辛钘：《文子》卷下，（明）《子汇》本。

第十二章　平安之道与慈善精神

春秋之所治,人与我也。所以治人与我者,仁与义也。以仁安人,以义正我。故仁之为言人也,义之为言我也,言名以别矣。仁之于人,义之于我者,不可不察也。众人不察,乃反以仁自裕,而以义设人,诡其处而逆其理,鲜不乱矣。是故人莫欲乱,而大抵常乱。凡以暗于人我之分,而不省仁义之所在也。是故春秋为仁义,法仁之法在爱人不在爱我,义之法在正我不在正人。我不自正,虽能正人,弗予为义;人不被其爱,虽厚自爱,不予为仁。昔者,晋灵公杀膳宰以淑饮食,弹大夫以娱其意,非不厚自爱也,然而不得为淑人者,不爱人也。质于爱民以下,至于鸟兽昆虫,莫不爱。不爱奚足谓仁?[1]

董仲舒指出:孔子修《春秋》旨在表征治理的法度,其指向就是"他人"与"自我"。如何治理他人与自我呢?归结起来就两个字:仁和义。所谓"仁"是用来安顿他人的,而"义"是用来端正自我的。因此,以仁立说的对象是他人,以义立说的对象是自我,从名称上就可以看出这种区别。施仁于他人,守义于自我,这种底线不能不明察。普通人不明白这一点,反过来以获得他人给予的仁为富裕,以别人对自己是否有义来设限,如此违背事理,没有不混乱的。所以,世人虽然希望不出现混乱,但基本上还是无法避免混乱。究其根源,就在于没有明确的人我之分,搞不清楚仁义的本来思想旨趣。倘若自我不能端正,尽管能够向他人宣扬如何端正,但却不能称作有义。他人不能被你爱,你虽然很自爱,却不算作仁。往昔,晋灵公杀害厨师以改善饮食,弹劾大夫追求娱乐,不能不说他很厚爱自己,但却无法得到淑人的真正欢心,因为他不爱人,没有仁义可言。什么是"仁"?作为一个君王,不但要爱民,而且对鸟兽昆虫,也应该有爱心。如果没有爱心,怎么能够称作"仁"呢?

董仲舒这段话主要在于阐述"仁义"的内涵,最终点出了"爱"的精神。他所讲的"爱",并非指爱自己,而是强调爱他人;不仅要爱他人,而且要爱及人类

---

[1]（汉）董仲舒:《春秋繁露》卷八,（清）《武英殿聚珍版丛书》本。

以外的生物，体现了儒家以"爱"为仁的思想旨趣。

以爱为仁，这种思想不仅在儒家学派中传承，而且在道家学派中得以贯彻。例如相传在秦汉之际由黄石公传与张良的《素书》在论述道德仁义礼"五者一体"的时候即称：

> 仁者，人之所亲，有慈慧、恻隐之心，以遂其生成。[1]

意思是讲：有仁德者，天下百姓就亲近，因为有仁德者具备了慈悲、泽慧、同情的品性，所以能够辅助天下万物化生成长。为什么能够如此呢？宋代学者张商英做如下诠释：

> 仁之为体如天，天无不覆如海，海无不容；如雨露，雨露无不润。慈慧、恻隐，所以用仁者也。非亲于天下，而天下自亲之，无一夫不获其生。《书》曰：鸟兽鱼鳖咸若。《诗》曰：敦彼行苇，牛羊勿践履。其仁之至也夫。[2]

张商英的这段诠释文字重点阐发了"仁之为体"的意义，他首先把"仁"比作"天"，阐发天的涵容、养育功德，继而申发开来，以大海、雨露进行比喻，指出大海广容、雨露滋润万物，以彰显仁德的广厚和成就万物生育、长成的大功。

作为道家学派重要典籍之一，《素书》上述论说虽然没有出现一个"爱"字，但大爱精神蕴含其中。这一点从张商英诠释文字所引《尚书》与《诗经》的两句话可以获得佐证。

查"鸟兽鱼鳖咸若"一句，出于《尚书·伊训》的《商书》。为了准确理解其原意，姑且将前后数句一并征引如下：

---

[1]（汉）黄石公撰，（宋）张商英注：《素书》，（明）《汉魏丛书》本。
[2] 同上。

第十二章 平安之道与慈善精神

呜呼！古有夏先后，方懋厥德，罔有天灾。山川鬼神，亦莫不宁，暨鸟兽鱼鳖咸若。于其子孙弗率，皇天降灾，假手于我有命，造攻自鸣条，朕哉自亳。惟我商王，布昭圣武，代虐以宽，兆民允怀。今王嗣厥德，罔不在初，立爱惟亲，立敬惟长，始于家邦，终于四海。[1]

这段话大致意思是讲：从前夏代的先君，因为勉力施行仁政，有德于天下，所以没有发生灾害，山川鬼神也没有不安宁的，还有鸟兽鱼鳖各种动物，都能正常生长。然而，到了他的子孙拥有天下时却不遵循祖先之仁政，于是上天降下灾祸。不得已借助我汤王之手来剿灭不道。遵从上天指令，讨伐昏君夏桀，就从亳都开始执行。我商王诏告天下，神圣威武，用宽和代替暴虐，所以天下百姓都相信我、怀念我。现在我王继承成汤的美德，不可不考虑万事的开头！行爱于亲人，恭敬于长上，从家邦国开始实施仁德，最终推广到天下。

这段话是用来鼓舞将士们听从商王号令以击败夏末昏君的。作者经过前后对比，说明夏朝开初得了天命，其开国君主也能顺应天命而实施仁德之政；但其后代子孙却丧心病狂地蹂躏百姓，故而失去天命，必须尽快推翻。其中的"暨鸟兽鱼鳖咸若"体现了施训者对万物自然生长的关注，具有"仁及昆虫草木"的大爱情怀。

标题所谓"伊训"即商代道家先驱伊尹之训。伊尹何许人也？史籍谓之姒姓，伊氏，名挚，生于公元前1649年，卒于公元前1550年。《列子·天瑞》称其"生于空桑"（今河南省杞县葛岗镇空桑村）。晋张湛注引《传记》曰："伊尹母居伊水之上。既孕，梦有神告之：日日水出，而东走无顾。明日，视日出木，告其邻，东走十里而顾其邑，尽为水身，因化为空桑。有莘氏女子，采桑得婴儿于空桑之中，故命之曰伊尹，而献其君。令庖人养之，长而贤，为殷汤相。"[2] 班固《汉书·艺文志》在道家类中著录了伊尹所著《伊尹》五十一篇，足见伊尹作为道家

---

[1] （汉）孔安国传，（唐）孔颖达疏：《尚书注疏》卷八，（清）嘉庆二十年南昌府学重刊宋本《十三经注疏》本。

[2] （春秋战国）列御寇撰，（晋）张湛注：《列子》卷一，（民国）《四部丛刊》景北宋本。

学派的重要代表人物，早为史家所认定。据说伊尹担任商汤之相时"以鼎调羹"，以"调和五味"的理论治理天下，后来老子《道德经》予以发挥，而有"治大国若烹小鲜"的论说。张商英注释《素书》引证《尚书》收录的伊尹"鸟兽鱼鳖咸若"的话，证明了道家学派在很早的时候就倡导厚德载物的大爱精神。

又查张商英所引《诗经》言"敦彼行苇，牛羊勿践履"，出自《行苇》章。其后尚有"方苞方体，维叶泥泥。戚戚兄弟，莫远具尔"等句。意思是讲：道路旁边的芦苇长得很茂盛，由此经过的牛羊啊，请小心别把它们踩坏。你看那含苞待放的形态，叶儿润泽有光彩。它们为什么汇聚在一起呀？因为是同胞兄弟最为亲密，所以不会疏远，彼此非常友爱。

众所周知，《诗经》所选入的作品，大多借咏物以寄情思，这首《行苇》也是如此。关于这首诗的思想旨趣，汉代毛亨之序称："行苇，忠厚也。周家忠厚，仁及草木，故能内睦九族，外尊事黄耇养老，乞言以成其福禄焉。"[1] 照此看来，《行苇》是用以表征忠厚品德，歌颂周朝早期君王"仁及草木"的情怀，正因为有此情怀，所以能够内外和睦，尤其是能够尊重老者，使之得以尽其天年，故老者都愿意进言献策。

《行苇》通过"比兴"手法，所歌颂的到底是哪一代的君王呢？唐朝经学家孔颖达做了注疏，他指出："周家积世能为忠诚笃厚之行，其仁恩及于草木，以草木之微，尚加爱惜，况在于人，爱之必甚。以此仁爱之深，故能内则亲睦九族之亲，外则尊事其黄发之耇，以礼恭敬，养此老人，就乞善言，所以为政，以成其周之王室之福禄焉。此是成王之时，则美成王之忠厚矣。不言成王者，欲见先世皆然，非独成王，故即言周家，以广之九族，是王近亲黄耇，则及他姓，故言内外以别之。"[2] 从这段解说文字可知，《行苇》的歌颂有具体的对象，这就是周成王。不过，延伸开来，则是在赞美"仁恩及于草木"的大爱情怀。

张商英注释《素书》而征引《行苇》，这与他征引《尚书·伊训》一样，是要

---

[1] （汉）毛亨传，（汉）郑玄笺，（唐）孔颖达疏：《毛诗注疏》卷十七，（清）嘉庆二十年南昌府学重刊宋本《十三经注疏》本。
[2] 同上。

揭示《素书》所具有的"以遂其生成"的博大仁爱。由此，我们有理由认为：《素书》作为汉代道家的代表作之一，虽然不见有"仁爱"之说教，但大爱精神却贯注于字里行间。

值得注意的是，"以遂其生成"的"遂"字，大有深义。所谓"遂"，有多种含义，其中最为重要的就是使之如愿、成功。如何达到这种效果呢？在道家看来，不干预就是最好的态度和处理方式。关于这一点，《庄子·在宥》篇记载的"鸿蒙"故事颇具启迪意义。其情节大致如下：

云将巡游于东方，在神木扶摇的枝旁，恰巧遇到鸿蒙。这位神人正拍着大腿犹如鸟雀那样跳跃，煞是快乐。云将看到鸿蒙如此奇异的行为，不由自主地停了下来，好像矗立的木头，纹丝不动地站着，而后十分吃惊地说："哎哟！老先生！您为什么这般动作呀？"鸿蒙继续拍打大腿，欢欣鼓舞，对云将说："云大将军，俺是自在游乐呀！"云将说："我想向你请教个问题。"鸿蒙抬起头来，眨眨眼，看了看云将，"哎"了一声表示答应。云将说："天上之气不和谐，地上之气也郁结了，阴、阳、风、雨、晦、明，此六气不顺理，四时变化不合节令。如今，我希望调和六气精华，以养育众生，老先生您有何指教？"鸿蒙拍着大腿，掉过头去，没好声气地说："我不知道！我不知道！"云将得不到回答，很是失望。

过了三年，云将再次巡游于东方。他经过宋国原野，又遇上鸿蒙。当此之际，云将高兴无比，他快步趋近，提醒说："老先生，您忘记我了吗？您忘记我了吗？"云将说着，叩头至地，十分诚恳地行了大礼，祈求鸿蒙予以指教。鸿蒙说："自由自在地遨游，不知道追求什么；无思无虑地随意活动，不知道往哪里去。云大将军，你看那游乐的人群，攘攘纷纷，观赏着眼前的虚假情景，我又能知道什么呀！"云将说："我自以为励志活动，人民就都跟着我走。我不得已而对人民有所亲近，而今却为人民所效仿。我请求您给予一言教诲。"鸿蒙说："扰乱自然的常规，违背事物的真情，万物就不能顺应天时而形成。你看离散群居的野兽，还有飞翔的鸟儿，都在夜间嚎叫嘶鸣，灾害已经波及草木生长，祸患侵袭昆虫的繁衍。唉，这都是所谓智者刻意治理天下所带来的过错！"云将问："老先生，如此这般，我该如何是好？"鸿蒙说："唉，你受到的毒害，实在太深啊！

你还是回去为好吧。"云将说："我遇见老先生您，实在不容易，恳请老先生多多指教。"

鸿蒙说："唉！修身养性，攸关宇宙生命大事。云大将军：你只需收心于无为之境，万物就自然生长、变化无穷。忘却你的躯壳，抛弃你的智巧，让人伦和物理的思考统统丢到九霄云外，不知自我之存在，茫茫然合于自然之气，解除思虑，释放精神，就像死灰一样，没有魂灵的存在。万物繁多纷杂，一切都回归于本性，浑然无心，保持清纯，不再起心动念，否则就是背离本真。不要询问万物的名称，不要窥测万物的实情，万物本是自然生长。"云将说："老人家，您把如何对待外物和对待自我的妙诀传授给我，为我阐述了如何清心寂神的法门。我曾经长时间探求大道，却无所得；如今得老先生指点迷津，真是让我顿开茅塞啊！"云将叩头至地，再次行了大礼，起身辞别。[1]

以上这个故事，"云将"与"鸿蒙"，虽是《庄子》虚构的寓言人物名称，却都具有象征意涵。如果说"云将"暗指那些励己有为的人治典型，那么"鸿蒙"则是素朴本初的象征。《庄子·在宥》通过"云将"与"鸿蒙"的对话，旨在警示人们：对待宇宙万物，不要妄有"治理"的信念，任其自然生长，才符合天道。从一般的凡俗人的眼光看，《庄子·在宥》这种思想似乎很"消极"，但就人与天地万物和睦相处而言，却颇得大道精神。因为大道运化是自然而然的，任何添加私心的"治理"，都会造成相反的结果。

对于《庄子·在宥》篇所讲述的"云将东游"的鸿蒙故事，后人有种种解读。唐代著名的道家学者成玄英评论说：

> 爱心宏博谓之大，冥符玄道谓之德。夫有心求大，于理尚乖；有情为德，固不可也。[2]

---

[1] 按：此段故事，见于《南华真经》卷四《在宥》，翻译改写时参考了陈鼓应先生的《庄子今注今译》，北京：商务印书馆，2007年版。

[2] （唐）成玄英：《南华真经注疏》卷八《庄子杂篇·徐无鬼第二十四》，（清）《古逸丛书》景宋本。

成玄英这几句简短的评说之所以精辟，就在于他点出了什么叫作"大德"。所谓"大"就是具备了宏博的爱心，而所谓"德"就是于冥冥之中符合玄妙之道。如果有心去追求"大"，事实上不是真大，而是虚夸之大；有情去追求"德"，那也是假象之德。从成玄英解读中可以看出：《庄子·在宥》的"鸿蒙"故事虽然不标榜"仁爱"，但大爱精神其中，顺道而行，不将人类的意志强加在自然万物身上，令其自然快活生长，这才是人类给予天地万物的大爱！

结语　平安之道与世界健康生活

渴求平安，并且积极探索平安之道，这种思想轨迹嵌印在中国古代众多的文化典籍之中。从上古神话传说到经典文献，都可以找到大量的反映这种思想轨迹的具体资料。渴求是一种愿望，这种愿望通过心灵能量对外在事物的"辐射"而发生效用。为了平安生活，先民们以各种方式、通过各种可能的途径探究平安之道，亦即平安生活的规律、道理，并且伴随技艺手段的发明、播扬。在这个过程中，既形成了具有科学史价值的丰富理论，也积淀了深邃的人文智慧，涉及先民生活的方方面面。从根本上看，平安文化是因生命存在和发展需要而逐步形成和丰富起来的，故而其深层次的理论就是生命哲学。就此角度而论，平安之道就是生命之道。当客观的生命之道经过人类的感觉、知觉与逻辑思考，从而形成系统的理论体系，这就是生命哲学。

探索平安之道，发掘蕴含于平安文化中的思想精华，包括科学内涵与人文智慧，对于当今的社会完善与世界健康生活而言乃是不可或缺的学术工作。

一、平安之道与社会和谐发展

平安之道既是客观的，也是主观的。谓之客观，是因为平安之道归根结底讲的是"道"，这个"道"本来就存在于自然界和人类社会。就自然界而言，一年四季春夏秋冬的交替，还有各种星体的有序运转，都不以个人主观意志为转移，任何人力都不可能去改变自然界的这种季节交替与变化，也无法改造宇宙的秩序，唯有认识这种自然秩序和运转规律，并且遵循和顺应，才能避免伤害，保障平安生活。谓之主观，是因为生命个体对时空变化的适应性有所不同。例如秋冬季节的转换,青少年与老年人的感受便存在一定的差异。青少年浑身热气腾腾,即使到了冬天,也不一定觉得特别寒冷;当老年人需要穿棉袄的时候,也许青少年还可以穿短袖。不过,也有一些特别修炼过的老者不怕冷,能够做到"夏则棉内加絮,冬则卧于雪中",具备这种能力的老者,他们对于如何才能保证平安生活的问题就另有标准了。再说就空间环境的适应情况,也往往因人而异,例如长期在潮湿地带生活的人一般比较能够适应这种气候,但长期生活于燥热地带的人突然到了缺少阳光、空气潮湿的地方,可能就容易受寒,甚至易得风湿病,整个身体状态感到特别不好受,这就是所谓"水土不服"。既然发生"水土不服",就可能生病,使得身心健康受到伤害。所以,不同区域、不同行业、不同年龄、不同性别的人如何保护自己,其所可以采取的方法、措施,就会有所不同,至少是会有程度上的差别。从这个角度说,如何认知、掌握和应用平安之道,又具有主观性。这种主观性当然不是随意性,而是说任何个体要保障健康生活,就应该根据自我的情况,对行动的时机、空间环境做出准确判断和恰当的选择。

平安之道既是理论的,也是实践的。所谓理论的,是因为人们在具体生活和劳动生产过程中逐渐认识了自然规律和社会规律,明白了怎样处理各种关系,形成了平安生活的习惯,于是进行归纳、总结,写成书本,这就有了理论。尽管到目前为止,并没有专门以"平安"为主题的所谓"平安学",但平安的精神却贯注于中华传统文化的诸多经典文献之中,例如汉代易学名著——《易林》,就多次出现"平安"的描述。该书卷八"师"卦辞说:"漏卮盛酒,无以养老。春贷黍稷,年岁实有。履道坦坦,平安何咎?"[1] 按照《周易·说卦传》的象数思维以及汉代流行的象数学诠释规则可知,坎卦代表酒,震卦代表卮。所谓"卮"古同"卮",是

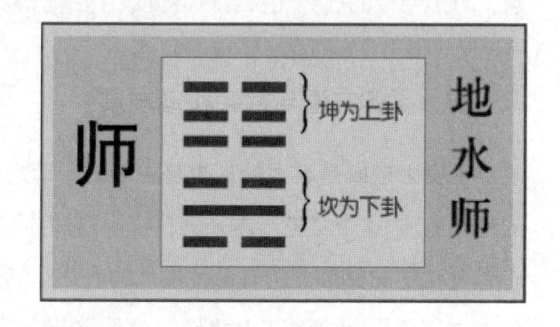

《周易》"师"卦符号

---

[1]（汉）焦延寿:《焦氏易林》卷八,（清）嘉庆、道光间吴县黄氏刊本。

结语　平安之道与世界健康生活

古代的一种酒器。"师"之卦象，上坤下坎，象征地下水漏，所以说"漏卮"。坤代表老阴，年长而丧，所以说"无以养老"。然而，东去春来，万物生长，于是有了黍稷，在"易学"，震卦又代表春季和黍稷，象征通途之道，所以有"履道坦坦"之说。"坦坦"即通顺，既然通顺，也就平安，不会有咎害发生。从《易林》的"师"卦辞可以看出，通过符号象征来表示生活理趣，这是中国古代平安理论的一大特点。事实上，不仅《易林》如此，从古老的《连山》《归藏》《周易》这三部上古的经典开始就形成了这种思维法度。作为占筮预测之学，古老的"易学"就是借助象征来分析事物存在的时空环境以及发展趋势，为人们平安生活提供行动的方向或者参照系。就此情况而论，中国传统的平安之道便具有理论性，只是这种"理"往往不是直接呈现出来，而是以物象的表征予以暗示，需要人们去体悟。如何体悟呢？这就需要通过生活实践。关于这一点，从《易林》之辞里也可以找到踪迹。该书卷十六"贲"卦辞说："居华巅，观浮云，风不摇，雨不濡"，心平安，无咎忧。"[1]卦辞的"居华巅"确定了主人公所处的场所。第二句一个"观"字则写出了主人公的动作，所谓"观"就是用眼睛观察，看外在的世界，表明是动用了身体的器官在实施活动，这展示了实践步骤，"观"的结果是看到浮云流动，附带感受到风雨的状态，所谓"风不摇，雨不濡"，意味着无风无雨，或者是风平浪静，所以"心平安，无咎忧"。这条卦辞，既描写了实践的空间场所，实践的过程、结果，也揭示了实践的心理状态——"平安"，其实践性特征颇为明显。

平安之道既是历史的，也是现实的。之所以说"历史的"，是因为此"道"从上古时期开始，我们的先民已经在生活、劳动实践中逐渐领悟，且有所总结。随着时间的推移，这种通过领悟而得之的"平安之道"便积淀在历史记忆之中，承载于经典文献之内。且看《易林》卷八"贲"卦辞："平公有疾，迎医秦国。和不能愈，晋人赴告。"[2]此段卦辞，历史典故出于《春秋左传》，后人多有注疏发挥。说的是这

---

[1] （汉）焦延寿：《焦氏易林》卷十六，（清）嘉庆、道光间吴县黄氏刊本。
[2] （汉）焦延寿：《焦氏易林》卷八，（清）嘉庆、道光间吴县黄氏刊本。按：汉代焦赣，字延寿，其所编纂的《焦氏易林》，乃是《周易》象数学的一种发展变通，该书将《周易》六十四卦相乘，而有4096卦的占卦之辞，所以同一卦名在书中会多次出现，但卦辞却不相同。

样的故事：晋平公生了场大病，秦景公派医和来给他诊断。医和出来后说："病已经无法治疗了。病者疏远男人而亲近女人，受了迷惑而生了蛊病。根源不在于鬼神作祟，亦非饮食不当，而是因为贪恋女色而丧失意志。如此以往，良臣将要死去，上天不能保佑。倘若国君不死，必定失去诸侯之拥戴。"赵文子听后，就讲："我随从诸位卿大夫辅佐国君成为诸侯的盟主，到如今已经有八年之久了，国内没有邪恶，更无暴乱，诸侯同心同德，你为何说良臣将要死去，上天也不能保佑呢？"医和回答说："我讲的乃是自今以后之事。常言道：'直不辅曲，明不规暗，拱木不生危，松柏不生埤。'正直者不能辅佐邪曲的，明智者不能规谏昏暗的，大树不能长在高险之处，松柏不能生于低湿之所。你不能谏诤君主贪恋女色，以至于使他生了病，又不能自己引退，而以执政为荣，认为八年已够多了，如何可以长久呢！"文子问："当医生的能医治国家吗？"医和回答说："上等的医生能够医治国家，次一等的只会医治病人，这本来就是医生的职守。"文子又问："你所说的'蛊'，是从哪里生出来的呢？"医和回答说："蛊伤害嘉谷，是由谷子扬起的灰尘中生出来的。物体中没有不隐藏蛊的，也没有比谷子更好的东西，但谷气一旦兴起，蛊就有藏身之地。"[1]——医和为晋平公看病，分析了病因和危害，体现了丰富的医疗知识和开阔的诊断视野，蕴含着上古社会对平安生活的向往，其中既有历史文化的积淀，同时也是当时医疗过程的实际写照。就现代时空来看文献记载，医和治病是历史的；但若从历史时空看这个过程，则又是现实的。因为现实与历史本来就是相对而言的，站在当下回溯以往，所有发生于当下以前的事件都成为历史；站在以往某个时间点往当今看，在那个时间点所发生的事件就具有现实性。

平安之道既是个体生命修养之道，也是社会管理之道。关于这一思想特质，我们可以由《韩非子》的一段论述得到佐证。韩非子说：

> 人无愚智，莫不有趋舍。恬淡平安，莫不知祸福之所由来。得于好恶，怵于淫物，而后变乱。所以然者，引于外物，乱于玩好也。恬淡有趋舍之义，

---

[1] 以上关于"晋平公有疾"的故事行文，参考了李宗侗的《春秋左传今注今译》，北京：新世界出版社，2012年版。

平安知祸福之计。而今也，玩好变之外物，引之引之而往，故曰校。至圣人不然，一建其趋舍，虽见所好之物不能引。不能引之谓不校。一于其情，虽有可欲之类，神不为动。神不为动，之谓不悦；为人子孙者，体此道以守宗庙不灭之谓祭祀，不绝身以积精为德家，以资财为德，乡国天下皆以民为德。今治身而外物，不能乱其精神，故曰修之身，其德乃真。真者，慎之固也。治家无用之物不能动其计，则资有余，故曰修之家，其德有余。治乡者行此节，则家之有余者益众，故曰修之乡，其德乃长。治邦者行此节，则乡之有德者益众，故曰修之邦，其德乃丰。莅天下者行此节，则民之生莫不受其泽，故曰修之天下，其德乃普。修身者以此别君子小人；治乡、治邦、莅天下者，各以此科适观，息耗则万不失一，故曰以身观身，以家观家，以邦观邦，以天下观天下，吾奚以知天下之然也？以此。[1]

大家知道，韩非子是法家学派的主要代表人物之一，他的思想与道家关系相当密切。甚至可以说，以老子为理论代表的道家文化对韩非子的理论建构具有深刻影响。韩非子先后写了《解老》《喻老》两篇重要的论文，阐发了自己对老子《道德经》的理解。这里引述的是《解老》篇中的一段。一开始，作者以"恬淡平安"四个字起论，围绕祸福的发生，从正反面分析不能平安的原因。其中出现的"校"与"不校"两个概念尤其值得注意。"校"这个字早见于甲骨文，其原型为"交"（𡘙），系人的双腿加上桎梏，表示用桎梏连锁双脚，使双脚不能自由活动。许慎《说文解字》谓"校"为"木囚也"，即用桎梏把人囚禁起来。随着历史的发展，"校"字衍生出种种新的含义，诸如军械、栏栅、考核、较量、对抗等等。就上下文来看，韩非子所谓"校"当保留了原初意义，可作"受刑"来解释。为什么"受刑"呢？因为凡间之人，"引于外物，乱于玩好"，被外界事物所引诱而陷入了迷狂之中，所以受牵制而刑。与凡人之受"校"不同，圣人能够在内心上进行自我控制，不会受到外界好玩之物所引诱，因此"不校"，亦即免受刑罚之

---

[1] （春秋战国）韩非：《韩非子》卷六《解老第二十》，（民国）《四部丛刊》景清景宋钞校本。

苦。圣人为什么能够做到这一点呢？因为圣人"一于其情"，注重修身，精神不为所动，不会对好玩之物产生特别的愉悦感受。韩非子以圣人为修身的典型，告诫"为人子孙者，体此道以守宗庙不灭"。为此，韩非子以老子《道德经》第五十四章为依据，由修身延伸于家、乡以及邦国、天下的治理，这就把个体的生命道德修养与社会的管理统一起来。韩非子的论述虽然是从法家立场出发，但他所触及的是当时诸子百家所关心的共同课题，体现了"身国共治"的精神。

依据辩证法的逻辑思维，我们看平安之道，明白了其客观内涵与主观反映的关系、理论建构与实践精神的统一、历史经验与现实过程的叠合，个人修身养性与社会治理的相互照应。这种积淀了丰富文化内容的平安之道，对于当今社会的和谐发展是有其开启智慧的借鉴价值的。因为"和谐"不是从天上无缘无故掉下来的，而是与所有社会个体以及社会组织、典章制度密切关联的。《周易》"乾"卦《象传》说："乾道变化，各正性命。保合大和，乃利贞。首出庶物，万国咸宁。"所谓"乾道"就是天道，它运转而不停息，春夏秋冬，四季交替，万物生生不息，这就是"乾道变化"。变者，一气流行，阴阳感通，瞬息万变；化者，万物化育而有成。万物化育成形，同在寰宇，但具体的时空不同，所得条件也各异，在其成长过程中有可能受到不良因素的干扰，所以需要"正"。这就是使品物沿着正确的方向发展。对此，《吕子易说》卷上有一段精辟的诠释："元气弘通，品物赖之而生成，化机因之而不滞，则阴阳之阖辟不偏，乾道之始终无间，乃天理之本然也。故乾道变化，各正性命，保令太和者，此天理之在万物者也。理之在天地者，与在人心者无二。在人心者，与在万物者亦无二。但万物之生，虽或冥顽，而此理无不具也。故乾之为道，或使物随时而渐变者，或使物感气而卒化者，各能正定其性命，而保合此生理也。"[1] 按照《吕子易说》的论断，万物之所以能够"正"其性命，是因为得了"天理"，也就是万物化生与成长具有不可阻挡和改变

---

[1] （唐）吕岩：《吕子易说》卷上，（清）乾隆曾燠刻本。按：吕岩，即吕洞宾，系道教八仙之一，本唐末人，但《吕子易说》却不见于唐代的书目文献之著录，笔者疑为明清之际道坛"扶乩降笔"之类著述，因原来的丛书是署名如此，本稿引用不做更改。它书或有如此者，一乃其旧。

的根据。延伸到人类社会，其生活所依据的"天理"与自然界万物生长的"天理"是统一的，故而谓之"无二"。人生天地间，既然号称万物之灵，便有保护自然空间与社会空间处于和谐状态的责任。当这种和谐状态日益完善，到了最高境界，就叫作"太和"。因为"太和"，所以万物生长有了源源不绝的资源，而正常生长，此之谓"利贞"。贞者正也，万物生生不息而能得其正，家国社会便"咸宁"。《周易》"乾"卦《彖传》讲述的"万国咸宁"的平安世界虽然只是一种理想性的描述，但却为后世的和谐社会建设提供了逻辑思路，有助于化解现实社会所存在的不和谐因素，激发全社会的人们努力提升生命道德修养，完善社会运行机制，营造良好的社会生活环境。

二、构建平安世界的生命哲学思考

当今世界，随着经济与科学技术的发展，社会联系越来越紧密了。无论是个体生活，还是组织管理，几乎都无法超越于世界空间网络之外了。

首先，就个体生活而言，越来越难以独立自处了。回顾历史，我们会发现：时间越早，个人独立自处的机会越多。早先的巢居穴处，个人的生活资料很多可以直接从大自然获取。在这种情况下，即便是一个人也是可以依靠自然资源生活维系基本生活的。在漫长的农耕社会中，人们经历了自然分工与社会分工，男耕女织是那个时代的生产与生活标志。在这样的社会里，彼此相互依赖的密切度并不是很高，一对夫妻、一个家庭，都能够自给自足，日子过得也比较悠闲。即使遇上灾荒动荡的年景，人们需要流动，也相对短暂，流动的空间也比较有限。一些有情怀和骨气的文士，还能够入山隐居，过着自耕自用的生活。翻开中国古代文化典籍，描写田园风光、隐居修养的诗词曲赋，几乎汗牛充栋。例如唐代大诗人孟浩然的《梅道士水亭》诗云：

傲吏非凡吏，名流即道流。
隐居不可见，高论莫能酬。

> 水接仙源近，山藏鬼谷幽。
> 再来迷处所，花下问渔舟。[1]

  这首诗通过一个水亭的侧面描写和环境渲染，活脱脱地表现了梅道士隐居生活的典型形象。他虽为道士，却是官吏出身，并且有很高的文化素养，所以能够高谈阔论，属于唐代的名流阶层，后来脱去官帽，毅然过起隐居生活。诗人也向往这种隐居生活，于是入山访问，虽然没能见面，却对其隐居环境赞美有加。其中的"鬼谷"与"仙源"，还有"渔舟"等形象，逼真地凸显了隐居道士的清幽和远离喧哗的山林风光。尤其是"不可见"三个字，充分显示了古代隐士的傲世独立个性。看《梅道士水亭》，不仅赏心悦目，而且能够感受到一种特别宁静的氛围。

  然而，当我们回到现实社会，各种信息随即扑面而来。居住在城里的人们虽然不必如乡下农民那样"脸朝田地背朝天"，经受风吹雨淋，可以过着较为舒适的小日子，可是，在另一方面，自我对他人以及环境设备的依赖越来越明显了。因为社会分工越来越细，所以每个人的生活必需品都得通过许许多多的渠道来提供，这就造成了纵横交错的生活网络。离开了这种网络，大多数人几乎是不能维持下去的。例如，笔者写作，要使用电脑，这是自己不能制造的；运行电脑，需要供电，如果一分钟不供电，笔者的电脑就不能运行，思路几乎中断；如果一天不供电，不仅无法用电脑写作，工作室、起居室的器件也都不能启动，只好到室外散步；如果停电加上停水数日，就不能煮饭、泡茶、洗碗，甚至上卫生间洗手都不可能了，一切都会乱套。

  其次，就国度而言，相互依赖的程度也越来越高了。众所周知，国家社会的运转是以经济为基础的，而国与国之间由于分工的现代化，彼此的经济交错和相互依赖就不可避免了。事实上，这种相互依赖的情况在动物界里便有例证。《中国知识产权报》曾经刊登了刘国信写的一篇短文，名为《动物的互惠互利》。文章写道：

---

[1] （唐）孟浩然：《孟浩然集》卷三，（民国）《四部丛刊》景明本。

结语 平安之道与世界健康生活

非洲有一种犀牛鸟,常在犀牛伤口中吃各种寄生虫,既利自己,同时也能帮助犀牛免于病患。海葵虾的两只大螯各自夹着一只红海葵,整天东游西荡,一遇到危险,海葵虾立即提起红海葵,红海葵便把有毒的融手对着入侵者,以防止外来者的袭击。这样,海葵虾可以到处觅食,不必为安全担忧;而红海葵只要收集海葵虾吃剩的残肴就足以饱腹。

鳄鱼和千鸟的互惠互利是一件很有趣的事。千鸟不但在凶猛的鳄鱼身上寻找小虫吃,还能进入鳄鱼的口腔中啄食鱼、蚌、蛙等屑和寄生在鳄鱼口腔内的水蛭。有时鳄鱼突然把大口闭合,千鸟就被关在里面。此时,千鸟只要轻轻用喙击打鳄鱼的上下颚,鳄鱼就会张开大嘴,千鸟随即飞出。[1]

从文章的记叙可知:每一种动物,都有自己的生存本领和觅食特长,但也存在一定的生理局限。发挥所长、补其所短,这使得不同类型的动物之间的协作成为可能。尽管各类动物寻觅食物,只是为了果腹,没有发生买卖行为,故而其所得的食物并非商品,但以人类的眼光来观察,动物所获得的食物却都可以使用,因此便具有特殊的经济价值,不同动物之间因为觅食而产生的行为则具有一定的"劳动"意义。就此角度而言,动物的互惠互利可视为原初的"经济渗透"。

由动物之间的协作关系之观察,转到人类生活,我们不能不看到:由于自然分工与社会分工以及区域资源的不同情况,当今世界范围内的经济活动已经构成了紧密的纽带和网络系统,行业与行业之间、国家与国家之间、区域与区域之间,随着人口的自然流动,产品交换成为不可阻挡的趋势。因为产品交换,国别间的经济活动的相互依赖越来越明显。对于这种情况,学者们做出仔细观察与研究。1968年,美国经济学家理查德·库帕(Richard N. Cooper)所撰写的《相互依赖经济学:大西洋社会的经济政策》一书出版,即引起学术界的关注,此后探讨相互依赖经济问题的论著不断产生。根据经济学家的论述,当今世界国与国之间的经济发展彼此交织,所以一个国家的经济计划不仅要从本国的消费需求出发,也

---

1 刘国信:《动物的互惠互利》,载于《中国知识产权报》,2000年8月16日第4版"时代广场"专栏。

要考虑他国的经济行动和政策。就世界范围来看，无论是经济贸易结构，还是经济贸易目标以及经济贸易效果，都标志着当今世界的经济活动已经不可分割。而经济活动的密切相关性，推动人员交往和文化碰撞、思想渗透，加上信息网络的世界化，人与人之间、国与国之间的距离越来越短了。正因为如此，"地球村"这个概念应运而生，整个地球就像一个村落，早上在村头发生的事情，很快就传到村尾——这就是当今的世界生活格局。

经济生活的相互依赖，本来是可以促进各地社会的繁荣发展的。然而，由于人类生命欲望的驱动，企图占有更多资源成为不可避免的社会现象。于是，彼此角逐，战争接连发生。生物界的弱肉强食在人类社会之中接续重演，这在当今世界已是不争的事实，加上自然界不断发生的灾难，包括地震、流行性传染病的发作，人类生活面临着严峻考验。在这种背景下，人类向何处去？是携起手来共同对抗天灾，还是尔虞我诈，相互斗争？这是值得深入思考的生命哲学课题。

《庄子·大宗师》有言："泉涸，鱼相与处于陆，相呴以湿，相濡以沫，不如相忘于江湖。"[1]泉水干涸了，鱼儿都显露于地上。为了生存，鱼儿只好通过口沫来保持彼此的湿润，这虽然能够解决一时的干燥问题，却无法避免最终的死亡。所以庄子警示：与其等到泉水不流，江河干枯，不如保有水源，彼此相忘，自由自在地生活于江湖之中。如果把人类生活环境看作一个大江湖，那么不同区域、不同国度的人们就像一群鱼儿一样。当江湖没有水了，鱼儿不能活下去；当人类所依赖的生活环境由于掠夺、战争等人为因素而遭受严重破坏，那么人类实际上也无法保持原有生存方式。未来有一天，如果人类面临绝境，无法继续生存，这可能就是人类自身不能合作而引起的！

"路漫漫其修远兮！"人类啊，该如何自处？是放下芥蒂、彼此相互包容，还是不断发明创造各种尖端武器、互相残杀？这已经是刻不容缓，需要慎重对待的严肃课题。看看古代儒道圣贤的论述，真切领悟其深邃的思想内涵，或许可以得到答案！

---

[1]（春秋战国）庄周撰，（晋）郭象注：《南华真经》卷三，（民国）《四部丛刊》景明世德堂刊本。

主要参考文献

一、本国经典文献与学术论著

（周）吕望：《六韬》，（清）嘉庆中兰陵孙氏刊本。

（周）鹖熊撰，（唐）逄行珪注：《鹖子》卷下，（明）《正统道藏》本。

（周）无名氏：《鬼谷子》，（明）万历刊本。

（春秋战国）卜商：《子夏易传》，（清）《通志堂经解》本。

（春秋战国）列御寇撰，（晋）张湛注：《列子》，（民国）《四部丛刊》景北宋本。

（春秋战国）管仲撰，（唐）房玄龄注：《管子》，（民国）《四部丛刊》景宋本。

（春秋战国）孟轲撰，（汉）赵岐注：《孟子》，（民国）《四部丛刊》景宋本。

（春秋战国）辛钘：《文子》，（明）《子汇》本。

（春秋战国）荀况撰，（唐）杨倞注：《荀子》，（清）《抱经堂丛书》本。

（春秋战国）鹖冠子：《鹖冠子·环流第五》，（明）《正统道藏》。

（春秋战国）韩非：《韩非子》，（民国）《四部丛刊》景清景宋钞校本。

（春秋战国）秦越人撰，（元）滑寿注：《难经本义》卷下，（明）《古今医统正脉全书》本。

（秦）吕不韦撰，（汉）高诱注：《吕氏春秋》，（民国）《四部丛刊》景明刊本。

（汉）黄石公传，（宋）张商英注：《素书》，（明）《汉魏丛书》本。

（汉）刘安编，（汉）许慎注：《淮南鸿烈解》，（民国）《四部丛刊》景钞北宋本。

531

（汉）贾谊：《新书》，（民国）上海商务印书馆景印本。

（汉）董仲舒：《春秋繁露》，（清）《武英殿聚珍版丛书》本。

（汉）焦延寿：《焦氏易林》，（清）嘉庆、道光间吴县黄氏刊本。

（汉）京房撰，（三国）吴绩注：《京氏易传》，（民国）《四部丛刊》景明天一阁刊本。

（汉）戴德：《大戴礼记》，（民国）《四部丛刊》景明袁氏嘉趣堂本。

（汉）高诱注：《淮南子》，《诸子集成》本，北京：中华书局1954年版。

（汉）司马迁：《史记》，（清）乾隆武英殿刻本。

（汉）班固：《白虎通德论》，（民国）《四部丛刊》景元大德覆宋监本。

（汉）班固：《汉书》，（清）乾隆武英殿刻本。

（汉）郑玄注，（唐）孔颖达疏：《礼记注疏》，（清）嘉庆二十年南昌府学重刊宋本《十三经注疏》本。

（汉）郑玄注：《周易郑注》，（清）嘉庆中萧山陈氏刊本。

（汉）孔安国传，（唐）孔颖达疏：《尚书注疏》，（清）嘉庆二十年南昌府学重刊宋本《十三经注疏》本。

（汉）王逸章句，（宋）洪兴祖补注：《楚辞》，（民国）《四部丛刊》景明翻宋本。

（汉）赵岐注，（吴）孙奭音义：《孟子注疏》，（清）《文渊阁四库全书》本。

（汉）韩婴：《韩诗外传》，（民国）《四部丛刊》景明沈氏野竹斋本。

（汉）东方朔：《十洲记》，（明）《正统道藏》本。

（汉）郭宪：《汉武洞冥记》卷二，（明）《顾氏文房小说》本。

（汉）郑玄注：《易纬·乾凿度》卷上，（清）《武英殿聚珍版丛书》本。

（汉）郑玄注：《易纬·乾凿度》卷下，（清）乾隆中武英殿木活字排印本。

（汉）郑玄：《驳五经异义补遗》，（清）嘉庆中承德孙氏刊本。

（汉）仲长统：《仲长统论》，（明）万历刊本。

（汉）许慎撰：《说文解字》，（清）《文渊阁四库全书》本。

（汉）王充：《论衡》，（民国）《四部丛刊》景通津草堂本。

（三国）王弼注，（晋）韩康伯注，（唐）孔颖达疏：《周易注疏》，（清）嘉庆二十年南昌府学重刊宋本《十三经注疏》本。

（晋）杜预撰，（唐）陆德明音义：《春秋经传集解》，（民国）《四部丛刊》景宋本。

（晋）张湛：《列子注》，《诸子集成》本，北京：中华书局1954年版。

（晋）郭璞：《山海经传》，（民国）《四部丛刊》景明成化本。

（晋）郭璞：《葬经》，（清）《文渊阁四库全书》本。

（晋）陶渊明：《陶渊明集》，（清）《文渊阁四库全书》本。

（晋）葛洪：《原始上真众仙记》，（明）《正统道藏》本。

（晋）葛洪：《抱朴子外篇》，（民国）《四部丛刊》景明本。

（晋）葛洪撰，胡守为校释：《神仙传校释》，北京：中华书局2010年版。

（晋）陈寿：《三国志》，百衲本景宋绍熙刊本。

（晋）佚名氏：《洞神八帝元变经》，（明）《正统道藏》本。

（晋）佚名氏：《洞真太上素灵洞元大有妙经》，（明）《正统道藏》本。

（晋）佚名氏：《洞玄灵宝玉京山步虚经》，（明）《正统道藏》本。

（晋）葛巢甫传：《灵宝无量度人上品妙经》，（明）《正统道藏》本。

（晋）孔晁注：《汲冢周书》，（民国）《四部丛刊》景明嘉靖二十二年本。

（晋）王嘉：《王子年拾遗记》，（明）万历中新安程氏刊本。

（南北朝）江淹撰，（明）胡之骥注：《江文通集注》，（明）万历二十六年刻本。

（南北朝）沈约：《宋书》，（清）乾隆武英殿刻本。

（南北朝）范晔：《后汉书》，百衲本景宋绍熙刻本。

（南北朝）萧子显：《南齐书》，（清）乾隆武英殿刻本。

（南北朝）魏收：《魏书》，（清）乾隆武英殿刻本。

（南北朝）刘敬叔：《异苑》，（清）嘉庆十年虞山张氏照旷阁刊本。

（南北朝）周武帝敕辑：《无上秘要》，（明）《正统道藏》本。

（南北朝）陶弘景：《养性延命录》，（明）《正统道藏》本。

（南北朝）佚名氏：《玄都律文》，（明）《正统道藏》本。

（南北朝）萧统编，（清）胡绍煐笺证：《文选笺证》，（清）光绪《聚轩丛书》本。

（南北朝）宗懔：《荆楚岁时记》，（民国）景明《宝颜堂秘籍》本。

（南北朝）陆修静：《洞玄灵宝五感文》，（明）《正统道藏》本。

（南北朝）皇侃：《论语义疏》，（清）乾隆道光间长塘鲍氏刊本。

（南北朝）庾季才：《灵台秘苑》卷三《土圭影》，（清）《文渊阁四库全书》本。

（隋）萧吉：《五行大义》，日本宽政至文化间刊本。

（隋唐）佚名氏：《高上玉皇本行集经》，（明）《正统道藏》本。

（唐）孙思邈：《孙真人千金要方》，（明）《正统道藏》本。

（唐）杨炯：《杨盈川集》，（民国）《四部丛刊》景明本。

（唐）李隆基（玄宗）：《孝经注疏》，（清）《文渊阁四库全书》本。

（唐）李隆基（玄宗）：《御制道德真经疏》，《正统道藏》本。

（唐）司马承祯：《天隐子》，（明）《正统道藏》本。

（隋）释吉藏：《中观论疏》，民国四年金陵刻经处刻本。

（唐）李白：《李太白集》，宋刻本。

（唐）成玄英：《南华真经注疏》，（清）《古逸丛书》景宋本。

（唐）李筌：《黄帝阴符经疏》，（明）《正统道藏》本。

（唐）欧阳询：《艺文类聚》，（清）《文渊阁四库全书》本。

（唐）孟浩然：《孟浩然集》，（民国）《四部丛刊》景明本。

（唐）徐坚：《初学记》，（清）光绪孔氏三十三万卷堂本。

（唐）孔颖达：《春秋左传注疏》，（清）《文渊阁四库全书》本。

（唐）张九龄：《曲江集》，（民国）《四部丛刊》景明成化本。

（唐）房玄龄：《晋书》，（清）乾隆武英殿刻本。

（唐）李商隐：《李义山文集》，（民国）《四部丛刊》景稽瑞楼钞本。

（唐）李德裕：《李文饶集》，（民国）《四部丛刊》景明本。

（唐）王希明：《太乙金镜式经》，（清）《文渊阁四库全书》本。

（唐）徐灵府：《通玄真经注》，（民国）《四部丛刊三编》景宋本。

（唐）孟安排：《道教义枢》，（明）《正统道藏》本。

（唐）皮日休：《皮日休文集》，（民国）《四部丛刊》景明本。

（唐）王冰注：《重广补注黄帝内经素问》，（民国）上海商务印书馆影印本。

（唐）王冰注：《黄帝素问·灵枢经》，（民国）《四部丛刊》景明赵府居敬堂本。

（唐）崔致远：《桂苑笔耕集》，（民国）《四部丛刊》景高丽本。

（唐）康骈：《剧谈录》，（清）《文渊阁四库全书》本。

（唐）徐灵府：《通玄真经注》，《正统道藏》本。

（唐）卜应天：《雪心赋》，（民国）上海校经山房石印本。

（唐）杜佑：《通典》，（清）武英殿刻本。

（唐）李商隐：《李义山诗集》，（民国）《四部丛刊》景明嘉靖本。

（唐）吕岩：《吕子易说》，（清）乾隆曾燠刻本。

（五代）钟离权：《秘传正阳真人灵宝毕法》，（明）《道藏》本。

（五代）杜光庭：《广成集》，（明）《正统道藏》本。

（五代）杜光庭：《墉城集仙录》，（明）《正统道藏》本。

（五代）彭晓：《周易参同契分章通真义》，（明）《正统道藏》本。

（五代）刘昫：《旧唐书》，（清）乾隆武英殿刻本。

（五代）和凝：《疑狱集》，（清）《文渊阁四库全书》本。

（五代）宋齐邱：《玉管照神局》，（清）《十万卷楼丛书》本。

（五代）刘昫：《旧唐书》，（清）乾隆武英殿刻本。

（后周）王契真：《上清灵宝大法》，（明）《正统道藏》本。

（宋）陈抟：《河洛真数》，明万历刊本。

（宋）刘罕传：《秘藏通玄变化六阴洞微遁甲真经》卷上，（明）《正统道藏》本。

（宋）刘牧：《易数钩隐图》，（清）《通志堂经解》本。

（宋）范应元：《老子道德经古本集注》，宋刻本。

（宋）程颢、程颐：《二程文集》，（清）《文渊阁四库全书》本。

（宋）林駉：《新笺决科古今源流至论》，（清）《文渊阁四库全书》本。

535

（宋）陈经：《尚书详解》，（清）《武英殿聚珍版丛书》本。

（宋）苏轼：《东坡易传》，（清）《文渊阁四库全书》本。

（宋）叶时：《礼经会元》，（清）《通志堂经解》本。

（宋）苏辙：《栾城应诏集》，（民国）《四部丛刊》景宋写本。

（宋）吕祖谦撰，（宋）时澜修订：《增修东莱书说》，（清）《文渊阁四库全书》本。

（宋）洪迈：《容斋随笔》，（清）修明崇祯马元调刻本。

（宋）朱震：《汉上易传》，《四部丛刊续编》景宋刻本配汲古阁景宋钞本。

（宋）胡瑗：《洪范口义》，（清）《文渊阁四库全书》本。

（宋）李嘉谋：《元始天说先天道德经注解》，（明）《道藏》本。

（宋）丁易东：《周易象义》，（清）《文渊阁四库全书》本。

（宋）林希逸：《考工记解》，（清）《文渊阁四库全书》本。

（宋）陈旸：《乐书》，（清）《文渊阁四库全书》本。

（宋）蔡卞：《毛诗名物解》，（清）《通志堂经解》本。

（宋）吕祖谦：《左氏博议》，（清）《文渊阁四库全书》本。

（宋）程公说：《春秋分记》，（清）《文渊阁四库全书》本。

（宋）张君房：《云笈七签》，（明）《正统道藏》本。

（宋）罗泌撰：《路史》，（清）《文渊阁四库全书》本。

（宋）李杞：《用易详解》，（清）《文渊阁四库全书》本。

（宋）陈祥道：《礼书》，（元）至正七年福州路儒学刻明修本。

（宋）李昌龄传：《太上感应篇》，（明）《正统道藏》本。

（宋）任照一：《黄帝阴符经注解》，（明）《正统道藏》本。

（宋）陈起：《江湖小集》，（清）《文渊阁四库全书》本。

（宋）陈元靓：《岁时广记》，（清）《十万卷楼丛书》本。

（宋）李焘：《续资治通鉴长编》，（清）《文渊阁四库全书》本。

（宋）赵佶（徽宗）：《圣济经》，（清）光绪中归安陆氏刊本。

（宋）李昉辑：《文苑英华》，明刻本。

（宋）李昉辑：《太平广记》，（民国）景明嘉靖谈恺刻本。

（宋）张元干：《芦川归来集》，（清）《文渊阁四库全书》本。

（宋）朱熹：《周易本义》，（宋）咸淳刻本。

（宋）朱熹：《诗集传》，（民国）《四部丛刊三编》景宋本。

（宋）朱熹：《四书章句集注》，北京：中华书局1983年版。

（宋）文天祥：《文山先生全集》，（民国）《四部丛刊》景明本。

（宋）黄休复：《益州名画录》，（清）《函海》本。

（宋）徐梦莘：《三朝北盟会编》，（清）许涵度校刻本。

（宋）魏了翁：《重校鹤山先生大全文集》，（民国）《四部丛刊》景宋本。

（宋）卫湜：《礼记集说》，（清）《通志堂经解》本。

（宋）晁公武：《昭德先生郡斋读书志》，（民国）《四部丛刊三编》景宋淳祐本。

（宋）葛洪：《涉史随笔》，（清）《知不足斋丛书》本。

（宋）黄震：《黄氏日钞》，（元）至元刻本。

（宋）吕太古：《道门通教必用集》，（明）《正统道藏》本。

（宋）曾慥：《道枢》，（明）《正统道藏》本。

（宋）俞琰：《易外别传》，（明）《正统道藏》本。

（宋）褚伯秀：《南华真经义海纂微》，（明）《正统道藏》本。

（金）高守元：《冲虚至德真经四解》，（明）《正统道藏》本。

（元）陶宗仪：《南村辍耕录》，（民国）《四部丛刊三编》景元本。

（元）程端学：《春秋本义》，（清）《文渊阁四库全书》本。

（元）李道纯：《太上老君说常清静经注》，（明）《正统道藏》本。

（元）丘处机：《大丹直指》，（明）《正统道藏》本。

（明）朱橚：《普济方》，（清）《文渊阁四库全书》本。

（明）陈士元：《论语类考》，（清）光绪十七年三余草堂刊本。

（明）李时珍：《本草纲目》，（清）《文渊阁四库全书》本。

（明）孙瑴：《古微书》，（清）《文渊阁四库全书》本。

（明）邢云路：《古今律历考》，（清）《文渊阁四库全书》本。

537

（明）黎民表：《瑶石山人稿》，（清）《文渊阁四库全书》本。

（明）胡广：《诗传大全》，（清）《文渊阁四库全书》本。

（明）程道生：《遁甲演义》，（清）《文渊阁四库全书》本。

（明）曹学佺：《蜀中广记》，（清）《文渊阁四库全书》本。

（明）佚名氏：《六壬大全》卷一，（清）《文渊阁四库全书》本。

（清）朱骏声：《说文通训定声》，（清）道光二十八年刻本。

（清）孙诒让：《墨子间诂》，（清）光绪三十三年刻本。

（清）桂馥：《说文解字义证》，（清）同治刻本。

（清）顾炎武：《日知录》，（清）乾隆刻本。

（清）严可均：《全上古三代秦汉三国六朝文》，上海：上海古籍出版社2009年版。

（清）陈本礼：《屈辞精义》，（清）嘉庆刻本。

（清）陈锳编修，（清）叶廷推纂：《海澄县志》，（清）乾隆二十七年刻本。

（清）王先谦：《庄子集解》，（清）宣统元年思贤书局刻本。

（清）俞樾：《太上感应篇缵义》，（民国）《道藏精华录》本。

（清）曹寅编：《全唐诗》，（清）《文渊阁四库全书》本。

（清）董诰辑：《全唐文》，（清）嘉庆内府刻本。

（清）朱彝尊：《经义考》，（清）《文渊阁四库全书》本。

（清）陆心源：《皕宋楼藏书志》，（清）光绪万卷楼藏本。

（清）顾栋高：《毛诗类释》卷十六《释鸟》，（清）《文渊阁四库全书》本。

（清）陈梦雷：《钦定古今图书集成博物汇编艺术典》，北京：中华书局1934年影印本。

（清）官修：《星历考原》，（清）《文渊阁四库全书》本。

（清）纳兰性德：《大易集义粹言》，（清）《通志堂经解》本。

（清）龚自珍：《定庵全集》续集，（清）光绪二十三年万本书堂刻本。

（清）蒲松龄：《聊斋志异》，（清）铸雪斋钞本。

（清）赵之谦辑：《景祐六壬神定经》，（清）《仰视千七百二十九鹤斋丛书》本。

（清）永瑢：《四库全书总目》，（清）乾隆武英殿刻本。

（清）王端履：《重论文斋笔录》，（清）道光二十六年授宜堂刻本。

（清）箬冠道人：《八宅明镜》，（清）光绪七年公善堂刻本。

（清）俞正燮：《癸巳存稿》，（清）《连筠簃丛书》本。

（清）沈辰垣辑：《历代诗余》，（清）《文渊阁四库全书》本。

（清）严可均辑：《全上古三代秦汉三国六朝文》，民国十九年景清光绪二十年黄冈王氏刻本。

（清）朱彝尊：《经义考》卷一百三十五《仪礼》，（清）《文渊阁四库全书》本。

（清）茆泮林：《玄中记》，（清）道光十四年《梅瑞轩刊》本。

（清）郝懿行：《山海经笺疏》，（清）嘉庆十四年阮氏琅环仙馆刻本。

（清）张英：《渊鉴类函》，（清）《文渊阁四库全书》本。

（清）张志聪：《灵枢经集注》，（清）康熙刻本。

（清）寇宗奭：《本草衍义》，（清）光绪中归安陆氏刊本。

（清）黄廷桂：（雍正）《四川通志》，（清）《文渊阁四库全书》本。

（清）张伯行：《朱子语类辑略》，（清）同治五年福州正谊书院刊，八年至九年续刊本。

（清）宋常星：《道德经讲义》，《老子集成》第9册，北京：宗教文化出版社2011年版。

（民国）尚秉和：《周易尚氏学》，北京：中华书局1980年版。

（民国）马振彪，张善文整理：《周易学说》，广州：花城出版社2002年版。

（民国）闻一多：《闻一多全集》，北京：读书·生活·新知三联书店1982年版。

（民国）丁山：《中国古代宗教与神话考》，上海：龙门联合书局1961年版。

（民国）王先慎：《韩非子集解》，《诸子集成》本，北京：中华书局1954年版。

（现代）王明：《太平经合校》，北京：中华书局1960年版。

（现代）王明：《抱朴子内篇校释》，北京：中华书局1985年版。

539

（现代）祭俊生：《人类社会的形成和原始社会形态》，北京：中国社会科学出版社 1988 年版。

（现代）黎翔凤：《管子校注（上册）》，北京：中华书局 2004 年版。

（现代）刘咸炘：《道教征略》，上海：上海图书馆、上海科学技术文献出版社 2010 年版。

（现代）饶宗颐：《老子想尔注校证》，上海：上海古籍出版社 1991 年版。

（现代）冯友兰，涂又光译：《中国哲学简史》，北京：北京大学出版社 1998 年版。

（现代）陈耀庭：《太岁神传略》，北京：宗教文化出版社 2005 年版。

（现代）何新：《诸神的起源》，北京：光明日报出版社 1996 年版。

（现代）王卡点校：《老子道德经河上公章句》，北京：中华书局 1993 年版。

（现代）何星亮：《中国图腾文化》，北京：中国社会科学出版社 1992 年版。

（现代）张恒寿：《庄子新探》，石家庄：河北人民出版社 1983 年版。

（现代）李守奎、李轶：《尸子译注》，哈尔滨：黑龙江人民出版社 2003 年版。

二、海外学术论著

［加］明义士：《殷墟卜辞》，台北：艺文印书馆 1972 年版。

［法］孟德斯鸠撰，（清）严复译：《法意》，（清）宣统元年本。

［法］亨利·马伯乐著，［日］川胜义雄主持翻译：《道教》，东京：平凡社 1978 年版。

［日］白川静著，朱家骏译：《汉字》第一卷，厦门：厦门大学出版社 2005 年版。

［日］酒井忠夫著，刘岳兵、何英莺译：《中国善书研究》（增补版），南京：江苏人民出版社 2010 年版。

［日］丹波康赖著，高文柱校注：《医心方》，北京：华夏出版社 2011 年版。

［日］小柳司气太：《明末の三教关系》，载《高濑博士还历纪念支那学论丛》，京都：弘文堂 1928 年版。

［日］楠山春树：《老子传说の研究》，东京：创文社 1979 年版。

［日］福井康顺：《道教の基础的研究》，东京：书籍文物流通会 1958 年版。

［英］李约瑟：《中国科学技术史》，上海：上海古籍出版社 2010 年版。

［英］巴瑞特著，曾维加、刘玄文译：《唐代道教——中国历史上黄金时期的宗教与帝国》，济南：齐鲁书社 2012 年版。

［俄］陶奇夫著，邱凤侠译：《道教——历史宗教的试述》，济南：齐鲁书社 2011 年版。

Alan Elliott, *Chinese Spirit-medium Cults in Singapore*, London: University of London, 1955.

Maurice Freeman, "Immigrants and Associations: Chinese in Nineteenth-Century Singapore," in *Comparative Studies in Society and History*, Vol. 3, No. 1, 1960.

J Needham, G Werskey, *Moulds of Understanding: A Pattern of Natural Philosophy*, Allen and Unwin, 1976.

D. N. Lyon, "Life and Writings of the God of Literature," in *The Chinese Recorder and Missionary Journal*, Vol. 20, September–October, 1886.

三、主要学术论文（含政论）

金景芳：《论宗法制度》，《东北人民大学人文科学学报》1956 年第 2 期。

于省吾：《略论图腾与宗教起源和夏商图腾》，《历史研究》1959 年第 11 期。

胡厚宣：《甲骨文所见商族鸟图腾的新证据》，《文物》1977 年第 2 期。

曾召南：《斋醮》，《宗教学研究》1983 年第 2 期。

濮阳市文物管理委员会、濮阳市博物馆、濮阳市文物工作队：《河南濮阳西水坡遗址发掘简报》，《文物》1988 年第 3 期。

朱汉民、陈谷嘉：《道德与养生——儒道生命伦理片论》，《中国医学伦理学》1994 年第 1 期。

焦国成：《儒家爱物观念与当代生态伦理》，《中国青年政治学院学报》1996年第2期。

梅新林：《祖先崇拜起源论》，《民俗研究》1994年第4期。

刘国信：《动物的互惠互利》，《中国知识产权报》2000年8月16日第4版。

朱章义、张擎、王方：《成都金沙遗址的发现、发掘与意义》，《四川文物》2002年第2期。

［澳］刘莉著，星灿译：《中国祖先崇拜的起源和种族神话》，《南方文物》2006年第3期。

刘道军：《从金沙"太阳神鸟"看金沙遗址文化》，《青海民族研究》2007年第1期。

王炎：《"阳神鸟"金箔图饰为朱利部落族徽说——关于成都金沙遗址出土金箔文物的文化阐释》，《中华文化论坛》2009年第1期。

［泰］斯日坡恩·谭媞普恩维莱：《人文医疗新概念》，《中国卫生人才》2011年第4期。

孙春兰：《全面推进健康中国建设》，《人民日报》2020年11月27日。

后 记

这是辛丑牛年二月初二，民间管这一天叫龙抬头。就在这一天早上，天蒙蒙亮，本书所有章节，包括参考文献，终于完成，并且串联起来。看一下电脑的自动记录，知有 A4 纸篇幅近 500 页，不禁有些吃惊：怎么变这么长了？在前几次整理时都删减了，怎么又膨胀了？其实，对于写作，我是不喜欢太长表达的，能短就尽量短，因为当今社会，生活节奏越来越快，人们真的没有太多时间看长文章，更没有时间系统阅读厚厚的书稿了。不过，话说回来，倘若涉及领域较广，需要用较长篇幅才能讲清楚，也只好"任笔飞扬"了。

"平安"与"生命"之所以成为本书的关键词，这导源于笔者数十年前的生活经历。

记得儿时的一段特别光景，那就是上一个戊戌狗年的除夕前五天，父亲就开始忙活写对联。我父亲因为在旧时代读过五年私塾，算是村里最有文化的人了，他不仅谙熟《三字经》《大学》《中庸》《论语》《孟子》《西游记》《三国演义》之类，而且手头备有"通书"，能够恰当选择楹联的内容，所以左邻右舍都来请他写对联。

为村里邻居亲戚忙活了一整天，父亲总算可以为自家寒舍写几副了。父亲写的既有门联，还有中厅壁上的神龛联，甚至还有猪圈、鸡窝的特别横批。其中，有一个小小的横批书写四个字"六畜兴旺"，给我留下了深刻印象。

那时候，我只有六岁，尚未上小学；父亲对我这个"幺儿"特别宠爱，平日间常教我些顺口溜、儿歌之类，也教我认字。由于条件的限制，父亲当然不可能系统地教，而是"随地即时授课"。所谓"随地"就是以大地作为书写的纸张，以树枝等作为大笔，随写随教；"即时"就是在具体活动的时刻把我带在身边，触景而教。例如，见到窗户，父亲就写"六石"，说我就是"六石"，而后就捡一块尖形瓦片写出字形。儿时的我不知道父亲为何称我为"六石"，一脸的懵懂，父亲就指着窗户说："恁仔，你看这个窗子，不是六条石吗？"我一数，上下两条横石，中间四条竖石，果然是六条，于是就加深了对"六"这个数目字的认识和窗户石头框架、质地的理解。

父亲称我为"恁仔"，而母亲更多时候则唤我为"恁狗"。在闽南话里，"恁"这个字的读法类似于"旺"，发音的时候喉部收紧，让声音自然从鼻孔流出，比较短促，带有"入声字"的特点。"恁仔"的含义是，年龄小而缺心眼，不会耍花招，甚至容易上当受骗，是个"呆萌"小子；而"恁狗"则更进一步，暗示儿子虽然呆傻，却像小狗一样可爱。

父亲写了"六畜兴旺"，把笔高高举起，昂着头，眯着眼，拉长着调子，大声吟诵起来。这时候，他一脸的沧桑里绽放出可爱的笑容，仿佛是在欣赏自己的佳作，又仿佛是在表达一种人生理想，祈求来年家畜多多，生活富足。

听到父亲的吟诵，在厨房蒸年糕的母亲高兴地走了出来，轻轻地拍拍我的脑袋说："恁狗，你可明白'六畜兴旺'？"我点点头，又摇摇头，表示似懂非懂，意思是说：马、牛、羊、鸡、狗、猪叫作"六畜"，这我懂，但"兴旺"是啥我不懂。母亲最了解我的肢体语言，她立刻把我带进简陋的厨房，让我蹲下看灶坑里面的火：威猛的火势，伴随着自然风，发出了低沉的"嚯嚯嚯"响声，震荡着我幼小的心灵。我有了最为直观的认知：哦，"兴旺"，就像灶坑里木头燃烧的样子。于是，我"嚯"的一声挺立起来，大喊"兴旺，兴旺——！"这一声喊太突然，把母亲吓了一跳，她本能地呼唤昵称："恁狗！"那拉长而后戛然收紧的降音，像一股乳汁，灌进了我的喉咙口，流淌在我的全身，在火光的映射下，我感到浑身热气腾腾⋯⋯

过年时父亲写的楹联、条幅很多，给我留下印象最深的，除了"六畜兴旺"，还有"出入平安"等。

读者看到"出入平安"四个字，也许会认为：那应该是贴在大门上方的横批

后记

吧。其实不然,我父亲写的这四个字是贴在鸡窝上的。

那个年代,我的家乡虽然也和许多村落一样贫穷,但养鸡还是允许的。为了改善生活,就持续养一窝鸡。要养鸡,就得解决鸡群的住处,造个鸡窝。我记得鸡窝位于老房子的天井右侧,是我父亲亲手用砖块垒起来的。作为一家之主,他不仅是农民,也是木匠、泥水匠,当然也是造鸡窝的能手。他造的鸡窝,遵循我国古老的《黄帝宅经》营造法式,讲究"藏风得水、冬暖夏凉,门向东木,喜气洋洋",既结实,又美观。对于鸡群来说,这无疑是最佳选择了。邻居亲朋友戚来参观之后,都拍手叫好,也纷纷请我父亲帮助建造鸡窝。能够得到邻居亲朋友戚的赏识,展示身家技艺的价值,我父亲心里喜滋滋的。

然而,由于历史的原因,鸡窝虽然"尽美",却未能"尽善"。我家住的祖传老房子是典型的闽南建筑,大门旁边自建造起就留有一个洞,猫狗在闭门时能够从此洞进出,这大大方便了猫狗的生活,却给鸡群带来风险,甚至灾难。

记得有一天半夜,我因为尿急醒来,正要下床尿尿,忽然听到"嘎、嘎"的异常鸡叫声,凭每日听习惯了的经验,我知道不是公鸡打鸣,也不是母鸡下蛋前后的叫唤声,一时警戒起来,连忙推醒睡在身旁的父亲,告诉他鸡叫的事。他喊了一声"糟了",就一骨碌爬起,快速穿好衣裤,点上灯笼,跑到鸡窝检查,发现从鸡窝口到房屋大门左侧的洞口有血迹,判定有鸡被抓走了。天亮以后一查,果然少了一只公鸡。原来,我们村子后侧与右侧都是山,那时节尚有许多野兽出没,尤其是豹猫最爱在半夜光临老宅,袭击鸡窝,这事尤其让我母亲难过。你想吧,辛辛苦苦养了一整年的鸡,希望在过年的时候杀一只鸡供奉天地、祖宗,却白白送给了豹猫,怎能不心疼?

为了慰藉饱受惊吓的一窝鸡,更是为了安慰我的母亲,父亲那一年写春联时就特地安排,写了"出入平安"的横批,贴在鸡窝上。与此同时,他又对大门边上那个狗洞采取了措施,那就是弄一块黑布蒙着,而后训练猫狗如何撩起黑布出入。很快,猫狗都学会了。

庆幸的是,从此以后,豹猫再也没有光临我家的鸡窝。而更有趣的是,第二年开春以后,不仅许多邻居家的鸡纷纷来我家的鸡窝歇息,而且还引来了一只小

545

八哥落脚窝顶，看到的人无不称奇。

我不知道是"出入平安"这四个字起了效力，还是门洞蒙上黑布发生作用，或者是两者都有作用，但我母亲却坚信是因为父亲写的"出入平安"四个字有法力。她的理由是：父亲写这四个字时运气起笔，字形若飞龙，收笔叩印，响声贯纸张，所以她叮嘱我要像父亲那样练习"出入平安"。在过年的时候多写一些横批送人，好让邻居家的鸡窝也都平安。

1972年，我的父亲因病去世。母亲要我继承父业，每逢除夕之前写好"出入平安"，亲手贴到鸡窝上。开头几年，我都遵循母教，履行这份职责，鸡窝上的横批都有更新。可是，后来，母亲也去世了，我在外地工作，常年奔波在外，这件事也就渐渐淡了，好久没有亲手写"出入平安"贴在鸡窝上了，回想起来真是问心有愧。

一天夜里，我梦见白发苍苍的母亲，坐在老房子的门槛上，慈祥的目光对着我。她虽然没有言语，但我知道她正敦促着小儿子：恁狗，快过年了，记得写"六畜兴旺，出入平安"，一副贴在猪圈上，一副贴在鸡窝上，切记切记！

我俯首跪着向慈母保证：阿母，儿子记得，金窝银窝，不如咱家的鸡窝，我会回来的。猪圈上会有"六畜兴旺"，鸡窝上会有"出入平安"……

数十年前的生活经历，尤其是孩提时期父亲常写"出入平安"的情景深深地嵌印在我的心坎里。读了大学，考上研究生，参加了工作之后，尽管平日很忙碌，但只要稍微安静，母亲在过年之际要我写"出入平安"的眼神就会浮现出来。我深深感到，"平安"二字对于生命而言有着不可替代的意义，这种认知促使我在后来的阅读中也特别关注相关资料。慢慢地，我发现古文献里蕴含着相当丰富的追求平安的故事传说、理论阐述。于是，我萌发了就此专题写一部文稿的念头。

2014年，恰是农历甲午马年，生肖属马的我所承担的教育部哲学社会科学重大攻关项目《百年道学精华集成》50卷文稿编成，交付出版社。本想歇一口气，四处云游一番。然而，数十年养成的阅读习惯却使属马的我无法停息，因为几天不读书会觉得心慌，仿佛缺少了什么。每日清晨，依旧是六点钟起床，阅读写作。在不经意的阅读中，"平安"与"生命"的主题在心中渐渐连成一线，仿佛是山谷

后 记

溪涧，川流不息；几经转折，溪涧变成了大海，波涛汹涌。

经过大半年酝酿，《平安之道与生命哲学》的提纲终于草拟完成，并且开始写作。本来这只是一个自拟的写作草案，没想到后来却入选为贵阳孔学堂的国学单列课题，并且定为重大项目，这对于过了"耳顺之年"的我真是倍受鼓舞。2017年，贵州省哲学社会科学规划办公室正式下达重大项目的立项通知书。2020年，四川大学开始了学派建设计划，"生命哲学学派"作为全校仅有的六个学派之一，得到学校领导高度重视和各有关职能部门的大力支持，我深深感受到了信任和责任，于是作为老马奋蹄而奔。有趣的是：辛丑之年，老马遇上了壮牛，自幼爱牛的我仿佛得到了老朋友的馈赠，孺子牛、开拓牛和老黄牛的精神，给了老马无与伦比的文化滋养。我内心涌动着一种情愫——感恩的情愫。我感谢贵阳孔学堂给予的机会，感谢四川大学领导的关心，感谢各职能部门作为坚强后盾，也感谢四方友朋的厚爱与帮助，感谢家人的默默奉献。

春暖花开之际，文稿终于杀青。按照结项要求，需要打印六本送审，但我多加了一本。在把送审的六本寄走之后，我把留下的一本高高举起，朝着东南方向，朝着生我养我的故乡，朝着我的父母安息之所，轻声禀告：我的生身父母啊，乘载我的大地、我的祖国！请接受"惢狗"经过五年努力完成的小小成果吧。我深知还有很多不完善的地方，请相信，"惢狗"会继续努力的！

詹石窗

谨识于四川大学生命哲学研究中心

岁次辛丑二月初二，公元 2021 年 3 月 14 日